Le bourg abbatial de Villemagne-l'Argentière (Hérault)

Dynamique économique et commande monumentale XIe-XIVe siècles

Florence Journot

BAR International Series 2561
2013

Published in 2016 by
BAR Publishing, Oxford

BAR International Series 2561

Le bourg abbatial de Villemagne-l'Argentière (Hérault)

ISBN 978 1 4073 1182 1

COVER IMAGE
L'église paroissiale Saint-Majan (ancienne abbatiale Saint-Martin). Plan Gérard Thébault

BAR Publishing is the trading name of British Archaeological Reports (Oxford) Ltd. British Archaeological Reports was first incorporated in 1974 to publish the BAR Series, International and British. In 1992 Hadrian Books Ltd became part of the BAR group. This volume was originally published by Archaeopress in conjunction with British Archaeological Reports (Oxford) Ltd / Hadrian Books Ltd, the Series principal publisher, in 2013. This present volume is published by BAR Publishing, 2016.

Printed in England

BAR
PUBLISHING

BAR titles are available from:

BAR Publishing
122 Banbury Rd, Oxford, OX2 7BP, UK
EMAIL info@barpublishing.com
PHONE +44 (0)1865 310431
FAX +44 (0)1865 316916
www.barpublishing.com

Remerciements

Mes remerciements à Gilles sont tout particuliers. Sans lui ce travail n'existerait pas.

Une étude de ce type, dans un village habité, ne peut voir le jour sans mettre à contribution la population. Que soient ici remerciés tous ceux qui m'ont ouvert leur porte, renseignée aimablement, encouragée. Plusieurs sont devenus des amis. Plusieurs sont décédés ; ils restent attachés pour moi à de bons souvenirs.

Merci donc à Mr et Mme Alauzet, à Gilbert et Monique Alquier, à Mr P. Blayac, à Jean-Pierre, Christiane et Éric Bonnel, à Mrs J. et R. Caumette, à Françoise Coste, à Mr Crubézy, à Mr et Mme Descheemaker, à Mr Granier, à Mr Nuez, à Mr et Mme Roger, à Mr et Mme Roques, à Mr et Mme André Salles, à Francis et Nicole Sauvagnac, à Gilles et Michèle Taussac, à Claude et Françoise Valette.

Merci aussi aux fouilleurs de Saint-Martin ; André Signoles, Robert Guiraud, Robert Gourdiole, Jean-Philippe et Anne Ambiel, Éric Gastelier, Cédric Bellan, Éric Bonnel, Catherine Chauveau, Catherine Cavaletto, et Mr Daniel Bellan pour la logistique.
Mes remerciements à André Théron pour ses photographies épigraphiques. Et à Mr Favard fin connaisseur du patrimoine ecclésiastique des hauts cantons.

Merci à Mme Sainte-Marie pour son aide précieuse aux Archives départementales, et à Mme Lapeyre présidente de la Société archéologique de Béziers.

Il me faut aussi saluer la compétence et l'opiniâtreté de Mr Frédéric Mazeran architecte du Patrimoine.

Ma reconnaissance va particulièrement à Gérard Thébault, géomètre hors pair. Sa compétence n'a d'égale que sa gentillesse. Et aussi à Bruno Guyon. Leur efficacité, désintéressée, m'a été d'un grand secours. Et je n'oublie pas le soutien si amical de Claudine.

« Merci » est un mot bien court pour exprimer tout ce que je dois à mon amie Françoise Galzy, qui a œuvré contre vents et marées pour le patrimoine de Villemagne. C'est avec gratitude et affection que je lui rends hommage ici.

Avertissement

Les figures sont groupées en fin de chaque chapitre et annexe ; elles sont numérotées de 1 à n pour chaque chapitre.

Sauf mentions spécifiques, photographies, cartes, dessins et plans récents sont de Gilles Bellan.

LIMINAIRES

Villemagne-l'Argentière est un petit village des montagnes héraultaises (**fig. 1, 2)** coincé contre une rivière dangereuse, la Mare[1]. Ce n'est pas sa surface, ni le nombre d'habitants, ni l'étendue de la commune, qui peuvent laisser soupçonner aujourd'hui son prestige passé. Mais à l'amateur qui se détourne de la grand'route pour visiter Villemagne s'offre une densité inusitée de monuments de qualité en un court périmètre. Après avoir passé la haute porte qui ouvre les restes de la muraille, le visiteur se promène dans des ruelles où plusieurs maisons arborent des façades d'origine médiévale, peut admirer l'ancienne église paroissiale romane, les vestiges de l'abbatiale gothique transformés en église paroissiale ; sans compter les vastes bâtiments de l'abbaye mauriste, qui attendent leur historien. Une explication de ces fastes médiévaux est contenue dans le déterminant, « l'Argentière », recouvré heureusement il y a quelques années grâce à l'opiniâtreté de la municipalité. L'exploitation de filons argentifères a en effet largement contribué à la prospérité, bien éteinte, de l'endroit. Souvent confondue dans les textes avec Valmagne, son histoire restait à écrire, en particulier pour le Moyen Âge qui vit l'apogée de son développement. Rendons néanmoins hommage au pionnier Jules Renouvier, qui comprit l'intérêt de l'endroit, en fit représenter les monuments par le dessinateur Jean-Joseph Bonaventure Laurens, et commença à en rassembler l'histoire à partir des preuves de l'*Histoire générale de Languedoc* et de la *Gallia Christiana* dès les années 1830 ; son acuité d'esprit, sur fond de création des premières sociétés savantes fut remarquable (il était correspondant du *Bulletin monumental*, collaborait à la *Gazette des Beaux-Arts* : cf. de Montaiglon 1863). Plus récemment, citons les efforts d'un historien local, L. Fargier, dont l'ouvrage, fondé largement sur les délibérations consulaires modernes, fut longtemps le seul à exister sur Villemagne. Le spécialiste de la liturgie tridentine B. Chédozeau s'est intéressé aux dispositions mauristes de l'abbaye. Mais les monuments n'ont fait l'objet que de courtes notices ici et là, des *Voyages pittoresques* de Taylor et Nodier, qui reprennent Renouvier, jusqu'à l'ouvrage de F. Robin sur l'architecture gothique en Languedoc, sans que leur intérêt eût été vraiment développé. L'érudit principal de Villemagne pour le Moyen Âge reste l'abbé G. Alzieu, qui fut desservant de la paroisse.[2]

La commune de Villemagne-l'Argentière s'incruste dans le rebord sud du Massif Central (**fig. 1**). La caractéristique morphologique de cette zone sud est d'être traversée d'est en ouest par une large vallée, le sillon Orb-Jaur, constituée donc d'une partie du cours de l'Orb rejoint par son affluent le Jaur. Au confluent, l'Orb fait un coude brusque vers le sud, traversant les derniers contreforts du Massif nommés les Avant-Monts pour s'en aller vers la plaine arroser le pied du promontoire du vieux Béziers et rejoindre la Méditerranée.

Passé le Xe siècle, par rapport au triangle Albi-Millau-Rodez au nord, Lodève au centre, Narbonne-Béziers-Montpellier au sud, toutes cités d'origine antique sauf Montpellier la nouvelle née, les traits pertinents du relief peuvent être ainsi résumés. Le sillon Orb-Jaur, limité au nord par les Monts d'Orb, le Massif Sommail-Espinouse-Caroux et les Monts de Lacaune, et bordé au sud par les Avant-Monts, fait passage est-ouest via les vallées du Thoré et de l'Agout entre Lodévois et Castrais (Montagne Noire), et au-delà entre Nîmois et Toulousain. Entre Orb et Lodévois s'étend la crête nord-sud de l'Escandorgue.

Les passages nord-sud sont moins marqués, plus complexes. Vers le nord, haute vallée de l'Orb, vallée de la Mare qui arrose Villemagne, permettent de franchir la ligne du partage des eaux et de joindre le bassin du Tarn par les vallées de ses affluents, en particulier le Dourdou. Vers le sud, la cluse de l'Orb franchit les Avant-Monts ; des passages montagnards sont possibles par divers cols. Après les débouchés sud dans la plaine littorale, c'est donc l'Orb arrosant Béziers, et l'Aude, qui restent à franchir pour rallier Narbonne. Alors que vers le sud-est, pour rejoindre Montpellier, la circulation est contrainte par les affluents nord-ouest-sud-est de l'Hérault, la traversée de l'Hérault nord-sud, puis celle du petit massif de la Mourre.

Administrativement, la zone centrée sur le confluent Orb-Jaur vit s'affronter les influences respectives de Béziers et Narbonne. Que ce soit entre les cités antiques ou les diocèses, les limites, évolutives, y sont difficiles à suivre. On verra ce qu'il en fut des vicomtés.

Comme traits utiles des composantes géologiques, on peut retenir grâce à la carte du BRGM[3] d'une part les ressources qui ont pu alimenter la construction, et d'autre part la présence de gisements polymétalliques. Deux bancs de grès avoisinent le village, au nord, de part et d'autre de la rivière, et une large zone de « calcaires blancs massifs » d'une puissance maximum de 30-40 m s'étale sur le plateau du « Causse » qui sépare l'Orb en son cours nord-sud et la Mare. Cette richesse se trouve à moins de 3 km à vol d'oiseau à l'est de Villemagne. En regard côté ouest, s'étend une zone complexe caractérisée par des « minéralisations métalliques de divers types » prises dans des marnes ici et là propices aux glissements de terrain ; c'était le lieu de l'exploitation passée du plomb argentifère ;

[1] Canton Saint-Gervais sur Mare. Carte IGN 1/25000 Bédarieux 2543 E. Coordonnées Lambert III : X = 663,11 ; Y = 3146,71 ; Z = 190 m.

[2] G. Ch. VI, c. 403-414. Nodier, Taylor et de Cailleux 1833-1840. Renouvier 1840. Sabatier 1856. Bonnet 1905. De Dainville 1933. Rey 1951. Fargier 1970. Alzieu 1986, 1988, 1993, 1996, 1997. Chédozeau 2000.
Courtes notices sur l'église romane dans Nougaret 1975 (reprend Rey 1951), Clément 1989. Mention brève de l'église gothique dans Robin 1999. Angué 1988 est le premier article conséquent sur l'« Hôtel des Monnaies ». Présentations rapides mais précises de G. Durand dans Pérouse de Montclos 1996, p. 564-565 (reprend Dainville 1933 pour l'église romane).

[3] Carte géologique Bédarieux 2543, livret p. 41 et 44-45.

aujourd'hui est notée la présence de baryum, cuivre, plomb, zinc...
L'enquête proposée ici vise à éclairer essentiellement les ressorts de la commande, à déterminer les conditions socio-économiques de l'émergence d'un art de construire, pour mieux situer celui-ci dans son importance régionale.
Il fallait donc considérer l'organisation d'un territoire, ou plutôt de territoires. Ce sont les situations respectives des établissements laïcs ou ecclésiastiques, centres de pouvoir et localités dépendantes, qui ont d'abord été confrontées. Pour ce faire a été mis à profit un travail antérieur, une cartographie des lieux de pouvoir et de la répartition du peuplement du Xe au XIVe siècle du Saint-Ponais au Lodévois issue d'une thèse (Journot 1990). Dans ce contexte qu'il fallait préciser, l'étude proposée ici est un agrandissement centré sur une zone argentifère qui attira les convoitises. Autour de l'exploitation des mines d'argent fut montée une organisation économique dont les ressorts ont été tout autant accords que concurrences. Une desserte fit partie de cette organisation, dont il fallait apprécier l'importance dans la hiérarchie des voies de communication régionales et inter-régionales. Ce sont bien les axes principaux de la circulation, les itinéraires entre implantations humaines et points de passage obligés par le relief, qui ressortent ici de la cartographie, et non l'emplacement exact des chaussées, quasi inatteignable vu son instabilité. Les sources écrites disponibles ont été mises à contribution. Quelques textes inédits importants conservés aux Archives départementales de l'Hérault et aux Archives communales de Béziers sont ajoutés ici en preuves.
Sont présentés aussi les traits jugés comme pertinents des monuments, pour proposer ce qui n'est qu'un premier éclairage des savoir-faire et de leur qualité relative dans ce petit territoire aux confins du comté de Toulouse. Ainsi milieux de la commande, et commandes elles-mêmes, sont mis en regard.
Cette contribution voudrait donner un premier aperçu de la dimension économique et culturelle d'une région trop longtemps étiquetée sous l'expression simpliste et réductrice d'« arrière-pays ». Les stratégies qui mirent en place du Xe au XIVe siècle réseaux économiques et de pouvoir, ecclésiastique et laïc, liant haut et bas pays, assurèrent un temps à Villemagne prospérité et rayonnement dont la mesure est à chercher ailleurs que dans la surface apparente aujourd'hui du bourg clos autour de son abbaye.
Après cette étude introductive la voie est ouverte pour approfondir, via les ressources de l'archéologie du bâti et de la fouille, les analyses topographiques, architecturales, et aussi des équipements et du petit matériel, sur une longue durée entre Antiquité et Temps modernes, analyses que l'endroit, et les prieurés qui en dépendirent, méritent amplement[4].

[4] Cf. entre autres les recherches en cours de G. Thébault, J.L. Boudartchouk, A.-L. Napoléone et F. Journot.

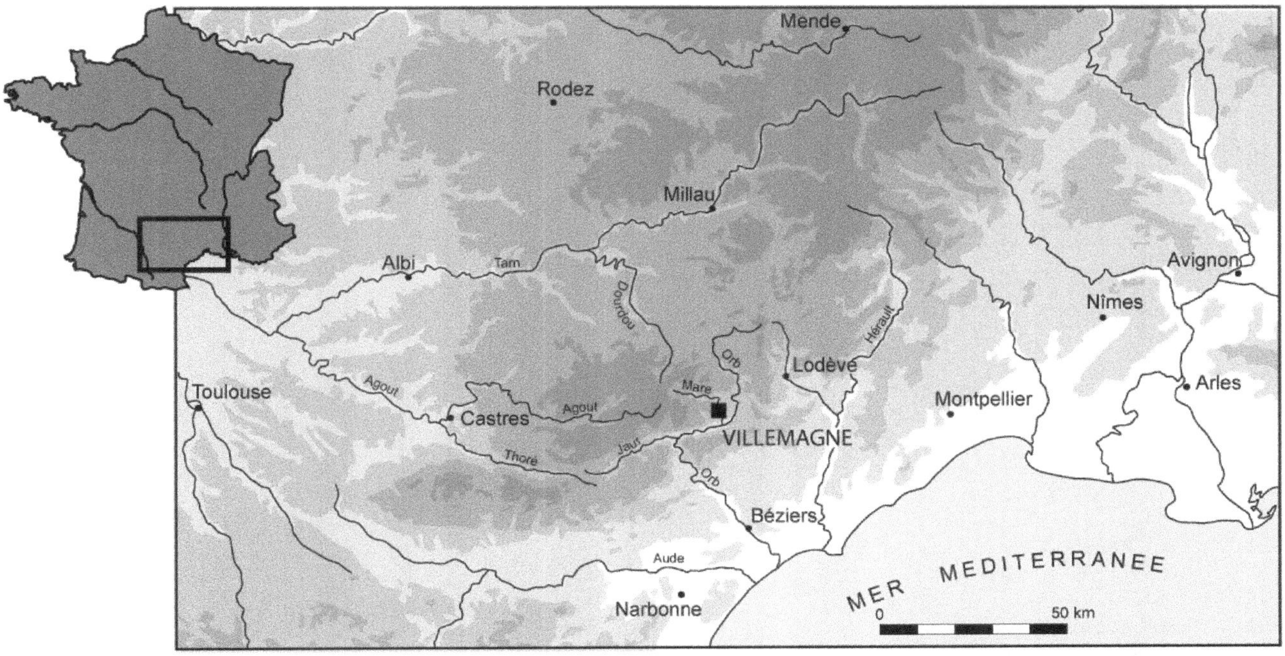

Liminaires, fig. 1 Situation de Villemagne-l'Argentière en Languedoc

a

Liminaires, fig. 2 Le village, vues générales
(*a et c, coll. particulière*)
a. Vue aérienne vers 1970
b. La Mare vue vers l'aval
c. Vue aérienne vers 1970.
Le flanc ouest du village est constitué en partie par l'abbaye moderne

b

c

Liminaires, fig. 2 Vues générales du village (*d.r.*)

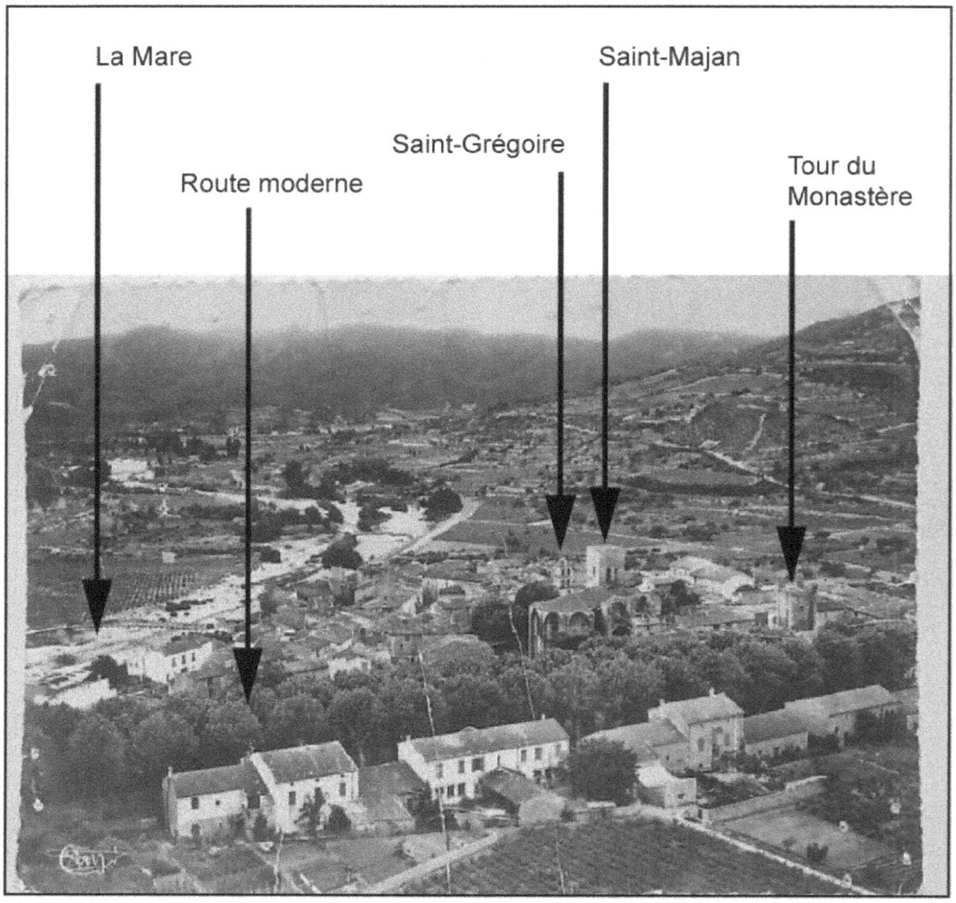

d. Vue vers 1955. Le flanc nord du village, avec au premier plan l'Allée des Platanes (route actuelle vers Saint-Gervais). Noter les trois tours de Villemagne : le fin clocher ajouré de Saint-Grégoire, la masse du clocher de Saint-Majan, la Tour du Monastère en partie ruinée

e. Vue vers 1965.
Le flanc est du village ; à l'arrière-plan, le coteau argentifère

1. « SAINT-MARTIN » JUSQU'AU XIe SIÈCLE : RESSOURCES ET FORCES EN PRÉSENCE

1.1. Des mines d'argent, une *villa*, une nécropole… et un monastère

1.1.1. Le site de Saint-Martin le Vieux

Quand on sait que l'abbatiale de Villemagne est dédiée à saint Martin, le fait qu'il existe à quelques centaines de mètres du bourg une église « Saint-Martin le Vieux » ne pouvait qu'attirer l'attention (**fig. 1**). Il est étrange, du moins dans cette région, que deux lieux de culte d'un même terroir, peu distants, aient eu un même vocable. Pour essayer de préciser nature de l'occupation et chronologie, des sondages archéologiques ont été effectués à l'intérieur et autour de cette église cémétériale très ruinée, dont ne restent en élévation qu'une partie de l'abside semi-circulaire et de deux petites chapelles latérales, tout le reste des murs ayant été arasé. Elle est située sur le flanc ouest de la vallée de la Mare, dans une position dominant l'agglomération actuelle. Ces sondages[1], joints à la prospection aux alentours, ont apporté quelques constatations concernant le mode d'occupation du site sous l'Antiquité et le haut Moyen Âge (Bellan, Journot 1987, 1989).

Un monument et une villa *antiques*

La prospection autour de Saint-Martin le Vieux a permis de repérer à une dizaine de mètres au sud de l'église, à la même hauteur que celle-ci, une occupation antique, plutôt attendue dans ce genre de contexte. D'après le mobilier collecté en surface, une *villa* a vécu là au moins au Ier siècle apr. J.-C. Un fragment d'inscription constitue en revanche une trouvaille exceptionnelle (Bellan, Christol 1986) : **fig. 2**. Elle provient d'un monument de qualité, peut-être funéraire. M. Christol la date de la deuxième moitié du Ier siècle av. J.C., et avance l'hypothèse d'une fourchette contenue entre 50 et 25. Il y reconnaît la mention de la tribu POLLIA, tribu de la première colonie de Narbonne, ce qui, pour lui, repose le problème de l'extension nord de cette *civitas* avant la fondation de la colonie de Béziers[2].
Par ailleurs sont remarquables ici et là dans l'église, y compris dans les fondations, quelques blocs de grès de dimensions impressionnantes, bien différents des moellons de calibre moyen de l'appareil, et qui pourraient être des remplois tirés ou du monument ou d'équipements agricoles de la *villa* : un grand bloc à double encastrement cubique déplacé il y a quelques dizaines d'années près du mur est de l'abside (**fig. 3f**), deux blocs usés munis aussi de logements cubiques, inclus retournés dans un emmarchement (**fig. 3d, e**), un bloc de grandes dimensions creusé de deux encoches et d'une rigole d'écoulement, qui servit de base à l'installation de la chaire à prêcher moderne (**fig. 3a, b**)[3] ; un autre bloc percé d'un logement pour une poutre cylindrique est pris dans le mur de la chapelle nord (**fig. 3c**). Les deux impostes de l'arc triomphal vu leurs dimensions ont pu être sculptées dans des blocs antiques (cf. *infra* et **fig. 8**). Dépeçage et remplois se seraient poursuivis jusqu'aux Temps modernes. Des morceaux de *tegulae* ont fait ici et là calages, mais ils peuvent provenir de tombes du haut Moyen Âge.

Il est tentant de supposer que l'implantation antique avait déjà partie liée aux mines (**fig. 4**), comme ce fut le cas pour les mines de Lascours dans la haute vallée de l'Orb (Gourdiole 1977). C'est l'existence d'un monument de qualité, plus que celle d'une *villa*, qui pourrait le laisser penser. À Lascours comme à Villemagne, la contemporanéité, et la précocité, de l'installation, datant de l'époque républicaine, seraient alors remarquables. De plus un autre site antique est à signaler au pied-même de la pente sur laquelle est implantée Saint-Martin, à environ un kilomètre en amont dans la vallée de la Mare, au lieu-dit Grogues (Bonnet 1930, Gourdiole 1987). Recélant une extraordinaire quantité d'amphores vinaires, il est daté du IIe siècle av. au Ier siècle ap. J.C. Un chemin a donc dû logiquement remonter la vallée de la Mare (jusqu'où ?) à partir de la vallée de l'Orb. Dans la zone du confluent un autre repère nous est donné. Dans le sol du vieil Hérépian ont été retrouvés les vestiges d'un entrepôt d'une vingtaine de mètres de long ayant abrité des *dolia*, qui fut fonctionnel au moins à partir de la fin du Ier siècle ap. J.C. Incendié au tournant entre IIe et IIIe siècles, il devint dépotoir dans un site dont l'occupation se maintint par ailleurs (Gourdiole 1978). Le repérage de ces implantations est intéressant pour localiser les voies de communication. Un embranchement sur la desserte antique de la Mare a pu desservir la *villa* mais à quel point se prolongeait-il vers l'ouest et les autres mines ?
Les indices d'une exploitation antique des mines de Villemagne sont par ailleurs, il faut le dire, minces. La bibliographie sur ce sujet est fournie par M. Clavel (1970 p. 330-331). Les recherches datent du XIXe siècle, les preuves sont perdues. Le site de Grogues (un « champ d'amphores ») est présenté lié aux débouchés des galeries de mines sans preuves sinon une relative proximité. M. Clavel associe aussi une figurine égyptienne trouvée à Villemagne aux pratiques cultuelles personnelles d'un esclave oriental venu travailler aux mines (Clavel 1970 p. 541 et n. 7). La richesse de ses matériaux en laisse douter, d'autant plus que les circonstances de la découverte sont obscures. En revanche l'importance de l'exploitation antique des mines de Lascours, à 20 km à vol d'oiseau de là, est amplement démontrée (Gourdiole, Landes 1998).

---

1 Sous la direction de F. Journot ; cfr les rapports de fouille déposés au Service régional de l'archéologie de Montpellier pour les années 1984 à 1989. Il est regrettable que de faux « fouilleurs », abusant le propriétaire des lieux, aient ensuite pillé partie du sous-sol de l'église.

2 Pour G. Chouquer en revanche la dotation des vétérans est indépendante de leur origine narbonnaise ou biterroise. Il n'y aurait donc aucune incidence sur la question des limites de cités (information orale). Pour le point sur le sujet, cf. Mauné 2000 p. 252.

3 R. Gourdiole y voient des remplois d'éléments de pressoir antique (Gourdiole 1994 p. 67-69).

Une nécropole du haut Moyen Âge. Un premier lieu de culte

Les sondages dans l'église ont permis de reconnaître plusieurs sépultures (**fig. 5**). Deux tombes prises à l'intérieur des murs, mais qui n'ont pas une position centrale ou autrement remarquable par rapport à ceux-ci, présentent un type datable d'une haute époque. Une tombe en coffre de dalles fines (4 à 7 cm d'épaisseur) de calcaire fut écrasée sous un emmarchement précédant le chœur (**fig. 5C**). Quant à la deuxième (**fig. 5D, b, d, e**), contenue dans la nef elle était constituée de deux longues lauzes disposées en bâtière. Deux petites dalles sensiblement triangulaires fermaient les pignons, trois constituaient le sol. Une *tegula* et une dalle de taille moyenne complétaient le flanc sud. Un faîtage d'*imbrices* couronnait le tout. Une fosse a été creusée dans le substrat local, de l'argile, pour l'installer, et de la pierraille la calait au fond de la fosse. Le remplissage de la fosse était très homogène, fait de l'argile remis en place. Par-dessus ce comblement fut étendue une longue plaque d'ardoise rectangulaire, peu épaisse. Le sol en ciment de la nef vint la recouvrir ensuite directement. Il est difficile de dire si ces deux tombes ont été antérieures à la construction de la nef. La relative « propreté » de l'environnement de la sépulture en bâtière pourrait le laisser penser ; creusée au milieu de l'église la fosse aurait été parsemée de gravats au moins issus de la fragmentation du sol ? Ceci dit le sol de la nef a été coulé sur la signalisation en surface de la tombe. Elle était donc connue lors de cette phase de construction de l'église.

Les « coffrages en lauzes de section quadrangulaire » sont répertoriés entre la fin du IVe et le VIIe siècle, une majorité se dégageant pour les VIe-VIIe siècles, puisque c'est alors que se multiplient les inhumations chrétiennes (Colardelle *et al.* 1996 p. 284). Quant aux « coffrages de section triangulaire », M. Colardelle les dissocie selon le matériau, tuiles ou lauzes, le type mixte de Saint-Martin muni d'une dalle en surface n'étant pas répertorié. Cette forme de signalisation n'est pas non plus évoquée par C. Raynaud, qui mentionne nombre de dispositions verticales ; seule signalisation horizontale, à Lunel-Viel, des traces de « chape en béton de tuileau » (Raynaud 1987). En revanche c'est en Isère que M. Colardelle répertorie une tombe, en coffre de pierres, datée du VIIe siècle, qui fut signalée en surface par une grande dalle plate bordée de pierraille (Colardelle 1983 p. 47). Il est possible que la dalle d'ardoise, en bon état au moment où fut coulé le sol de ciment, ait alors été mise en place par les constructeurs de l'église pour remplacer une signalisation ancienne et détériorée. Plutôt rare dans le Sud-Est (Colardelle *et al.* 1996 p. 285), le coffrage triangulaire de lauzes ne semble pas l'être dans la région (Brunel 1936, Gourdiole 1986 p. 62). Sa datation se situe majoritairement entre IVe et VIIe siècles.

La quantité de fragments de sarcophages remployés dans le mur du cimetière ou dans l'église (**fig. 6**) atteste la présence d'une nécropole du haut Moyen Âge. Le grès dans lequel certains ont été taillés affleure à peu de distance du site. Mais il en est d'autres qui furent taillés dans du calcaire, aux carrières un peu plus distantes, permettant une taille plus fine. Les cuves trapézoïdales, taillées donc plus ou moins finement selon la pierre, sont très simples, comme les couvercles tectiformes peu pentus. Les parois vont d'un peu plus à un peu moins d'une dizaine de centimètres d'épaisseur. Aucun indice de datation absolue n'y est associé et force est de se contenter d'une datation approximative par le type. M. Colardelle les situe pour un large Sud-Est, qui englobe l'est du département de l'Hérault avec les travaux de C. Raynaud sur le Lunellois, dans une fourchette chronologique allant du IVe au VIIIe siècle, une majorité étant rapportée aux VIe-VIIe siècles. Il remarque à leur propos : « rares dans les nécropoles rurales, ils sont souvent (toujours ?) associés à une église ou chapelle » (Colardelle *et al.* 1996 p. 280).

Un autre sarcophage, complet et en place, offre quant à lui une situation intéressante (**fig. 5A**). Il se trouve pris dans le chœur de Saint-Martin – qui fut d'abord de plan quadrangulaire –, presque appuyé à son mur sud. Il contint plusieurs corps, qui furent finalement ôtés, sauf un petit nombre d'os des extrémités inférieures restés quasi en connexion. La cuve fut remplie de terre vers le milieu du XIIe siècle et le couvercle replacé, à l'occasion d'une réfection de l'église (cf. *infra* 3.2.1).[4]

Un ensemble funéraire très particulier (**fig. 5B, b**) est bien intégré à la nef, et a été installé après le montage des murs, puisque la fosse qui le contient a recoupé la couche de construction. C'est une série de tombes mitoyennes faites de dalles épaisses (une quinzaine de centimètres) de grès jaune, barrant la largeur de la nef. La séparation entre chaque tombe est faite d'une seule dalle posée de chant, les couvercles peuvent être communs à deux tombes. Parfois le bord des dalles faisant les côtés a été entaillé grossièrement pour caler ces couvercles, et des pierres calent par ailleurs les parois. Cette structure préconçue englobe l'extrémité de la tombe en coffre parallélépipédique, et l'enjambe grâce à une lourde dalle. Elle était recouverte d'un sol de ciment. Une petite partie de ces « casiers » a été ouverte lors du sondage. Le premier *jouxtant* le mur nord contenait la réduction d'au moins quatre corps (quatre crânes visibles) ; le deuxième ne contenait *a priori* qu'un corps (aux pieds posés l'un sur l'autre, ce qui laisse supposer l'existence d'un linceul).

Ces « casiers » sont techniquement autant de coffres à section rectangulaire, faits de dalles épaisses, mais les refends et couvercles communs, le caractère collectif de la structure les apparentent aux *formae* définies par M. Colardelle (1996 p. 307). Deux ensembles funéraires fouillés l'un à Vienne (vallée du Rhône), l'autre à Brive (Corrèze) fournissent des points de comparaison intéressants, et de dates fort éloignées. M. Zannettacci-Stéphanopoli (1994) a en effet reconnu

[4] Un couvercle de sarcophage est déposé dans un jardin dans le village de Villemagne. Une croix latine simple très saillante est sculptée sur largeur et longueur, ce qui le rend comparable « à de nombreux exemples connus dans l'ensemble du monde mérovingien » (Colardelle 1983 p. 221). Son origine exacte est inconnue.

récemment à Vienne des *formae*, dans une basilique funéraire fondée au Ve siècle ; un corps y occupait chaque *forma*. En revanche à Saint-Martin, il n'y a pas autant de tombes individuelles que de casiers. Au moins le casier nord est le résultat d'une réduction de plusieurs sépultures et donc constitue à proprement parler un ossuaire (Colardelle 1996 p. 309), alors que le casier mitoyen ne contenait apparemment qu'un corps. À Brive, ce sont « sept caveaux contigus séparés par des pierres de réemploi placés de chant », et couverts de « dalles de grès rouge », que G. Lintz a explorés. Des fonds de sarcophages restés en place avaient même été réutilisés, l'ensemble ayant été installé sur une nécropole. « À l'est, ces caveaux s'appuyaient contre le mur [parement extérieur] de l'église ; à l'ouest, ils étaient limités par un muret de pierres sèches. Plusieurs squelettes pouvaient se trouver dans le même caveau ». Le même type de structure pour des caveaux orientés nord-sud s'appuyait sur le parement extérieur nord de l'église. Cet ensemble est datable des XVIIe-XVIIIe siècles (Lintz 1989). Différences notables avec Saint-Martin, d'une part ces caveaux sont extérieurs à l'église, d'autre part, s'ils peuvent contenir plusieurs corps, c'est le résultat d'ajouts successifs et non de réductions. Enfin à Saint-Martin la structure n'inclut pas de remplois. Ajoutons un troisième cas plus proche géographiquement, exploré par C. Raynaud à Lunel-Viel (Hérault). Deux tombes de la nécropole du Verdier (fin IIIe-fin Ve siècles) « contenaient les ossements de cinq à six sujets et n'ont conservé aucun corps en place. Il s'agit donc de véritables ossuaires » (Raynaud 1987 p. 127). Pour ce dernier cas, si la pratique qui consiste à accumuler des ossements dans une tombe est attestée, il n'y a pas d'association avérée avec une église.

Quelques vestiges architecturaux ou de mobilier peuvent être aussi pris en considération. Et tout d'abord ce qui pourrait avoir été un dépôt de fondation, malheureusement démantelé. À l'extérieur de l'église un énorme bloc de grès à peine dégrossi, ou très érodé, a été traîné quasiment contre la base de l'abside (**fig. 3f**). Rien ne permet de déceler son emplacement d'origine. Il présente deux *loculi* cubiques bien taillés, dont un avec feuillure pour un couvercle. Du matériel y a été trouvé, confié à l'abbé Giry. Celui-ci écrit dans ses notes sur Saint-Martin le Vieux : « dans le mur, un bloc de pierre, de 1,55 m x 0,70 m, est creusé de deux trous carrés, dont l'un, fermé d'une *tegula* renfermait un vase funéraire d'incinération en forme d'oule, de 0,18 m de haut, ainsi que trois balsamaires. Ces témoins précieux d'un rite pré-chrétien nous révèlent l'antériorité du lieu par rapport au christianisme » (Giry 2009 p. 265).

Le souvenir de l'abbé Giry est sujet à caution. Une « oule » de 18 cm de haut ne rentrerait dans aucun des deux *loculi*. D'après le témoignage du propriétaire des lieux, d'un côté se trouvaient des ossements, de l'autre deux « fioles » de céramique. L'une a été conservée par le propriétaire, elle présente une panse ovoïde de 5,2 cm de diamètre, au col cassé (**fig. 7**). L'objet est d'après C. Pellecuer[5] typique du milieu funéraire et datable des débuts de notre ère (donc contemporain de la *villa* antique susdite). Ce bloc devait certes être intégré à l'église, même si nul ne sait plus où. On verrait bien alors que les logements cubiques aient abrité reliques et produits sacrés, mais il faudrait aussi admettre que la petite « fiole » était elle-même un remploi, considéré comme précieux[6]. La disposition des *loculi* fait irrésistiblement penser au « cippe » de marbre conservé dans l'ancienne abbatiale de Joncels, gravé de l'inscription HIC SVNT RELIQUIAE SANCTORVM, commenté pour la première fois par le chanoine Hébrard en 1942[7]. Reste qu'à Saint-Martin les proportions ne permettent pas l'utilisation en socle d'autel dressé à la verticale.

Sont aussi parvenues jusqu'à nous des impostes (**fig. 8**), restées longtemps perchées sur l'amoncellement de déblais que constitua l'église ruinée et qui, vu leurs dimensions, ont pu être également taillées dans des blocs antiques. La différence de longueur entre les blocs, et leur hauteur assez importante, qui fait que le rouleau de chaque imposte est sculpté dans le même bloc que le haut du piédroit, laissent supposer que l'on remploya des éléments trouvés sur place. D'ordinaire l'imposte caractérisée par sa moulure saillante est un bloc en soi, plutôt peu haut, qui fait transition entre dernier bloc du piédroit et sommier. L'autre point remarquable est leur dissymétrie ; les motifs sculptés sont assortis mais différents. Les emplacements des piédroits de l'arc triomphal ayant fermé le chœur étant aussi de longueur inégale, il ne paraît pas douteux qu'elles aient constitué les impostes de cet arc[8]. Elles sont de même hauteur, environ 30 cm. La partie saillante est sculptée en rouleaux sous une moulure en bandeau, de façon à ce qu'une section de chaque rouleau apparaisse dans l'ordonnance de l'arc triomphal. Un rouleau simple pour l'une (**fig. 8b**), dont chaque section est ciselée en volute ; deux rouleaux superposés pour l'autre (**fig. 8a**), ornés de volutes doubles. J. Giry avait déjà remarqué la ressemblance avec le motif en volute simple des impostes de la petite église Sainte-Marie (**fig. 8c**), située en contrebas du château de Montesquieu (Giry 1983 p. 45), église qu'il est difficile de placer dans le temps avant le tournant entre XIe et XIIe siècles (Journot 1990) mais

---

[5] Mr A. Salles propriétaire a accepté de nous confier cette « fiole » pour identification. L'analyse a été demandée à C. Pellecuer.
Diamètre de l'ouverture à la base du col, 1,1 cm. La paroi est particulièrement mince (2 mm). La pâte orangée est fine, micacée, plutôt tendre. Que Christophe Pellecuer soit ici remercié pour son identification.

[6] La forme de la petite céramique antique rappelle celle de ces « ampoules » de verre, dont une intéressante série rapportée par D. Foy aux XIe-XIIe siècles a été trouvée dans des tombes, sans doute destinées à contenir de l'eau bénite (Foy 1988 p. 192-195). Une hypothèse envisageable mais restant bien hasardeuse serait que les « fioles » aient contenu un échantillon des produits qui servirent à consacrer, ou reconsacrer, l'église. À titre indicatif, concernant une période notablement postérieure, voir les détails sur le rite de consécration des églises fournis par Durand de Mende dans son *Rational* : sont utilisés eau, cendre, sable, sel, vin, chrême (Barthélémy 1854 t. I p. 85).

[7] Hébrard 1942 p. 23. Chatel 1988. Mérel-Brandenburg *et al.* 2011 : le marbre a été identifié comme du marbre de Carrare.

[8] Leur plus grande longueur est de 68 cm pour l'une (pour 57 cm de large), 100 pour l'autre (pour 62 cm de large).

qui mériterait plus amples investigations. Le motif s'attache certes à une époque ancienne, avant le XIIe siècle, mais n'est pas précisément datable. La dissymétrie reste énigmatique, sauf à se dire qu'il fut un temps où ces impostes étaient quatre, qu'elles ont existé appariées, mais que pour une raison inconnue n'en furent récupérées que deux, dépareillées.
A également été retrouvé, pris dans un blocage moderne, un fragment de chapiteau de marbre blanc à l'ordonnance corinthienne (**fig. 9**), très érodé (il a manifestement été exposé à la pluie), qui pourrait vu sa taille avoir été un support architectural comme un élément de mobilier (largeur entre les deux volutes d'angle 28 cm). L'utilisation du marbre et l'ordonnance à l'antique font penser à la production de ce qu'il fut convenu d'appeler les « ateliers pyrénéens », production qui eut cours *a priori* jusqu'au VIIIe siècle[9].
Parmi les déblais ayant comblé un caveau tardif se trouvaient enfin deux fragments de table d'autel à lobes, en marbre, avec un simple décor de longues perles sur le marli, dont un morceau assorti est encore aujourd'hui incrusté au-dessus d'une porte d'une maison du Pradal (**fig. 10**). M. Durliat assigne la production de ce type de mobilier à des artisans de Narbonne, pour une période allant de la fin du IXe à la fin du XIe siècle. Ils auraient œuvré là à partir de marbres antiques (Saint-Jean 1975 p. 70-71). Paul Deschamps (Hébrard 1942 p. 7) posait comme hypothèse l'exploitation dès lors du marbre de la région de Saint-Pons de Thomières, aux sources du Jaur, à une quarantaine de kilomètres de là, même si cette exploitation n'est attestée qu'à partir du XIIe siècle (voir *infra* le mobilier décrit dans l'Annexe 1).

Dans l'état actuel des choses, on peut supposer qu'une nécropole s'est installée, à une époque contenue entre IVe et VIIIe siècles, près des restes d'un monument peut-être funéraire et d'une *villa* antiques (Ier siècle av.-Ier siècle ap. J.C.), sans que la continuité d'occupation soit assurée. L'habitat auquel cette nécropole fut attachée n'est pas connu. À l'emplacement de l'église, une première structure fut peut-être construite dont le souvenir réside dans ces énormes blocs de fondation, non taillés, qui se trouvent sous l'entrée du chœur de l'église postérieure. Ils affleurent au même niveau que celui des tombes de la nécropole, mais l'environnement stratigraphique n'a pu être observé de façon satisfaisante, si bien que l'on ne peut savoir si ces gros blocs furent mis en place sous l'Antiquité ou au haut Moyen Âge. Le morceau de petit chapiteau de marbre corinthisant pourrait en être contemporain. Le fait que les terres soient instables et aient tendance à couler sur la pente a fait disparaître partie des vestiges. Les murs de l'église postérieure n'ont piégé que des données lacunaires.
La première structure nettement identifiable associe lieu de culte à chœur fermé, *formae* en dehors du chœur, et sarcophage dans le chœur (**fig. 5**). Seul son *terminus post quem*, la première moitié du XIIe siècle, a été établi par la fouille ; il est quelque peu tardif. Peut-on supposer qu'en construisant ce lieu de culte, les tombes rencontrées sur le trajet des fondations ont été réduites dans le casier nord des *formae* ? Ce type de structure préconçue marque une action vis à vis d'une collectivité. Les tombes ne sont pas construites une par une selon les besoins individuels, c'est un ensemble qui est installé d'emblée. Si l'on suppose que la première communauté concernée a été celle des morts de la nécropole dérangés par la construction de l'église, qui étaient les autres, suffisamment bien considérés pour être accueillis dans la nef ? Les moines d'une petite *cella* ? Le sarcophage du chœur reste aussi difficile à interpréter. Le périmètre du chœur carré est bien lié à son emplacement. Mais cet emplacement, qui marque le caractère insigne de cette sépulture, est-il originel ? La profondeur à laquelle il a été trouvé correspond aux niveaux de la nécropole. Cela corroborerait-il l'idée qu'une première construction a précédé l'église à chœur fermé ? En tout cas le sarcophage fut réutilisé, avant d'être quasi vidé, vers la fin de la première moitié du XIIe siècle. Sa fermeture fut alors définitivement scellée par un épais sol de béton (cf. *infra* 3.2.1).
Si l'on ne peut guère être précis pour la période haute, manifestement, aux Xe-XIe siècles, se tint là une petite église à chœur fermé, construite à partir de nombreux blocs de grandes dimensions, des remplois, complétés de moellons. L'arc triomphal reposait sur des impostes à volutes, dissymétriques. Au moins une table d'autel fut de marbre blanc, à lobes. La nef incluait d'anciennes tombes dissimulées sous un sol de ciment, mais restaient en fonction des *formae*, dont un casier servit d'ossuaire. Le chœur englobait un sarcophage avoisinant l'autel. Sa position était, ou restait, ainsi privilégiée. Il reçut à la longue plusieurs corps.

Les « églises à chevet carré » ont fait couler beaucoup d'encre depuis les travaux introductifs de M. Durliat et J. Giry (Durliat, Giry 1971 ; Giry 1983). G. Durand a fait le point sur la question en soulignant que l'extension de ce type de plan va bien au-delà du Languedoc, du VIIIe au XIe siècle préférentiellement (Durand 1989). Quant à la question de l'ouverture ou de la fermeture du chœur, A. Bonnery en a proposé une explication d'ordre liturgique, en voulant l'associer à l'adoption du rituel romain (Bonnery 1988). La question liturgique est centrale mais particulièrement complexe. A.M. Mundo a démontré pour sa part que l'installation de monastères bénédictins contribua de façon décisive à la diffusion du rituel romain. La règle bénédictine, qui « contient un *cursus* liturgique de type romain » participa à la reprise en mains carolingienne qui fit suite aux invasions arabes et à la reconquête franque (Mundo 1971). A. Bonnery va plus loin. La structure à chœur fermé est pour lui typique des *ordines romani*, où le fidèle est censé peu participer à l'eucharistie, en tout cas moins que dans le rite hispanique. Le remplacement de celui-ci par celui-là fut d'autant plus nécessaire qu'il s'agissait alors de lutter contre l'extension de l'hérésie adoptianniste, plutôt favorisée par l'ancien rite. Le *terminus ante quem* de cette structure serait donc le IXe siècle. G. Durand

[9] Vergnolle 1986 p. 188-189 ; Durliat *et al.* 1987 n° 116 et 308 ; Lapart 1991.

relayée par L. Schneider et D. Paya ne le suivent pas dans cette interprétation. On peut ajouter que la « grande » architecture carolingienne n'est pas spécialement connue pour ses chœurs fermés, et que l'architecture dite wisigothique n'en paraît pas dépourvue ; il est vrai que celle-ci est encore mal comprise. A. Bonnery préfèrerait d'ailleurs qualifier la liturgie de « romano-hispanique » (dite aussi « catalano-narbonnaise » ou « catalano-languedocienne ») plutôt que romaine (Bonnery 1988 n. 18 p. 51). Il y a bien dans son esprit adaptation locale. Elle reste au bout du compte difficile à cerner[10].

L'ouverture des chœurs paraît cohérente avec le courant de pensée, officialisé à l'époque carolingienne, qui accordait à la gestuelle de la messe une symbolique d'autant plus importante pour les laïcs qu'ils ne comprenaient pas le latin. Marquer les esprits par la vue de phases rituelles qui deviennent autant d'allégories d'épisodes de la Vie du Christ est typique des réflexions des lettrés qui voulaient agir sur la mémoire, dans la droite ligne des principes pédagogiques antiques. Mais cela n'alla pas sans résistances. Une illustration célèbre en fut au IXe siècle la querelle au sein de l'archevêché de Lyon entre le réformiste Amalaire de Metz et Agobard, d'origine hispanique justement, champion de la lutte contre l'adoptianisme. Cet épisode est contradictoire avec l'hypothèse d'A. Bonnery.

Le plan à chevet carré relève en partie de facilités de construction. Les mêmes techniques de construction et des plans sans arrondis caractérisent alors églises comme châteaux (Durand 1989 ; Journot 1992). Pour ce qui est de la fermeture du chœur G. Durand souligne son lien aux hautes époques avec des sépultures privilégiées. Une forme d'adaptation à des fonctions d'abord funéraires serait ensuite restée un modèle pour tout lieu de culte. Saint-Sébastien de Marou qui ne contenait pas de sépultures serait un exemple illustrant ce dernier cas de figure (Schneider, Paya 1995). À Saint-Martin le Vieux il y a sans conteste association chœur fermé – sépulture privilégiée (le sarcophage). Mais côté chronologie l'intérêt de la fouille réside dans la datation de l'évolution de ce plan. C'est bien dans sa configuration fermée que le chœur est restauré vers la fin de la première moitié du XIIe siècle. Alors que dans la deuxième moitié de ce même siècle il est transformé en chœur ouvert (cf. *infra* 3.2.2.).

1.1.2. 819, apparition écrite du monastère de Villemagne

Le monastère de *« Villamagna »* est cité pour la première fois dans un texte bien connu de l'époque carolingienne, une *notitia* datée de 819 (datation corrigée) qui fait la liste des monastères devant des « services » à l'Empire[11] (**fig. 4**). Villemagne, cité après Aniane et Saint-Thibéry et avant Saint-Pierre de Lunas (autrement dit Joncels), ce qui ne laisse aucun doute sur son identification, fait partie des monastères de Septimanie qui ne devaient ni dons ni service armé mais seulement des prières, pour le salut de l'empereur, en l'occurrence Louis le Pieux, et de l'Empire. Mais les circonstances et la date exacte de sa fondation restent inconnues (Magnou-Nortier 1974 p. 94).

En ce début du IXe siècle rayonne la personnalité de Benoît, restaurateur de la règle de saint Benoît de Nursie et fondateur d'Aniane (750-821), un des grands acteurs de l'« essor monastique » carolingien, qui fournit appui au pouvoir impérial. Principal artisan de la série des conciles d'Aix qui se trouva à la base de la rédaction de la *Notitia*, Witiza devenu Benoît n'était pas une personnalité isolée en son pays. É. Magnou-Nortier souligne la qualité de son entourage et ses liens avec ses disciples. Il était, entre autres, ami de Nébridius archevêque de Narbonne et fondateur de Lagrasse, et particulièrement lié à l'abbé Attilio, qui revigora la vie monastique à Saint-Thibéry à la fin du VIIIe siècle[12]. Malgré la proximité, toute relative, de Villemagne avec les deux abbayes d'Aniane et de Saint-Thibéry, rien ne permet de lier assurément l'origine ou le renouveau de ces monastères. Mais il est troublant de constater que dans la suite des temps (cf. *infra* 1.2.2), les relations entre Villemagne et Saint-Thibéry ont été décisives quant au sujet-clé de la possession de reliques insignes ; et que des liens spirituels entre Villemagne et Lagrasse ont été entretenus.

Il serait logique de penser qu'au IXe siècle, un membre de cette « amicale » bénédictine s'en est allé fonder Saint-Martin de Villemagne. Mais où se trouvait ce premier monastère ? Y eut-il fondation, ou reprise, d'une modeste *cella* sur le site qui allait devenir « Saint-Martin le Vieux » ? Ou installation dans l'emplacement actuel ?

1.2. Affrontements féodaux et course aux reliques

1.2.1. Positions toulousaines, narbonnaises et biterroises

Dans la deuxième moitié du Xe siècle et au long du XIe siècle, le monastère est pris dans l'affrontement entre autorités laïques. Les apparitions du monastère dans les testaments des autorités laïques et ecclésiastiques (966-1005) se font sous forme de dédicaces révélatrices, de « Saint-Martin » à « Saint-Majan et Saint-Martin ».

En 966 le vicomte de Narbonne Matfred et Adélaïde sa femme font leur testament avant leur départ pour Rome. Ils ordonnent que restent au monastère Saint-Martin de Villemagne les manses de *Folcinian* (lieu-dit

---

[10] L'articulation entre dispositifs architecturaux et liturgie, la question des chœurs fermés et des chœurs ouverts, restent mal éclairées. Chédozeau 1998 p. 18 : « pour les siècles médiévaux on connaît mal l'histoire des chœurs clos ». Palazzo 2000 p. 139-40 : il est difficile de lier les textes descriptifs du rituel, des dates, et les dispositions architecturales.

[11] *Monumenta Germaniae historica*, Cap. I, n° 171, catalogue des monastères dressé au concile d'Aix la Chapelle, 817 corrigé en 819.

[12] É. Magnou-Nortier admet ces témoignages d'Ardon et Théodulf issus de la *Vita sancti Benedicti* (Magnou-Nortier 1994 p. 95 n. 80).

non localisé), mais ils lèguent à leur fils Raymond les alleux de Villemagne. Vers 972 c'est la comtesse de Toulouse Garsinde qui effectue quelques dons à Saint-Martin de Villemagne, ses dons principaux allant à l'abbaye de Saint-Pons où est enterré son mari. En 978 puis en 990, Adélaïde vicomtesse de Narbonne établit un premier puis un deuxième testament. Tout d'abord elle partage le « fruit » de Villemagne entre d'une part ses fils Ermengaud et Raymond, et d'autre part « Saint-Sauveur » et « Saint-Martin ». C'est la première mention de Saint-Sauveur dite plus tard église paroissiale. Ensuite elle donne au monastère Saint-Martin de Villemagne l'alleu d'Esclatian et la moitié de son église Saint-Baudille avec partie des droits qui y tiennent (localité située près de Vendres, sur le littoral), et une maison dans le bourg de Coujan (près de Murviel). Enfin en 1005 l'archevêque de Narbonne Ermengaud transmet deux coupes orfévrées à « Saint-Majan et Saint-Martin de Villemagne ».[13]
L'abbaye paraît donc pour l'heure plus particulièrement liée aux vicomtes de Narbonne. Un lien dont la nature exacte reste floue.

L'emplacement des châteaux comtaux et vicomtaux montre l'imbrication de l'emprise spatiale des autorités laïques (Journot 1990) dans cette zone de montagne (**fig. 11**) ; et l'implantation des nombreuses églises citées à l'époque dessine des axes de circulation cohérents à flanc de vallées. Leur analyse va faire ressortir les atouts de la situation de Villemagne.

Les comtes de Toulouse

Cessenon, peut-être Lunas, sont biens du comte de Toulouse. Le terme *suburbium* est attaché à Lunas (909), un terme qui semble lié à l'autorité comtale. Lunas sera plus tard réclamé par le comte, et l'abbaye de Saint-Pons a été fondée par lui. L'alleu du *castrum* de Cessenon et l'église proche de Saint-Pierre de Figuières avec son annexe la chapelle du *castrum*, également dédiée à Saint-Pierre, sont transmis par la comtesse, vers 972, à l'abbaye de Saint-Pons[14].
Saint-Pons se trouve au seuil du sillon Orb-Jaur, près de la source et de l'église Saint-Martin du Jaur, à la porte du Toulousain. À l'occasion d'une série de donations par l'archevêque de Narbonne, en 940, on apprend que la rive nord du Jaur est particulièrement bien jalonnée de localités, ce qui suggère que la route se trouvait de ce côté. Les deux églises d'Albagnan, Saint-Étienne et Saint-Amans (celle-ci a disparu), Saint-Sébastien de Prémian, Saint-Pierre de Riols, devaient se trouver en bas de pente, liées par le même axe de circulation, alors que leurs annexes, Sainte-Eulalie et Notre-Dame de Trédos, étaient plus enfoncées dans les flancs de la vallée. Cessenon est implanté au débouché de la cluse de l'Orb dans la plaine biterroise, et Lunas, qui domine un petit affluent de l'Orb, est sur la route de Lodève (ils seront appropriés par le vicomte de Béziers). Lunas est un relais important de l'autorité, chef-lieu de viguerie. Son accès s'embranche sur la route de l'Orb dont un segment pouvait suivre la rive gauche, si l'on en croit l'emplacement des nécropoles aux lieux dits Taillevent (Brunel 1936) et Caunas (Gourdiole 1986), et des églises apparemment préromanes de Saint-Raphaël et Saint-Sauveur de Palagret (Signoles 1984). L'occupation du sillon Orb-Jaur vers l'ouest étant essentiellement attestée sur la rive nord, on peut supposer qu'un passage sur l'Orb existait non loin du confluent Mare-Orb.

Les vicomtes de Narbonne

Reprenons le testament du vicomte et de la vicomtesse de Narbonne daté de 966. Ils répartissent leurs biens entre leurs fils, et sont cités à cette occasion l'alleu de Nébuzon, Saint-Geniès, l'église Saint-Gervais, Murat avec son château (*castellum*) de Boissezon, les alleux de Villemagne, et de Caussiniojouls avec son église. Voici soigneusement balisée une pénétrante dans les monts joignant sud Rouergue et plaine biterroise. Caussiniojouls se trouve en effet sur le versant sud des Avant-Monts, regardant la plaine biterroise, tandis qu'à l'opposé, au nord, Murat et Boissezon jalonnent la route d'Albi dans le sud Aveyron. Entre les deux, se trouve le bassin argentifère au bord duquel est Villemagne. Et donnant sur la haute vallée de la Mare de petits vallons-affluents abritent Saint-Geniès et Saint-Gervais. Quelque peu en amont de Saint-Gervais se trouve un petit château nommé Nébuzon. Il n'est pas sûr qu'il ait déjà existé en 966, mais c'est bien cette région qui est nommée.
À la vérité sont cités aussi l'alleu de Douch et son église Sainte-Marie, au cœur du plateau du Caroux, excentré vers l'ouest par rapport à cet axe. En 978 c'est Adélaïde qui retouche la répartition des biens vicomtaux. L'église Sainte-Marie de Douch est alors dite paroissiale. Apparaît la *villa* de Colombières avec son église Saint-Pierre, au flanc de ce même plateau du Caroux, dominant l'Orb. Quant au pays de Nébuzon, il est partagé entre un fils de la vicomtesse, les moines de Vabres, et ceux de Joncels. On a vu que le « fruit » de Villemagne est réparti pour moitié auprès de ses fils, l'autre moitié étant partagée pour un tiers à Saint-Sauveur, les deux autres tiers revenant à Saint-Martin. Caussiniojouls est toujours cité. Notons aussi que le manse d'Aigues-Vives dans le pays de Lerades, non loin de Caussiniojouls, restera à Saint-Nazaire de Béziers, ce qui est intéressant quand on sait que le siège épiscopal de Béziers est détenu par la famille vicomtale de Narbonne (Amado 1973). Enfin, en 990, Adélaïde retouche une dernière fois son testament en transmettant au monastère Saint-Martin de Villemagne un alleu dans la *villa* d'Esclatian, avec moitié de son église Saint-Baudile (près de Vendres), et un *solarium* dans le bourg de Coujan (près de Murviel), biens excentrés, l'un sur le littoral, l'autre dans la plaine biterroise, que l'on retrouvera cités plus tard.

[13] 966 : HGL V c. 255-257. Vers 972 : *ibid.* c. 274-280. 978 : *ibid.* c. 287. 990 : *ibid.* c. 321. Depuis 969 la moitié de l'église Saint-Baudille dans la *villa* d'Esclatian appartient à l'évêque de Béziers et à son Église, et moitié de la tour, et le puech, la *cella*, le cimetière... (L. nr Béz. p. 26). 1005 : HGL V c. 349-351.
[14] 909 : HGL V c. 128. Vers 972 : *ibid.* c. 272.

Dans ce paysage, Faugères est un lieu de particulière importance. Implanté non loin de Caussiniojouls, Faugères est détenu par une famille citée à partir de 1030[15]. D'après C. Amado, ses origines seraient narbonnaises. Il y aurait parenté des Faugères avec certains lignages narbonnais. Et il est troublant de constater qu'à Narbonne un Salomon (prenom préférentiel des Faugères), est étroitement associé aux actes vicomtaux de la première partie du Xe siècle (Amado 1977). Ainsi, au début du XIe siècle, Caussiniojouls, dont on ne sait si le château qui le caractérisera plus tard existe déjà mais qui est muni assurément d'une église, désignant donc un terroir peuplé, et Faugères, logiquement muni d'un château, sans compter le lieu d'Aigues-Vives, simple exploitation rurale, voisinent au cœur du contrefort sud des Avant-Monts, tournés vers la plaine. Faugères est implanté à flanc de pente, et ses défenses construites devaient être importantes. Vu son implantation en effet, ce ne pouvait être un château construit à l'économie, en profitant de défenses naturelles. L'avenir va confirmer ce premier indice de puissance.
Enfin ajoutons peut-être pour la fin du XIe siècle le château de Neyran, qui domine l'église Saint-Gervais, sur une crête rocheuse. La famille, dans l'orbite des vicomtes de Narbonne, n'est citée assurément qu'au XIIe siècle, mais la chapelle Saint-Pierre qui dessert le site est datée par A. Signoles, grâce au décor de lésènes, de la fin du XIe siècle, ou au plus tard du tout début du XIIe (Signoles 1983). Ce qui laisse supposer l'existence d'habitats, peut-être déjà installés sur la serre, comme ce sera attesté plus tard.
On peut poser comme hypothèse que la politique narbonnaise s'est assortie de l'aménagement de points forts, les châteaux de Nébuzon et de Neyran, le second ayant peut-être relayé le premier dans une position plus avantageuse vis-à-vis d'un chemin passant par le territoire de Saint-Geniès, Saint-Gervais, Murat et Boissezon (Journot 1990).

Les vicomtes de Béziers

Pendant ce temps les biens des vicomtes de Béziers se répartissent dans la région comme suit. Sont cités tout d'abord le *castrum* de Mourcairol avec ses fortifications et ses alleux, et son église Saint-Pierre (990), les « *castels* » de Roquebrun et Carous (v. 1036), et enfin le *castellum* de Vieussan (v. 1059). En 1069 le vicomte donne moitié du *castrum* de Roquebrun et moitié de celui de « Julien » à sa fille à l'occasion de son mariage avec le vicomte de Bruniquel. « Julien » correspondrait-il au château dit d'Olargues-le-Vieux qui domine l'église de Saint-Julien ?[16]

Passons la revue des sites occupés, d'est en ouest. Il suffit de monter sur le pic de Mourcairol pour voir qu'il avait une position-clé, perché sur le rebord nord des Avant-Monts. Il domine la vallée de l'Orb, en face du débouché de la Mare. Tandis que l'église Saint-Pierre de Rhèdes est située de l'autre côté du fleuve, en bas de pente mais en dehors de la zone inondable, forcément près de la route du sillon Orb-Jaur (à 4 km à l'ouest du confluent Mare-Orb, zone possible d'un passage sur l'Orb). Carous est implanté au flanc d'un torrent qui se jette dans l'Orb, et se situe à quelques centaines de mètres de l'église de Colombières, citée dans la liste des biens... narbonnais. Roquebrun et Vieussan jalonnent la cluse de L'Orb, l'un en haut d'un piton, l'autre, s'étalant plus à l'aise sur une crête enserrée par un méandre du fleuve. Entre les deux se trouvent deux églises données en 940 à l'abbaye de Saint-Pons par l'évêque de Béziers, Notre-Dame de Géminian et Saint-Pons de Baraussan[17]. La cluse est une voie de passage naturelle vers Béziers, et dans ce secteur, c'est bien la rive est la plus praticable. Si l'on en croit l'emplacement de Cessenon et de Saint-Pierre de Figuières, sur la rive ouest, il est possible qu'un passage sur l'Orb ait existé, ou vers Cessenon ou vers Roquebrun. En tout cas le vicomte va s'approprier Cessenon, mais l'on ne sait quand avant le XIIe siècle. Quant à Olargues-le-Vieux, sur son piton inaccessible, il émerge du flanc nord de la vallée du Jaur. Les vicomtes de Béziers ont donc fait jalonner de façon particulièrement serrée le sillon Orb-Jaur et la cluse de l'Orb.
1066 est une date importante dans l'histoire de la répartition des pouvoirs dans la région, car cette année voit s'achever la main-mise des vicomtes d'Albi sur la vicomté de Béziers. L'emprise albigeoise à Ambialet, Curvalle, Camarès, Brusque, en sud Rouergue, montrait l'existence d'une « importante voie de passage d'Albi vers Lodève et le Bas-Languedoc » (Bousquet 1992). Traditionnellement, le franchissement du rebord du Larzac, au nord de Lodève, est situé au Caylar. Une emprise qui comportait aussi Murasson, et qui inclut à la fin du XIe siècle Prohencoux et Roquecézière. Avec cette main-mise albigeoise en sud Rouergue les possessions narbonnaises se retrouvent encerclées. Ajoutons une remarque à propos de Neyran, dans la haute vallée de la Mare. À la fin du XIIe siècle ce sont les Curvalle puis les Boussagues, issus de l'orbite albigeoise, qui tiendront (en partie ?) Neyran, mais la tutelle des vicomtes de Narbonne sera réaffirmée au XIIIe siècle. La position de Neyran était si avantageuse que le château fit peut-être l'objet d'accords entre affidés des vicomtes d'Albi et vicomtes de Narbonne, à moins qu'il soit passé de mains en mains (Journot 1990).

1.2.2. L'opportune translation des reliques de saint Majan

Le décor étant planté, penchons-nous à présent sur un texte relatant la translation des reliques et des miracles

[15] L. nr Béz. p. 71.

[16] 990 : HGL V c. 318, testament de Guillem vicomte de Béziers et Agde. Vers 1036 : HGL V c. 426, serment de Guillem à Pierre son frère comte de Carcassonne et vicomte de Béziers et Agde. Vers 1059 : HGL V, c. 496, promesse de Raymond comte de Razès à Rangarde comtesse de Carcassonne. 1069 : HGL V c. 569 ; cf. Journot 1999.

[17] HGL V c. 187.

de saint Majan à Villemagne, faussement daté des environs de 893. Dans ce récit finalement rapporté par l'*Histoire générale de Languedoc*[18], la translation du saint évêque et confesseur Majan est dite avoir été faite sous les Carolingiens, quand Théodard était archevêque de Narbonne et Gilbert évêque de Béziers. Deux moines du monastère de *Cogne* partirent chercher le corps du saint, avec la bénédiction de leur abbé. Parvenant dans le lieu où il était conservé, en Gascogne, ils durent d'abord endormir la méfiance des habitants en s'installant et cultivant la terre. Puis une nuit ils pénétrèrent dans la petite église où était conservé le corps après avoir creusé un trou dans le mur. De laborieux efforts leur permirent enfin d'emporter le coffre des reliques. Mais ils furent poursuivis et par peur d'être rattrapés cachèrent dans une forêt, sous un amas de feuilles, le trésor, puis s'enfuirent. Leurs poursuivants ayant abandonné les recherches, ils récupérèrent le coffre qui leur fut signalé par le jaillissement miraculeux d'une flamme. Les reliques furent accueillies avec joie au monastère. Aussitôt commencèrent les miracles, et le peuple afflua de toutes parts. Un édifice plus beau fut construit pour abriter le corps. Et fut déclarée fausse la revendication des gens du *castrum* de Roujan qui disaient posséder les restes de saint Majan. Le monastère de *Cogne* fut nommé ensuite monastère de *Vallismagnae*, puis de *villae Majani*.

La suite de la relation est consacrée au récit de quelques miracles, dont un qui se déroula au monastère de Saint-Thibéry, où avait été amené le corps à l'occasion d'un synode. Le vicomte de Béziers Guillelm mena devant saint Majan un enfant aveugle, boiteux et muet et pria le saint de lui accorder ses bienfaits. L'enfant fut aussitôt guéri de ses infirmités. À une autre occasion encore le corps fut transporté vers Saint-Thibéry. Une autre fois c'est à un concile agathois qu'il fut amené...

L'abbé G. Alzieu commenta succinctement les origines du culte de saint Majan dans la région (1986 p. 124-125), mais nous devons à l'historien américain P.J. Geary une analyse approfondie dont il est utile de rapporter les traits principaux.

Il pense en effet que comme bien d'autres récits de « vols » de reliques de l'époque, la *translatio* du corps de saint Majan fut un moyen pour le monastère de Villemagne de se prémunir contre les empiètements laïcs dont synodes et conciles débattent au tournant entre Xe et XIe siècles, contexte de l'écriture de ce récit (Geary 1993 p. 120). La forme de la relation est à peu près convenue, commune à d'autres récits de « vols » de reliques par des religieux. Des miracles sont attachés aux restes d'un saint personnage par ailleurs mal connu. Dans le cas de saint Majan, l'on sait par une *Vita* qu'il était réputé pour avoir défendu l'église dans laquelle il s'installa, en Gascogne, au retour d'un pèlerinage à Compostelle, et contre les dévastations du diable qui avait pris la forme d'un dragon, et contre les exactions des nobles locaux. Il représentait donc une force, spirituelle, pouvant contrer les laïcs qui se permettaient, par la force brutale, d'annexer des biens d'Église. Des religieux viennent dérober ces reliques, avec l'aide implicite du saint en question puisqu'il « se » laisse emporter. Une manœuvre spectaculaire qui authentifie les reliques dans les esprits. Et les miracles reprennent dans leur lieu d'accueil, preuve que le saint s'y trouve bien... Tout cela étant censé se dérouler à l'époque carolingienne, prestigieuse pour les monastères et suffisamment lointaine pour que personne ne puisse apporter contradiction. Le miracle dont bénéficia le vicomte de Béziers Guillelm à Saint-Thibéry est une illustration de l'efficacité du procédé. Une charte datée de 998 rapportée par l'HGL[19], a pour sujet la restitution au monastère de Saint-Thibéry par le vicomte de Béziers Guillelm, avant qu'il ne parte en pélerinage à Rome, de biens indûment annexés. P. Geary a reconstitué ainsi les événements de cette fin du Xe siècle. Le milieu ecclésiastique était alors victime de spoliations par les nobles, et en particulier par le vicomte de Béziers. Celui-ci fut manifestement touché par la grâce à la suite d'un bienfait miraculeux dû aux reliques de saint Majan. En retour il restitua les biens détournés. Pour un monastère, posséder des reliques, et leur assurer une notabilité, est une composante de l'affrontement avec les pouvoirs laïcs.

Notons qu'en l'occurrence, c'est au monastère de Saint-Thibéry, et non à Villemagne, que la restitution profita. Le culte de saint Majan fut d'abord localisé là (Geary 1993 p. 123). Et en effet Saint-Thibéry aussi revendiqua la possession des reliques de saint Majan, d'après une donation soi-disant du VIIIe siècle (encore un faux du Xe ou du XIe siècle) par un oratoire de Lombez. Mais si l'on considère le point de vue des auteurs de la *translatio*, d'une part c'est Villemagne qui « prête » le corps à Saint-Thibéry, ou ailleurs, d'autre part ce sont les revendications du *castrum* de Roujan qu'il faut contrer. La revendication est pour le moins osée, de la part d'un laïc. Au moment de la rédaction de la *translatio* (Xe-XIe siècles), c'est Roujan que Villemagne cherche à écarter comme détenteur des reliques, le rapport à Saint-Thibéry paraissant réglé, si l'on croit le rédacteur, en faveur de Villemagne. Et Roujan dépend... du vicomte de Béziers.

À propos du culte, pour cette époque, de saint Majan à Roujan on peut se reporter à la publication récente des recherches de M.-G. Colin. Les modes d'implantation entre le quartier Saint-Jean fouillé à Roujan et le secteur de Saint-Martin le Vieux de Villemagne sont parallèles mais avec une différence de taille, à savoir les indices d'un peuplement important à Roujan : un important lieu de culte antique (Ier siècle) y est christianisé, via tout d'abord une nécropole, dont les tombes relèvent de la même typologie qu'à Villemagne, puis la transformation d'un des temples en église à abside, et aussi la construction d'un baptistère, qui montrerait l'action de l'évêque de Béziers, et entérinerait la présence d'un peuplement notable. L'évolution de l'ensemble a été phasée entre VIe et tournant Xe-XIe siècles. Par ailleurs, au début du XIIe

[18] HGL V, Chroniques II, c. 5 à 8.

[19] HGL V, c. 314-316.

siècle une église Saint-Majan paraît bien attestée non loin de Saint-Laurent de Roujan, église paroissiale cédée au prieuré de Cassan depuis 1080, prieuré qui détient dans l'autel de son église une relique de saint Majan (1115)[20].

Il est notable qu'en 1005, l'archevêque de Narbonne lui-même reconnaisse à Villemagne le double vocable, Saint-Majan et Saint-Martin. Mais cette précision officielle restera unique[21]. Il sera toujours d'usage dans les textes de l'administration ecclésiastique de désigner le monastère sous son vocable de Saint-Martin, et il faudra attendre le XIXe siècle pour une revalorisation du patronnage de saint Majan à Villemagne.
Ce qui n'empêcha pas un culte médiéval local à saint Majan, en plusieurs endroits, dont Villemagne[22].

1.3. Construire un pouvoir ecclésiastique au XIe siècle

1.3.1. Le déplacement du monastère ?

Reprenons la question de l'emplacement d'origine du monastère. Dans les textes, l'église Saint-Martin « le Vieux » apparaît brusquement, ainsi qualifiée, au début du XIIIe siècle[23]. Mais elle existait auparavant, et ne serait-ce que son emplacement, sur un site antique, comme son vocable, plaident pour une haute origine. Les églises dédiées à saint Martin installées sur des lieux de culte antiques, afin de christianiser ceux-ci, constituent un lieu commun de l'historiographie[24]... Grégoire le Grand recommandait déjà au VIe siècle d'installer des églises sur les lieux de culte païens. On a vu que d'autres traits peuvent être rapportés au haut Moyen Âge jusqu'aux Xe-XIe siècles. La fonction funéraire reste un trait d'union entre l'époque antique, le haut Moyen Âge, le Moyen Âge et l'époque moderne.
Par ailleurs est bien attestée depuis au moins 819 l'existence d'un monastère à « Villemagne », dédié à Saint-Martin si l'on en croit les donations de la deuxième moitié du Xe siècle. On peut se demander si les moines n'étaient pas venus tenir ou construire l'église cémétériale de Saint-Martin dit plus tard le Vieux. Mais on ne peut pas l'affirmer. Un lieu de culte a pu exister là avant la création du monastère. Ou, malgré la faible distance, une petite *cella* dépendante du monastère a pu être installée là momentanément, avant de devenir église paroissiale[25].
Le haut Moyen Âge reste bien mal connu dans la région, les études se concentrant plutôt sur les cités, Narbonne, Béziers, et le bas pays. On ne sait rien de l'impact éventuel d'une présence des Wisigoths ariens du royaume de Toulouse (418-507). Celle-ci n'est même pas assurée (Rouche 1991). Rien non plus des conséquences de la conquête arabe puis de la reconquête (VIIIe siècle). La ténuité des données ne donne pas prise à une comparaison qui s'inscrirait dans la synthèse de J.H. Shaffer sur l'architecture des églises monastiques carolingiennes en Septimanie (Shaffer 2005). Reste que la création de petits monastères est dans la logique de l'histoire de la Septimanie au haut Moyen Âge. Selon X. Barral i Altet, des communautés monastiques de trois ou quatre personnes ont participé par leurs activités agro-pastorales à la revalorisation des pays reconquis sur les Musulmans. Ces petites communautés n'étaient pas forcément associées dès l'origine à une église, mais elles ont pu s'installer près d'un sanctuaire préexistant, ou d'une nécropole, d'un chemin ; ou de mines (Barral i Altet 1981 p. 28). Il est seulement dans l'ordre du possible que le monastère se déplace à l'occasion de la construction d'une église de quelque dimension.
M. Colardelle a analysé un site ecclésial et funéraire de Haute Savoie intéressant pour certains traits communs avec Saint-Martin le Vieux. Du Ve au VIIe siècle vécut une petite église Saint-Martin qui avait été installée contre un bâtiment préexistant abritant une inhumation. L'église accueillit plusieurs tombes, dont une privilégiée par un *arcosolium*, et un sarcophage dans le chœur, accolé au mur sud. Elle est abandonnée au VIIIe siècle, la tombe privilégiée ayant été préalablement vidée. M. Colardelle voit là « un culte de type martyrologique », suivi d'un transfert de reliques (Colardelle 1983 p. 84 et 366). Mais pour Villemagne le doute subsiste. Force est d'admettre que l'on ne peut savoir si le monastère s'est déplacé suite à l'obtention de reliques, ou du moins à une stratégie de propagande à leur propos. Certes les glissements de terrain caractérisant la pente sur laquelle est implantée Saint-Martin le Vieux empêchaient toute reconstruction ambitieuse (on peut se demander d'ailleurs si les remises en culture ne les favorisèrent pas). Mais l'argument n'est pas probant.
L'époque à laquelle Saint-Martin, devenue l'hôte de saint Majan, s'installa dans son emplacement actuel, en fond de vallée, ne peut donc être déterminée. Une telle implantation paraît avoir été risquée, et ce à double titre, puisque pouvaient être craints à la fois les débordements d'une rivière *a priori* peu fiable et les attaques d'hommes armés, attaques que l'on imagine

[20] Colin *et al.* 2007. Dans l'église paroissiale Saint-Laurent de Roujan, reste un souvenir de cette querelle. En 1636 il est encore attesté qu'une chapelle latérale est dédiée à saint Majan et abrite des reliques du saint. L'évêque de Béziers lors de sa visite pastorale note qu'y sont « exhibés » « un os du bras et de la mâchoire qu'on dict estre dudict sainct Majan réservés dans un coffret » : AM Béz. GG 350, Visites pastorales 1635-1636, f° 385 v° l. 3 à 8. Une conséquence inattendue est citée dans la visite pastorale de Villemagne de 1636 (cf. *infra* annexe 3.4, Édition de textes, f° 51 r°) : saint Majan y est supposé « natif » de Roujan....

[21] En 1092 Arbert qui souscrit à un acte visant à restaurer la vie canoniale à Béziers est dit abbé de Saint-Martin de Villemagne (Doat vol. 61 f° 116).

[22] Pour le dossier critique sur l'hagiographie et la toponymie liées au nom Majan, et les très curieuses collusions avec saint Méen, cf. les recherches d'É. Tranier, à paraître.

[23] Fds Thésan p. 68 : en 1209 la paroisse Saint-Martin le Vieux est citée, et apparaît en fin de texte Pierre Arnaud, témoin, recteur de cette paroisse.

[24] Cf. par exemple Bordenave 1970 à propos de Saint-Martin, « paléochrétien et préroman », sur la commune de Siran dans le Minervois ; Troncin 1995-1996 à propos de Saint-Martin de Londres (Hérault).

[25] Cf. Schneider, Paya 1995 pour l'illustration ailleurs de ce cas de figure.

courantes en ces alentours de l'an mil. Mais d'une part, on le verra, l'état des fonds de vallée n'était pas, loin s'en faut, le même qu'aujourd'hui. D'autre part force est de constater que les églises sont souvent dans la région installées en bord de route. Contre les hommes, un « périmètre de sauvegarde » de 30 pas de rayon entourait les édifices ecclésiastiques ; il est difficile de croire en leur constante efficacité[26]. Dans le cas précis du monastère de Villemagne, on peut plutôt supposer que la rivière joua un rôle protecteur, même si la morphologie du paysage n'est pas alors connue (Journot 2009). On ne sait à quel point la rivière ne se diluait pas en de multiples bras, entretenus par des moulins et leurs barrages. Pensons aux « îles jusqu'aux rives anciennes », et aux moulins caractérisant l'Hérault aux abords de Saint-Thibéry cités dans le texte de 998[27]. L'existence de l'église Saint-Sauveur, dans le creux de la vallée, près du monastère, est en tout cas intéressante. Elle est attestée à partir de 978, où elle est dotée par la famille vicomtale de Narbonne. Était-ce une fondation laïque ? Elle devait servir, en toute logique, d'église paroissiale aux habitats environnants. Soit elle fut construite non loin du monastère soit c'est celui-ci qui est descendu s'installer près d'elle.

Si l'on considère que le récit de la translation des restes de saint Majan a dû être émaillé de détails véridiques afin d'en accroître la crédibilité, et d'après les lignes générales caractérisant le peuplement de l'époque dans la région, il est raisonnable de supposer que le nom de « Cogne » ait été attribué au terroir ayant dépendu de l'église Saint-Sauveur, et constitué par les pentes de la vallée peuplées de façon lâche. Ce nom sera encore cité pour désigner le terroir de Villemagne dans le privilège de Philippe-Auguste de 1210[28]. Le toponyme plus savant « *Villa Magna* » apparaît en 819, associé deux siècles plus tard dans le récit de la translation à un jeu de mots avec « *Villa Majani* », pirouette linguistique typiquement médiévale.

1.3.2. Tour abbatiale et châteaux vicomtaux : des effets contrastés

Quelques vestiges de constructions commanditées par les abbés comme par les affidés des vicomtes, des constructions qui composaient le paysage bâti du XIe siècle, peuvent être comparés, pour tâcher d'appréhender leurs effets sur la population.

La Tour du Monastère

S'il est un « monument méconnu » à Villemagne et injustement délaissé, c'est bien la Tour du Monastère, dite aussi Tour de Mirande, qui donne aujourd'hui sur la « place de l'Abbaye », au nord de l'abbatiale (**fig. 12**). Que la tour ait été clocher paraît sûr, mais qu'elle ait été conçue comme une tour-clocher isolée, nous dirions aujourd'hui un campanile, reste conjectural. C'est peut-être elle dont les cloches appellent le couvent à s'assembler dans un texte de 1427[29]. Aujourd'hui, le fait que la partie basse soit enterrée, et que les bâtiments abbatiaux mauristes et une habitation moderne l'enserrent à moitié, ne laissent pas dire si son ou ses niveaux bas étaient en communication avec un bâtiment.

Cette tour quadrangulaire élégamment contrefortée faisait environ 7 m de côté. Trois contreforts plats par face laissent apparaître les angles de l'édifice. Le contrefort central de la face Est, pour une raison inconnue, est singulièrement plus large que les autres (**fig. 12b**). Ce qui est visible de la partie basse laisse supposer qu'une bonne partie de l'élévation ne comportait que très peu, ou pas, d'ouvertures. Aujourd'hui situé à mi-hauteur, un niveau actuellement recoupé en deux intérieurement par une voûte d'arêtes était éclairé d'au moins trois jours de grande hauteur (un par côté). La fente extérieure qui jouxte le contrefort central (sauf à l'est où l'ouverture est centrée dans le large contrefort) était couverte par un petit linteau échancré (**fig. 12e**), l'ébrasement intérieur par une arrière-voussure appareillée en panache. Il est possible que les volées droites d'un étroit escalier de desserte aient été contenues un temps dans l'épaisseur du mur ouest.

La répartition des ouvertures montre qu'ont été appliqués les principes d'une défense passive de l'édifice. La partie basse ne pouvait guère qu'être dévolue au stockage. Le niveau aux jours étroits mais développés en hauteur est quant à lui logeable.

Sur cette élévation, la tour, construite en grès, arbore un appareil moyen, aux blocs soigneusement dressés, qui semble pratiquement réglé (**fig. 12d**). En fait un examen attentif montre que les lits de pose ne sont plans que toutes les trois ou quatre assises, pour assurer le rattrapage de l'horizontalité. Ce nivellement soigné correspond d'ailleurs aux ancrages des boulins de l'échafaudage. Entre ces lits réglés les lits de pose sont certes continus mais l'appareil tend à être polygonal et non parfaitement rectangulaire, chaque bloc a donc été taillé pour son emplacement. La continuité des assises, les « bouchons » situés vers le centre de chacune d'entre elles, montrent que la pose des blocs a été effectuée régulièrement à partir des angles. Qualité de taille et mode de pose rappellent les procédés dits un temps « wisigothiques », où les pierres sont « taillées à même l'édifice » (Caballero 1986 p. 54). Par ailleurs le savoir-faire des tailleurs de pierre se mesure aux blocs liant contreforts et parement, entaillés souvent en forme d'angle, et aux trous de boulin dont quelques-uns sont façonnés à l'angle des blocs.

Les deux niveaux ajourés supérieurs sont d'un appareil différent. Les étages hauts constituent des reprises. Mais dans ce cadre les baies jumelles nord de l'avant-dernier niveau, campanaire, sont étonnantes, très bien construites, et couvertes chacune d'un arc plein-cintre outrepassé. On peut se demander si la reconstruction de

[26] Bonnassie 1994 p. 75 et Riu, Valdepeña 1994 p. 58 pour la sûreté toute relative des *sagreres* catalanes ou de leurs préfigurations.

[27] HGL V c. 314.

[28] G. Ch. VI, c. 150.

[29] Cf. *infra* annexe 3.3, Édition de textes, f° 14 v°, l. 12.

cet étage n'a pas volontairement renoué avec une tradition ancienne (cf. *infra* 5.3.1).

Depuis les années 1990 É. Vergnolle, C. Sapin, D. Prigent, commentent la diffusion du moyen appareil de pierre de taille, et les avatars du savoir-faire antique, dans l'architecture religieuse en région Centre et Bourgogne dès le début du XIe siècle. Une tendance à la généralisation de l'utilisation de la pierre de taille s'affirme au milieu du siècle, liée au processus de voûtement pour C. Sapin (Vergnolle 1996, Sapin 1998, 2006, Sapin Prigent 2008). Dans le Midi la problématique mériterait développement. La tendance historiographique est encore vivace, qui consiste à souligner pour la période Xe-XIe siècles la coexistence d'un « vieux savoir des tailleurs de pierre » venu de l'Antiquité et utilisé dans l'« Espagne wisigothique », et de la « nouvelle technique de débitage des pierres au marteau » (Bonnery 1990 et 1996), quand de nombreux bâtiments sont toujours construits essentiellement en moellons (Ponsich 1992). Il faudra bien un jour affiner la question en ne se contentant plus d'évoquer le « moyen appareil », mais en en détaillant le traitement des blocs et le mode de pose, avec des lits plus ou moins plans.
Esthétiquement le parti pris de simplicité et d'élégance des décrochements plats montant de fond ou à peine interrompu par des impostes est commun dans le Midi. Il marque l'ordonnance intérieure de monuments religieux (Saint-Guilhem, piliers de la nef de la cathédrale d'Elne, où les pilastres laissent apparaître les angles du noyau carré qu'ils cantonnent...), ou leur ordonnance extérieure (tour quadrangulaire accolée à la cathédrale de Maguelone), ou l'ordonnance extérieure de bâtiments castraux (donjon de la Couvertoirade)... Ici est notable l'association avec un appareil moyen de pierres de taille, ainsi qu'avec de belles baies sous voussure appareillée en panache côté intérieur, et linteau échancré côté extérieur. Les tracés des couvrements restant plein-cintre.
Côté structure, des murs relativement minces portant planchers furent adoptés, ce qui est quelque peu fragile et n'exclut pas une voûte entre rez-de-chaussée et premier étage originels. Ceci dit, il y eut aussi renfort par des contreforts rapprochés extrêmement bien liés aux parois en parement.
Tout ceci fait de cette tour un monument de prestige. Ce type d'édifice dans la topographie monastique mériterait de plus amples études. Pour exemple, à Joncels, dans le périmètre abbatial, un pan d'appareil de même type, quoique complété de fines plaques de calage, lié à un puissant contrefort sur une élévation importante, a pu faire partie d'une tour[30]. Rappelons que la première mention sûre de l'abbaye Saint-Pierre de Lunas relève aussi de la *Notitia* de 819.
Pour évoquer seulement l'intérêt du dossier, pensons à une représentation bien connue : la miniature souvent reproduite de l'Apocalypse de Beatus de 970[31], célèbre manuscrit mozarabe, schématisant la tour de l'abbaye San Salvador de Tavara (nord de la province de Zamora), à laquelle est accolé l'atelier des copistes. C'est une tour de quatre étages dont le dernier est muni d'une galerie, ajourée, en encorbellement, et surmonté de deux cloches. La circulation d'étage à étage se fait grâce à des échelles et des trous d'homme, soigneusement représentés. La tour est munie de larges ouvertures aux arcs outrepassés, baies décoratives ou portes de communication. Les cloches qui peuvent sonner les offices comme l'alerte (la province est alors encore largement occupée par les Arabes), la galerie qui rappelle un hourdage, mais d'où l'on ferait le guet plutôt que des tirs, chaque étage isolable du voisin, ont été interprétés comme autant de traits liés à une défense passive.
Plus près de Villemagne, il est une tour abbatiale souvent commentée, mais sans guère de détails, celle de l'abbaye de Lagrasse (Lagrasse, implantée près de Narbonne, fut liée à Villemagne). Dite d'« époque préromane » (Xe siècle) par M. Durliat et D. Drocourt, c'est une tour bâtie en moellons, présentant une porte en rez-de-chaussée dont l'intrados fut enduit et couvert de peintures figurées, et une grande baie au premier étage. La caractéristique de ces ouvertures, c'est leur couvrement outrepassé, les arcs « retombant nettement en arrière de l'alignement des piédroits » (Durliat, Drocourt 1973 p. 109)[32]. Il est intéressant de constater qu'elle fut conservée au long des siècles, même si ses parties hautes furent transformées.

Châteaux vicomtaux

Mourcairol constitue un repère archéologiquement important pour juger des dispositions concrètes marquant l'autorité dans la région (**fig. 13**). C'est un ensemble de petites salles accolées les unes aux autres, largement montées en *opus spicatum*, et au mortier de chaux, à l'aide de moellons dégrossis mais non taillés, et munies d'ouvertures couvertes en arc outrepassé. Un mur d'enceinte protège l'ensemble du seul côté où la pente est plus douce. Olargues-le-Vieux (**fig. 14a à d**) est aussi un ensemble de petites salles accolées en haut d'un piton rocheux, montées au mortier de chaux et aux nombreuses assises posées en épi. En contrebas se situe l'« entrée » du domaine, sous forme d'une salle de dimensions plus respectables. Mais un dépotoir montre que la zone haute a été habitée en permanence malgré l'exiguïté des salles. À Nébuzon un petit piton porte en son sommet un minuscule bâtiment rectangulaire, très simple, monté au mortier de chaux (**fig. 14e, f**).
Les sites de ces châteaux sont le plus souvent exigus, perchés ; les défenses naturelles ont été mises à profit. Furent adoptées des techniques permettant la rapidité d'exécution : c'est la pierre de l'assiette d'implantation

[30] Angle de la parcelle 318 du cadastre actuel, au contact de la très belle porte aux fins claveaux très élancés dite « Porte Sarrasine ».

[31] *Beatus de Távara*, codex 1097B, Madrid, Archivo histórico nacional, fol. 167 v°.

[32] L'historien de l'abbaye J. Blanc (1987 p. 456) reprend simplement cette courte description.

qui est utilisée, sous forme de moellons dégrossis mais non taillés. Les espaces sont fragmentés par les inégalités du site d'implantation, peu retouchées. On se contente de petites salles appuyées les unes aux autres, sans grande élévation vu l'épaisseur des murs. À l'époque néanmoins quelques importants lieux de pouvoir, comme Cessenon, ou Faugères, aux sites naturellement accessibles, nécessitèrent des défenses construites importantes, mais inconnues. Le choix de leur emplacement pourrait avoir été été dicté par la volonté d'une emprise immédiate sur les voies de communication.

1.3.3. La stratégie des abbés

Si l'on confronte les situations respectives des possessions vicomtales, on voit à l'évidence qu'un axe nord-sud se dessine de part et d'autre du bassin minier. Une route est jalonnée, qui assure des débouchés nord pour les vicomtes de Narbonne. Le grand axe entre Rouergue et plaine littorale était censé se faire par Lodève et Saint-Thibéry depuis l'Antiquité (la voie *Cessero-Segudunum* par *Luteva* de la Table de Peutinger, joignant la Domitienne à *Cessero*, c'est-à-dire Saint-Thibéry)[33]. Alors que la route « vicomtale » est plus commode par rapport à Narbonne. Certes l'exploitation des mines d'argent ne sort officiellement de l'ombre qu'en 1164 (cf. *infra* 2.1.2), avec un accord qui clôt apparemment une longue dissension entre vicomtes de Béziers et vicomtes de Narbonne. Mais l'analyse du positionnement des pouvoirs grâce aux châteaux montre que dès le Xe siècle le bassin argentifère attira les convoitises vicomtales (Amado 1976, Journot 1990). C. Amado évoquait à première vue un « couloir narbonnais » dans le territoire du vicomte de Béziers. On peut maintenant nuancer cette appréciation. Le vicomte de Béziers a plutôt renforcé sa présence dans une zone d'abord frontière avec le territoire narbonnais. La réunion des patrimoines albigeois et biterrois a permis aux vicomtes d'encercler les biens narbonnais. La vicomté est en effet d'abord de Béziers et d'Agde, à l'époque où les implantations narbonnaises ne sont concurrencées que par Mourcairol. Dans la première moitié du XIe siècle, elle s'augmente du Carcassès ; la cluse de l'Orb est jalonnée ; au flanc du Caroux, Carous biterrois domine de très près Colombières narbonnais. Avant 1070, alors que le Carcassès et le Razès sont vendus au comte de Barcelone, la vicomté passe aux vicomtes d'Albi. Les débouchés vers le nord-ouest et les jalons Murat-Boissezon seront concurrencés. Cette imbrication des territoires (reflétée aussi par la limite tourmentée entre diocèses, même si celle-ci est connue tardivement) a mené à une densité forte de constructions castrales, plus forte qu'ailleurs (Journot 1990, 1992).
Le monastère de Villemagne était bien au cœur d'une région économiquement primordiale, nécessairement traversée par une route qui était un nerf vital. Mais quel était exactement son parcours ? On notera seulement qu'en 1601[34] le « chemin de Saint-Gervais » et donc du Rouergue passe... par Saint-Martin le Vieux (son trajet correspond au chemin dit aujourd'hui du Pradal qui passe entre les restes de l'église et le site antique). Il coupe l'angle du plateau au lieu de suivre le fond de la vallée, et ainsi s'en va desservir le territoire minier. Quand on venait de la vallée de l'Orb, le coude du chemin se situait donc probablement à Villemagne même. Un chemin doublement capté.

Côté autorités laïques, la mise à profit de défenses naturelles, la rapidité d'exécution montrent une emprise marquée par un climat de concurrence. Les vicomtes choisissent les situations, les affidés élisent les sites et font construire. La qualité de la construction de la Tour du Monastère se démarque de celle de ces châteaux. La Tour du Monastère est orgueilleuse par la qualité de construction (ce qui suscitera peut-être une réaction ? cf. *infra* 2.1.2.), nombre de châteaux laïcs par leur position. L'abbaye est liée aux vicomtes de Narbonne mais l'indépendance est tentante comme pour tout seigneur du temps. Le succès économique lui en donnera les moyens.

Quant à la stratégie des abbés, on peut se demander à quel point elle ne fut pas en accord avec la politique des vicomtes de Narbonne ? Vue de l'intérieur, la question des « empiètements laïcs » est à relativiser. Certes nous la voyons se dérouler tout près de Villemagne, à Joncels, abbaye qui dut être « réformée » vers 980 par saint Fulcran évêque de Lodève, selon le classique schéma qui donne le point de vue des autorités ecclésiastiques opposé à celui des laïcs (Alzieu 1990 p. 29). Quant au devenir de Villemagne les évêques de Béziers pourraient intervenir, puisque Villemagne est dans leur diocèse ; or le siège épiscopal est tenu par la famille vicomtale de Narbonne (Amado 1973). Pour P. Geary la possession de reliques est censée impressionner les autorités laïques. Mais quand il évoque les empiètements laïcs, Geary a glissé de Villemagne à Saint-Thibéry, fondation ancienne et prestigieuse, qui revendiqua aussi les reliques de saint Majan. Le miracle rapporté par le récit de la translation a bien lieu à Saint-Thibéry, où le corps avait été transporté. Il concerne le vicomte de Béziers qui en conséquence pratique une déguerpition massive de biens ecclésiastiques vis-à-vis de Saint-Thibéry, avant de partir en pèlerinage à Rome (998). Ceci dit en 1036 l'*abbadia* est toujours citée comme un bien vicomtal, comme le *castellum* de Saint-Thibéry[35]. La nature de la possession par le vicomte est complexe. Le *dominium* sur ces biens est rendu à l'abbaye, mais la *possessio* de l'abbaye elle-même reste au vicomte…
Les laïcs aussi pratiquent le rapt de reliques et peuvent affirmer leur détention dans des fondations personnelles, églises paroissiales ou chapelles dont ils

[33] Alimentant la problématique des liens Rouergue-Lodévois, voir les revendications des comtes de Rodez concernant Lodève, étudiées dans Martin 1900.

[34] AD Montpellier, Archives communales Villemagne-l'Argentière, DD1.

[35] HGL V c. 426.

sont les patrons. En 998 Guillem vicomte de Béziers se repent d'avoir emporté par la force le corps de saint Thibéry lui-même. Et l'on a vu que le seigneur de Roujan n'hésitait pas à revendiquer la possession des reliques de saint Majan, or le seigneur de Roujan est un affidé du vicomte de Béziers.
Ceux qui se permettent de revendiquer des reliques ont à fixer les miracles, dans l'esprit du public, en un lieu. Et à ce jeu les moines ont toutes les chances d'être efficaces. Ils ont l'art et la maîtrise d'une propagande active, par processions de reliques et acclamations de miracles, et surtout de sa fixation par l'écrit. Geary insiste sur la position de Villemagne sur le « chemin de Saint-Jacques ». C'est un concept réducteur. Tout chemin peut être chemin de pèlerinage à condition qu'une bonne publicité soit faite aux églises relais. A. Bonnery a justement attiré l'attention sur un acte de consécration daté de 1045, lié à une abbatiale dédiée à Saint-Martin (Saint-Martin Lys dans la haute vallée de l'Aude). L'essentiel de l'acte porte sur l'abondance des reliques, dont certaines sont authentifiées par Charlemagne. Est évoquée pour « ce milieu du XIe siècle », « une véritable inflation du culte des reliques », la référence à Charlemagne permettant d'attacher le monastère en question à un passé prestigieux (Bonnery 1990 p. 78-79)[36]. Une touche finale officielle en faveur de Villemagne fut apportée par l'archevêque en 1005, qui reconnaît le double vocable. Même si le culte en est attesté ailleurs aussi, les reliques « agissantes » de saint Majan pourront remplir leur rôle à Villemagne[37], à savoir attirer les pèlerins, source lucrative contribuant au développement d'un monastère *a priori* de faible ampleur. Les graffiti gravés sur diverses tables d'autel des églises de Villemagne en sont un témoignage. Pour le moment les vicomtes de Narbonne, qui « veillent » sur l'abbaye, ont tout intérêt à ce que Villemagne se développe. Saint-Sauveur qui reçoit dotation de leur part en 978 ne serait-elle pas leur création ?

Sur fond de « réforme grégorienne », l'essor de l'abbaye repose sur des principes somme toute attendus. Et c'est bien la qualité de la desserte qui va conditionner le devenir de Villemagne. Dans le temporel restitué à l'abbaye de Saint-Thibéry étaient cités *pontem* et *mercatum*. Il y aura une même politique d'intégration à un schéma économique stable, passant par un pont, c'est-à-dire un accès aisé, et un commerce régulier, à Villemagne.

[36] Saint-Thibéry fut à cet égard apparemment beaucoup plus riche que Villemagne. L'abbaye bénéficiait, en plus des reliques du saint qui donna son vocable à l'abbatiale, de celles de saint Modeste et de sainte Florence. À une date inconnue un fragment d'os de saint Modeste sera d'ailleurs donné à Villemagne.

[37] En 1636 (cf. *infra* annexe 3.4, Édition de textes), devant l'évêque Clément de Bonsi des miracles sont encore racontés. L'exposition des reliques a fait cesser « une grande maladie qui régnait », et l'on affirme qu'elles ont guéri nombre « d'hydropiques et d'insensés » (f° 50 v° l. 20 et suiv.). Voir aussi à ce sujet Alzieu 1986.

Chap. I fig. 1 L'église Saint-Martin le Vieux, vue de l'abside

Fig. 2 Inscription de la deuxième moitié du Ier siècle av. J.-C. (Bellan, Christol 1986)

Fig. 3 Saint-Martin le Vieux
a, b. Bloc creusé d'encoches et d'une rigole d'écoulement, qui servit, retourné (a), de base à la chaire à prêcher
c. Bloc comportant un logement circulaire remployé dans la chapelle nord de l'église
d, e. Blocs usés, munis de logements cubiques, remployés dans l'emmarchement du chœur
f. Bloc à double logement cubique, situé aujourd'hui à l'extérieur de l'église, au pied de l'abside

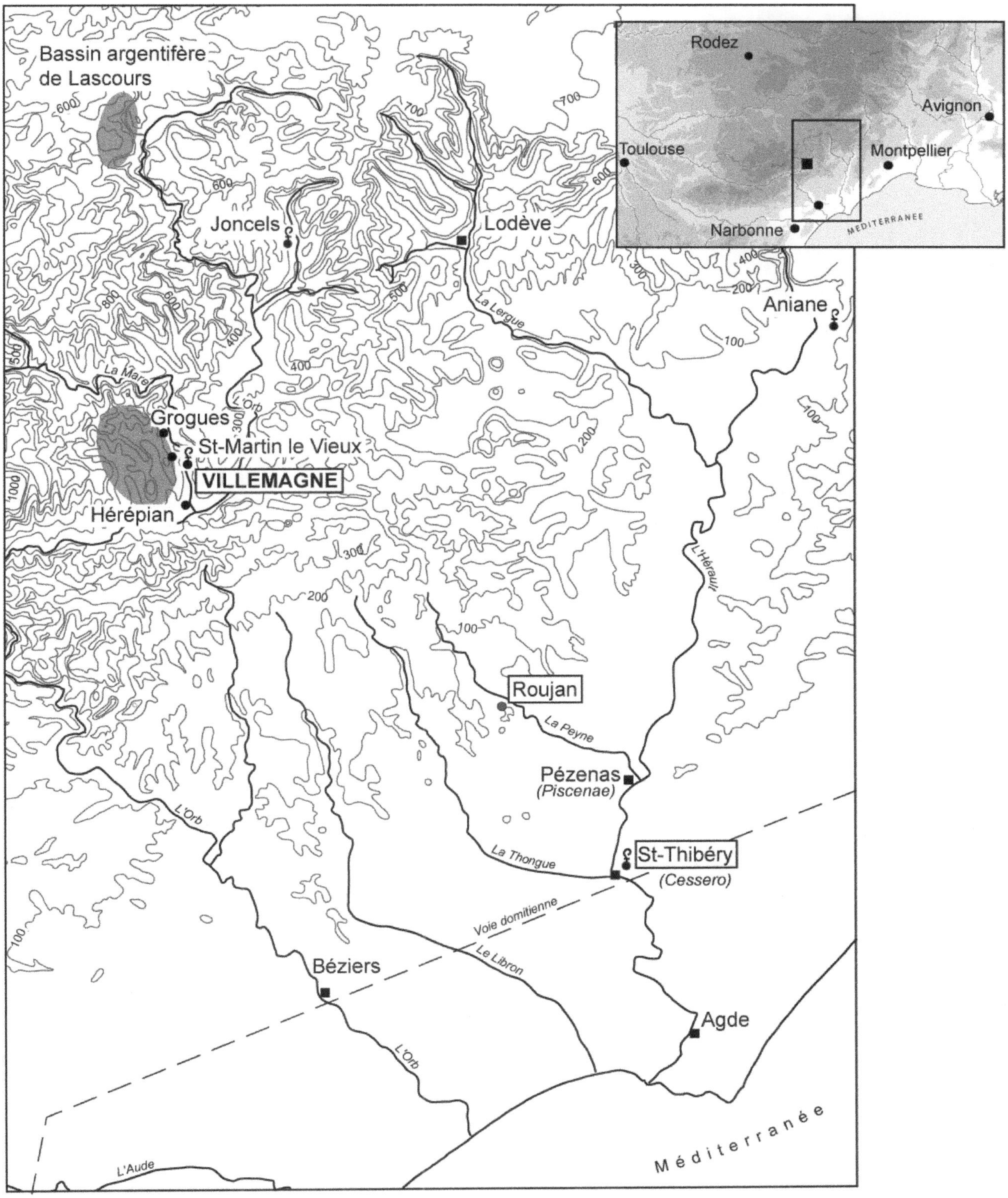

I fig. 4

■ Repères majeurs d'origine antique dans la plaine littorale

● Alentours de Villemagne : sites antiques et bassins argentifères

Monastères cités en 819

Roujan — Lieux où ont été revendiquées les reliques de saint Majan

0 — 10 km

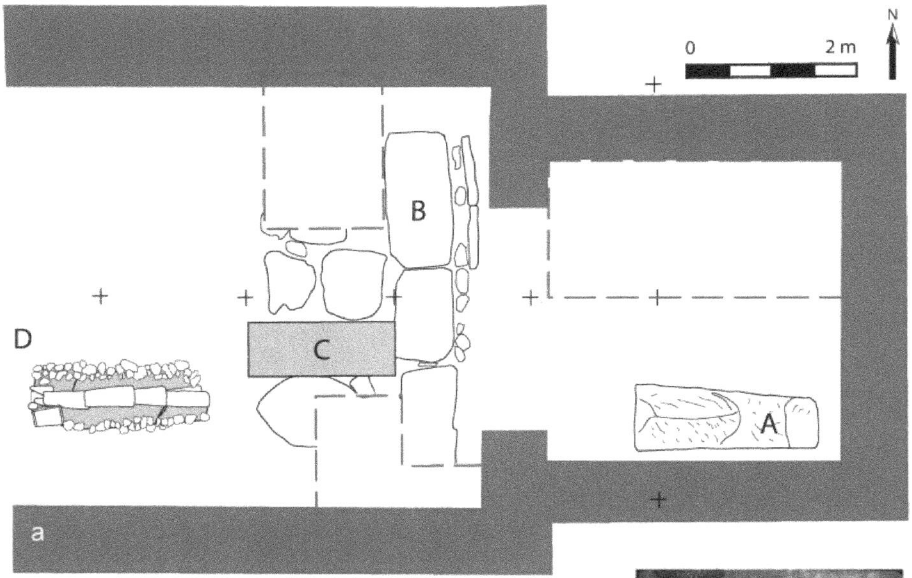

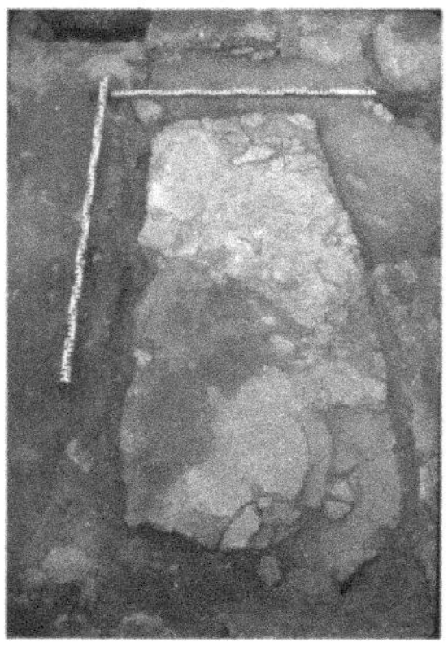

I fig. 5 Tombes de Saint-Martin le Vieux
a. Plan avec emplacements des tombes :
A sarcophage dans le chœur carré
B *formae* constituées de dalles épaisses de grès
C tombe en coffre de fines dalles de calcaire (effondrée)
D tombe en bâtière de lauzes et une *tegula*, avec faîtage d'*imbrices* et pierres de calage en fond de fosse
b. Les *formae* (B sur le plan a)
c. Dalle d'ardoise qui signalait la tombe en bâtière
d. Tombe en bâtière (D sur le plan a)

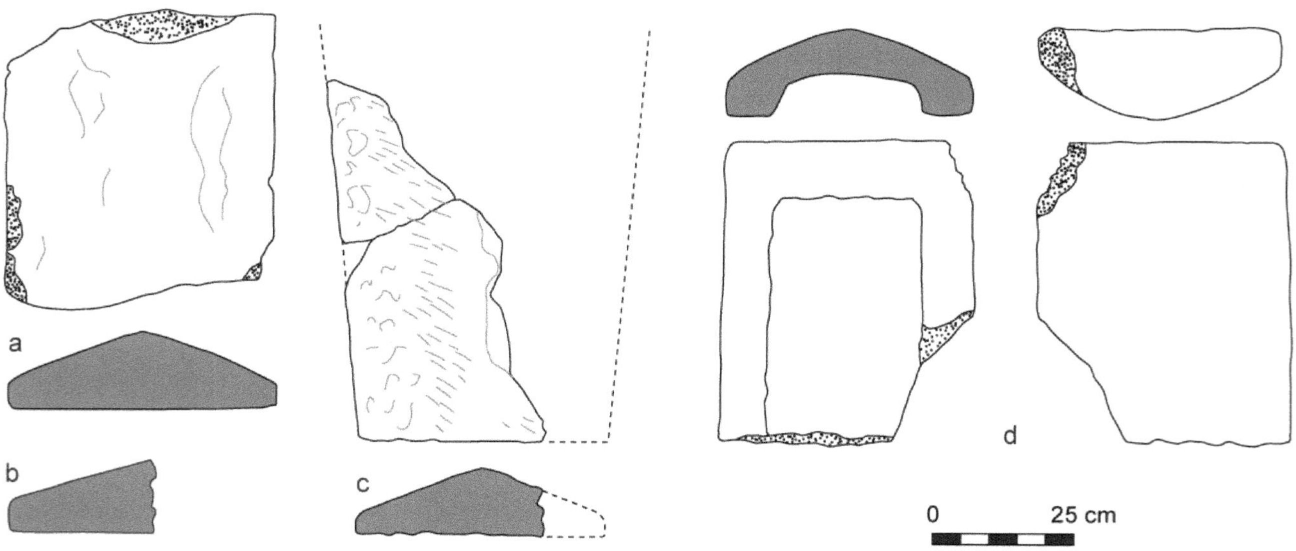

Fig. 6 Saint-Martin le Vieux, débris de sarcophages trouvés en remplois
a. Fragment de couvercle de sarcophage (calcaire) remployé comme couvercle de sépulture au XVIIe siècle, face supérieure et coupe
b. Fragment de couvercle de sarcophage (calcaire) remployé dans le dallage du XVIIe siècle de l'abside : coupe
c. Fragments de couvercle de sarcophage (calcaire) retrouvés dans les déblais modernes de l'église, face supérieure et coupe
d. Extrémité d'un couvercle de sarcophage retrouvé en remploi dans le mur sud de clôture de la parcelle (grès) : coupe, face inférieure, face latérale, face supérieure

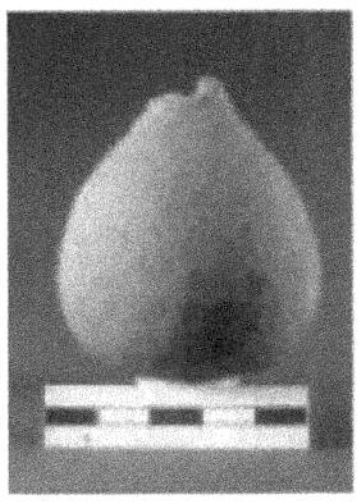

I fig. 7 « Fiole » de céramique *ca* début du Ier siècle ap. J.C. Trouvée d'après le propriétaire des lieux dans un des logements cubiques du bloc situé aujourd'hui au pied de l'abside (cf. fig. 3f)

Fig. 8b

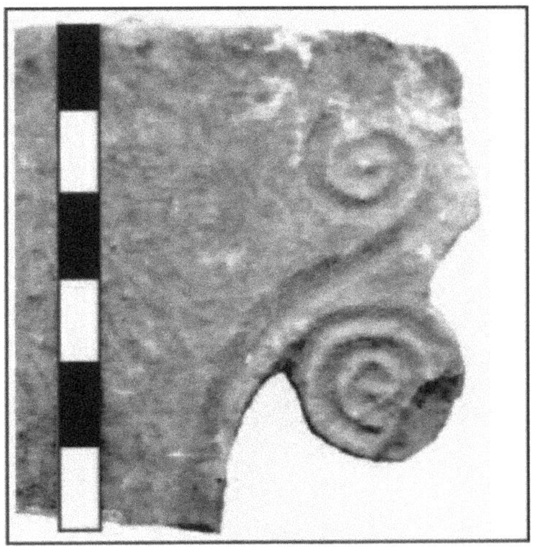

Fig. 8a

Fig. 8c

Fig. 8 Saint-Martin le Vieux
a, b. Impostes de l'arc triomphal, dissymétriques
c. Sainte-Marie de Montesquieu : imposte de l'arc triomphal, en place

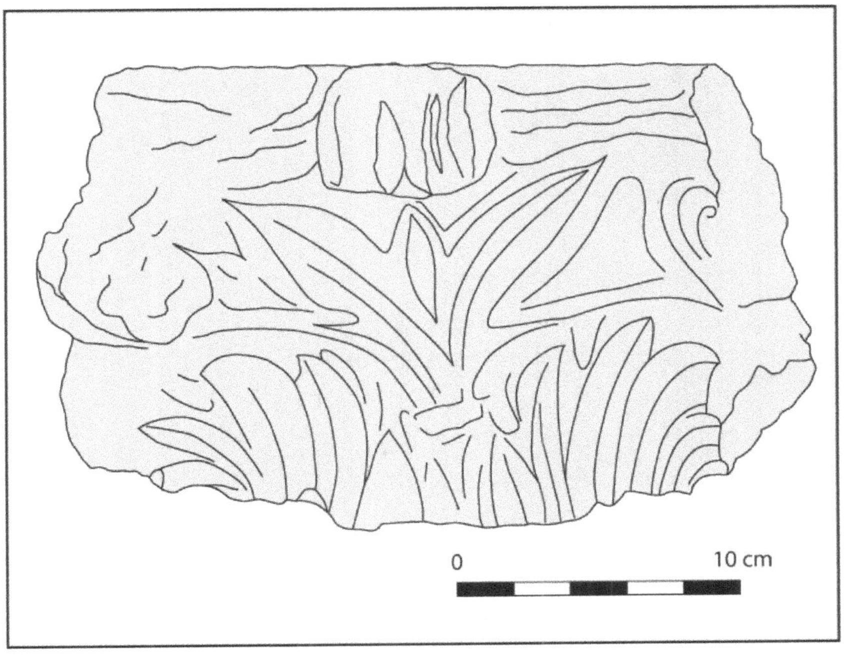

Fig. 9 Saint-Martin le Vieux Fragment de chapiteau de marbre blanc (débris remployé au XVIe s. dans du blocage)

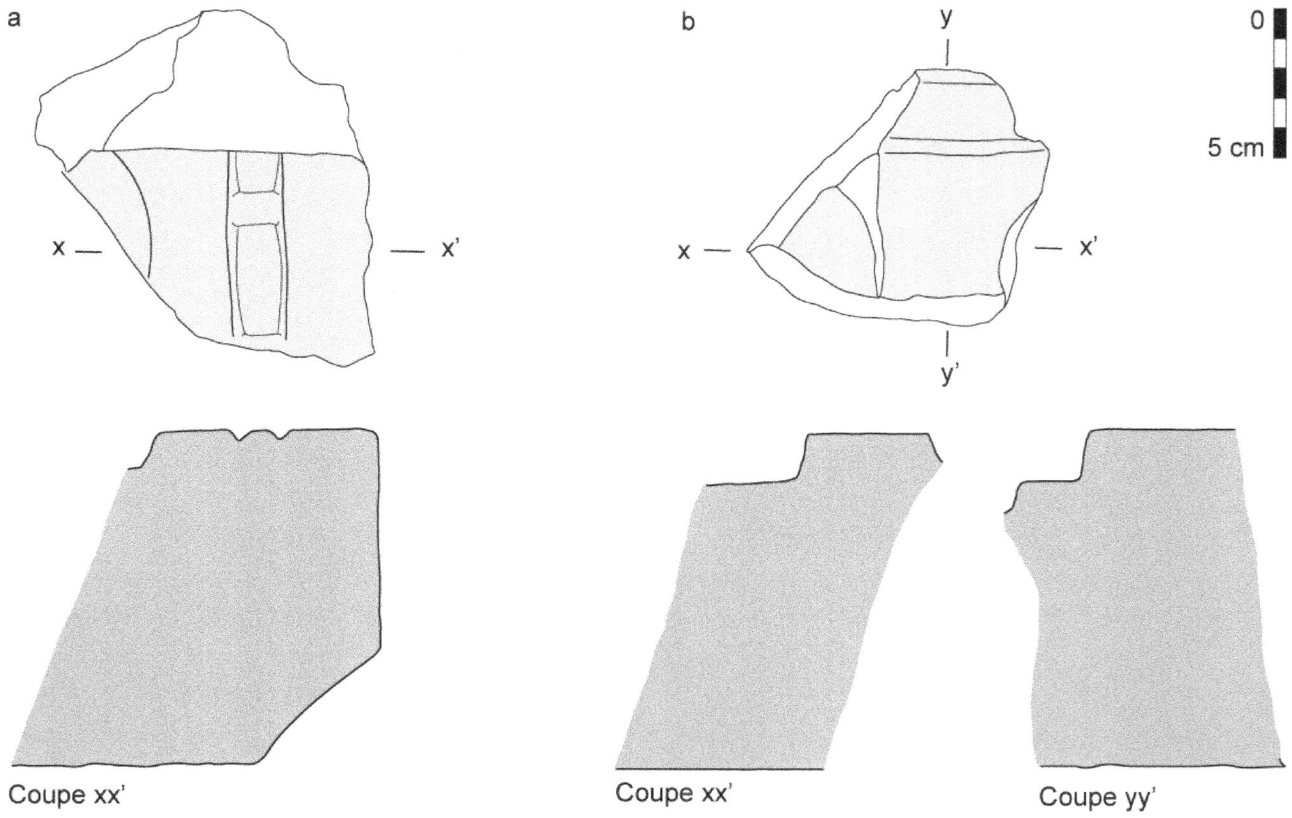

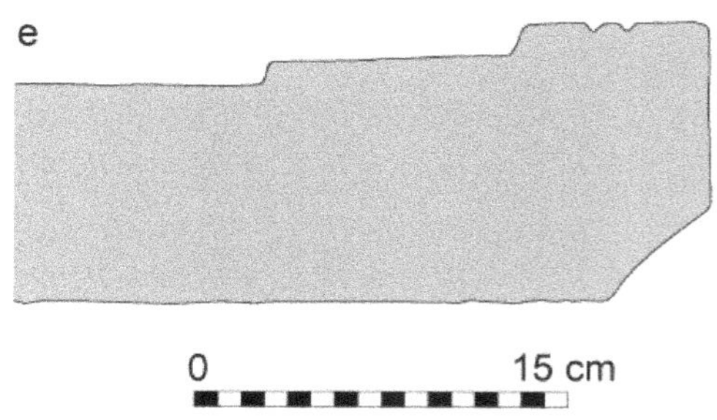

I fig 10 Fragments de la table d'autel à lobes de Saint-Martin le Vieux
a, b. Fragments retrouvés dans le comblement de la tombe (XVIIe s.) du clocher
c. Angle de la table en remploi dans un bâtiment du Pradal
d. Schéma positionnant théoriquement les 3 fragments
e. Coupe restituée

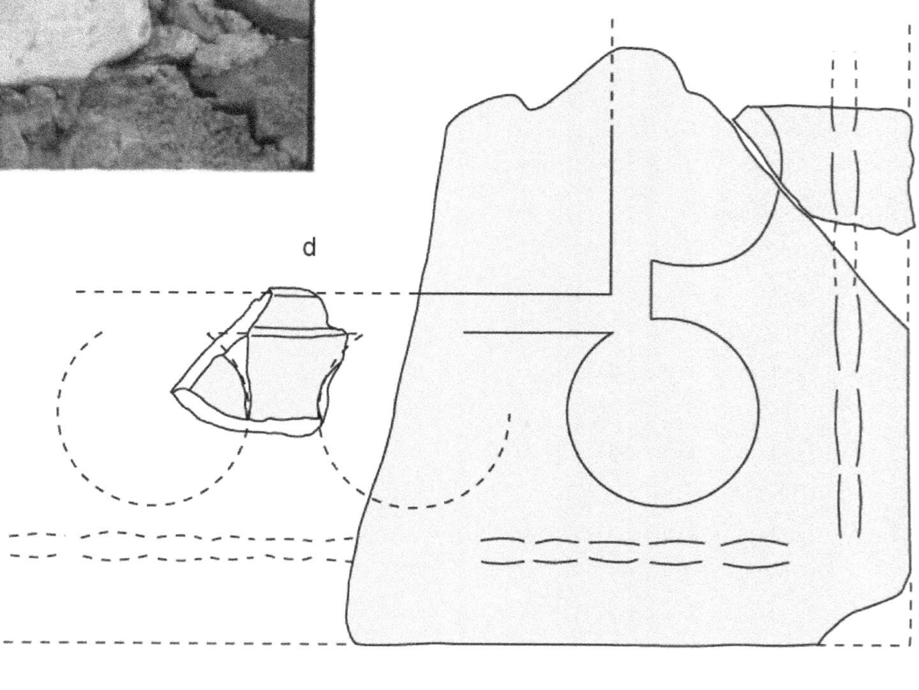

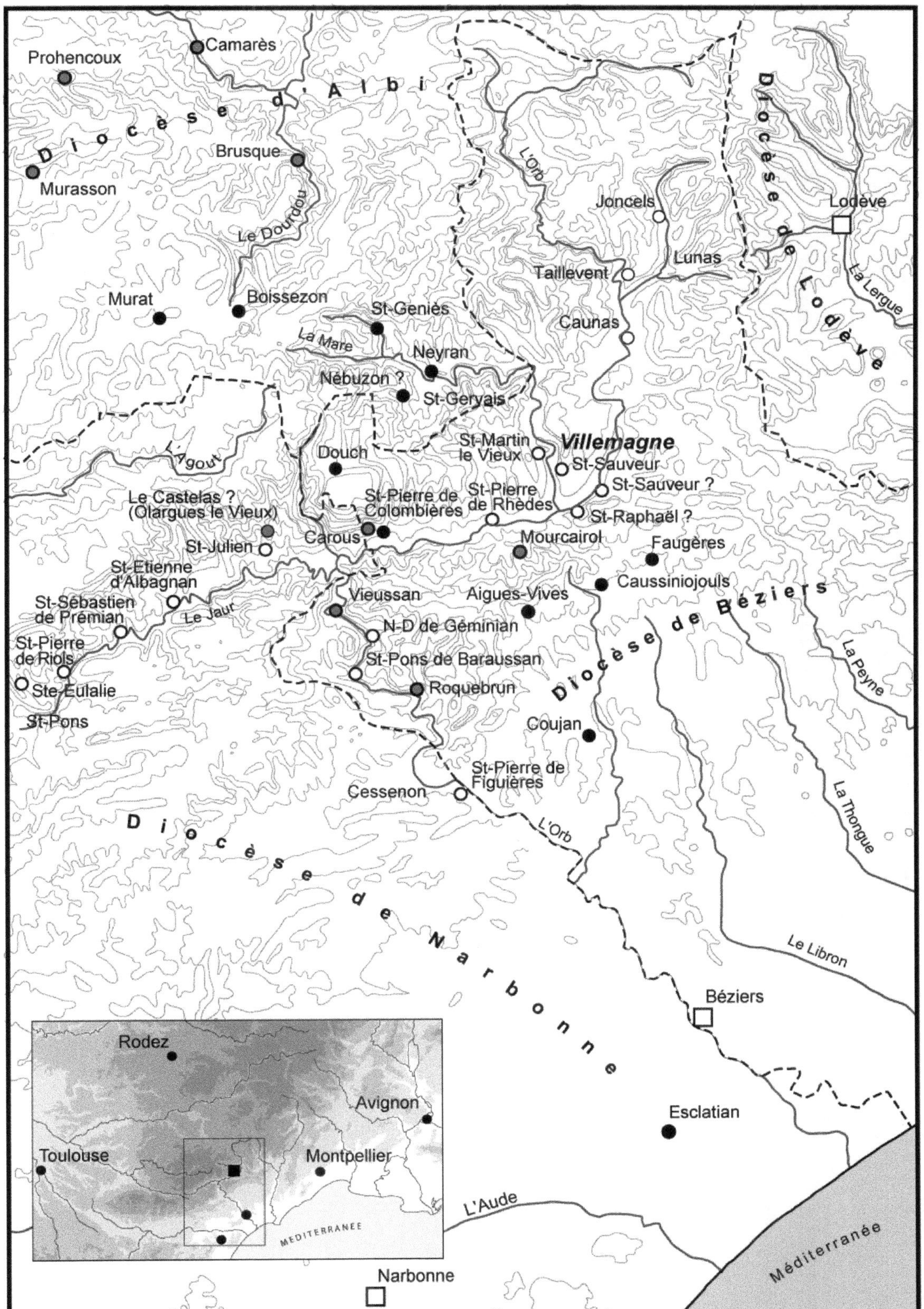

I fig. 11
Positions comtales et vicomtales (haut bassin de l'Orb, XIe s.)

▲ Positions toulousaines
● Positions narbonnaises
● Positions biterroises
○ Autres toponymes cités dans 1.2.1
----- Limites indicatives des diocèses (modernes)

0 10 km

a

b

c

d

e

f

I fig. 12 La Tour du Monastère
a. Vue depuis la rue de l'Abbaye
b. Plan au dernier niveau
c. Face nord
d. Détail de l'appareil, côté nord
e. Détail face nord : jour sous linteau échancré
f. Détail de la face ouest, contrefortée, au premier niveau accessible

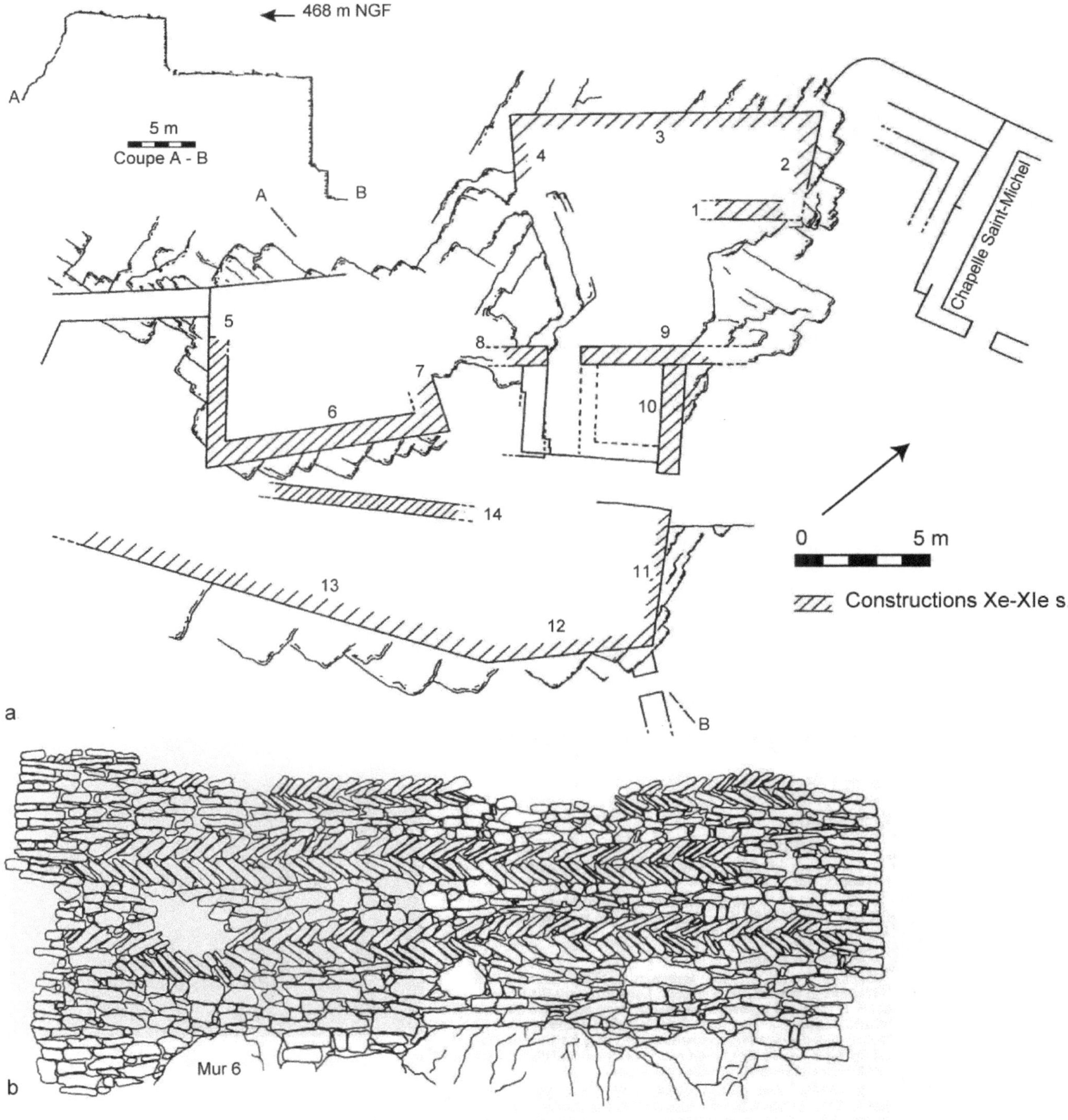

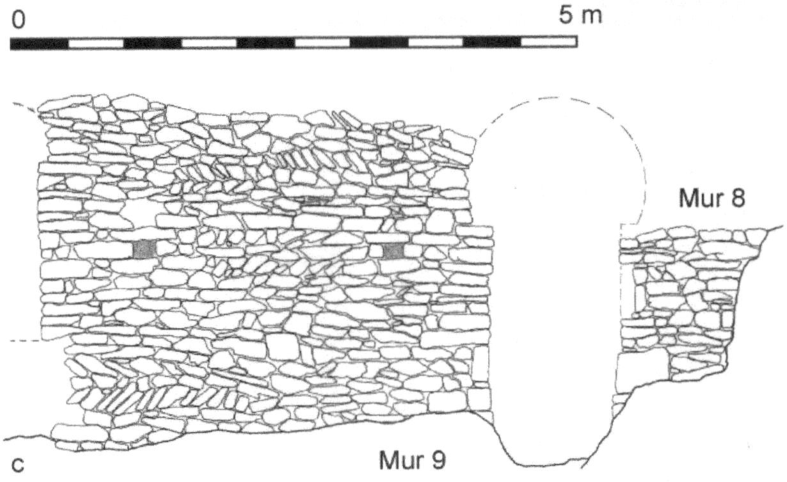

I fig. 13 Le château de Mourcairol (commune Les Aires)
a. Plan de l'ensemble sommital, et coupe de l'assise rocheuse
b. Elévation extérieure du mur 6, relevé pierre à pierre
c. Elévation intérieure du mur 8-9, relevé pierre à pierre

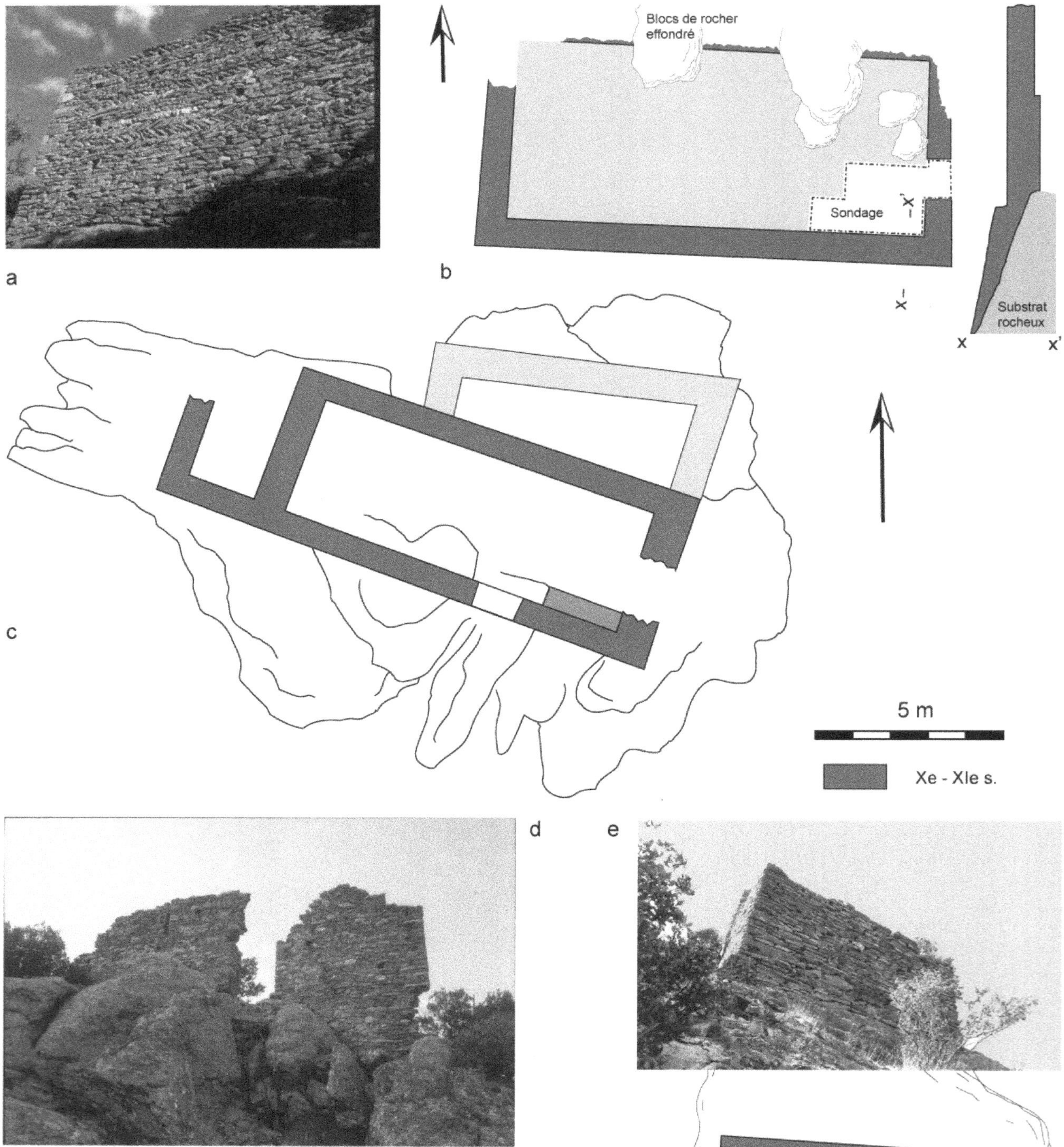

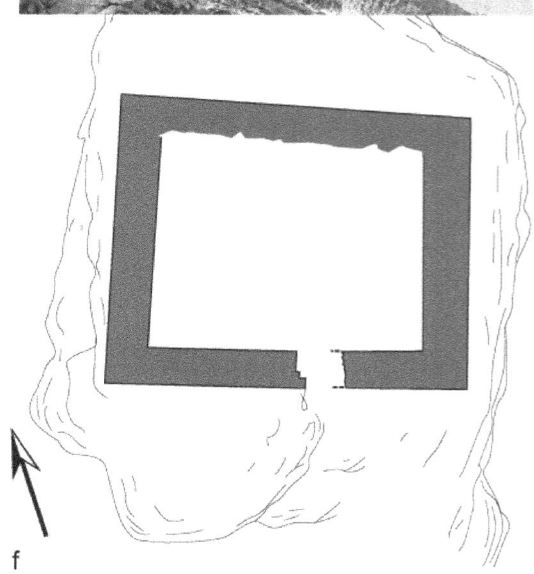

I fig. 14
Le château d'Olargues-le-Vieux, dit Le Castelas (commune Saint-Julien d'Olargues)
a. Partie basse, élévation sud
b. Plan du bâtiment de la partie basse et coupe du mur sud
c. Plan de la partie haute
d. Partie haute, élévation sud

Le château de Nébuzon (commune Saint-Gervais-sur-Mare)
e. Le bâtiment vu du sud-est
f. Plan

2. DU MILIEU DU XIIe SIÈCLE AUX PREMIÈRES ANNÉES DU XIIIe : UN ESSOR CANALISÉ

2.1. Les vicomtes : de l'affrontement à la concorde

2.1.1. Les points d'ancrage du pouvoir vicomtal

Dans la première moitié du XIIe siècle les vicomtes d'Albi-Béziers se consacrent à des affrontements violents avec les comtes de Barcelone, puis avec les comtes de Toulouse, qui entraînent tantôt opposition tantôt alliance avec les vicomtes de Narbonne. Les chartes réglementant l'assujettissement des vicomtes de Béziers aux comtes désignent des séries de châteaux qui font repérer les voies de communication de première importance. Parallèlement, se développe l'emprise vicomtale dans la région économiquement clé de Villemagne, par l'intermédiaire de l'installation d'affidés (**fig. 1**).

Quand la vicomté est passée définitivement au vicomte d'Albi en 1066, le Carcassès et le Razès ont été vendus au comte de Barcelone. Le vicomte ne respecta pas cette vente et les hostilités se déclenchèrent, entraînant un jeu d'alliances. Le vicomte d'Albi, Béziers et Agde, allié au comte de Toulouse et à l'archevêque de Narbonne, s'opposa ainsi au comte de Barcelone allié à son frère utérin le vicomte de Narbonne. On ne connaît pas les opérations en détail mais l'une des modalités de la capitulation du vicomte fut, en 1112, l'obligation d'inféoder au comte douze de ses châteaux jusque-là détenus en alleu. Ambialet, Curvalle, Roquecézière, Boissezon (qui a dû être récupéré auprès du vicomte de Narbonne) jalonnent très exactement un axe de circulation vers Albi sur son trajet en sud Rouergue. Sur cette même route s'ajouta Brusque. Le château de Brusque, considéré comme chef-lieu de vicomté, est vendu par les vicomtes de Bruniquel en 1156 à Raymond Trencavel[1].

Que la vicomté de Béziers et Agde ait échu au vicomte d'Albi a une conséquence importante. Les affidés de celui-ci, les Prohencoux, les Curvalle, les Boussagues, s'installent à la périphérie du bassin minier centré sur Villemagne, dans ce qui va devenir le *castrum* de Boussagues. Ce sont des proches, des hommes de confiance ; en 1154, Raymond Trencavel captif à Toulouse confie l'administration de l'Albigeois à Guillem Aton de Curvalle entre autres. Ajoutons que les Carous implantés au-dessus de Colombières seront inféodés aux Boussagues.[2]

Une autre implantation vicomtale reste de première importance, Lunas. En 1150 un traité est signé avec le comte, mais la guerre de Provence est déclenchée peu de temps après. Cette fois-ci le vicomte de Béziers fait alliance avec le vicomte de Narbonne puis avec le comte de Barcelone, Guillem de Montpellier, et enfin le roi d'Angleterre, contre le comte de Toulouse qui quant à lui trouve appui auprès du roi de France. Trencavel est rapidement emprisonné par le comte de Toulouse et celui-ci s'empare en particulier du château de Lunas. Le vicomte ne sera libéré contre rançon qu'en 1155. Après la fin de la guerre, en 1163, Lunas lui sera finalement rendu. La position de ce château peut-être d'origine comtale, sur la jonction entre vallée de l'Orb et Lodève, a déjà été évoquée. Il apparaît dans les biens vicomtaux en 1118, en même temps que l'abbaye proche de Joncels. Le comte y garde pourtant une influence particulière. En 1175 c'est encore lui qui se déclare médiateur entre le vicomte et le seigneur de Lunas (Bousquet 1992 p. 140). La famille qui l'occupe est implantée aussi à Brusque, dans le sud Rouergue, et elle possède également des droits dans le bassin minier de la haute vallée de l'Orb, dans la région de Ceilhes-Rocozels-Avène (Bonami 1977), comme à Saint-Thibéry et à Montpellier (av. 1136). Par ailleurs, un Lunas est en 1174 fidejusseur du comte de Rodez. Les Lunas occupent donc le *castrum* qui fait verrou entre route du sillon Orb-Jaur et cité de Lodève, et ont su obtenir des droits dans des positions économiquement clés aussi bien en plaine qu'en montagne. Mais au début du XIIIe siècle Lunas va passer aux Faugères.[3]

Ainsi un axe « albigeois », au sens géographique du terme, se forme et les affidés du vicomte participent à une meilleure mainmise sur les mines, et au maintien des débouchés vers la montagne. C'est la tutelle comtale qui pose problème aux vicomtes, et pas seulement celle des comtes de Toulouse. Encore en 1179 Roger vicomte de Béziers est obligé de donner les trois *castra* de Brusque, du Pont (de Camarès) et de Murasson au comte de Provence, « prête-nom » d'Alphonse d'Aragon selon l'expression de J. Bousquet (1992 p. 124), pour ensuite les recevoir en fief[4].

Le règlement des rapports avec les Bruniquel et les Minerve permet d'assurer vallée du Jaur (vers Toulouse) et cluse de l'Orb (vers Béziers). Vieussan, Roquebrun, dans la cluse, sont vendus à Raymond Trencavel en 1156 par les vicomtes de Bruniquel. La famille de Cessenon, du nom du château implanté au débouché de la cluse vers la plaine, est fidèle aux vicomtes (Journot 1990). Le don de ce *castrum* à l'abbaye de Saint-Pons par la comtesse de Toulouse à la fin du Xe siècle (cf. *supra* 1.2.1.) est resté semble-t-il théorique. En vallée du Jaur, le *castrum* d'Olargues, a manifestement relayé Olargues-le-Vieux dans un site plus aisé d'accès. Olargues se dresse sur un *pioch* contourné par un méandre de la rivière ; au point d'étranglement des terres s'installera l'habitat villageois. Il fait l'objet d'un arrangement avec le vicomte de Minerve. Olargues sera juré à Guillaume de

[1] 1112 : HGL V c. 827-829. 1156 : Bousquet 1992 p. 122. Brusque chef-lieu de vicomté : cf. par exemple C. Sylv. p. 244-245, 1157.

[2] 1154 : HGL V c. 1173. Parmi les hommes de confiance du vicomte il y a Guillem Aton de Curvalle mais aussi Hugues de Cessenon. Ils étaient déjà réunis comme témoins de Trencavel dans un acte concernant Sylvanès en 1151 (C. Sylv. p. 334). Carous soumis à Boussagues : Fds Thésan p. 75-76, 1228.

[3] 1163 : HGL V c. 1269. 1118 : *ibid.* c. 868. Pour les liens Brusque - Lunas : Doat vol. 40 f° 62 (1136). 1201, Lunas passe aux Faugères : HGL VIII c. 468-470.

[4] Murasson a nécessité le règlement de la *controversia* avec Pons d'Olargues, HGL VIII c. 313-315.

Minerve, et sera tenu en fief par celui-ci de Bernard-Aton. Après bien des péripéties, en 1171 une réconciliation temporaire entre le vicomte de Béziers et le comte de Toulouse est marquée par un mariage, entre le vicomte Roger et la fille du comte. A cette occasion le roi lui-même donne Minerve au vicomte.[5]
En revanche vers la plaine sud-est les choses sont plus compliquées. Les Montpellier pratiquent une politique d'expansion et de consolidation dans la zone de contact avec le sud Lodévois, et en comptant aussi les efforts des Clermont on peut dire que l'influence vicomtale est là en recul (Journot 1990). La politique des Montpellier connut tout de même une contrariété grâce aux Olargues. En 1191, une convention matrimoniale entre le seigneur d'Aumelas Adémar de Murviel et Guillem VIII de Montpellier auquel il était inféodé, voulait que le fils de celui-ci épousât la petite-fille de celui-là ; c'était un épisode de la stratégie montpelliéraine qui visait à réunir le patrimoine Montpellier-Aumelas. En 1199 on apprend que la convention ne fut pas respectée, les deux petites-filles ayant épousé deux membres de la famille d'Olargues. Mais cela ne signifie pas que des affidés du vicomte de Béziers vont s'installer aux portes du domaine montpelliérain. Les jeunes femmes remettent leurs biens à Guillem VIII contre argent. Des proches des vicomtes de Béziers comme de Narbonne, un Servian, un Faugères, assistent à l'acte.[6]

Quant aux vicomtes de Narbonne, ce ne sont plus que leurs possessions en pays de Nébuzon qui semblent assurées de façon continue. Dans les premières années du XIIIe siècle en effet le vicomte de Narbonne fait hommage au comte de Toulouse pour la terre de Saint-Gervais, le pays de Nébuzon et Neyran (zone d'un seul tenant dans la haute vallée de la Mare), sauf ce qu'il tient de l'église Saint-Martin de Villemagne[7].
Leur pouvoir continuait-il à s'appuyer sur la présence des Faugères ? En tout cas il n'est pas indifférent que Lunas, le plus important château de la région, passe aux Faugères en 1201.

Mis à part les tours difficilement datables de Vieussan et Roquebrun, et la base du clocher de l'église castrale au sommet du pioch d'Olargues, tous ces hauts lieux du pouvoir n'ont conservé que des vestiges arasés. Cessenon et Faugères on l'a vu, ont dû bénéficier dès leur origine de défenses construites coûteuses vu leurs positions. Olargues pouvait profiter quant à lui de défenses naturelles côté méandre et du tampon constitué par le village clos du côté accessible (Journot 1990).
Évoquons avec quelque détail le cas de Boussagues, exemple de *castrum* développé autour d'une puis deux demeures seigneuriales (**fig. 2**). L'implantation du premier château de Boussagues est typique des conceptions languedociennes qui n'admettent pas la guerre de siège. Le château est proche d'un réseau minier et dominé côté ouest par des pentes, ce qui n'était pas considéré comme un danger à l'époque, puisqu'escarmouches et embuscades faisaient l'essentiel des opérations armées. Un premier quartier enclos s'étendit au cours du XIIe siècle, en demi-lune au pied du premier château. Celui-ci est situé à l'ouest de l'agglomération, dans la position la plus haute du flanc de pente qui fait site d'implantation. Le corps de bâtiment principal fait partie de la muraille côté campagne (**fig. 2a**). Le château était peut-être isolé du village par une enceinte propre comprenant une chapelle seigneuriale Notre-Dame. Tandis qu'une église destinée à la population, également dédiée à Notre-Dame, était bâtie hors-les-murs en contrebas vers l'est, légèrement à l'écart, au bord de la route qui mène à la vallée de l'Orb. Puis est construite une nouvelle demeure pour les Boussagues. En 1218 en effet est citée la *stare* de Déodat dans le *castrum novum.* Elle a pu être construite dès les années 1180, puisqu'alors était déjà cité le *castrum superior*, ce qui sous-entend l'existence d'un *castrum inferior*. L'analyse de sa configuration ne l'infirme pas (cf. *infra* 3.4.), qui n'est pas sans rappeler les maisons de notables urbaines (**fig. 2b, c, d**). Mais sa conception était par ailleurs liée à celle de la défense collective. On creuse alors des lits forcés pour les ruisseaux enserrant le village, formant fossés et carrières pour les constructions. La façade arrière de la nouvelle demeure prolonge la falaise et rend infranchissable ce qui est devenu l'escarpe d'un profond fossé. Le nouveau quartier s'étendra presque jusqu'à l'église paroissiale, qui restera pourtant hors-les-murs (son cimetière sera cité en 1278 ; une fontaine l'avoisine).[8]

Dans cet environnement, quel fut le devenir de Villemagne ?

2.1.2. Les mines ; l'abbaye humiliée

L'abbaye de Villemagne est un pion non négligeable sur l'échiquier vicomtal. Témoin un important accord passé en 1172 entre le vicomte de Béziers et la vicomtesse de Narbonne[9], où il est convenu de brider les ambitions de Villemagne. Pour mieux comprendre ce texte, on peut remonter quelques années en arrière.
L'implantation des pouvoirs autour du bassin argentifère connut forcément des heurts. L'âpreté du climat de concurrence propre aux débuts de la féodalité dut être cristallisée par la présence de ressources en argent. D'où la date tardive des accords à ce sujet entre les vicomtes. Le climat se devine en effet en voie de stabilisation à partir de 1163 seulement, quand Ermengarde vicomtesse de Narbonne et Raymond

[5] 1156 : HGL V c. 1197 ; suite du mariage en 1069 de Guillemette. 1127 : HGL V c. 941-943. Cf. HGL VIII c. 273 à 279.
[6] L'affaire fit grand bruit par les réactions du seigneur de Montpellier. Celui-ci fort courroucé fit faire une enquête sur l'âge des jeunes filles pour essayer de prouver qu'elles s'étaient mariées avant l'âge normal. C. Guil. p. 763 à 767.
[7] HGL VIII c. 490-491, 1205.
[8] 1183 : C. Sylv. p. 414 (*in castro superiori de Bozagas*). 1199 : Fds Thésan p. 60 (*capite castri veteris de Bociacis*). 1218 : Fds Thésan p. 74 (*in castro novo de Bociacis, ante stare Deodati*). 1256 : Fds Thésan p. 105 (*in castro de Bociacis in domo nova*). Cf. Journot 1990.
[9] 1172 : HGL VIII c. 281-284 III.

Trencavel vicomte de Béziers établissent une *concordia* (*carta concordiae & pacis*) sous l'égide du comte de Barcelone, par laquelle le vicomte convient de ne pas augmenter les droits perçus sur les marchands relevant de la vicomté de Narbonne (*salinis & usaticis & leddis*) sans en référer à la vicomtesse, et vice versa. En 1164[10] les mêmes s'entendent pour répartir entre eux, et entre les seigneurs concernés, les revenus des « argentières et mines » situées dans un périmètre bien délimité par Faugères, le *castrum* de Mourcairol, le *castrum* du Poujol, le col du Mont Mayres (un mont qui domine Saint-Gervais), Maurian, le *castrum* de Boussagues, Bédarieux, et la *villa* de Soumartre (**fig. 3**). Un territoire centré donc à peu près sur Villemagne (Amado 1977 ; Journot 1990 1 p. 42 et suiv.) ; un périmètre qui dépasse largement l'aire géologique des gisements polymétalliques mis en carte par nos modernes ingénieurs. En 1164, les caractéristiques naturelles de cette aire ne sont pas reconnaissables et il est sous-entendu, forcément, que des prospections seront pratiquées. Ce n'est pas exactement un territoire minier qui est délimité, mais une aire de prospection autour de mines avérées. Les revenus (*redditus*) des argentières et mines seront partagés moitié-moitié entre les vicomte et vicomtesse d'une part, et le seigneur du sol où elles se trouvent ou ont été trouvées d'autre part, même s'il s'agit du monastère de Villemagne. Quant aux achats et ventes d'argent et aux foriscapes des argentières, elles reviennent au vicomte et à la vicomtesse, sauf dans l'*honor* du monastère où chacun, vicomte, vicomtesse, monastère, en aura un tiers. L'accord est passé pour 15 ans.

Cet accord est le résultat d'un compromis. Peut-être passé à Villemagne-même (dans le même mois le vicomte de Béziers reçoit un hommage pour Vieussan à Villemagne), il met le monastère sur le même rang que n'importe quel autre seigneur quant aux revenus des « argentières et mines », mais distingue son *honor* quant au commerce de l'argent et aux foriscapes des exploitations d'argent. Parmi ces seigneurs, deux ensembles de tenants sont de nouveaux arrivés, au Poujol et à Boussagues. Force est donc pour les vicomtes de composer avec des puissances incontournables : les abbés. En 1171 c'est avec Roger, le nouveau vicomte de Béziers, qu'Ermengarde conclut un « pacte mutuel de non agression »[11].

C'est dans cette ambiance d'une solidarité vicomtale renforcée que deux affaires montrent combien le pouvoir des abbés agace les vicomtes. En 1170 en effet Roger s'en est allé ravager la localité de Saint-Pons de Thomières, en représailles de la construction par l'abbé du château de La Salvetat (Journot 1990 1 p. 156 ; Bussis-Tait 1995-1996 p. 27-28). J. Bousquet voit « les vicomtes alors alliés des comtes de Barcelone sans doute ravis de ruiner un monastère d'obédience toulousaine » (Bousquet 1973 p. 81). En 1171 Roger consent à ce que le monastère soit agrandi et fortifié, mais à la condition que n'y résideraient que les moines, les serviteurs et leurs familles[12]. Une restriction visant quel type d'occupants, sinon des hommes d'armes ? Ceci de plus contre forte rançon : le monastère paiera 2000 sous et une albergue de 50 hommes ou 50 sous melgoriens. Autrement dit il subira un lourd droit d'occupation. Et en 1172, est conclue entre Roger et Ermengarde une *convenientia* qui veut atteindre les fortifications de Villemagne. C'est la *forciam... in Villamagna* qui est alors exactement visée. Elle sera détruite et jamais n'en sera faite une nouvelle en dehors de leur volonté. Le complément de lieu *in Villamagna*, plus précis qu'un génitif, peut laisser penser que c'est une construction particulière qui est visée. Et l'emploi ailleurs du mot *forcia* à propos de *villae* où l'église est jouxtée d'une tour, comme à Olmet ou Saint-Jean de Fos, seigneuries ecclésiastiques (Journot 1990), fait venir à l'esprit la Tour du Monastère. L'on verrait assez que, suite à cet accord, ses étages hauts aient été abattus (cf. *supra* 1.3.2.). Ceci dit, le doute demeure et force est de s'en tenir là : à Villemagne une *forcia* devra être détruite. Si vicomte ou vicomtesse touchaient une rançon (*redemptio*), ils s'engagent à la partager entre eux deux. Si Roger trouvait la *villa* en état de guerre et quelqu'un la défendant et la tenant en mains contre sa volonté, Ermengarde devrait faire mener des opérations armées contre elle, qui ne s'arrêteraient qu'avec l'accord de Roger. Et vice versa. Non seulement l'accord est assorti d'un serment sur les Quatre Évangiles, mais aussi d'un échange d'otages. Le but recherché, c'est qu'il ne puisse y avoir association de l'abbé et d'un vicomte contre l'autre vicomte. Il s'agit de protéger des intérêts communs contre ce qui devait bien être une tentation.

Semble-t-il au milieu du XIIe siècle, en tout cas au cours du règne de Louis le Jeune[13], l'abbaye avait pourtant reçu l'autorisation, par privilège royal, de fortification. Privilège qui sera dûment renouvelé en 1210 (cf. *infra* 4.2).

2.2. L'abbaye et la constitution du temporel

Il est notable que Saint-Martin de Villemagne n'ait pas été soumise à une tutelle particulière, alors que Saint-Pierre de Joncels le fut, par rapport à Psalmodi. L'abbé de Villemagne était d'ailleurs présent à la signature de l'acte de l'archevêque de Narbonne entérinant cette sujétion. Cela se passait entre 1121 et 1129, d'après la *Gallia Christiana*[14].

2.2.1. Rapports de voisinage : les cisterciens

Forte de cette relative indépendance, comment l'abbaye développa-t-elle son temporel ? (**fig. 5**)

Les rapports avec les cisterciens implantés au nord du territoire de Villemagne depuis 1136, dans un secteur

[10] 1163 : HGL V c. 1264-1265. 1164 : HGL V c. 1289-1291.

[11] HGL VIII c. 281-284, I et II.

[12] 1170 : cf. Sahuc 1895 p. 10-18. 1171 : G. Ch. VI inst. c. 84.

[13] 1156 pour HGL III p. 53 et 804 et Bousquet 1992 p. 156. La datation vers 1175 (Alzieu 1985 p. 43) est improbable ; le texte semble antérieur à un accord avec l'évêque daté de 1159-1161.

[14] G. Ch. VI, inst. c. 134.

dépendant de l'évêque d'Albi, ont laissé quelques traces dans les cartulaires de Sylvanès et de Nonenque. Sylvanès a en effet été fondée en sud Rouergue par un seigneur du haut Lodévois, Pons de Léras, contrit de s'être longtemps enrichi par la violence. Le château de Léras dominait le pas de l'Escalette, passage du rebord du Larzac sur la route Lodève - Rodez par Millau. Publicité fut faite dans les années 1160-1170 non pas à la possession de reliques visitables, ce qui serait contraire à l'idéologie de l'Ordre, mais à l'effet du repentir d'un seigneur, un seigneur connu pour avoir rançonné un tronçon d'une route commerciale de première importance, héritière d'un axe déjà mentionné par la Table de Peutinger. Un modèle à suivre en somme.

En 1146, à quelques kilomètres de son abbaye, l'abbé de Sylvanès installait à son tour Nonenque, où furent dès lors accueillies nombre de jeunes filles de la noblesse des environs, de l'Olarguais au Lodévois. Entre ces deux implantations cisterciennes coule la Sorgues, dont la vallée est-ouest permet de joindre la route Millau-Lodève vers l'est et la route d'Albi vers l'ouest, axe de circulation secondaire. S'y dresse une possession de Villemagne, Saint-Pierre de Fondamente, qui fera plus tard l'objet d'un échange.[15]

Villemagne compose en effet de temps à autre avec Sylvanès, sur des modes plus ou moins conflictuels. En 1184 par exemple, un plaid convoqué à Saint-Gervais et présidé par des nobles membres des familles du Caylar et d'Avène examina une controverse entre l'abbé de Sylvanès et Pierre du Breuil, à propos de l'*honor* de Cenomes, situé entre Rocozels et Sylvanès (l'église de Cenomes avait été donnée à Sylvanès par l'évêque de Rodez en 1164). Le plaid fut confirmé au *castrum* d'Olargues, dans la *camera* d'un certain *Stephanus Francigena*[16]. Ce Pierre du Breuil était alors le sacriste de Villemagne. Autre exemple ponctuel de relations, Déodat Guillem, moine de Villemagne (il est cité comme témoin parmi les moines lors d'un acte daté de 1159-1161) se donne en 1161 à Sylvanès avec tous ses biens. Plus nettement positive, l'association de prière entre Villemagne et Valmagne, abbaye située au-delà de l'Hérault[17] fondée en 1138 grâce à la dotation du vicomte de Béziers, qui adopte la règle de Cîteaux en 1145 et est rattachée à Bonneval en 1159. L'association de prière est conclue la même année, en présence de la vicomtesse de Narbonne Ermengarde.

Le succès cistercien est dû à l'idéologie nouvelle de l'Ordre certes, mais aussi à une bonne gestion économique, au moins en ces temps, perceptible dans la qualité des monuments construits. La réussite économique de Sylvanès, dont les revenus provenaient pour une part importante de l'élevage (Durand 1983), passa par une série d'exemptions de leudes, par exemple à Lacaune en 1146, dans la *villa* de Faugères en 1147, à Narbonne-même et sur sa route en 1152, 1157, 1159, dans la ville et sur le pont de Millau, et aussi à Villemagne. En 1159 l'accord est solennisé par la présence de l'archevêque de Narbonne, de l'évêque de Béziers, de l'évêque de Lodève et encore une fois de la vicomtesse de Narbonne Ermengarde ; le vicomte de Béziers est absent car alors emprisonné. L'installation quelque peu laborieuse de « maisons » (*domus*) dépendantes de l'abbaye cistercienne à Sauvanès (Sauveplaine dans les textes), aux confins des terres de Faugères, Roquessels, Laurens, et Fouzilhon, à partir de 1139, ne serait-elle pas à mettre en rapport avec la circulation vers Béziers et Montpellier, certainement déjà régentée en partie par les Faugères ?[18]

Les vicomtes de Narbonne ont doté Saint-Martin de Villemagne, ceux d'Albi-Béziers ont soutenu Sylvanès. Mais l'entente reste nécessaire. Les vicomtes s'accordent à partir des années 1160, pour contrecarrer la volonté d'émancipation du monastère qui cherche la protection royale. Quant aux abbayes, leur intérêt était d'avoir un rôle économique complémentaire. Un texte très important de la fin du XIIe siècle éclairera indirectement la question (cf. *infra* 2.4). Toutes deux en attendant s'enrichissent grâce à la production de l'argent. Les recherches de B. Léchelon ont permis en effet d'éclairer le contrôle des mines de Bouco-Payrol par Sylvanès entre 1150 et 1250 (Benoit, Bailly-Maître 1998 p. 27).

2.2.2. La gestion controversée des paroisses

La logique géographique est une manière simple de présenter le temporel de l'abbaye de Villemagne (**fig. 5**). L'agglomération elle-même sera d'abord évoquée, puis la zone nord, contact avec le Rouergue, puis le sillon Orb-Jaur, axe principal organisant le relief comme la circulation, et enfin les zones sud, appartenant à la plaine littorale. Cette logique permet de repérer une certaine emprise spatiale. C'est exactement le mode de présentation suivi par les diplômes royaux censés protéger le monastère d'aliénations intempestives. Encore faut-il déterminer les enjeux de cette emprise, et la manière dont elle s'exerça concrètement. Le problème est bien là. L'analyse de la répartition des granges cisterciennes a été un bon moyen d'appréhender, en certains endroits, des systèmes économiques, qui désignent par exemple les champs de céréales, les vignes, les troupeaux, les carrières, les viviers, les salines… (Blary 1989). Chez les bénédictins du Midi la chose est difficile (Suau 1986). J. Avril a souligné la difficulté qu'il y a à définir en Pays d'Oc les statuts de lieux de culte, ou intégrés à des domaines reçus par les abbayes, « et normalement intégrés à une organisation diocésaine », ou créés par les monastères. De cette situation naquirent de nombreux conflits avec les évêques (Avril 1984 p. 309). Le rappel à l'ordre d'Adrien IV vers 1156 est à cet égard symptomatique, qui recommande instamment aux abbés et au clergé du

[15] C. Sylv. p. 371-390.

[16] C. Sylv. p. 419-421. Le chroniqueur de Sylvanès qui rapporta l'histoire édifiante de Pons de Léras portait aussi l'anthroponyme *Francigena*.

[17] Aujourd'hui au bord d'une route est-ouest joignant vallée de l'Hérault et Montpellier par Villeveyrac.

[18] 1161 : c. Sylv. p. 316. Association de prière avec Valmagne : HGL V c. 1230, II. Exemptions de leudes : *ibid.* p. 311-316, 320-322, 356-359. Installation de Sauvanès-Sauveplaine : C. Sylv. p. 306 à 318.

diocèse l'obéissance à l'évêque, car il est contraire à la vie régulière que des moines baptisent ou administrent pénitences ou sacrements[19]. Le cumul des fonctions n'était donc pas rare. Ajoutons que les sources de revenus, qui ont principalement motivé ces affrontements, sont très mal cernées.

Sans doute en 1156, sous le règne de Louis VII le Jeune, l'abbaye fut dotée d'un diplôme royal. Il est connu parce que repris dans un diplôme ultérieur, accordé par Philippe-Auguste en 1210[20]. Sont énumérés « le bourg de Villemagne avec ses dépendances, l'*honor* de Saint-Sauveur de Villemagne, l'*honor* de Saint-Martin le Vieux, et de Saint-Gervais et de Saint-Geniès [de Varensal] avec leurs annexes, l'*honor* de Fondamente, et la *villa* de Bédarieux avec ses dépendances, et l'*honor* de Saint-Nazaire et de Saint-Cyprien, et la *villa* de Cayssan, et moitié du *castrum* d'Alignan avec ses dépendances et terres, et l'*honor* de Fraisse, » et des biens « à Isclatian ou Villa-Majore, ou à Cabril ou dans les terres de Saint-Nazaire de Vic », et les mines de l'« alleu de Saint-Martin de Villemagne ». Le diplôme de Philippe-Auguste y ajoutera une modification due à un acte daté de 1182. Est réaffirmé qu'aucune aliénation dans l'« alleu » de Villemagne n'est permise, et que abbé et monastère y ont droits de fortification et de justice, et peuvent interdire à tout autre d'élever des défenses. Les mines qui y seront découvertes leur reviennent. À la fin du texte viennent donc s'ajouter les églises de Saint-Pierre de Rhèdes et Saint-Jean de Nissergues qui ont été récemment échangées avec l'évêque de Béziers contre celle de Cabrials.

Villemagne

Burgum cum omnibus suis pertinentiis : telle est l'expression désignant l'agglomération de Villemagne. S'ensuivent Saint-Sauveur de Villemagne et Saint-Martin le Vieux chacun qualifié d'*honor*, terme normalement attendu ici pour désigner un patrimoine « dû à la bienveillance » d'une autorité, en l'occurrence celle du roi (Magnou-Nortier 1974 p. 350).
Saint-Sauveur est connue depuis 978 (cf. *supra* 1.2.1). C'est la logique qui fait supposer qu'elle était église paroissiale, ce ne sera attesté qu'en 1233[21]. En revanche un « prieur de Saint-Sauveur » apparaît parmi les témoins d'un acte daté entre 1159 et 1161 dont nous allons reparler[22]. Il est bien spécifié qu'il est moine de Villemagne. Saint-Sauveur est donc un prieuré. Cela n'empêche pas que l'église soit aussi centre paroissial. Seulement la nomination du desservant doit être approuvée par l'évêque, qui est seul à même de lui conférer la *cura animarum*. Dans le meilleur des cas le desservant peut être présenté par l'abbé à l'évêque, qui entérine sa nomination. Il est dit alors *capellanus* et n'est pas moine (Avril 1984 p. 314). Ce fut peut-être le cas ici.

[19] 1156-1158 : L. nr Béz. p. 252-253.
[20] 1210 : G. Ch. VI inst. c. 150-151. Monicat, Boussard éd. 1966 p. 212-215.
[21] 1233 : Fds Thésan p. 80-94.
[22] 1159-1161 : L. nr Béz. p. 271-275.

Quant à Saint-Martin « le Vieux », si le diplôme de 1210 inclut bien celui de Louis VII pour y ajouter ensuite quelques modifications, elle apparaît sous ce titre vers le milieu du XIIe siècle. Elle aussi sera qualifiée de paroisse en 1209, puis en 1233. C'est l'analyse archéologique qui laisse supposer qu'elle était prieuré, essentiellement parce qu'au XIIe siècle elle fut munie d'un chœur liturgique long (cf. *infra* 3.2).

Vers la montagne

À la suite de l'*honor* de Saint-Martin le Vieux, et sans même répéter le terme *honor*, sont cités ceux de Saint-Gervais et Saint-Geniès [de Varensal], avec leurs annexes (*adjacentis*). Cette continuité dans la phrase est remarquable, qui dessine l'axe vers le nord-ouest suggéré par le testament de la vicomtesse de Narbonne de 966 (où étaient cités Saint-Gervais, Saint-Geniès, Murat et Boissezon). C'est une zone relevant des vicomtes de Narbonne, mais où l'administration ecclésiastique a connu un imbroglio particulier (Sabatier 1985). Il semble que Saint-Gervais ait dépendu de l'évêché d'Albi, et Saint-Geniès de celui de Béziers. Saint-Geniès a été « donnée » par l'évêque à l'abbé à l'occasion du règlement d'un litige à propos de Saint-Pierre de Rhèdes en 1182 (alors que l'abbé la lui avait transmise en 1159-1161) ; les droits épiscopaux y sont néanmoins restés saufs[23]. Il n'y a pas d'autre information sur leur statut. En toute logique elles devaient avoir des fonctions paroissiales. Saint-Gervais est implantée à flanc de pente et regarde Neyran, une serre où se perchent non seulement le château, mais aussi l'église Saint-Pierre, et des habitations. Quelques maisons avoisinaient aussi le château perché de Nébuzon.
Fondamente, isolé dans la vallée de la Sorgues, est un lieu fort éloigné vers le nord, implanté au milieu des possessions cisterciennes. On sait que l'endroit est prieuré là encore par la présence du prieur parmi les moines de Villemagne témoins de l'acte de 1159-1161.

La vallée de l'Orb

Sont situés là la *villa* de Bédarieux et ses dépendances, et l'*honor* de Saint-Nazaire et de Saint-Cyprien. Saint-Nazaire, dit alors « de Loudéro », fit partie de quatre églises baptismales avec cimetière que l'évêque transmit à l'abbé en retenant les droits épiscopaux entre 1159 et 1161. Elle était située sur la rive droite de l'Orb (Alzieu 1954 et 1988), près de Bédarieux dont on ne connaît aucunement la topographie. On ne sait où se situaient les habitats de la *villa* par rapport à l'Orb. L'abbé Alzieu pour expliquer la mention autrement inconnue de Saint-Cyprien propose astucieusement l'hypothèse qu'elle fît partie un temps d'un double vocable assigné à Saint-Nazaire (Alzieu 1954 p. 6). Le point intéressant est qu'il existe un « prieur de Bédarieux » cité parmi les moines qui appuient l'abbé de Villemagne dans l'acte de 1182. On pourrait supposer que Saint-Nazaire était prieuré, Saint-Cyprien ayant constitué une annexe qui n'eut qu'un temps. Notons aussi qu'il existe une autre église à

[23] 1182 : L. nr Béz. p. 403-404.

Bédarieux, paroissiale : Saint-Alexandre est attestée en 1189, et à l'occasion est cité tout ce qui se trouve « sur terre ou sous la terre »[24].

Parmi les autres églises baptismales et cémétériales transmises au milieu du XIIe siècle, il y avait Saint-Pierre de Rhèdes (le *castrum* du Poujol a été implanté non loin et restera desservi par cette église jusqu'à la fin des Temps modernes) et ses chapelles. Mais l'acte ne fut pas respecté puisqu'il en fallut un deuxième, celui de 1182, qui est enregistré à Villemagne-même, pour régler, en faveur de l'abbaye, le statut de Saint-Pierre et de ses chapelles, à savoir Saint-Michel desservant le *castrum* perché de Mourcairol et Sainte-Marie de Capimont. Est ajoutée une précision par rapport à l'acte précédent, concernant les droits sur les mines, qui vont bien à l'abbé. Le règlement de la *controversia* à propos de Saint-Pierre s'assortit encore de la transmission d'une autre église située sur la rive nord de l'Orb, Saint-Jean de Nissergues (celle-ci avait été transmise de l'abbé à l'évêque en 1159-1161). L'évêque retient toujours quelques droits, et l'on s'aperçoit que Saint-Pierre rapporte plus à l'évêque que les autres églises. Il est dommage que rien ne permette d'identifier Jean « de Redis » qui signe l'acte de 1159-1161 après le chapelain de Pézan. En revanche un accord entre Salomon de Faugères et l'abbé Bérenger en 1197 a bien été passé en présence entre autres de *Guilaberti de Bretas prioris de Redis*[25]. Et en 1205, Raymond, « chapelain de Saint-Pierre de Rhèdes », est témoin à un acte concernant l'abbé et Caissan[26]. Un établissement important donc, prieuré implanté à flanc de pente près de la grand'route et qui regarde Mourcairol, perché en haut du flanc sud de la vallée ; Mourcairol qui abrite la petite chapelle Saint-Michel annexe de Saint-Pierre.
Si Saint-Pierre (**fig. 6**) existe depuis le Xe siècle, son architecture a été rapportée à la première moitié du XIIe siècle. Même s'il est toujours difficile d'être précis quant aux datations, l'analyse de J. Nougaret et A. Burgos (1975) souligne nombre de détails bien caractérisés : la qualité de l'appareil de pierre de taille, la conception particulière du chevet où trois absidioles s'incrustent en forme de niches ajourées dans l'épaisseur du mur de plan demi-circulaire, les travées de la nef unique marquées de colonnes engagées doubles aux chapiteaux sculptés de monstres, les comparaisons possibles avec les églises romanes de la région du Puy-en-Velay (les incrustations de basalte, le linteau sculpté de caractères coufiques stylisés). Qui donc eut l'initiative de la construction de cette belle église, prise dans une *controversia* entre évêque et abbé ?
Autre détail notable, un relief de marbre est conservé aujourd'hui accroché au mur dans l'église ; Renouvier l'y avait vu déjà dans les années 1830[27]. Même s'il représente saint Pierre, il est hasardeux de supposer qu'il appartînt à un petit tympan d'un bâtiment du prieuré, mais il reste intéressant (**fig. 6d**). Saint Pierre, en tenue d'évêque, est bien reconnaissable par ses clés, et une inscription. Le travail est raisonnablement datable de la fin du XIIe siècle, caractérisé par le style mais aussi la forme particulière de la mitre. La qualité de la sculpture est remarquable et le choix du matériau, du marbre, n'est pas indifférent.[28]

La plaine

La *villa* de Cayssan, le *castrum* d'Alignan dont la moitié appartient à l'abbaye, l'*honor* de Fraisse sont tous situés dans une même région, entre Faugères et Pézenas (et tout près du *castrum* de Roujan qui revendiqua les reliques de saint Majan) ; « l'alleu de Saint-Martin de Villemagne » y est cité depuis 1138. Que le terme *castrum* soit utilisé pour désigner Alignan laisse entendre que l'abbé détient moitié des droits seigneuriaux.
Cette zone est sensible, particulièrement intéressante pour la proximité des routes s'en allant franchir l'Hérault. Le « chemin de Sainte-Marie de Fraisse à Saint-Thibéry », où se trouve le célèbre pont sur le fleuve, est nommément cité en 1199. Une zone qui connut aussi des contestations. Par l'évêque de Béziers : Saint-Martin d'Alignan, Sainte-Marie de Fraisse et sa chapelle (Saint-Martial de Cayssan) sont finalement laissées à l'abbé au milieu du XIIe siècle, Saint-Martin et Sainte-Marie étant déclarées baptismales et cémétériales. Contestations encore de la part d'Étienne de Servian. En 1205 a été enregistrée une sentence entre celui-ci d'une part et l'abbé de Villemagne et les moines d'autre part, au sujet de Caissan, qui a été fortifié. Le seigneur réclamait des droits d'albergue, donc d'occupation, et d'usage. Il y renonce contre le paiement par l'abbé de 2500 sous melgoriens. Parmi les arbitres sont cités l'évêque de Béziers et Salomon de Faugères.[29]
À l'ouest de cette zone se tint Saint-Nazaire de Vic, citée dans le diplôme royal. L'église a depuis longtemps disparu et il n'en reste sur place que le toponyme Saint-Nazaire situé près du lieu-dit Vic. Mentionner cette église est étrange, car à l'époque c'est Saint-Étienne de Pézan, située à trois kilomètres, qui appparaît par ailleurs. Son chapelain est signataire de l'acte de 1159-1161, et son prieur apparaît parmi les moines en 1182. Peut-on penser que vers le milieu du

[24] 1189 : Fds Thésan p. 58. Le texte est une déguerpition de biens *in castello de Bociacis, in tota parochia sancti Alexandri de Biterivis, quecumque sint et ubicumque sint super terra et subtus terra.* Où l'on retrouve une allusion aux mines ; malheureusement elles ne sont pas exactement situées.

[25] G. Ch. VI inst. c. 147. Cf. *infra* annexe 3.1, Édition de textes, 1192 : c'est peut-être le prieur de Rhèdes qui est cité à la troisième ligne.

[26] 1205 : Doat vol. 60 f° 332.

[27] Renouvier 1840. Médiathèque de Montpellier, bibliothèque numérique : 11163_06_Pl. 07

[28] Fidèle au goût de son temps Renouvier en 1840 jugeait ce relief « grossier » (Renouvier 1840 p. 21). En fait les proportions fines du corps à la pose contournée, les drapés volants aux plissés sophistiqués sont comparables aux caractéristiques du style de certaines figures de la façade de Saint-Gilles du Gard (par exemple les offrandes de Caïn et Abel). Voir aussi l'analyse par J. Nougaret et A. Burgos de cette pièce importante mais mystérieuse (1975 p. 147-148 et fig. 41), et la mise au point épigraphique et bibliographique du CIFM (Favreau *et al.* 1988 p. 126).

[29] 1138 : C. Sylv. p. 36. 1199 : HGL VIII c. 453-455. 1205 : Doat vol. 60 f° 332.

XIIe siècle l'abbé avait déjà idée d'un transfert de Vic à Pézan ? Mais qu'un tel transfert ait mis tant de temps à être entériné reste difficilement explicable. L'intérêt de ce secteur est d'être traversé par l'axe nord-sud Faugères-Béziers.
Ajoutons que l'architecture de Saint-Étienne (qui mériterait plus ample analyse), ne passait pas alors inaperçue (**fig. 7**). Contentons-nous pour l'heure de rappeler qu'il en reste aujourd'hui essentiellement un célèbre clocher de plan carré, maintes et maintes fois cité dans les ouvrages d'histoire de l'art roman du Midi. Ce qui frappe évidemment d'emblée c'est sa grande hauteur. La formule choisie fut celle, bien éprouvée, de ces jolis clochers très ajourés sur chaque face, aux ouvertures composées, de développement croissant de niveau en niveau, encadrées de lésènes reliées par des séries d'arceaux, clochers remarqués de l'Italie à la Catalogne et que l'on disait autrefois construits par les « maçons lombards » au XIe siècle[30]. Pour Saint-Étienne, l'ensemble des quatre niveaux supérieurs ajourés, marqués par des cordons, est de même hauteur que la partie inférieure aux parements unis. Le premier niveau ajouré comporte une baie géminée sur chaque face, les deuxième et troisième une baie triple, et le quatrième un *oculus*. Le pourtour des ouvertures est marqué d'un décrochement qui accroche la lumière. Les couvrements reposaient sur des colonnettes simples par l'intermédiaire de chapiteaux sans doute décorés de masques mais qui ont presque tous été remplacés. Les deux niveaux aux baies triples sont de plus soulignés par des lésènes enveloppant les angles de la tour, reliées sous les cordons par cinq arceaux reposant sur des modillons sculptés de masques. Des incrustations de basalte ajoutent au décor en animant en particulier les arcs. Viennent de suite à l'esprit les points communs avec le clocher de la cathédrale de Vic, celui qui reste encore debout à Saint-Michel de Cuxa (datés du XIe siècle), mais aussi avec ceux des églises de Tahull (XIIe siècle). À Saint-Étienne l'appareil et les matériaux (tuf et basalte) feraient assigner le clocher-tour à la première moitié du XIIe siècle ; les abbés de Villemagne le firent-ils construire ? Il est notable en tout cas que les commanditaires aient choisi un parti architectural spectaculaire éprouvé, « consacré » pourrait-on dire, dans une vaste zone géographique.

Rappelons encore les biens cités à Esclatian (ont été donnés par la vicomtesse de Narbonne au Xe siècle l'alleu d'Esclatian et la moitié de son église Saint-Baudille, l'autre moitié étant allée à Saint-Nazaire de Béziers) et Cabrials, à quelque distance de Béziers. L'abbé avait pourtant transmis à l'évêque en 1182 l'église de Cabrials et tout ce qu'il avait dans cette *villa*. Les raisons d'une implantation en ces endroits, sur le littoral entre Agde et Béziers, tenaient peut-être à la proximité de pêcheries (les étangs de Vendres sont plusieurs fois cités en ces époques), ou de salines. Les salines de Béziers sont attestées par ailleurs, par exemple quand elles sont rachetées par l'évêque d'Agde[31].

Les échecs de l'abbaye

Tout près de Villemagne, l'abbaye ne put pas garder Saint-Saturnin de Clairac. « Avec l'église de Boussagues sa chapelle », elle est transmise à l'évêque en 1159-1161, mais comme l'abbé ne respecta pas l'accord, il dut la rendre finalement en 1182 ; le chapelain de Boussagues est d'ailleurs signataire de l'acte.
En 1159-1161 l'abbé rendit une église Sainte-Eulalie *de Tonga* située près de la rivière la Thongue [32], non loin de Saint-Thibéry et de son pont. Et aussi l'église de Coujan (rappelons qu'une maison à Coujan avait été donnée au monastère par la vicomtesse de Narbonne au Xe siècle), comme l'église de Mus, implantées entre Orb et Thongue. Il dut faire de même avec Saint-Christophe de Faugères. Il renonce aussi à Saint-Geniès de Grézan (qui avait été donnée à l'évêque par un laïc en 1130[33]), mais on verra qu'au siècle suivant il l'avait recouvrée.

Conclusion : des routes et des mines

La volonté d'indépendance du monastère est indéniable. Pour l'autorité royale c'est un fait acquis. Mais pas pour les autorités ecclésiastiques : le monastère appartient à la liste des biens de l'évêque de Béziers entérinée par le diplôme d'Eugène III de 1153 ou celui d'Alexandre III de 1178[34]. L'administration paroissiale reste lourdement entachée de discordes.

Villemagne et le secteur minier de Saint-Martin le Vieux bénéficient du jalonnement de la route du Rouergue par Saint-Gervais et Saint-Geniès, et d'une emprise sur la route du sillon Orb-Jaur par la zone de Bédarieux, où se situent la *villa* avec peut-être un prieuré et Saint-Nazaire de Loudéro. Saint-Pierre de Rhèdes et Saint-Jean de Nissergues se trouvent de part et d'autre du confluent, mais la valeur de Saint-Pierre, de haute origine, était plus importante encore à cause des mines situées dans l'étendue paroissiale. J. Bousquet nous apprend aussi qu'en 1195 l'abbé de Vabres vend à Bérenger abbé de Villemagne des biens à Soumartre, des biens assez importants puisqu'ils valent 1000 sous de Rodez (Bousquet 1992 p. 374). Mais ils ne sont pas cités dans la liste placée sous protection royale. Soumartre refera l'objet de transactions en 1256. L'intérêt de cette localité réside peut-être bien dans sa proximité avec Faugères et la traversée nord-sud des Avant-Monts (cf. *infra* 4.2.1).

[30] Cf. *Tours et clochers*... 1996.

[31] HGL V c. 1320 n° 61. Pour les étangs de Vendres cf. par exemple Doat vol. 61 f° 142 (1110) et 144 (1213). Dans les années 1270-1282, on débattra de l'existence d'un grau pratiquable à Vendres, dans la mesure où cela affectait la perception de la leude de la mer de Béziers (Blanc éd. 1899 p. 400-430).

[32] Localisée sur la commune de Montblanc par Hamlin 1983 p. 387.

[33] 1130 : Doat vol. 61 f° 160.

[34] 1153 : L. nr Béz. p. 239. 1178 : G. Ch. VI inst. c. 140.

Fait frappant, les biens enserrent pour une bonne part le même espace que le territoire minier délimité en 1164. Saint-Pierre de Rhèdes et ses chapelles avoisinent les deux *castra* du Poujol et de Mourcairol, Saint-Gervais est dominé par le Mont Mayres, Bédarieux était cité comme borne de ce territoire, comme la *villa* de Soumartre. En revanche le monastère malgré sa volonté ne peut s'implanter à Boussagues dont la chapelle dépend de Clairac, ni à Faugères. Parmi les seigneurs voisins de Villemagne, ce sont bien les Boussagues et les Faugères qui limiteront les ambitions des abbés. L'hostilité sera même franche du côté des Faugères (*cf. infra* 4.2.). Enfin signalons qu'en 1189 Roger vicomte de Béziers, dans son testament, restitue à l'évêque (et non à l'abbé) ce qu'il avait usurpé au détriment du prélat dans les mines de Villemagne et Boussagues : il peut s'agir de l'usurpation de revenus paroissiaux liés à des mines.[35]

L'implantation à Alignan-Fraisse-Cayssan est notable, sur un débouché vers le franchissement de l'Hérault. Les textes y laissent apparaître l'importance de la fortification. S'il n'y a plus d'opposition connue avec le seigneur de Roujan, en revanche celui de Servian se manifeste alors.

Remarquons la position des deux affluents de l'Hérault, la Peyne et la Thongue, coulant nord-ouest sud-est ; Villemagne a perdu dans cette zone Sainte-Eulalie *de Tonga*. Et notons aussi comme obstacles la présence d'un étang au sud-ouest de Pézenas, le *castrum* situé près du confluent entre la Peyne et l'Hérault, et le large lit divagant et marécageux de la Thongue entre Servian et Saint-Thibéry. Valros, *podium seu gardam* concédé par le vicomte de Béziers à Étienne de Servian en 1199 pour installer une fortification, participe à la canalisation de la circulation au profit de Servian. Il confronte d'une part « le chemin de Béziers à Pézenas » et d'autre part « le chemin de Saint-Thibéry à Sainte-Marie de Fraisse ».

Ainsi s'opposaient les intérêts économiques de Villemagne et Servian (cf. *infra* 4.1.). Un autre signe en est une sentence conservée dans le registre Doat, datée de 1205, par laquelle le seigneur de Servian consent à abandonner à l'abbé des droits sur Caissan (dont des droits d'albergue), Caissan qui est dit fortifié. Un abandon qui coûte tout de même 2 500 sous melgoriens à l'abbé. Remarquons que l'évêque de Béziers et Salomon de Faugères avaient été nommés arbitres.[36]

Manifestement l'affirmation de l'emprise du monastère passe par l'installation d'un prieur (et de quelques moines ?) dans les églises paroissiales revendiquées. Ces installations ne furent pas forcément possibles, ou pérennes, suivant les contestations non seulement des évêques, mais aussi des seigneurs laïcs « concurrents », comme les Boussagues, les Faugères, les Servian. Des contestations dans certains cas à la mesure des rapports fournis par les droits sur les mines, qui pouvaient faire partie des revenus ecclésiastiques.

2.3. À propos du territoire minier : l'histoire d'une faillite en deux actes

2.3.1. Premier acte : 1199

Des données sur la zone minière délimitée par le texte de 1164 peuvent être recueillies dans l'acte par lequel Guillem Aton de Curvalle engage partie de ses biens à Déodat de Boussagues, acte daté de 1199[37] (**fig. 4**).

L'extension de l'*honor* engagé va de la Croix de Mounis au nord jusqu'à l'Orb au sud, en suivant le ruisseau d'Héric qui fait limite ouest (Soutou 1987 p. 71) ; ce torrent fait toujours limite de commune aujourd'hui sur une part de son cours. L'Orb est dans le même cas au sud. Par le coude qu'il forme il est aussi limite est. Un dernier repère nommément cité est le pont de Brousson. L'attestation de l'existence de ce pont sur l'Orb est intéressante, qui montre une bonne desserte de Boussagues. En un endroit quelque peu étranglé par des rochers, au lieu-dit Brousson, non loin d'une église Saint-Pierre de Brousson implantée sur la rive sud, que plusieurs indices pourraient faire rapporter au XIe siècle (Signoles 1989), et qui est attestée en 1135 dans la dépendance de Joncels[38], se trouve encore aujourd'hui un pont de pierre. Celui-ci fut peut-être doublé aux Temps modernes ; on y désigne « les ponts » en 1670[39].

L'association classique entre moyen de franchissement d'un cours d'eau et église tendrait à prouver l'importance de ce secteur, qui se trouve en effet au débouché d'un axe liant vallée de l'Orb et vallée de l'Hérault par Salasc (*villa* et église citées dès le IXe siècle), Mourèze (*castrum* à partir de la fin du Xe siècle), Clermont, dont les marchands sont mentionnés dès 1140[40]. Entre le pont de Brousson à l'est et la Croix de Mounis au nord-ouest, on se trouve dans la haute vallée de la Mare. Le lieu-dit La Croix existe toujours, marqué par une croix toujours renouvelée, sur le rebord du bassin du Dourdou qui irrigue le sud Rouergue. L'*honor*, contenu dans une zone qui fait une vingtaine de kilomètres d'est en ouest et une quinzaine du nord au sud, inclut donc ce que l'on appelle aujourd'hui le massif du Caroux, et aussi les Causses de Villemagne et de Boussagues.

Guillem Aton (Curvalle est un château du sud Rouergue), y engage ses biens « sur terre et sous terre », qui se situent dans le *castrum* de Neyran, et dans celui de Boussagues ; Guillem Aton garde les fiefs des chevaliers feudataires de Boussagues, mais les revenus

---

35 Si l'on rencontre le nom de Boussagues parmi les abbés de Villemagne, apparemment c'est au monastère de Cassan que la famille de Faugères adresse certains de ses membres. D'après Barthès (Doc. nécrol. Béz. p. 31 et 56), deux chanoines de Cassan appartiennent à la famille de Faugères à la fin du XIIe siècle. La *Gallia Christiana* nous apprend quant à elle que Guillaume de Faugères fut abbé de Cassan de 1206 à 1215 (G. Ch. VI c. 418). 1189 : Doat vol. 40 fol. 11.

36 1199 : HGL VIII c. 453-455. 1205 : Doat vol. 60, f° 332.

37 Fds Thésan p. 60-63.

38 G. Ch. VI inst. c. 135.

39 Fds Thésan p. 184.

40 Salasc : C. v. Lod. p. 3. Mourèze : *ibid.* p. 49. Clermont : C. Gell. p. 172.

de ces fiefs sur les mines et les ventes des bois devront être payés à Déodat à titre de jouissance le temps du gage. De plus, Déodat peut racheter ce que Guillem Aton a engagé en divers lieux : dans le territoire de Clairac aux fils de Guillem de Sénégra pour 8000 sous, dans les mines de Clairac à Bérenger abbé de Villemagne pour 2000 sous, dans les territoires de Villemagne, l'Horte, la Blaquière encore à l'abbé pour 1800 sous, dans Taussac à un certain Amiel Mercier pour 600 sous, dans la paroisse de Douch et le *castrum* du Poujol à Bérenger de Cabrerolles pour 600 sous. Guillem Aton a maintenant 13000 sous de dettes. De plus, Guillem Aton concède à Déodat la mine de Taussac pour lui tenir compte des 600 sous qu'il devait payer en son nom à un certain Arnaud Guindra : cette clause provoquera des complications, qui seront arbitrées en 1233 (cf. *infra* 4.2.2).
Cet acte fut rédigé par le notaire de Villemagne à Villemagne-même, *in curia domini abbatis sub moro*. L'abbé donne son approbation, en présence de 18 témoins dont le premier est Salomon de Faugères. Il sera confirmé en 1199 au Pont de Camarès (localité du sud Rouergue) par l'épouse de Guillem Aton.
Les mines de Boussagues, Clairac, et Taussac, sont donc nommément désignées. L'abbé avait capté des revenus dans celles de Clairac, mais Déodat peut les racheter. Le territoire a au moins des débouchés vers le nord-ouest en direction du sud Rouergue par la région de Mounis, correspondant à la route de Murat et Boissezon évoquée *supra*, vers l'ouest par la vallée de l'Orb, vers l'est grâce au pont de Brousson.

2.3.2. Deuxième acte et épilogue : 1209

La suite des soucis financiers de Guillem Aton de Curvalle apporte quelques données sur la région minière en l'année 1209[41].
En effet dix ans après la mise en gage d'une partie de ses biens à Déodat de Boussagues, Guillem Aton est obligé de transmettre et vendre ces biens à Déodat, contre 30 000 sous melgoriens qui vont passer à ses créanciers, dont Déodat lui-même. L'aire concernée est celle des territoires de Boussagues et Villemagne : les limites partent au nord-ouest d'un pont sur le Dourdou, à la limite de la *villa*, c'est-à-dire du territoire, de Saint-Gervais, suivent à l'ouest le ruisseau d'Héric enfoncé dans ses gorges, au sud et à l'est remontent l'Orb jusqu'à l'église Saint-Nicolas, qui existe toujours aujourd'hui, et sont marquées au nord par deux toponymes qui malheureusement sont difficiles à interpréter : le « mont de Lodairac » et le « col de Cervian » se trouvent à la limite de la seigneurie (*castrum*) de Boussagues[42].
À l'intérieur de ces limites sont évoqués, géographiquement, les biens situés dans la seigneurie (*castrum*) de Boussagues, dans la paroisse Saint-Saturnin de Clairac, dans le territoire de Villemagne dont la paroisse Saint-Martin le Vieux, dans le château (*castellum*) de Neyran, dans la paroisse Sainte-Marie de Douch, à Carous, dans la seigneurie (*castrum*) du Poujol et la paroisse de Saint-Pierre de Rhèdes. Ces biens sont énumérés selon une liste logique comportant hommes et femmes, cens et usages, bois et chasses, pâtures, eaux et viviers, rives, arbres fruitiers, monts et vallées, terres cultes et incultes, terres hermes ou non, « le vert et le sec ». Mais de plus, une mention spéciale est laissée aux mines, existantes ou futures : c'est bien par rapport à elles qu'est citée la paroisse Saint-Martin le Vieux en tant qu'aire géographique (*que est in confinio ipsius Ville magne*), sans qu'il soit besoin de mentionner les autres paroisses de Villemagne.
Au nord se situent donc les seigneuries de Brusque, Rocozels et Avène, à l'ouest la seigneurie d'Olargues, au sud celle de Mourcairol, à l'est celle de Lunas. Par rapport au territoire minier délimité par les vicomtes en 1164 sont incluses au nord la haute vallée de la Mare, et la région de la Croix de Mounis qui faisait repère en 1199. Le « pont sur le Dourdou », puisqu'il fait limite avec la *villa* de Saint-Gervais, est forcément loin au sud de Brusque et peu éloigné de la région de Mounis[43].
D'autres chemins montagnards existaient bien sûr, en travers du plateau, où s'étend la paroisse de Douch ; témoins La Bastide, petite tour implantée près d'un col qui a pu être un péage d'Olargues, ou cette autre « Bastide » marquant sans doute l'entrée dans la seigneurie de Carous (Journot 1990). Mais l'axe passant par Villemagne devait être particulièrement fréquenté.
L'acte est passé à Brusque, avec des témoins dont certains étaient déjà présents en 1199, comme le premier d'entre eux Pierre Raimond de Faugères. Notable différence avec l'accord de 1199, il n'apparaît pas de ratification par l'abbé de Villemagne. Le notaire public est celui de Saint-Gervais, c'est-à-dire le notaire attaché aux Boussagues, et non celui de Villemagne, mais ce notaire est aussi le recteur de Saint-Martin le Vieux, cœur du territoire minier. L'abbé eut forcément connaissance de cet accord.

2.4. Le commerce vers Montpellier, Béziers, Narbonne à la fin du XIIe siècle

2.4.1. Parcours commerciaux vers la plaine

Un accord fondamental entre l'abbé et le seigneur de Faugères, daté de 1197 (Guyotjeannin 1992) et complété en 1199, réglant le péage de Faugères, laisse entendre la nature des enjeux commerciaux que chacun cherche à exploiter[44] (**fig. 8**). C'est une *compositio* qui intervient après de graves dissensions.
En 1197, sont indiquées les grandes provenances et les grandes destinations commerciales profitant à Villemagne vers le sud et l'est, que le seigneur de Faugères entend bien réglementer. Sont cités les trajets de Montpellier et alentours vers Villemagne, passant par le *castrum* de Caux, ou la *villa* de Saint-Thibéry, ou

[41] Fds Thésan p. 66-68. J. Poux préconise de redater le texte de 1206 : Poux 1900 p. 340-343.
[42] A. Soutou (1987 p. 69) y voit le mont du Layrac et le col de Serviès, deux lieux des Monts d'Orb situés à peu près sur un axe ouest-est que l'on pourrait tracer entre le cours haut du Dourdou (qui fait toujours aujourd'hui limite de communes) et l'église Saint-Nicolas sur l'Orb.
[43] A. Soutou (1987) fait erreur qui voit en ce pont celui de Brusque.
[44] 1197-1199 : G. Ch. VI inst. c. 144 à 147.

entre Caux et Saint-Thibéry ; et les parcours de Narbonne et alentours vers Villemagne qui passent par Béziers. Dans l'autre sens, sont évoqués les axes qui partent de Villemagne, et de la monétairerie, et qui vont vers Caux, ou Béziers, ou qui passent entre Caux et Béziers. Dans tous ces cas les denrées doivent transiter par Faugères et acquitter droits de péage. Si elles passent en dehors de ces trajets ou zones elles restent libres d'obligations vis-à-vis de Faugères, sauf le sel, qui doit obligatoirement transiter également par Faugères. L'argent, monnaie ou métal, n'est pas grevé de droits, les personnes à pied ou à cheval non plus ; elles peuvent donner néanmoins quelque chose spontanément (!). Le sauf-conduit du seigneur est assuré dans une aire allant de Roc-Pertus à Pézènes. Notons que l'abbé de Sylvanès est le premier témoin cité, puis apparaissent un certain Maître Radulfe de Saint-Thibéry, Raymond de Saint-Nazaire (de Béziers ?), Pons d'Alignan... des représentants d'instances intéressées par l'établissement du trafic.

En 1199 on crut bon de préciser encore ces trajets. Il y aura passage et péage à Faugères si les allers-et-venues Béziers-Villemagne se font par le *castrum* d'Autignac mais sur la rive est du Taurou (rivière qui s'en va nord-sud rejoindre l'Orb). De même pour le trajet passant par Caux, c'est le chemin montant vers Villemagne par l'est qui est concerné. En revanche est exclu des obligations le transit par les territoires de Caussiniojouls et Cabrerolles, ou même par le *castrum* d'Autignac, mais passant par la voie se dirigeant droit vers le *castrum* de Murviel (c'est-à-dire à l'ouest du Taurou) à condition que les denrées n'y entrent pas.

Voilà des repères précis pour appréhender les relations concrètes de Villemagne avec la plaine, et la façon dont les Faugères voulurent les verrouiller. Il s'agit en effet de délimiter l'aire gouvernée par le goulot d'étranglement que veut être Faugères.

Entre Villemagne et Montpellier coule plein sud l'Hérault, et se dresse la petite chaîne nord-sud de la Mourre dont une part au moins est appelée Mont Camel dans les textes. L'Hérault peut être franchi grâce à de multiples bacs, comme à Pézenas avant la construction du pont dans les années 1280. Il y a aussi le pont très commode de Saint-Thibéry[45], sur l'axe de la Domitienne. Et c'est bien pour cette raison que ce lieu est englobé par le règlement des Faugères. L'implantation de l'abbé dans la région d'Alignan participe à la problématique de la circulation dans cette zone.

L'axe de la Domitienne[46] va rejoindre les environs de Montpellier en restant non loin du littoral ; la Mourre n'y est plus un obstacle. Deuxième point de franchissement de la Mourre, le col entre Villeveyrac et Montbazin, toujours emprunté au long des siècles, de la route au chemin de fer. Le plus court chemin est-ouest entre ce col et Faugères passe par Caux. Au début du XIIIe siècle les deux familles de Caux et Faugères seront liées[47]. Troisième point de franchissement de la Mourre, du Moyen Âge à l'époque contemporaine, Valmalle, gardé par une *forcia* tenue en fief honoré de Guillem de Montpellier, justement citée en 1197[48], le territoire d'Aumelas formant glacis au sud. Entre Villemagne et ce point se trouve la route de Clermont et du col de la Merquière qui aboutit au pont de Brousson sur l'Orb. Si l'Hérault était difficile à franchir, on pouvait toujours faire un détour par le nord par le « pont du Gouffre noir » construit vers 1025-1031 entre les deux célèbres abbayes d'Aniane et de Saint-Guilhem le Désert (Bellan 1987).

Vers le sud, entre Villemagne et Béziers, se trouve la cluse de l'Orb, voie de passage naturelle jalonnée de châteaux dépendants des vicomtes de Béziers (cf. *supra* 2.1.1). Ce ne devait pas être un axe aisé, vu à quel point en certains endroits la vallée est encaissée. La route devait sans doute ici et là gagner les hauteurs. De plus l'Orb fait un large coude qui écarte considérablement l'axe d'une directe nord-sud. Pour rallier Béziers comme Narbonne, il est décidément beaucoup plus court de n'avoir à traverser que les Avant-Monts.

Il a été dit et répété qu'il y eut du génie dans le choix du site du château de Faugères. Dominant la plaine sur les premières pentes des Avant-Monts, Faugères peut commander tous les accès commodes aux grandes villes de la plaine, y compris à Agde et son port[49], même si celui-ci n'est pas d'importance première. Pourtant les châteaux implantés sur ces pentes de façon comparable ne manquent pas (Journot 1990), mais Faugères est situé dans la zone de franchissement la plus basse des environs. La famille de Faugères exerça une emprise sur la région beaucoup plus ambitieuse que celle de ces voisins, en particulier sur les mines. Ils sont présents dans le bassin de Villemagne comme dans celui de la haute vallée de l'Orb (Journot 1990). Le soutien des vicomtes de Narbonne fut déterminant, et les difficultés des vicomtes de Béziers aussi, qui conduisirent ceux-ci à être les débiteurs des Faugères.

En effet dans la continuité de leur offensive réglementée par les textes de 1197-1199, les Faugères prennent toujours plus d'importance dans l'environnement de Villemagne. En 1201, Raymond Roger vicomte de Béziers donne en fief à Salomon fils de Guillem de Faugères et neveu de Guillem de Lunas, les deux *castella* de Lunas. La même année, le vicomte confirme qu'il doit 6000 sous melgoriens à Salomon[50]. Pour que celui-ci se rembourse il lui engage ce qu'il a dans les mines de Villemagne et Boussagues : Salomon se paiera du prêt sur les produits à raison de 2000 sous par an. Les Faugères occupent donc la route de Lodève et sont intéressés directement à la production minière.

[45] C. Agde, 52, p. 58-59, 1173 : *via mercadale* d'Agde à Rodez par Saint-Thibéry. Il est fait une donation au « pont de Saint-Thibéry » en 1179 : L. nr Béz. p. 382.

[46] Cf. Bautier 1961-1963 pour le doublement médiéval de l'axe de la Domitienne, et Castellvi *et al.* 1997, cartes p. 28-33.

[47] HGL VIII c. 970 (1233).

[48] C. Guil. p. 628-629.

[49] C. Guil. p. 649, 1185.

[50] HGL VIII c. 468-470 et 470-471.

Il fallait aussi commander la traversée des Avant-Monts. Il est bien précisé que le sauf-conduit va de Roc-Pertus à Pézènes, deux lieux chacun à égale distance de Faugères, l'un à l'ouest et l'autre à l'est. Plusieurs parcours nord-sud y sont possibles, et l'on ne sait lequel fut le plus emprunté en ces époques, même si la tradition s'attache au jalon qu'est le col de Pétafi. Rappelons-nous que Soumartre est une *villa* borne du territoire minier en 1164, et que l'abbé de Villemagne y acquiert des biens en 1195. La route vallée de l'Orb-Faugères y passait peut-être.

Par rapport aux débouchés sud, vers la plaine de Béziers, la restriction de 1199 est intéressante. Il y aura passage par Faugères si l'on circule sur la rive est du Taurou, mais pas si l'on circule à l'ouest, dans les territoires de Caussiniojouls et Cabrerolles. Ces deux lieux seront comptés tous deux en 1271 parmi les biens des vicomtes de Narbonne protecteurs des Faugères, et Caussiniojouls l'est depuis longtemps[51] (l'origine de Cabrerolles est plus mystérieuse). En tout cas des chemins lient ces endroits à la vallée de l'Orb. Le château de Caussiniojouls est implanté à l'est du Taurou, mais son territoire, l'aire du *castrum*, doit le déborder. Aujourd'hui un axe de circulation en descend pratiquement tout droit jusqu'à Béziers par le bas d'Autignac. Il est tentant de considérer que c'est cet axe, dans un parcours proche de la route actuelle, qui est visé par le texte de 1199. Au-delà vers l'ouest il est décidé que les denrées peuvent circuler librement ; il existe effectivement une possibilité de passage par le col dit actuellement de la Balque, qui lie le château de Cabrerolles et celui de Mourcairol, dépendant des vicomtes de Béziers, sur le versant nord des Avant-Monts (château qui sera aussi récupéré par les Faugères quand les Mourcairol, liés aux Servian, seront déclarés faidits). L'abbé s'est peut-être concerté avec les hommes de la sphère d'influence biterroise pour arracher cet arrangement (d'autant plus aisé à maintenir au XIIIe siècle que les Boussagues seront à Autignac).

2.4.2. Les produits transportés

Denrées de première nécessité, produits de luxe

Sont cités premièrement les draps de laine, les draps de lin, le cuir (*cordoano*), la laine. Ensuite viennent poivre, cire, suif, cordes, peut-être de l'acier (*acerio*), poissons, graisse, cochon salé, huile, figues d'Italie, fromages, *solas*, dattes, amandes, cumin, châtaignes sèches, *tracas*. Puis l'étain, le cuivre. Les « peaux (*pellibus*) de brebis et de chèvres, et d'agneaux, et de chevreaux, et de moutons ». Puis la « graine rouge », l'alun, le brésil, la laque, l'indigo. Le fer, le plomb. Les bûches, le bois de charpente. Le miel. Un produit nommé *ros*. Le sel. Enfin les moutons ou agneaux par douzaine, les bœufs ou les vaches, les porcs ou les truies à l'unité. Une clause spéciale montre que le sel est un produit particulièrement lucratif pour les Faugères. En revanche le blé, le vin et le poisson consommés dans le terroir de Villemagne sont exonérés. Comme aussi les gens à cheval ou à pied, avec ou sans argent, avec ou sans monnaie.

L'ordre des termes garde une certaine cohérence. Tout d'abord des fortes charges de tissus, de cuir, ou de matière brute, la laine. Ensuite des produits de consommation courante ou relativement courante. Étain et cuivre peuvent servir de mordants. S'ensuit une liste de différentes qualités de « peaux », bien différenciées du « cuir ». Puis un mordant, et des teintures de luxe. Encore des métaux, le fer pouvant être aussi un mordant (Colombini 1987 p. 42-44). La liste se termine par d'autres produits de consommation courante ; y figure le *ros*, tannin végétal destiné à apprêter cuirs ou peaux (Du Cange). C'est donc, au milieu des nécessités de la vie courante, l'industrie de l'apprêt et de la teinture des tissus de laine ou de lin, des cuirs et des peaux qui transparaît ici. Des mots restent d'interprétation délicate. *Solas* pourrait se rapporter à des pièces de bois mais ce mot semble employé quand est désignée une fonction particulière dans une charpente, ce qui n'a pas lieu d'être ici[52]. Un autre sens possible est celui de semelles de cuir. Ce n'est pas inattendu dans un milieu clérical. Déjà dans la Règle de Chrodegang de Metz il est dit que le clergé doit recevoir pour ses chaussures des peaux de vaches et *solas paria quatuor*[53]. Quant à *tracas*, Du Cange en donne une explication, en prenant justement exemple de ce texte ; *traca* serait mis pour *tacra*, et désignerait un ensemble de dix peaux (« une tacre de cuir ») ; mais Olivier Guyotjeannin préfère rectifier le mot en *dracas*, traduit par « chaudronnerie » (Guyotjeannin 1992 p. 456 n. 4).

La série de produits « graine rouge, alun, brésil, laque, indigo » demande quelques précisions. La luxueuse « graine rouge » (*grana rubei*), ou « graine », « graine de kermès », ou « cochenille », produite à partir d'un insecte (séché puis broyé), nécessite des mordants spéciaux pour que la couleur pénètre profondément et soit de grand teint, c'est-à-dire de grande qualité. Avec un mordançage à l'étain c'est en effet le fameux écarlate qui est produit, une teinture des plus coûteuse (de Mérindol 1989 p. 199, Pastoureau 1995 p. 55, Piponnier, Mane, 1995 p. 24-25, Delamare, Guineau 1999). La « graine » pouvait donc teindre en rouge cuirs et peaux. L'alun, sulfate métallique qui non seulement fixe les matières colorantes mais permet aussi la conservation des peaux, est extrait de « rares lieux de production sur le pourtour méditerranéen » ; son commerce est monopolisé par les Génois et centralisé à Chio dans la mer Egée (Delamare, Guineau 1999). L'extrait de « brésil » (*brezill*), qui est un bois (« bois de brésil », « bois rouge », correspondant en fait à plusieurs essences asiatiques), permet d'obtenir divers tons bruns à brun-rouge et peut s'employer en association avec

[51] HGL V c. 255-257.

[52] Renouvier, Ricard 1841 p. 298 et 348.

[53] Règle de Chrodegang de Metz rappelée au concile d'Aix-la-Chapelle (816), dans Jean-Dominique Mansi, *Sacrorum conciliorum nova et amplissima collectio*, Florence et Venise, 1759-1798, rééd. Paris-Leipzig 1901, 14, c. 327 XXIX. Le mot est adopté par C. Enlart : les gens du peuple réparent eux-mêmes leurs chaussures en se procurant des pièces et des semelles ou *soles* de rechange (Enlart 1927 p. 268).

d'autres colorants. La « laque » (*laca*), sans précision, divise les spécialistes. F. Delamare et B. Guineau y voient un terme général. Ce serait un pigment à base de poudre minérale teintée ; il y avait donc des laques kermès, des laques de brésil, etc. D. Cardon y voit une variété de cochenilles, caractérisée par la production d'une teinture non seulement concentrée dans leurs corps, mais aussi dans la masse résineuse qu'elles sécrètent (Cardon 1990 p. 378). D'origine végétale, le « bleu d'Indicum » (*Indo colore*) ou « indigo », permet d'obtenir un bleu plus ou moins pourpré, de grand teint. Rouge de cochenille, extrait de bois de brésil, indigo peuvent provenir des Indes, des îles de la Sonde, de Ceylan, et voyagent grâce aux marchands arabes jusqu'aux républiques italiennes (Delamare, Guineau 1999). Les spécialistes précisent : ce sont les mêmes produits qui sont évoqués dans les textes pour la teinture des tissus comme des peaux ; en revanche le mordançage est adapté, nécessairement plus agressif pour le cuir (Clabaut 2009 p. 207-208).

Il est difficile d'affirmer que cette industrie de la teinture se pratique à Villemagne, et d'appréhender dans quelle mesure la localité est un lieu de fabrication de produits finis ou un lieu de transit de matériaux, par exemple vers Lodève : des draps de laine et de lin sont vendus à Lodève en 1212 (Martin 1900 I p. 248-9), des teinturiers y sont attestés en 1270 (Appolis p. 456). Les teinturiers de Villemagne ne seront cités qu'au XIVe siècle. Mais il est troublant de relever aussi parmi les témoins de cet acte double deux membres d'une famille « de Brazill ». En 1182 déjà, P. de Bresill était cité parmi les témoins d'un acte passé à Villemagne[54]. Vu la simplicité des installations décrites par les archéologues, le « travail de rivière », les ateliers et fosses diverses nécessaires (Clabaut 2009) pouvaient bien profiter de la Mare et être installés en aval du bourg.

L'argent : métal, monnaie

L'argent est un produit, exonéré de droits mais pour lequel il peut être donné « spontanément » quelque chose. Il est cité sous une double forme, métal et monnaie. Sont en effet explicitement mentionnés « les prud'hommes et le peuple de Villemagne, et des mines, et de la monétairerie ». C'est la première attestation de celle-ci ; elle sera encore citée en 1233 (cf. *infra* 4.2.2). Si l'on comprend que circule l'argent-métal, vers les villes où justement les autorités battent monnaie[55], ou vers Montpellier célèbre pour ses orfèvres, connus dès la fin du XIIe siècle (Renouvier, Ricard 1841 p. 209), on peut se demander quelle monnaie était frappée sur le territoire de Villemagne. Il est impossible d'imaginer une monnaie spécifique ; Villemagne n'est pas Cluny.

Ce sont les autorités vicomtales qui frappent monnaie, à Béziers, à Narbonne. Reste aussi la monnaie melgorienne, qui était recommandée par toutes les autorités, même par les vicomtes, du moins ceux de Béziers (Castaing-Sicard 1961 p. 38-39, Bompaire 95-96 p. 20). C'est en monnaie melgorienne que Guillem Aton de Curvalle veut être payé en 1199 et 1209, en spécifiant l'indexation du sou melgorien sur le marc montpelliérain. La bonne santé de la monnaie melgorienne est en effet liée à celle de Montpellier comme capitale financière ; elle est indexée sur le marc montpelliérain d'argent fin, 1 marc vaut 50 sous (Castaing-Sicard 1961). Les péages de 1197 sont aussi payables en cette monnaie. Cette bonne santé est confirmée par la forte proportion de monnaies melgoriennes trouvée dans les sondages de Saint-Martin le Vieux. Quant à la monnaie narbonnaise, elle jouit d'une plutôt bonne réputation, due à ses hautes origines (le type melgorien est d'ailleurs dérivé du type narbonnais, Depeyrot 1997 p. 64), et c'est celle qui a le mieux résisté à l'invasion melgorienne au moins jusqu'au milieu du XIIe siècle (Castaing-Sicard 1961 p. 42). Mais si l'on considère la question du point de vue des autorités, il est difficile de supposer que la monnaie montpelliéraine puisse être frappée en territoire des vicomtes, de Béziers comme de Narbonne.

Une autre autorité frappe monnaie dans la région : l'évêque de Lodève. M. Bompaire évoque les « petits monnayages » de la deuxième moitié du XIIe siècle (mais sans faire allusion à Villemagne) en étudiant l'atelier monétaire contrôlé par l'évêque de Lodève, dont il situe la « brève période d'activité » vers 1190. Il propose d'« y voir des participations aux profits escomptés d'exploitations minières », voués à l'échec parce que créés « avant tout pour répondre aux exigences d'une situation locale » (Bompaire 1995-1996 p. 20). À la différence des monnaies lodévoises frappées au coin de l'effigie des évêques, il ne paraît décidément pas possible de supposer l'existence d'une monnaie des abbés de Villemagne.

Dans ces conditions, n'est-il pas envisageable que les mêmes types de coins aient été utilisés dans plusieurs ateliers, et qu'à Villemagne aient été frappées une, ou plusieurs, monnaies régionales ? Cela se conçoit si l'on pense à l'itinérance du personnel et au fonctionnement en pointillés, par exemple à l'occasion de foires, de la majorité des ateliers (Dumas 1986 p. 488). Les marchands sont littéralement intéressés à double titre. Ils sont à même de thésauriser le métal, et peuvent aller à « la Monnaie » faire battre des pièces selon leurs besoins. Le maître de la monnaie peut aussi être un riche marchand, fournissant le métal, tenant le compte des émissions, recrutant et payant le personnel (Dumas 1986 p. 486).

Quoiqu'il en soit l'abbé a forcément intérêt à essayer de maîtriser les parcours commerciaux dont l'abbaye dépend. Cette tentative passe par l'installation de prieurés. Mais quels étaient concrètement les moyens d'action des moines ? Par exemple, les établissements pouvaient-ils servir d'étapes aux marchands ? B. Suau pose ces mêmes questions à propos des prieurés de Saint-Sever, sans parvenir non plus à des réponses assurées (Suau 1986 p. 91).

[54] L. nr Béz. p. 403.

[55] Cahors, Rodez, Carcassonne : du milieu du XIe jusqu'au milieu du XIIe siècle. Albi, Béziers : de la fin du Xe jusqu'au tout début du XIIIe siècle. La monnaie d'Agde a été supprimée en 1150 pour favoriser celle de Béziers (HGL V c. 1123). Narbonne : de la fin du Xe jusqu'au début du XIVe siècle. Lodève : à partir des années 1180 (Bompaire 1995-1996). Et bien sûr Mauguio.

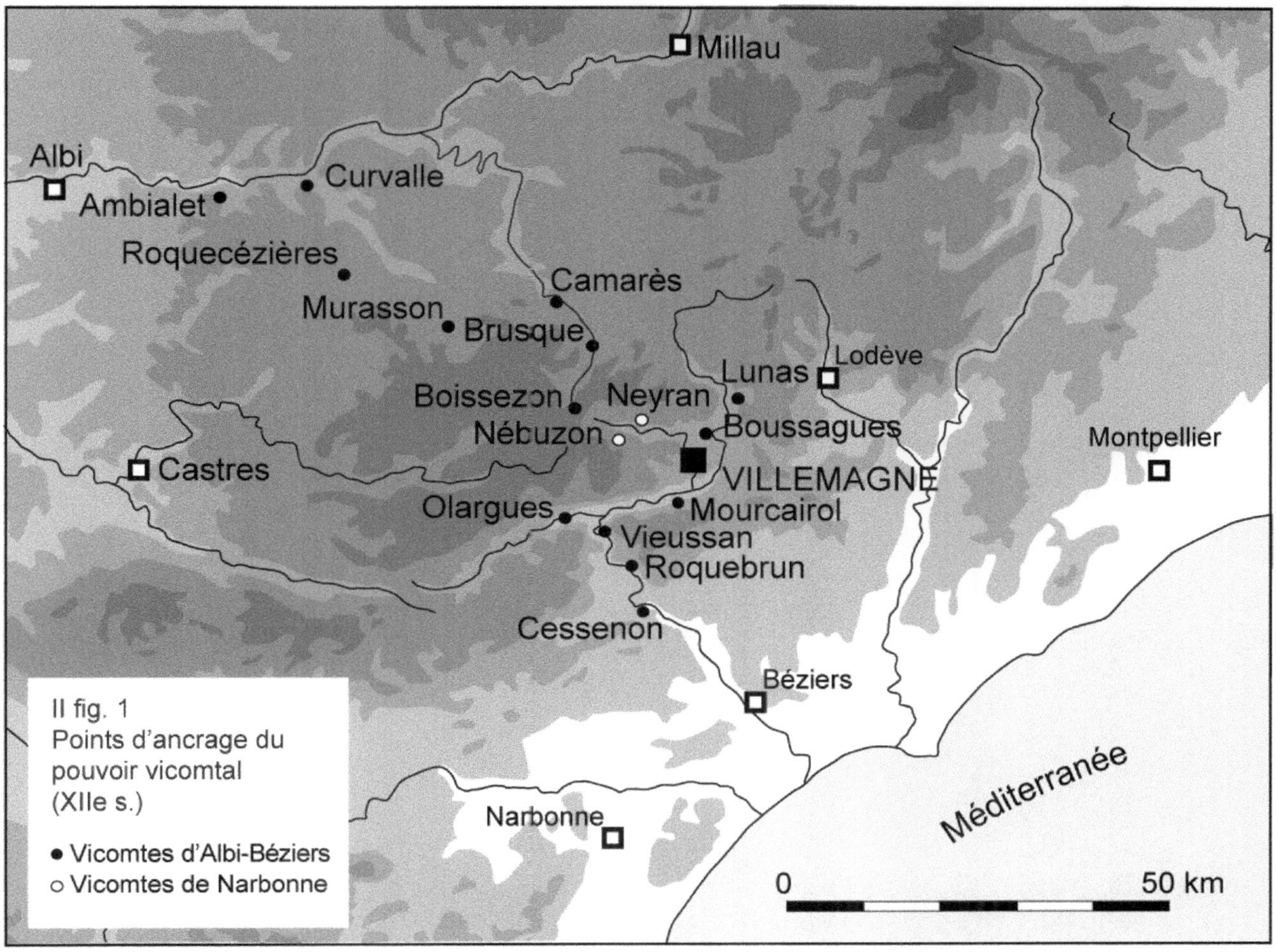

II fig. 1
Points d'ancrage du pouvoir vicomtal (XIIe s.)

- ● Vicomtes d'Albi-Béziers
- ○ Vicomtes de Narbonne

a

b

c

d

Fig. 2 Les châteaux de Boussagues (commune La Tour-sur-Orb)

a. Le Château Haut
b. Le Château Bas
c, d. Le Château Bas : baie géminée de la tour, chapiteau et socle du meneau-colonnette

II fig. 3 Le « périmètre argentifère » de 1164

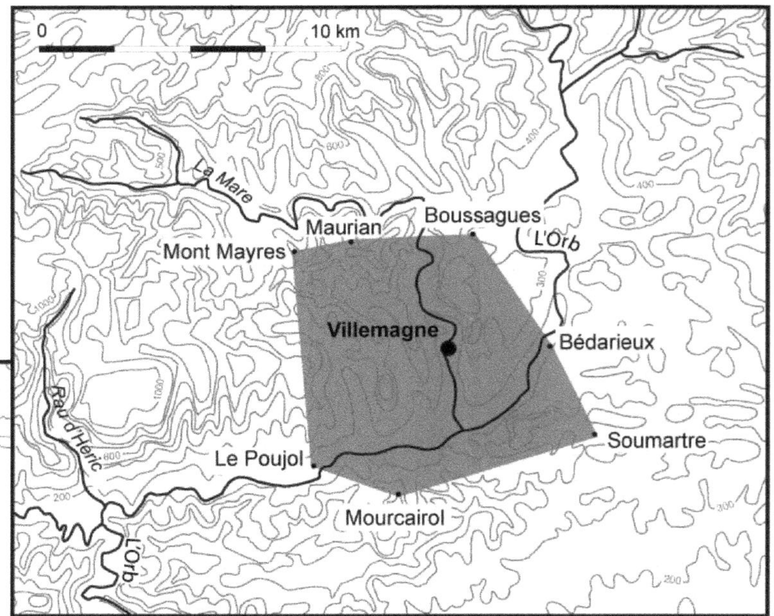

Fig 4 Toponymes cités en 1199 et 1209 (dettes de Guillem Aton de Curvalle)

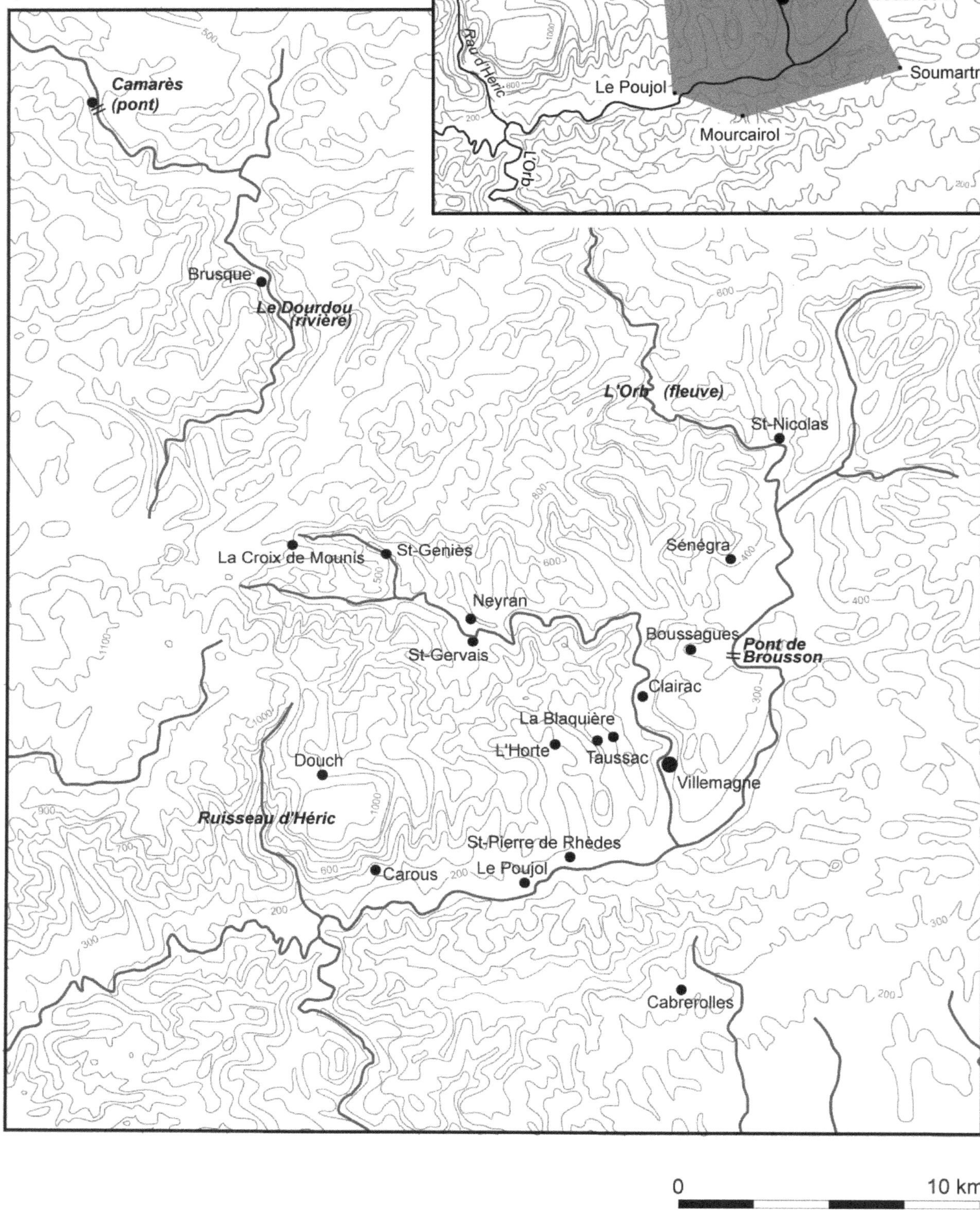

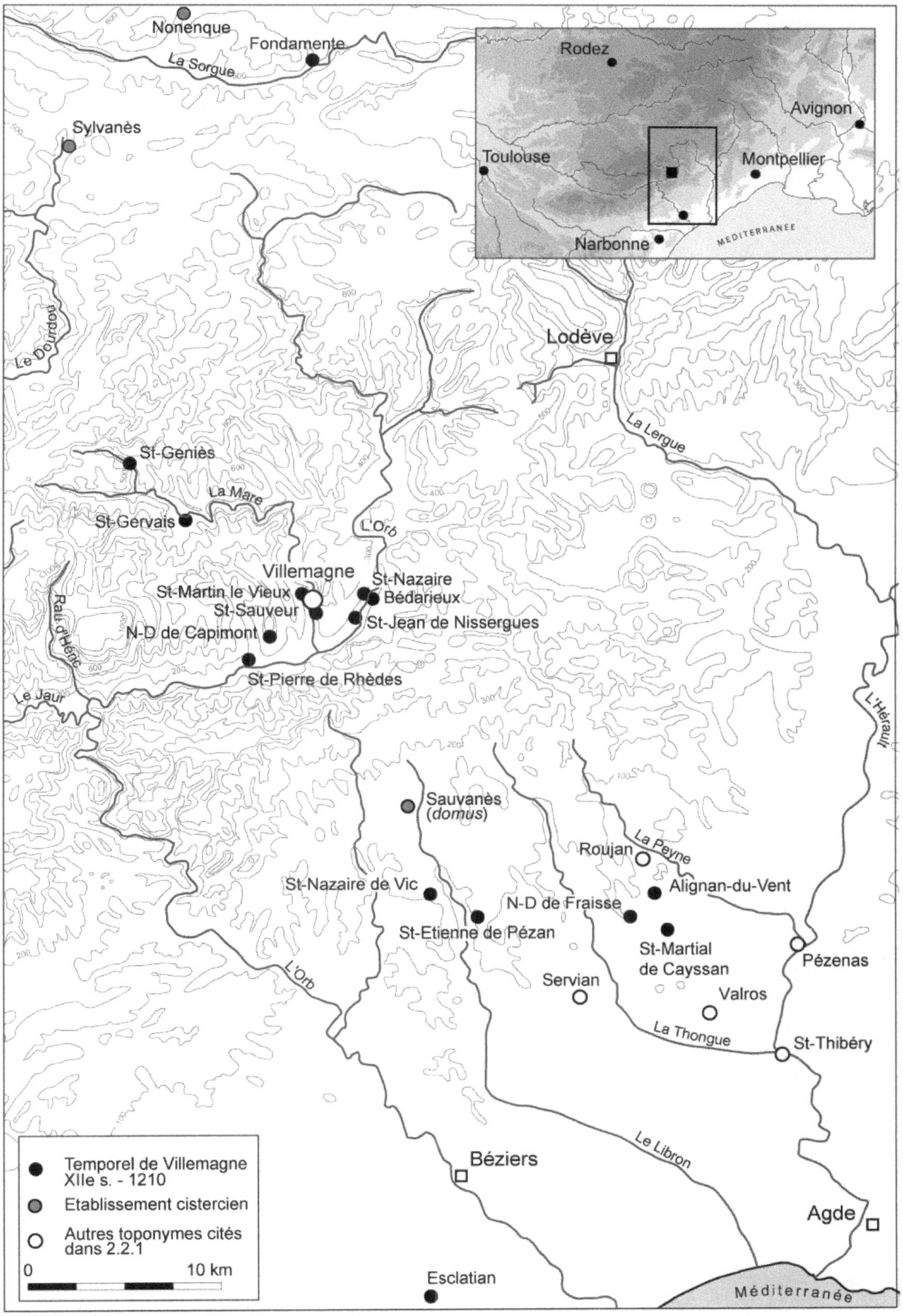

II fig. 5 Le temporel de l'abbaye de Villemagne et ses confins nord et sud

a

b

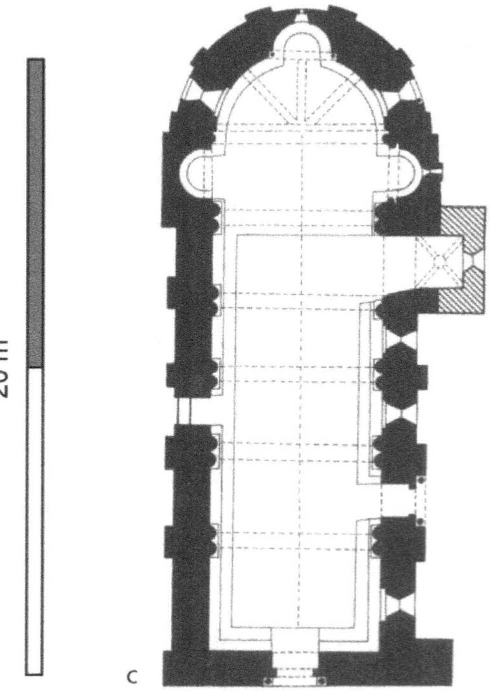

c

d

II fig. 6 L'église de Saint-Pierre de Rhèdes (commune Le Poujol-sur-Orb)

a. Vue au début du XXe siècle
b, c. Relevés par Henri-Antoine Révoil, *Architecture romane du Midi de la France*, Paris, Vve A. Morel, 1873
b. Coupe longitudinale et élévation intérieure nord
c. Plan
d. Relief conservé à l'intérieur de l'église : saint Pierre en tenue d'évêque

b

c

d

II fig. 7 Eglise Saint-Etienne de Pézan (commune de Puissalicon)

a. Planche des relevés d'H.-A. Révoil, *Architecture romane du Midi de la France*, Paris, Vve A. Morel, 1873
b. Le clocher
c. Le clocher avec les restes en partie basse de l'élévation de l'église
d. Les ajourements du clocher

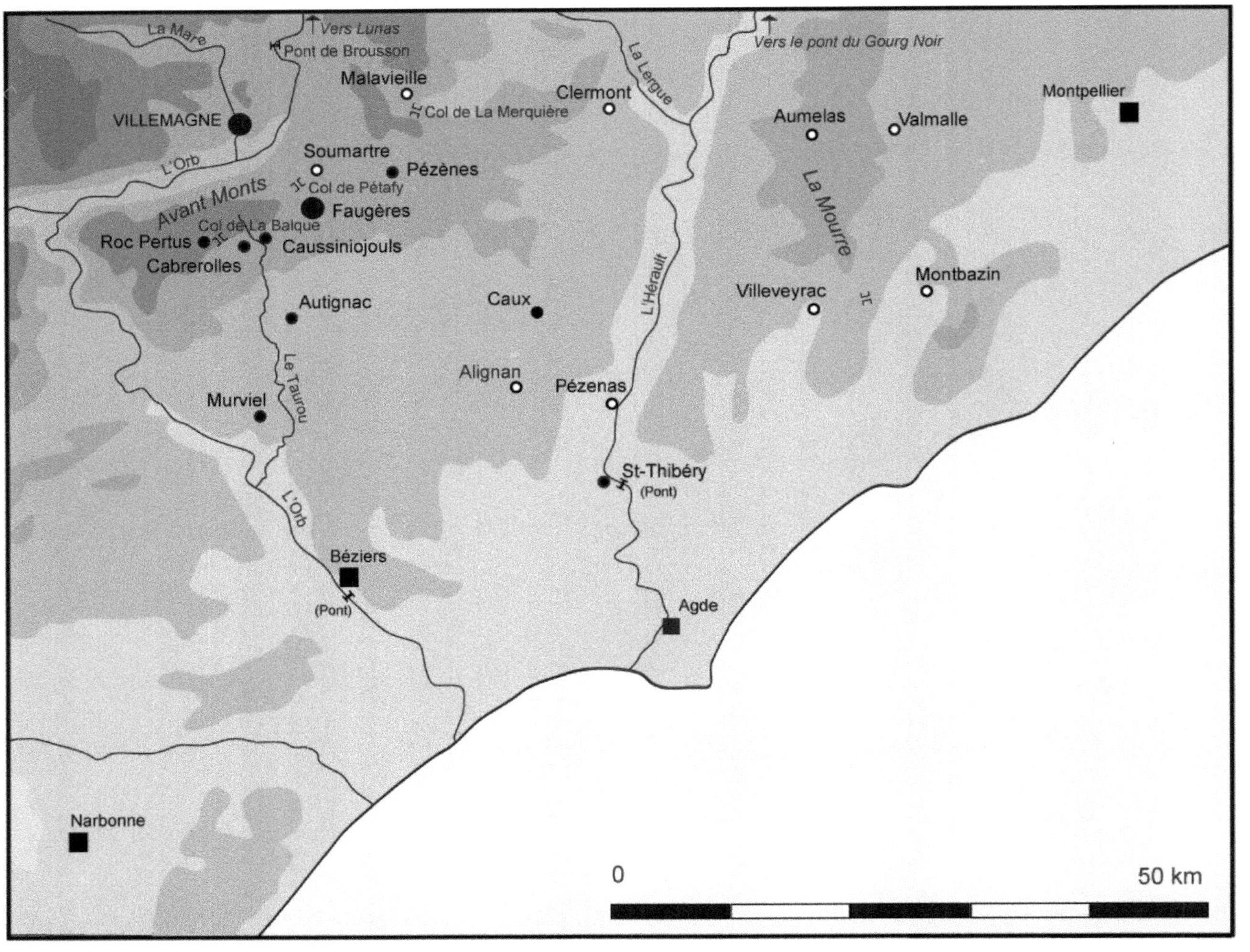

II fig. 8 Le commerce vers Narbonne, Béziers, Montpellier

- ● Toponymes cités dans les textes de 1197, 1199
- o Autres toponymes cités dans 2.4.1

3. CONSTRUCTIONS ET AMBITIONS

3.1. L'abbaye

3.1.1. L'abbatiale

En toute logique une première abbatiale dut être contemporaine de la Tour du Monastère. Il n'en reste aucun vestige architectural visible. En revanche demeure encore debout un pan de mur allongé est-ouest de ce qui fut peut-être la deuxième abbatiale.
Ce pan de mur (actuellement remployé dans un garage) fit partie d'un bâtiment qui se situa au nord de l'actuelle église Saint-Majan. Son identification comme vestige d'une abbatiale antérieure à celle-ci est tirée du commentaire porté sur le plan schématique levé à l'arrivée des mauristes au XVIIe siècle (Chédozeau 2000), où un simple rectangle figure « lancienne Eglise » (**fig. 1**). Le tracé nord de ce bâtiment, vers l'extrémité orientale, pourrait correspondre à ce pan de mur conservé sur une douzaine de mètres de long, et environ 2,50 m de haut à partir du sol actuel. Le mur rompu montre sur 1,65 m d'épaisseur un double parement et blocage, au très bel appareil moyen régulier, de calcaire, aux joints très fins.
Ce mur fut ouvert d'un *oculus* (**fig. 2**), au cadre extradossé, qui apparaît juste au-dessus du sol actuel, sur une hauteur d'environ 1,50 m. C'est depuis l'intérieur du garage que l'on peut mieux l'observer. Il a été bouché au nu du parement externe mais côté interne malgré les dégradations l'on voit que cet *oculus* présentait un ébrasement double, de facture sobre et régulière. L'ébrasement interne passe de 1,31 m de diamètre à 0,98 m, et vient buter contre les restes d'une plaque de fermeture de calcaire très fin de 0,12 m d'épaisseur. Les claveaux rayonnants sont composés, sauf les trois qui sont disposés dans la zone de la clé, monolithes.
La schématisation du relevé mauriste ne laisse pas deviner le plan originel de l'édifice. À première vue l'on pourrait penser que le pan de mur restant aujourd'hui aurait correspondu au flanc nord du chevet. Mais si vers l'ouest la Tour du Monastère fait butée, rien ne dit qu'à l'est la limite de l'abbaye dans son dernier état connu ait été la même qu'en cette époque plus haute.
Donc, pour ce qui est de son emplacement, l'*oculus* ouvrait-il une travée de la nef comme à Sainte-Marie d'Alet, ou le flanc du chevet, premier pan d'une abside polygonale comme à Saint-Jacques de Béziers ? Les proportions se rapprochent de celles de Saint-Jacques et non de celles de Sainte-Marie où les très grands *oculi* donnaient sur des tribunes.
Ce goût pour les ouvertures rondes a été peu commenté. En Languedoc des *oculi* ouvrent souvent des chevets de divers plans et pour des églises grandes ou petites. On peut penser aux flancs du chevet carré de la minuscule église de Montesquieu à quelques kilomètres de Villemagne, comme à l'élévation de l'abside demi-circulaire de Saint-Sernin de Toulouse ou de Saint-Étienne de Tersan à Azille (Aude). C'est d'ailleurs un trait qui était déjà noté pour l'architecture dite carolingienne via la célèbre église poitevine de Saint-Généroux (Heitz 1980 p. 188). Pensons aussi à Saint-Guilhem où l'*oculus* ouvre le fond du croisillon de transept faisant souche de clocher. Sont plus souvent remarqués les jeux d'*oculi* orientaux de l'architecture cistercienne, dont Sylvanès présente un ensemble aux polylobes très élaborés.
Pour ce qui est du montage et de la mise en valeur, l'exemplaire de Villemagne est bien différent des cas précités. La baie était fortement ébrasée, rappelant plutôt en cela l'*oculus* au beau clavelage en panache conservé dans les restes du chœur de l'abbatiale de Saint-Gilles du Gard (à côté de la célèbre « vis de Saint-Gilles ») ; mais à Villemagne le cadre est sobre, et l'on se doute que la transenne au grain très fin devait par le mode de son ajourement faire aussi décor.
En tout cas l'emplacement de la baie aujourd'hui à fleur de sol suppose une élévation enfouie importante (au moins 3 ou 4 m). Le mur est suffisamment puissant pour avoir pu soutenir une forte élévation, ou une voûte.
A. Huser a fait une importante découverte, en 2006, lors d'une opération d'archéologie du bâti, au pied du premier contrefort nord de l'actuelle église Saint-Majan. Elle a repéré un mur de facture et épaisseur comparables à celles de ce mur à *oculus*, disposé parallèlement à celui-ci, à une dizaine de mètres au sud. Il inclut un vestige d'arc, extradossé, départ d'arc plein-cintre ou segment d'*oculus* (Huser 2006 p. 27-29). Vient à l'esprit que seraient conservés fragment du flanc nord, et fragment du flanc sud de cette abbatiale, pour une largeur intérieure d'environ 11 m… Mais une caractéristique fait douter de cette interprétation : le mur à *oculus* encore visible depuis la rue est fait de calcaire, l'autre est bâti en grès (même si l'on va voir *infra* que les deux faciès ont été utilisés conjointement à Saint-Grégoire).
La belle qualité de la taille de la pierre est un trait frappant. Les assises sont bien horizontales. Matériau comme appareil sont différents de ce qui peut être observé pour la Tour du Monastère. Le XIIe siècle est une proposition logique pour situer la construction, ou plutôt la reconstruction, car la Tour du Monastère devait être accompagnée d'un lieu de culte. Mais il est difficile d'être plus précis. Le chantier de Sylvanès a commencé au milieu du XIIe siècle (Durand 1983 p. 26). La datation du chœur de Saint-Jacques de Béziers, au cours du XIIe siècle, reste très discutée, comme d'ailleurs la datation de l'abside d'Alet qui offre avec Saint-Jacques des parentés souvent commentées.
On peut se demander si « l'ancienne église » communiquait avec le cloître.

3.1.2. Le cloître

Trois chapiteaux
Trois chapiteaux historiés, de calcaire fin, malheureusement mutilés et hors contexte, sont actuellement connus. L'un a été déposé par une habitante du bourg à Saint-Grégoire devenue dépôt

archéologique (1 : les Mages, Hérode et les docteurs juifs). Les deux autres dont l'état de dégradation va en empirant rapidement sont incrustés dans une construction fantaisiste qui appartient à un domaine privé jouxtant un quartier dit « le Château », situé hors les murs, sur le chemin du cimetière neuf (2 : la Fuite en Égypte ; 3 : la Destruction de Sodome ?).
Pour chacun, trois faces seulement sont étudiables : pour l'un la quatrième est cassée (1), pour les deux autres elle est enfouie dans l'édicule faisant support (2 et 3). Pour 1 et 2, l'abaque échancrée aux cornes bien singularisées est moulurée d'une gorge. Sous l'abaque, le haut de la corbeille est abattu en bandeau discret. L'astragale est torique. La hauteur correspond à la largeur entre les extrémités des cornes (32,5 cm)[1].
La forme des chapiteaux est donc « classique », organisée selon cette harmonie bien connue héritée du schéma corinthien : abaques à cornes, têtes ou feuilles aux angles soutenant les cornes (en place des volutes), têtes devant l'abaque au centre des faces (en place du fleuron).

• Chapiteau 1 (**fig. 3**)

Petit côté droit : l'abaque vient s'interrompre de ce côté, et il n'y a pas d'échancrement en partie haute, plane. Deux arrière-trains de chevaux ou ânes (le reste est cassé) sont superposés, en une perspective entièrement développée (**fig. 3e**). Ils sont représentés bâtés, avec deux sous-ventrières. Les bagages formaient un amas au sommet arrondi pour la bête du registre supérieur (partie cassée pour l'autre). Une zone en cartouche en partie haute de ce côté du chapiteau est plane, dressée mais non sculptée, comme s'il avait été là appliqué contre quelque chose.
Angle droit (**fig. 3d**) : un buste d'homme âgé, à la longue barbe et à l'épaisse moustache traitées en larges mèches, aux cheveux longs quant à eux striés en mèches parallèles fines et raides, est coiffé d'une sorte de bonnet hémisphérique largement côtelé. Une main sur la poitrine, il soutient de sa tête la corne de l'abaque (le corps n'est pas représenté, comme enfoncé dans la pierre derrière chevaux et personnage du grand côté).
Grand côté (**fig. 3f, c**) : un jeune homme imberbe, debout, tourné légèrement vers la gauche, les pieds sur l'astragale, présente la main droite paume en avant contre sa poitrine (avant-bras abîmé). Il tenait de la main gauche un objet dont il reste une empreinte demi-annulaire ; mais sa main et son bras gauches, et l'objet porté, sont cassés. Il est drapé jusqu'aux pieds. Les plis se recourbent en V au niveau de sa taille, se combinant avec un pan plissé à l'horizontale sur sa hanche droite. Le vêtement se retrousse simplement pour former le col. Ses cheveux courts, ramenés derrière les oreilles petites et haut placées, sont traités en mèches fines et parallèles, séparés par une raie centrale. Sa tête se trouve devant la moulure de l'abaque.

Angle gauche (**fig. 3f**) : deux personnages disparus dont ne restent que les pieds posés sur l'astragale, et le bas du vêtement drapé juste au-dessus, étaient aussi tournés vers la gauche.
Il y avait donc quatre personnages tournés vers le petit côté gauche du chapiteau.
Petit côté gauche (**fig. 3a**) : la figure est en majesté, donc de face. Les pieds sont posés sur un petit marchepied, le montant d'un siège apparaît sur notre droite. Ces deux éléments sont décorés par des trous de trépan (deux lignes de petits trous de trépan encadrent une ligne de trous moins profonds que ceux-ci mais de plus large diamètre). Son avant-bras gauche est posé sur la cuisse, la main se retourne paume vers le spectateur. Le bord des manches d'un vêtement de dessous, ajusté, apparaît, décoré d'un galon (alignement de trous de trépan). Le bras gauche soutient un pan du manteau enveloppant l'épaule et le bras, pan qui vient se relever en une série de plis en V adoucis entre les cuisses, et draper la cuisse droite. Le reste du manteau présente des plis en V sur la poitrine ; des plis qui s'arrondissent délicatement autour des jambes et meurent sur les genoux. Le bras droit est levé vers la droite du personnage, main (abîmée) à hauteur du visage. Celui-ci manque ; restent le bas de longs cheveux sur l'épaule et sans doute le liséré d'une large barbe en éventail. La tête était sculptée devant l'abaque.
Un autre personnage se trouvait à l'angle, partant vers la gauche, et donc se détournant de la figure trônante ; il n'en reste que le bas de la tunique et une jambe (**fig. 3b** à gauche) ; il était drapé jusqu'à mi-jambes. La jambe encore visible est recouverte d'une braie qui se plisse en petits plis horizontaux sur la cheville ; le pied est chaussé d'une sandale à fines lanières. Cette partie fut incluse dans un mur. Quelques traces de mortier demeurent et la sculpture étonnamment fine (lanières de la sandale) a là été protégée.
Tout le reste de la face du chapiteau manque, cassée.

• Chapiteau 2 (**fig. 4**)

Petit côté droit : on distingue difficilement le flanc d'un personnage disparaissant dans l'édicule-support.
Angle côté droit (**fig. 4a**) : un personnage féminin, à la chevelure recouverte d'un voile plissé au bord profondément échancré par les creux des plis, avance sa tête de façon à ce que celle-ci soutienne la corne de l'abaque. Sa tête est tournée vers le spectateur, mais seuls ses yeux ressortent encore dans son visage érodé. Elle tient de la main droite (abîmée), par l'extrémité, le manche d'un fouet dressé à la verticale. On distingue l'empreinte de son pouce et de ses doigts pliés qui tiennent l'objet. Le manche vertical, à l'extrémité bouletée, se dresse devant son buste ; en sortent trois filaments ondés, qui se déploient sur le fond de la corbeille à gauche du visage. La jeune femme retient son vêtement sur sa poitrine de sa main gauche (abîmée). Un pan transversal se drape en plis demi-circulaires imbriqués devant son corps, le drapé de

[1] Maximum de la largeur de la corbeille, 21,5 cm. Épaisseur de l'abaque, 4,5 cm. Au plan de l'astragale : diamètre, 21,5 cm. Épaisseur de l'astragale : 2 cm.

dessous se développe jusqu'aux pieds sur les jambes, se terminant en un bord zigzagant.

Face principale visible (**fig. 4a**) : Marie sur l'âne tenant l'Enfant sur sa cuisse gauche. La position de Marie est celle, traditionnelle dans ce type de représentation, de la Vierge en Majesté, de face. Marie tenait de la main droite, entre le pouce et l'index (trois autres doigts allongés) un petit objet partie oblong, partie étoilé, sans doute une fleur, sous la main droite de l'Enfant. Du bras gauche elle enlace l'Enfant, légèrement tourné vers la gauche. Le pourtour de son nimbe est marqué d'un rang de petits trous de trépan entre deux fins traits gravés. Le visage est raviné par l'érosion. Le voile délicatement plissé, à la bordure profondément échancrée par les creux des plis, laisse voir les fines mèches parallèles de ses longs cheveux sur le côté droit de son visage. Un galon décore le bord de la manche droite du vêtement de dessous, de même facture que le pourtour du nimbe. Les plis du voile se prolongent dans les plis s'arrondissant sous le menton et dégageant le cou. Le bord plissé de la manche droite est long et pend jusqu'au genou. Un pan en arrondi drapait la poitrine comme pour la servante. Les jambes sont modelées par le drapé, qui dessine sur la jambe gauche des plis en V très aigus. Les pieds manquent. La tête de l'Enfant aussi est cassée. Le nimbe crucifère est conservé, quatre trous de trépan forment rosace sur chaque bras de croix. Un galon décoré d'un rang de petits trous de trépan souligne l'arrondi du col et le devant de sa tunique qui paraît serrée à la taille, d'après les plis. Néanmoins le drapé se poursuit jusqu'au-dessus des pieds, peut-être celui d'une longue tunique de dessous ? Le fin drapé laissait apparaître deux petits pieds aujourd'hui érodés. L'Enfant dresse sa main droite selon le geste christique conventionnel (ne reste que l'empreinte de sa main). Son poignet sans doute revêtu de la manche ajustée d'un vêtement de dessous sort de la large manche de sa tunique, aux plis délicatement retroussés en arrondi. L'âne était muni d'un tapis de selle et d'une selle et d'un harnais barrant la base de son encolure. Trois fines pattes aux petits sabots sont posées sur l'astragale. Sa crinière était répartie en mèches séparées se terminant par de petites boucles.

L'angle gauche (**fig. 4b**) est occupé en partie par ce qui reste de la tête de l'âne et par sa patte avant droite levée, dont le modelé est souligné d'un trait. Ne restent que son encolure, et l'empreinte de sa tête et de son oreille dressée. Sous sa tête s'arrondit la corde qui le mène, dont la torsade est délicatement sculptée. Au-dessus, se développe à partir du bas de l'abaque une feuille d'acanthe enroulée, finement découpée et nervurée, à l'extrémité des folioles latérales enroulée sur elle-même, au relief accentué par quelques trous de trépan.

Petit côté gauche (**fig. 4b**) : saint Joseph, à la longue barbe, tient fermement la corde de l'âne dont l'extrémité pend de sa main droite, et semble porter un sac sur son épaule gauche. Tout le devant du corps manque, cassé, et moitié du visage. Il porte un bonnet bordé d'un galon (de même facture que manche ou nimbe de la Vierge) sur ses cheveux longs et raides, et une tunique jusqu'à mi-jambes. La manche droite est ajustée. Un drapé oblique la couvrait au niveau de la taille. Saint Joseph, dont la jambe gauche, en arrière, a le pied posé sur l'astragale (jambe droite en avant cassée), va vers une haute bâtisse (**fig. 4c**), dont on ne voit que l'angle. La moitié supérieure est portée en encorbellement, et munie d'une petite fenêtre plein-cintre. Il semble qu'un appareil y ait été gravé.

• Chapiteau 3 (**fig. 5**)

L'astragale paraît avoir été cassée.

Petit côté droit (**fig. 5a**) : trois guerriers debout, se dirigeant vers la droite ; on ne distingue qu'un petite partie du troisième. Ils sont vêtus d'un haubert à courtes manches, s'arrêtant à mi-cuisses (les mailles sont rendues par des rangées horizontales de courtes incisions en virgule, de sens inversé de rang en rang). Ce haubert recouvre une tunique à manches longues dont on voit aussi les plis verticaux parallèles qui s'arrêtent aux genoux. La tête de celui de gauche venait à l'angle soutenir la corne (cassée) de l'abaque. Le visage manque. On distingue sa jambe droite, chaussée d'une sorte de botte. Son bras droit est légèrement plié. Sa main (cassée) tenait peut-être quelque chose au niveau de ses hanches. Le second, en partie devant son voisin, a le bras droit replié contre la poitrine. Son visage était complètement tourné vers la droite (visage cassé), de telle façon que nous ne voyons que l'arrière de sa tête revêtue du haubert, tête qui passait apparemment devant l'abaque. Le troisième tient de son bras droit plié une épée contre sa poitrine et son épaule. L'on n'en distingue que le flanc. Il se détache en avant des deux autres, légèrement penché, ce qui laisse supposer que, peut-être, sa tête allait soutenir l'angle de la face dissimulée dans la maçonnerie.

Face principale visible (**fig. 5b**) : il n'y a pas d'abaque de ce côté, mais une zone rectangulaire en cartouche dressé mais non sculpté en partie haute. Un ange descend d'une nuée. Celle-ci est représentée par quatre demi-cercles concentriques ondés qui enveloppent le cartouche laissé libre de sculptures. À gauche elle se déploie à partir du sommet de l'angle du chapiteau, à droite elle occupe l'intervalle entre le cartouche et la corne de l'abaque soutenue par la tête de guerrier. Le corps de l'ange fait une diagonale en travers de la face du chapiteau, de gauche à droite. Ses deux ailes sont visibles, longues et étroites, aux plumes finement incisées. Son aile droite est parallèle à son corps, plaquée contre lui. Son aile gauche, déployée de façon à ce que son bord vienne toucher le coude du guerrier, est la mieux conservée. D'après les empreintes qui restent, il faut bien reconnaître que la position de la tête et le geste des bras est difficile à interpréter. Ses bras sont-ils disposés en arrondi sous sa tête ? Dans le prolongement de son corps, à côté de son bras droit seul bien visible, on distingue un instrument dont ne reste qu'un fût mince se terminant par un élargissement. En-dessous de lui, sur l'astragale, le sol paraît occupé par un petit corps humain étendu à terre sur le dos les bras enroulés autour de la poitrine (partie érodée). À gauche de cet ange, disposé de façon parallèle, un bras sortant d'une large manche

émerge de la nuée. Il tient (main cassée) un faisceau de trois longs rayons qui se recourbent à leur extrémité.
Sur le petit côté gauche (**fig. 5c**), un personnage paraît fuir cette scène, puisqu'il est tourné vers la gauche et que son pied dont seule la pointe est appuyée au sol, c'est-à-dire sur l'astragale, se trouve sous le faisceau de rayons ; les jambes du petit corps étendu à terre semblent s'étendre jusque sous ses pieds. Son bras gauche est replié contre la poitrine, paraissant pris dans le drapé qui va jusqu'aux pieds, recouvert par un pan au plissé transversal arrondi comme on l'a vu pour d'autres personnages. Les plis remontant au niveau du cou laissent entendre que le personnage était voilé et donc féminin. À sa droite se tient un autre personnage drapé de même, dont on ne distingue que le flanc ; le reste disparaît dans la maçonnerie.

Pour ce qui de la thématique, la visite des Mages, la Fuite en Égypte, sont des épisodes de l'Évangile de Matthieu, scènes de l'Enfance du Christ couramment représentées dans les cloîtres.
Les Rois Mages, dont ne reste qu'un personnage, distingué par son costume (tunique et braies), quittent Hérode et devaient se diriger vers leurs chevaux en occupant la face cassée du chapiteau. Les docteurs juifs, vêtus comme Hérode de vêtements longs, étaient quatre, tournés vers Hérode, et d'âge varié. On s'attendrait à ce que le plus jeune ait porté un livre, peut-on supposer que l'objet demi-circulaire qu'il tient était un phylactère ? Hérode est au milieu de la face du chapiteau, son attitude, main gauche retournée paume vers le spectateur et bras droit levé, est habituelle dans cette scène.
La répartition des personnages selon les faces du chapiteau est la même que celle d'un chapiteau conservé au musée de Nîmes et décrit par V. Lassalle (Lassalle 1989 p. 45). La position des bras d'Hérode est simplement inversée par rapport à celle notée sur ce chapiteau, et il ne désigne pas comme à Nîmes les mots d'une inscription. Le choix du moment représenté n'est pas non plus tout-à-fait le même. À Villemagne les Mages quittent Hérode, à Nîmes ils l'écoutent, tournés vers lui. Autre ressemblance intéressante, bien que le style des deux chapiteaux soit différent, le docteur juif à longue barbe coiffé d'un bonnet côtelé se retrouve sur l'un comme sur l'autre. V. Lassalle rapproche le chapiteau nîmois d'un chapiteau de même thème en place dans la galerie orientale du cloître de Saint-Trophime d'Arles. La disposition des personnages y est même qu'à Nîmes. Les chevaux en perspective développée sont sculptés sur le côté mitoyen au chapiteau sculpté d'acanthes qui fait paire sous le tailloir commun. Le bonnet côtelé coiffe aussi plusieurs personnages des chapiteaux du cloître d'Arles.
L'épisode de la Fuite en Égypte présente ici une petite variante plus commune dans les manuscrits que dans les sculptures : la présence de la servante au fouet qui fait avancer l'âne. Il est alors intéressant de constater que dans la scène homologue du cloître de Saint-Trophime, aussi placée dans la galerie orientale, la servante est présente. La ville d'Hermopolis (Sotine), est mentionnée dans l'évangile apocryphe du pseudo-Matthieu.

Le troisième thème est plus difficile à interpréter : les nuées, la main divine armée de rayons montrent une scène de destruction. Est-elle, littéralement, apocalyptique ? L'ange (tenait-il une trompette ?) pourrait faire penser à l'ouverture du septième sceau. Mais la présence du bras divin répandant lui-même le feu, les Guerriers à pied et non montés sur cheval ou lion, les deux femmes drapées partant ensemble vers la gauche s'inscrivent mal dans les représentations habituelles du thème de l'Apocalypse. Eu égard à la liaison entre la face comportant les femmes et la scène de destruction (position du corps étendu à terre), l'illustration de la ruine de Sodome, et de la fuite des deux filles de Loth paraît une solution logique. Le complément serait alors Loth lui-même et sa femme, déjà pétrifiée ou non... Les guerriers à pied, occupant toute l'autre face, et détournés de cette scène, appartiendraient alors à un autre thème.
Enfin, V. Lassalle note aussi pour les chapiteaux du musée de Nîmes l'originalité de « la forme de la corbeille lisse et [de] la moulure qui la sépare de l'abaque ». Les mêmes traits sont présents à Villemagne.

Pour ce qui est du style : il faut insister sur l'habileté de la composition aux plans multiples, grâce à la variation du relief, faisant jaillir aux angles les épaules et la tête d'un personnage alors que son corps sourd à peine de la pierre. Les personnages en mouvement animent les scènes et lient les faces du chapiteau. L'occupation de l'espace peut être savante comme dans la scène de la destruction divine.
Le modelé des visages fait les mentons pleins, les yeux expressifs par le double trait de chaque paupière et la pupille traitée au trépan, les mains et les pieds sont plutôt petits mais détaillés, les doigts minces et allongés, assortis aux plissés multiples, parallèles, très fins des vêtements, et aux longues mèches des cheveux. Le trépan a souligné nombre de détails décoratifs, nimbes, galons des vêtements, trône, en jouant sur une plus ou moins grande profondeur. Le sculpteur a détaillé jusqu'aux plis des paumes, attaches des sandales...
La gestuelle est intéressante, qui différencie femmes et hommes. Dans l'épisode de la Fuite, Marie tient délicatement entre le pouce et l'index l'objet qu'elle tend à son enfant, en étendant les autres doigts. La servante a un geste impossible, très maniéré, pour tenir par son extrémité le manche vertical du fouet, comme une fleur qu'elle présenterait. Alors que Joseph tient de tous ses doigts repliés la corde de l'âne, qui n'est pourtant pas tendue puisque c'est la servante qui le fait avancer.
Les visages au menton lourd montrent un style qui fut largement à la mode, de Mozat (Auvergne) à Gérone (Catalogne). Le chapiteau de Nîmes évoqué par V. Lassalle, comme les chapiteaux de la galerie orientale de Saint-Trophime, sont comparables à ceux de Villemagne pour certains points ci-dessus évoqués, mais le traitement des figures diffère nettement. À Nîmes les plis des vêtements sont très variés ; des trous de trépan ornent couronnes ou galons mais les pupilles sont restées seulement gravées. À Arles les plis sont souples, là non plus les yeux n'ont pas reçu de pupille profondément creusée.

Un détail peut être particulièrement remarqué à Villemagne : le traitement de la tête du dernier docteur juif, à la longue barbe en mèches qui lui épouse le menton, et au bonnet côtelé. Ce type de barbe longue ainsi traitée est visible aussi dans un fragment du tympan de Saint-Gilles déposé au musée (Saint-Jean 1975 pl. 124), et pour un délicat relief de marbre, comparable à Villemagne quant aux dimensions, conservé à Nîmes (Lassalle 1989 p. 31). Quant au bonnet côtelé c'est une coiffure très commune portée par les vénérables juifs, que l'on peut voir dans presque tous les grands portails gothiques de la France du nord, des années 1140 au début du XIIIe siècle. Il est également arboré dans le Midi, à Villemagne donc, mais aussi dans la composition nîmoise où il coiffe encore un docteur juif, comme à Arles où il caractérise entre autres Joseph méditant dans la scène de la Nativité, ou à Saint-Étienne de Toulouse (Cazes 1998 fig. 57, fragment de chapiteau)[2]. Déjà Viollet-le-Duc[3] avait remarqué ce bonnet fait d'une « étoffe plissée sur une calotte solide », les plis aboutissant parfois au-dessus du front en un bijou souvent semi-circulaire, représentation notable aussi sur vitraux et miniatures.

Quant à l'élaboration des compositions, leur animation, avec des figures aux proportions rapprochées de la réalité, nous sommes dans l'ambiance qui, pour M. Durliat et ses disciples, a été inaugurée à Toulouse par le fameux Gilabertus, dans les années 1130-1140, à moins que l'on opte pour une datation plus haute à la suite de Q. Cazes (Cazes 2012). Les vêtements aussi sont différenciés d'après leurs fonctions (vêtements de voyage des Mages ou de Joseph, vêtements longs des docteurs…), selon un principe inspiré par la réalité. Néanmoins le style est beaucoup plus statique que celui des figures mouvementées très détaillées, aux plissés savants, de la façade de Saint-Gilles du Gard (fin du XIIe siècle). Reste qu'il faut bien se résigner à rester large dans la datation possible des figures de Villemagne, dans l'attente d'une meilleure évaluation de la chronologie de la sculpture entre Toulousain et Nîmois, en particulier grâce à l'archéologie (Hartmann-Virnich 2012).

Deux tailloirs

Les deux tailloirs repérés, de calcaire fin, paraissent correspondre par leurs dimensions à ces chapiteaux (largeur, environ 34 cm ; épaisseur 11 cm). Pour eux aussi une seule face est complète. Pour l'un un côté est cassé, pour l'autre il est intégré dans un mur.

• Tailloir aux palmettes (**fig. 6**)

Il est pris, à hauteur des yeux, dans un mur refait du quartier appelé « le fort » sur le plan mauriste (visible depuis la rue qui joint Grand'rue et place de l'Abbaye). La partie haute du tailloir est moulurée en bandeau plat, le décor lui-même ornant la partie en chanfrein renversé.

Deux palmettes basses et trois fleurons intermédiaires hauts ornaient sans doute chaque face. Chaque palmette qui n'occupe que la moitié de la hauteur du chanfrein est faite de trois folioles recreusées entourées de deux crochets s'enroulant autour d'un trou de trépan. En continuité prend là naissance chaque élément symétrique du fleuron intermédiaire : cet élément double qui se développe en partie haute du chanfrein est lié à la base par un ruban décoré d'un trou de trépan. Chaque élément s'épanouit en trois folioles de profil légèrement recreusés, la petite foliole de base se recourbant autour d'un trou de trépan.

Quand on regarde la face de dessous du tailloir, on distingue encore la fine ciselure qui délimitait l'arête inférieure et la base du décor.

Le décor en palmettes, ici plutôt soigné, a été très couramment choisi pour orner les tailloirs au XIe comme au XIIe siècle. Les tailloirs des célèbres chapiteaux de Saint-Sever par exemple sont ainsi traités (Cabanot 1987), avec d'infinies variantes, comme aussi au cloître de Moissac…

• Tailloir aux poissons (**fig. 7**)

Le tailloir est conservé dans l'enceinte de l'ancienne abbaye occupée par des appartements, chez la propriétaire.

Le relief est assez important. Un listel saillant sur fond plat sommait le décor. Il y avait par côté deux poissons alignés de profil, pris chacun dans un cadre ovale fait d'un double tore. Les deux pointes de chaque queue passent par-dessus cet ovale. Il y a deux trous de trépan pour marquer la base de la queue et des nageoires, un pour l'œil. Les poissons sont assez détaillés : bouche tombante et saillante, œil entouré d'une ciselure, écailles marquées par des petites encoches au ciseau, une double ciselure délimite la tête et souligne horizontalement leur flanc, chaque partie de la queue bifide, et l'extrémité des nageoires. Pour tenir dans l'ovale les nageoires ne pointent qu'à l'arrière du corps tout près de la queue. Un besant (demi-sphère) ornait chaque angle supérieur de chaque côté, en soutenant la moulure sommitale plate, et un autre occupait l'écoinçon entre les ovales au-dessus du bord inférieur. Manifestement, si l'on observe bien les cassures, il devait être répété en position symétrique sous le bord supérieur.

Le thème du poisson est sacralisé depuis le début des temps paléochrétiens (ICHTUS / Jesous Christus Theos Uios Sôter).

Essai sur la configuration du cloître

Deux des chapiteaux laissent voir une zone plane, au milieu d'un côté où l'abaque s'interrompt, côté néanmoins sculpté de figures. L'élément qui venait s'appuyer là ne l'occultait donc pas. On peut supposer que les chapiteaux s'affrontaient deux à deux par ce côté singulièrement traité, placés sous un tailloir

[2] On peut encore le remarquer en Italie, par exemple dans la célèbre Descente de croix d'Antelami datée de 1178 conservée dans la cathédrale de Parme…

[3] Viollet-le-Duc 1858-1875 t. III p. 123.

commun. C'est la disposition des chapiteaux de Saint-Trophime. Parce qu'il est raisonnable de penser que ces trois chapiteaux sont des restes du cloître de l'abbaye, on peut estimer que celui-ci avait une disposition comparable à celle du cloître arlésien. Les dimensions des tailloirs conservés correspondent avec ces chapiteaux, leur style et thèmes n'infirment pas l'hypothèse de leur rapprochement.

D'après le plan levé à l'arrivée des mauristes (**fig. 1**), « l'ancienne église » pouvait communiquer par son flanc sud avec le cloître, ce qui est une situation normale. Alors que la nouvelle abbatiale encore debout aujourd'hui se trouve à l'est du cloître, séparée de lui par l'entrée du monastère, position en revanche peu orthodoxe. Ce qui laisse entendre que le cloître relevé par les mauristes a bien été conçu par rapport à celle-ci et non par rapport à celle-là. Logiquement on peut penser que la construction d'une abbatiale dans un style nouveau n'a pas fait déplacer et reconstruire le cloître.
Sur le plan mauriste, le cloître est donc de plan rectangulaire, avec des galeries est et ouest d'une soixantaine de pieds de longueur, et une centaine pour les galeries nord et sud ; leur largeur étant d'à peu près 12 pieds. Les supports d'un plan schématique et même apparemment conventionnel (tous les supports composés sont représentés de même façon sur ce plan), se font face d'un flanc à l'autre de chaque galerie pour délimiter huit travées sur six : peut-on s'y fier ? Le commentaire porté est le suivant : « Il y a une allée du cloître entièrement ruinée les autres trois allées sont en tres mauvais estat Et couteront pour les reparer presquautant que sil falait les faire neuves. Cet cloître est fort humide a cause quil est fort bas. Jestime quil seroit fort bon d'abbatre tout a fait la voute et faire un plancher que lon pourrait relever plus aut autant qu'on voudrait ».
Peut-on restituer un cloître d'environ 32 m sur 21, pour une largeur de galerie de moins de 4 m (ce qui entre tout à fait dans les dimensions moyennes des cloîtres de cette époque), avec une voûte portée par des doubleaux reposant sur des piliers se faisant face, engagés côté mur (comme à Saint-Trophime), et liés entre eux par des arcades côté cour ? L'écartement entre les piliers est de 10 à 12 pieds soit entre 3,20 m et 3,80 m, ce qui laisse place à de vastes arcades géminées ou de petites arcades triplées (elles sont quadruples à Saint-Trophime), reposant donc sur des supports intermédiaires ; ce sont eux qui pouvaient être faits de deux colonnettes surmontées de deux chapiteaux jointifs au tailloir commun, comme à Saint-Trophime.

3.1.3. Pour conclure

Science éprouvée de la composition, reliée à une tradition bien établie, délicatesse du modelé, inscrivent les éléments historiés du cloître parmi les réussites des mouvements créatifs raffinés du Sud-Ouest ordinairement datés de la deuxième moitié du XIIe siècle.
Abbatiale et cloître sont donc assignés au XIIe siècle. C'est l'époque des transformations de Saint-Martin le Vieux. Vers la fin du siècle est aussi construite Saint-Grégoire. Il est révélateur de comparer l'église hors-les-murs qu'est Saint-Martin le Vieux, et l'église *intra muros*, neuve, qu'est Saint-Grégoire, tant leur traitement diffère.

3.2. L'église rustique : Saint-Martin *extra muros*

3.2.1. Saint-Martin est restaurée une première fois

Au moins le sol du chevet carré de l'église Saint-Martin, destinée à devenir « le Vieux »[4], fut ravivé. Épousant la fermeture du chœur, y fut coulé un sol de béton à tuileau, extrêmement solide, à la romaine, sur une douzaine de centimètres d'épaisseur (**fig. 8.1**). Et fut soigneusement réservé presque au centre l'emplacement de l'autel rectangulaire, grâce à des poutres de coffrage croisées aux angles. Son support a été fait de vestiges architecturaux (des claveaux) et au centre de son sol, en place des reliques, se trouvait encastré un petit chapiteau de grès de plan carré très régulièrement mouluré : était-ce une relique de l'autel précédent (**fig. 8.2**) ? Le petit côté sud du coffrage est exactement à l'aplomb du bord du couvercle du sarcophage (cf. *supra* 1.1.1), ce qui ne doit pas être un hasard, l'autel est donc légèrement décentré vers le sud. Ainsi était scellé le sarcophage ; il n'était plus possible de l'ouvrir. Mais au préalable, il a été presque vidé, sauf un petit nombre d'os de membres inférieurs dont certains restèrent en connexion. À l'observation lors de la fouille, le couvercle est apparu beaucoup moins régulièrement taillé que la cuve, et l'on peut se demander s'il n'a pas été remplacé. Vient à l'esprit un transfert de multiples reliques, scellé par l'installation d'un sol techniquement digne du savoir-faire antique, et l'on pense à une haute époque… Seulement la terre qui remplissait le sarcophage contenait deux monnaies, l'une émise entre 1130 et 1150, l'autre entre 1150 et 1167.
Le mode de construction du sol ne doit pas étonner. Et en effet il était déjà connu de Viollet-le-Duc que ce type de béton a été utilisé jusqu'au XIIe siècle[5].
Une marche était ménagée en avant du chœur architectural : sans doute délimitait-elle un chœur liturgique plus long que celui-ci (**fig. 8.3**) ? Le sol était constitué d'un radier recouvert d'une couche de ciment lissé (**fig. 8.4**). Les parements internes des murs encore étudiables étaient recouverts d'un épais enduit jaunâtre.

3.2.2. La rénovation

Dans la deuxième moitié du siècle, peut-être dans les années 1170, fut pratiquée une rénovation beaucoup plus importante (la date la plus ancienne d'émission de monnaie associée à cette construction est 1167). Le chevet carré fut transformé en abside semi-circulaire : d'une part il fut empatté extérieurement dans des

[4] Fds Thésan p. 68, 1209.
[5] Viollet-le-Duc 1854-1868 t. II p. 206.

fondations dont le plan suivit une forme de U, d'autre part il fut arasé à quelques assises au-dessus du béton, puis reconstruit suivant un plan en hémicycle. Les assises restantes, qui affectaient à l'intérieur un plan quadrangulaire, servirent d'appui à un nouveau sol (disparu ; peut-être dallé) ; le haussement du sol noya l'ancien bâti de l'autel associé au béton. Et c'est alors que les piédroits de l'arc triomphal furent réduits en largeur pour ouvrir le chœur.

Une double marche fut construite au niveau de l'ancienne fermeture du chœur architectural (**fig. 9.3**), et celle qui existait à deux mètres de là, qui délimitait peut-être déjà un chœur liturgique long, fut elle-même remplacée (**fig. 9.2**), puis surmontée d'une clôture. Sa base était faite de blocs de calcaire (**fig. 9.5**). L'emplacement des blocs repérés lors de la fouille se retournant au long des murs du chœur, on a pu se demander si cette clôture n'était pas combinée avec une banquette ?

L'église reste modeste par son appareil, irrégulier, mais intérieurement enduit. Ont été retrouvés de petits fragments d'enduit peint de motifs de plusieurs couleurs. Les matériaux, comme les impostes de l'arc triomphal par exemple, sont sans doute remployés sur place.

Des corps dont l'importance était marquée par leur contenant, un sarcophage, et leur situation, l'abside, ont donc été accumulés puis ôtés, sans doute transférés ailleurs ; mais quand ? Les monnaies du sarcophage ne nous donnent en fait qu'une borne chronologique. Des réparations ont été faites, après 1130, qui montrent une église à chœur toujours fermé, dont l'autel consacre toujours une tombe « privilégiée » et son contenu-reliquat, mais qui ne peut plus être réutilisée. Quel était alors le statut de l'église ? Devint-elle en ce temps chef-lieu de paroisse ?

Ou bien ce changement de statut correspond-il à la deuxième phase de rénovation, plus radicale ? Cela se passait vers le milieu ou dans la deuxième moitié du XIIe siècle. Et le laps de temps entre les deux transformations fut forcément plutôt court. Ce fut à cette occasion que le chœur fut ouvert.

Avoir placé chronologiquement l'ouverture du chœur est un acquis tout-à-fait intéressant de la fouille. Au cœur du XIIe siècle est franchement adoptée cette tendance qui dès les temps carolingiens prônait la visualisation par le fidèle d'un certain nombre de phases rituelles symboliques. C'est ce mouvement qui conduisit à la fixation des couleurs liturgiques et qui culmina, au tournant entre XIIe et XIIIe siècle, avec l'introduction dans la gestuelle, de l'élévation[6]. Durand de Mende dans son *Rational* (1284[7]) se fait l'écho de tendances diverses quand il précise bien que le chœur peut être fermé, ou par un mur, ou par des « courtines ». L'avantage de cette dernière solution était l'amovibilité, liée en particulier à la liturgie pascale. Les moments qui doivent rester secrets, ceux qui sont offerts à la vue de tous sont savamment orchestrés grâce à l'ouverture-fermeture des courtines entourant l'autel, ceci se passant derrière une clôture basse entre clergé et peuple[8]. Cette dernière, maçonnée, délimite ici un chœur qui reste long. Soit celui-ci accueillait une équipe paroissiale très développée, prêtre et acolythes, soit, ce serait logique, Saint-Martin était prieuré-chef lieu de paroisse, et prenaient place dans le chœur vicaire, prieur et un ou deux moines.

3.3. L'église bourgeoise : Saint-Grégoire

Saint-Grégoire n'apparaît dans les textes qu'à partir de 1233[9]. Elle est de construction antérieure. Son flanc nord faisait face à la limite sud de l'abbaye. L'entrée actuelle ouvre la façade ouest.

Fig. 10, a, b, c. L'église[10] mesure plus de 22 m de long pour une largeur en façade ouest de 11,50 m. La charpente de la nef unique repose sur deux arcs diaphragmes de tracé brisé retombant par l'intermédiaire de chapiteaux sculptés sur des colonnes engagées qui déterminent trois travées (une dizaine de mètres de hauteur interne sous arc)[11]. Le chœur au fond plat est voûté en berceau brisé reposant sur une corniche. L'arc triomphal de même tracé, à double rouleau, retombe quant à lui sur de larges consoles à ressauts.

Des fenêtres-hautes ouvrent le côté sud, un fin clocher ajouré est porté à cheval sur le gouttereau nord (l'ordonnance au nord est transformée par l'adjonction postérieure de deux annexes[12]).

La taille de la pierre, du calcaire assez fin et du grès pour un certain nombre d'assises, ou blocs isolés, est de grande qualité. Nombre de blocs sont taillés soigneusement pour leur emplacement spécifique, de

[6] Pratique introduite par l'évêque de Paris Eudes de Sully : le fidèle voulait voir l'hostie. Rappelons qu'en ces temps le prêtre officiait dos aux fidèles.

[7] Cf. Barthélémy éd. 1854, p. 57-58, XXXIV-XXXV.

[8] Mais Durand de Mende évoque aussi, rapidement, l'existence possible d'un mur dérobant le clergé à la vue des fidèles, relevant d'une autre symbolique. Les chœurs fermés existaient donc toujours en 1284. L'installation à partir du XIIIe siècle de jubés, portant autels et pupitres tournés vers la nef, complétés de la clôture de chœur à l'iconographie visible depuis le déambulatoire centrée sur la Passion du Christ, participe à cette vaste question de la fermeture-ouverture du chœur dans les grandes églises aux offices et cérémoniaux complexes.
L'amovibilité des courtines de part et d'autre de l'autel et la fixation d'une clôture basse entre clergé et fidèles resta une solution commode dans les temps ante-tridentins. Des enluminures du XVe siècle nous montrent en effet des courtines coulissantes (cf. par exemple Bowles 1983, nombreuses représentations pl. 115 et suiv.). Autre exemple, écrit, tiré d'un inventaire de chapelle à Montpellier daté de 1508 : « dos barres de ferre de cascum coustat deldit autar ambe un fil de eram tenant a la voulte de ladite chappelle per tenir courtines » (Renouvier, Ricard 1841 p. 325).

[9] Fds Thésan p. 84.

[10] Saint-Grégoire, désacralisée, sert aujourd'hui de lieu d'exposition et de dépôt archéologique.

[11] Une erreur se propagea à partir d'une remarque de Renouvier 1836 p. 38-39, qui signale les « voûtes enfoncées ». Sabatier 1856 p. 115 recopia Renouvier. Bonnet 1905 p. 449 crut donc au voûtement de la nef. Enlart 1927 p. 290 n. 3 ne s'est pas trompé, ni de Dainville 1933 p. 97-98. Rey 1951 p. 255-258 reprend de Dainville, et est lui-même repris par Nougaret 1975 p. 51.

[12] Une chapelle latérale marquée du millésime 1510 communique avec la troisième travée, une sacristie la jouxte qui ouvre sur le chœur, sacristie qui existait en 1636, lors de la visite pastorale de l'évêque Clément de Bonsi (cf. *infra* annexe 3.4, Édition de textes).

façon à ce que les joints restent réguliers et minces. On distingue quelques calages discrets de fines ardoises.
Une grande rupture sabre au nord comme au sud la hauteur de la première travée. Mais si elle est nette au sud, au nord elle prend l'aspect d'une fissure emplie de pierrailles et fragments d'ardoises.

3.3.1. Structure et distribution

Les arcades structurantes (**fig. 11**)

Les murs bénéficient d'un renfort par un système d'arcades, visible à l'extérieur comme à l'intérieur, où leurs piédroits forment dosseret pour les colonnes engagées. En fait les arcades constituent une solide armature des murs, qui restent encore assez épais. Notons grâce à la qualité du plan fourni par le service des Monuments historiques que le mur sud est notablement plus épais que le mur nord (**fig. 10a**). De plus, le flanc sud de la nef n'est pas aligné avec le flanc sud du chevet ; un désaxement élargit quelque peu la troisième travée vers le sud, en partie rattrapé par une brisure.
C'est néanmoins au-dessus des arcades, dans une partie épaisse du mur, qu'ont été ménagées les petites fenêtres-hautes, côté sud. Une ouverture qui n'est guère audacieuse dans la mesure où la nef est charpentée et non voûtée. La formule technique passe aussi par le choix du tracé brisé pour l'essentiel des arcades comme pour les diaphragmes, les ouvertures restant sous couvrement plein-cintre.
Si l'on observe attentivement arcades structurantes et parements sud, des détails sont notables. Les assises sont discontinues entre remplissage et montants. À l'extérieur, certains blocs des parois pénétrant dans les montants des arcades sont calés contre ceux-ci grâce à une petite encoche taillée dans la face de parement (**fig. 11e**). Manifestement les assises du remplissage ont été montées à partir de chaque extrémité, puisque les rattrapages d'assises (blocs à encoches en angle droit et calages d'ardoises) se situent au centre, sauf dans les tympans, où chaque assise est régulière et ne pénètre pas dans les arcs. En revanche il y a continuité des assises entre piédroits des arcades et parements pour l'extrémité ouest, donc les techniques ne sont pas mêmes de part et d'autre de la rupture.
De plus la coupe transversale fournie par le service des Monuments historiques (**fig. 10b**) laisse voir que la hauteur des arcades à la clé, côté sud, est plus élevée à l'extérieur qu'à l'intérieur. Chaque clé des arcades internes de la nef est en effet à même hauteur, et à même hauteur aussi que la clé de l'arcade extérieure nord visible (au niveau de la troisième travée a été intallée une chapelle latérale ; au-dessus de son toit affleure le sommet de cette arcade, et l'on peut voir qu'elle est en cet endroit plein-cintre ; curieusement cette zone est bâtie en grès : **fig. 11f**). Autres différences, les arcs extérieurs sud sont continus avec les piédroits, alors que les autres arcades sont non seulement munies d'impostes, mais aussi plus saillantes.
Les éléments des supports (blocs des dosserets formés par les piédroits des arcades, et tambours des colonnes engagées) sont de module relativement important. Chaque assise n'est pas forcément continue entre dosseret et colonne. Les tambours des colonnes sont alternativement pénétrants ou appuyés aux dosserets ; dosserets dont certaines parties cassées montrent d'une part que ces supports ne comportent que très peu de blocage, d'autre part que les blocs sont montés en besace régulière, avec donc des éléments pénétrant profondément dans le mur. Les tailloirs sont faits en deux blocs, chacun étant fait d'une partie taillée pour pénétrer dans le mur et appartenir au parement, et une partie taillée en forme de demi-tailloir. Chaque chapiteau est un bloc de grandes dimensions, taillé sur le même principe.
Les trois fenêtres-hautes sont doublement ébrasées, couvertes de voussures plein-cintre aux claveaux disposés en panache et butant sur un trompillon. Extérieurement leur disposition est remarquable : l'appui affleure la clé des arcades structurantes, ce qui a obligé à tailler en sifflet les pierres de parement, tandis que le couvrement est entamé par les modillons supports de la corniche du toit. Grâce à la coupe transversale on s'aperçoit de plus que l'appui côté extérieur est plan et non ébrasé. Autrement dit l'ébrasement externe est combiné au plus juste avec l'élévation particulière des arcades. Côté intérieur, la baie de la première travée se démarque, munie d'une rainure à feuillure au centre (**fig. 10a**), et à l'ébrasement interne un peu moins développé que celui des deux autres (**fig. 10c**). Ce trait relève d'un aménagement particulier de l'extrémité occidentale.

L'extrémité occidentale (**fig. 12**)

En effet le mur ouest est épaissi en partie basse d'un massif, n'apparaissant qu'à l'intérieur, dans lequel est ménagée l'entrée sous forme d'une porte bâtarde à multiples voussures (**fig. 12a**). Vu de l'extérieur (**fig. 12b**), trois voussures plein-cintre sont en continuité des piédroits à ressauts. Plus exactement, si les tracés des deux dernières voussures (rouleau simple) sont parallèles, la première est quant à elle complétée d'un deuxième rouleau superposé (même nu), dont le clavelage affecte en parement une forme en croissant. Tous les claveaux longs et minces sont remarquablement appareillés. Côté intérieur (**fig. 12c**), apparaît une voussure à deux rouleaux non parallèles : le premier est surbaissé, le deuxième plein-cintre. Deux évidements dissimulés entre les deux rouleaux ménageaient un encastrement pour une poutre horizontale qui put faire un temps élément de chambranle pour les vantaux de la porte, dispositif qui n'est pas forcément d'origine. Plan et coupe exécutés par le service des Monuments historiques montrent la subtilité de la composition de cette ouverture.
Le mur occidental s'amortit en pignon bas. Il est percé dans le registre supérieur d'une grande baie, à l'aplomb de la porte (qui fut refaite au siècle suivant, cf. *infra* 5.1.4). L'arc de décharge plein-cintre est d'origine, qui correspond à l'intérieur au tracé du couvrement d'une embrasure continûment ébrasée. Côté intérieur fut ménagée à ce niveau une tribune. Elle était portée par

le massif du niveau bas, complété de poutres dont les encastrements (bouchés) sont encore bien visibles. Ménagées à l'extrémité des murs nord et sud, deux armoires liturgiques l'équipaient (**fig. 12d**), sous forme de grandes niches au couvrement plein-cintre reposant sur des impostes, munies d'une feuillure (les emplacements des gonds sont encore visibles) et de deux niveaux de rainures pour des étagères. Une autre petite niche à feuillure (bouchée) était ménagée dans le mur ouest. Ces équipements laissent penser que cet espace ingénieusement réservé était destiné à une fonction de sacristie.

La rupture dans l'appareil de la première travée pourrait bien avoir partie liée à l'installation de cette sacristie, c'est-à-dire en fait à une reconstruction de toute l'extrémité occidentale, avec le portail. Le massif portant la tribune fait la première travée un peu plus longue que les autres, si bien que pour respecter les hauteurs des arcades structurantes, l'arcade extérieure sud est sous arc plein-cintre, et non brisé (le répondant extérieur au nord n'est pas étudiable, dissimulé par une maison).

Ce choix d'un réaménagement ouest doit être lié aux difficultés de desserte et d'implantation sud et est.

Un portail latéral (**fig. 13**)

La troisième travée sud comporte aussi des traits particuliers. Si l'arcade structurante est bien présente côté interne, elle ne l'est pas côté externe. L'élément principal encore visible par ce côté est une vaste arcade de tracé brisé ayant correspondu sans aucun doute à un portail (**fig. 13a**). Il fut soigneusement bouché par un colmatage d'appareil régulier. L'aménagement à ce niveau de la petite chapelle Sainte-Luce, qui fut incrustée dans l'épaisseur du mur, occulte ces dispositions primitives (**fig. 13b**). D'autres particularités encadrent cette travée et la singularisent, visibles de l'extérieur. D'une part (à droite), l'alignement sud est marqué par une brisure, bien visible en plan (**fig. 10a**), remarquablement appareillée, avec des blocs taillés en forme de cette brisure. D'autre part (à gauche), un décrochement en angle droit, très étroit, suit une verticale parfaitement rectiligne entre sommier du piédroit de la deuxième arcade et corniche (**fig. 11d**). On ne voit pas de raison technique à ce décrochement si mince, lui aussi remarquablement construit, avec des blocs taillés en forme de ce décrochement. Pour tout dire les raisons de cette exigence dispendieuse en travail et temps de taille de la pierre restent énigmatiques, mais le fait est que ces deux particularités qui se combinent avec le désaxement du mur sud font ressortir dans l'ordonnance extérieure la travée du portail latéral.

Le chevet (**fig. 14**)

La conception du chevet va encore ajouter aux singularités de cette église. Sa structure est subtile, à comprendre en comparant extérieur et intérieur, et en repérant les différents plans de parements. Manifestement, des obstacles en ont contraint plan et ajourement. Rappelons que le chevet est voûté, au toit disposé plus bas que celui de la nef. Ce sont des dispositions normales. Il est aussi à fond plat, plan qui n'est plus préférentiel pour l'époque (on vient de le voir avec les transformations de Saint-Martin le Vieux).

Gardons à l'idée que la troisième travée avec le portail fait saillie par rapport au flanc sud du chevet. Celui-ci est extérieurement composé en deux parties (**fig. 14a, b**). La première est équipée d'une haute, étroite et profonde arcade qui l'épaissit par rapport à la dernière partie. L'arc sur impostes est ancré à gauche dans la saillie de la troisième travée et retombe à droite sur un piédroit, piédroit qui donc épaissit le mur. C'est pourtant bien là (**fig. 10a**), dans ce montant, qu'a été difficilement ménagée une baie, de configuration très particulière (**fig. 14c**). Extérieurement son petit arc plein-cintre clavé de couvrement est aligné horizontalement avec celui de l'arcade. C'est vers l'intérieur que se développe l'ébrasement (plongée de l'appui très forte), mais au couvrement (fait de claveaux disposés en panache) interrompu et décalé vers le bas par rapport à la tête de l'ouverture externe. Le chevet, malgré la courte longueur, présente une volumétrie composée côté externe en deux parties bien distinctes, avec un fond comme étréci qui rappelle une abside, alors qu'à l'intérieur le volume est unique. Le parement est encadré par l'arcade brisée structurante ; la baie s'y trouve quelque peu décentrée (**fig. 10c**) ; en partie basse se trouvait une niche liturgique rectangulaire encadrée d'une fine feuillure.

Aujourd'hui le côté nord communique par une porte grossièrement percée avec une sacristie moderne. L'arcade interne brisée fait répondant avec le côté sud. L'installation de la sacristie voûtée gêne l'observation de l'arcade externe, mais l'on peut en voir le montant à l'intérieur de la pièce. Depuis l'extérieur, le chevet devait être composé de même qu'au sud, mais sans baie (**fig. 11f**). Rappelons aussi que par rapport au chevet la troisième travée de la nef ne présentait pas de saillie particulière (au sud cette saillie caractérisait l'ouverture du portail). Alors qu'à l'intérieur le volume du chœur voûté est uni, simplement enserré par les arcades structurantes internes (**fig. 14d**).

Une maison s'appuie à l'est de l'église, et n'en laisse voir que la partie haute et le pignon, marqué d'une large fissure colmatée. C'est donc de l'intérieur que l'on peut en détailler l'élévation (**fig. 10c**).

Au niveau bas : une petite porte sous arc plein-cintre, soigneusement bouchée. Niveau haut : un *oculus* à six lobes, centré, doublement ébrasé (**fig. 14e**). À mi-hauteur : à gauche, une haute et étroite fenêtre ébrasée est couverte par une voussure appareillée en panache (bouchée : **fig. 14f**) ; à droite, se trouve à première vue une fenêtre à peu près de même forme mais de facture beaucoup plus grossière, qui en fait en reprend une autre (**fig. 14g**). Cette ouverture primitive était quant à elle de même largeur que la baie de gauche, leurs appuis étaient à la même hauteur, mais à part cela leur disposition était résolument dissymétrique. La baie de gauche, de dimensions moyennes, est serrée contre l'angle nord-ouest, la baie de droite était deux fois plus

développée en hauteur, dégagée de l'angle sud-ouest, et son couvrement plein-cintre jouxtait l'extrados de l'*oculus*.
Rappelons que le chœur est voûté en berceau brisé reposant sur une corniche. L'arc triomphal à double rouleau (**fig. 14h**) retombe quant à lui sur des consoles à triple ressaut.
Contre le mur est, un épais doubleau renforce la voûte, qui s'appuie sur la corniche des gouttereaux (**fig. 14i**). Le doubleau étant plus large que les corniches, chacun de ses blocs de base a été arrondi pour adoucir une transition qui reste maladroite.
On peut noter la discontinuité d'appareil qui marque les angles du fond du chevet. Les arcades allégeant les murs du chœur viennent plus s'appuyer au mur du fond qu'y pénétrer (**fig. 14j, k**). Tandis que la continuité est à peu près assurée entre murs de la nef et revers de la façade occidentale.

Le clocher (**fig. 15**)

Reste à analyser la prouesse technique que constitua l'installation du clocher.
Le clocher-tour, dans-œuvre, de plan rectangulaire, s'inscrit côté nord au niveau de la deuxième travée (**fig. 10a**). Il est porté à cheval sur le mur gouttereau, qui a été épaissi pour ce faire. Depuis l'extérieur, on voit en effet cette surépaisseur amortie, en partie, et plutôt maladroitement, en glacis jusqu'à la rive du toit (**fig. 15a, b, c**). Le flanc nord de la tour du clocher est porté par ce massif par l'intermédiaire d'un arc plein-cintre en encorbellement reposant sur des consoles à deux ressauts. Le mur de la travée contenu sous le clocher fut percé au rez-de-chaussée d'une arcade au couvrement de tracé brisé (mais dont on ne voit plus, depuis l'extérieur, que l'arc, à cause du surhaussement du sol).[13]
Au-dessus, légèrement décentrée vers la gauche, se trouve une petite porte rectangulaire sous linteau, très simple, qui a été fermée récemment d'un vantail de bois.
La tour s'élève au-dessus du toit de la nef en trois registres délimités par des cordons moulurés. Les deux derniers registres sont ajourés de baies campanaires de facture simple, sous arc plein-cintre. Des baies jumelles ouvrent les longs côtés nord et sud, une baie simple ouvre chaque petit côté. Il y a donc douze baies campanaires. Un toit pyramidal de pierre reposant sur une corniche culmine en une *poma*.
Si l'on observe maintenant l'implantation du clocher depuis l'intérieur de la nef, on s'aperçoit que le mur est épaissi grâce à des arcades successives (**fig. 15e**). En partie haute, le mur épais qui s'étend entre les diaphragmes est sommé de la corniche, elle aussi particulièrement épaisse, soutenue par des modillons. Corniche et modillons portant la charpente apparaissent donc ici à l'intérieur de l'édifice (à l'extérieur le toit de la nef vient buter contre le côté sud de la tour).
Le mur a été conçu de façon complexe, entre arcades structurantes et passages, mais la prudence a fait boucher depuis partie des dispositifs.
Les arcades : une arcade très haute retombe sur les chapiteaux, et se combine avec les retombées des arcs diaphragmes ; une deuxième arcade plus étroite s'inscrit dans celle-ci, mais de façon décentrée. Si bien que son étroitesse a besoin d'être rachetée du côté gauche ; ce qui a été fait grâce à une console à cinq ressauts moulurés en bandeau et quart-de-rond, jouxtant le chapiteau (tailloir et ressaut sommital sont au même niveau horizontal), et reposant sur un piédroit haut de neuf assises (à droite, c'est le dosseret de la colonne engagée qui fait piédroit). Le fond de cette deuxième arcade portée en quelque sorte en demi encorbellement a été apparemment soigneusement colmaté (parementé pour épaissir la paroi ?) par un bel appareil, mais un enduit blanc gêne l'observation. L'intrados de l'arc montre deux petits orifices de part et d'autre de la clé, qui ont dû servir au passage des cordes pour manœuvrer les cloches.
Portes : l'appareil de la partie basse, sous cette arcade bouchée, a été bouleversé à plusieurs reprises. On distingue néanmoins un arc à l'extrados plein-cintre et à l'intrados segmentaire qui couvrit une porte bâtarde légèrement décentrée vers la droite. Une petite porte rectangulaire la remplaça. Tout est comblé aujourd'hui.
C'est grâce aux relevés très soignés des Bâtiments de France (Tron-Godet-Hervieu-Cosme 1990), et en particulier les coupes (**fig 15d, f**), que l'on peut mieux comprendre les dispositions du clocher.
Le clocher s'élevait à plus de 20 m de haut. Le massif qui le supporte, visible depuis l'extérieur, fait 5,70 m de long. Alors que la tour fait 3,95 m en chaque long côté, ce qui est aussi la valeur de la distance entre les deux arcs diaphragmes. Le côté sud du clocher est calé entre eux. On passe ainsi d'une épaisseur pour le gouttereau renforcé de 1,95 m, à une largeur pour le clocher de 2,92 m, la différence étant constituée par les arcades de soutien, tenues en encorbellement ou sur supports montant de fond. Notons que l'intrados de l'encorbellement extérieur, et l'intrados du demi encorbellement visible depuis l'intérieur de la nef, sont horizontalement alignés.
Point tout-à-fait étonnant, le mur gouttereau fut largement évidé. Au rez-de-chaussée dut se trouver un passage voûté, qui fut plusieurs fois remanié. D'après les relevés, arcade brisée extérieure et porte bâtarde intérieure ne sont pas dans le même axe.
Au-dessus se trouve une petite salle prise dans l'épaisseur du mur, de plain-pied avec la porte rectangulaire nord, voûtée en berceau brisé nord-sud. Ses dimensions internes sont de 2,45 x 0,92 m pour une hauteur de 3,43 m. L'arcade qui fait demi encorbellement côté intérieur de l'église y correspond en hauteur, mais ne se trouve pas tout-à-fait dans le même axe nord-sud. Un trou d'homme fait de deux volées de marches équipant l'épaisseur de la maçonnerie dans l'angle nord-est permettait d'accéder dans la tour-clocher.
Par là on parvenait en effet à une salle de 4,92 m de haut, voûtée en berceau plein-cintre est-ouest, éclairée

[13] Cette ouverture qui fut ample a été comblée mais de façon à laisser l'arc dégagé et à ménager une sorte de niche.

côté sud par une petite baie au couvrement plein-cintre, et dont l'appui en escalier devait aider à accéder au toit de la nef. Cette salle fait 2,45 m sur 1,72 mais une haute plinthe en partie basse étrécit quelque peu sa largeur. Le haut d'un arc de décharge plein-cintre est visible côté sud dans sa partie basse. Sur le parement interne sud ont aussi été relevées des séries de trous de boulins, qui correspondent exactement à ceux qui furent visibles dans le mur nord, disposition qui laisse entendre que les boulins traversaient toute la construction. Ceux qui se situaient les plus en hauteur ont soutenu manifestement le cintre de la voûte, et étaient eux-mêmes soutenus par des boulins qui se trouvaient encastrés dans les parois ouest (trous visibles sur des cartes postales anciennes ; **fig. 17**) et sans doute est. Un trou d'homme dans l'angle nord-ouest fait accéder au niveau supérieur, et le niveau supérieur est celui des cloches, ouvert des douze baies campanaires qui font chacune 2,20 m de haut, sans niveau de sol entre les deux registres.
L'installation du clocher fut bien un tour de force technique. Son support consiste en un jeu d'arcades dont deux, une extérieure et une intérieure, sont portées par des consoles. Si bien qu'il a l'allure d'un clocher-tour sans en prendre la place au sol. L'arcade en demi encorbellement intérieure était déchargée par un arc visible depuis l'intérieur de la salle occupant la tour. Notons aussi que les deux voûtes, de la petite salle contenue dans le mur gouttereau, de la haute salle contenue dans la tour, sont de sens inverse, et que l'ajourement très important de la chambre des cloches, sans voûte intermédiaire, faisait le haut de la tour relativement léger malgré la couverture en pierre.

3.3.2. Ordonnances, modénature, motifs des chapiteaux

Les arcs de Saint-Grégoire sont généralement à arête vive. Ce qui fait ressortir à l'extérieur les moulurations du portail ouest, et à l'intérieur celles de l'arc triomphal. Si la seule voussure du portail sud est non moulurée alors que celles du portail ouest le sont, les claveaux ont en commun leur forme, longue et étroite.
L'arête de chacune des arcades concentriques composant l'entrée occidentale est en effet adoucie par des moulures, assorties mais toutes différentes. Arête interne : un cavet est encadré de deux gorges de chaque côté. Arête médiane : deux fines gorges soulignent l'angle vif. Arête externe : un tore est pris entre deux cavets. De plus cette façade est rythmée horizontalement de cordons moulurés formant larmiers. L'un se trouve au niveau des impostes de la porte d'entrée. Il est présent à la base des deux voussures extérieures, s'interrompt pour laisser place à la mouluration des arêtes, se prolonge pour envelopper l'angle de l'édifice et stoppe à l'amorce du flanc sud (un bandeau surmonte trois quarts-de-rond). Un deuxième règne au niveau de l'appui de la fenêtre (bandeau sur un quart-de-rond). Un troisième souligne le pignon en joignant le sommet des murs gouttereaux (bandeau sur deux quarts-de-rond).
Les trois registres de la tour-clocher sont également délimités par un cordon, de profil répétitif, un bandeau sur quart-de-rond. La corniche supportant le toit de pierre est de même profil.
Et enfin une corniche en quart-de-rond support du toit couronne chaque pignon, ainsi que les gouttereaux nord et sud par l'intermédiaire de modillons eux aussi en simple quart-de-rond.
La façade ouest est donc scandée grâce aux éléments d'une modénature élaborée. Le polylobe est l'élément saillant du pignon oriental. Les effets volumétriques savants entre nef et chevet composé ressortent côtés nord et sud. Mais au nord c'est le clocher l'élément spectaculaire, tandis qu'au sud la troisième travée avec son portail faisait saillie d'une façon très subtile.
Les effets esthétiques internes passent par la scansion très forte donnée par les arcades et les diaphragmes. Le volume voûté du chœur est souligné par l'arc triomphal à double rouleau : l'un est adouci d'un cavet, l'autre à l'inverse est muni d'un tore très dégagé, présentant des congés de raccordement.
La mise en valeur de l'intérieur tient aussi notablement à la modénature à l'antique des tailloirs des chapiteaux et consoles de l'arc triomphal, très développés, assortis à la corniche faisant assise de la voûte du chœur (tailloirs des consoles et corniche sont alignés). Les moulures sont larges : un bandeau surmonte une doucine droite sur un cavet dégagé par une ciselure.
Les quatre chapiteaux, plutôt simplistes, munis d'une astragale en tore épais, accrochent aussi le regard (**fig. 16**).
À partir de l'entrée, chapiteaux sud :
Le premier porte des motifs végétaux très simplifiés, sur deux registres (**fig. 16a**). Le bas de la corbeille est occupé par une série de trois épaisses palmettes se joignant. Les angles arborent des caulicoles abritant de massifs boutons quadrilobés. La face est occupée par une demi-sphère quadrillée montée sur tige (arum ?). Une fleur très simple à six pétales sur chaque petit côté.
L'autre est le seul à présenter des motifs zoomorphes (**fig. 16b**) : le bas de la corbeille est occupé par une file de quadrupèdes (apparemment des chèvres et des moutons). Aux angles se dressent des aigles aux ailes éployées se développant sur la face de la corbeille et partie des petits côtés, leurs serres agrippant le dos d'un des quadrupèdes. Le plumage est souligné. Les yeux des animaux sont formés d'un point entourés de deux cercles concentriques. Les petits côtés sont autrement occupés par une palmette allongée sortant d'un motif végétal en éventail.
Chapiteaux nord :
Le bas de la corbeille du troisième (**fig. 16c**) est occupé par une rangée de feuilles lisses épaisses à peine recourbées, surmontée de motifs très stylisés, abîmés : coquille à chaque angle, un nœud sous une petite rosace, sur la face et les petits côtés.
Le quatrième chapiteau (**fig. 16d**) est muni de larges feuilles de même facture et disposition que pour le chapiteau précédent. Pour le reste de la corbeille, chaque angle abattu est occupé par une large feuille. Une fleur en rosace au centre de la face et de chaque petit côté.
Les bases circulaires sont moulurées de haut en bas, d'un tore, d'un cavet renversé, dégagé par une ciselure

d'un autre tore, et reposent sur un simple socle quadrangulaire[14].
Ajoutons que les consoles en ressauts successifs sont à l'intérieur comme l'extérieur sobrement moulurées en bandeau sur quart-de-rond.
Les impostes des arcades structurantes ne sont saillantes que dans l'embrasure (les arcades extérieures sud de la nef n'en comportent pas). On peut y noter deux profils, proches : bandeau et quart-de-rond caractérisent côté sud l'extérieur du chevet et à l'intérieur les première et deuxième travées. Alors que c'est un bandeau sommant tore et quart-de-rond qui moulurent les impostes à l'intérieur du chevet et de la troisième travée côté sud.

3.3.3. Une construction contrainte par la place disponible

Saint-Grégoire est un édifice aux qualités techniques remarquables. La conception structurelle tient pour l'essentiel à un principe d'armature par arcades. C'est-à-dire que les zones fortes, caractérisées par supports engagés à l'intérieur et contreforts à l'extérieur, sont ici étrésillonnées par des arcs, majoritairement de tracé légèrement brisé, et plein-cintre quand la distance à franchir l'exige. Un jeu d'arcades permit aussi de porter un clocher-tour en épaississant partie du mur gouttereau.
Il y a apparemment cohérence entre chevet, arcades nord et intérieures sud, clocher. Notons tout de même que le chevet se termine en pis-aller, si l'on considère son difficile ajourement et le quasi placage du mur du fond au reste de l'édifice. La facture différente des arcades extérieures sud (sans impostes, plus hautes, moins saillantes que les autres), et l'épaisseur particulière du mur sud de la nef, laissent penser que le parement sud a été repris, pour épaissir le mur, et peut-être bien pour installer un portail latéral. La travée du portail fut en effet singularisée par brisure et décrochement en parement, aux blocs très soigneusement taillés. Mais il se passa quelque chose vers l'ouest, qui conduisit à une reprise de toute l'extrémité ouest, visible non seulement à la rupture dans la première travée mais aussi au liaisonnements, différents de part et d'autre. Ainsi fut mise en place et une entrée esthétiquement beaucoup moins sobre que le portail latéral, et une plutôt vaste sacristie, munie de deux armoires à étagères, portée astucieusement sur une tribune.
Gravures et cartes postales anciennes laissent compléter quelques détails (**fig. 17a, b, c**). Les extrémités des rampants du pignon ouest étaient légèrement retroussées, ajoutant une subtilité au couronnement de la façade qui a été oubliée lors des restaurations (réfection de la charpente et des toits, y compris du clocher, comblement des trous de boulins, remplacement de certaines pierres de parement en particulier en façade ouest, dégagement ou au contraire colmatages prudents d'ouvertures se suivent assez bien[15]).

La qualité des effets esthétiques est pour le moins élaborée, qui passe par les qualités techniques et la régularité de la taille de la pierre. Il reste étonnant qu'aient été utilisés deux faciès géologiques très différents, calcaire et grès.
Soulignons encore le trait marquant pour l'intérieur que constitue le profil à l'antique des tailloirs et de la corniche du chœur. Le décor des chapiteaux n'est ni très habile ni très spectaculaire. Seul ressort le chapiteau aux aigles. La disposition qui veut que ceux-ci agrippent non pas l'astragale mais du petit bétail est originale ; y eut-il là message particulier[16] ?
La configuration de Saint-Grégoire est très proche de celle d'une autre église, implantée non sans difficultés dans un *castrum*, Saint-Gervais – Saint-Protais à Caux. Caux est situé sur une des routes commerciales joignant Villemagne à Montpellier (cf. *supra* 2.4.1 ; texte de 1197). Ce sont deux édifices de même famille (**fig. 18**), arborant la même qualité de taille de la pierre, et le même principe de base quant à la structure, des arcades brisées apparentes à l'extérieur comme à l'intérieur (**fig. 18a, b**). Certes la nef de Saint-Gervais de Caux est munie d'une voûte en berceau brisé sur doubleaux, et de ce fait on ne s'y permit pas l'ouverture de fenêtres-hautes[17]. À l'intérieur de l'église une corniche relie les tailloirs, qui porta le cintre de la voûte. À Saint-Grégoire, le choix d'implantation du clocher fit que fut préférée la combinaison avec des diaphragmes et une charpente. À Saint-Gervais, on eut aussi la place de construire un chevet de plan arrondi à l'intérieur, polygonal à l'extérieur, couvert d'une voûte en cul-de-four à l'arc de tête de tracé légèrement brisé. Mais il y a bien des points communs. La modénature des tailloirs repose sur un même principe, l'élément de base en est une large doucine qui fait référence à l'Antiquité. Les solutions pour la mise en valeur des portes se ressemblent : jeux entre arêtes vives ou munies d'un tore, imposte en cordon courant sur les voussures. Il faut reconnaître néanmoins que la subtilité de la composition de la porte ouest de Saint-Grégoire ne se retrouve pas à

[14] Le sol a été bétonné récemment sur un peu moins d'un mètre d'épaisseur pour assainir l'édifice, mais les bases protégées d'une grille ont été laissées libres.
[15] Pour les lithographies du XIXe siècle : Renouvier 1840, et Nodier, Taylor, de Cailleux 1833-1840. De Montbard 1900 p. 73 et 74. Mayer 1982 II n° 1597-1600 p. 170-171 pour un aperçu des documents liés aux restaurations. Les cartes postales les plus anciennes montrent l'envahissement par le lierre, le toit de la nef s'est écroulé mais les diaphragmes sont en place, la *poma* n'existe plus. La façade ouest est déparée par une énorme fissure. À l'intérieur, un mur de galets fermait presqu'entièrement la chapelle latérale nord, et les tambours de la pile avoisinante ont été entamés sur une bonne hauteur. Un enduit à la chaux recouvrait une grande part du mur nord, jusqu'à hauteur des tailloirs. L'ouverture en bas de la travée du clocher est déjà en partie colmatée mais reste peu distincte. Les premières restaurations : le lierre a été coupé, l'épaississement du mur ouest qui soutenait la tribune a été dégagé et protégé, les trous de poutre comblés, la petite armoire liturgique rectangulaire comblée également. La chapelle nord est rouverte, les tambours de la pile voisine remplacés. Comblés aussi, à l'extérieur, les trous de boulins du côté nord, la petite porte rectangulaire et le jour qui la surmontait. Une *poma* a été refaite. Les pierres d'appareil les plus abîmées ont été remplacées, la fissure côté ouest supprimée.
Cf. ADH Villemagne, R1, 1933 : classée Monument historique. Dossier des Monuments historiques : consolidation de la façade 1908. Réfection de la charpente et de la couverture 1949. Années 1980 : nouvelle couverture ; surhaussement du sol (bétonné). Années 1990 : réfection du clocher.
[16] L'aigle qui fond sur sa proie est évoqué dans le Livre de Job, sujet des très célèbres *Moralia in Job* de saint Grégoire.
[17] Celles qui sont visibles aujourd'hui côté sud, percées sous les arcades, sont tardives.

Saint-Gervais où les éléments sont plus simplistes (**fig. 18d**). En revanche l'ordonnance de façade avec porte surmontée d'une baie plein-cintre, et pignon aux extrémités retroussées est commune. Commune aussi la corniche à modillons simples pour accueillir la rive du toit. Enfin la proportion des chapiteaux, de grandes dimensions dans l'ordonnance des supports, est la même dans les deux cas, mais à Saint-Gervais le décor est répétitif et simplifié, de simples feuilles d'eau abattent les angles.

Les deux églises ne sont pas sans rappeler les caractéristiques cisterciennes, et en particulier celles de Sainte-Marie de Sylvanès qui n'est guère éloignée, et qui est en construction depuis le milieu du XIIe siècle (Durand 1983). La facture de l'entrée dans un mur épaissi, les jeux de la mouluration, alternativement concave et convexe, sont communs avec Sylvanès (**fig. 18e**), comme le profil de la mouluration des bases des colonnes engagées.

Mais les points communs avec l'église de Caux ne concernent pas que la configuration. Saint-Gervais – Saint-Protais est une des rares églises paroissiales à s'implanter dans la deuxième moitié du XIIe siècle au cœur d'un *castrum*, d'un bourg clos, et non en périphérie. L'insistance qui transparaît des textes, dans les années 1170 à 1190[18], pour placer église et *domus* du chapelain sous la protection du seigneur, montre que celle-ci n'était pas acquise.

Ce type d'implantation dans un bourg déjà constitué pose le problème de la relation au cimetière. Pour Villemagne, la logique laisse penser que Saint-Sauveur était cémétériale, et Saint-Martin le Vieux aussi. Aux Temps modernes l'on sait que Saint-Grégoire est séparée de l'abbatiale par le cimetière, et l'histoire de ce lieu devenu « cimetière de la ville » sur les plans mauristes est bien connue jusqu'au XIXe siècle, époque de son transfert. Fait notable, apparemment il y avait une porte dans le flanc nord de Saint-Grégoire, qu'il est difficile d'interpréter autrement que comme une porte des morts. Et le clocher la surmonte. Le cimetière médiéval au cœur du bourg clos fut certes d'abord celui de l'abbaye. En 1197, le texte réglementant le péage de Faugères est enregistré « dans le cimetière de Saint-Martin de Villemagne ». Ne peut-on supposer que les représentants de la population du bourg négocièrent pour qu'une part soit attachée à leur paroisse ? Le « cimetière de Saint-Grégoire » n'est attesté qu'en 1426[19]. Pourtant il est possible que l'abbé n'ait pas permis avant longtemps d'empiètement construit de ce côté, puisque le parti originel ne laisse voir aucune construction saillante, quitte à faire porter le clocher par le mur gouttereau. C. Treffort a souligné ces rapports apparemment pointilleux des bénédictins avec la mort si l'on en croit la rédaction des coutumes bénédictines. Si les corps des laïcs qui ont fait élection de sépulture dans le monastère « ne doivent pas être déposés dans le même cimetière que les corps des frères »[20], on comprend que la création d'un cimetière paroissial ait dû poser problème.

D'autres remarques peuvent être faites quant à la topographie du quartier. Le côté sud pouvait être en partie longé par une ruelle, et une autre, perpendiculaire, aboutissait au portail latéral. Cette dernière est bien visible sur le cadastre, et encore sur place, même si son extrémité, devant le portail, a été depuis bouchée par une maison. Manifestement un ou des bâtiments ont contraint la construction côtés est et sud-est. Et c'est finalement en reconstruisant l'extrémité ouest que furent satisfaites les exigences des commanditaires (risquons une hypothèse : la minuscule porte du fond du chevet correspondit peut-être à une entrée provisoire de sacristie ?).

En tout cas Villemagne est un des cas d'agglomération longtemps concentrée autour d'une zone cémétériale, vaste. Ajoutons encore un dernier trait concernant les situations dans l'espace. Il faut aussi remarquer que le sol de Saint-Grégoire est situé notablement plus haut que celui de l'abbatiale à l'*oculus*. Soit le terrain était accidenté, soit on entrait dans Saint-Grégoire par l'intermédiaire d'un escalier...

Une église neuve, et novatrice, surtout par un clocher-tour, est une belle image de marque de l'esprit d'entreprise des paroissiens. L'abbé entend bien encadrer soigneusement cet essor. Vis-à-vis de la population bourgeoise, il se donne la peine de faire graver dans la pierre, et sacraliser par le Tétramorphe et l'Agneau pascal, une déguerpition, qui pourrait avoir trait à l'établissement du dîmaire de Saint-Grégoire, sous forme d'une superbe inscription portant la date de 1192[21]. Les quelques termes encore lisibles marquent la fermeté du ton de l'autorité abbatiale. C'est l'abbé Bérenger qui s'exprime, entouré du prieur Salomon, du sacriste Pierre, etc., et d'autres moines de l'abbaye. Ils abandonnent à un certain ensemble de personnes on ne sait malheureusement quoi, sous des conditions dont le non respect mènera à amende. Selon M. Aubrun, les créations de paroisses urbaines en Languedoc furent encouragées par le pape contre l'avis des moines, pour lutter contre l'hérésie cathare (Aubrun 1986 p. 110). Nous sommes peut-être dans ce cas de figure.

Manifestement Saint-Grégoire fut difficilement incrustée dans un parcellaire préexistant et contraignant. La volonté est notable de bâtir une église *intra muros* et de ne plus se contenter de l'église Saint-Sauveur. Il est difficile de dire quelle fut en l'occurrence l'attitude de l'abbé. La nomination du desservant concernait l'évêque, et l'église n'était pas priorale, à la différence de Saint-Sauveur et, peut-être, Saint-Martin le Vieux. Le

[18] Un petit ensemble de textes pose quelques repères. Un acte passé dans l'église de Caux en 1172 dit que la maison du chapelain devra être respectée par Bérenger de Caux (L. nr Béz. p. 332). La paroisse est citée en 1176 (*ibid.* p. 355), et encore l'église et la *domus* du chapelain (*ibid.* p. 362). Comme église et maison sont construits dans une partie du *castrum* de Bérenger de Caux, celui-ci doit les défendre. En 1195 chapelain et archiprêtre de Caux sont présents lors d'un acte passé à Caux (C. Agde, 448, p. 439). Par les diplômes royaux de 1162, 1188, 1210, l'on sait que le *castrum* de Caux avec ses dépendances est compris dans les biens de l'évêque de Lodève.

[19] ADH Villem., DD1, chartes de 1427 et 1426 rédigées après 1435, f° 24 v°. Cf. *infra* annexe 3.3, Édition de textes.

[20] Rédaction de Verdun ; citée pour les XIe-XIIe siècles dans Treffort 2002 p. 57.

[21] La plaque fut incrustée dans l'arc de la porte occidentale, on peut supposer logiquement qu'elle avait rapport avec Saint-Grégoire. Cf. *infra* annexe 3.1, Édition de textes.

contexte ordinaire des déguerpitions, souvent conflictuel (Bourin 1987 I p. 315), l'implantation contrainte de l'église côté nord, c'est-à-dire côté abbaye, pourraient laisser penser que l'abbé eut la main quelque peu forcée. C'est aussi à partir du milieu du XIIe siècle que se multiplient les legs laïcs aux « œuvres » des églises (Bourin 1987 I p. 275 et suiv.), ces « églises des nouveaux *castra* » comme Saint-Gervais de Caux (*ibid.* p. 276 et n. 13 p. 306).

En tout cas, l'église donne vie à une communauté, la paroisse littéralement « bourgeoise », distincte de celle de Saint-Sauveur, au moins rurale, et priorale, et distincte de celle de Saint-Martin, rurale et ouvrière, et peut-être priorale. Sont rejointes les remarques de M. Bourin quant à l'église devenant « chose de la communauté », préfiguration de la maîtrise par l'administration communale, au XIIIe siècle, de tout ce qui touchera à la destinée du bâtiment ecclésial (Bourin 1990 et Bourin, Durand 1994 p. 105).

3.4. Une maison « patricienne »

Un bâtiment, vestige d'une habitation remarquablement construite, fournit l'exemple d'une commande « patricienne », ou bourgeoise ou noble. Aucun document ne permet d'en éclairer l'origine. L'étude de sa configuration permet sans grand risque d'en placer la construction au XIIe siècle, mais sans plus de précision.

Le bâtiment est pris dans un îlot du quartier nord-est du village[22] ; seuls l'intérieur et une façade extérieure (façade sud-est, largement reparementée) sont étudiables.

Le plan du bâtiment est plus trapézoïdal que rectangulaire (**fig. 19**). Construit en pierres de taille calcaires, qui ont été en partie basse érodées par l'humidité, il présente encore un ensemble très intéressant. Les assises sont régulières, d'appareil moyen, avec un module quelque peu allongé pour les voussoirs des voûtes. Quelques blocs sont soigneusement munis d'encoches pour s'adapter à leur emplacement spécifique. Quelques calages de fines ardoises sont visibles. Deux pièces voûtées en berceau plein-cintre continu y sont superposées. Le niveau bas a des murs plus épais, une voûte plus basse et de tracé plus écrasé qu'au niveau haut pour pouvoir supporter cet étage. Ce dernier, aux parements intérieurs mieux conservés, présente donc des murs plus minces mais renforcés d'arcades. Chaque niveau est atteignable par une porte, aux proportions de porte bâtarde, donnant actuellement sur l'extérieur, sur la même façade.

Les dimensions internes du premier niveau sont environ de 6,20 m sur 2,50 m, pour une hauteur sous voûte d'environ 2,15 m si l'on se réfère au seuil de la porte. Mais le niveau de sol originel n'est plus visible.

Le module des blocs des assises de base est un peu plus important que pour les quelques assises qui supportent la voûte. Celles-ci incluent non loin de la porte un arc surbaissé manifestement de décharge qui eut peut-être partie liée à l'état du sous-sol (**fig. 20a**). Le départ de la voûte, sans corniche (le cintre a pu être posé à terre), est plutôt bas ce qui fait que la porte le traverse, selon une disposition en lunette de construction soignée (**fig. 20h**). La porte est plutôt basse mais notablement large (1,69 m dans l'embrasure). Les piédroits sont régulièrement montés en grands blocs disposés en carreaux et boutisses. La lunette de tracé surbaissé présente aussi des blocs régulièrement taillés. Si l'on observe l'intrados (1,15 m pour sa plus grande profondeur) on peut voir que certains voussoirs s'allongeaient sur une grande profondeur (jusqu'à 0,86 m de long). Quelques éléments sont donc de grand gabarit. Le cadre extérieur de la porte a été refait (**fig. 20b**), et y sont remployés des claveaux de grandes dimensions (**fig. 20c**). Raisonnablement, on peut supposer que le couvrement d'origine était un arc plein-cintre. On ne voit pas d'autre ouverture à cette salle, mais il n'est pas exclu que les petits côtés aient été repris. Néanmoins il est difficile de supposer pour cette pièce *a priori* fraîche et peu éclairée, accessible de plain-pied par une porte large, autre chose qu'une fonction de stockage.

L'étage fait environ 6,50 m sur 3 dans ses plus grandes dimensions. La hauteur sous voûte est de 4,75 m, c'est-à-dire plus du double par rapport au niveau bas. Les deux longs côtés sont renforcés d'arcades (**fig. 21**). D'un côté voisinent la porte d'entrée, et une vaste arcade plein-cintre sous laquelle fut percée une baie, très reprise et mutilée : **fig. 21b, c**. En face le mur est scandé par deux arcades plein-cintre qui laissent place, près de l'angle opposé à la porte d'entrée, à une petite porte de communication avec une pièce adjacente, porte aujourd'hui bouchée : **fig. 21i, j**. L'extrados des arcades affleure une corniche moulurée (bandeau et listel sur quart-de-rond) qui supporta le cintre de la voûte (**fig. 21d, f**).

La porte (embrasure de 2,29 m de hauteur totale sur 1,22 m de large) est couverte côté parement extérieur par un arc plein-cintre abîmé par l'érosion (**fig. 21a**), l'arrière-voussure de tracé surbaissé est faite de voussoirs de long gabarit, comme pour la porte du premier niveau. Les arcades aux claveaux de proportion massive dégagent chacune une embrasure de 0,50 m de profondeur. Donc là aussi, le gabarit des blocs, éléments des piédroits, ou claveaux, est important. Les blocs sont très bien taillés et l'intrados de certains claveaux comporte encore des traces de ciselures. La grande arcade qui jouxte la porte d'entrée enserre une baie qui fut plusieurs fois remaniée. La baie simple qui présentait une embrasure originellement droite, quasi de même profondeur que le cadre externe, était couverte d'une arrière-voussure surbaissée. Les deux sommiers de l'arc de couvrement (qui devait être plein cintre), visibles en parement externe, reposaient sur des impostes moulurées (abîmées : un bandeau surmontait un ensemble composé d'un cavet dégagé par une ciselure sur une doucine ?). En fait la mouluration somme l'épaisseur de chaque piédroit formant feuillure avec l'embrasure, mouluration qui fait retour en parement extérieur. Ce retour stoppe brutalement, sans amortissement, et l'irrégularité du

[22] Le corps de bâtiment fait partie d'une habitation privée. Il est soigneusement entretenu par le propriétaire qui en a stoppé la ruine. Il a été identifié par erreur comme la chapelle Sainte-Luce citée aux Temps modernes : c'est la chapelle funéraire sud de Saint-Grégoire qui a reçu ce vocable.

parement très abîmé ne laisse pas affirmer la disposition originelle.
La petite porte piétonne (0,59 m de large) qui montre que la pièce communiquait avec une autre, a été transformée en niche par le recreusement de rainures pour des étagères (**fig. 21j**). Elle est couverte en plein cintre et la feuillure qui l'équipe est suffisamment bien taillée pour qu'on puisse la supposer d'origine.
La pièce visible constitue une belle salle d'habitation.
Les petits côtés de ce bâtiment ont été quelque peu chahutés dans le temps et l'on ne peut savoir si d'autres aménagements ne nous échappent pas. Dans l'état actuel des choses, ce corps de bâtiment rappelle ces « tours » de maisons dites patriciennes observées dans le Midi, à Montpellier, Cahors… Ses proportions ne sont guère élancées et il n'a pas été possible de déterminer s'il se prolongeait en hauteur.

Non loin de Villemagne, le noyau d'origine du Château bas de Boussagues a été conservé, constitué d'une tour aux deux niveaux voûtés, et d'un corps de logis adjacent. Le type de distribution et l'ajourement, restreint, sont comparables avec ceux de la demeure de Villemagne. Le corps de logis communique en effet avec une tour massive elle-même logeable. Une coursière extérieure de bois les desservait (côté village). Chapiteau et base de la fenêtre géminée conservée, ouvrant l'étage de la tour (côté campagne), sont très simplement sculptés. Notons qu'à Boussagues l'appareil de la *domus nova* est assisé mais ne comporte que peu de pierre de taille (comme d'ailleurs celui du *caput castri veteris*). Ce qui doit être remarqué c'est l'utilisation du voûtement. Les deux niveaux de la tour étaient voûtés, le niveau bas du corps de logis aussi, alors que son étage reçut une couverture sur arcs diaphragmes. Il n'y a pas d'arcades structurantes, mais le choix du tracé brisé est notable.

L'ensemble boussagolais, demeure d'une branche de la famille seigneuriale, a pu avoir été construit dès la fin du XIIe siècle. Il est cité comme *stare* en 1218 (cf. *supra* 2.1.1). L'absence de tracé brisé pour les arcs de grande portée de cette tour de *stare* villemanaise pourrait faire reculer sa date de construction dans le douzième siècle (première moitié ?) mais cela reste hypothétique. Elle atteste la présence d'un habitant peut-être noble, en tout cas fortuné.

Conclusion

Le croisement entre les données matérielles (Saint-Grégoire nouvelle église paroissiale construite par rapport à un parcellaire contraignant), et les données textuelles (règlement de la circulation des denrées par rapport au péage de Faugères), suggèrent la présence concentrée d'artisans et/ou marchands. Le dîmaire de Saint-Grégoire pouvait être lié aux revenus de ces marchands.
Les liaisons commerciales, logiques, avec la grande plaine littorale et Narbonne, Béziers, Montpellier sont bien attestées. Vers le nord, la direction d'Albi ressort, et celle de Rodez, qui double le grand axe connu depuis la Table de Peutinger entre Rodez et la vallée de l'Hérault passant par Lodève, et le pas de l'Escalette rançonné un temps par le futur fondateur de Sylvanès[23]. Ce réseau croise la grande liaison est-ouest par le sillon Orb-Jaur qui joint Nîmes, Montpellier, la vallée de l'Orb par Clermont et le pont de Brousson, et Toulouse via le Castrais. Dans ce vaste ensemble, Villemagne a donc su fixer pour un long temps un tronçon qui joint Albi ou Rodez à la vallée de l'Orb. Il est repérable entre la Croix de Mounis, Saint-Geniès de Varensal, Saint-Gervais, Saint-Martin le Vieux et Villemagne. Au-delà de la Croix de Mounis la direction de Rodez pouvait être suivie via la vallée du Dourdou, et la direction d'Albi prise grâce au « pont sur le Dourdou » s'il était bien entre la région de Mounis et Boissezon, ce qui n'est qu'une hypothèse.
Une part des produits destinés à Villemagne vient d'Orient. Agde n'est pas cité ; « le port d'Agde est seulement alimenté par un commerce de transit, par un cabotage : Agde est simplement le lieu d'une rupture de charge » (Castaldo 1974 p. 43). Et l'on peut penser que c'est le très actif port de Narbonne qui approvisionnait Villemagne. En 1166[24], un traité d'alliance et de commerce entre les villes de Gênes et Narbonne était signé. J. Combes a souligné par ailleurs le rôle des Gênois et des Pisans dans la deuxième moitié du XIIe siècle comme importateurs de produits d'Orient aux beaux temps de la foire quasi permanente de Saint-Gilles (Combes 1958 p. 234). La spécialisation sur le traitement des cuirs, peaux et tissus de laine et de lin n'est pas une surprise dans une région où l'élevage est si important. Sylvanès s'était fait une spécialité de l'élevage ovin. Villemagne pouvait constituer une étape du trafic qui faisait circuler les moutons sur pied, et aussi leur laine, comme le cuir dans ses différentes qualités.
Dans le texte de 1197, sont cités, aux côtés de l'abbé, et du monastère représenté par neuf moines, les « prud'hommes et le peuple de Villemagne et des mines et de la monétairerie ». Une certaine communauté existe, mais composée d'ensembles. Les noms de quarante-huit hommes apparaissent en fin de texte. Il n'est pas encore mentionné de syndics, alors qu'à Saint-Pons, c'est en 1173 que les habitants avaient demandé au roi l'autorisation d'en nommer. Malgré l'avis contraire de l'abbé, ils ont obtenu peu de temps après la création d'un conseil permanent (Bussis-Tait 1995-1996 p. 23).
L'argent, qui reste « hors taxes », est l'atout qui singularise Villemagne. Son exploitation à partir de l'extraction mène à deux types de produits, métal et monnaie. Ce qui fixe des ouvriers, sans doute polyvalents et aussi exploitants agricoles, dans la paroisse Saint-Martin le Vieux (sur la monétairerie cf. *infra* 4.2.3). L'existence d'une monétairerie, l'essor économique, indéniable même s'il est enlacé dans de multiples rapports de force, peuvent laisser penser que dès lors existait une foire à Villemagne, bien qu'elle n'émerge des textes qu'en 1233 (cf. *infra* 4.3.4).

[23] Le péage des Infruts qui gouverne la descente sur Lodève depuis le Larzac est cédé par l'abbé de Conques au comte de Rodez en 1174, alors que le comte dispute toujours à l'évêque de Lodève le château de Montbrun qui domine la cité (Bousquet 1992 p. 104).
[24] HGL VIII c. 263-266.

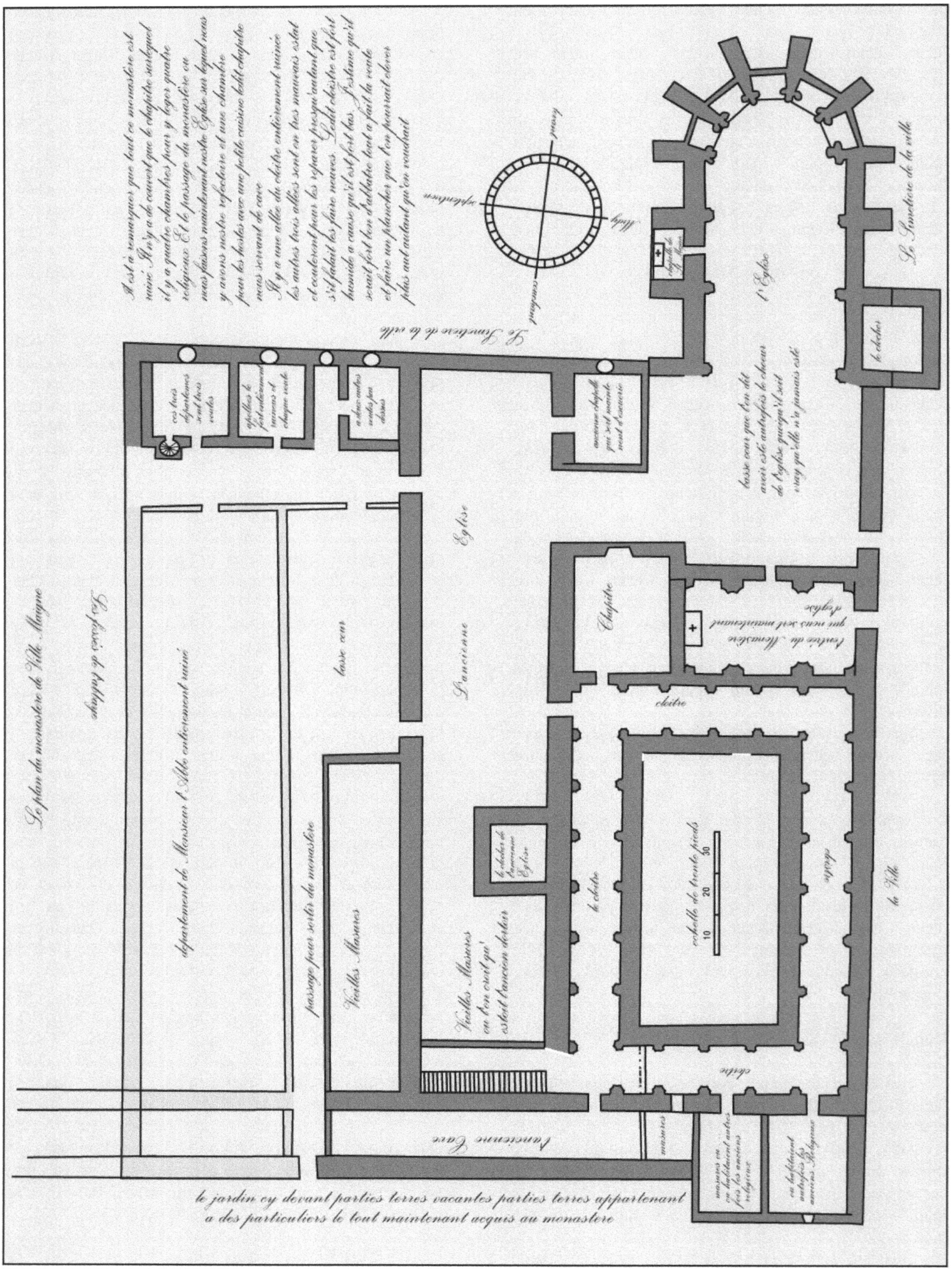

Ill fig. 1 Copie du plan de l'abbaye levé à l'arrivée des mauristes, XVIIe siècle (AN-N/III/ Hérault ; original reprod. dans Chédozeau 2000)

a

b

c

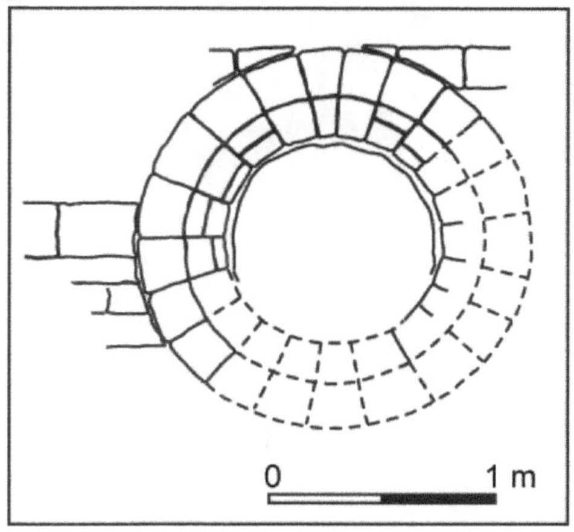

d

III fig. 2 Vestige du mur nord de l'ancienne abbatiale
a. *Oculus* et partie du mur, vus depuis la rue de l'Abbaye
b. *Oculus*, détail du clavelage et des restes de transenne
c. *Oculus*, le double ébrasement vu de l'intérieur
d. *Oculus*, relevé du clavelage encore en place et restitution

Fig. 3 Chapiteau n° 1 du cloître
Visite des Mages à Hérode
(dépôt archéologique de Villemagne)
a, b Hérode, vue d'ensemble et détail ; à gauche, le départ des Mages
c. Un docteur juif
d. Un docteur juif
e. Les chevaux des Mages
f. Les quatre docteurs juifs tournés vers Hérode

a

b

c

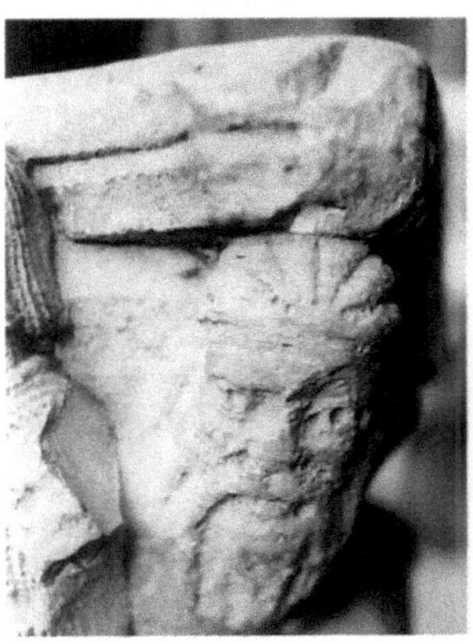

d

e

f

4a 4b 4c

5a 5b 5c

6a

6b

III fig. 4 Chapiteau n° 2 du cloître
La fuite en Egypte (coll. particulière)
a. Marie et l'Enfant sur l'âne, suivis d'une servante
b. Saint Joseph menant l'âne
c. Détail : Hermopolis
Fig. 5 Chapiteau n° 3 du cloître
Destruction de Sodome, et autre scène ? (coll. particulière)
a. Trois guerriers (scène non identifiée)
b. L'ange descendant de la nuée
c. Deux femmes s'enfuyant : les filles de Loth ?
Fig. 6 Tailloir provenant du cloître
a, b. Tailloir aux palmettes (coll. particulière)

7

Fig. 7 Tailloir provenant du cloître : tailloir aux poissons (coll. particulière)

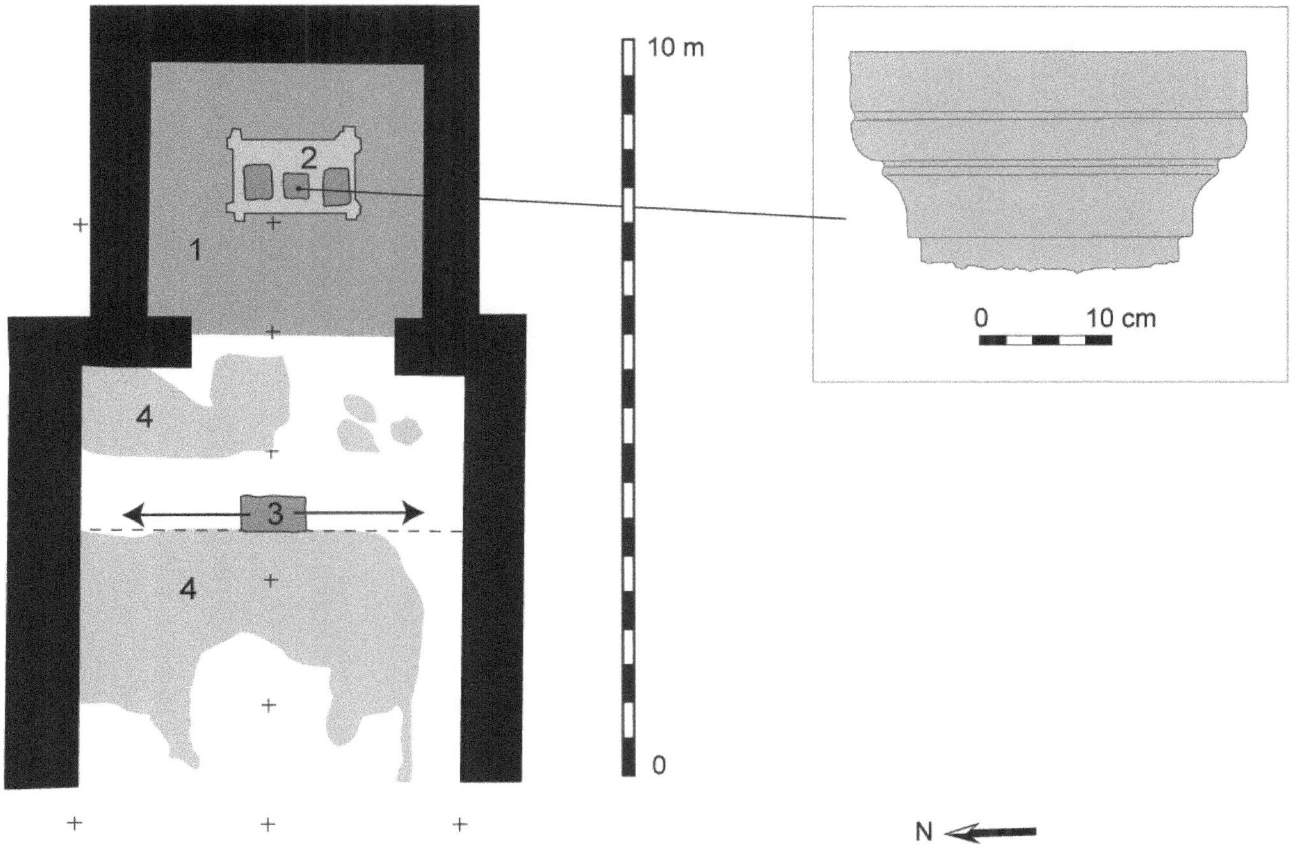

Ill fig. 8 Saint-Martin le Vieux. Plan de l'église, restaurée une première fois (ap. 1130). Chevet carré et chœur ancien « fermé »

1. Sol en « béton »
2. Emplacement de l'autel réservé par des poutres croisées aux angles, au moment où le béton a été coulé. Des claveaux remployés participaient au support de l'autel. Au centre, emplacement d'un chapiteau de grès mouluré : en détail, profil de ce « chapiteau-relique »
3. Emplacement de la clôture du chœur liturgique. Le seuil central était en place
4. Sol en ciment conservé par lambeaux

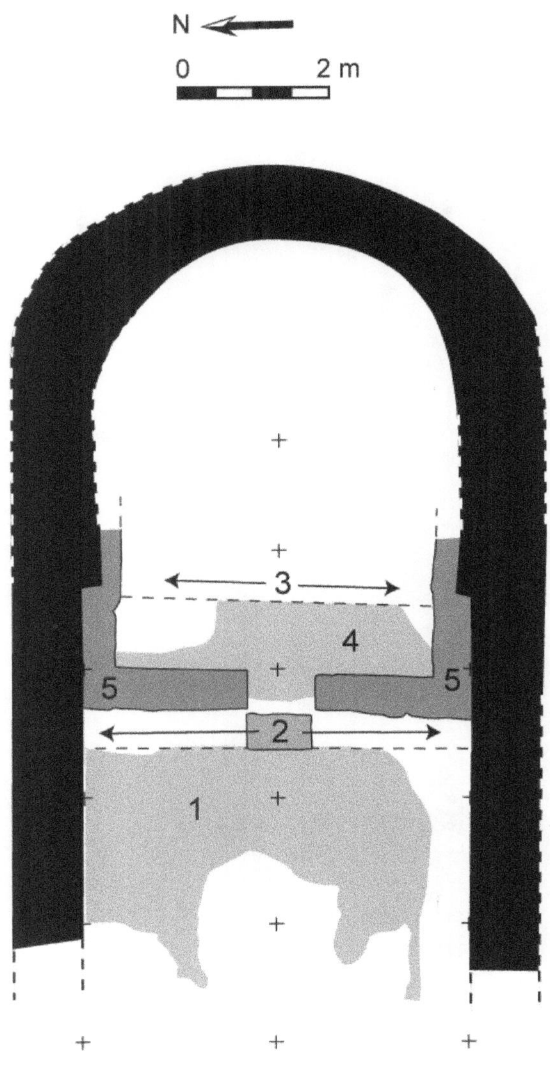

Fig. 9 Saint-Martin le Vieux. Plan de l'église, restaurée au cours de la deuxième moitié du XIIe siècle
Le chevet carré est transformé en abside semi-circulaire. L'ancien chœur « fermé » est ouvert

1. Sol en ciment de la nef, laissé en place depuis la phase précédente
2, 5. Reprise de la clôture du chœur long
3. Emplacement d'un double emmarchement élevant le sol du sanctuaire
4. Sol en ciment alors refait

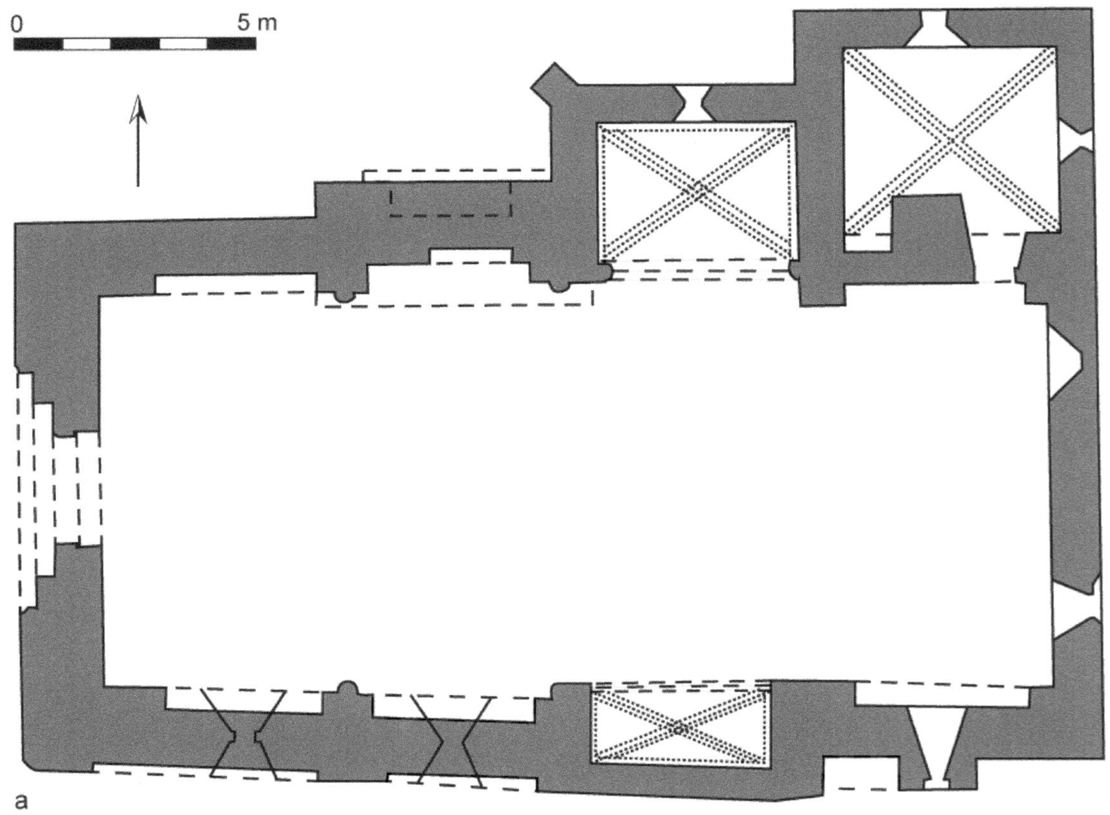

Ill fig. 10 Eglise Saint-Grégoire
(relevés C. Schmückle-Mollard MH 1984)
a. Plan
b. Coupe longitudinale ;
élévation intérieure sud
c. Coupe transversale
au niveau des chapelles latérales ;
élévation intérieure est

III fig. 11 Eglise Saint-Grégoire. Arcades structurantes
a. Flanc sud, extérieur, première travée
b. Flanc sud, extérieur, première travée : reprise
c. Flanc sud, extérieur, deuxième travée
d. Flanc sud de la nef vu de la ruelle, dite rue du Père Abbé
e. Détail : montage de l'arcade de la deuxième travée, côté sud, extérieur
f . Le flanc nord. Le sommet de l'arcade structurante affleure le toit de la chapelle latérale
g. Intérieur, première travée, sud
h. Intérieur, deuxième travée, sud
i. Intérieur, première travée, nord

12a

12b

12d

12c

Ill fig. 12 Eglise Saint-Grégoire.
L'extrémité occidentale
a. L'épaississement du mur ouest supportait une tribune équipée de deux grandes niches, armoires de sacristie, réservées dans les murs nord et sud, et une petite niche liturgique (colmatée), dans la paroi ouest (cl. R. Guiraud)
b. Vue extérieure de la façade ouest, depuis la rue Saint-Grégoire
c. Vue depuis l'intérieur du couvrement du portail ouest
d. Armoire de sacristie

13a

13b

Fig. 13 Eglise Saint-Grégoire.
Le portail latéral, côté sud
a. L'arcade, colmatée, du portail, dans la troisième travée (zone transformée en chapelle latérale)
b. Intérieur de la chapelle latérale sud : l'épaisseur du mur d'origine se distingue

a

b

c

d

e

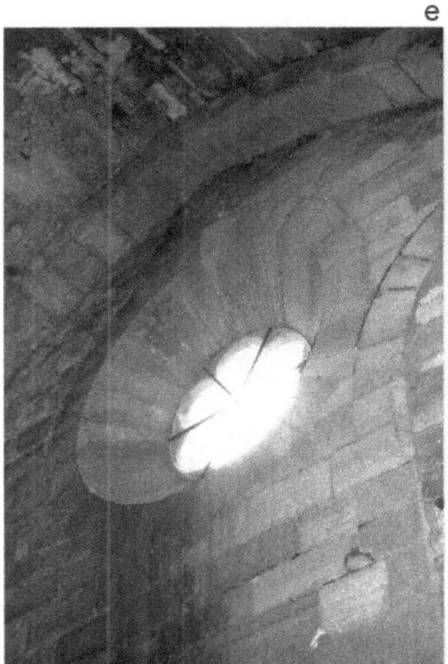

f

Ill fig. 14 Eglise Saint-Grégoire.
Le chevet
a. Flanc sud du chevet, vu depuis la ruelle : arcade structurante et baie, puis étranglement du chevet
b. Flanc sud du chevet, partie basse de l'arcade et de la baie
c. Baie sud du chœur, vue de l'intérieur
d. Mur intérieur nord du chœur : arcade structurante, arc triomphal et corniche marquant le départ de la voûte
e. Mur est du chœur, *oculus*
f. Mur est du chœur, baie colmatée près de l'angle nord-est

g

h

i

III fig. 14 Eglise Saint-Grégoire.
Le chevet
g, h. Mur est du chœur, baie reprise près de l'angle sud-est
i. Départ de l'arc triomphal
j. L'angle nord-est du chœur
k. Détail : contact entre le mur nord du chœur et le mur est

j

k

a

b

Fig. 15 Eglise Saint-Grégoire.
Le clocher
a. Le clocher, porté en encorbellement, vu du nord
b. Le mur porteur du clocher, vu du nord

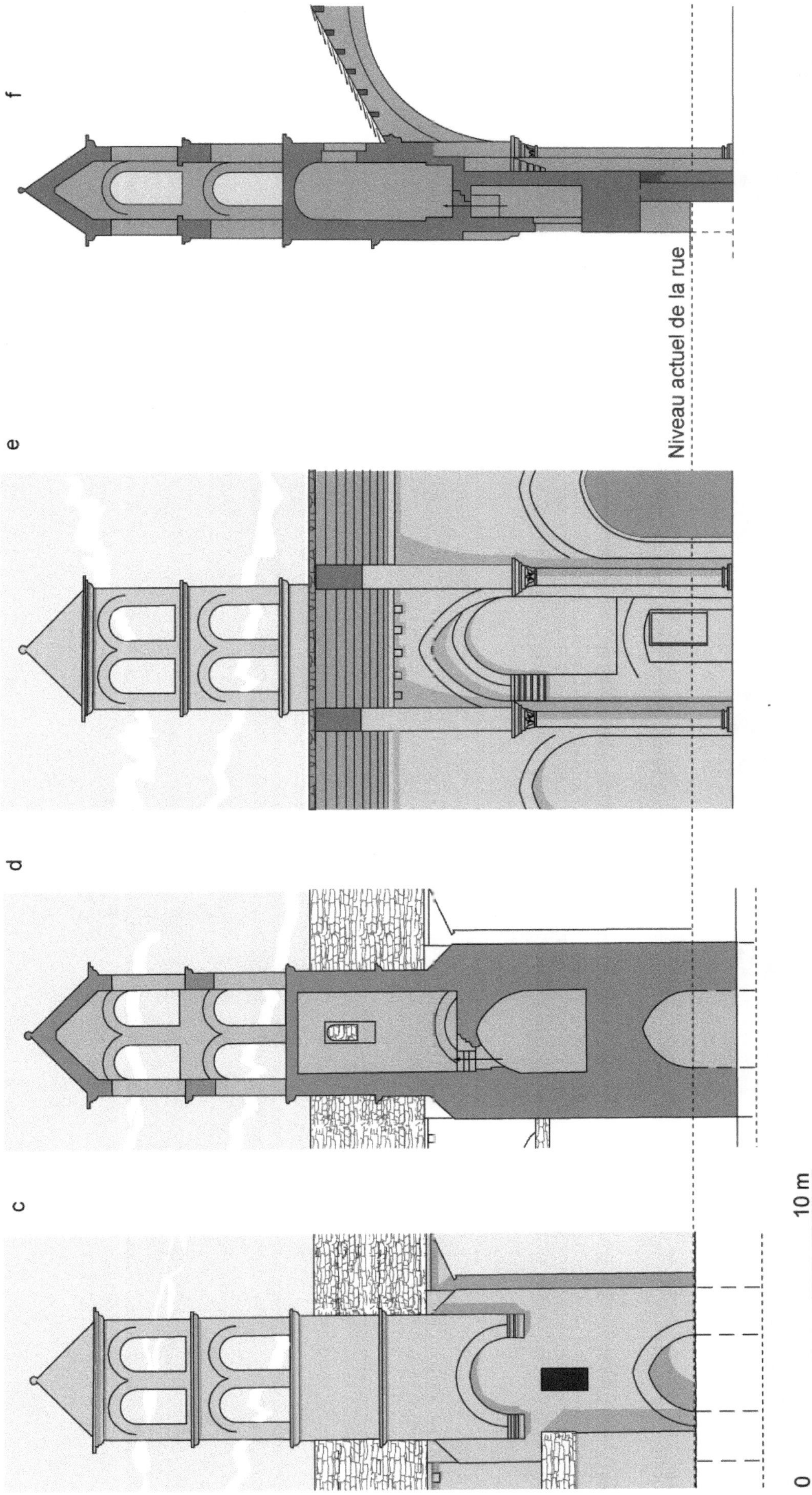

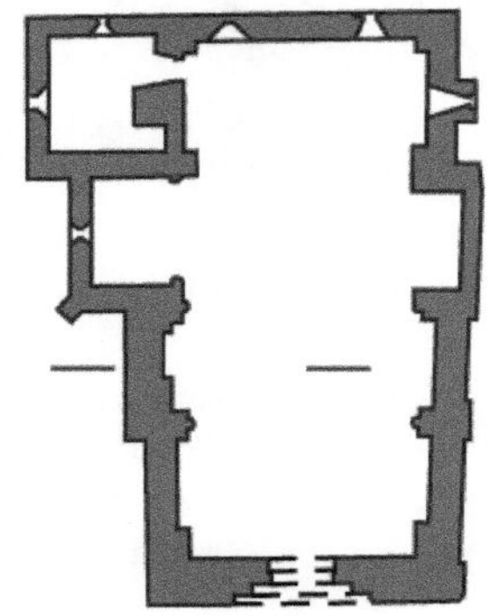

Ill fig. 15 Eglise Saint-Grégoire. Le clocher
Schémas exécutés d'après les relevés de l'Agence des bâtiments de France
M. Tron (ABF), O. Godet (ABF), R. Hervieu (technicien), B. Cosme (dessinateur), 1990
c. Elévation extérieure nord
d. Coupe est-ouest
e. Elévation de la zone-support du clocher, vue depuis l'intérieur de la nef
f. Coupe nord-sud

Ill fig. 16 Eglise Saint-Grégoire. Les chapiteaux (*cl. R. Guiraud*)
a. Entre première et deuxième travée, côté sud
b. Entre deuxième et troisième travée, côté sud : chapiteau aux aigles
c. Entre première et deuxième travée, côté nord
d. Entre deuxième et troisième travée, côté nord

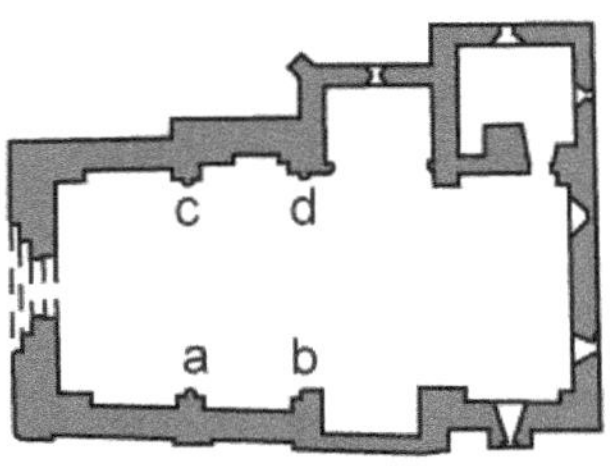

a

d

b

c

a

b

c

Ill fig. 17 Eglise Saint-Grégoire. Représentations anciennes
a. Gravure de J.J.B. Laurens pour J. Renouvier, *Monumens de quelques anciens diocèses du Bas Languedoc,* Montpellier, 1840
b. Carte postale ancienne. Vue depuis le nord. La première travée de la nef est encore couverte. Il n'y a plus de *poma* au clocher.
c. Carte postale ancienne. Vue intérieure. La nef est entièrement découverte

a

b

d

c

e

Ill fig. 18 Pour comparaisons. Eglise paroissiale Saint-Gervais - Saint-Protais de Caux (Hérault). Abbatiale Sainte-Marie de Sylvanès (Aveyron)
a. Caux, flanc nord de la nef : arcades structurantes
b. Caux, flanc sud de la nef : arcades structurantes
c. Caux : portail latéral sud à triple voussure
d. Caux : portail ouest à double voussure et tympan sur coussinets
e. Sylvanès : une des deux entrées ouest à triple voussure

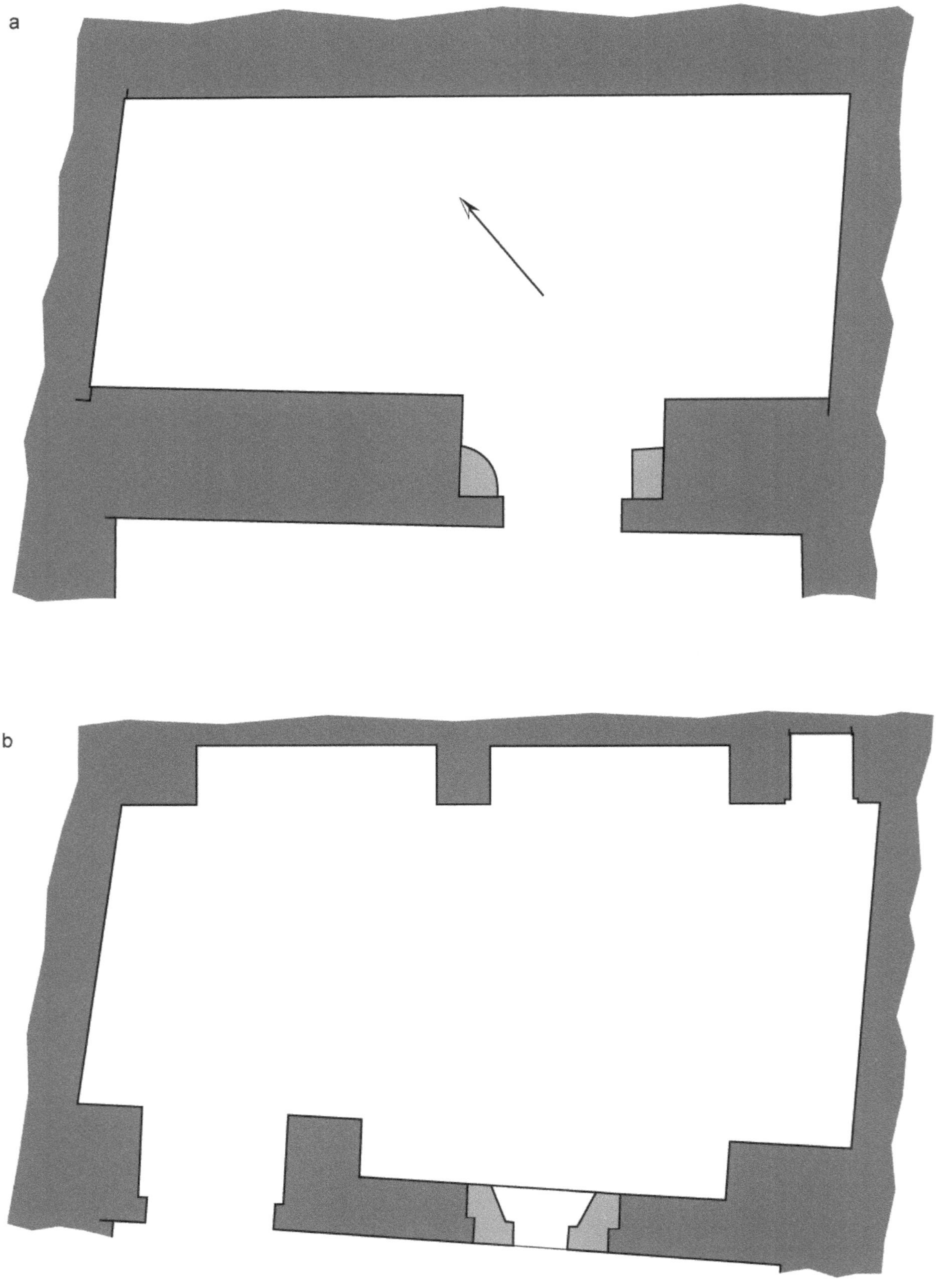

0 1 m

Ill fig. 19 Corps de bâtiment ayant appartenu à une maison « patricienne ». Plan (seule l'épaisseur du mur sud-ouest est connue)
a. Plan du niveau bas voûté
b. Plan du niveau haut voûté. Noter les arcades structurantes

a

b

c

d

e

f

g

h

Ill fig. 20 Maison « patricienne ». Niveau bas
a. Arc de décharge pris dans la base du mur sud, vu de l'intérieur
b. Entrée, côté sud
c. Détail : claveaux en remploi dans le piédroit de la porte
d. Embrasure de la porte, qui fait lunette dans la voûte
e. Intérieur, vu vers l'ouest
f. Intérieur, vu vers l'est
g. Intérieur, vu vers l'ouest
h. Détail de la porte

Ill fig. 21 Maison « patricienne ». Niveau haut

a. Entrée
b. Baie, reprise
c. Entrée et baie (côté sud), vues de l'intérieur. La baie est contenue sous une vaste arcade structurante
d. Détail de l'arcade sud
e. Double arcade structurante, côté nord
f. Détail : montage des arcs nord et corniche
g. Une des arcades nord
h. Intérieur, vers l'est
i. Double arcade, et porte de communication (colmatée)
j. Détail : la porte de communication nord transformée en niche

4. AU CŒUR DU XIIIe SIÈCLE, UN SYSTÈME ÉCONOMIQUE OPTIMISÉ MAIS FRAGILE

4.1. Une nouvelle donne politique. Effets de la guerre. Effets de l'annexion

Si l'autorité spirituelle de l'abbé n'a pu être que confortée par les autorités étrangères, on peut se demander si la région, et Villemagne, souffrirent concrètement des opérations de guerre, et quelles furent les conséquences de l'annexion royale sur la répartition de l'autorité.

L'abbé semble tenir son rang lors de ces actes qui consacrent la solidarité entre l'Église languedocienne et les Français. Une solidarité qui ne va pas de soi. L. Bussis-Tait rappelle l'indignation du pape devant le « refus de coopérer » de l'archevêque de Narbonne et de l'évêque de Béziers, qui a conduit à l'éviction de ce dernier. Il est vrai qu'abbés et évêques n'ont pas forcément des intérêts convergents. Et certains abbés ont pu chercher à récupérer des biens ou des droits spoliés en particulier par Trencavel. Ce fut le cas des abbés de Saint-Pons (Bussis-Tait 1995-1996 p. 28).

L'abbé de Villemagne est par exemple en 1213 le premier témoin d'une répartition de biens d'hérétiques entre Simon de Montfort et l'évêque de Béziers, alors qu'en 1255 avec d'autres prélats il promet aide et secours au sénéchal de Carcassonne pour prendre Quéribus. Entre la première soumission de la vicomté de Béziers à l'Église et au roi, en 1226, et la soumission définitive des années 1246 à 1248[1], la révolte de Trencavel provoqua des opérations guerrières dont le haut pays fut aussi le théâtre, méconnu. Si la *Chanson de la Croisade albigeoise* ou la *Chronique* de Pierre des Vaux de Cernay ont rendu célèbres d'autres lieux, quelques données sont tout de même disponibles dans les enquêtes royales de 1247-1248 et de 1259-1262 pour éclairer ponctuellement la guerre dans le haut pays. Deux secteurs sortent en effet quelque peu de l'ombre : les hautes vallées de l'Orb et du Dourdou, et la cluse de l'Orb (**fig. 1**).

C'est ainsi que l'on apprend que le château de Rocozels fut mis en défense « au temps de la guerre contre le comte de Toulouse », c'est-à-dire muni d'armes et de provisions, pour le roi, à l'insu de son seigneur Guillaume de Saint-Maurice resté dans le parti adverse. De là fut menée « vive guerre ». Il est intéressant aussi de voir que le château d'Avène, voisin de celui de Rocozels, est considéré comme une position de repli par rapport à un champ d'opérations centré sur Brusque. Les châteaux deviennent des réserves d'armes, de vivres, d'hommes. Dans le voisinage d'Avène se situe une côte considérée comme un « lieu dangereux en temps de guerre ». Quant au siège de Brusque, sur son promontoire rocheux émergeant de la vallée du Dourdou, il marqua manifestement les esprits. Des hommes de la plaine (Roujan, Colombiers... etc.) y ont été envoyés[2]. Voilà résumées les deux formes des opérations : les escarmouches et autres embuscades, et les sièges, manœuvre d'ampleur exceptionnelle jusque-là en Languedoc (Journot 1990).

Par la suite, l'intervention française et royale dans les mines de Rocozels-Avène se fit lourde (Bonami 1977), celle-ci prenant même le pas sur celle-là, puisque le Français qui devait récupérer temporairement les mines se plaignit que le sénéchal les lui ait enlevées. De la part de gens d'Avène aussi et en particulier de *portionarii*, il y eut plusieurs plaintes contre les agents royaux pour fait de justice ou spoliation de biens dans les mines[3]. P. Benoit et M.-C. Bailly-Maître ont encore rappelé récemment l'appât, sinon primordial du moins important, que constituèrent les mines d'argent du Midi pour le pouvoir royal lors de la croisade (Benoit, Bailly-Maître 1998 p. 35). Reste qu'à partir du milieu du XIIIe siècle, les Rocozels, les Faugères, les Boussagues, les Sénégra implantés dans le territoire de Boussagues, se partagent les mines. Les Faugères et les Sénégra sont aussi à Avène et l'anthroponyme « Avène » disparaîtra assez vite (Journot 1990).

Quant à la cluse de l'Orb, son devenir est particulier. Une châtellenie royale rassemblera Cessenon, Roquebrun et Vieussan. Pour le temps de la guerre, on sait que des affrontements eurent lieu à Roquebrun. Le château fut fortifié et tenu par des hommes du roi (un seigneur et seize sergents armés) pendant un mois et six jours. D'autres tinrent de même Cessenon, dont les habitants ont été excommuniés en 1224, et subirent en 1241 ou 1242 une attaque mortelle de Guillaume de Minerve. Politiquement, parmi les affidés du vicomte de Béziers ce sont donc les seigneurs de la cluse de l'Orb qui disparaissent, les trois seigneuries étant remembrées en une vaste châtellenie royale commandée à Cessenon, malgré les prétentions de l'abbé de Saint-Pons à qui l'alleu du *castrum* avait été donné dès la fin du Xe siècle. En 1247 Louis IX demande au sénéchal d'acheter la terre autour de la *villa* de Cessenon, pour y bâtir, y brûler les arbres, y installer des pâtures[4].

La malheureuse destinée des Servian retentit sur le devenir de Villemagne et de son temporel. Rappelons que les Servian étaient implantés non loin d'Alignan. Valros fut conçu dans le cadre de la réglementation du passage par les Servian. Au XIIIe siècle est citée la « *bastidam de Valranis* », « bastide » étant le terme local pour poste de péage (Journot 1990). Mais les Servian ont été très tôt victimes de la Croisade. L'abjuration spectaculaire d'Étienne de Servian en

[1] 1213 : HGL VIII c. 637-638. 1255 : Doat vol. 75 fol. 299. 1226 et 1246-1248 : HGL VIII c. 843-844 et 859-860, c. 1206 à 1214.

[2] Rocozels : HGL VII c. 15-16 n° 47. Avène : *ibid.* c. 32-33 n° 107. Brusque : HGL VII c. 74 n° 45, c. 89-90 n° 83.

[3] HGL VII c. 14 n° 40 ; c. 22-23 n° 74 ; c. 32-24 n° 75.

[4] Roquebrun : HGL VII c. 38-39 n° 123.
Cessenon : 1224, HGL VIII c. 757-758 ; 1241-1242, *ibid.* c. 365-366 (Bourin 1987 t. 2 p. 104-105 et p. 364 n. 78). Guillaume de Minerve possédait la tour et la quatrième partie du *castrum* : HGL VII c. 242 n° 70. Les Cessenon étaient des compagnons des vicomtes de Béziers. Prétentions de l'abbé de Saint-Pons : HGL VII c. 242 n° 70, assises de 1259-1262, et G. Ch. VI inst. c. 88. 1247 : HGL VIII c. 1223-1224.

1210 n'y changea rien. Il mourut en prison et parmi d'autres biens la bastide de Valros fut léguée à sa fille. Rappelons aussi qu'en 1205 Caissan était dit fortifié (cf. *supra* 2.2.2.). Les abbés eurent néanmoins à se plaindre de l'intervention royale dans cette zone. Aux enquêteurs royaux fut rapporté en 1247-1248 par l'abbé de Villemagne que le sénéchal a spolié les abbés de leur part des justices hautes d'Alignan, plainte sans suites immédiates puisque réitérée aux assises de 1254-1257 (Besse 1906 ; Bourin 1987 t. 2 p. 142 et note 104 p. 372). Parallèlement se déroulait l'affaire de Saint-Adrien, domaine au sud de Servian que réclama plusieurs fois pour l'abbaye de Villemagne Pierre du Breuil (Gazzaniga 1984 p. 200). Notons que tout près de là Pézenas et Montblanc ont été donnés dès 1212 par Simon de Montfort, et que Pézenas est devenu centre d'une châtellenie royale. Cela aura d'importantes conséquences sur le rééquilibrage économique dans la région. Les Mourcairol, qui étaient liés aux Servian, sont déclarés faidits ; et les Français occupèrent aussi ce château. L'abbé réclama un fief qui avait appartenu à Guillaume de Mercoirol de Servian lors des assises de 1247-1248, et encore en 1254-1257.[5]

Les Boussagues, liés quant à eux par mariage aux Clermont (les Clermont dont M. Bourin a exposé la fidélité, mouvementée, au roi), finalement bien installés dans les deux zones minières, celle de Villemagne comme celle de Rocozels, restent pratiquement indemnes. Les Boussagues comme les Faugères ont choisi le parti du roi lors de la guerre avec le comte de Toulouse (1242 ; Bourin t. 2 p. 126 et note 67 p. 370). Ils étendent leur territoire grâce à une judicieuse politique matrimoniale aux XIIIe-XIVe siècles (Autignac, Puissalicon), ou par achat (Dio), et ils ont des droits dans Montpellier et ses faubourgs. Ils s'occuperont aussi à partir du tout début du XIVe siècle au moins de faire exploiter les mines de charbon de leur territoire. Les Carous qui leur sont inféodés ne sont pas inquiétés (Journot 1990).

Dans la zone Villemagne-Boussagues, les textes laissent transparaître l'hérésie, plutôt discrète. À Clairac, un paysan est déclaré voleur par Déodat de Boussagues, faidit par le sénéchal. À l'occasion du faidiment de Bernard de Clairac, le transfert de ses biens est réglé en 1268 par le juge du sénéchal de Carcassonne.[6]

Curieux devenir en revanche que celui des Olargues, prêtant serment de fidélité au roi et rendant hommage à l'évêque de Béziers en 1226, mais excommuniés en 1242. Un Raymond d'Olargues était abbé de Villemagne en 1218. Leur château est partagé entre les Anduze qui ont capté le patrimoine de la branche aînée, et les Caylus dont une fille a épousé un fils de la branche cadette d'Olargues ; il est pour eux bien spécifié que les héritiers porteront le nom de leur mère. Mais le nom d'Olargues ne disparaît pas. Il restera porté par des prélats, et en 1318 et 1322 encore mentions sont faites d'un Olargues abbé de Villemagne (G. Ch. VI c. 408). En 1247, la confirmation d'une concession de pâture à Olargues pour les gens de Villemagne est un exemple des relations entre les deux localités.[7]

Quant aux vicomtes de Narbonne, dont l'implication dans la Croisade fut de moins triste effet que celle des vicomtes de Béziers, ils rendent hommage au roi en 1271 pour leur vicomté devenue fief, et recouvrent leurs biens officiellement en 1284[8]. Caussiniojouls et Cabrerolles sont comptés dans ces biens, comme Le Poujol, bien que le sénéchal en ait récupéré les justices hautes, et aussi Saint-Gervais et Neyran. Dans cette dernière localité se dresse un quartier de maisons qui pourraient avoir été celles de chevaliers. Parmi les *milites* de Neyran est compté un homme du nom de Cabrerolles. Deux « nouveaux » châteaux apparaissent dans le dénombrement de 1271, La Voulte, installé à côté du confluent entre Orb et Jaur, et Castanet, dans la toute haute vallée de la Mare, associé à la paroisse de Mounis. La seigneurie de la Voulte s'articulait avec les châtellenies de Cessenon et d'Olargues, et Castanet développait la domination des vicomtes dans la zone de passage qu'est la région de Mounis (Journot 1990).

Les Faugères sont distingués par les autorités royales comme particulièrement chers et fidèles, *dilecti et fideles nostri*. C'est par égard pour eux que Bérenger de Caux beau-frère du seigneur de Faugères recouvre en 1233 une partie de ses revenus[9], après que Pons de Caux a été déclaré faidit (Bourin 1987 t. 2 p. 369 n. 51). Caux est en effet devenu châtellenie royale. Mais Faugères n'est pas cité dans la liste des biens des vicomtes de Narbonne. Leur puissance est maintenant considérable, et plus personnelle que liée aux vicomtes de Narbonne. En 1246, un texte prouve qu'ils possèdent aussi des mines dépendant de la seigneurie de Rocozels (Bonami, 1971, p. 265-270). Ils sont cités à Mourcairol, un château que ses nouveaux seigneurs ne se donnent pas la peine de reconstruire. Ses équipements semblent surtout complétés par rapport aux besoins du village. Mais s'y installe un quartier de chevaliers (Journot 1990). Ils sont à Salasc avec les Mourèze sur la route qui lie la vallée de l'Orb à Clermont par le pont de Brousson, et implantés au péage de Malavieille sur cette même route au XIVe siècle (1330). Rappelons qu'ils tiennent Lunas depuis 1201.[10]

---

[5] Bastide de Valros : HGL VII c. 47 n° 154, c. 267-268 n° 95. Caissan : Doat vol. 60 fol. 332. Alignan : HGL VII c. 56 n° 180, c. 281-284 n° 115 ; HGL VI c. 281-283. Pézenas : HGL VII c. 497 et suiv. Mourcairol : HGL VII c. 56 n° 181, c. 281-284 n° 115.

[6] HGL VII c. 26 n° 86, n° 87, c. 96-97 n° 90 ; c. 29-30 n° 97. Fds Thésan p. 113, acte de 1268.

[7] 1226 : HGL VIII c. 822, Fds Thésan p. 347, G. Ch. VI c. 332. 1242 : HGL VIII c. 1090-1091. 1218 : Fds Thésan p. 351. 1247 : *ibid.* p. 326.

[8] HGL VIII c. 1735-1739 ; HGL X c. 187-188.

[9] HGL VIII, I c. 1227-1228, XXIII c. 1197-1198, an 1247. HGL VIII c. 970 : 1233, le roi concède moitié de sa terre à Bérenger de Caux pour qu'il fasse vivre sa femme, sœur de Gaufred de Faugères son fidèle.

[10] HGL VII, enquêteurs royaux 1254-1257, c. 192-196 XII. 1330, HGL V c. 1443. 1201, HGL VIII c. 468-470.

L'abbé doit toujours compter avec les seigneurs de Boussagues et Faugères, ces derniers se faisant particulièrement pressants. Ils ont profité de la guerre et des faidiments pour accroître leurs zones de domination. L'implantation dans la région d'Alignan ne sera plus gênée par les Servian. En revanche c'est l'intervention royale qui ponctuellement entravera les menées de l'abbé.

4.2. Villemagne et ses dépendances : l'emprise territoriale

4.2.1. *Villa*, temporel et grand'routes (fig. 2 & fig. 5 du chap. 2)

En 1273[11], à l'occasion de la mise au point d'une réglementation en matière de fournage et de forestage, concernant le cadre domestique, est citée une liste de « manses ou lieux » relevant de la *villa* de Villemagne mais extérieurs à elle. Elle comprend, dans l'ordre de citation, Taussac, « Hérépian ou Villefranche », Saint-Gervais, Nissergues, La Vernière, Le Mazelet, La Gure, La Valette, Le Pradal, Clairac. Un ordre de citation qui est désordonné par rapport à la géographie. À partir de la liste d'*honors* du diplôme royal réaffirmé en 1210 (cf. *supra* 2.2.2.), et des lieux dépendant de la *villa* en 1273, peut être précisé le mode d'emprise sur l'espace et les voies de communication. Procédons du nord au sud.

De la région de Mounis à Villemagne

• Les abords nord du territoire

Nous savons, grâce aux textes de 1199 et 1209 relatant les déboires financiers de Guillem Aton de Curvalle (cf. *supra* 2.3.2.), que la Croix de Mounis et le pont sur le Dourdou sont des repères topographiques notables. L'existence de la paroisse Saint-Amans de Mounis, citée dans les biens des vicomtes de Narbonne en 1271, et d'un « chemin de l'église » à peu près rectiligne, qui relie d'est en ouest l'église Saint-Amans et le Dourdou, en coupant sur au moins 4 km les lacets de la départementale actuelle, confirme l'hypothèse d'un passage sur le Dourdou, mais qui reste indatable. Il se trouve à environ 1 km au sud-est de Boissezon[12]. Était-ce l'emplacement du pont ? Ce n'est qu'une hypothèse. Quoiqu'il en soit, c'est entre la région de Mounis et le Dourdou que se situe la ligne de partage des eaux. Vers le nord et l'ouest, le versant atlantique, le sud et l'est déversant vers la Méditerranée. En toute logique, vu le relief, le secteur de Boissezon a dû constituer une zone de carrefour entre le prolongement de l'axe est-ouest susdit qui mène vers l'ouest à Albi via Murat, et un axe remontant la vallée du Dourdou en direction de Rodez via Brusque (s'y embranche la route de Sylvanès). À Boissezon est encore implantée aujourd'hui à flanc de pente, dominant la route, une tour ronde qui pourrait être de la fin du Moyen Âge (entre XIVe et XVIe siècles).

• La bastide de Saint-Geniès

La première possession de Villemagne rencontrée quand on vient de Rodez ou d'Albi est Saint-Geniès de Varensal. La localité actuelle n'est pas exactement implantée dans la haute vallée de la Mare mais au cœur d'un petit affluent, le ruisseau d'Orque. Encore en 1241, l'évêque de Béziers voulait y récupérer les dîmes qu'un petit seigneur local, Raymond de Sénégra, y réclamait. Pour Saint-Geniès, le point intéressant depuis longtemps mis en valeur par l'abbé Alzieu (1988 p. 116) est un texte de 1253, qui montre non seulement qu'à Saint-Geniès se trouve une « bastide » permettant de gérer le droit de passage et que celui-ci était partagé entre l'évêque d'Albi et l'abbé de Villemagne, mais que cet état de fait est contesté, puisque des procurateurs nommés par l'abbé et les habitants de Saint-Geniès de Varensal sont chargés d'en discuter avec l'évêque[13]. Dès 1318 d'après la *Gallia Christiana* l'abbé sera dit seigneur de Saint-Geniès de Varensal (G. Ch. c. 408).
Entre haute vallée de la Mare et vallon d'Orque, au cœur duquel se situe le hameau actuel de Saint-Geniès groupé autour de son église, s'allonge une crête. Pour rallier la Croix de Mounis, qui se trouve presqu'à la source du ruisseau d'Orque, il n'est que deux solutions : suivre le flanc nord ou parcourir le flanc sud de cette crête. Le ruisseau d'Orque ne peut en effet être commodément suivi par un chemin jusqu'à sa source, parce qu'au-delà de Saint-Geniès il est très encaissé, et que son extrémité est barrée de falaises. Quant à la toute haute vallée de la Mare, elle s'insinue aussi dans un relief très tourmenté. Aujourd'hui la route suit le flanc sud de la crête en question, et délaisse donc complètement agglomération et église de Saint-Geniès. Elle est reliée par un lieu-dit Plaisance (où se trouve actuellement la mairie de Saint-Geniès) à la route de la Mare qui passe entre Neyran et Saint-Gervais. Déjà dans le compoix de Saint-Geniès de 1526 le bailli de l'abbé est domicilié à Plaisance (Soutou 1990 p. 40). Mais la route au Moyen Âge n'aurait-elle pas suivi le flanc nord, en dominant le vallon où sont implantés église et village ? En effet une tour ruinée est notée sur la carte de Cassini, sur la pente qui fait face aux maisons groupées autour de l'église, au sud-sud-ouest. Cette tour fut peut-être la bastide de Saint-Geniès[14].

• Saint-Gervais

Cruciale est l'emprise sur la haute vallée de la Mare autour de Saint-Gervais. L'abbé doit composer là avec quatre puissances, laïques et ecclésiastiques. Celle des vicomtes, de Narbonne et d'Albi-Béziers, celle des évêques, de Béziers et d'Albi, sans compter le chapitre

[11] Cf. *infra* annexe 3.2, Édition de textes.

[12] IGN 1/25 000 2543 ouest. Il est possible que le nom du damoiseau Gaillard de Boissezon cité comme témoin en 1273 (cf. *infra* annexe 3.2, Édition de textes, l. 32) soit attaché à cet endroit.

[13] 1241 : Doat vol. 62 f° 130. HGL c. 1346.

[14] Le paysage est aujourd'hui bouleversé par l'aménagement des accès aux houillères.

épiscopal d'Albi. Une imbrication de juridictions ecclésiastiques complexe et finalement restée obscure a affecté Saint-Gervais et ses annexes Saint-Maurice de Rongas, Sainte-Marie de Maurian, et Saint-Pierre de Neyran (Sabatier 1985). Saint-Gervais a son notaire public en 1209, qui travaille pour les Boussagues. La « terre de Saint-Gervais et de Neyran et le pays de Nébuzon » appartient aux vicomtes de Narbonne (1205). Ils en rendent hommage au comte de Toulouse, sauf ce qui est dû à l'abbaye. Le *dominium* de l'abbé paraît donc bien sauvegardé, même par l'autorité vicomtale. Mais Guillem Aton de Curvalle a d'abord engagé puis vendu entre fin du XIIe et début du XIIIe siècle ses biens *in castello de Neirano et in omnibus suis terminis* à Déodat de Boussagues (cf. *supra* 2.3.)[15], ce qui dut avoir son rôle dans la complexification des juridictions. Ajoutons comme signe de l'importance du lieu qu'en 1303, le consulat paraît attesté à Saint-Gervais[16].

Saint-Gervais est un prieuré où l'abbé a dépêché plusieurs moines (Alzieu 1988 p. 114), muni donc de trois annexes. En 1224, une affaire est révélatrice des enjeux économiques qui gouvernent la répartition des pouvoirs dans la région. L'évêque d'Albi décide de chasser par la force armée prieur et moines de Saint-Gervais, et de les remplacer par des desservants nommés par lui. L'affaire ne fut en voie de règlement au bénéfice de l'abbé qu'une dizaine d'années plus tard. En 1288 le prieur de Saint-Gervais, Gui de Boussagues, consacre par une inscription (**fig. 4**) la construction d'un clocher contre son église, en citant le nom du desservant mais aussi celui de l'*operarius* (cf. *infra* p. 179). Que l'abbé fasse ainsi affirmer par l'intermédiaire de son prieur ses droits sur Saint-Gervais, prend une saveur particulière si l'on se rappelle que l'évêque d'Albi est alors le fameux Bernard de Castanet.

Ce clocher est d'un type simple, construit en moellons, avec une chambre des cloches ajourée sobrement de baies jumelles plein-cintre, couvert d'un toit pyramidal en pierre très élancé. Un type de prime abord bien difficile à dater. Nous pouvons observer tout de même qu'une chapelle funéraire bien datée des dernières années du XVe siècle (cf. *infra* 6.2.1) s'appuie à la base du clocher de Saint-Gervais et qu'aucune reprise majeure n'y est visible. Ce qui le singularise, ce sont ses dimensions (5 m de côté pour 24 m de haut sans compter l'imposant toit de pierre en aiguille), et la remarquable régularité de la construction, parfaitement montée au cordeau et fil à plomb. Une assise en chanfrein qui fait retraite au-dessus des assises basses, cadres des baies, cordons et corniches, chaînes d'angle harpées sont en pierre de taille, du grès finement dressé. Le module des blocs taillés de schiste est très important dans les parties basses et va en diminuant vers les parties hautes. Il y a deux niveaux de baies campanaires jumelles sur chaque face. Le clocher est d'esthétique sobre mais d'une qualité de construction parfaite et de dimensions considérables. Notons que Saint-Pierre de Neyran (considérée par les abbés comme une annexe de Saint-Gervais), qui fait face à Saint-Gervais de l'autre côté de la vallée, fut munie d'un clocher, postérieur à la construction visible, peut-être datable quant à elle par ses lésènes du XIe siècle ou du tout début du XIIe siècle (Signoles 1983). Du même type sobre, il est beaucoup plus réduit en dimensions (environ 9 m de haut).

Le prieur Gui de Boussagues est encore cité en 1303 comme témoin d'une déclaration de l'abbé, faite à Lodève où il l'a donc accompagné[17]. Il est possible que ce soit lui qui soit devenu abbé de Villemagne dans la deuxième décennie du XIVe siècle.

La desserte de Villemagne : le pont de pierre

Et entre Saint-Gervais et l'abbaye ? Rappelons que ce n'est pas l'angle droit formé par la vallée de la Mare qui est suivi par la grand'route. La haute vallée est en effet en cet endroit trop encaissée pour avoir accueilli autre chose que des sentiers avant le temps des explosifs. Le coude formé par la rivière est coupé au plus court pour que le chemin traverse le plateau minier en venant de Saint-Gervais par les hauteurs, en passant au pied du Mont Mayres dont le col est cité comme borne du territoire de prospection minière en 1164. Un chemin qui longe Saint-Martin le Vieux, et qui a nécessité la construction d'un pont sur la Mare pour desservir le bourg de Villemagne.

Le destin de Villemagne tint pour une part essentielle au pont qui le liait à la grand'route (**fig. 3**). C'est en négatif que son devenir est connu. Un texte rassemblant des accords de 1426 et 1427 évoque le rendement des terres récupérées dans l'ancien lit de la Mare, dites « la Prade ». En cet endroit se trouve « un pont de pierre »[18]. Ce ne peut être que lui qui est toujours cité dans le compoix de 1624 sous le nom « pont de la Prade », et qui est localisable à l'ouest de l'agglomération. Ces terres ont été « rendues en pré » depuis au moins cinquante ans selon l'enquête de 1426, ce qui fait situer l'abandon du lit ancien au cœur de la deuxième moitié du XIVe siècle. Le temps de leur mise en valeur pourrait faire remonter la catastrophe initiale au milieu du XIVe siècle, période pendant laquelle des inondations affectèrent en effet la région (à Lodève on dut déplacer l'emplacement de la foire, ravagé par un débordement de la rivière Soulondres[19]). Si ce lit est occupé par de bonnes terres, c'est que l'eau y déposa quelque temps de fines alluvions. Et l'on peut supposer que la gestion de moulins permit finalement de

[15] Les Neyran gravitent depuis le XIIe siècle dans les mêmes orbites que les affidés du vicomte d'Albi-Béziers (cf. *supra* 2.1.1. et Journot 1990).

[16] Les textes de 1303 en question, qui mentionnent les consuls de Saint-Gervais, sont liés au conflit entre Boniface VIII et Philippe le Bel, au cours duquel le roi fait signer un acte de soutien aux représentants des localités de la sénéchaussée de Carcassonne. L'éditeur scientifique identifie ce toponyme avec Saint-Gervais sur Mare. Picot éd. 1901 p. 103.

[17] Picot éd. 1901p. 89.

[18] ADH Villem., DD1. Cf. *infra* annexe 3.3, Édition de textes, f° 1 v°, l. 20 et 23).

[19] Cf. Martin 1900 I p. 258-9, Bourin 1987 t. 2 p. 414 n. 5.

maintenir un cours forcé vers l'est (comme elle permettait d'entretenir le cours avant la catastrophe ; plusieurs moulins sont cités en 1273). C'est pourquoi le texte de 1426 stipule qu'il est indispensable de bien surveiller l'installation de pansières pour empêcher de nouveaux dégâts. Par la suite, c'est plus d'une fois que la Mare grossie de fortes pluies tendit à récupérer son ancien lit, et les délibérations consulaires comme communales ne cesseront plus jusqu'à aujourd'hui d'évoquer les problèmes posés par la rivière[20]. Et avant ce changement de cours ? Un jalon sûr est donné par le texte de 1273 : le lieu-dit Balme Augière y sert de repère pour une mise en défens de la Mare. Or il existe un lieu-dit Baumaguière dans le compoix de 1624, qui se trouve lui aussi à l'ouest de Villemagne. L'analyse géomorphologique montre à l'évidence l'existence d'un cours normal côté ouest, et forcé côté est. Entre les deux les alluvions nivèlent le fond de la vallée. Cet état de fait nuisit à la reconstruction d'un pont durable sur le cours forcé et donc dangereux (dès 1426 était préconisée la construction d'un autre pont ; c'est une affaire qui fera long feu[21]). Les destructions furent forcément considérables, et ceci joint à la crise générale de la deuxième moitié du XIVe siècle entraîna forcément le déclin de Villemagne. Ceci dit les foires seront de nouveau citées en 1426[22].

Au nord de Villemagne, une desserte locale remonte quelque peu la vallée pour lier le bourg abbatial à La Gure[23] et à Clairac, avant de monter sur le Causse pour rallier Boussagues. Nous sommes en effet très vite de ce côté dans les terres de cette seigneurie. Rappelons que Clairac est muni d'une église paroissiale qui n'appartient pas à l'abbaye, ni son annexe de Boussagues. Les droits des Boussagues y sont inféodés à l'abbé depuis 1233 sauf une part des mines, de leurs produits et de la justice directement en possession de l'abbé. Clairac fait donc tampon avec la seigneurie de Boussagues.

Du côté ouest, c'est par la zone de Taussac et celle du Pradal qu'est matérialisée la *villa* de Villemagne : c'est l'essentiel de la zone minière (cf. *infra* 4.2.2).

Le confluent Mare-Orb, le carrefour entre route de l'Orb et route de Faugères

La zone du confluent Mare-Orb est topographiquement intéressante. Le fleuve devait être franchi par tout voyageur partant vers le sud et la plaine. La grand'route traversait les Avant-Monts et passait par Faugères. Le flanc nord de la vallée de l'Orb est parcouru par une autre grand'route, d'axe est-ouest.

• La « bastide de l'abbé »

La « bastide » de l'abbé avec son mur de clôture, lieu dit aujourd'hui La Bastide, installé dans un petit coude du fleuve sur la rive nord, est attestée en 1273 (l. 60) à l'occasion du repérage d'un défens sur l'Orb. Et en cette époque, vu la signification réservée de ce terme, il paraît assuré que se situe là un point de passage (par bac ?) de l'Orb géré par l'abbé. Cet établissement se trouve en face de l'antique église Saint-Raphaël, qui fait partie avec les terres qui l'environnent sur la rive sud, du domaine de l'abbé. Ceci n'est attesté qu'au XVe siècle mais l'architecture de Saint-Raphaël paraît bien « préromane » (Signoles 1994 p. 87). Ce n'est néanmoins que la logique qui fait exister la liaison de tous ces éléments, l'unité de ce domaine de part et d'autre de l'Orb au moins au XIIIe siècle. Des structures intéressantes dont en particulier une grande tour, malheureusement entièrement crépie, sont encore en place dans le hameau qu'est devenu aujourd'hui La Bastide[24]. La bastide de l'abbé permettait-elle de faire payer péage aux biens circulant dans le sens est-ouest comme vers le sud ?

• Hérépian Villefranche

Hérépian est soigneusement implanté sur une terrasse hors zone inondable, auprès de la route de la rive nord de l'Orb, à mi-chemin entre Nissergues et Saint-Pierre de Rhèdes. En 1231[25], un certain Gaufred affirme ses droits seigneuriaux sur l'endroit, qui est alors nommé pour la première fois dans un texte. Ce Gaufred ne peut être que de Faugères ; c'est un des prénoms

[20] De très nombreux textes des archives modernes évoquent les réparations de la « digue », ou muraille qui protège le bourg de la Mare à l'est du village, réparations sans cesse renouvelées depuis au moins 1695. Par exemple 1745 fut une année d'inondations des plus catastrophiques pour tout le sillon Orb-Jaur (Brunel 1944-1945, Bechtel 1979). L'idée qui veut que la Mare ait changé alors de lit vient de Noguier 1885 p. 462. Au XIXe siècle « l'ancien lit de la Mare » est plusieurs fois cité.

[21] Cf. *infra* annexe 3.3, Édition de textes, f° 20 v°, l. 10. En 1618 les États Généraux avaient accepté la construction d'un pont à Villemagne. Les mises aux enchères du chantier, « à la chandelle éteinte », dont le texte a été conservé pour l'année 1619 (AD Montpellier DD1), ne semblent pas avoir eu de suite concrètes. Il est vrai que les difficultés techniques étaient considérables. Il est dit par exemple qu'un bon emplacement avait été repéré en 1615 mais qu'il fallait en changer car la rivière avait tout bouleversé. Ce n'est qu'en 1768 que le sieur Giral, propriétaire du château d'Hérépian et qui y avait installé une verrerie, a la réputation d'avoir fait construire le pont dit « du Diable » en amont de Villemagne pour pouvoir acheminer le charbon du bassin de Graissessac jusqu'à son entreprise. C'est ce pont qui existe toujours, malencontreusement signalé comme « pont du XIIIe siècle » par le service des Monuments historiques.

[22] Cf. *infra* annexe 3.3, Édition de textes, f° 22 r°, l. 23-24, et f° 22 v°, l. 1.

[23] L'anthroponyme *de Aguzano* apparaît pour la première fois en 1197 (G. Ch. VI c. 147).

[24] Non loin de Clermont un passage (gué ?) sur la rivière est ainsi gardé sur une rive par une tour, la tour de Leneyrac, alors qu'en face sur l'autre rive se trouve l'église Saint-Pierre de Leneyrac (Journot 1990). L'association passage sur un cours d'eau - église est commune (comme le pont de Brousson et l'église Saint-Pierre). Il est logique qu'elle ait été complétée parfois d'un poste de péage, une « bastide ».
La tour de La Bastide, très massive, s'élève sur quatre niveaux voûtés d'arêtes. Les salles carrées font 5,40 m de côté et les murs 2,10 m d'épaisseur, ce qui fait que l'escalier à volées droites était contenu dans leur épaisseur. Le dossier Hyvert du Casier archéologique propose le XIVe siècle comme hypothèse de datation. Les parties hautes en tout cas, avec leurs consoles ayant soutenu une fortification en encorbellement, placées aux angles selon la bissectrice, rappellent les dispositions tardives de châteaux comme Dio ou Pézènes (Journot 1990).

[25] Fds Thésan p. 215.

préférentiels de la famille, et nul autre dans les environs ne le porte (Bellan, Journot 1990 p. 61). On peut supposer que les Faugères voulurent installer là un établissement concurrent à la Bastide de l'abbé, nouveau sujet de dissension. Eu égard au statut des « villes franches », le fait qu'Hérépian soit dit « Villefranche » en 1273 tout en étant compté dans la « dépendance » de la *villa* de Villemagne, doit traduire au bout du compte un accord passé avec l'aide des autorités, et donc peut-être entre l'abbé, le seigneur de Faugères, et le roi ?

La qualité de la desserte du bourg-même de Villemagne fut donc mise en cause par la catastrophe du milieu du XIVe siècle. Vers le sud un chemin pouvait rallier Hérépian en restant sur le flanc ouest de la vallée de la Mare ; il fallait simplement que son tracé soit un peu plus en hauteur. En 1426 est citée la *carreyria publica antiqua eundo versus Eyripiam*, qui se trouve au milieu des jardins et pièces de terre qui jouxtent la nouvelle rive. La nouvelle carrière publique devait alors passer plus haut, hors zone inondable. Dans le compoix de 1624, une « carrière vielhe » traverse le lieu-dit La Bade, un tènement situé sur les hauteurs, à mi-chemin entre Hérépian et Villemagne, dominant la rive ouest de la Mare. C'étaient peut-être les restes de la route du XVe siècle. En revanche la voie qui passait devant l'église Saint-Sauveur et ralliait sans doute par les hauteurs « la Bastide de l'abbé », point probable de franchissement de l'Orb, se trouva fort affectée. Au pied sud du bourg elle se trouvait sous eaux. La carrière d'Hérépian devenait l'axe principal reliant Saint-Gervais à la vallée de l'Orb.

La déconfiture de Villemagne à partir du milieu du XIVe siècle dut donc profiter à Hérépian, car la route du Rouergue venant de Saint-Gervais pouvait alors s'infléchir directement vers Hérépian pour rejoindre la vallée de l'Orb, sans faire de crochet par Villemagne. Vers le sud il fallait encore franchir le fleuve pour rallier Faugères.

Quant à la continuité de la route de la rive nord de l'Orb, on se doute que là aussi le passage de la Mare fut un vrai problème, vu la largeur de la zone possible de confluent Mare-Orb. En 1426 sont bien mentionnés les inondations et dommages causés par la Mare entre l'ancien pont de Villemagne et un lieu-dit Naguynoto que le compoix de 1624 permet de placer dans la zone du confluent avec l'Orb (La Guinote) ; c'est plus d'une fois que la Mare, et l'Orb, durent divaguer[26].

• Les abords sud de la *villa* : les environs de Faugères

L'échange de 1256 entre les prieurés de Fondamente et de Soumartre (le prieuré de Soumartre dépendait jusqu'alors de l'abbaye de Vabres), suite de l'accord de 1195 (cf. *supra* 2.2.2.), fut peut-être un essai de limitation des ambitions des Faugères[27] (**fig. 5 du chap. 2** *supra*). L'abbé veut conforter sa position à la limite des terres faugéroises, et même tout près du château, qui n'est séparé de Soumartre que par une crête. Le texte de 1273 mentionne le prieuré et les hommes qui lui sont attachés, en confortant leurs droits sur un bois (l. 74-75). Des litiges entre Faugères et Soumartre sont toujours cités en 1426[28] (**fig. 2**).

Une incertitude demeure quant au trajet de la si importante route qui lia Faugères et vallée de l'Orb. L'implantation de l'église de Soumartre, et celle de l'énigmatique église Saint-Étienne de Lenne (seulement citée en 1636, ruinée) pourraient suggérer qu'un chemin Bédarieux-Faugères passait par là. Mais que ce soit à partir d'Hérépian ou de la bastide de l'abbé, par où joignait-on Faugères ? Aujourd'hui route et chemin de fer empruntent le vallon des Arénasses et le col de Pétafi. Mais rien ne permet de savoir comment les choses se passaient au Moyen Âge.

Au long de l'Orb

L'affaire d'Hérépian et son corollaire l'affaire de Soumartre marquent le rôle clé du carrefour-confluent Mare-Orb. De part et d'autre de cette zone, l'abbaye a toujours cherché à assurer son emprise.

Le diplôme royal de 1210 a confirmé que l'église Saint-Pierre de Rhèdes, longtemps objet des contestations de l'évêque de Béziers, appartient bien au monastère. Malgré tout en 1216, le pape Honorius III la compte encore dans les biens de l'évêque, avec son annexe Sainte-Marie de Capimont…

Au long de la route de l'Orb, sur la rive nord, le diplôme de 1210 marquait pourtant une emprise élaborée du monastère avec de l'ouest à l'est Saint-Pierre de Rhèdes, la chapelle Notre-Dame de Capimont son annexe, Saint-Jean de Nissergues, Saint-Nazaire. La *villa* de Bédarieux s'étendait peut-être sur les deux rives et Saint-Alexandre est implantée sur la rive sud. En 1241 encore évêque de Béziers et abbé de Villemagne composent à propos de dîmes. Cette fois-ci il s'agit aussi de récupérer des usurpations laïques. Finalement, l'abbé pourra percevoir les droits que jusque-là l'évêque s'était réservé à Saint-Nazaire, dit alors « de Loudéro », Bédarieux (on peut supposer que c'est Saint-Alexandre qui est concernée), Rhèdes.

Sur la rive sud, Saint-Raphaël fait peut-être partie du domaine de la Bastide de l'abbé. La Vernière est un lieu habité dépendant de la *villa* de Villemagne et concerné par les réglementations de 1273 ; et de même La Valette, mais la situation en est hypothétique. Quant à Mourcairol, récupéré par les Français et les Faugères, le château perché abrite une chapelle qui est une annexe de Saint-Pierre de Rhèdes[29].

Sur la voie de l'Orb au nord de Bédarieux s'embranchent la route de Lodève via Lunas (où sont les Faugères) et ses deux *castella*, et la route de

[26] En 1758, d'après L. Fargier (1970 p. 77), non seulement l'Orb ne passe plus sous le pont d'Hérépian, mais « les eaux des deux rivières ne passent plus dessous ». Cela laisse supposer qu'un pont enjambait le confluent.

[27] Cf. Alzieu 1988 p. 109 : échange entre les deux abbayes effectué en 1256, confirmé en 1260 par l'évêque de Béziers.

[28] Une borne armoriée aux armes de l'abbé de Villemagne et du seigneur de Faugères, d'après R. Gourdiole, a été trouvée près de la limite de commune entre Bédarieux et Faugères (Gourdiole 1998 p. 79-80).

[29] 1182, L. nr Béz. p. 404.

Clermont via Malavieille et son péage (où sont les Faugères...) qui aboutit au pont de Brousson. Saint-Pierre de Brousson est citée dans les biens de l'abbaye de Joncels comme partie du *castrum* de Lunas (Alzieu 1990) ; le pont dépendait-il de Lunas ?

Biens excentrés

L'origine de l'entrée dans les possessions de Villemagne de Saint-Amans de Latour, établissement implanté non loin de Fondamente, dont le prieur est cité en 1329 à l'occasion d'une *compositio* avec Nonenque[30], n'est pas connue. Le prieuré matérialisait une emprise dans la vallée de la Sorgues. Cette vallée est un axe dont l'intérêt fut exploité tout au long du Moyen Âge. Il relie en effet Saint-Affrique à la zone des Infruts - La Pezade, célèbre pour son important péage sur le trajet Millau - Lodève. Plusieurs châteaux y furent construits, comme Montpaon ou Cornus. L'abbaye de Nonenque s'installa dans les années 1160 au bord d'un petit affluent de la Sorgues, et au milieu du XIIIe siècle d'après J. Miquel, l'abbesse fit construire une tour à Lapeyre, dans la vallée (Miquel 1982 p. 148). Il semblerait que la perte de Fondamente ait dû être compensée par une installation à Latour.
Sur l'une des routes de Béziers, le prieuré de Saint-Étienne de Pézan, cité depuis le XIIe siècle, avec son remarquable clocher dont l'architecture se rapporte aussi à ce siècle, appartient officiellement au monastère (Alzieu 1988 p. 110-111). C'est le siège de la paroisse de Puissalicon, son annexe étant l'église du *castrum*. Puissalicon est maintenant lié aux Boussagues (l'église du *castrum* de Boussagues et celle de Puissalicon ont le même vocable, Notre-Dame de Pitié). Les Boussagues étant présents aussi à Autignac, cet état de fait contribue peut-être à limiter l'influence des Faugères de ce côté, influence qui a donné souci aux abbés à la fin du XIIe siècle (cf. *supra* 2.4.1.).
La région d'Alignan sur la route Villemagne-pont de Saint-Thibéry est quant à elle libérée des manœuvres des Servian (cf. *supra* 2.2.2.). Rappelons que la *villa* de Cayssan, la moitié du *castrum* d'Alignan avec ses dépendances et terres, l'*honor* de Fraisse appartiennent à l'abbaye de Villemagne d'après le diplôme de 1210. Caissan a été fortifié, et en 1241 l'évêque abandonne à l'abbé les droits qu'il percevait jusque-là sur Alignan[31]. La montée en puissance économique de Pézenas, le *castrum* voisin, au profit duquel un pont est construit sur l'Hérault à la fin du XIIIe siècle, conforte l'importance du point d'ancrage abbatial dans cette zone.
Quant à Esclatian, près de Vendres[32], au sud de Béziers, la situation ne change pas. L'endroit dépend de l'abbé, peut-être à cause de la proximité des salines, mais sa part la plus importante avec la fortification de Saint-Bauzille citée depuis le Xe siècle, et encore en 1216, relève toujours de l'évêque de Béziers[33] ; en 1241 il en revendique la dîme qui avait été rendue par des laïcs à l'abbé. D'après le même texte, les droits épiscopaux sur Saint-Geniès de Grézan sont aussi rendus à l'abbé. Un « chapelain » de Grézan est témoin de l'acte, ce qui peut laisser entendre que là aussi il y avait un prieur. En fait, la renonciation de l'abbé à cette église au milieu du XIIe siècle n'avait été que temporaire...

Par rapport aux seigneurs laïcs, le seigneur dominant de Villemagne en tant que *villa* a dû accepter quelques inféodations. L'abbé est bien *dominus* de la *villa* de Villemagne. Il ne sera que plus tardivement dit seigneur de Saint-Geniès (XIVe siècle), Bédarieux et Cayssan (XVe siècle).
Par rapport aux autorités ecclésiastiques, les droits de l'abbé sur les églises de son temporel laissent plus ou moins place aux droits de l'évêque, de toute façon seul à même de nommer les prêtres. À l'époque précédente, les textes ont conservé trace des tensions avec l'évêque de Béziers, ou alors celles-ci se devinent à des non-dits étonnants : pour exemples, le prieur de Bédarieux, le prieur de Pézan, sont cités alors que ces églises ne sont pas comptées dans les biens de l'abbaye... Pour l'heure l'affaire de Saint-Gervais et la réaction violente de l'évêque d'Albi sont dans le même ton. Manifestement l'évêque n'avait pas approuvé la nomination du desservant, soit que celui-ci ne lui ait pas été présenté pour recevoir de sa part la *cura animarum*, soit qu'un moine ait été indûment chargé de cette fonction. Notons que l'évêque d'Albi revendiqua aussi en 1231 les églises de Saint-Benoît de Castres (Avril 1984 p. 313), quelques années après l'incident de Saint-Gervais. Malheureusement vu le petit nombre de textes conservés concernant Villemagne, le statut de prieuré n'est pas toujours facile à établir, et l'on ne peut dire si toutes les églises paroissiales revendiquées par l'abbaye ont été aussi prieurés. Ce n'est attesté que pour Saint-Sauveur, Saint-Étienne de Pézan, Bédarieux, si la situation perdure par rapport à l'époque précédente, Saint-Gervais et Soumartre. Il est raisonnable de le supposer pour Rhèdes, Grézan. Saint-Martin le Vieux a pu être aussi un prieuré accueillant quelques moines, d'où son chœur relativement long. De toute façon il fallait aussi que l'abbaye ait les moyens matériels d'assurer leur maintien en place. Le concile de Montpellier de 1215 établit qu'il faudra trois moines par prieuré (Avril 1984 p. 325). L'abbaye eut-elle durablement les moyens de ses ambitions ?

Au milieu de toutes ces inconnues il est intéressant de regarder du côté d'un autre Sud la composition de certains prieurés bénédictins. J.-F. Reynaud insiste pour la région Rhône-Alpes sur la différenciation entre « prieurés conventuels », développés autour d'un cloître, et les petits « prieurés ruraux », pour un à trois

[30] 1329, C. Non. p. 264-271.

[31] HGL VIII c. 807, 1224. 1241 : Doat, vol. 62, f° 130.

[32] Si au siècle précédent les étangs de Vendres sont cités, pour des activités commerciales dans la zone de Vendres où se trouve Esclatian, voir le débat sur la perception de la leude de la mer de Béziers dans les années 1270-1282, qui inclut une enquête sur l'existence d'un grau (*gradus*) pratiquable à Vendres (Blanc éd. 1899 p. 400-430) ; un port n'y sera attesté que tardivement (Castaldo 1974 p. 470).

[33] L. nr Béz. p. 544.

moines, aux installations élémentaires. Un établissement pouvant passer d'un statut à l'autre selon les aléas économiques (Reynaud dir. 2002 p. 24, 147 et suiv., et glossaire p. 184). On aurait envie de dire que Villemagne a essaimé de petits établissements « pour gérer et exploiter [ses] domaines fonciers » (Reynaud dir. 2002 p. 24), mais l'affaire de Saint-Gervais, l'importance donnée à l'emprise dans la zone Alignan-Fraisse-Caissan, ne permettent pas d'écarter que certaines installations aient pris quelque ampleur.

En Provence, certains ensembles sont relativement bien connus grâce à un croisement entre sources textuelles et données matérielles issues de fouilles (Fixot, Zadora-Rio dir. 1990 p. 143, 151). Notre-Dame de Salagon (Alpes-de-Haute-Provence) est composé aux XIIe-XIIIe siècles d'une église double attachée à un cimetière, d'un bâtiment abritant peut-être celliers et habitation, de silos, d'une tour. L'important établissement de Saint-Côme et Saint-Damien (Var) abrite dans un enclos, pendant la première moitié du XIVe siècle, église et chapelle, cloître, bâtiments d'habitation et annexes (réserves), tour, donnant sur une cour. Des zones de sépultures se trouvent dans et hors enclos. Notons encore que le rôle paroissial échappa à l'église des Saints-Côme-et-Damien pour être assumé à l'intérieur d'un *castrum* voisin, alors que Notre-Dame de Salagon, située aux confins du diocèse, a pu manifestement assumer certaines fonctions paroissiales.

Hormis des campagnes de fouilles qui seraient seules à même de renseigner précisément sur l'étendue et la composition des prieurés dépendant de Villemagne, des recherches monographiques en archives et plus particulièrement dans les archives modernes, permettraient sans doute d'en savoir plus. En toute logique on peut toujours supposer qu'étaient prévus logements pour desservant et moines, réserves ; qu'une tour marquait peut-être les prieurés fortifiés comme Cayssan...

4.2.2. La zone minière **(fig. 2)**

Des précisions quant à la zone minière peuvent être apportées grâce à un important règlement daté de 1233. Même si le diplôme royal de 1210 confirme au monastère les mines de son alleu existantes ou futures, comme ses droits de justice ou de fortification, cela n'empêcha pas les controverses. À la suite, entre autres, de la vente pour dettes des biens de Guillem Aton de Curvalle à Déodat de Boussagues (cf. *supra* 2.3.2.), explosent des querelles, officiellement réglées par un accord en 1233[34], entre l'abbé Artaud d'une part, Déodat de Boussagues et Gaufred de Faugères d'autre part. Le diplôme royal de 1210 qui donnait à l'abbé droits de fortification et de justice, et qui lui confirmait les mines de « l'alleu de Saint-Martin de Villemagne » existantes ou futures ne suffit pas à protéger les droits du monastère. Les litiges étaient graves, qui sont portés devant la cour de Béziers.

À partir du moment où des arbitres sont désignés les choses vont assez vite. Deux arbitres sont en effet nommés en mai d'après le conseil des commissaires royaux, à Béziers, arbitres qui en désignent un troisième en juin. L'acte est passé alors par le notaire de Villemagne à Villemagne-même, dans le *solarium* neuf de l'abbé, en présence de Pierre du Breuil sacriste. En septembre le texte de l'accord est fixé, et l'acte est passé *in porticu novo domini abbatis*, avec de nombreux témoins, dont seize moines, en tête desquels vient Pierre du Breuil, l'avant-dernier cité étant qualifié d'« argentier ». Suivent les *milites* dont Bérenger de Caux, le beau-frère du seigneur de Faugères, et Bérenger de Mourcairol, qui n'est donc pas encore déclaré faidit. Enfin sont énumérés des noms d'habitants de Villemagne et de son territoire. L'accord a revêtu un caractère tout particulièrement solennel.

Les litiges portent sur la répartition des droits seigneuriaux, essentiellement en matière de justice. Une partie importante des clauses est consacrée aux zones minières. Car ce sont bien elles qui sont le plus susceptibles de poser problèmes. Le texte permet donc de les repérer, du moins en partie.

Villae, *manses, lieux-dits, et mines*

La base du règlement est le respect de la mise en fief des droits. À l'issue de l'acte, la reconnaissance par les seigneurs de l'inféodation de leurs droits de justice et de procès vis à vis de l'abbé est dûment exprimée. Est jurée fidélité à l'abbé, comme est affirmée la volonté seigneuriale de défendre l'abbé et son monastère. Les différentes parties pardonnent les dommages qu'elles se sont causé les unes aux autres, et les seigneurs stipulent bien qu'ils rendent à l'abbé les droits de justice qu'il leur contestait jusqu'alors. Deux parts de la viguerie seront tenues en fief de l'abbé par les deux seigneurs, la dernière part revenant entièrement à l'abbé puisqu'il l'avait achetée à Arcian de Boussagues. Et il est dit tout d'abord que ces deux parts de viguerie concernent bien Villemagne, dans les murs définis par leurs portes, et dans un secteur tout proche hors les murs, qui nécessitera d'ailleurs des précisions ajoutées en fin de texte. Sont également concernées « les foires de Saint-Majan ». Ainsi est définie une première zone : le bourg et ses abords (§ II et III).

Une deuxième zone, hors les murs, plus éloignée du bourg, définie par le fait qu'elle relève des trois paroisses Saint-Martin le Vieux, Saint-Grégoire et Saint-Sauveur, est ensuite évoquée. Car s'y distinguent un secteur complété d'un deuxième, cœurs du problème ; ce double secteur est surtout caractérisé par ses mines. C'est là que Déodat et Gaufred ont réussi à imposer une exception, à savoir dans les mines et la *villa* de Taussac, les manses de La Roque, Roire, Les Bourdelles, La Blaquière, Le Pradal. Y sont ajoutés les manses du Manse (*sic*), de la Pourcaresse, de La Sesquière, de l'Horte (exception dûment reprise en fin de texte).

[34] 1233 : Fds Thésan p. 80-94.

La conduite du règlement est claire. Il s'agit de délimiter l'étendue de l'exercice de la justice par chacun, et ses modalités. Une zone minière qui fut litigieuse est définie, qui fait exception dans le territoire soumis à l'abbé de Villemagne, parce que désormais y interviendront en toute légalité les deux seigneurs. Il semble bien que l'énoncé des lieux suive une logique géographique. Taussac, Les Bourdelles, La Blaquière, Le Pradal sont aujourd'hui des hameaux voisins. Il est raisonnable de supposer que ce secteur est d'un seul tenant et que les manses de La Roque et de Roire devaient être non loin[35]. La Sesquière et L'Horte, également hameaux aujourd'hui, font bien partie d'un deuxième cercle entourant cette zone au sud. Un lieu-dit Pourcasses pourrait marquer l'existence passée du manse de la Pourcaresse au nord (« Le Manse » n'est pas localisé). Mines et minerai de Taussac, de La Blaquière, Roire, Les Bourdelles, La Roque, c'est-à-dire du premier secteur exceptionnel, sont expressément mentionnés (§ XXVII, XXVIII, XXXI), ainsi que le minerai du Pradal (§ XXXIII). À la vérité ce n'est pas le cas pour le deuxième cercle. Les lieux ne sont désignés que comme manses.

Ajoutons que « ce qui est sur et sous la terre » dans le manse de La Blaquière comme dans « les » manses de La Roque avait été transmis en 1209 à Déodat de Boussagues par Guillem de Mourcairol. Et qu'en 1261 seront évoquées, dans le testament de Déodat de Boussagues, la *villa* du Pradal, la *villa de Rupe* (et plus généralement la paroisse Saint-Martin le Vieux avec les mines)[36]. La Roque et le Pradal ne sont donc *villae* que du point de vue des Boussagues. Les zones habitées sont désignées de termes différents selon les autorités concernées…

Dans d'autres secteurs il est bien précisé que Déodat n'a rien. Il a donc dû être débouté de ses revendications. Ainsi en est-il de la mine de Capmal, de Capmal (qui n'est pas autrement qualifié), de la *villa* Saint-Martin le Vieux, du « Bourguet », du manse de *Polhada* (§ XXXIV). Le lieu-dit encore existant Capmal, une galerie de mine, l'église Saint-Martin le Vieux, le lieu-dit le Bourguet, sont effectivement situés les uns à côté des autres. *Polhada* n'est pas localisé mais on peut le supposer proche.

De même pour le manse du *Coz*, celui de Treuil, celui de Dan. Là ce sont Déodat et Gaufred qui sont déboutés (§ XXXV). Treuil et Dan sont des tènements encore repérables grâce au compoix de 1624 ; ils ne sont plus alors attachés à la moindre maison. Situés l'un à côté de l'autre, ils se trouvent tous deux au pied du coteau qui porte les localités faisant l'objet du paragraphe précédent. Notons bien qu'il n'est pas mentionné à leur propos de mines.

Un autre secteur fut litigieux, la *villa* de Clairac. Là c'est une simple participation aux droits, de la part de l'abbé et de son monastère, qui est affirmée. Mine et minerai sont bien cités (§ XXXVII). La référence à l'*antiqua compositione* où Guillem Aton et l'abbé Bérenger étaient parties prenantes (cf. *supra* 2.3, acte de 1199) est explicitement faite dans le paragraphe XXXVIII. On y apprend aussi qu'elle fut suivie d'une « sentence » plus tardive confirmée par l'évêque de Béziers (texte perdu). D'où il ressort qu'il y aura bien partage des droits mais que le secteur sera tenu en fief de l'abbé.

Le secteur de Saint-Martin le Vieux

En dehors du recteur (qui était en 1209 notaire public de Saint-Gervais), au terroir de Saint-Martin hors-les-murs sont donc associés des habitants, la désignation comme *villa* le laisse penser. Des habitants implantés plus ou moins près de l'église. Le toponyme « Bourguet » du texte de 1233 est à remarquer. Le compoix de 1624 permet de le localiser, sur le chemin de Saint-Gervais, près de l'église Saint-Martin le Vieux (il ne peut être confondu avec un autre « bourguet » qui avoisine quant à lui le bourg clos, cf. *infra* 5.1.2.). Et la mine de Capmal se trouve aussi tout près de l'église, en contrebas du flanc nord de son promontoire. Des habitats se trouvaient donc dans cette zone.

L'expression « la monétairerie ou paroisse Saint-Martin le Vieux » (§ XXIX) sous-entend que le personnel lié à la monétairerie relève de cette paroisse, paroisse dite par ailleurs « aux confins de Villemagne ». Le nom de personne « de Saint-Martin » attesté dans les listes de témoins dès 1182 pourrait s'y attacher.

On verra au chapitre suivant que l'église de Saint-Martin dans sa configuration comme dans son équipement afficha une certaine prospérité.

L'énigmatique « paroisse » de Taussac

Il est curieux de constater qu'en 1268, dans un hommage rendu à Déodat de Boussagues, une paroisse Sainte-Marie de Taussac est citée, contenant le manse « de Caurtas » (non localisé) avec ses maisons, ses mines et ses bois[37]. Effectivement une église dont une partie est médiévale se dresse à Taussac, sur un petit promontoire, jouxtée d'une porte dans les restes d'une enceinte ; celle d'un cimetière ? En 1268 était-elle neuve ? Fut-elle patronnée par les Boussagues ? Puisqu'en 1636 lors de la visite pastorale de l'évêque de Béziers on se souvient « qu'on y disait messes par le passé », c'est qu'elle était en fonction au moins au début du XVIIe siècle (elle sera remise en service après 1636, suite au déclassement de l'église Saint-Martin le Vieux[38]).

[35] Malgré le caractère courant de ces toponymes, on peut supposer que « Roire » s'est perpétué dans le nom d'un ruisseau qui traverse cette zone, et remarquer qu'un petit mont y porte le nom de Roque Soule. Hamlin (1983 p. 325) fait erreur en identifiant le toponyme à Graissessac ; l'endroit est trop éloigné.

[36] Fds Thésan p. 70 (1209), et p. 106-109 (1261).

[37] Fds Thésan p. 111. Alzieu la dit, logiquement mais sans preuves, annexe de Saint-Martin. C'est sans doute ainsi que par la suite son existence fut entérinée par les autorités ecclésiastiques.

[38] Cf. *infra* annexe 3.4, Édition de textes, f° 62 v° l. 17-18, f° 63 r° l. 10 et suiv.

Il est peut-être possible de relier son existence à une clause très spéciale de l'accord de 1233 concernant la paroisse Saint-Martin le Vieux (§ XL). Il est dit en effet que désormais les hommes de Villemagne ou autres demeurant dans la paroisse Saint-Martin le Vieux ne seront plus contraints par les nobles ou leurs bailes de quitter Villemagne ou cette paroisse. N'y eut-il pas de la part des Boussagues une tentative d'appropriation du secteur de Taussac, et de développement par fixation de la population grâce à une église, au détriment du reste du territoire de Villemagne ?

Le mode d'exploitation de l'argent : les données écrites

Des données d'importance sont encore fournies par le texte de 1233, concernant cette zone décidément fort intéressante de Taussac. Y sont cités à l'occasion de la répartition des droits (§ XXX), outre la leude en nature ou en monnaie, et le mesurage (*sextario*), le four (*furno*), un bâtiment pour le travail du minerai (*fabrica*), et des bassins (*naucos*) sans doute destinés au lavage. Voilà situées les installations de transformation du minerai. Un terme se glisse encore dans cette énumération, celui de *taberna* : le traduire par « auberge » serait incongru. Son sens n'est-il pas autre, se rapprochant de celui d'atelier, ce dernier usage étant il est vrai rare (si l'on en croit Du Cange) ? La construction d'une église fut-elle liée au plein rendement de ces installations ?
Il est spécifié qu'éventuellement ces équipements (*taberna, fabrica, furno*) pourraient être installés dans les manses formant un premier cercle autour de Taussac (La Blaquière, Roire, Les Bourdelles, La Roque).

Pour compléter la façon dont les contemporains évoquent par écrit les aspects concrets des exploitations locales, il faut faire appel à un autre texte, concernant un réseau dépendant de Boussagues. En 1237 en effet Déodat de Boussagues concède à des *porcionariis* le pouvoir de faire une galerie (*balmam*) qui de chaque côté rejoindra en travers (*ex traverso*) le réseau d'une autre balme (*rationes balme*). Donc une galerie en rejoint en travers deux autres. Pour un autre gisement sont évoqués des balmes, par dessous, par dessus, par derrière (*balmis, subalmis, retrobalmis et superbalmis*), avec des systèmes d'étais (*puncherio et puncheriis*), de signalisations (*signalibus*), des puits (?) et regards (*crosis et antecrosis et oculis crosarum*[39]). Une ou des maisons (*domum vel domos*) seront faites pour l'ouvrage commun, un bâtiment pour le travail du minerai (*fabricam*) pour 2 sous melgoriens d'usage. Et huit bassins (*naucos*) seront installés avec leurs équipements (*aisinis*) pour 6 deniers melgoriens d'usage par bassin. La neuvième partie du minerai et terres mineuses, comptée *in platea,* « en place publique », ira au seigneur. Les autorisations seront renouvelées en 1289 pour d'autres personnes dites *pariariis* dans des conditions comparables mis à part que la possibilité de faire plusieurs *fabricae* est évoquée.[40]

M.-C. Bailly-Maître a mis en lumière à partir de la fouille des mines de Brandes-en-Oisans les opérations de broyage et lavage, grillage, fusion et affinage (Bailly-Maître, Bruno 1983). Elle a montré par ailleurs dans les mines d'Hierle le détail du système des galeries élargies en dépilages et complétées de travers-bancs pour la circulation et l'exhaure, et de puits pour la circulation verticale et l'aération (Bailly-Maître 1989 et 1998). Ici les termes laissent entendre de plus une signalisation en surface, et l'installation de bâtiments qui doivent être réservés à l'habitation puisque le seigneur n'y a pas de droits d'usage, alors qu'il en prélève sur les structures du travail, *fabrica*, ou bassins sans doute nécessaires au lavage.

Revenons au territoire de Villemagne. Aujourd'hui, de nombreuses galeries comportant des traces de minerai de plomb argentifère sont encore observables, le problème étant de leur assigner une évolution chronologique. A été exploré un vaste réseau débouchant au milieu des maisons du hameau actuel du Pradal. Des galeries et des salles, des puits, de différentes époques jusqu'à une période relativement récente, s'y croisent. Un autre tout aussi important avoisine les maisons du Taussac actuel. Une galerie munie manifestement d'un *oculus* d'aération et de lumière débouche par une entrée, taillée dans le rocher en forme de voûte en berceau plein-cintre, dans le flanc du vallon à Capmal[41]... Quant aux installations de transformation, il n'en a pas été retrouvé traces à ce jour. Une question technique reste posée. Le chauffage du four a nécessité du bois. L'exploitation du bois est d'ailleurs citée, avoisinant dans la même phrase les revenus miniers, dans le texte de 1199 qui inaugurait les ennuis financiers de Guillem Aton de Curvalle, comme voisinent *minaria* et *nemora* dans le texte de 1268 cité *supra* consacré à un hommage au seigneur de Boussagues pour un bien situé dans la paroisse de Taussac. Il est curieux que dans le texte de 1273 réglementant l'utilisation du Bois de Villemagne, n'apparaissent que des utilisations domestiques (pour des fours culinaires ou le chauffage). La réglementation ne portait sans doute que sur un certain bois posant problème dans le territoire. Ces incertitudes laissent place à une question complémentaire. Le charbon « de pierre » du bassin de Boussagues connut une exploitation relativement précoce, attestée dès les

[39] M.-C. Bailly-Maître traduit le mot *cros* par puits (Bailly-Maître 1989).

[40] Fds Thésan p. 95-96 (1237), 123-124 (1289). J. Poux assigne ces textes à des exploitations de charbon (Poux 1900). L'élaboration de l'exploitation paraît plutôt s'accorder au niveau technologique atteint à l'époque pour les mines d'argent.

[41] L'association des spéléologues de la région a travaillé aux difficiles relevés topographiques. Que M. Salvayre, A. Théron, M. Marco soient remerciés pour leurs visites guidées. L'archéologue de l'Argentière-la Bessée, B. Ancel, est venu confirmer l'extrême intérêt du réseau du Pradal, dont l'exploitation montre des phases anciennes comme récentes (cf. AD 3o1 : demandes de prospections de minerai de 1858 à 1931). Il a fourni une première analyse de la galerie du Valat Moutou dite Baume del Griffet, qui pourrait bien être le Capmal des textes. Merci à lui aussi.

premières années du XIVe siècle, et donc sans doute effective plus tôt. Des fours métallurgiques ne furent-ils pas alimentés au charbon (dans le même ordre d'idées M.-C. Bailly-Maître se demande si un filon d'anthracite n'a pas été exploité pour un four à Brandes) ? Mais force est de constater que l'exploitation des mines de charbon prend son essor au XIVe siècle alors justement que celle de l'argent s'essouffle...

Pour ce qui est de la monétairerie, l'information reste maigre. Elle paraît associée à la paroisse Saint-Martin le Vieux (droits dans la monétairerie « ou » paroisse Saint-Martin le Vieux). Il est étonnant qu'elle n'ait pas été abritée derrière l'enceinte du bourg. Un établissement aussi « sensible » dut bénéficier d'une protection particulière, même s'il n'avait qu'un fonctionnement intermittent.

Les hommes

Ainsi est brossé par touches le tableau d'un terroir minier par définition en évolution, où les droits de trois seigneurs, sans compter *participes* et *fevales*, s'enchevêtrent de façon complexe, rendant indispensables les repères de surface. Apparaissent dans les listes de témoins parmi les habitants du territoire de Villemagne des gens du nom de Saint-Martin, du Pradal, du Manse, de La Roque... L'existence de *domus* peut être expressément liée à des installations minières ; et l'expression *domum vel domos ad opus communitatis predicte balme* du texte de 1237 (mines de Boussagues) est intéressante, sous-entendant une « communauté » spécifique liée au travail de la mine. On peut imaginer aussi que certains manses pouvaient être occupés par des paysans-mineurs à leurs heures. Les champs, les vignes, les jardins, les pâtures font aussi le terroir de Villemagne (§ VII et XXXIX), mais sans problème majeur. Petit détail à propos des Bourdelles, un Stéphane du même nom a une maison à Villemagne en 1254 (l'anthroponyme paraît attesté depuis la fin du XIIe siècle). Certains sont donc aussi « bourgeois »[42]. La mention d'étrangers dans nombre de clauses de l'accord doit sous-entendre aussi la présence d'ouvriers vagants[43].

4.2.3. Revenus seigneuriaux liés aux mines

Inféodation, droits de justice

Pour la gestion du territoire minier, il apparaît que l'inféodation ne présente qu'un intérêt limité pour le seigneur dominant. Les autorités vicomtales voulaient déjà en 1164 une participation directe (cf. *supra* 2.1.2.), et maîtriser l'achat et la vente d'argent. Ils avaient écarté les seigneurs du sol concerné, sauf dans l'« *honor* » du monastère où il y avait partage en trois. Mais la situation peut toujours évoluer (l'accord n'était d'ailleurs prévu que pour 15 ans). Dès 1201 les seigneurs de Faugères commençaient à remplacer les vicomtes de Béziers, avant leur élimination complète. Dans les diplômes royaux du milieu du XIIe siècle et de 1210, il est dit que les mines de l'« alleu » de Saint-Martin de Villemagne appartiennent au monastère, ainsi que celles à découvrir. Ce statut d'alleu est censé libérer ce territoire de toute inféodation à une autorité supérieure. Dans l'autre sens les inféodations existent néanmoins. Guillaume Aton de Curvalle en 1199 fait allusion à ses féaux pour mines et bois (ce bois qui alimentait peut-être boisage des galeries et chauffage des fours ?). Des *fevales* sont aussi cités en 1233. Ils ont les mêmes droits que *portionarii* et seigneurs quant à la répartition du minerai. Il y a aussi les possessions dans la monétairerie qui sont tenues en fief de l'abbé. Au Pradal, à Clairac l'abbé semble avoir été obligé d'accepter la mise en fief en tant que seigneur dominant.

Parmi les droits féodaux, le domaine judiciaire doit être d'un bon rapport. Plusieurs fois sont évoqués dans un bassin minier ou un autre des « vols » de minerai (les agents du roi ont pris à un *portionarius* d'Avène argent et coupes d'argent parce qu'il aurait commis un vol de minerai[44]), et la répartition du minerai entre tous les *participes* y ressortit. Ce sont les bailes, assermentés, qui en assurent le bon déroulement. Reprenons les aspects administratifs du texte de 1233 présenté *supra*. Est spécifiée la répartition de la « justice des mines », des droits de justice dans les mines, et hors des mines sur les habitants des manses. Dans les mines de Taussac Déodat et Gaufred ont un tiers de la justice des mines, l'abbé les deux autres tiers ; mais Déodat seulement a le tiers des droits de justice sur les habitants de la *villa* de Taussac, l'abbé détenant les deux autres. Dans les mines des manses entourant Taussac l'abbé a le tiers des droits de justice, Déodat et Gaufred les deux autres parts. Ces droits de justice ne sont pas répartis de même s'ils portent sur les manses ou sur les mines, puisqu'il est dit (§ XXXI) que les autres droits de justice des manses entourant Taussac reviennent à Déodat sans participation du monastère.

Il y a donc une réglementation judiciaire spécifique au domaine minier, distinct du domaine civil. Dès que clameur est faite d'une affaire relevant de la justice, les bailes doivent veiller au respect de la répartition des droits entre les trois seigneurs, diverse selon les secteurs.

Revenus ecclésiastiques

Les droits sur les mines sont par ailleurs compris dans les tractations avec l'évêque de Béziers au sujet de Saint-Pierre de Rhèdes (mais pas à propos de Clairac, ce qui est étrange) ; ils appartiennent aux biens

[42] Pour les anthroponymes, cf. L. nr Béz. p. 403, 1182 ; G. Ch. VI c. 147, 1197 : Guillelm « de Bordelis » a assisté à l'accord entre Salomon de Faugères et l'abbé Bérenger. 1254 : Fds Thésan p. 103. D'après M. Bourin, parmi les revenus seigneuriaux, au XIIIe siècle il n'y a ni orge ni froment ni blé mitadenc à Villemagne ; le seigle et l'avoine sont de règle comme chez les autres seigneurs biterrois (Bourin 1987 t. 2 p. 26).

[43] Des échanges de savoir-faire ont pu avoir lieu avec le bassin minier de Rocozels, qui n'est guère éloigné. Dans ce bassin, un lieu-dit « Fontaine des Allemands » laisse entendre la présence de spécialistes.

[44] HGL VII, assises de 1247-1248, c. 22-23 n° 74.

ecclésiastiques. Rappelons que Villemagne, malgré la protection royale, est citée dans les listes des biens épiscopaux de 1153 et 1178. Le jeu des autorités ecclésiastiques est complexe. Mais l'administration paroissiale étant censée relever de l'évêque, on peut croire que l'exploitation minière contribue aux revenus des desservants.

Droits au long de la chaîne opératoire

• La répartition du minerai

Elle se fait entre l'abbé et les seigneurs ; « avec » les seigneurs peuvent être évoqués *portionarii* ou féaux (1233). Le quart du minerai de Taussac va aux deux seigneurs (*more consueto*), l'abbé et le monastère ont les trois autres parties (§ XXVII). Dans les manses entourant Taussac, c'en est un tiers qui va à l'abbé, deux aux seigneurs, avec leurs *portionarii*, féaux (§ XXXI). Au Pradal l'abbé ne domine que la mise en fief (il touche aussi des dîmes), et ne perçoit pas de minerai. En revanche il le recueille intégralement à Capmal, sans rien pour Déodat et ses *participes* (§ XXXIV). À Clairac, tenu en fief de l'abbé par Déodat, un tiers du minerai va à l'abbé (§ XXXVII).

• Le travail du minerai

Certains droits sont prélevés à partir des mines ou argentières (oublies, foriscapes). À Taussac ils vont intégralement à l'abbé (dans les manses entourant Taussac, oublies et foriscapes vont à Déodat). À Taussac, les droits mentionnés portent aussi sur les bâtiments industriels (four, atelier (?), forge), et sont cités également leude, en nature ou argent, et mesurage : là encore il y a partage, un tiers pour Déodat, deux pour l'abbé et le monastère (§ XXX). S'il arrivait que ces droits se déplacent vers les manses entourant Taussac, et il est bien spécifié qu'il est interdit qu'ils se déplacent ailleurs (§ XXXII), Déodat aurait deux parts, l'abbé une part. Quant au produit obtenu, l'argent, il peut être acheté et vendu.

• La monétairerie

Ce que Déodat de Boussagues a dans la monétairerie (« ou » paroisse Saint-Martin le Vieux) est inféodé à l'abbé en tant que seigneur dominant (§ XXIX). Information bien laconique. Rappelons qu'argent-métal et argent-monnaie étaient restés « hors taxes » dans les textes de 1197-1199 (sauf dons spontanés...). On peut encore alimenter le débat sur la nature de la monnaie frappée (cf. *supra* 2.4.2.). « La monnaie melgorienne, notamment frappée avec l'argent des mines de l'abbaye de Villemagne, fut largement employée du Roussillon au Rhône et du Rouergue à la mer [...] mais en 1282, Philippe le Hardi n'en toléra le cours que dans les limites du diocèse de Maguelone. Le droit de battre monnaie perdait alors tout intérêt », dit H. Vidal (1976, p. 79). Si l'on ne sait sur quel argument il se fonde quant à l'origine de l'argent, de toute façon c'est un transport de l'argent vers Melgueil qui est supposé. H. Vidal n'a pas connaissance de l'existence d'une monétairerie à Villemagne. Reste qu'au XIIIe siècle, aux temps de la Croisade, la suprématie de la monnaie melgorienne s'est en effet affirmée. M. Castaing-Sicard (1961, p. 33-34 et 43) a montré que celle de Béziers lui a cédé la place au début du XIIIe siècle. Celle de Narbonne voit son influence se restreindre à la seule vicomté passée la première moitié du XIIe siècle (quand les vicomtes de Narbonne donnent leurs biens en fief au roi en 1271[45], ils ont toujours leur monnaie à Narbonne). La dernière dévaluation de la monnaie de Melgueil eut lieu en 1261 mais sa stabilité demeurait somme toute bonne. C'est la concurrence royale qui la fit chuter. Les actes seigneuriaux des années 1260 sont basés sur la monnaie melgorienne. Les actes de 1268, 1273, etc. établis par les agents royaux sont fondés sur la monnaie tournois. Entre temps, en 1263 et 1265, ont été édictées les ordonnances de Louis IX imposant la circulation dans tout le royaume de ses propres espèces, à savoir les tournois, les monnaies féodales devant avoir un cours réduit dans leurs seigneuries. L'édit de Philippe le Hardi de 1282 cité par H. Vidal est un rappel à l'ordre qui montre le temps de latence de l'efficacité de cette mesure.

L'hypothèse formulée au chapitre précédent reste posée : pouvait-on frapper dans l'atelier, fonctionnant temporairement, au moment des foires, une, ou des monnaies régionales, selon les besoins des marchands ? Le fonctionnement de la monétairerie, par exemple le contrôle de la fabrication de la monnaie, demeure aussi inconnu. La fonction d'« argentier » accolée au nom de l'un des moines de l'abbaye y eut-elle rapport ?

La monétairerie n'est pas mentionnée dans le texte de 1273 (et ne le sera jamais plus). On verrait bien là une intervention royale favorisant le cours des tournois. Les mines en revanche sont encore exploitées puisque sont alors protégées les « sociétés des minerais ». Les débouchés, en particulier montpelliérains, sont en cette période toujours assurés. La demande des « argentiers » au sens d'orfèvres de Montpellier est forte[46]. C'est dans la première moitié du XIVe siècle que P. Benoit et M.-C. Bailly-Maître constatent un déclin général de l'exploitation de l'« arc minier » du Midi (Bailly-Maître, Benoit 1998 p. 37), prélude à une nouvelle géographie des mines. Villemagne ne semble pas faire exception, au XIVe siècle les mines d'argent ne sont plus citées. En revanche l'exploitation du charbon, relevant des Boussagues, est en plein développement (Poux 1900).

4.3. Vers une société bourgeoise

4.3.1. La gestion des mines par les *portionarii*

La répartition du minerai est donc faite entre abbé et seigneurs, *portionarii* et *fevales* pouvaient être cités « avec » ces derniers. Un deuxième niveau de partage doit alors concerner seigneur et *portionarii*. À

[45] HGL VIII c. 1735-1739.

[46] Cf. Renouvier, Ricard 1841 pour les textes organisant le métier d'orfèvre.

Boussagues en 1237 Déodat garde la neuvième partie du minerai. De même en 1289. À Rocozels c'est un système par « setzène » (seizième ?) qui fut institué (Bonami 1977). Le même système de proportion sera repris pour organiser l'exploitation du charbon de Boussagues (les mines sont citées à partir de 1302 ; Journot 1992). Un ensemble de questions peut être posé : comment se répartissent les investissements, qui fait fructifier les affaires ? Les seigneurs gardent une part (pour une exploitation directe ?). La grande majorité de la gestion est donc confiée à d'autres. J. Poux avait déjà analysé à quel point les conditions de gestion par les *portionarii* étaient « favorables au développement de l'industrie minière » (Poux 1900)[47]. Il est ici très éclairant de faire appel aux travaux de P.J. Hesse. En considérant les modes d'exploitation à Rocozels, P.J. Hesse explique en effet le système de la sous-location des chantiers dans le cadre d'un artisanat libre (ceci se passe au début du XIVe siècle). Les gestionnaires des mines peuvent être de trois statuts différents : les seigneurs, qui reçoivent redevance, les propriétaires, qui perçoivent un loyer, et les locataires (Hesse 1986 p. 455-458). Les décisions de ceux qui s'associent en tant que pariers sont forcément importantes. Ils ne touchent pas alors seulement des revenus, ils investissent. C'est la difficulté d'une gestion en constant devenir selon la découverte ou l'approfondissement des filons qui doit être assumée.
Différents termes désignent ces gestionnaires : le mot *portionarii* revient on l'a vu pour Villemagne comme pour Boussagues, comme aussi à Rocozels ou Avène[48]. Il paraît équivalent du mot *pariarii* (à Avène, Boussagues pour l'argent comme le charbon...). Il est aussi placé sur le même plan que *fevales* à Villemagne. Est également employé le terme plus général de *participes* (§ XXXIV dans le texte de 1233). En 1273, l'expression « sociétés des minerais »[49] est digne d'être remarquée. Parmi ces gens doivent se mêler nobles et non nobles. La destinée des Jordan, des Molinier, des Sénégra serait ainsi intéressante à suivre[50]. À l'occasion des problèmes financiers de Guillaume Aton de Curvalle, on a vu que des engagements dans des mines (ou terres), que Déodat peut racheter, n'ont pas été contractés qu'auprès de nobles. Sont cités les fils de Guillem de Sénégra, l'abbé, ou Bérenger de Cabrerolles, mais aussi un certain Amiel Mercier (en 1268[51] un Amiel Mercier est *jurisperitus*) et un certain Arnaud Guindra, mais sans que l'on sache exactement s'ils possèdent des mines ou des terres. Ceci n'étant pas incompatible avec cela. Les mines certes existantes mais aussi à découvrir sont citées tout spécialement dans le texte de 1209 où Guillaume Aton vend ses biens à Déodat. P.J. Hesse définit les pariers de Rocozels comme des co-exploitants, rassemblés dans de « petites compagnies à majorité ouvrière », pouvant accueillir parfois un seigneur local ou « mini-capitaliste », qui pouvait dépêcher un salarié au travail. De petites sociétés qui pouvaient contenir trois à dix personnes (Hesse 1986 p. 458).
Les revenus des *porcionarii* peuvent être d'un bon rapport, puisque le roi spolie ceux d'Avène. En revanche, aucune intervention royale dans la gestion des mines de Villemagne n'est attestée. Il est vrai que les trois seigneurs sont restés des soutiens de la royauté. Mais c'est le roi qui, forcément, ferme la monétairerie.

4.3.2. Le personnel administratif

Hautes dignités et petit personnel

En 1233 est soigneusement mis au point le mode de nomination du baile des trois autorités seigneuriales en matière de justice (§ VIII et IX), dit « baile des viguiers » (les viguiers étant les seigneurs eux-mêmes). Il sera renouvelé chaque année. Si les seigneurs n'en peuvent convenir, qu'ils en nomment un chacun à leur tour, pour un an. Mais la perception-même des droits de justice, selon sans doute la procédure normale, se faisait par l'intermédiaire d'autres personnes également nommées bailes, et en ce cas chaque seigneur avait le sien. Celui de l'abbé « dans Villemagne » est tout de même qualifié de « spécial » (§ V), parce que l'abbé est seigneur dominant. Il en a un autre « dans les mines » (§ XXIII). Ces bailes peuvent fouetter, exécuter, mutiler, fustiger, ébouillanter (*coquere*, ce qui est le châtiment des fabricants de fausse monnaie), marquer au fer rouge... Chaque baile jurera de respecter les droits de justice et de procès, dans Villemagne ou dans les mines, des seigneurs concernés, ainsi que la répartition du minerai. Est donc mis en place un intermédiaire supplémentaire qui doit permettre l'accord entre les trois seigneurs. Il est dit que l'abbé pourra aussi avoir à Villemagne un juge « universel » (§ XII). En 1273 l'on sait que cette charge de « juge, baile ou viguier de paix » existait en effet, et le juge Jean d'Agde resta de triste mémoire pour l'université. Un juge qui avait un lieutenant. Un ou deux bailes par seigneur, un baile pour eux trois, un juge et son lieutenant s'occupent donc de la justice dans Villemagne et son territoire. Voilà un personnel plutôt éminent. Les jugements seront rendus *in curia domini abbatis*, et des clauses sont précisées à propos des affaires qui seraient du ressort de la cour royale à Béziers.

---

[47] Il y reconnaît pour sa part les caractéristiques des baux emphytéotiques.
[48] HGL VII c. 23-24 n° 75, 1247-1248.
[49] Cf. *infra* annexe 3.3, Édition de textes, f° 2, l. 14.
[50] En 1214 (Fds Thésan p. 79), à Villemagne ou à Boussagues, il y a une *camera* de Guillem Jordan. Une personne du même nom est témoin à Villemagne en 1199 (*ibid.* p. 62), et aussi pour l'acte de 1197. Le même nom est attesté à Boussagues en 1225 (*ibid.* p. 75) : *G. Jordani de Villa Magna.*
Un Sicard Molinier est témoin du texte de 1233. Les Molinier sont plusieurs fois cités au XIVe siècle à propos des mines de charbon de Boussagues. P.J. Hesse prend exemple des Molinier de Boussagues pour illustrer la naissance d'une structure économique de type capitaliste.
Pierre de Sénégra est dit co-seigneur d'Avène en 1374 (Fds Thésan p. 161). Sénégra est un petit hameau où se dressait au début des Temps modernes une demeure quelque peu valorisée. La famille de Sénégra possédait aux XVe-XVIe siècles une maison *intra muros* à Boussagues, contre la muraille, au rez-de-chaussée commercial.
[51] Fds Thésan p. 114.

Le texte de 1273 (cf. *infra* annexe 3.2, Édition de textes) évoque d'autres fonctions administratives que celles liées à la justice. On reviendra sur les fonctions de représentation. L'abbé a un syndic ou procurateur. En 1273 c'est un nommé Bernard Dorne. En 1233 le *jurisperitus* choisi par les commissaires royaux était de même nom...[52]. L'université a quant à elle trois syndics. Mais ce sont deux prud'hommes, l'un choisi par l'abbé ou son juge, ou son lieutenant, l'autre par l'université, qui élisent les forestiers. Des prud'hommes peuvent être requis à d'autres occasions et demander par exemple le défens des rivières. La fonction de forestier est quant à elle pleine et entière, c'est un « métier » important. Les forestiers rendent compte autant à l'université qu'à l'abbé. Ils répartissent auprès de chaque partie les droits perçus. L'université paraît avoir des représentants désignés pour toucher ces droits (l. 49). Et ils peuvent avoir des préposés. Est bien spécifiée la possibilité pour ces forestiers d'effectuer des poursuites à l'extérieur de la *villa*. Le personnel lié au fonctionnement du four banal est aussi évoqué, des fourniers aux agissements condamnables d'après les arbitres, qui veulent dorénavant les empêcher d'agir « à la tête du client ». Des « inspecteurs » occasionnels apparaissent ici et là, inspecteurs des pains (assermentés ! l. 33), et aussi, c'est induit par les mesures prises, inspecteurs des maisons en période de fête vérifiant que l'on n'y cuit pas de plats spéciaux… Une dernière fonction administrative apparaît, celle du *praecon* qui fait les clameurs. Autant de charges normalement attendues, qui n'induisent pas un statut social particulièrement éminent.

Les notaires

M. Bourin a évoqué l'influence des notaires dans la prise de conscience du phénomène juridique par la population au tournant des XIIe-XIIIe siècles, et le développement des institutions communautaires, quoique l'institution du notariat émane exclusivement du seigneur (Bourin 1987 t. 2 p. 172). La fonction est attestée à Villemagne dès 1197. Une succession de « notaires publics » apparaît en 1204, 1209, 1214, 1233. En 1273 c'est un notaire de la cour à Béziers qui enregistre la charte, et c'est parmi les témoins que l'on trouvera le « notaire de Villemagne ». Mais un notaire est dit « de l'abbé » en 1322, ce qui semble indiquer que la charge publique est alors distincte de la charge privée.[53]

Il est étonnant de constater qu'exista aussi assez tôt une charge de notaire public manifestement reliée aux actes passés par les Boussagues[54], mais à Saint-Gervais, et qui est remplie en 1209 par le « recteur » de Saint-Martin le Vieux. Ce n'est qu'en 1324 que l'on voit nommer un notaire à Boussagues par la dame de Boussagues[55].

4.3.3. L'affirmation de l'université

En 1197 étaient partie prenante, du côté de l'abbé, face au seigneur de Faugères, *probos homines ac populum Villamagnae, Minariorum et Monetatis*. À la fin du texte, l'acte est dit avoir été fait sous le conseil des moines « et de tout le peuple de Villemagne ». S'ensuit une liste de 48 noms que l'on peut supposer être ceux de chefs de famille, parlant pour eux, leurs successeurs, « et tout le peuple de Villemagne et de la Monétairerie ». M. Bourin a montré les multiples et délicats aspects du phénomène d'émergence des communautés ; dans les années 1140-1180 les prud'hommes sont en passe de devenir leurs représentants (Bourin t. 1 p. 323-324). À la fin du siècle ce doit être chose admise. Il se trouve que l'abbé de Villemagne fut impliqué par le pape dans une affaire controversée de création de consulat, à Lodève. Estimant que l'évêque et les chanoines qui avaient juré d'observer le consulat avaient eu la main forcée, le pape a donné faculté à l'abbé de Villemagne de délier le prélat et son chapitre de leur serment et de les en absoudre[56] (Martin 1900 II p. 341 note II). Cela se passait en 1202.

En 1273 deux assemblées sont confrontées à Villemagne. D'une part l'abbé et son « couvent », d'autre part l'université de la *villa*. Ces deux ensembles sont d'ailleurs dits « universités » en fin de texte (cf. *infra* annexe 3.2, Édition de textes, l. 76). Trois syndics représentent l'université laïque, un « syndic ou procurateur » représente l'abbé et son monastère. Ces syndics laïcs de Villemagne sont des syndics généraux, permanents, qui peuvent avoir eux-mêmes des représentants qualifiés de prud'hommes. Villemagne ne se range donc pas parmi « la majorité des villages français » qui bénéficie de syndics spéciaux, d'existence intermittente (M. Bourin 1987 t. 2 p. 152 et suiv.). Leur apparition doit être antérieure aux décisions du sénéchal Guillaume de Cohardon (*ibid.* p. 163-164) datant de 1271, qui interdit la création de consulats et syndics généraux. Le cas de Villemagne fait donc figure d'exception, surtout dans la montagne où peu de localités sont suffisamment fortes pour avoir des représentants permanents. Au XIVe siècle Boussagues aussi est muni de syndics généraux[57]. L'affaire réglée par le « compromis » de 1273, ou plutôt les affaires, furent difficiles puisqu'il fallut que trois arbitres soient nommés. Le premier cité venait de Clermont, haut lieu de la résistance seigneuriale au consulat. Le deuxième était en 1268 notaire et greffier de la cour royale de Béziers[58]. Le « troisième et supérieur arbitre » n'est autre que le juge mage du sénéchal de Carcassonne et Béziers, Pierre Raymond de Graulhet[59] ; c'est l'une des dernières apparitions de cette illustre famille.

[52] Cf. AD Hérault, Villemagne-l'Argentière, FF1, 1635-1671 : « le syndic des pères bénédictins ».

[53] Fds Thésan p. 65 (1204), p. 71 (1209), p. 79 (1214), p. 76 (1233), p. 38 (1322).

[54] Cf. Fds Thésan par exemple p. 103-104, 1254.

[55] *Ibid.* p. 127-130.

[56] C. v. Lod. doc. XXXIV p. 33.

[57] Fds Thésan p. 158-168 (1364).

[58] *Ibid.* p. 112-114.

[59] Voir les rapports des Graulhet avec la maison de justice de Saint-Antonin dans Bongiu A. *et al* 1993, p. 198.

Longuement et minutieusement est tout d'abord organisée l'utilisation des fours, culinaires, dans Villemagne et son territoire, où sont distingués certains lieux extérieurs à la *villa* (Taussac, Hérépian dit aussi Villefranche, Saint-Gervais, Nissergues, La Vernière, Le Mazelet, La Gure, La Valette, Le Pradal, Clairac). Dans ces lieux, comme ils en avaient l'habitude, les habitants pourront continuer à utiliser leurs « grands » fours. Mais ailleurs, y compris dans Villemagne, les habitants ne pourront avoir que des fours domestiques de petites dimensions, et celles-ci sont bien spécifiées. Ils pourront aussi utiliser librement le four de l'abbé. Il n'y a qu'en période de fêtes qu'ils seront tenus de faire cuire « leurs tourtes au fromage, flausons, pâtés de viandes ou poissons en croûte »[60] au four de l'abbé et d'acquitter le droit de fournage. Celui-ci fut évidemment objet de contentieux. Pesée et prélèvement de pâte ont été l'occasion d'abus et ceux-ci sont condamnés par les arbitres. Enfin si pain ou pâte sont endommagés par le fournier, qu'ils soient inspectés par « de bonnes personnes assermentées » pour calculer le taux de remboursement... L'utilisation du four se libéralise, mais il reste tout de même four banal. À Boussagues ce n'est qu'en 1364 que le four sera transmis à la communauté[61].

Ensuite sont édictées les règlementations sur le bois de Villemagne. Des mesures de protection sont prises, en particulier pour qu'il ne soit pas épuisé par l'alimentation des fours culinaires. Université et abbaye partagent la juridiction du droit de forestage et les frais de garde, une gestion qui sera assurée par deux prud'hommes, l'un nommé par l'abbé l'autre par l'université, qui éliront à leur tour des forestiers assermentés chargés de recouvrer les revenus du bois.

S'ensuivent quelques règlements plus brefs. Les réparations au mur de la barbacane près du portail de Nogarède (c'est-à-dire, on peut le supposer, côté pont), seront assurées par l'abbé. La mise en défens de la Mare, et de l'Orb au long des murs de la bastide de l'abbé, est délimitée. Ainsi les habitants sauront où ils peuvent pêcher. Les « sociétés des minerais » seront protégées. Le droit d'association de ceux qui font d'honnêtes affaires est affirmé.

Ensuite les arbitres désavouent nettement l'abbé (l. 63-65) en remettant aux habitants les multiples peines et condamnations, que ce soit à propos des pesées et prélèvements lors de l'utilisation du four ou à d'autres sujets, infligées en particulier par un juge de l'abbé nommé Jean d'Agde, « considérant que le dit seigneur abbé veut vivre avec humilité et ne veut pas appauvrir ses sujets... ». Les édits qui suivent concernent le négoce. D'une part l'abbé est débouté du droit de mesurage (gerbes de blé et mesures de sel)[62], et semble-t-il du droit d'étal (le manuscrit comporte des lacunes), comme il l'est de la perception de la dîme de l'herbe au temps des foires de Saint-Majan, selon la requête des syndics de l'université. En revanche l'abbé est soutenu et doit rentrer dans ses droits à propos de la leude sur les fruits en temps de foire et de la perception d'un denier sur chaque vendeur de pain le dimanche. Par conséquent l'université est condamnée à payer à l'abbé et au monastère 150 livres tournois. Suivent les modalités de paiement. Est évoquée la répartition des affaires judiciaires entre cour de l'abbé, et cour du roi. Sont aussi réaffirmés les droits du prieur et des hommes de Soumartre dans un certain bois. Enfin le texte s'achève par d'ultimes avertissements, le rappel solennel de la tenue de la double assemblée (couvent et université) dans « l'église neuve » de Saint-Martin et de son approbation, et une courte liste de témoins.

Ce texte apporte des données d'importance sur l'ambiance à Villemagne au cœur de la deuxième moitié du XIIIe siècle. L'abbé prénommé Pierre fut manifestement un homme dur, et il est rare que les représentants royaux tancent à ce point une autorité ecclésiastique. L'université a obtenu que les peines et condamnations injustes soient levées, que l'usage du four banal ne soit maintenu qu'aux périodes de fêtes, que les droits en matière de forestage soient partagés. Les revenus perçus sur le négoce sont aussi répartis plus avantageusement. Malgré tout, l'université paiera. Elle est condamnée à dédommager l'abbé sur un point litigieux.

L'abbé Pierre, et les consuls de l'université, seront encore cités en 1303, parce qu'ils furent convoqués, comme les autres chapitres, abbés, couvents, consuls ou syndics, seigneurs de la viguerie de Béziers, pour aller soutenir à Paris le roi Philippe le Bel lors de son conflit avec le pape Boniface VIII. L'abbé de Villemagne qui s'est mis en route malgré *fragilitas et senectus sua* fait étape à Lodève où il déclare tout de même réserver les droits du Saint Siège, devant témoins (dont Gui de Boussagues, qualifié de *dominus*, moine de Villemagne et prieur de Saint-Gervais). Les Archives nationales détiennent, en date du 25 juillet 1303, l'acte d'« adhésion au procès de Boniface VIII » des cités et villes de la sénéchaussée de Carcassonne ; sont nommés dans la liste les consuls de Villemagne. Soixante sceaux sont apposés dont celui de l'université de Villemagne[63]. On peut citer ici la description qu'en fait la spécialiste B. Bédos : « Cavalier coiffé d'un heaume carré, vêtu de la cotte d'armes, tenant l'épée et la lance avec gonfanon ; son bouclier et la housse du cheval aux armes : un burelé ; dans le champ, des rinceaux. /S. UNIVERS/ITAT[IS...]/ VILLE

[60] Parmi les plats de fête cités, le « flauson » (ou flaune) est une désignation qui existe toujours, attestée en milieu montagnard (très vivante à Millau par exemple). Le gâteau ainsi nommé étant à base de recuite de lait de brebis (pâte brisée, recuite, œufs, fleur d'oranger, sucre). Cf. Aussibal 1983 p. 84. Information fournie par Geneviève Durand, que je remercie vivement. Les tourtes au fromage étaient-elles aussi à base de fromage de brebis ? On aurait là de ces rares indices de recettes régionales qui ont laissé si peu de traces dans les textes. Cuire viandes ou poissons en croûte est en revanche très communément attesté (cf. Coutumes de Perpignan citées par Du Cange, et Appolis 1951 p. 54-56).

[61] Fds Thésan p. 158-168. À Aniane l'abbé a transmis le four, mais Saint-Jean de Fos lutte pour conserver son four commun au XVe siècle (Cassan 1907 p. 241).

[62] ADH Villem., 4L1, 1845-1874, parmi les revenus communaux, existe toujours l'adjudication de la ferme du mesurage, pesage et jaugeage.

[63] Picot éd. 1901, p. 102-103, 88-90, 208-209.

MA[G]NE » (Bédos 1980 p. 723)[64]. Caparaçon et écu sont lignés à l'horizontale. Le végétal qui occupe le fond ressemble à de l'olivier.

4.3.4. Foires et foyers artisans : Lodève, Clermont, Villemagne
(fig. 5)

Les voies de communication ont été reconnues : route du nord-ouest vers Rodez ou Albi par le prieuré de Saint-Gervais et la bastide de Saint-Geniès, routes de Lodève et Clermont s'embranchant au nord de Bédarieux, que l'on peut supposer contrôlées par les Faugères, routes vers le sud et les villes de la plaine par la bastide de l'abbé, le prieuré de Pézan, la zone d'Alignan, mais verrouillées par les Faugères... Ces voies peuvent être maintenant mises en rapport avec un réseau commercial régional.

Villemagne fut lieu de foires. Les « foires de Saint-Majan » (*nundinis sancti Majani*) sont citées en 1233, 1273, apparaissent dans le leudaire de Clermont daté du début du XIVe siècle par I. Bonnot (1984)... J. Combes, M. Bourin, R. Lentsch en ont trouvé plusieurs mentions lors de leurs recherches. À Villemagne on peut localiser la foire presqu'à coup sûr au nord, nord-est du bourg, au lieu-dit encore aujourd'hui la Piale, jouxtant hors les murs la muraille et correspondant à la « porte de la Pila » citée en 1233 : *piala*, *pila*, désignent les mesures, les auges de pierre ou de bois qui étaient installées à demeure dans les lieux de marché. Comme toponymes ils permettent communément de repérer l'endroit du mesurage. En 1233 la paroisse Saint-Grégoire est dite avoir une emprise hors-les-murs (§ IV) ; et le lieu de foire est évoqué dans les lignes précédentes comme étant du ressort de la viguerie (§ III). Peut-être était-il inclus dans cette paroisse ?
Villemagne devait donc s'intégrer dans un réseau de foires régionales. Les modalités de l'interdépendance du commerce avec les foyers producteurs, les centres artisans est difficile à saisir exactement. L'importance de l'élevage dans le Midi a entraîné une forte présence de l'artisanat lié au traitement de la laine et des cuirs. Quelle place y tint Villemagne ?

À l'occasion d'une contestation, quant au paiement de la leude royale de Béziers sur le chemin qui rallie Narbonne par Cazouls et Murviel, l'on sait par plusieurs témoignages des années 1261-1262 que les marchands de Narbonne portent par là des draps de laine aux foires de Villemagne, Lodève, Clermont[65], foires que M. Bourin estime très courues, alors qu'ils fréquentent dans une moindre mesure Pézenas, Magalas, Gabian (Bourin 1987 t. 2 p. 86 et n. 31 p. 361).
D'après un leudaire, Lodève est en effet ville de foires au moins à partir de 1212 (Martin 1900 I p. 258-64, Appolis p. 596), et, dans l'autre sens, ses habitants bénéficient de concessions de passage gratuit dans certains lieux comme celle accordée par les seigneurs de Faugères et Lunas en 1259 (« aux habitants de Lodève et hommes de l'évêque »), ou celle accordée par les seigneurs de Clermont, Saint-Felix, Saint-André et Ceyras en 1270 (« habitants de Lodève allant trafiquer à Montpellier »), ce qui couvre de vastes territoires[66]. Dans le texte de 1212 comme dans celui de 1270, les *mercatores* débutent la liste des métiers concernés, des métiers d'artisans. La foire de Saint-Geniès, patron de la cathédrale, se tint de trois à huit jours autour du 25 août. L'origine familiale des évêques est peut-être une des données de la promotion des foires. Au XIIe siècle ils sont issus des familles de Montpellier, de Montpeyroux. Au XIIIe siècle la ruine des Montpellier a laissé la place entre autres aux Rocozels, aux Boussagues, qui sont liés au haut pays.
L'origine des foires de Clermont est brumeuse. Les marchands de Clermont qui vont à Gignac sont cités en 1140, mais la première attestation des foires est de 1262 (Combes 1958 p. 236 repris par Bonnot 1984). M. Bourin précise que de nombreux marchands fréquentent la foire de Clermont en passant par Béziers, parce que Béziers bénéficie d'un accord sur la leude. Le leudaire de Clermont daté du début du XIVe siècle par I. Bonnot évoque une foire de quatre jours autour de la Saint-Brice, c'est-à-dire à la mi-novembre. Quant aux *nundinas de Villamagna*, citées de nombreuses fois par les marchands de Narbonne en 1261-1262, quand se tenaient-elles ? Dites « de Saint-Majan », elles avaient lieu au moment de cette fête. Si l'on en croit H. Barthès (1988 p. 86), en 1253 une union de prières avec Cassan dit que la fête de saint Majan a été instituée le 10e des calendes de juin, c'est-à-dire le 23 mai[67].

Une foire d'été, une foire d'automne, une foire de printemps. Au milieu du XIIIe siècle la distribution au long de l'année des foires de Lodève, Clermont et Villemagne était équilibrée. Or, juste avant ou en 1311, l'évêque de Lodève a décidé le transfert de la foire du 25 août au... 25 mai. Ce changement de stratégie commerciale posait Villemagne comme une concurrente. Le seigneur de Clermont et l'abbé de Villemagne protestèrent contre ce changement de jour[68] (Martin 1900 I p. 257 à 259). Le sénéchal de Carcassonne leur donnera raison, mais ce ne sera qu'en 1326 que l'ancienne date sera restaurée. La controverse aura tout de même duré 15 ans, non sans épisodes violents. L'évêque de Lodève qui prit la décision du transfert était Déodat de Boussagues († 1312). L'abbé de Villemagne, au moins de 1312 à 1317 d'après la

[64] Sceau n° 724 ; cote du parchemin scellé : Arch. nat. J 478. Un blason « burelé » est ligné de bandes parallèles. Le sigillographe J. Roman, en prenant exemple de ce sceau parmi d'autres, met en garde quant à une surinterprétation de la figure du cavalier. Ce peut être pour lui la représentation d'un administrateur (Roman 1912 p. 94).
[65] Blanc éd. 1899, p. 358-371, années 1261-1262.

[66] C. v. Lod. p. 37 (1212) ; p. 46 (1259) ; p. 69 (1270).
[67] Dans la visite pastorale de 1636, la fête est placée au 1er juin (cf. *infra* annexe 3.4, Édition de textes). Depuis quand ?
[68] 1311 : C. v. Lod. p. 105.

Gallia Christiana, et donc peut-être intronisé avant 1312, était Gui de Boussagues. La coïncidence est étrange. De plus, il est connu qu'il y avait dès la fin du XIIe siècle deux branches principales dans la famille de Boussagues (qui occupent d'ailleurs deux châteaux distincts dans les murs du bourg castral), et que les conflits familiaux ne manquaient pas[69]. Quoiqu'il en soit il est normal que Villemagne proteste. Le transfert lui faisait grand tort. Le fait que le dîmaire de Saint-Grégoire, la paroisse « bourgeoise », en 1323 a diminué (Carou 1866) en fut peut-être un indice. On peut se demander si l'église, comme celle de Pézenas, n'était pas propriétaire de tables de marchands ? Pourtant la foire a bien lieu. G. Romestan en a trouvé une attestation en 1324 (Romestan 1976 p. 76 n. 6). Quant aux marchands de Clermont, ils regrettent l'équilibre du système. Ils doivent avoir un manque à gagner à ne plus pouvoir fréquenter que l'une des deux foires. Notons en passant que la famille seigneuriale de Clermont est liée par mariage aux Boussagues.

Lodève-Clermont-Villemagne : trois endroits qui font la transition entre plaine et montagne, Villemagne étant le plus enfoncé dans le haut pays. Remarquons aussi l'existence d'un « pont du Salagou » qui n'est pas autrement situé mais qui facilitait la circulation entre Lodève et Clermont au moins depuis le début du XIVe siècle (Bonnot éd. 1984 p. 104 § 56). Mis à part Aniane, dont une foire existait déjà en 1165, qui en effet est dite « ancienne » en 1292 (Combes 1958), dont l'accès était facilité par le fameux pont « du Gourg Noir » cité dès le XIe siècle, et Le Caylar, dont la foire aux bestiaux et aux draps grossiers venant de Cornus est attestée en 1281 (l'évêque de Lodève Bérenger de Boussagues fait payer péage aux marchands [Appolis 1951 p. 597]), toutes les autres foires du Languedoc oriental connues pour le moment se tinrent dans des bourgs de la plaine. Rapidement, grâce à l'appui royal ce sont celles de Pézenas, puis à partir du début du XIVe siècle celles de Pézenas combinées à celles de Montagnac, qui prirent le pas sur les autres (Bonnafous 1967, Combes 1976). Elles étaient desservies grâce à un pont sur la Peyne, réparé en 1270, reconstruit en 1300 (Bourin 1987 t. 2 n. 74 p. 420) et à un pont neuf sur l'Hérault à la construction duquel participèrent les communautés voisines, commencé en 1274 et terminé en 1283 (Delouvrier 1900 p. 81). Mais à la moindre inondation on revenait au système du bac (Combes 1976). À la fin du XIIIe siècle, 200 tables piscénoises étaient au roi, alors que 48 relevant de différents possesseurs sont citées au XIVe siècle à Lodève (Martin 1900 I p. 262-263, Bourin 1987 t. 2 n. 5 p. 414).

Dès lors ressort des études sur Pézenas et Montagnac leur agressivité économique des années 1320-1340. Tout cela sur fond de crise du commerce textile languedocien (Bourin 1997 p. 380). Pézenas chercha à empêcher la première foire de Montagnac avant que ne se combinent dans le temps les six foires de ces deux villes. Elle contrecarra les vœux de Saint-Thibéry, et de Caux, alors qu'au milieu du XIIIe siècle Saint-Thibéry était « la plus grande place marchande du blé et du cheptel », Caux (et Magalas) étant également cités mais plus rarement (Bourin 1987 t. 2 p. 87). Montagnac voulut faire supprimer la foire de Nîmes sur un argument intéressant, qui voulait que celle-ci frustre le roi de péages parce que les marchands passaient par la montagne, alors que se rendant à Montagnac les marchands s'acquittaient de nombreux péages entre Toulouse et Pézenas via Béziers, auxquels s'ajoutaient ceux de Saint-Amans (?), Cessenon[70] (un pont de pierre y est attesté en 1282, 1308..., qui dut être souvent emporté vu l'existence d'une réglementation sur la barque [Segondy 1949 p. 513]), et « Villefranche » (est-ce Hérépian ?). L'ordre des noms de villes cités respecte une progression ouest-est, sauf ces trois derniers toponymes qui marquent d'autres axes.

Les menées de Pézenas et Montagnac contre les foires de Lunel dans les années 1360-1380 sont encore révélatrices (Combes 1958 p. 253). Les passages des Routiers à partir des années 1340, la grande pandémie, la dépression économique générale n'eurent pas raison de la combativité de Pézenas et Montagnac... Il ne reste plus aux autres villes et bourgs que des foires d'intérêt local.

Quant aux acheteurs, à partir du milieu du XIVe siècle à Pézenas - Montagnac ils viennent des grandes régions sud et sud-est, entre Espagne et Italie (Combes 1958).

Villemagne voit sa foire encore citée en 1335 et 1336 : y sont achetés divers tissus, burelle, blanquet, brunette, bleu, vert, pour l'aménagement du palais du pape Benoît XII en Avignon (Lentsch 1991 p. 355, n. 38 p. 364-365). Jacques Fournier était en effet devenu Benoît XII en 1334. Et c'est dès lors que la construction et l'aménagement du palais adoptèrent un rythme intense (jusqu'en 1362 : Robin 1999 p. 17).

Il est difficile d'apprécier exactement la qualité de ces tissus. Pour R. Lentsch ceux qui viennent d'être cités sont des tissus plutôt médiocres puisqu'ils sont destinés à doter les pauvres et les jeunes filles à marier, ainsi que les religieux. Si en effet « burel » et « blanchet » paraissent être des tissus de qualité commune, voire effectivement médiocre pour les « bureaux », notons grâce à F. Piponnier et P. Mane (1995 p. 76 et 89) que la « brunette » noire, étoffe quant à elle de belle qualité, était colorée grâce à « un mélange de pastel à forte saturation » (le pastel a remplacé le trop cher indigo) et « passage dans un bain de kermès » (la graine rouge ou cochenille). C'est le « seul lainage de couleur très sombre que l'on apprécie » entre fin du XIIIe et début du XIVe siècle[71]. De toute façon ce ne sont pas les foires locales qui alimentent le palais en tissus de luxe. Ceux-ci viennent d'Italie, ou de Paris, la Bourgogne, l'Allemagne, l'Angleterre, les Flandres, le Brabant, par l'entremise des grandes sociétés italiennes (Lentsch 1991 p. 354-355). Aux foires locales donc

[69] Fds Thésan p. 55-57.

[70] 1291 : les habitants de Narbonne sont alors exemptés des leudes de Cessenon. Blanc éd 1899 p. 446.

[71] Cf. Mérindol 1989 p. 197 : au XIVe siècle, le « brun » est réservé aux domestiques du roi et aux religieux.

reviennent la diffusion des draps de petite, et moyenne, qualité.
La foire de Villemagne est encore mentionnée en 1344 (Romestan 1976 p. 76 n. 6), puis débute une éclipse en 1346. Pour ce qui est de la foire de Lodève, les marchands de Figeac demandent le transfert de son emplacement en 1345 pour cause d'inondation, mais elle sera citée pour la dernière fois en 1347 (Bourin 1987 t. 2 p. 366 et n. 5 p. 414). La destinée de Clermont n'est pour l'instant pas connue (R. Lentsch cite des achats de tissus à Clermont en 1335-1336-1337). Rappelons que tout cela se passe sur fond de crise pour l'artisananat et le commerce drapier en Languedoc, cette crise des années 1330-1340 décrite par M. Bourin (Bourin 1997). De plus, pour Villemagne et Lodève, les installations artisanales qui profitent largement des cours d'eau ne purent qu'être sévèrement touchées par les inondations catastrophiques de 1345. À Lodève, les artisans de la laine, du lin, du cuir et de la fourrure sont bien attestés, depuis au moins le début du XIIIe siècle. Un texte est connu pour 1212. Le règlement sur la fabrication du drap, à l'initiative de l'évêque de Lodève Bérenger de Boussagues, date de 1288[72] (Martin 1900 I p. 248, II note IX p. 467, Appolis 1951 p. 456). Pour Villemagne G. Romestan a relevé un texte où il est dit qu'un pareur de draps de Perpignan doit de l'argent à un teinturier de Villemagne ; l'attestation est de 1344 (Romestan 1976 p. 76-77 n. 6), mais les anthroponymes et les nombreux produits tinctoriaux cités dès la fin du XIIe siècle laissent penser à une continuité de la présence de cet artisanat à Villemagne. L'inondation de 1345 dut ravager les installations. En fait les foires seront de nouveau citées en 1426, mais dans un tout autre contexte économique (cf. *infra* 6.1.1).
Avec Narbonne en tête, Béziers, Lodève, puis Carcassonne, sont considérées par les historiens comme les principales des nombreuses villes drapantes du Languedoc. De petits centres comme Brusque, Clermont, Gignac, Saint-Pons... s'y ajoutent (Villemagne n'est pas dans la liste), mais ce qui apparaît mal dans les études c'est la répartition des métiers, depuis les premières phases de traitement des matériaux jusqu'à l'obtention des produits finis, et donc la complémentarité entre les artisans de localités différentes qui obligeaient à des transports en réseau des produits à différents stades de fabrication. D'après l'anthroponymie, M. Bourin voit fréquemment attestée l'existence de tisserands dès le XIIe siècle en de nombreux endroits, y compris de piètre importance comme Cabrerolles. Les pareurs de drap voient aussi leur métier très répandu. Mais qu'en était-il des teinturiers, des tanneurs, des fourreurs, des fabricants de chaussures, chapeaux, vêtements de luxe... (les *mercerii, corraterii, sutores, sabaterii, varrerii, pellicerii...*) ? Il est logique de supposer que l'artisanat des produits finis de luxe se concentrait dans les grandes villes (Lentsch 1991 p. 355 : des fourreurs de Perpignan, un certain Jean de Narbonne, un autre personnage nommé Raymond d'Aix, marchands de chaussures, approvisionnent le palais d'Avignon...). Dans ce contexte, il est remarquable que la teinturerie ait été un stade de fabrication pratiqué jusqu'à un niveau d'une certaine qualité dans le bourg de Villemagne, comme il le fut dans la cité de Lodève, ou à Montpellier qui avait acquis une spécialité de teinture à l'écarlate (Fabre, Lochard 1992 p. 66). Du moins en était-il ainsi avant la catastrophe du milieu du XIVe siècle.

Constatons pour finir que la tenue de foires à succès génère forcément les activités d'un personnel attentif à l'accueil des marchands, auxquels doivent être réservés logement, pour eux, leur monture, leurs animaux de bât, facilités d'entrepôt pour leurs marchandises. La réservation des tables doit être claire, les fraudes traquées, les conduits assurés.[73] Rappelons que dans un bourg marchand, le stockage est une fonction fondamentale. Grâce à R. Lentsch, l'on sait que transport (et paiement) étaient différés par rapport aux jours de foire. « Les charges de draps sont emballées ou enroulées dans de la toile, entreposées chez l'habitant sur le lieu de la foire même, puis transportées à dos de mulet » (Lentsch 1991 n. 40 p. 365). La vente veut du grand jour, sur les tables de la foire ou aux étals des boutiques, mais le stockage réclame mise à l'abri de la lumière et des forts écarts de température ou d'hygrométrie. Forains comme marchands locaux devaient pouvoir entreposer à Villemagne. Enfin, une conséquence éventuelle quant à un autre type d'équipement peut être évoquée, l'amélioration du mode de circulation. Le leudaire de Clermont contient une mention intéressante, d'un certain sieur touchant des droits sur les denrées de passage *per lo fag de la carrieyra :* I. Bonnot y voit une allusion au fait que ce personnage se remboursait des frais de pavage de la grand'route (Bonnot éd. 1984 p. 97 et 105).

---

[72] C. v. Lod. p. 37 (1212) ; p. 73-74 (1288).

[73] Cf. Combes 1958 p. 236 ; Combes 1976 p. 18 ; Bourin 1987 t. 2 p. 282 et n. 10 p. 414.

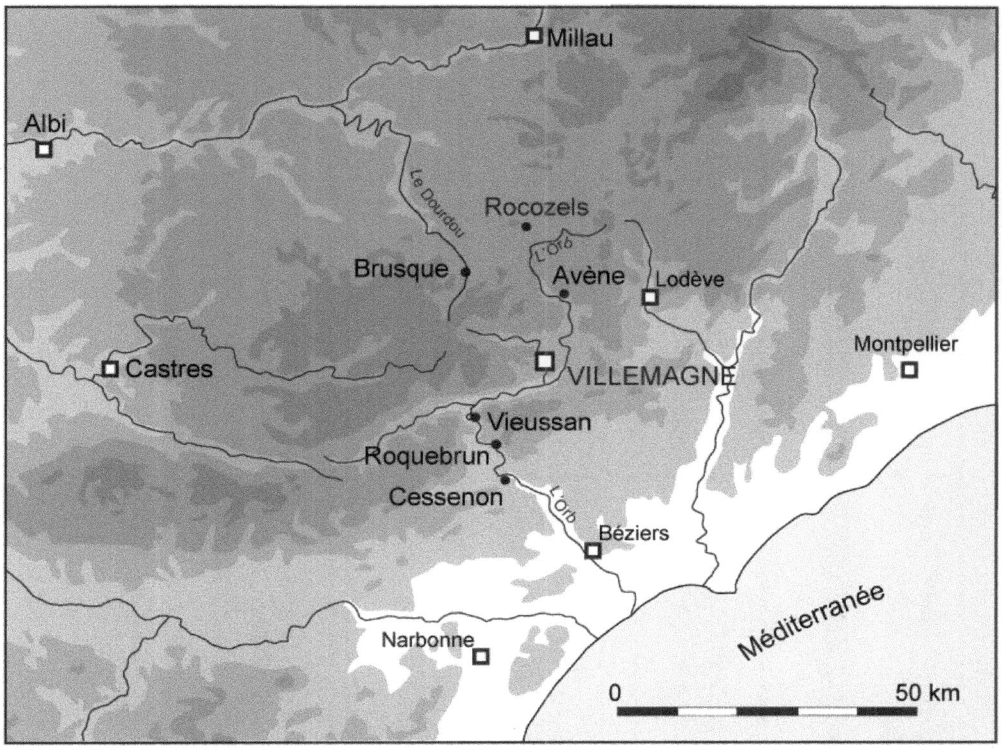

IV fig. 1 Lieux de guerre en haute vallée de l'Orb (deuxième quart du XIIIe siècle)

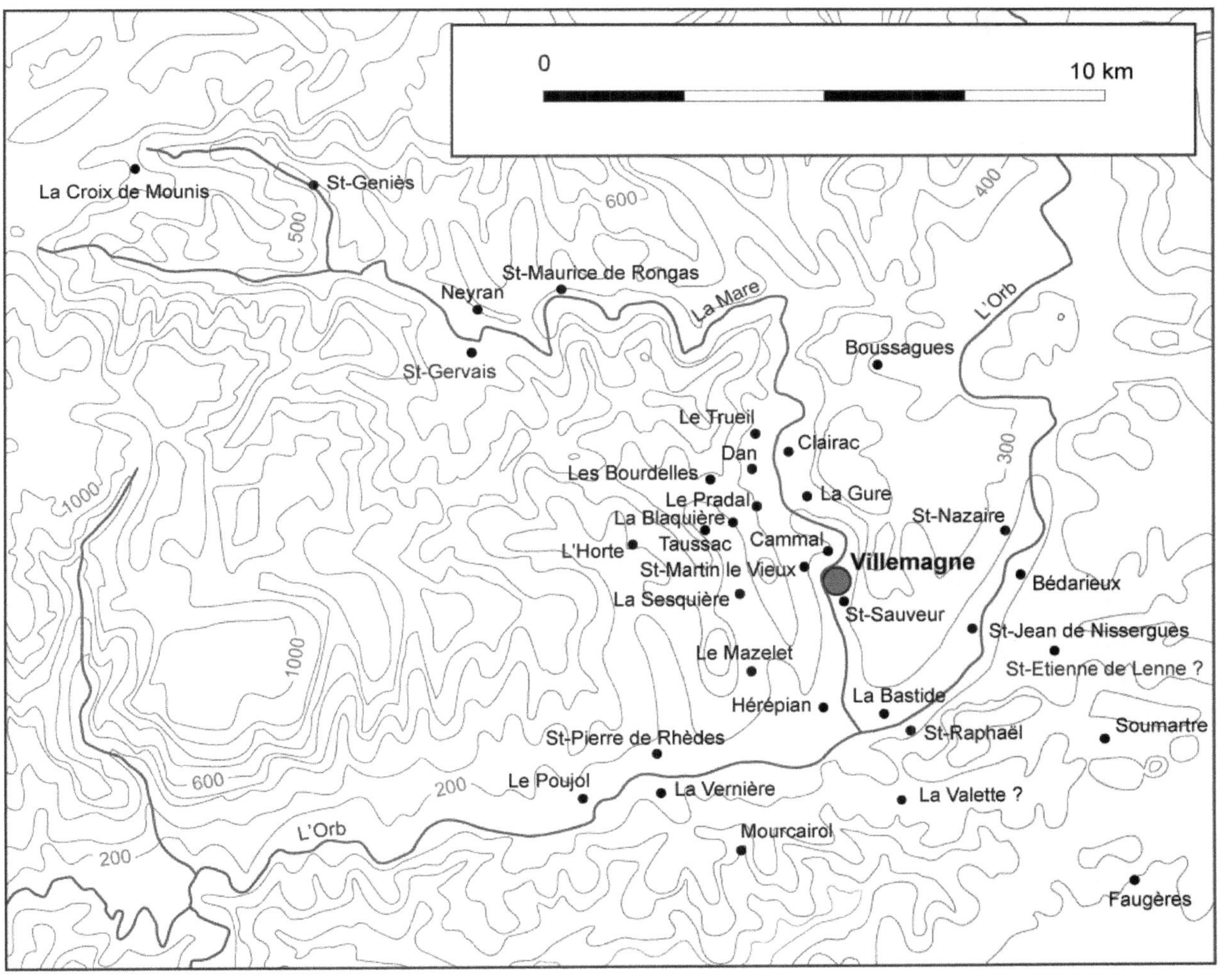

IV fig. 2 Toponymes cités dans les textes de 1233 et 1273

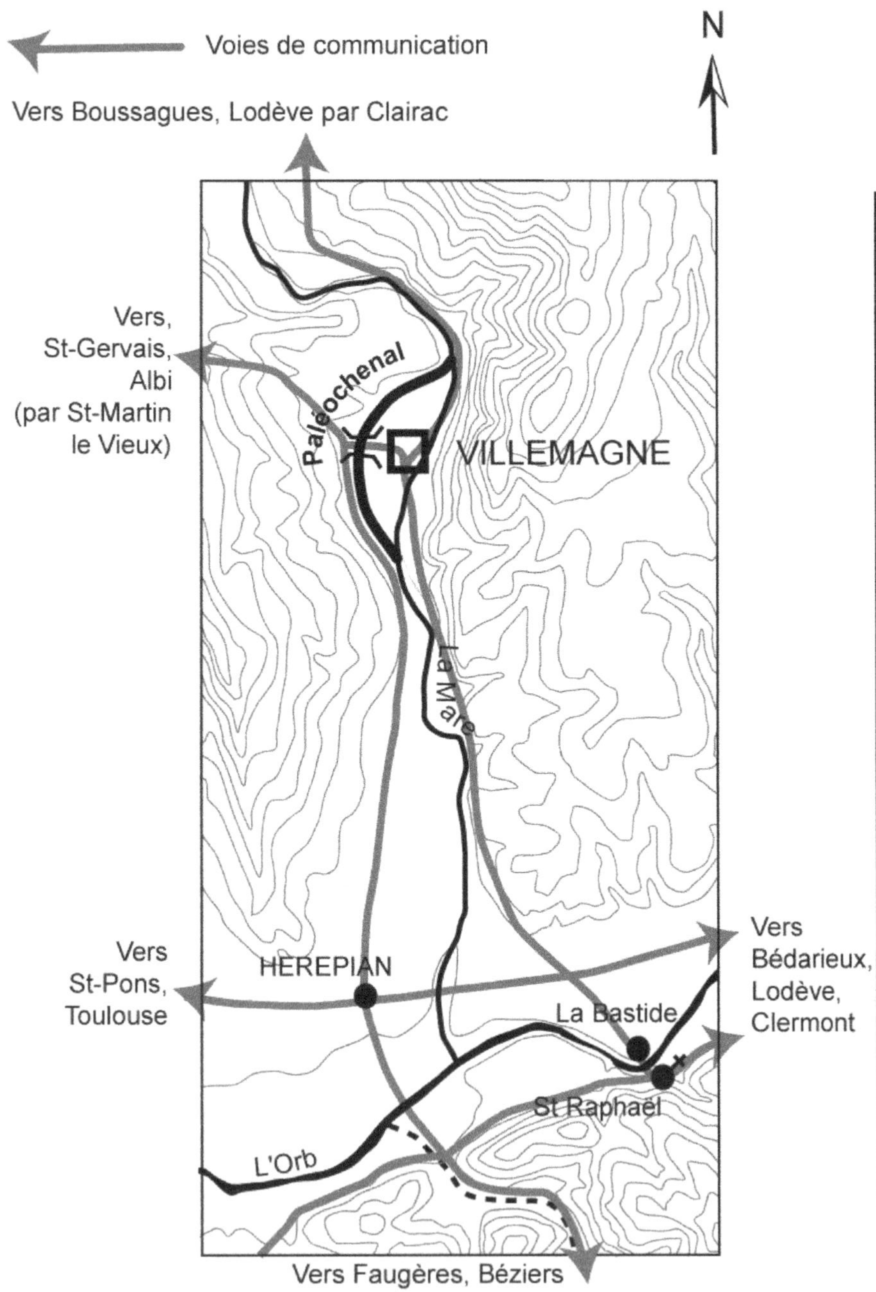

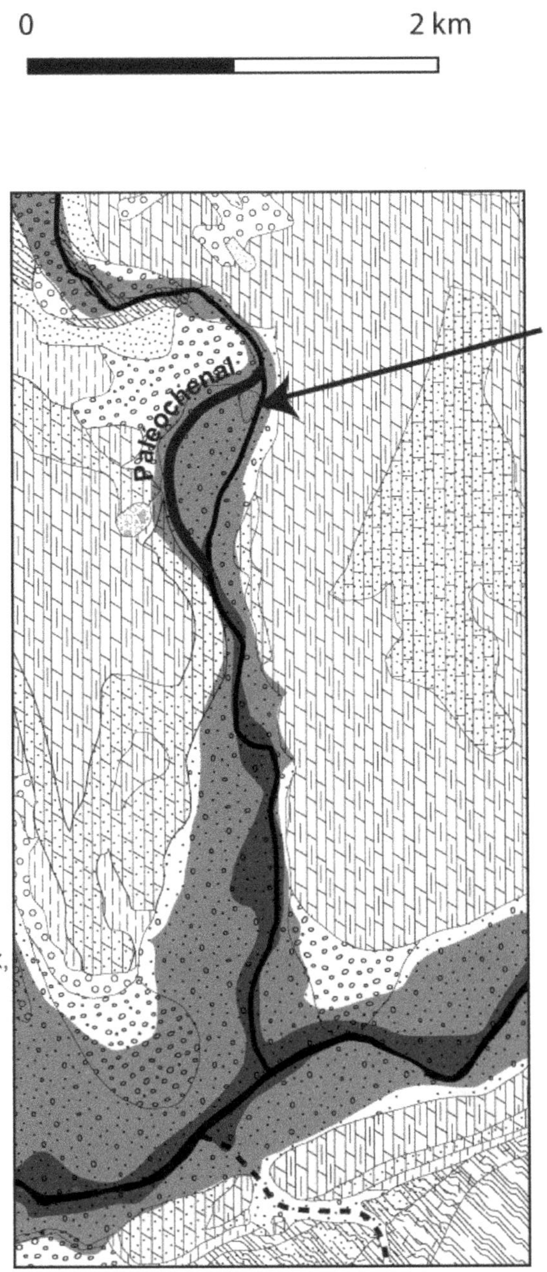

IV fig. 3 La desserte de Villemagne du temps du pont de pierre ; la Mare et sa zone inondable
En amont de Villemagne, la Mare contourne un promontoire de grès et d'« alluvions anciennes ».
Avant le milieu du XIVe siècle, la Mare (paléochenal) passait entre ces alluvions et une formation de « basalte intrusif », pour couler à l'ouest du bourg où elle était franchie grâce à un pont

IV fig. 4 Inscription commémorant la construction du clocher de l'église Saint-Gervais (Saint-Gervais-sur-Mare)

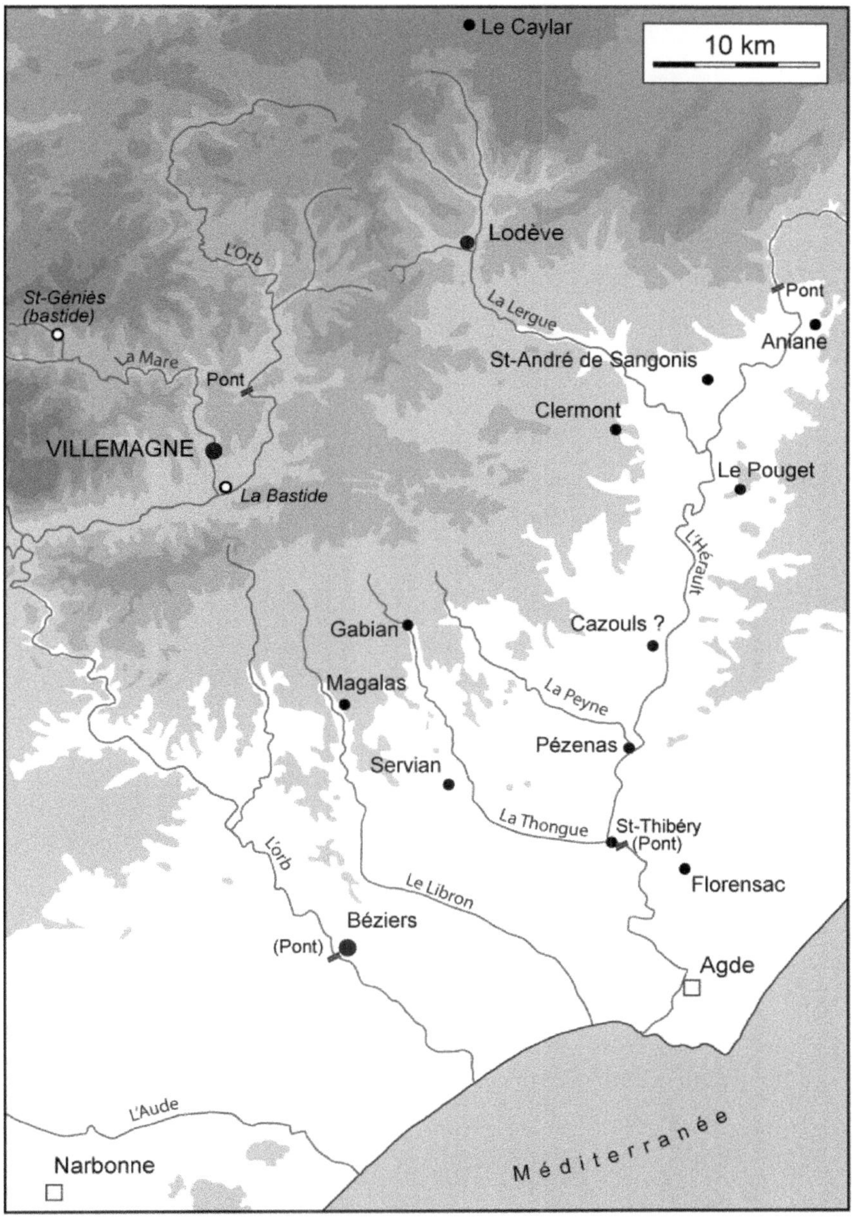

IV fig. 5 Carte des lieux de foire au XIIIe siècle

● Lieux de foire

5. COMMANDITAIRES ET CONSTRUCTIONS

5.1. « Les » bourgs

On a vu que l'habitat à Villemagne n'est pas qu'un ensemble de maisons groupées dans un périmètre clos. Mais il est difficile de juger de l'extension du bâti. Si les restes de l'enceinte peuvent donner quelques repères pour la surface *intra muros*, l'étendue des quartiers hors-les-murs, bien attestés par les textes, est complètement inconnue : *homines Villemagne et burgorum, qui sunt juxta Villammagnam* (§ XXVI du texte de 1233). Alors que du milieu du XIIe siècle à 1210, l'expression consacrée était *burgum cum omnibus pertinentiis*).

5.1.1. Saint-Martin le Vieux, église paroissiale des habitats miniers

On ne sait rien de la configuration du « bourguet » de Saint-Martin, ni de la monétairerie...

Fig. 1. Quant à l'évolution de l'église Saint-Martin le Vieux, nous l'avions laissée en son état de la deuxième moitié du XIIe siècle. L'appareil est plutôt irrégulier, les enduits intérieurs épais devaient être peints de motifs. Le sol est en ciment dans la nef, sans doute dallé dans l'abside, mais ce n'est qu'une couche résiduelle du sol qui a été retrouvée (**fig. 1.7**), qui fait supposer que le dallage a été récupéré. L'abside est semi-circulaire ; du moins tend à l'être. Car manifestement le terrain n'est pas très stable et l'église a tendance à déverser vers la pente, ce qui occasionna plusieurs réparations (**fig. 1.6**). Le chœur architectural est ouvert, le chœur liturgique, long, le déborde et est marqué par emmarchement et clôture (**fig. 1.2 à 5**). L'on peut ajouter (vu l'énorme massif de blocage retrouvé sur la couche ultime de destruction de l'abside) que cette abside était très certainement voûtée. Mais rien ne peut être dit de la nef. De nombreux fragments diversement colorés de verre plat et quelques éléments de plomb qui permirent leur montage laissent affirmer qu'il y avait au moins un vitrail côté chœur.
Si le début de cette phase médiévale éclairée par les sondages peut être bien situé dans le temps, il n'en va pas de même de sa fin, qui reste très énigmatique. En effet, cette phase est close par un épisode violent, caractérisé par un incendie au moins dans le chœur, incendie qu'il est difficile de supposer accidentel, au vu de l'émiettement du mobilier et matériel liturgiques. L'association avec les violences dues à la Guerre de Cent ans saute à l'esprit : elles n'ont pu s'exercer avant la deuxième moitié du XIVe siècle. La date d'émission la plus récente des monnaies retrouvées dans la strate en question est 1271. Il y a aussi de nombreuses monnaies melgoriennes, dont l'émission quant à elle perdura lontemps[1].

En tout cas, jusque vers la fin du XIIIe siècle au moins sinon plus avant, le mobilier était abondant et de qualité. Tels les éléments de marbre blanc (**fig. 2**) : table d'autel, supports... Ce marbre venait-il des carrières de Saint-Pons ? Des morceaux finement sculptés de feuillages provenaient d'une table et/ou d'un devant d'autel.
Pouvoir associer concrètement architecture d'un lieu de culte et mobilier liturgique est rare. Le matériel corrige par sa relative qualité la connotation modeste laissée par l'analyse de l'architecture. Parmi les fragments du matériel liturgique recueillis dominait le verre (**fig. 3**), coloré et décoré de reliefs. Les débris sont incomplets, néanmoins sont bien reconnaissables les restes d'une coupe (un calice ? les débris ont été retrouvés carbonisés dans un foyer qui fut allumé près de l'autel), d'une petite fiole, de deux burettes à versoir en col de cygne de tailles différentes. D'autres débris provenaient de récipients divers qui ne sont plus identifiables. Cette abondance d'objets de verre est intéressante, le matériel trouvé en contexte ecclésial étant plutôt rare. La fiole est de même forme qu'une série connue pour la fin du XVe siècle, aux usages d'ampoule de consécration, reliquaire... L'exemplaire recueilli à Saint-Martin est forcément de plus haute époque, il a pu contenir reliques liquides, chrême, huile sainte, eau bénite... Les deux burettes sont d'un type qui a traversé les siècles médiévaux et qui ne fut pas réservé au milieu ecclésial ; elles ont pu contenir eau et vin ou saintes huiles (*À travers le verre...* 1989 p. 252-253 et 301). L'existence possible d'un calice de verre n'est pas surprenante. Il en est de conservés (*ibid.* p. 359). De plus, les interdits dont ils firent l'objet sont bien connus grâce aux Décrétistes ou aux textes conciliaires tout au long du Moyen Âge, interdits dont la répétition montre le non respect. Depuis le concile de Reims de 895, il est dit et redit que calices et patènes doivent en effet être fabriqués dans les matériaux les plus précieux, or et argent, (appel est fait aux dons privés), l'étain est toléré, bronze et cuivre sont proscrits pour leur caractère nocif (dû à la formation de vert-de-gris), ainsi que bois et verre[2]. Le bois est sans doute rejeté parce que trop vil, mais si le verre est interdit, c'est plutôt à cause de sa fragilité propice aux accidents sacrilèges que parce qu'il n'est pas assez précieux.
Pour ce qui est de l'orfèvrerie (**fig. 3**), n'ont été recueillis que quelques petits éléments de métal dorés, certains émaillés en bleu et vert (fermoir de livre au félin, rouelle), et des cabochons ou plaquettes de verre de couleur qui purent avoir été décors de châsses ou de plats de reliures, éléments de luminaire... etc., et aussi de petites mouchettes à l'allure de pince à épiler, qui servaient à tirer les mèches des lampes à huile. Durand de Mende cite ce type d'objet, *emunctoria sive*

[1] D'après G. Depeyrot, « l'atelier de Melgueil continua à frapper très longtemps, jusqu'au XVe siècle sans doute », mais il y eut « une très forte baisse des émissions après la seconde moitié du XIIIe siècle » (Depeyrot 1997 p. 65), au profit de la monnaie royale. Monnaie royale qui n'apparaît pas dans cette strate des sondages à Saint-Martin.

[2] Réginon de Prüm († 915), Burchard de Wörms († 1025-1026), Yves de Chartres (1090) dans Migne : 132 col. 205 can. LXVII, 140 col. 692 cap. XCVI, 161 col. 197 cap. 131. Et Gratien (1159) III dist. I dans Friedberg col. 1306 can. XLV.

forcipes, dans son *Rational* parmi les ornements de l'autel[3]. Dans le périmètre de l'abside ont été également retrouvés un amas de feuilles de romarin ou d'hysope. Ces branchettes ont peut-être été utilisées pour leurs qualités odoriférantes, à moins qu'elles ne soient entrées en composition d'un goupillon, usage mentionné par Durand de Mende (une aspersion d'eau bénite est faite *fasciculo hysopi*[4]). Il y avait encore de nombreuses épingles, qui durent servir à fixer des tentures. Se trouvaient aussi dans la même couche résiduelle du sol médiéval (la récupération de l'essentiel de ce sol, sans doute un dallage, en fit aussi la couche de reconstruction d'une phase ultérieure), deux fragments d'une statue sculptée dans un calcaire gris non local, très dense et très fin, dont un petit pied d'enfant très délicat (**fig. 2.e**), peint en couleur ocre pâle, qui laisse penser que cette statue était celle d'une Vierge à l'Enfant, de notables dimensions (échelle humaine). Or l'usage de la « statuaire isolée » est tardive dans le Sud, et ne peut guère remonter au-delà du milieu du XIVe siècle (Pradalier-Schlumberger 1998 p. 245). Cette statue est le seul indice de datation permettant de placer le pillage de l'église à partir de la deuxième moitié du XIVe siècle. Décidément pillage et tentative d'incendie furent-ils liés aux opérations armées de la Guerre de Cent ans ? La Chronique de Jacme Mascaro évoque en effet la prise de Bédarieux en 1364[5].

Une réfection s'ensuivit, que les sondages singularisent mal. Elle comporta au moins, entre arc triomphal et clôture, l'installation de banquettes maçonnées côtés nord et sud, et d'un nouveau sol de ciment. Mais ensuite un abandon de l'église est marqué par une couche de fine poussière éolienne qui se fait particulièrement épaisse dans la nef, signe que celle-ci était ouverte à tout vent. Un abandon causé peut-être par de nouveaux problèmes de déversement des murs ? Si la reconstruction ne fut pas assurée de suite, est-ce parce que le contexte économique n'était pas favorable, ce qui placerait cet abandon quelque part entre milieu du XIVe et milieu du XVe siècle ? Ces réflexions quant à la chronologie restent conjecturales.

Le flou chronologique inclut aussi une évolution architecturale importante : la construction d'un clocher-tour (**fig. 1.10**), d'une bonne hauteur vu ses fondations puissantes (seules subsistantes, avec partie de son sol de ciment blanc : **fig. 1.8**). Le mur sud de l'église fut ouvert et arasé pour ménager une large communication entre église et clocher. Cette construction doit pouvoir être associée à la fonte de la cloche, qui, comme à l'ordinaire pour éviter les risques du transport, se fit sur place, à savoir dans la nef (**fig. 4**). Une cloche de dimensions moyennes et joliment décorée vu le motif en forme de fine croix grecque bouletée qui marque l'un des restes du moule retrouvés. Le sol de ciment fut cassé à l'occasion du creusement de la fosse nécessité par l'installation du moule à cloche. Or ce sol ne fut pas refait après l'achèvement du travail et le comblement de la fosse, signe que, peut-être, fabrication de la cloche et abandon de l'église furent proches dans le temps.

Enfin signalons un intéressant fragment sculpté (**fig. 5**), trouvé dans l'église mais malheureusement hors stratigraphie, dans une zone de déblais. Il n'est pas du tout assuré que cet élément ait fait partie de la rénovation de l'église. Il a pu appartenir à un bâtiment alentour. C'est apparemment le reste d'une console, en calcaire blanc (hauteur maximum 11,3 cm pour une largeur de 11 cm). Sa finesse laisse penser que cet élément n'était pas destiné à affronter les intempéries extérieures. Sont conservés les deux tiers supérieurs d'un visage féminin très expressif, à la chevelure tirée vers l'arrière mais ondulée, soulignée d'un cercle de tête de minuscules perles. Les sourcils sont froncés. La cassure sous le nez droit et mince laisse voir l'amorce des rides profondes qui encadraient certainement une bouche ouverte. Une joue porte encore trace d'un fin enduit ocré. Un petit visage hurlant mais délicatement traité, qui correspond bien à la vogue des masques plus ou moins grotesques qui ornèrent les consoles « gothiques » accueillant les ogives.

Le gros-œuvre de l'église est toujours simplement construit (le clocher est fait de moellons intérieurement enduits). Reste que l'installation d'un clocher-tour n'est pas un fait anodin. Et l'édifice est pourvu en mobilier de marbre travaillé, matériel liturgique de verre et orfévré, et même d'une statue de culte de grandes dimensions.

5.1.2. Les quartiers *extra muros* près de Saint-Sauveur

Près de l'église paroissiale Saint-Sauveur, dont le « portique », qui abrite la signature d'un acte, est cité en 1209[6], des maisons étaient implantées. Elles se situaient donc au sud-est du bourg enclos, non loin du « portail de Saint-Sauveur », dit aujourd'hui Porte de la Barbacane. Le texte de 1233 qui règle la répartition de la viguerie se réfère dans les généralités initiales à ce qui est clos de murs, et, *extra [...] a portali Sancti Salvatoris usque ad Portale Vetus* (§ II). Mais le notaire a eu besoin de disposer un *addendum* à la fin de l'acte[7] qui précise la topographie de cette dernière section. Si nous cheminons de l'intérieur vers l'extérieur du bourg clos, nous suivons donc la rue Droite qui se prolonge au-delà du portail Saint-Sauveur jusqu'au portail Vieux. Sur cette partie de la « carrière publique » donnent, d'un côté comme de l'autre, des portes de maisons (*domus*). Certaines appartiennent au manse de Marnagues. Le manse s'étend jusqu'à la maison de Bérenger Bolegon. Les seigneurs de Boussagues et Faugères y ont viguerie, sauf sur la maison des Verrier qui appartient au « petit bourg » (*burguetum*) de Saint-Sauveur. Quant à la maison de P. Panolier, qu'elle puisse avoir une issue sur cette carrière sans pour autant ressortir à la viguerie des

[3] Rational de Durand de Mende, 1284, Liv. 1er chap. III § 28 et 29 : Barthélémy I p. 54-55.
[4] Liv. 1er chap. VI § 6 dans Barthélémy I p. 85.
[5] Barbier éd. 1890 p. 56.

[6] Fds Thésan p. 68-71.
[7] Fds Thésan p. 93.

seigneurs, si ce n'est jusqu'à la croix faite sur son mur, du côté de la carrière publique qui va à *Puissellum*.
Manifestement il fallait préciser en cet endroit le ressort de la viguerie, car le « bourguet » de Saint-Sauveur y semble imbriqué dans un manse, le manse de Marnagues, à moins qu'il n'y soit simplement contigu. Aujourd'hui c'est le cours de la rivière qui occupe cet endroit, et la digue moderne qui protège tant bien que mal Villemagne a été construite, d'après les délibérations consulaires citées par L. Fargier, avec les pierres de Saint-Sauveur (Fargier 1970 p. 131). De l'église il ne reste qu'un lieu-dit, situé au début de la pente de la vallée, donc à l'abri des crues. Après le changement de lit de la Mare du milieu du XIVe siècle, l'église fut un temps conservée, mais séparée du bourg par la rivière. La mention d'un « portail vieux » est intéressante, qui peut sous-entendre que le petit bourg, ou une part, est ou fut enclose. Cela eut-il rapport avec une sauveté liée à l'église Saint-Sauveur ?[8]
Des moulins, pourvoyeurs de farine mais aussi régulateurs de la rivière, des jardins (cités en 1273), sans doute aussi des installations industrielles avec bassins environnaient bourg et cours d'eau.

5.1.3. Une maison dans les murs : « l'Hôtel des Monnaies »

Si les fourniers ou forestiers ne se singularisent pas forcément de façon particulière parmi la population (et encore moins les inspecteurs des pains...), en revanche les autorités judiciaires, le notaire, les marchands, les *portionarii*, sont susceptibles de faire construire des maisons d'une certaine qualité à Villemagne. Prenons l'exemple d'une maison marchande relativement bien conservée.

Fig. 8. « Rue Droite » se dresse une célèbre bâtisse nommée l'« Hôtel des Monnaies »[9], toponyme qui est un souvenir déplacé de la monétairerie. C'est une maison d'angle, majoritairement construite en pierre de taille calcaire. Sur rues les blocs sont de calcaire fin, aux arêtes vives. Le module n'est pas uniforme et les assises connaissent quelques décalages, rattrapés parfois par de minces plaquettes de calcaire. Le bâtiment est aujourd'hui de plan à peu près rectangulaire (environ 20 x 5,60 m), sauf une brisure des longs côtés qui l'adapte au tracé de la rue **(fig. 6)**. La façade principale s'allonge donc sur la rue Droite, le bâtiment étant orienté nord-est - sud-ouest, et le mur pignon nord-est domine actuellement un petit plan **(fig. 8a)**[10]. De nombreuses ouvertures ont été modifiées (colmatages en tout-venant), montrant un déclassement du bâtiment, mais l'essentiel de l'ordonnance médiévale sur rues se distingue encore aisément **(fig. 7)**.
Est en effet reconnaissable la disposition classique d'une maison d'habitation sur boutiques. Alternent en rez-de-chaussée quatre portes piétonnes et quatre devantures, surmontées à l'étage d'une longue claire voie de huit baies géminées. Le deuxième étage remanié est bâti essentiellement en tout-venant. Côté plan, deux devantures sont surmontées d'une baie géminée. Par commodité on peut diviser l'ensemble en quatre modules, chacun marqué en façade rue Droite par une porte piétonne et une devanture surmontées de deux baies géminées, et numérotés de 1 à 4 de gauche à droite.

Structure, distribution

Notons que d'après ce que l'on voit depuis la rue Droite, à l'angle sud, la maison est venue s'appuyer par son petit côté à un bâtiment antérieur (détruit : **fig. 8b**).
Côtés rues, alternent donc en quatre modules porte piétonne sous linteau en bâtière avec chanfrein continu sur l'arête du soffite et des piédroits, et devanture sous linteau de bois déchargée par un arc surbaissé. En fait l'arrière-voussure surbaissée est traversante pour faire arc de décharge en parement. L'arête de l'intrados de l'arc, celle du soffite du linteau et celles des piédroits étaient chanfreinées. Des sondages ont montré que le bâtiment fut considérablement remblayé par des sables d'inondations *a priori* modernes (Piskorz 1998 : 1,70 m de profondeur de sondage a laissé atteindre des couches du XVIIIe siècle[11]). Un sondage récent[12] à l'intérieur du module 2, au droit de la porte et de partie de la devanture, a atteint les fondations, de pierres

[8] ADH Villem., DD1 et 3O1 : la digue appelée la Calade a été construite de 1695 à 1748, et nécessite depuis de constantes réparations.
Le mot sauveté n'apparaît pas dans les textes de la région. Une expression intéressante est employée en 1129 à propos de Saint-Bauzille d'Esclatian. On y évoque « *domum quod est in capite ecclesie* » (L. nr Béz. p. 185). Le terme *caput* ne peut signifier ici chevet ; il est utilisé selon le même principe que dans l'expression « *caput castri* » (Journot 1990).
[9] Cf. Noguier 1885 p. 453. De Dainville 1933 p. 95-96 : y voit un témoin élégant de la « construction en série » de l'époque, peut-être datable de la fin du XIIe siècle. Bonnet 1938 p. 84-85. Rey 1951 p. 258-259 (« édifice civil du XIIe siècle »). Nougaret 1975 p. 51, pour qui le bâtiment date du début du XIIIe siècle. Angué 1988. Piskorz 1998. Scanzi, Gourdiole 2007, Larpin, Mazeran 2007.

[10] Cadastre : parcelles C 126 et 134.
Le long côté nord-ouest ou façade arrière donne actuellement sur une cour occupée par un four moderne (qui fonctionnait au début du XXe siècle d'après des témoignages locaux). Des maisons modernes y jouxtent parties de l'arrière du bâtiment. La charpente est récente (toit de tuiles canal sur voliges jointives portées par des chevrons rapprochés).
La ruine de la maison a été plus ou moins stabilisée par le service des Monuments historiques. Le bâtiment inoccupé tombe en ruine depuis longtemps. Des tirants ont été posés en 1930 pour le maintenir tout juste debout. Sa réhabilitation est en cours.
ADH Villem., R1 : 1923, 1930 : classé Monument historique, pose de tirants.
Une carte postale ancienne montre une partie de l'Hôtel des Monnaies avant ces restaurations. Les baies 6, 8 et 9 sont visibles et leurs transformations sont colmatées (la baie 9 est colmatée de carreaux), la baie 7 est fermée de volets. Les architectes du service des Monuments historiques ont donc dégagé les colmatages des baies, mais dans leur dernier état, plus ou moins transformé, et posé des tirants. L'embrasure de la baie 9 étant munie d'une paroi de briques, on peut supposer que la baie 5 qui a subi le même sort est associable à ces réfections. Les quatre autres baies devaient être en l'état actuel puisque manifestement l'appartement auquel elles correspondent devait être alors encore habité.
[11] On ne sait pas à partir de quand a débuté l'envahissement par les limons d'inondations.
[12] Diligenté par F. Mazeran.

équarries, montées en semelle à ressauts successifs (Scanzi, Gourdiole 2007). La hauteur d'origine des ouvertures du rez-de-chaussée était presque le double de ce qu'elle est aujourd'hui (**fig.** 7).

Les trumeaux sont étroits, et ne sont pas à l'aplomb les uns des autres, sauf au niveau de l'axe vertical central, entre modules 2 et 3.

L'épaisseur des murs mesurables en façades sur rues est faible (moins de 50 cm à hauteur du premier étage), ce qui sous-entend un montage pratiquement sans blocage.

Le montage des couvrements est intéressant. Pour les devantures, trois poutres de section rectangulaire posées de champ sont juxtaposées. Pour les portes piétonnes : le linteau visible de l'extérieur, en bâtière, est doublé par un autre, interne, de même forme, et qui est placé 15 cm plus haut. La feuillure ainsi formée pouvait bloquer une huisserie. La décomposition en plusieurs éléments facilite levage et mise en place des éléments de couvrement, par ailleurs peu complexes à tailler[13].

Au premier étage la claire-voie est faite de huit baies géminées, deux par module. Chaque baie (**fig. 8a à h**) est composée en parement extérieur de deux arcs plein-cintre clavés retombant par l'intermédiaire d'un sommier commun sur un chapiteau à tailloir sommant une fine colonnette circulaire (15 cm de diamètre) munie d'une base moulurée. L'ajourement est important, chaque ouverture mesurant 0,68 m à la corde de l'arc pour une hauteur à la clé de 1,88 m. Côté interne l'embrasure surbaissée est très peu profonde (une vingtaine de centimètres). Une feuillure permet de caler les huisseries qui s'appliquaient contre les faces arrière, planes, du chapiteau et de la base. Le mur sous appui est coiffé d'une assise de réglage faite de carreaux parpaings très soigneusement taillés, munis d'un décrochement pour former feuillure (5,5 cm de haut), dépassant en tablette simple à l'intérieur, et débordant sous forme du cordon sculpté à l'extérieur. La conception des baies est donc relativement élaborée.

Le mur du deuxième étage est raidi de quatre piliers de pierre de taille, et une colonne à tambour disposée à l'angle libre du bâtiment (creusée au sommet, côté rues, d'un petit trou de poutre). Un alignement de quatre petits trous de poutre se trouve encore à la jonction des deux étages sur la longueur en façade du premier module (le bois est encore présent dans certains : **fig. 8h**). Cet alignement s'appuie sur une mince assise de réglage. Ce sont les restes d'un dispositif de pan de bois, qui fut monté en surplomb. Il est ainsi explicable que les constructeurs se soient permis de bâtir en murs minces, le poids du pan de bois étant faible. Dans les parois moellonnées, d'aplomb, qui l'ont remplacé, une demi-croisée, baie à traverse au cadre de pierre de taille chanfreiné, à l'appui mouluré, ajourant le deuxième module, montre que la transformation était effective aux Temps modernes.

Le mur arrière de la maison est autrement plus compliqué à analyser. Côté pignon libre, il serait important de comprendre l'articulation avec la maison voisine, mais elle n'est pas aisée à étudier, parce qu'elle n'est observable qu'en parement extérieur. S'alignant avec le mur pignon, s'ouvre à la base de la maison voisine par ailleurs moderne un remarquable portail médiéval, sous linteau de pierre délicatement sculpté (cf. *infra* Annexe 2). L'implantation étrange d'un départ d'arc de décharge dans une zone de parement chahutée de l'Hôtel des Monnaies laisse penser que son incrustation a été adaptée à un voisinage antérieur.

Le mur arrière n'est étudiable que par l'intérieur du bâtiment (largement crépi) et sur un secteur seulement pour le parement extérieur, donnant sur une petite cour[14].

Dans l'état actuel des choses, il est assuré que la construction du bâtiment a été combinée avec des structures préexistentes. Visible et par le fond du module 1 (**fig. 9a, b**), et par le fond de la maison qui vient aujourd'hui s'y appuyer (parcelle C 130 du cadastre actuel : **fig. 9c**), est conservée une arcade de tracé plein-cintre assez écrasé dont la clé ne dépasse que de peu le niveau de plancher entre rez-de-chaussée et premier étage. Gardons à l'esprit, vu l'importance des remblaiements, que sa hauteur invisible, sous le sol, est forcément importante. La nouvelle construction est venue s'y appuyer. Cette arcade est solidaire d'un angle de mur régulièrement appareillé, à la fois pris à la base du fond du module 2, et à la base du mur perpendiculaire de la maison C 130. Dans ce dernier pan se distingue aussi le négatif d'un arc de couvrement (porte ? **fig. 9d, e**). Cet angle de mur *a priori* antérieur ne se dresse plus que sur la hauteur de l'ancien rez-de-chaussée.

Côté Hôtel des Monnaies, la conception de la façade arrière est caractérisée par deux grandes arcades brisées, l'une au fond du module 1 (**fig. 10a, b, c**), sa jumelle au fond du module 2 (**fig. 10d, e, f**)[15]. Chacune monte de fond sur les trois niveaux. Chacune présente un arc brisé surhaussé reposant sur des impostes moulurées (mouluration, de haut en bas : tore, bandeau, chanfrein droit ; dans le module 1 l'arc est bien conservé, sous les enduits).

Au fond des modules 3 et 4 les choses sont différentes ; le mur, dont on aimerait bien comprendre par décroûtage les différentes campagnes de reparementage,

[13] L'un des linteaux en bâtière a été remplacé récemment : l'actuel, en grès, est d'aspect neuf. Notons qu'une campagne de dendrochronologie a daté des linteaux de bois d'après des échantillons pris en parement extérieur. Il n'est pas étonnant que les dates fournies aient relevé des Temps modernes (information orale F. Mazeran).

[14] La cour est en effet réduite par deux maisons. L'une (C 130 du cadastre) s'appuie à l'arrière du module 1. L'autre (C 132) s'appuie sur le fond du module 4 et une grande partie du module 3, sauf un passage (crépi) ménagé derrière le beau portail sculpté qui mène à la cour où se dresse un four à pain encore récemment actif.

Un essai d'analyse stratigraphique de l'élévation visible sur cour a été transmis à la DRAC, pour participer au dossier préalable à la restauration ; il ouvre sur des questions fondant une demande d'investigations supplémentaires.

[15] C'est dans Angué 1988 que furent pour la première fois signalées ces arcades, qui font dire à l'auteur que l'Hôtel des Monnaies communiquait là avec un corps de bâtiment en retour.

est caractérisé au deuxième étage par la présence de deux ouvertures sous arc plein-cintre reposant sur des impostes moulurées en bandeau sur quart-de-rond (une par module ; **fig. 11**) : les proportions permettent d'affirmer qu'elles ont constitué des portes[16]. Les défauts de liaisonnement laissent ouverte l'hypothèse que l'essentiel de ce mur soit antérieur au reste de l'Hôtel des Monnaies.

Force est de reconnaître que les différents comblements et enduits empêchent d'établir comment se firent les communications de ce côté de l'Hôtel des Monnaies. La technique des arcades laisse un potentiel, la liberté de les fermer ou non selon les besoins, de ménager dans les cloisons des portes de communication ; manifestement on ne s'est pas fait faute d'exploiter de multiples façons ce potentiel au cours des temps (un piédroit de pierre de taille, encore visible dans le fond actuel du premier étage du module 2, en est un témoin parmi d'autres). Donc, dans l'état actuel des données, les modules 1 et 2 de l'Hôtel des Monnaies communiquaient avec un bâtiment en retour détruit depuis (sur son emplacement a été construite la maison de la parcelle C 130). Au fond des modules 3 et 4, se trouvaient au deuxième étage des portes : donnaient-elles sur une coursière extérieure ?[17]

Nous ne connaissons pas les vicissitudes du ou des bâtiments antérieurs auquel s'appuya l'Hôtel des Monnaies, ni le système de communications qui fut prévu au départ. En tout cas l'apparente répétitivité des modules lisibles en façade sur rue ne se vérifie pas quand on étudie le reste du bâtiment. Il y eut bien quatre portes piétonnes sur rue et un potentiel d'accès à quatre logis, mais leurs plans différaient et l'on ne sait comment ils furent distribués.

Le cloisonnement interne est forcément remanié mais reste intéressant dans son principe. L'Hôtel des Monnaies est partagé en deux par un mur que l'on aimerait qualifier de refend mais qui n'est pas bien pénétrant dans les gouttereaux. Son appareil est varié (moellons au rez-de-chaussée). À l'étage, des pans dégagés grâce au service des Monuments historiques[18] montrent un appareil de pierres de taille. Les restes d'un enduit peint d'un appareil réglé dessiné par un double trait rouge laissent penser que l'implantation de ce « refend » est ancienne. Entre module 1 et module 2, une cloison au premier étage (**fig. 12**) et une autre au deuxième, faites de grands carreaux de calcaire bien taillés posés de champ, pourraient constituer des témoignages du principe de cloisonnement médiéval (des carreaux que l'on retrouve remployés dans divers colmatages un peu partout dans le bâtiment). Le rez-de-chaussée quant à lui fut divisé en quatre par trois arcs diaphragmes aux arcs brisés surbaissés de claveaux calcaire bien taillés (le reste est moellonné), qui d'après les sondages sont bien d'ancrage médiéval, même s'ils durent être réparés au cours des temps. Les niveaux de plancher devraient être aussi analysés de plus près (une campagne précise de dendrochronologie serait bienvenue). Des dallages de pierre sont encore présents aux étages.

L'utilisation commune des diaphragmes est bien attestée à Montpellier (Sournia, Vayssettes 1991). La disposition du deuxième étage sur rue est très comparable à la disposition de certaines maisons de Figeac étudiées par A.-L. Napoléone (1989, exemple fig. 2 p. 293), où les piliers maçonnés soutenaient des pans de bois en encorbellement. On peut citer aussi la Maison du Roi rue des Grandes Boucheries à Saint-Antonin (Bongiu *et al.* 1993, p. 225). L'angle de l'Hôtel des Monnaies donnant sur rue et placette s'articulait autour d'un pilier circulaire. La même disposition est notable dans une maison médiévale de Lodève (**fig. 13a, b**): sur deux niveaux l'angle est occupé par une colonne à tambours, avec un chapiteau orné simplement.

Néanmoins on peut s'interroger sur l'occupation d'un rez-de-chaussée manifestement ouvert sur une très grande hauteur. Ailleurs, les cas sont nombreux où un haut rez-de-chaussée laisse supposer l'existence d'un entresol. Mais la disposition des ouvertures infirme ici cette solution. On peut penser aussi à des impostes ménageables par huisseries dans la partie haute des baies pour éclairer l'intérieur vantaux fermés ?

Ordonnances, modénature, sculptures, peintures

Manque l'articulation avec les bâtiments antérieurs et contemporains pour apprécier les effets volumétriques, et en particulier les effets provoqués par l'ordonnance des pentes de toits. En tout cas le corps constitué par l'Hôtel des Monnaies a un volume propre donné par l'angle de rues, bien marqué par la disposition des ouvertures. Une maison d'angle a une position particulièrement avantageuse, la mise en valeur esthétique souligne ce volume.

L'ordonnance de l'élévation est indépendante de l'occupation interne. La claire-voie unifie un bâtiment conçu pour plusieurs locataires si l'on en croit les quatre portes piétonnes. L'effet esthétique, obtenu à relativement peu de frais, repose sur un ajourement maximum des deux premiers niveaux, et sur le contraste entre un décor sobre au niveau bas, et chargé au « bel étage ». Pour le troisième niveau, on peut supposer que ce n'est pas le type de montage des bois

---

[16] Analyse confirmée par F. Mazeran, ainsi que par Jacynth Crozier (SARL ACTER) qui a fait une étude de bâti de la maison mitoyenne C 132. Merci à eux pour nos échanges.

[17] De l'évolution du bâtiment émerge un phénomène qui explique une anomalie du parcellaire. Le cadastre napoléonien montre un partage du bâtiment en deux propriétés, avec une extension en plan côté façade arrière des modules 1, 2, et partie du 3. Cette extension correspond à l'existence d'un escalier droit porté par une voûte rampante (arrachement en place) qui menait à une porte ouvrant le premier étage du module trois. Alors que l'autre propriété était desservie depuis la rue par un escalier droit (conservé) prenant naissance derrière la porte piétonne du module 1. La construction de la maison C 130 a fait disparaître cette extension mais le cadastre récent n'a pas été corrigé.
La maison C 132 n'est pas, elle non plus, portée sur le cadastre napoléonien. Sur le cadastre actuel elle n'est portée que dans un premier état. L'on distingue très bien *in situ* qu'un agrandissement est venu mordre largement sur la cour ; c'est pourquoi la cour apparaît plus grande et à peu près carrée sur les parcellaires, par rapport au plan actuel.

[18] Dégagements diligentés par F. Mazeran, architecte du Patrimoine.

qui était valorisé. L'enduit, peut-être peint, complétait l'aspect de baies dont on ne sait rien. Vu sa facture spéciale, l'angle sous forme d'une colonne à tambours était-il visible de l'extérieur ?

Avant de considérer plus en détail la sculpture visible depuis la rue, soulignons qu'une étude des enduits peints internes a été diligentée par le service des Monuments historiques. A été dégagé à l'étage du module 2 un faux appareil à double trait ocre rouge. Une frise de fines fleurs de lys le complétait à quelque distance du plafond. Notons que l'arc de décharge surbaissé de la baie géminée était dessiné (**fig. 14a, b**)[19].

Chaque chapiteau est rectangulaire au niveau de l'abaque, circulaire au niveau de l'astragale ; une astragale qui n'est pas exactement torique mais plutôt moulurée en anneau aplati (la face arrière est plane). Bases : deux quarts-de-rond successifs, de diamètre croissant de haut en bas, reposent sur un socle quadrangulaire (le tout monolithe ; là aussi la face arrière est plane). L'arête des piédroits et de l'intrados des arcs est sculptée d'un alignement de quatrefeuilles en tête-de-clou (quatre pétales lancéolés disposés de façon à former une pointe) soulignés d'un filet, s'interrompant à quelques centimètres de la base des piédroits.
Un cordon d'appui règne sur toute la façade, mouluré et sculpté : bandeau souligné d'une gorge surmontent des quatrefeuilles assortis à ceux des baies. Ce cordon tient sans doute un rôle de larmier ; apparemment il n'y a pas de gorge qui ferait mouchette mais les pointes inférieures des quatrefeuilles vu leur position peuvent tenir le rôle de coupe-larmes. Impostes et tailloirs forment aussi cordon, décoré de feuilles de chêne disposées en oblique sur un rang. Des impostes qui font retour sur les tableaux d'embrasure.

Côté pignon, les deux cordons sont présents de même que sur la façade principale. Noter un bloc où les feuilles de chêne sont de sens inversé par rapport aux autres, résultat d'une erreur du sculpteur qui façonna le bloc à l'envers ?
Un chanfrein abattait l'angle au rez-de-chaussée, amorti d'un congé simple.

Baie 2 : chapiteau à feuillages (**fig. 14c, d**). Des feuilles lancéolées réunies par trois, nervurées, à bord légèrement ondé viennent occuper les angles supérieurs. Le limbe central est traité en volume convexe pour faire angle, les autres feuilles sont traitées en creux. D'autres feuilles encore sont traitées en creux pour occuper la corbeille, attachées à une même branche qui vient faire le tour de la base du chapiteau. Les feuillages sont difficilement identifiables (frêne ?). Ils sont assez profondément enlevés sur le fond lisse de la corbeille. Noter que le haut de la corbeille a un bord en arrondi qui vient se composer avec l'abaque atrophiée, de plan rectangulaire, faite d'un simple bandeau très étroit souligné d'une ciselure.
Baie 3 : le chapiteau (abîmé) présente le même type d'organisation que celui de la baie 2 mais c'est une petite tête humaine souriante, au cou sortant d'un col de vêtement échancré, qui vient saillir à l'angle gauche (**fig. 14e**). L'angle droit cassé présentait peut-être un feuillage. Les feuillages (limbes au volume concave, bords lobés) qui occupent la corbeille sont des feuilles de chêne puisqu'un petit gland est sculpté.
Baie 5 (**fig. 14f**) : à partir de sortes de feuilles d'érable aux folioles triples ou quintuples, jaillit à l'angle supérieur droit un mince buste humain portant tunique au col échancré et ceinture. Le bras gauche qui s'appuie sur la ceinture est très grêle, le visage est abîmé. Un autre personnage faisait son symétrique à gauche mais il n'en reste que le corps.
Baie 7 : le chapiteau est d'un type quelque peu différent des autres (**fig. 14g**). Il est sculpté d'un seul rang de feuilles à folioles peu reconnaissables (trois feuilles verticales à cinq lobes palmés étalés, eux-mêmes à extrémité ondulée, nervures simples en creux mais bord ourlé en relief ; le traitement est assez épais), peut-être un avatar de feuilles de figuier. Le haut de la corbeille, en débord, n'est pas arrondi mais polygonal. Il ressort en angle sur chaque face, souligné d'une série de fines moulures. Noter que le tailloir est le seul de la série à porter des feuilles d'érable, très finement découpées, et non de chêne. Les deux pièces, chapiteau et tailloir, pourraient constituer des remplois.
Baie 9 (pignon : **fig. 14h**) : le chapiteau a reçu un décor assez proche de celui de la baie 2. Une fine branche court tout autour de la base de la corbeille. En naît un premier rang de feuilles simples, assez larges, nervurées, au bord dentelé (orme ?). Alternent avec ces feuilles simples des branches qui se terminent par trois feuilles venant occuper les angles. Le limbe central est convexe et sa pointe vient se retourner sur l'abaque, les autres sont concaves et viennent soutenir le haut de la corbeille traité pour ce chapiteau en tablette, en rebord saillant à l'horizontale.

La relative qualité de la sculpture, sans doute rehaussée de couleurs (de l'ocre rouge foncé est présent dans certains creux d'un chapiteau[20]), doit être soulignée. Elle est encore perceptible même si elle est érodée en quelques endroits. Les cordons en particulier, peut-être taillés dans un calcaire plus résistant que celui des chapiteaux, montrent un travail très fin.
Le thème est neutre, décoratif et non chargé d'un message particulier. Des personnages humains s'allient avec des feuillages sur deux des chapiteaux conservés, les autres étant entièrement occupés de feuillages. Des feuilles qui s'ordonnent régulièrement sur le cordon d'impostes relayé par les tailloirs. En contrepoint, niveau d'appui et contour de chaque ouverture sont dessinés par un motif géométrique, des quatrefeuilles

[19] F. Mazeran architecte du Patrimoine a sollicité les travaux de Colette Brussieux-Barthes restauratrice-conservatrice, assistée de Christophe Guilbaud restaurateur-conservateur. C'est grâce à leurs efforts que ces témoins fragiles parviennent jusqu'à nous.

[20] Remarqué déjà par P. Angué en 1988.

en tête-de-clou, donc à fort relief. La relative profusion de feuillages, variés, inspirés volontairement de la nature sinon fidèlement copiés sur elle, habités par des personnages humains concrets, qui sont vêtus, qui ne sont pas des monstres, appartient au courant culturel qui revalorise le monde sensible, caractérisant l'époque dite « gothique ». Ce décor est organisé par une suite de formes dont les arrondis, les arcs plein-cintre, sont bien soulignés. Des arrondis éminemment « romans »... On se serait attendu, comme à Figeac, Cahors, Saint-Antonin, à des arcs brisés. C'est dire que les solutions médiévales sont plus libres que l'on ne pense.
Notons qu'une autre façade de maison dans Villemagne fut valorisée par des alignements de quatrefeuilles soulignant des arrondis plein-cintre (maison située Grand'rue, cf. *infra* Annexe 2), et qu'une baie géminée du quartier sud-ouest, avec son chapiteau à feuillages, présente le même aspect général que celui des baies de l'Hôtel des Monnaies (cf. 5.1.5.).
D'autres indices laissent en revanche penser que des couvrements en arcs brisés ont caractérisé les baies d'autres maisons à Villemagne (cf. *infra* Annexe 1). Le tracé brisé a donc été adopté ici pour des couvrements de grande portée. Il n'en était pas structurellement besoin pour couvrir les baies, et ce n'était pas encore à la mode esthétiquement.
La difficulté d'une datation par l'histoire de l'art est ainsi posée.
Un exemple d'association tracé plein-cintre pour l'esthétique, tracé brisé pour les nécessités structurelles, est daté, sérieusement grâce à des textes, du milieu du XIIe siècle pour l'« Hôtel de Ville » de Saint-Antonin (Scellès dans Bongiu *et al.* 1993) ; ceci dit les techniques de construction qui n'épargnent pas la quantité de pierres de taille y sont autrement plus sûres.
L'adoption de motifs sculptés comparables à ceux visibles à l'Hôtel des Monnaies est datée en revanche du milieu du XIIIe siècle à Figeac (Napoléone 1989), d'une période plus tardive (fin du XIIIe siècle) à Cahors (Scellès 1999)... Ces études se réfèrent toujours à un phénomène jugé comme un pivot dans l'histoire de l'art : l'adoption dans le Midi des feuillages dits « naturalistes », venus de l'art français[21], phénomène daté par M. Pradalier-Schlumberger du milieu du XIIIe siècle pour le Sud-Ouest (Pradalier-Schlumberger 1998). Phénomène qui reste en fait très mal défini[22].
Pour le moment on peut tout aussi bien se référer à la sculpture d'un monument étudié d'ailleurs par le même auteur (*ibid.*), Saint-Paul de Narbonne, datée de la première moitié du XIIIe siècle. Le même type de motifs, et de plus un épannelage des chapiteaux proche de celui utilisé à l'Hôtel des Monnaies y sont notables.

Compte tenu du dynamisme économique ambiant, placer la construction de l'Hôtel des Monnaies dans la première moitié du XIIIe siècle est plausible.

En tout cas l'essentiel du bâtiment est un bon exemple d'une construction où l'on a privilégié la joliesse, mais économisé sur la qualité technique de la structure.
En effet les choix techniques permettent une adaptabilité intérieure. Les arcades-diaphragmes peuvent être laissées ouvertes pour ménager de grands volumes, ou fermées avec ou non aménagement d'une porte de communication. Des cloisons de minces carreaux posés de champ peuvent être aussi vite montées que déplacées. C'est un bâtiment adaptable aux besoins des acheteurs ou locataires[23].
Il ne fut pas jugé comme nécessaire que les trumeaux soient en parfaite continuité verticale en façade (sauf pour un axe central), le deuxième étage étant léger à supporter. Et une claire-voie très ajourée a pu être installée sans difficulté technique majeure.
Mais l'absence de véritable refend fit à la longue le bâtiment fragile. Les poussées des diaphragmes tendent à faire déverser les murs. Il a néanmoins traversé les siècles.

Ces maisons à boutiques ou « ouvroirs » sont évoquées dans les textes concernant Villemagne. En 1204, est cité le *solarium super operatorium* de Pierre du Pin. En 1209, un acte est passé *in quodam operatorio Guillelmi Zabaterii, quod tenet Bonetus Tolosanus.* On peut supposer donc les Sabatier propriétaires et les Bonet locataires. Notons qu'un Pierre du Pin était témoin avec son fils du même nom pour l'acte de 1197, ainsi que *Guiraudus Tolzanus* et *Bonetus Tolzanus*. Bonet le Toulousain et Stéphane Bonet apparaissent encore comme témoins dans l'acte de 1209, et de nouveau un Bonet le Toulousain ainsi qu'un *Aymericus Boneti* témoignent à la fin de l'acte de 1233 fixant la viguerie. Il semblerait qu'un Toulousain soit un jour venu s'installer marchand à Villemagne...[24]

5.1.4. L'église bourgeoise embellie : une baie neuve pour Saint-Grégoire

Au cours du XIIIe siècle la façade de Saint-Grégoire est mise au goût du jour. La baie qui surmontait le sobre portail est soigneusement refaite dans un style bien éloigné de l'esthétique cistercienne. **Fig. 15a, b, c.**
Sous l'arc de décharge plein-cintre conservé de la disposition originelle, la baie, géminée, est prise sous une voussure de tracé brisé ménageant un tympan ajouré monté en tas-de-charge. Entre arc de décharge et voussure brisée, les pierres sont disposées en claveaux. Chacun est soigneusement taillé selon son emplacement.
La voussure est faite d'une série de claveaux moulurés d'un gros tore bien dégagé par une gorge profonde.

[21] C'est ainsi que dans Angué 1988 la maison est datée du XIIIe siècle par comparaison des chapiteaux avec les styles d'Île-de-france aux « feuillages naturalistes », et plus précisément d'après 1269, date de l'apparition de ces feuillages au chœur de la cathédrale de Carcassonne.

[22] Cf. aussi pour le renouvellement de la problématique concernant « l'introduction du gothique français en Quercy », à recentrer sur le XIIIe siècle, Scellès, Séraphin 2000.

[23] À Montagnac, la municipalité possédait des boutiques qu'elle louait en temps de foire (Bonnafous 1961). Mais ceci se passait au XVe siècle.

[24] 1204 et 1209 : Fds Thésan p. 65 et 70.

Elle repose sur des piédroits, simplement chanfreinés, par l'intermédiaire d'une imposte. Deux tores séparés par une gorge y sont là aussi surmontés d'un bandeau ; le profil est identique à celui du cordon mais plus écrasé. Impostes et cordon ne sont pas alignés horizontalement (la hauteur de trois assises les sépare).
Sous cette voussure, les ouvertures se présentent ainsi : deux moulures toriques formant arcs brisés (la moulure est un écho à celle de la voussure) retombent sur des piédroits chanfreinés, par l'intermédiaire du prolongement de l'imposte, et chacun de ces « arcs » encadre un trilobe dont les redents sont développés en copeaux. Le lobe sommital de tracé outrepassé est légèrement brisé. Une gorge très fine souligne le tracé de chaque trilobe. Les couvrements ne sont pas clavés. Pour les « arcs » brisés, l'un est fait de deux blocs, l'autre de trois (c'est sans doute dû à une réfection), avec joint principal à la clé. Les trilobes semblent avoir été faits de cinq blocs chacun. Apparemment les tores de la mouluration de tracé brisé ont été peints en ocre rouge foncé, le reste de chaque élément étant ocre jaune.
Ces couvrements retombent au centre sur une colonnette polygonale (huit pans, faite de trois tronçons), posée sur une base moulurée (tore sur socle quadrangulaire) par l'intermédiaire d'un chapiteau à feuilles se retournant en visages, sommé d'un tailloir sculpté très finement d'un pampre (**fig. 15c**).
Le tailloir est composé d'un bandeau souligné d'une ciselure, qui somme un chanfrein renversé sculpté des feuilles et fruits de la vigne ; un rang de feuilles assez épaisses s'étale souplement.
Le chapiteau : l'abaque peu épaisse est de plan carré, surmontant le haut de la corbeille qui est traité pour sa part en débord polygonal. Abaque comme débord de la corbeille sont soulignés d'une ciselure. L'astragale faite d'un double tore est quant à elle de plan polygonal, comme la colonnette. La corbeille a reçu un décor disposé sur deux registres. Rang inférieur : deux feuilles par face, apparemment d'acanthe, en tout cas très découpée (au ciseau et au trépan), s'épanouissent en éventail, pour soutenir un fin visage, en relief très dégagé, encadré par les fines mèches ondulées des cheveux, puis enveloppé par des folioles. Rang supérieur : une seule feuille se dresse à chaque angle visible de la corbeille, prolongée par une tête couronnée à la lourde chevelure bouclée qui venait soutenir chaque angle de l'abaque ; à droite la tête est cassée, n'en reste que la couronne ; les supports des deux autres angles de l'abaque manquent. Les traits des visages, érodés aujourd'hui, étaient très fins ; les pupilles des yeux allongés étaient sculptées et non creusées au trépan.
Le tympan : des plaques montées en tas-de-charge sont ajourées au centre d'une rosace. Dans un médaillon circulaire doublement mouluré en tores, huit cercles s'interpénètrent pour former huit pétales qui entourent un cœur circulaire. Pétales, cœur, écoinçons entre cadre circulaire et pétales, sont ajourés, soulignés d'une ciselure. Apparemment toute la rosace est monolithe. De part et d'autre de la rosace se trouvent un *oculus* circulaire à gauche, et un *oculus* abritant un trilobe à droite (Soleil et Lune ?). L'espace sous la rosace, et entre les deux arcs, est occupé par une grande tête de feuilles, aux yeux tombant refouillés au trépan, à la fine bouche amère.

La conception de cette nouvelle baie ne manque pas d'intérêt. Y est renouvelé le thème du feuillage habité. Ce ne sont pas des têtes sommant des rangs de feuilles qui sont visibles, mais des acanthes qui se recourbent en visages. La tête de feuillages se distingue aussi d'autres types de masques avec des feuilles sortant des narines ou de la bouche.
Voyons ce qu'en disent les spécialistes. Leur attention a été attirée sur ce motif précis de la tête de feuilles par sa représentation dans le Carnet de Villard de Honnecourt (Erlande-Brandenburg *et al.*, 1986, pl. 10 et 43). Pour J. Adhémar (rééd. 1996, p. 286-287), c'est une reprise du motif antique du *Silvanus*.
M. Pradalier-Schlumberger (1998 p. 55, 66-69, 73) a remarqué les feuilles recourbées en visages, à Saint-Paul de Narbonne (première moitié du XIIIe siècle, les crochets sont sans folioles, les têtes petites), dans l'abbatiale cistercienne de Villelongue (vers le milieu du XIIIe siècle : les feuilles nervurées se terminent par des folioles encadrant des masques grotesques), et à Saint-Sauveur de Castelsarrasin (troisième quart du XIIIe siècle, les crochets nervurés sans folioles se terminent en petits visages grimaçants). Pour elle c'est un « motif rare », la formule en aurait été mise au point dans le Bordelais.
En effet J. Gardelles a commenté entre autres l'exemple de Blasimon où les crochets se terminent en masques grimaçants (1992 p. 20) ; il propose une datation vers 1230.
Ceci dit la question de l'exploitation de cette « formule » est loin d'être close et l'on pourrait ajouter entre autres les exemples auvergnats. A. Courtillé (1990 I p. 319) commente ainsi le remarquable cas de Saint-Claude d'Entraigues où les crochets terminés par des têtes fines (comme à Saint-Grégoire) somment un rang de feuilles terminées en folioles (le thème est traité ailleurs mais avec des masques plus « rudes »). Le datant du milieu du XIIIe siècle, elle y voit plutôt quant à elle une inspiration venue de l'Ouest (cathédrale d'Angers).
Il est aussi une référence qui vient à l'esprit et que propose A. Courtillé : le fameux « chapiteau aux acanthes grotesques » de Saint-Andoche de Saulieu en Bourgogne, où des feuilles d'acanthes finement découpées, refouillées au trépan, se terminent en petits visages triangulaires, et qui relèverait de la période 1120-1140. Mais ceci doit être considéré avec précautions. La chronologie de la sculpture de Saulieu, qui présente des variétés de style maintes fois soulignées, reste difficile à établir. S'il y a parenté de traitement des visages entre ce chapiteau et celui de la Pendaison de Judas, il n'en est pas avec les tout aussi célèbres Apparition à sainte Madeleine ou Fuite en Égypte. Les lourdes vicissitudes du monument, jusqu'aux restaurations du XIXe siècle, achèvent de brouiller la question. Le « chapiteau aux acanthes grotesques » se trouve en effet accolé à un support

travaillé à la boucharde, outil d'emploi moderne (Bessac 1993 p. 32) ou au plus tôt de la fin du Moyen Âge (Jenzer 1998).
En tout état de cause, la comparaison la plus proche vient... de Villemagne. Il est un chapiteau conservé au dépôt archéologique, malheureusement très érodé, et dont la facture et les proportions sont rattachables à une baie géminée de maison : le registre inférieur de feuilles est de même conception que celui du chapiteau de Saint-Grégoire, avec des feuilles d'acanthe (et non pas des crochets nervurés), se retournant en fins visages (cf. *infra* Annexe 1, **fig. 12**).
Retenons tout de même que les occurrences dans le Sud-Ouest sont situées dans le deuxième quart ou au milieu du XIIIe siècle, datation plausible pour la baie de Saint-Grégoire. Soulignons surtout son caractère raffiné, plutôt profane (la vigne du tailloir, Soleil et Lune sont bien discrets). Techniquement il n'est pas question de réseau. La baie est géminée, son tympan est monté en tas-de-charge. Sa rosace conçue au compas est ajourée, ce qui en fait une démonstration de virtuosité quant à la taille de la pierre. Comme les redents à copeaux, ces traits peuvent caractériser une baie domestique, mais sont rassemblés ici dans une version savamment élaborée. Les commanditaires ont recherché un effet raffiné en faisant remanier la façade d'entrée de Saint-Grégoire.

5.1.5. *Intra muros* : la trame médiévale

Quelques grandes lignes se dessinent quant à la topographie du bourg, point de départ d'une réflexion qui mériterait d'être approfondie. Dans l'attente de véritables analyses stratigraphiques d'élévations seules à même d'éclairer la question, quelques repères seulement seront mentionnés ici.

À partir du portail Saint-Sauveur (devenu « porte de la Barbacane » aux Temps modernes, toujours existante au sud du village), s'amorce donc en prolongement de la « carrière publique » la « rue Droite » (1233). Cette désignation est toujours d'usage aujourd'hui, mis à part que la moitié de cette rue a été rebaptisée Grand'rue. « Grand'rue » est d'ailleurs l'exact équivalent français des expressions *carriera drecha* ou *carriera recta*, souvent attestées dans villes et bourgs du Languedoc. L'adjectif « droite » n'y désigne aucunement la configuration de la rue, mais en signifie l'importance. C'est l'axe économique principal.
Fig. 16e. À Villemagne, à partir de la porte Saint-Sauveur, le tracé de la rue Droite est tout d'abord sud-nord, puis s'infléchit vers le nord-est. Les restes d'un élément de fortification de la muraille, et d'une porte, se trouvent à son débouché. La rue est jalonnée de maisons présentant des vestiges médiévaux qui en confirment bien le tracé, pérenne. Une maison à main droite (**fig. 16a**) dont la façade est quelque peu assortie à celle de l'Hôtel des Monnaies, présente les restes de deux devantures pour le commerce (cf. *infra* Annexe 2). Du même côté, dans un pan régulièrement appareillé les maigres restes d'une ouverture de rez-de-chaussée et d'un cordon (parcelle 93). À main gauche, se dressaient encore dans les années 1950 les restes d'une maison transformée en garage (elle occupait la parcelle 952 du cadastre de 1826). S'y trouvait pris un arc plein-cintre, peut-être vestige médiéval (**fig. 16d**). Toujours à main gauche, les vestiges d'une baie géminée d'étage ont été conservés dans une façade restaurée (**fig. 16c** : parcelle 128 ; piédroits harpés, minces impostes bûchées, arcs plein-cintre extradossés aux claveaux larges). Puis s'allonge la façade de l'« Hôtel des Monnaies ». L'axe de la rue Droite est donc bien tel au cœur du Moyen Âge, marqué par le commerce. L'on sait qu'il est prolongé vers le sud par la carrière publique. On peut raisonnablement supposer qu'il l'était vers le nord-est par la route ralliant Clairac et Boussagues.
Il est aussi intéressant de constater que son axe s'infléchit à partir d'un élargissement nommé « place » sur le cadastre de 1826. Dans le compoix de 1624 la « place » est au même endroit. Et l'on va voir que c'était déjà un carrefour au cœur du Moyen Âge.

N'oublions pas que l'abbaye occupe le secteur nord-ouest *intra muros*, et que sa topographie respecte l'orientation de ses abbatiales successives.
Si l'on observe le parcellaire, il est clair que les limites de parcelles sont tributaires, pour la partie est du bourg, de l'axe donné par la rue Droite, et pour la partie ouest, de directions appuyées à l'abbaye. Autrement dit, les parcelles sont orientées nord-ouest - sud-est ou sud-ouest - nord-est pour la partie est, et présentent des limites nord-sud ou est-ouest pour la partie ouest.
Autre constat notable, l'importance du cimetière. Si la rue Droite s'infléchit vers le nord-est, c'est qu'elle est déviée de la direction plein nord non seulement par l'abbaye, mais par le cimetière. Nous n'avons plus pour juger précisément de ses limites que celles marquées sur le plan cadastral de 1826 (**fig. 16f** ; le cimetière fut transféré hors les murs en 1850[25]). Il est alors très étendu, occupant tout l'espace entre Saint-Grégoire et Saint-Majan, et enveloppant largement le chevet de l'ex-abbatiale. Aujourd'hui des places restées libres laissent voir son emplacement. Par les textes, nous savons que le « cimetière de Saint-Martin [*id est* l'abbatiale] » est cité en 1197. Le « cimetière de Saint-Grégoire » l'est en 1426. Dans la visite pastorale de 1636, il est interdit de passer par là pour aller au four de l'abbé... Et en effet ce four constitue un autre point à repérer. Il fait l'objet d'un règlement en 1273, est cité dans le compoix de 1624 et donc dans la visite pastorale en 1636 ; et des vestiges de four ont été un temps mis au jour dans l'îlot se situant à l'est du chevet de Saint-Majan (inaccessibles aujourd'hui ; **fig. 16B**), qui correspondent au repérage possible via le compoix. On ne peut néanmoins assurer fermement qu'entre XIIIe siècle et siècles tardifs les sources évoquent un four toujours implanté au même endroit...

[25] ADH Villem., 1M1. Le transfert (dans l'emplacement actuel sur le chemin de Saint-Martin le Vieux) est bien daté par les archives de 1850, et la conversion de l'ancien cimetière, entre Saint-Grégoire et Saint-Majan, en place publique, des années qui suivent. Place qui recevra le monument aux morts.

Vu aussi que la porte nord de Saint-Grégoire (sous le clocher) ne peut guère correspondre qu'à une porte des morts, nous pouvons donc avancer l'idée que le cimetière était sectorisé. Une partie pour les paroissiens de Saint-Grégoire, le reste pour les moines.

La construction, difficile, de Saint-Grégoire, fut forcément liée à une évolution du quartier. Vu les contraintes de construction auxquelles elle fut soumise, son flanc sud et le fond du chevet ne devaient guère être longés que de passages étroits. Néanmoins notons qu'une ruelle est encore visible entre porte sud de l'église et place (**fig. 16e**). Une maison en bouche l'extrémité nord, mais l'axe reste net. Il est possible que la suppression de cette porte à l'occasion de l'installation de la petite chapelle latérale moderne ait favorisé la suppression du débouché de cette ruelle. L'axe le plus important, nord-sud, reste néanmoins la rue dite aujourd'hui Saint-Grégoire, qui dessert l'entrée principale de l'église, autrement dit sa façade ouest. De l'autre côté de la rue des restes de cordons remarquablement taillés font souvenir d'une façade sans doute médiévale à trois niveaux d'élévation en pierre (**fig. 16g**), et donnent effectivement à cet axe une largeur de rue et non pas de ruelle. Au nord, la rue débouche dans le compoix de 1624 sur la « porte mage » de l'abbaye. L'entrée principale de l'abbaye était-elle déjà en cet endroit au Moyen Âge (cf. *infra* 5.3) ? La mise en valeur renouvelée de la façade ouest de Saint-Grégoire prendrait par là un sens politique d'autant plus fort...
Le débouché sud se fait aujourd'hui comme il se faisait aux Temps modernes dans la rue dite aujourd'hui de l'Ancien Hôpital, ouest-est, et qui joint la place. Cette rue est bordée aujourd'hui de maisons à croisées[26], dont une qui fait angle avec la rue Saint-Grégoire (**fig. 16h, i**). Cette maison d'angle est intéressante. La façade rue Saint-Grégoire présente encore, pris en parement, deux départs d'arcs brisés[27], qui pourraient être les restes de deux baies géminées séparées par un trumeau étroit, qui ouvrirent le premier étage. Au niveau supérieur, un « pilier » a pu servir quant à lui à accrocher du pan de bois. Si l'on retient cette hypothèse, il faut supposer aussi que ce deuxième étage fut remanié par un mur d'aplomb percé d'une croisée.
Si les croisées sont assurément reprises dans des murs plus anciens, médiévaux, il n'est pas tout-à-fait sûr que ces murs aient tous été des murs de façades sur rue. Ainsi, selon un axe situé parallèlement à la rue de l'Hôpital, mais pris aujourd'hui à l'intérieur d'habitations, est conservée une baie géminée qui marquait une façade donnant au nord (fait limite entre parcelles 202 et 203 : **fig. 16j à l**). Elle est remarquablement assortie aux baies de l'Hôtel des Monnaies (même décor de croisillons en têtes-de-clou), quoique le chapiteau soit d'épannelage complètement différent et la colonnette polygonale ; elle présente de notables traces de peinture à l'ocre (Mazeran 2010), ce qui peut laisser penser qu'elle est « abritée » depuis des siècles. Lui fait quasiment face, de l'autre côté d'un embryon de rue ainsi délimité, une autre baie géminée, de belle pierre de taille mais de style beaucoup plus sobre : restent partie des piédroits, et l'un des arcs plein-cintre extradossés ; ils reposaient sur une imposte moulurée, façonnée en bandeau sur cavet (**fig. 16m**). Vu leur position à faible distance du sol actuel, on peut supposer un niveau de rez-de-chaussée enterré.
Manifestement, le quartier sud-ouest du bourg connut un haussement du niveau des sols à la fin du Moyen Âge, entériné par des remaniements incluant l'ouverture de croisées.
Enfin, la lithographie parue dans Renouvier 1840 (**fig. 16n**) montrant l'enfilade de la rue Saint-Grégoire vue depuis le nord fait déboucher la rue au sud devant une façade à baies géminées, qui aurait donc bordé la rue de l'Ancien Hôpital... si l'on se fie au dessin de Bonaventure Laurens censé illustrer une étude « scientifique ». Dans la maison mitoyenne se trouve aujourd'hui encore pris un mur très régulièrement construit selon la disposition dite « appareil montpelliérain » (**fig. 16p** : fait limite entre les parcelles 195 et 196 ; son épaisseur est visible entre les deux façades[28]), mais il ne donne pas d'indication sur l'axe ancien de la rue.
Logiquement, c'est avec une perpendiculaire à la rue Saint-Grégoire, mais plutôt près de l'abbaye, qu'il faut chercher le lien avec la grand'route de Rodez et le pont.

Peuvent être émises à présent quelques remarques sur des transversales par rapport à la rue Droite, en partant de la porte Saint-Sauveur. La première rue à main gauche s'appelait, et dans le cadastre de 1826 et dans le compoix de 1624, rue Gousse (aujourd'hui rue des Coquières). Grande est la tentation d'y voir la *carriera de la Gossa* du texte de 1233. Les seigneurs laïcs y ont des droits sur les *domus* de certains habitants. À main droite cet axe est-ouest se prolonge mais suit un tracé en chicane. S'y trouve encore conservés les restes d'une maison (**fig. 16q**), et tout particulièrement l'extrémité de la façade marquée par une chaîne (mitoyenne aujourd'hui avec une façade enduite). La pierre de taille semble avoir été réservée aux cadres de baies et cordons, le reste de l'appareil étant fait de blocs plus dégrossis que taillés. La conception de la baie d'étage est sobre : de larges claveaux extradossés s'alliaient à d'épais cordons moulurés (bandeau souligné d'une ciselure sommant un quart-de-rond) régnant sur la façade au niveau de l'appui comme à celui des impostes (une reprise par une baie simple à traverse, encore munie de son larmier enveloppant amorti en sourcils, y est aussi visible).

[26] Si au côté sud de l'extrémité ouest de la rue, les croisées reprises dans le mur médiéval sont bien en place, entérinant un changement de niveau des sols, la baie rectangulaire prise dans la maison qui fait face de l'autre côté de la rue de l'Ancien Hôpital est faite de remplois d'une croisée moulurée par des baguettes ; les deux consoles qui l'ornent ne supportent rien (cf. *infra* 6.2.1.).

[27] Plus exactement, le départ d'un arc est conservé, le négatif de l'autre est encore bien visible.

[28] Le « mur » (cloison ?) ne fait que 25 cm d'épaisseur. Il est régulièrement monté sans blocage. Alternent une haute assise faite de deux rangs juxtaposés de dalles posées de champ et une assise mince de carreaux, disposés de façon parpaigne. Les blocs sont remarquablement taillés et dressés.

Si l'on reprend notre cheminement rue Droite, peu après la place, une rue ou ruelle débouchait à main gauche puisqu'une façade à devantures est repérable (aujourd'hui partie d'une maison issue d'un remembrement de propriétés et considérablement remaniée dans les années 1950 ; parcelle 176). Les restes de devantures sous arc de décharge surbaissé font maintenant partie de la cave. Est encore en place une partie de sobre baie géminée sous arc plein cintre extradossé aux claveaux remarquablement longs (quelques claveaux sont remployés à l'intérieur comme foyer de cheminée). Sommier et piédroit étaient continus, et non séparés par une imposte. Si l'on prolonge l'axe marqué par cette façade, l'on aboutit dans la ruelle qui menait à la porte sud de Saint-Grégoire.
Rappelons que l'Hôtel des Monnaies est une maison d'angle et que la ruelle longeant le pignon est encore marquée par une magnifique porte sous linteau sculpté de médaillons (cf. *infra* Annexe 2). Un peu plus loin à main droite une autre ruelle (rue des Chaudronniers) marquée d'au moins deux devantures sous arc de décharge surbaissé (**fig. 16o**), sinon trois, débouchait aussi dans la rue Droite.
Il y avait bien plusieurs maisons marchandes à Villemagne, qui ont bénéficié d'un appareil de pierres de taille de calcaire régulier, et d'un travail de la pierre plus ou moins ouvragé (cf. aussi les consoles ou autres éléments figurés remployés qui peuvent y être attachés *infra* Annexe 1).

Les conséquences de la catastrophe du milieu du XIVe siècle sont difficiles à appréhender dans le détail. Plus globalement, c'est la dépendance du développement du bourg par rapport à la rivière que l'on aimerait mieux comprendre. Le mode de gestion des risques, l'assimilation des crues catastrophiques, ont occupé une grande part de la vie à Villemagne. La présence de la rivière fut d'abord considérée comme un atout, sans doute à cause des facilités défensives qu'elle offrait. L'on sait par les textes que la gestion des risques passait par une surveillance de l'installation des moulins. Si la catastrophe du milieu du XIVe siècle est aussi repérable par les textes, rien ne permet d'affirmer qu'il n'y eut pas de problèmes auparavant. La tendance au déversement de l'église Saint-Martin le Vieux indique un processus de glissement des terres dont le rythme, lié aux cultures du flanc de la vallée, n'est pas autrement connu. En tout cas l'équilibre entre la tendance naturelle à creuser son lit de la rivière et le comblement de fond de vallée fut brisé de façon rédhibitoire au milieu du XIVe siècle. La rivière n'a pas simplement débordé, elle a changé de cours et dès lors les dangers de la voir regagner son cours ancien étaient grands. Les habitants de Villemagne en étaient conscients. Les processus de stagnation des eaux se firent dès lors très gênants. Le devenir de la zone du « valat » ouest, qui borde l'ancien lit, en témoigne. À partir de la catastrophe, au long des Temps modernes et jusqu'à l'époque contemporaine, les dépôts laissés par les crues devinrent des remblais qui firent modifier les niveaux de sol et de plancher des bâtiments.
Mais l'on aimerait savoir l'état de l'aire d'implantation de l'abbaye et du bourg au Moyen Âge, et si elle ne fut pas quelque peu façonnée par les hommes. Pour l'abbaye, le sol de la Tour du monastère et celui de l'ancien abbatiale sont à une altitude moindre que le sol, du moins le dallage, de la nouvelle abbatiale. Aujourd'hui le quartier sud-ouest du bourg est considéré par les géographes de l'aménagement du territoire comme hors zone inondable. Il n'en alla pas toujours ainsi si l'on en croit les changements de niveaux des maisons de part et d'autre de la rue de l'Ancien Hôpital. Presque tout le rez-de-chaussée des maisons à croisées se trouve enterré.
C'est le dallage de Saint-Grégoire qui se situait le plus en altitude. Longtemps l'église fut conservée en l'état, même si le niveau de la rue montait, et que les remblais ennoyaient les maisons riveraines anciennes, si l'on en croit la gravure de 1840 où les encorbellements sont assez près du sol. Saint-Grégoire fut-elle construite sur une terrasse, anthropique ou non ? Les exigences techniques liées au parti architectural audacieux laissent penser à un aménagement voulu et particulier de ce secteur. Au sud du village la moitié du rez-de-chaussée de la maison qui avoisinait la place est enterrée. Dans ces conditions il est étonnant que le rez-de-chaussée médiéval de l'Hôtel des Monnaies soit toujours accessible, et que les devantures de la transversale donnant rue Droite soient aussi restées à hauteur fonctionnelle. Les sondages amorcés à l'Hôtel des Monnaies montrent un développement singulièrement démesuré des devantures, et donc de la hauteur du rez-de-chaussée. Il eut pour avantage de permettre des transformations moins draconiennes qu'ailleurs.

5.2. Les murs

Fig. 17. L'enceinte du bourg était-elle en continuité de celle de l'abbaye ? L'état médiéval du flanc ouest n'existe plus, et les maisons ne sont pas alignées avec les bâtiments mauristes. La muraille médiévale est encore présente au nord, marquant la limite ancienne de l'abbaye, et peut-être du bourg en continuité (**fig. 17a**). Les dispositions anciennes du quartier nord-est, avec certainement une évolution du Moyen Âge aux Temps modernes, sont pour le moment perdues. De même pour le flanc est protégé des grignotements de la rivière par la « digue » moderne. Sauf des restes de fortification, dont une porte qui font repérer le débouché, en tout cas fut un temps, de la rue Droite (**fig. 17e, f**). Quelques pans de muraille et une porte marquent le côté sud (**fig. 17c, d**), porte dont la réparation aux Temps modernes est attestée (cf. *infra* 6.2.2).

Des données plus utiles peuvent être tirées des textes. L'abbé et son monastère ont droit de fortification depuis au moins le privilège royal du milieu du XIIe siècle. L'accord de 1233 nous apprend qu'il y avait trois portails.
Le portail de la Pila pouvait être au nord comme au nord-est du village. Le lieu-dit la Piale dans le compoix de 1624 comme aujourd'hui jouxte l'extérieur de la muraille au nord-nord-est. Le terme « pila » désignant la mesure, en tant que contenant-étalon permettant de mesurer les quantités, de grain ou autre, il est probable

que nous sommes de ce côté à l'emplacement de la foire. Dans ce secteur nord-est débouchait la rue Droite, et prenait départ le chemin de Boussagues via Clairac.
On peut supposer qu'au portail de Nogarède, cité en 1233 et 1273, correspondait le pont, et la route du Rouergue qui longeait Saint-Martin le Vieux pour aboutir à l'ouest du bourg. En 1273 (l. 57-58) il est demandé à l'abbé de prolonger le mur de la barbacane, contre le fossé, près de ce portail, et jusqu'à l'escalier de ce fossé, sur une hauteur telle que depuis ce fossé on ne puisse avoir vue de la carrière, si ce n'est par la porte de cet escalier qui permet l'entretien du fossé.
Quant au portail de Saint-Sauveur, il ne pouvait qu'être au sud, et correspond avec cette haute porte encore existante, dite aujourd'hui porte de la Barbacane, dont les réparations importantes aux Temps modernes sont attestées[29]. Une imposte prise dans l'un des piédroits montre en effet qu'elle fut surhaussée ; il fallait bien compenser le remblaiement des rues. Y débute la carrière publique qui, après avoir traversé le « bourguet » de Saint-Sauveur et le manse de Marnagues, doit rejoindre la Bastide de l'abbé sur l'Orb.
Il semble donc que la muraille de Villemagne était, au moins à certains endroits comme près des portes, double. Depuis l'extérieur, un premier mur, nommé barbacane (voir le sens d'*antemurale* dans Du Cange), précédait fossé puis muraille. Un fossé muni d'au moins un escalier pour l'entretien dont la porte s'ouvrait dans cette barbacane. Il serait logique qu'un système d'ennoiement des fossés ait existé à partir de la Mare, le cours de la rivière devant être réglé par des moulins, comme ceux qui sont cités en 1273[30]. On ne sait s'il exista des poternes. Le piédroit de porte qui se reconnaît dans la muraille au nord-est du village ancien correspondait-il à une porte (celle de la Pila ?) ou à une poterne ? Compte tenu des remblaiements, l'on penserait plutôt à une porte. Il est intéressant de noter qu'en 1273 la réparation de la barbacane est à la charge de l'abbé.

Les abbés sont donc responsables de la muraille qui enclôt abbaye et bourg, et font construire en position centrale une abbatiale à la fortification imposante, visible par tous.

5.3. L'abbaye

Très peu d'informations sur l'abbaye et ses occupants filtrent des textes. Parmi les abbés il est notable que l'un soit issu de la famille de Boussagues, un autre de celle d'Olargues. Il n'y a qu'avec les Faugères que les abbés semblent avoir tissé une sorte de tradition de mésentente (c'est à Cassan que les Faugères adressent plutôt les cadets de leur famille). L'ascension dans la hiérarchie ecclésiastique transparaît, peut-être, parfois : un Pierre du Breuil est sacriste en 1184, l'abbé a le même nom dans les années 1247-1248. Est-ce le même Gui de Boussagues qui fut prieur de Saint-Gervais (1288, 1303) puis abbé (vers 1312) ? Une hiérarchie où sont cités ici et là le prieur (celui de l'abbaye, le bras droit de l'abbé), le sacriste, le cellérier[31], l'infirmier. Certaines charges peuvent être assistées d'un procurateur. Bernard de Magalas est procurateur du sacriste en 1268[32] (cf. *supra* 4.3.2. pour les charges dépendantes de l'exercice de la justice). Notons que les prieurs attachés à des prieurés extérieurs, comme Saint-Gervais, sont des personnages considérés, cités dans les listes de témoins parmi les premiers. Vers 1160, Bernard de Montpaon est prieur de Fondamente. On connaît Gui de Boussagues prieur de Saint-Gervais. Ils doivent être nobles. Comme le remarque J. Bousquet, « les aînés gardent les châteaux, les cadets les prieurés » (Bousquet 1992 p. 376).
C. Pailhès (1984) a établi qu'il y eut « société et confraternité » entre Lagrasse et Villemagne. Souvenir de « l'amicale bénédictine » du IXe siècle ? En 1256 cette association est étendue aux défunts. L'on sait aussi que dans les années 1220 un moine de Villemagne nommé Bernard d'Alignan était abbé de Lagrasse. C'est à lui qu'a été confiée la mission de réunir à Saint-Thibéry les abbayes languedociennes pour leur faire adopter la réforme monastique du IVe concile du Latran (les statuts ont été édictés en 1225). Par ailleurs, en 1248, après une enquête visant à sanctionner des officiers de Lagrasse, les moines sont envoyés en prison à Villemagne entre autres lieux (Pailhès 1984 p. 83-84). Ajoutons que l'économie de l'abbaye de Lagrasse était aussi fondée pour une bonne part sur l'exploitation minière. Enfin, signalons grâce au nécrologe de Sainte-Marie de Cassan qu'en 1241 est cité un Raymond, abbé de Villemagne, qui fut aussi chanoine de Saint-Nazaire de Béziers.
Le nombre des moines est difficile à estimer. Neuf noms sont cités *ex monachis*, en plus de l'abbé, dans l'accord des environs de 1160 avec l'évêque de Béziers[33]. Seize noms apparaissent en 1233. Quand le « couvent » au sens d'assemblée se réunit avec l'abbé pour faire face aux parties adverses, lors des règlements des litiges, les prieurs extérieurs peuvent être aussi appelés. Peut-on penser que le nombre de moines oscilla entre une douzaine et, au maximum, une vingtaine ? Pour comparaison, à Saint-Pons de Thomières, abbaye au temporel étendu jusqu'en Catalogne, il y avait déjà vingt-neuf moines en 967, et quarante-huit en 1327 (Bussis-Tait 1995-1996 p. 27). Mais à Saint-Chinian (abbaye Saint-Anian), il y a douze religieux en 1313 (Delouvrier 1896 p. 30).
À cet ensemble du personnel ecclésiastique il faut ajouter les convers (1233, § VI), et les « familiers » cités en 1233 et 1273, qui n'habitent pas forcément l'abbaye. Des hommes d'armes dont la présence fut suggérée par les accords entre les vicomtes au XIIe siècle en faisaient-ils partie ?

---

29 ADH Villem., DD1 : 1720-1722.

30 Cf. Fargier 1970 : au XVIIIe siècle le ramassage du limon déposé chaque année dans les fossés des murailles de la ville constitue l'un des revenus de la communauté. De nombreuses plaintes sont aussi enregistrées quant aux « pestes » apportées par les eaux croupies.

31 HGL VII c. 26 n° 86.

32 Fds Thésan p. 113.

33 L. nr Béz. p. 274.

5.3.1. La Tour du Monastère réhabilitée ?

Si l'on en croit un plan certes tardif (l'état des lieux mauriste des années 1660), mais qui doit montrer l'essentiel des dispositions médiévales, l'abbaye dans son périmètre à peu près quadrangulaire occupait donc quasiment le quart nord-ouest du bourg clos. Parmi les bâtiments est notable la Tour du Monastère. Il est possible que ses étages hauts aient été alors reconstruits.
L'avant-dernier niveau est ouvert côté nord de hautes baies jumelles tout-à-fait remarquables (**fig. 18a à d**). Le contrefort central ne s'interrompt pas et, se trouve dans l'exact prolongement du trumeau séparant les baies. Alors que les piédroits répondants existent visuellement indépendamment des contreforts d'angle, au même parement que les parois de la tour. Le couvrement de ces baies (aujourd'hui colmatées) est tout particulièrement soigné. Les arcs plein-cintre sont outrepassés (joint à la clé), portés par des impostes saillantes dans l'embrasure (moulurées en bandeau sur quart-de-rond : **fig. 18d**). Le caractère outrepassé de chaque arc est donné uniquement par les sommiers. Remarquons que chaque sommier côté contrefort ne forme qu'un bloc avec l'angle-même du contrefort, ce qui a obligé à une taille particulière. La conception du clavelage présente une particularité. Le deuxième claveau, au-dessus de chaque sommier, est à crossette (**fig. 18c**) ; il est deux fois plus allongé que les autres pour faire accroche dans le parement en dépassant l'extrados (ces claveaux à crossette sont structurellement les sommiers du segment demi-circulaire de chaque arc).
Ce niveau, voûté par un berceau plein-cintre en tuf, était un étage campanaire (**fig. 18g à i**). En témoignaient encore il y a quelques années les traces d'encastrement de l'énorme poutre qui porta les cloches (**fig. 18g**)[34].
Quant aux baies sud, qui ne sont pas visibles depuis les rues, elles ont été quelque peu malmenées et sont actuellement couvertes d'arcs plein cintre reposant sur des impostes saillantes seulement dans l'embrasure et très simplement moulurées, d'un bandeau sur chanfrein (**fig. 18e, h**).
On accédait au niveau supérieur depuis l'étage campanaire par une petite porte (**fig. 18j**) ouvrant sur un petit escalier en vis, dont la réparation fit reprendre l'angle nord-est de la tour. Le dernier niveau (aujourd'hui à ciel ouvert, très endommagé : **fig. 18a, e, f**), était ouvert sur chacun des quatre côtés par deux baies jumelles, semble-t-il couvertes en arc plein-cintre reposant sur des impostes moulurées (toujours selon le profil bandeau sur quart-de-rond), mais d'une hauteur presque deux fois moindre que les baies du niveau inférieur. Un cordon mouluré en bandeau sur quart-de-rond régnait au niveau de leur appui sur tout le pourtour de l'édifice. Le jeu des contreforts laissant apparaître les angles du bâtiment était respecté sur toute la hauteur de la tour[35].

Pour les étages hauts, remarquons que le tuf, aux multiples avantages techniques, léger, facile à travailler, aux alvéoles permettant une parfaite cohésion bloc-mortier, depuis longtemps exploité dans la vallée de l'Hérault, connut une exportation qui a battu son plein aux XIIe-XIIIe siècles (Journot 1990). Dans l'abbaye il est aussi utilisé pour la voûte d'un bâtiment lié à la muraille appartenant au quartier dit « le fort ».
Le montage des baies nord est dans cette partie particulièrement intéressant. Le fait de disposer deux claveaux symétriques de façon à ce que leur longueur dépasse l'extrados pour aller s'accrocher dans le parement se voit aussi dans le montage de la baie d'une tour à Lapeyre (commune Versols-et-Lapeyre, Aveyron : **fig. 18k**), dans la vallée de la Sorgues, vallée où se trouvait d'ailleurs un prieuré de Villemagne (à Fondamente puis, après l'échange de ce prieuré avec Soumartre, à Latour). La tour de Lapeyre présente un appareil moyen, ouvert à l'étage d'une vaste baie centrale à l'arc outrepassé. Elle a été construite par l'abbesse de Nonenque (Nonenque se dresse au fond d'un vallon tout proche) vers le milieu du XIIIe siècle (Miquel 1982 p. 148). Notons que les relations Villemagne-Nonenque sont bien attestées[36]. Les restes de l'ancienne église de Lapeyre, pris aujourd'hui dans une habitation, présentaient aussi une structure d'arcs outrepassés (**fig. 18 l**).
Le tracé outrepassé des arcs plein-cintre fut donc une caractéristique des Xe-XIe siècles (représentée au château de Mourcairol), encore observable pour une période plus tardive. Ne peut-on y voir une référence voulue au passé, un choix esthétique historiciste en quelque sorte ?

5.3.2. La *nova ecclesia* : un chevet imposant

Selon la charte de 1273 (cf. *infra* annexe 3.2, Édition de textes), l'université des hommes de la *villa* a été réunie par le crieur de l'abbé et du monastère *in opere novo aeclesiae Sancti Martini eiusdem monasterii*, Pierre étant abbé, son couvent étant présent *in dicto opere seu nova aecclesia* (f° 1, l. 5 et 6). Ceci étant fait *de plano*, c'est-à-dire pour éviter le tribunal. À la fin de l'accord, il est dit que ces dispositions ont été proclamées *in aecclesia nova Sancti Martini de Villamagna* (f° 2, l. 79).
En 1273, l'université et le couvent, deux assemblées, pouvaient se tenir solennellement dans « l'ouvrage neuf » de l'église Saint-Martin. Au moins une partie accessible à une double assemblée, dont des laïcs, était donc construite.
L'abbatiale est bien désignée sous le vocable « Saint-Martin » en 1273 ; ce n'est que depuis la fin des années 1820 et la réhabilitation de l'édifice en église paroissiale que le vocable « Saint-Majan » est devenu d'usage[37]. Elle est dégagée de tous côtés sauf au nord ou les restes

[34] Aujourd'hui du ciment projeté empêche une étude convenable.
[35] Enfin, ajoutons que l'angle nord-est a été détruit pour recevoir sans transition une tourelle circulaire d'escalier à vis. Les massifs d'angle, arasés à hauteur des arcs de couvrement des baies, ont été récemment mis hors d'eau par des plaques de zinc.

[36] C. Non. p. 4-6, 1162 ; p. 264-271, 1329...
[37] Fargier 1970 : après la vente de l'abbaye comme bien national, en l'an III la municipalité voulait déjà racheter l'abbatiale pour en faire un Temple de la Raison. Alzieu 1986, Galtier 1997 : elle devint siège paroissial en place de Saint-Grégoire en 1826-1827.

de l'abbaye mauriste repris dans des habitations privées s'appuient à la construction. Une place la sépare, au sud, de Saint-Grégoire, place qui était occupée par le cimetière encore au XIXe siècle.

Fig. 19a. Il ne reste de cette église fortifiée puissamment contrefortée que le chœur, particulièrement long[38] (dimensions extérieures maximales : 28 m de long sur 23 m de large), fait de trois travées droites et une abside complètement ouverte sur une *corona* de cinq chapelles rayonnantes très hautes séparées par les contreforts. Il est voûté d'ogives retombant sur des piliers engagés (une colonne entre deux colonnettes) et sur les piliers de tête fasciculés de l'abside.

Il a été fermé au niveau de l'arc triomphal par les mauristes quand ils ont restauré et réorganisé liturgiquement l'abbatiale[39]. On peut encore observer les arrachements de la dernière travée de la nef et de son voûtement, une nef nettement plus large et haute que le chœur. Un haut clocher quadrangulaire est appuyé côté sud à la première travée.

Fig. 19b. Le sol de l'église a été fortement rehaussé par rapport à la rue. C'est donc une volée de marches qui permet d'accéder à l'entrée occidentale moderne. Sous ce sol, un conduit en croix, grossièrement voûté, baptisé aujourd'hui « caves », sert actuellement de remises ; il constitue le témoin d'une transformation de l'ancienne abbatiale en verrerie après 1791[40].

Deux larmiers règnent sur tout le pourtour du chœur. Ils viennent mourir en amortissement soigné contre le clocher, et n'enveloppaient ni le clocher, ni la nef. L'un se compose avec une retraite des contreforts et avec l'appui des fenêtres les plus développées en élévation. L'autre (cordon mouluré) se compose avec l'appui des fenêtres les moins développées, et avec la traverse des fenêtres de grande hauteur.

L'appareil, de grès, est régulier, d'un module plutôt grand. L'appareil de l'encadrement des fenêtres est nettement indépendant de celui des murs. Il est certes difficile de faire la part des « bricolages » mauristes, ou datant de la réfection du XIXe siècle, mais de toute façon hormis pour les toutes premières assises basses, il n'y avait pas continuité entre les assises du cadre des baies et les assises des parois. Les raccords se remarquent aussi à l'approche des supports, y compris pour ce qui reste de la nef ancienne. La taille indépendante des blocs des différents éléments architecturaux, et les nécessaires ajustements qui en résultent, n'étaient pas rares si l'on observe les monuments environnants. C'est plutôt l'assisage continu qui est remarquable[41].

Vues de l'extérieur, les assises paraissent continues entre nef et clocher. Entre clocher et première travée droite de chœur, les assises sont continues dans la partie basse du monument, des décalages sont notables en hauteur. Il semble que pour l'ensemble du monument ce soit la même chose. Le soubassement actuel de la *corona* est monté en assises continues, en niveau horizontal à peu près jusqu'au premier tiers de la hauteur des grandes fenêtres. Puis de petits décalages sont notables dans le montage des parois ou des contreforts, comme à leur pénétration.

Malheureusement les larges brèches dans les gouttereaux empêchent une étude satisfaisante d'ensemble. Est seule notable une zone de désordres à mi-hauteur du flanc ouest du premier contrefort sud.

Il semble que la partie fasciculée des piliers de tête ait été faite d'assises monolithes. Pour les supports des travées droites, tantôt l'assise est monolithe, tantôt elle est composée : colonnettes et dosseret sont monolithes, et s'ajoute la colonne engagée. L'alternance n'est pas régulière.

Structure, distribution

• La nef et sa jonction avec le chœur : **fig. 20**

Les arrachements des murs gouttereaux de la nef plus large que le chœur et les piédroits de l'arc triomphal sont encore visibles (**fig. 20a à f**). La nef était unique et ses murs épais (1,14 m).

Par l'arrachement du gouttereau sud on peut observer le blocage, de deux natures. Des galets de rivière chargeaient les reins de la voûte, le mur lui-même étant bloqué par de gros blocs pratiquement appareillés peu différents des blocs de parement.

Les piédroits de l'arc triomphal étaient incrustés d'une fine colonnette (**fig. 20f**), à chapiteau feuillagé (c'est au droit des piédroits qu'a été construite une harpe qui a fait ancrage pour la façade moderne).

Dans l'angle formé entre les arrachements des gouttereaux et les piédroits de l'arc triomphal se trouvent encore les départs d'ogives du couvrement de la dernière travée : doubleau appuyé à l'arc triomphal, arc ogif et formeret aux sommiers communs (**fig. c, d**). Ils sont portés par une colonne incrustée dans l'angle par l'intermédiaire d'un chapiteau sculpté d'un mufle animal au sud (**fig. 20e**), d'un quadrupède au nord[42].

Un sondage dans l'angle côté sud a permis de retrouver le sol originel, sous environ 2 m d'épaisseur de remblais (dont des sables résidus d'inondations) par rapport à la

---

[38] Souvent les commentateurs n'ont pas vu l'articulation entre la nef détruite et un chœur long remanié par les mauristes (De Dainville 1933, Rey 1951, Robin 1999).

[39] Les deux premières travées servent de nef, et le chœur liturgique est réduit à la troisième travée et à l'abside. Une double sacristie s'ouvre au nord.

[40] Cf. Galtier 1997 : en 1791 l'abbatiale fut mise en enchères et vendue. Fut installée dans la nef une verrerie.
Le conduit voûté de plan cruciforme correspond aux couloirs de tirage de la verrerie, qui ouvraient donc à l'extérieur au centre de chaque façade. « Ce dispositif est caractéristique des verreries à charbon. L'Encyclopédie mentionne ces caves qui font office de tirage », expliquent H. Amouric et D. Foy qui ont étudié un dispositif comparable pour une verrerie d'Arles (fin du XVIIIe siècle) ; Amouric, Foy 1984.

[41] Le cadre de la baie ouest de l'abbatiale de Sylvanès est assisé continûment avec le parement. En revanche la continuité des assises entre parois et supports de la nef de Saint-Fulcran de Lodève paraît être l'indice d'une reconstruction aux Temps modernes beaucoup plus étendue que ne le croit F. Robin (1999), et non la preuve d'une construction par assises continues sur toute l'élévation dès le XIVe siècle. J. Nougaret (*in* Pérouse de Montclos 1996 p. 276) y voit quant à lui une reconstruction à l'identique au XVIIe siècle.

[42] L'observation au nord se fait à partir de l'intérieur de l'habitation privée qui s'appuie là.

rue. Il était composé de dalles de pierres complétées par quelques ardoises, liées au mortier de chaux (**fig. 20g, h**). Ce sol a été entretenu et réparé par des rechargements de mortier. Un scellement de métal s'y trouve encore incrusté. Ce pavement se trouve près de 4 m sous le sol actuel de l'église. La base prismatique de la colonne occupant l'angle était munie d'un scellement de métal, vestige d'un ancrage de la clôture de chœur. Fut aussi repéré le piédroit d'une petite porte (hauteur 1,56 m), qui ouvrit le mur gouttereau sud de la dernière travée (**fig. 20i**).

Que la nef ait existé est indéniable. Le sol de sa dernière travée, a vécu, le temps d'être usé, réparé[43]. Restituer sa longueur pour juger de la place réservée aux laïcs, et éventuellement aux convers, n'est pas une manœuvre assurée. Au XVIIe siècle, si l'on se fie au plan–état des lieux mauriste, cette nef, ruinée, venait vers l'ouest buter contre l'entrée du monastère, transformée alors temporairement en église. Il n'est pas sûr que cette entrée ait gardé sa position médiévale, mais les baies conservées en hauteur dans son mur ouest laissent entendre qu'il y eut bien là un haut bâtiment médiéval, aux caractéristiques de construction différentes de celles de l'abbatiale (cf. *infra* 5.3.3.). De plus le tracé restitué du couvrement de la nef à partir des axes des arcs ogifs induirait une travée de plan à peu près carré (Thébault 2010), que l'on dirait conçue pour se caler contre ce bâtiment.

Il n'est pas trop hasardeux de dire que la nef de l'abbatiale fut bien construite, et qu'elle était très courte par rapport au chœur. On ne peut pas savoir dans l'état actuel des choses s'il y eut jamais projet de la faire un jour plus longue, pour rejoindre le cloître (il fallait pour cela résoudre la difficile question du contrebutement de la nef). Mais une nef de faible ampleur n'est pas forcément un signe d'inachèvement[44]. Elle était d'ailleurs particulièrement large, et développée en élévation.

• Les deux premières travées droites du chœur : **fig. 21**

Fig. 21c, d. Les voûtes, quadripartites sur plan barlong, ont été reconstruites[45], mais assorties aux restes qui étaient demeurés en place. On peut dans certains cas repérer les raccords (petits décalages), malgré les enduits peints qui gênent l'observation.

Une courte voûte en berceau brisé se combinait avec l'arc triomphal. Elle vient allonger les voûtains de la voûte d'ogives de la première travée, dont chaque arc diagonal retombe de ce côté sur un culot orné d'un personnage (**fig. 21b, fig. 24a, l**).

Par ailleurs les voûtes retombent sur des supports engagés composés (**fig. 21e**) : une colonne engagée sur un dosseret discret, flanqués de part et d'autre d'une colonnette. L'étude des joints en montre la stéréotomie. Un bloc monolithe entre colonne et colonnettes alterne de loin en loin avec une assise faite de deux blocs : l'un portant les colonnettes, l'autre la colonne. L'observation de blocs erratiques, suite de la canonnade de l'église, le confirme (**fig. 21f, g**).

Au sud de la première travée s'appuie le clocher. Au nord il a pu être vérifié qu'il n'y eut jamais de baie.

La deuxième travée a été ouverte de baies à l'encadrement doublement ébrasé simple de facture, souligné de fines gorges. La baie sud a été amputée de sa moitié inférieure par des reprises successives. Il est clair qu'elle interrompait originellement le cordon-larmier et était de grande hauteur (**fig. 21a**). Des désordres mesurés dans la partie haute montre une reconstruction plutôt soignée. Au nord une brèche qui cassa mur et sommet de l'arc de la fenêtre a été sommairement bouchée en même temps que la fenêtre était colmatée (**fig. 21h**). Les réparations mauristes ont été soignées côté ville et sommaires côté abbaye...

La conception du premier contrefort nord est extrêmement intéressante (**fig. 21m**). Non seulement il est plus épais que les autres (2 m au lieu d'environ 1,15 m), mais il se combine en partie basse avec un passage lié à l'appui en cet endroit du mur de clôture de l'abbaye (mur est). L'ensemble du dispositif occupe 3 m de large[46]. Un passage en T a été ménagé dans son épaisseur. D'ouest en est, l'extrémité du contrefort est traversée par un passage liant deux portes. Une porte ouest à l'arc brisé en partie refait mais qui présente encore un beau chanfrein (**fig. 21j**), et une porte est, à l'arrière-voussure surbaissée. Celle-ci est une très belle porte bâtarde sous arc plein-cintre, surmontée d'une imposte rectangulaire (**fig. 21k, l**) ; chaque ouverture est soigneusement chanfreinée. Les sommiers de l'arc plein-cintre comportent chacun une crossette. C'est dans l'extrados des deux larges claveaux qui font faîte qu'a été taillée la base de l'imposte, elle-même couverte d'une seule pierre formant linteau.

Sur ce petit passage ouest-est se greffe un couloir nord-sud. Il s'en va rejoindre une petite porte de communication sous arc brisé avec joint au faîte (comblée), qui débouchait dans l'église.

Un mur prolongeait le flanc est du contrefort. Un regard y a été ménagé, mais sa position en limite de reprises et comblements, et l'érosion des pierres, le rendent difficile à observer. Son emplacement correspond au mur de clôture est de l'abbaye porté sur le plan mauriste (**fig. 21m**).

Contrefort très épais et clocher renforçaient la délicate jonction avec la très haute nef. L'absence de baie au nord participait aux précautions prises pour la construction de cette première travée. Le repérage du mur de clôture est important, qui laisse entendre que pourtour du chœur et flanc sud de l'abbatiale faisaient

[43] Les arrachements de la façade ouest ne sont pas des pierres d'attente, contrairement à ce que dit le commentateur du plan faisant état des lieux à l'arrivée des mauristes. L'idée, fausse, que la nef n'aurait pas été terminée a souvent été recopiée (à partir de Renouvier 1840).

[44] Contrairement à l'avis de F. Robin, qui estime qu'une nef à deux travées est ou inachevée ou propre à un édifice très modeste (Robin 1999 p. 52).

[45] L'église est en 1636 (cf. *infra* annexe 3.4, Édition de textes) « ruynée et inhabitable ». Les religieux font leurs offices à Saint-Grégoire et « aydent » le vicaire.

[46] Les relevés étaient dans ce secteur très difficiles à effectuer : c'est bien le savoir-faire de G. Thébault qui a permis cette analyse.

limite de l'abbaye construite, disposition respectée par les mauristes. Précisons. Une limite, certes, mais par rapport au cimetière, qui était peut-être par ailleurs clôturé côté ville. Donc, depuis la zone du cimetière située à l'est du chevet, l'on pouvait ou entrer directement dans le chœur, ou rejoindre l'abbaye (cf. *infra* 5.3.3).

• Le clocher : **fig. 22**

Au niveau de l'actuelle première travée est construit hors-œuvre le clocher-tour, quadrangulaire, sans contreforts, aux murs épais. Il est notable que ne s'y décèlent apparemment pas de trous de boulins. Sa liaison par rapport à nef et chœur ne montre pas de césure particulière. Il abrite une cage d'escalier en vis (**fig. 19a**) qui dessert deux salles voûtées superposées atteignables. Les jours sont rectangulaires, au pourtour chanfreiné en parement extérieur (**fig. 22a, b, c**). Chaque voûte en berceau plein-cintre (**fig. 22f**) retombe côtés sud et nord. Dans le parement extérieur sud une particularité de l'appareil marque cet ancrage. Au niveau du rein de la voûte, les assises varient en module et l'une est faite de blocs minces posés de champ. Les angles sont par ailleurs renforcés de grands blocs.
L'escalier (**fig. 22h**) : les marches monolithes avec leur noyau sont soutenues dans les parois par des consoles simples moulurées en listel et chanfrein. Il est éclairé de jours ébrasés donnant vers l'ouest, à la base plongeante vers l'intérieur traitée en glacis.
Chaque salle voûtée est éclairée par deux jours, un dans la paroi sud, un dans la paroi est, situés dans des embrasures hautes et étroites, à la base de grande hauteur, plongeante vers l'intérieur et traitée en glacis (l'ouverture dans le parement interne fait 2,12 m de haut sur 0,70 m de large). Le couvrement est fait pour chaque d'une grande dalle (**fig. 22c**).
Le premier niveau voûté (aujourd'hui débarras communiquant avec l'église par l'intermédiaire d'une porte qui est une reprise), est muni dans l'épaisse paroi ouest d'un placard encastré, abîmé. Est encore visible la porte de communication originelle entre cette pièce et la cage d'escalier, qui était couverte d'un linteau sur coussinets sculptés : une tête animale est conservée (**fig. 22g**).
Le deuxième niveau est muni dans la paroi ouest d'une large niche plein-cintre qui comporte une fine feuillure et la rainure d'une étagère (0,95 m de haut pour 1,05 m de hauteur de piédroit : **fig. 22d**). Ce qui laisse supposer que deux niches de même type étaient alignées d'étage à étage, évidant le mur ouest à côté de la cage d'escalier. (Une petite porte a été reprise dans l'angle nord-ouest, côté chœur, aménagement mauriste : **fig. 22e** ; elle est aujourd'hui comblée).
La chambre des cloches a beaucoup souffert (la moitié nord en a été détruite). Un cordon-larmier la soulignait au niveau de l'appui des baies campanaires. La base de deux baies campanaires côté sud est d'origine. Le reste est repris plutôt grossièrement.
À partir de la cage d'escalier, on peut descendre sous le niveau du sol intérieur actuel et parvenir en profondeur à peu près au niveau du sol extérieur. L'on atteint ainsi la partie émergée d'une porte couverte par un linteau en bâtière visible de l'extérieur au côté ouest du clocher. De plus, apparaît aussi le linteau de la porte de communication originelle entre première travée droite de chœur et clocher (**fig. 22i**) ; le reste est enfoui.
Donc aujourd'hui quatre niveaux au moins sont restituables : hormis les deux salles et la chambre des cloches, un niveau bas est enfoui.
Le clocher contrebutait la zone très sensible du contact nef unique–chœur. Il appartenait aussi à la fortification[47].

• La troisième travée et la *corona* des chapelles rayonnantes : **fig. 23**

Les principes techniques changent à partir de la troisième travée. Les murs de celle-ci sont moins longs et désépaissis, par l'extérieur seulement (on passe de 1,04 m d'épaisseur à 0,70 m : **fig. 19a**), les contreforts étant au niveau de cette travée très profonds (**fig. 23a, g**). Le principe de parois minces est appliqué à partir de cette travée et pour l'abside, unifiant cet ensemble qui devait se trouver sous un voûtement partant d'une clé commune, comme l'ont restitué les mauristes, si l'on en croit les départs en place. De plus, le voûtement se trouve à une hauteur légèrement moindre, par rapport aux deux premières travées (**fig. 23k**). Dans cette partie, les poussées qui se développent entre nervures des voûtes et piliers de tête des contreforts, bien absorbées par la profondeur de ceux-ci, permettent de reculer vers l'extérieur les parois minces (**fig. 23b à f**) et de ménager la couronne des chapelles rayonnantes montant de fond jusqu'à la base des voûtains. Ainsi les formerets de l'abside deviennent des doubleaux, transition qui introduit le spectaculaire déploiement des chapelles (**fig. 23j**).
Les contreforts apparaissent donc largement à l'intérieur de l'édifice. Leur plan y est triangulaire, de telle sorte que les chapelles ménagées entre eux ont un plan rectangulaire (**fig. 19a**).
Ces cinq chapelles rayonnantes sont couvertes de petites voûtes quadripartites munies de leurs formerets, retombant sur de petits chapiteaux et colonnettes incrustés dans les quatre angles (**fig. 23m**).
Les appuis extérieurs des baies de la troisième travée sont combinés avec le cordon-larmier le plus haut placé, alors que celles ces chapelles s'appuient sur le larmier-glacis inférieur (**fig. 23a à g**). Ces dernières étaient donc de grande élévation. Leur cadre à toutes est assorti, par une mouluration en ondulation interrompue par de petits chapiteaux, plus complexe que le simple cadre à gorges des baies des premières travées : **fig. 23h, i**.

• La « chapelle du saint » : **fig. 24**

La chapelle qui abritait les reliques de saint Majan a pu être identifiée grâce à la visite pastorale de 1636 et à

[47] Son aspect massif et à l'esthétique sobre l'a fait injustement vieillir : cf. de Dainville 1933 pour qui le clocher antérieur au reste est de la fin du XIIe siècle ; Rey 1951 qui le voit « roman ».

l'état des lieux mauriste[48]. Ruinée par les huguenots, elle a été restaurée, et sert aujourd'hui de sacristie. Elle faisait bien partie du projet initial.
Elle est contenue entre deux contreforts légèrement plus longs que les autres et comportant de ce fait une retraite supplémentaire, située sous le larmier supérieur, retraite qui était combinée avec la rive originelle de son toit. Cette retraite était façonnée en larmier de même profil que le larmier inférieur mais uniquement sur la largeur du parement de face. Le larmier bas faisait quant à lui retour pour régner sur son mur de rive, puisque celui-ci est en légère retraite par rapport au parement de face des contreforts. Chaque bloc faisant angle avec chaque contrefort est encore en place (**fig. 24a, b**). Restent quelques assises basses, montrant notamment un bloc monolithe taillé en deux angles pour faire partie du contrefort comme de son mur de rive. Un arrachement de beaux blocs est lié à chaque contrefort. Celui de droite montre un élément de la corniche originelle qui recevait le toit, monolithe avec l'angle du contrefort. Un alignement d'ardoises est encore pris dans le gouttereau et les joues des contreforts, restes du toit ancien (aujourd'hui le mur de rive en moellons, percé d'une petite ouverture sous arc segmentaire, et le toit constituent très visiblement des reprises).
Le sol intérieur ayant été surhaussé, l'entrée originelle de la chapelle n'est plus visible. La hauteur de l'ex-chapelle devenue sacristie (**fig. 24c**) est aujourd'hui faible. La voûte d'ogives quadripartite retombe sur des culots figurés (très abîmés : **fig. 24e à g**), qui se trouvent quelques centimètres au-dessus du sol actuel. Manque son formeret côté rive (partie refaite). Une porte ouvre côté ouest sur une autre annexe, moderne, qui s'appuie au droit de la deuxième travée[49] et en dissimule la partie basse extérieure (**fig. 24d**).

• Les parties hautes ; fortification (**fig. 25**) ; évacuation des eaux

De la fortification, on peut restituer un chemin de ronde ménageant un système de mâchicoulis, porté sur arcs entre les contreforts, et par des consoles à ressauts au sommet des contreforts profonds des parties droites du chœur (**fig. 25a à e**). Les arcs, chanfreinés, sont de tracé brisé sauf au niveau de la deuxième travée où la distance plus importante nécessite qu'ils soient plein-cintre, au nord comme au sud (**fig. 25d, e**). Les claveaux sont remarquablement taillés : à la pénétration entre le départ des arcs et le haut des contreforts de la *corona*, les blocs sont taillés spécifiquement pour leur emplacement, selon des angles obtus au-dessus des baies orientales. Des réparations y sont visibles. Les arcs ont dû être restitués par les mauristes (seul l'arc plein-cintre nord, non visible depuis la ville, est resté cassé).
Chaque contrefort est sommé d'un chéneau qui dégageait le chemin de ronde des eaux de pluie.
L'élévation des contreforts des deux premières travées est particulièrement importante et domine le reste du chœur. Il y a donc entre deuxième et troisième travée une forte dénivellation du chemin de ronde. En revanche les chéneaux restent de même niveau. Manifestement il y avait dénivellation du chemin de ronde mais pas de la rive du toit.
En toute logique ce chemin de ronde devait se composer avec des ouvertures du dernier niveau du clocher. En particulier côté nef il était facile de le faire communiquer avec le sommet de la cage d'escalier du clocher (mais les ouvertures du clocher ont toutes été reprises et ne laissent plus voir cette cohérence). Il est possible qu'une série de trous de poutre ménagés dans le flanc est du clocher constitue la trace d'un accès extérieur, de bois, amovible, à la fortification.
En hauteur un angle de murs, au-dessus des voûtes, est incrusté dans la partie autrement refaite du clocher (angle nord-ouest de la tour). À ce niveau, le sommet de l'arrachement est moins épais que le reste du gouttereau. Manifestement, on voit là les restes d'un chemin de ronde, la partie haute du gouttereau faisant parapet. La base de ce parapet était traversée par un chéneau dont on voit le débouché, de forme simple, en haut du parement extérieur sud (**fig. 22a**).
Entre parapet et rein de la voûte, quelques pierres de parement sont à l'aplomb du parement interne du gouttereau : ce sont les restes de la zone de support de la charpente ou de la couverture.

Force est de reconnaître que la chapelle Saint-Majan, et les immenses baies, sont contradictoires avec la fortification. Cela sous-entend qu'un système de colmatage des baies amovible devait être aisé à installer en cas de besoin, le temps que le danger franchisse fossé et muraille extérieure. En revanche le clocher se dresse sous un aspect tout-à-fait rébarbatif. Il n'est pas sans rappeler la tour très simple, aux jours entièrement chanfreinés, fortifiant le chevet de Saint-Dominique de Clermont, datée du XIVe siècle par A. Signoles (1975 p. 191).
On pourrait néanmoins penser que la fortification ne fut pas prévue d'emblée et qu'elle relève de l'ordonnance des sénéchaux de Beaucaire et Carcassonne, qui en 1360 obligèrent à la fortification systématique des églises. Mais dans la région la fortification des églises est un fait commun, et ce depuis longtemps[50].

[48] Cf. *infra* annexe 3.4, Édition de textes : 1636, visite pastorale de l'évêque de Béziers Clément de Bonsi. Après avoir visité Saint-Grégoire, l'évêque se transporte au cimetière de l'abbatiale Saint-Martin puis à Saint-Martin, où il y a une « chapelle du côté de l'Evangile », avec autel de marbre blanc et armoire enfermant un coffret contenant les ossements de saint Majan « évêque de Béziers et confesseur ». Cette chapelle étant l'ancienne sacristie car la chapelle du saint est ruinée. Les ossements ont été trouvés « à l'entrée de l'église Saint-Martin après le siège de Lunas » où les religieux les avait cachés pour éviter qu'ils « ne fussent envahis des huguenots ». Ils ont dès lors continué à provoquer des guérisons.
Sur le plan levé à l'arrivée des mauristes (cf. *supra* Chapitre 3, fig. 1), quelques trente ans plus tard, la chapelle notée communique bien avec la deuxième travée, c'est la sacristie moderne transformée en chapelle du saint. Rien n'est noté au droit de la troisième travée, parce que l'endroit est ruiné.

[49] S'y trouvait l'accès à une chaire à prêcher depuis supprimée.

[50] Cf. le concile de Toulouges v. 1041, HGL V c. 220. Les églises du littoral par exemple ont été fortifiées très tôt contre les pirates : Agde, Vic-la-Gardiole, Saint-Bauzille d'Esclatian... Pour M. Durliat (1976 p. 113), aux Jacobins, aux Cordeliers de Toulouse et à Sainte-Cécile d'Albi, les arcs extérieurs entre les contreforts ont été « empruntés

A priori, pour les XIIIe-XIVe siècles, on peut avoir à l'esprit la configuration de l'abside de Saint-Paul de Clermont au parapet crénelé porté par des arcs plein-cintre ; la construction de l'abside (avec fortification ?) appartiendrait à une campagne 1275-1313 (Robin 1999 p. 278-279). Formule différente, le parapet de l'abside de Saint-Nazaire de Béziers, datée du tournant entre XIIIe et XIVe siècles (Pradalier-Schlumberger 1994 p. 62-63), est quant à lui joliment ajouré, au-dessus des arcs brisés qui lient les contreforts (même s'il a pu avoir été refait, ses trilobes ajourés sont bien présents sur le dessin d'Amelin réalisé en 1823[51]). Pour ces époques, la fortification construite devait être en période de menace complétée d'équipements mobiliers, au moins pour occulter les baies.
Rappelons que R.A. Sundt (1994 p. 124) a souligné que les chapelles développées en hauteur n'entravaient certes pas la défense. Mais le fait qu'elles puissent être associées dans le même bâtiment à des chapelles latérales développées à mi-hauteur montre que ce trait n'est pas primordial dans leur raison d'être.

Effets esthétiques en volume et élévations, modénature, motifs sculptés, rehauts peints

• Les points forts de la volumétrie, les ordonnances

Quand on regarde l'abbatiale du côté sud, *a priori* le toit culmine à hauteur différente de part et d'autre du clocher. Mais le parapet de la fortification devait introduire un autre jeu en s'alignant quant à lui à même hauteur de chaque côté de la tour-clocher, et en s'abaissant sur la partie orientale. Le clocher a un caractère pour le moins éminent, ses parements plans contrastent avec la composition savante du chœur, travées droites, retrait de la troisième travée, rythmées par des contreforts, élargissement en couronne des chapelles qui englobent les contreforts (si bien que les commentateurs évoquent l'« abside » de Saint-Majan sans se rendre compte que c'est une couronne de chapelles) .
À l'intérieur, on passait d'une largeur de 13,80 m et d'une hauteur sous voûte de plus de 20 m pour la nef, à une largeur de 11,30 m pour le chœur, pour une hauteur de plus de 18 m. La longueur totale du chœur fait 25,40 m et un peu plus de 23 m jusqu'à l'entrée de la chapelle axiale. Le chœur est unifié, jusqu'au déploiement spectaculaire des chapelles, en largeur comme en hauteur, formant à proprement parler une couronne de lumière qui dédouble l'espace autour du sanctuaire. La formule appliquée à la nouvelle abbatiale est un bel exemple de « solennisation du sanctuaire », pour reprendre l'expression de R.A. Sundt.
En tout état de cause l'église dura avec une nef très courte et un chœur long (nécessité par sa fonction conventuelle), même si avait peut-être été prévu un allongement de la nef jamais réalisé. La longueur totale dépassait les 42 m. Par rapport à aujourd'hui, il faut lui restituer 2 m d'élévation supplémentaires à l'extérieur et 4 à l'intérieur. L'édifice s'en trouve singulièrement grandi…

Un jeu sur la hauteur des baies varie l'ordonnance des élévations selon les travées (**fig. 19b**). Il est impossible de restituer l'élévation de la nef, mais elle était forcément éclairée et son élévation animée par une ou deux baies. Pour les parties restantes, la première travée est aveugle, au nord comme au sud. La deuxième travée est marquée par des baies au cadre sobre, mais de grande hauteur. La troisième travée qui fait transition introduit les baies au cadre mouluré, mais de moindre dimension, alors que la *corona* était éclairée par des baies alliant mouluration ondulée, et grandes dimensions nécessitant le relais d'une traverse.
Les arcs de mâchicoulis ont aussi un rôle esthétique de couronnement des élévations (c'est bien pour cela que les mauristes les ont réparés), mais l'effet ultime du parapet est perdu.
Les larmiers unifiaient quant à eux le chœur, plus valorisé que la nef (ce qui est normal), en reliant horizontalement les baies, de façon subtile : le larmier bas fait socle et appui des baies de fort développement ; le larmier mouluré est interrompu par les grandes baies à cadre simple de la deuxième travée, fait appui des baies à cadre mouluré de la troisième travée, de moindre dimension (côté nord la baie surmonte la « chapelle du saint »), alors qu'il est en continuité des traverses des grandes baies moulurées de la *corona*. Quant au clocher, ses vastes parements nus devaient s'accorder à la nef, elle aussi dépourvue de larmiers.
À l'intérieur c'est le contraste entre la zone aux élévations planes et nettement découpées, et la zone absidiale dédoublée, aux limites rendues floues par la lumière, qui est étonnante. D'autant que dernière travée aux limites nettes et abside sans limites sont réunies par un voûtement commun.

Ouvrons plus systématiquement la question des comparaisons.
Si l'on considère les élévations extérieures, la formule courante dans le Midi consiste à monter des fenêtres hautes et étroites dans la zone absidiale ; habitude qui occupe la fin du XIIIe siècle pour F. Robin (à partir des années 1270) et le cours du XIVe siècle.
En revanche le jeu des proportions entre ces baies et celles du chœur est variable, et quand on admire les élévations internes, la symétrie n'est pas forcément de règle, qui dépendit de bâtiments plus ou moins temporaires appuyés aux parties basses.
Témoin l'histoire mouvementée des baies de la cathédrale de Lodève. H. Vidal (1963 p. 188), qui a assisté aux décroûtages effectués lors de la campagne de restauration du début des années 1960, a observé qu'originellement de plus grandes dimensions avaient été données aux baies sud des travées droites du chœur, par rapport aux baies nord. Puis les baies sud ont été à demi occultées (état ancien photographié dans Rey 1951 p. 249). La restauration des années 1960 les a donc rétablies dans leurs dimensions premières (**fig. 26e**).

---

aux églises fortifiées du Bas Languedoc » (cf. la cathédrale d'Agde et l'abbatiale Saint-Pons de Thomières, à partir des années 1170).

[51] Médiathèque de Montpellier, Bibliothèque numérique : *Albums de Jean-Marie Amelin, arrondissement de Béziers*. Vol 9_067

H. Vidal voit dans la construction de la chapelle dédiée aujourd'hui au Sacré-Cœur, autrefois église paroissiale Saint-André, appuyée au côté nord du chœur de la cathédrale (début du XIVe siècle ?), la raison d'être des moindres dimensions des baies (**fig. 26a**). On peut ajouter que même l'ajourement nord de l'abside avait été affecté, vu les transformations du cadre des baies visibles depuis l'extérieur (prévues d'abord de moindre hauteur : **fig. 26c, d**). Des reprises dans les contreforts étonnamment profonds de ce côté, trahissent seules aujourd'hui l'existence passée d'un dispositif qui prolongeait vers l'est l'église Saint-André.

La dissymétrie n'est pas choquante, et d'ailleurs l'habitude est restée longtemps courante d'ouvrir plus largement les nefs au sud qu'au nord, pour protéger les fidèles du froid. C'est plutôt la volonté de symétrie qui est à remarquer.

• Modénature

Larmiers

Le larmier inférieur du chœur se compose avec une retraite des contreforts et avec l'appui des fenêtres les plus développées en hauteur. C'est une sorte de corniche à surface en glacis, haute d'une assise. Pour le larmier supérieur le glacis s'amortit en un tore muni d'un bec, séparé par une profonde gorge d'un autre tore plus fin qui fait mouchette.

Assorti à celui-ci, le clocher ne présente plus qu'un unique cordon, en hauteur, faisant office de larmier, qui courait au niveau de l'appui des baies campanaires.

Notons que les profils de larmiers, larmier bas en glacis et cordon-larmier haut, très mouluré, ont été adoptés aussi à Saint-Fulcran de Lodève (**fig. 26b à d**) comme à Saint-Pierre de la Salle à Cessenon (**fig. 26j, i**).

Cadre des baies et remplage

Pour les baies de la deuxième travée, l'ébrasement externe comporte une simple gorge continue, alors que l'ébrasement interne est suffisamment large pour en comporter deux, la rainure interne se prolongeant par la ciselure dégageant le remplage.

Alors que les autres baies présentent des cadres d'une toute autre modénature, « ondulés » (troisième travée, chapelles rayonnantes). L'arc brisé surélevé est formé de deux moulures toriques, de diamètres inégaux, la plus épaisse se trouvant à l'extérieur, et la plus mince étant dégagée par une ciselure. Ces moulures sont séparées par un large cavet et le tout retombe sur des petits chapiteaux à fins feuillages liés par tailloir et astragale communs. Ce profil se prolonge sur les piédroits sous forme de minces colonnettes. Les bases, qui prennent naissance dans le cordon-larmier en forme de glacis qui fait appui, apportent une subtilité supplémentaire à cette conception. La transition se fait par une mouluration en quarts-de-rond successifs. La base est en angle droit sous la colonnette extérieure, si bien que le débordement de la mouluration est porté sur chaque face de cet angle par un motif, en forme de cône renversé bouleté. Alors que sous la fine colonnette intérieure la base est prismatique.

L'effet est celui d'un encadrement ondulé brisé seulement par les chapiteaux. À l'intérieur de cet ébrasement se développe le réseau de la fenêtre elle-même, apparemment continu, aux écoinçons ajourés, de section prismatique. Un *oculus* à six lobes surmontait deux lancettes trêflées, si l'on en croit certains éléments cassés et les restaurations récentes. Mais un doute demeure quant aux baies de la deuxième travée vu les difficultés d'observation. Pour les baies de grande hauteur, la traverse dans l'alignement du larmier haut adoptait le même profil.

Quant à l'ébrasement simplement rainuré : cette disposition est manifestement commune, qui était déjà celle de la baie nord de la nef de Saint-Étienne de Toulouse, « prototype » de la définition du gothique méridional (baie datée du deuxième quart du XIIIe siècle par Q. Cazes (Cazes 1998 p. 68).

Pour l'occupation de l'ébrasement par un cadre « ondulé », on peut évoquer le chœur de Saint-Fulcran (**fig. 26b à d**), l'abside de Saint-Pierre de la Salle à Cessenon (**fig. 26j, i**), la baie de la façade de Sylvanès (**fig. 26k, l**). Le motif des bases à gouttes se retrouve à Lodève, à Sylvanès, et aussi à la base des piliers engagés de la chapelle de La Trinité à Boussagues.

Les réseaux sont en revanche différents (on peut rapprocher Sylvanès et chaque baie de la deuxième travée droite de Saint-Fulcran, le réseau étant de même dessin ; mais ces baies étant représentées bouchées par le dessinateur Laurens en 1838[52], il n'est pas impossible que leur restauration plus tardive ait été inspirée par la baie de Sylvanès).

Ogives et composition des supports

Pour la nef, c'est sur une colonnette engagée dans l'angle que viennent retomber les ogives. Une colonnette dont la base prismatique a été dégagée lors d'un sondage. Le joint entre base et colonnette se faisait grâce à un glacis débordant (cassé). La nervure de l'arc ogif diagonal, en amande à pointe abattue, est privilégiée pour retomber sur la colonnette (l'abaque du chapiteau est assortie par un bec à l'amande de la nervure) sur plusieurs assises, c'est-à-dire que le tore simple du doubleau comme celui du formeret viennent mourir de part et d'autre de cette nervure en amande assez haut dans les murs. La composition en bouquet est soigneusement taillée sur la hauteur du tas-de-charge. Noter que la nervure est plus mince que la colonnette.

Tâchons de restituer l'arc triomphal. La façade moderne ayant été installée au droit de l'arc triomphal, et sa partie haute ayant été détruite, on n'en voit plus qu'une colonnette fine amortissant l'arête du piédroit. Logiquement le couvrement en arc brisé devait présenter un intrados mouluré en trois tores, prolongé par des piédroits faits d'une colonne engagée entre deux colonnettes (disposition assortie aux supports du chœur ?). Ce dispositif est observable à la cathédrale de Lodève (**fig. 26g, h**). On ne sait si le diaphragme soutenu par l'arc triomphal et qui faisait la limite haute de la nef côté est était percé d'un *oculus*, comme ce fut le cas dans

---

[52] Renouvier J., *Histoire, antiquité et architectonique de l'église de Lodève et du prieuré conventuel de Saint-Michel de Grandmont*, Montpellier, Boehm, 1839. Médiathèque de Montpellier, bibliothèque numérique : 11163_05_Pl.02

d'autres exemples où la nef unique est plus large et haute que le chœur.
Côté chœur : les bases des supports sont dissimulées par les départs des voûtes moellonnées des « caves » (conduits de tirage de la verrerie installés à la fin du XVIIIe siècle). Les supports engagés sont composés d'une colonne entre deux colonnettes. L'amortissement entre ces éléments est assez savant. La colonne s'engage sur un dosseret discret amorti par un cavet avec chaque colonnette. Le doubleau est mouluré d'un tore épais, à l'échelle de la colonne, en amande à la pointe abattue, encadré de part et d'autre par un tore plus mince dégagé par une ciselure. Les arcs ogifs diagonaux sont moulurés selon le même principe mais avec un tore central en amande à pointe abattue à l'échelle de chaque colonnette. Les tores secondaires fusionnent pour laisser chaque tore principal en correspondance avec le support assorti en diamètre. Le formeret en petit tore meurt haut dans le mur.
Les arcs ogifs diagonaux de la première travée retombent à quelque distance du revers de l'arc triomphal sur des culots (abaques adaptées au bec de l'amande), laissant une section de voûte en berceau brisé compléter la voûte d'ogives pour faire transition avec l'arc triomphal. Le même dispositif a été adopté à Lodève (**fig. 26f à h**).
La mouluration est la même mais amincie pour les ogives de la dernière travée et de l'abside. À cet emplacement la voûte, particulièrement bombée, est à huit quartiers. Trois quartiers couvrent la troisième travée et les cinq quartiers rayonnants couvrent l'abside. Écrasement de la voûte et amincissement des ogives font que la hauteur sous voûte est légèrement moindre que dans les deux premières travées. Si disposition et amincissement des ogives ont logiquement respecté le parti originel, il est possible que le tracé écrasé du voûtement ne relève que du parti de la réfection mauriste. Les nervures retombent sur une colonnette triplée qui fait tête à l'extrémité de chaque pile. Les chapiteaux triples supportent les arcs ogifs rayonnants (un chapiteau pour chaque nervure, à l'abaque et astragale de plan tréflé).
Les zones fortes, constituées des piles à l'intérieur, et des contreforts à l'extérieur, apparaissent donc largement à l'intérieur de l'édifice, ce qui diminue d'autant le massif de chaque contrefort. Leur plan y est triangulaire, de telle sorte que les chapelles ménagées entre eux ont un plan rectangulaire.
Ces cinq chapelles rayonnantes sont couvertes de petites voûtes quadripartites munies de leurs formerets, retombant sur de petits chapiteaux et colonnettes incrustés dans les quatre angles.
L'entrée de chaque chapelle est de plus munie d'un doubleau : l'amande à pointe abattue est encadrée de part et d'autre d'une ondulation faite de deux cavets très légers la reliant à un tore bien dégagé. L'amande et les cavets vont retomber par l'intermédiaire d'un triple petit chapiteau haut placé (au même niveau que les petits chapiteaux d'angle) sur une colonnette dégagée par une ciselure et un double cavet. Mais le tore côté abside va retomber sur le gros chapiteau. Le tore côté chapelle vient retomber sur le petit chapiteau d'angle. L'extrémité des contreforts entre deux chapelles est donc fasciculée par les colonnettes d'angle des chapelles, les colonnettes correspondant aux doubleaux soulignant l'entrée de ces chapelles, la triple colonnette accueillant les ogives de l'abside, reliées par ciselures et cavets.
On peut remarquer l'effet produit par le décalage entre le couvrement des chapelles et celui de l'abside, les retombées de la voûte rayonnante se situant plus bas que les petites voûtes des chapelles.
Pour la chapelle Saint-Majan, la voûte d'ogives quadripartite y retombe sur des culots figurés (très abîmés), qui se trouvent donc quelques centimètres au-dessus du sol actuel. Profil des arcs ogifs : un tore apparemment en amande (la pointe n'est pas abattue) est encadré de part et d'autre par une ciselure et un profond cavet. Les formerets sont de même profil mais le tore est apparemment arrondi. Ils viennent fusionner au-dessus des culots. En toute logique cette voûte a été refaite. Dans quelle mesure a-t-on restitué l'état médiéval ?

La modénature des ogives et la façon dont les nervures fusionnent entre elles est habituelle (Robin 1999 p. 63 et 65).
Notons qu'il y a de subtiles différences de conception selon les parties de l'église, la *corona* étant très élaborée. La chapelle du saint offre un couvrement quelque peu simpliste, difficile à juger vu sa réfection. Rappelons aussi que les voûtes du clocher sont des voûtes en berceau très sobres.

• Motifs des chapiteaux, culots (**fig. 27**), gargouilles

Chapiteaux des colonnettes de la nef : mufle animal au sud, quadrupède au nord.
Arc triomphal : le petit chapiteau de l'arête du piédroit est simplement feuillagé.
Première travée du chœur
Culot sud (**fig. 27a**) : personnage portant tunique, aux mains et pieds croisés, soutenant l'abaque tréflée qui accueille l'ogive. L'abaque quelque peu ébréchée paraît avoir été moulurée en quart-de-rond, liée à la corbeille par un petit tore dégagé par une ciselure. Le plan de l'abaque comme de la corbeille, pour ce que l'on peut en voir, suit donc un triple arrondi.
Culot nord (**fig. 27 l**) : personnage aux jambes et bras gauche étendu, soutenant l'abaque de la main droite, au mufle monstrueux. Le plan de l'abaque un peu mieux conservé qu'au sud montre que l'arrondi central est en fait en demi-ovale, pour s'accorder à la section en amande du tore central de l'ogive.
Les deux atlantes comme les abaques sont axés selon les diagonales de la voûte, si bien que les personnages regardent vers le chœur.
Clés décorées (modernes ? remployées ?) : quadrupède griffu à la longue queue bouclée pour la première travée, rosace entourée de feuilles stylisées pour la seconde.
Entre première et deuxième travées
Chapiteaux sud (**fig. 27b**) : le motif occupant le centre du chapiteau majeur est une rosace, avec des feuilles (?) simples dressées à gauche, et des feuilles composées à droite, peut-être inspirées des feuilles de figuier. L'abaque, moulurée en tore entre deux ciselures, suit en

plan un triple arrondi ; il n'a donc pas été tenu compte pour leur réalisation de la section en amande de chaque élément des retombées. La fine astragale moulurée en tore suit l'arrondi de la base des corbeilles et vient sommer en un petit ressaut arrondi le haut du dosseret.
Chapiteaux nord (**fig. 27k**) : même disposition mais les feuillages diffèrent. Un rang de feuilles de chêne dressées (?) sommé d'une rangée de branches en fourche ponctuées de petits fleurons.
Entre deuxième et troisième travées
Chapiteaux sud (**fig. 27c**) : groupes de folioles simples reliées par trois, quatre ou cinq sur le même pétiole. Ces feuilles dressées sembleraient *a priori* être inspirées des feuilles de marronnier mais on peut plutôt les considérer comme fantaisistes[53].
Chapiteaux nord (**fig. 27j**) : deux rangs de feuilles de chêne dressées (?).
Dernière travée et abside
La clé de la voûte est blasonnée d'un écu moderne : au-dessus d'une ville, le blason, à la base en accolade, contient une fleur de lys, surmontée d'une mitre encadrée de deux crosses, le tout encadré de palmes (**fig. 23 l**).
En partant du sud pour aboutir au nord :
Fig. 27d : masque humain encadré par des feuillages qui lui sortent des narines pour le chapiteau central, feuilles pour les deux autres chapiteaux jointifs : cinq folioles lancéolées à bord ondulé sur pétiole commun à gauche (noyer ?), cinq folioles réunies à bord presque droit à droite.
Fig. 27e : feuilles à l'apparence de celles du marronnier (?) pour chaque chapiteau.
Fig. 27f : masque humain pour le chapiteau central commun à un corps qui s'allonge doublement pour aller occuper de profil chacun des autres chapiteaux ; bras et jambes se retournent pour en faire un atlante.
Fig. 27g : deux grandes feuilles polylobées surmontées d'un petit fleuron pour le chapiteau central, une feuille de même type pour chacun des autres chapiteaux : soit ce sont des feuillages fantaisistes, soit ils représentent autre chose que des feuilles d'arbre...
Fig. 27h : masque humain pour le chapiteau central ; la tête est enfermée dans un capulet, laissant libre une rangée de bouclettes au-dessus du front (le « dorelot »), grande bouche horizontale. Une feuille à sept folioles lancéolées sur pétiole commun pour le chapiteau de gauche, un bouquet de fleurs (?) pour celui de droite.
Fig. 27i : sur un rang de petites feuilles dressées, masque humain pour le chapiteau central : un homme portant couronne ou chapel à la tête encadrée d'une lourde chevelure. Une feuille à foliole multiples, non identifiable, pour chacun des autres chapiteaux.

Clés décorées : chapelle 1 à partir du sud : sorte de buisson. 2 : rosace. 3 (axiale) : blason (forme médiévale) avec le monogramme JHS manifestement peint (lettres modernes). 4 : quadrupède de profil à longue queue. 5 : non identifiable.

Chapelle du saint :
Tête féminine couronnée aux longs cheveux ondulés au sud-ouest (**fig. 24e, f**), petit atlante à la tête triangulaire au nord-ouest (**fig. 24g**), grosse tête ronde et joufflue au nord-est, le quatrième est trop érodé pour être identifié (selon les proportions ce devait être aussi une tête). La clé, abîmée, est sculptée en forme de rosace.

La conception des chapiteaux relève d'une longue série (cf. Pradalier-Schlumberger 1998) : personnages atlantes plus ou moins monstrueux, masques dont des sylvains, feuillages disposés en rangs superposés, feuilles dressées, ce qui géométrise le répertoire feuillager. Il est difficile de bien les apprécier parce qu'ils sont empâtés dans des peintures grossières, mais *a priori* il n'y a pas de différence notable de style entre les chapiteaux de la nef et du chœur, ceux de l'abside, et les culots de l'actuelle sacristie...
En revanche il semble que les feuilles des petits chapiteaux du cadre ondulé des baies aient été plus finement traitées.
Ajoutons les coussinets de la porte de la cage d'escalier du clocher : celui qui est conservé est sculpté d'un masque animal (pas de coussinets sculptés pour la porte basse).

Gargouilles
Chéneaux simples : deux se trouvent, côté sud, à même hauteur, de part et d'autre du clocher (*id est* dans le gouttereau du chœur, et dans celui de la nef). Le troisième se distingue en haut de l'énorme contrefort nord.
Pour les gargouilles (série mutilée) : les monstres étaient portés chacun par un culot sculpté d'un masque. Les culots restent dans les thèmes des chapiteaux intérieurs, mais d'un style différent, bien visible au traitement des yeux. Cette belle série au traitement détaillé, vu la hauteur de son emplacement, constituait une part remarquable du couronnement.
Si l'on numérote les contreforts en continu du sud-ouest au nord-ouest, le premier comporte une tête souriante, à la coiffure faite de stries horizontales se terminant en bourrelet sous les oreilles, sommée de quatre grosses pattes griffues. Contrefort 2 : tête simiesque soufflant, monstre très abîmé. 3 : cassé. 4 : tête aux joues gonflées coiffée par une sorte d'aigle dont on distingue aile et serre. 5 : cassé. 6 : tête aux joues et front striés, monstre cassé. 7 : monstre à quatre maigres pattes posé sur une tête animale à oreilles pendantes (mouton ?). 8 : ne reste qu'un avant-train animal sur une tête cassée. 9 : entièrement cassé.
Le dernier chéneau au nord-ouest est de facture simple.

• Peintures : **fig. 28**

Hormis les enduits et peintures modernes, se distinguent par endroits les traces d'un enduit très fin, directement posé sur la pierre, peint d'un faux appareil isodome (double trait ocre rouge) qui pourrait appartenir au parti originel. On peut l'observer sur les parois sud. Sa répartition montrerait que seules les parties les plus hautes des parois, sous la voûte, ont été refaites (**fig. 28a, a'**), le

[53] Pour le problème de la présence du marronnier d'Inde en région méditerranéenne avant 1615, cf. Durand 1998 p. 327-329.

reste ayant été surtout rejointoyé. Il se retrouve aussi notamment sous la baie sud de la troisième travée, montrant que son élévation est bien d'origine. En revanche des claveaux de l'arc bouché, qui se trouve en partie basse de cette même travée, en montrent des traces dans des sens qui prouvent que ces blocs ont été récupérés (entrée d'une chapelle latérale depuis disparue).

Peintures des piliers des travées droites : colonne engagée et colonnettes paraissent avoir été peints en ocre rouge foncé, les gorges en ocre clair.

Des peintures sont visibles aussi pour le premier pilier de tête au sud. Pour la triple colonnette accueillant l'ogive de l'abside : colonnette centrale ocre rouge, les deux autres ocre jaune. Pour la colonnette recevant le doubleau marquant l'entrée de la chapelle : elle est ocre rouge, encadrée de deux cavets ocre jaune. La colonnette se situant dans l'angle de la chapelle était ocre rouge. Les gorges entre ces éléments étaient ocre rouge. Ceci pour une certaine hauteur. Il est bien possible que des panneaux de couleur aient alterné en hauteur.

Première chapelle nord : la restauration par le service des Monuments historiques a par endroits dégagé, mais surtout détruit, des restes d'enduit peint. Le méplat de la mouluration prismatique qui fait face au spectateur a été occupé par un alignement vertical de losanges (leur largeur était la même que celle de la moulure, 4 cm, pour 7,5 cm de hauteur chacun). Ils étaient alternativement rouges et orangés sur un fond rose pâle (**fig. 28b, b'**).

De gauche à droite, sur la partie basse de l'ébrasement ondulé de gauche, se distinguent : la première colonnette puis la ciselure sont ocre rouge, la large gorge et la ciselure suivante, ocre rosé très pâle, la deuxième colonnette est ocre rouge, la ciselure suivante ocre rosé, le premier méplat de la moulure prismatique est ocre rouge, puis vient le méplat aux losanges, enfin sur la moitié gauche seulement du méplat suivant la couleur est rouge, se terminant en une nette limite verticale ne jouxtant aucune autre couleur.

Conclusion : un parti exceptionnel

C'est la structure associant travées droites de chœur et abside polygonale voûtées d'ogives, nécessitant le déploiement de profonds contreforts, qui est la structure méridionale courante (Robin 1999). Maîtrise technique et effets esthétiques passent par une surenchère sur le nombre de pans. Dans l'église paroissiale de Cessenon il y a cinq pans dont un sur deux sont ouverts. Dans la prestigieuse cathédrale de Béziers, comme dans celle de Lodève, il y a neuf pans tous évidés, et l'on comprend en levant les yeux que plus les arcs ogifs sont nombreux, plus l'élaboration de la zone de la clef où se rencontrent et se pressent les nervures est difficile, et démontre le savoir-faire du constructeur.

En revanche, que les chapelles rayonnantes aient été développées en hauteur jusqu'à la base des voûtains de l'abside est resté un parti exceptionnel (Sundt 1994). Ce fut peut-être le cas pour l'abside des Jacobins au milieu du XIIIe siècle alors que l'église était charpentée (Prin 1974, plan p. 196). Ce fut surtout la caractéristique des Cordeliers de Toulouse. Mais le parti avec chapelles était-il conçu dès 1268, ou ne vit-il le jour qu'entre 1290 et le début du XIVe siècle ? Comme aussi celui de Sainte-Cécile d'Albi pendant les premiers temps de la construction (après 1282, selon Biget 1985). V. Paul (1974, p. 35) voit aussi ce parti structural venir des ordres mendiants plus que des cisterciens. Pour le XIVe siècle, R.A. Sundt ajoute les exemples des croisillons de Saint-Nazaire de Carcassonne attachés aux vingt premières années de ce siècle, et de l'abside de la Chaise-Dieu datée entre 1344 et 1358.

R.A. Sundt dit ce parti simple à réaliser, et n'évoque que brièvement les aspects techniques (n. 5 p. 127), se fondant aussi sur l'opinion de V. Paul. Seuls les contreforts auraient un rôle structural. Les chapelles elles-mêmes n'auraient aucun rôle dans le contrebutement.

Reste que, même sans difficultés techniques particulières, l'élaboration des voûtements d'une abside combinée avec des chapelles développées en hauteur est plus coûteuse et produit un tout autre effet que la construction d'une abside sans chapelles…

Récapitulons les repères chronologiques.

Il est malheureusement difficile de dater le parti à chapelles rayonnantes développées en hauteur aux Cordeliers de Toulouse : à partir de 1268 ou à partir de 1290 ? Si Sainte-Cécile d'Albi en dérive, cela ferait alors pencher vers la datation haute (Sundt 1994).

On a vu des points de rapprochement (fenêtres très développées en hauteur et étroites dans la zone absidiale, facture des baies, fortification) avec différents chœurs.

La construction du chœur de Saint-Nazaire de Béziers est appuyée sur quelques données textuelles plus ou moins précises (Bonnet 1905 p. 491). 1298, libération d'un terrain, un ancien cimetière, pour l'agrandissement de la cathédrale. La date de consécration, vers 1300, mentionnée dans la visite pastorale de 1633, n'indique pas la fin de la construction. On peut estimer que la construction du chœur s'échelonna au début du XIVe siècle.

Pour Saint-Fulcran de Lodève la chronologie est sujette à discussion : fin XIIIe-début XIVe siècles ou « après 1331 » d'après H. Vidal (F. Robin ne veut pas prendre parti) ? L'argument d'H. Vidal fondé sur l'absence de mention de reconstructions dans l'œuvre de Bernard Gui (évêque de Lodève jusqu'en 1331) n'est pas solide. De multiples raisons ont pu détourner l'évêque-chroniqueur de ce sujet (aucune mention de réparation n'est non plus faite pour le XIIIe siècle). En revanche le raisonnement d'H. Vidal par rapport à la construction concomitante de Saint-André peut être retenu. D'après le Livre vert l'office de desservant a été créé en 1318[54]. Mais H. Vidal en déduit une construction postérieure ; alors que cet office va plutôt avec la consécration de l'église paroissiale. Le chœur de Saint-Fulcran pouvait être en construction en 1318.

Le chœur de Saint-Paul de Clermont est placé entre 1275, date de la réunion des trois paroisses de Clermont qui nécessita la construction d'une grande église, et

[54] L. vt Lod. p. 68.

1313, date d'une première inauguration (Robin 1999 p. 278-279).
Pour Saint-Pierre de la Salle à Cessenon, J. Segondy a rassemblé les textes qui permettent de situer le monument entre 1300-1307, époque de la cession du terrain, et les environs de 1325 ; la « nouvelle fabrique » est alors citée (Segondy 1949 p. 589-592 ; la voûte du chœur sera refaite au début du XVIIe siècle).
La fin de la construction de la façade de Sylvanès, intéressante pour la facture de la baie, est placée par G. Durand au début du XIVe siècle (Durand 1983).

Proposons une hypothèse. 1273 est un repère pour situer ce qui apparemment constitue une campagne cohérente, à savoir la construction de la nef, du clocher, et des deux premières travées droites du chœur, sans que l'on puisse savoir à quel point cette campagne était avancée à cette date[55]. L'ensemble dernière travée droite - abside à chapelles rayonnantes développées en hauteur peut être raisonnablement situé à la fin du XIIIe siècle ou au début du XIVe.
Un problème subsiste : il n'y a pas de différence de style entre les chapiteaux du chœur droit et ceux de l'abside alors que les baies sont bien différentes… A-t-on utilisé pour l'abside des chapiteaux taillés avant la décision de changement de mode de construction, ce qui sous-entendrait une certaine proximité dans le temps ?
La configuration des chéneaux n'est pas non plus partagée selon ces deux ensembles (ils sont de facture simple de part et d'autre du clocher et en haut du premier contrefort nord, et adoptent la forme de gargouilles ailleurs). Cela peut signifier que la partie haute de la deuxième travée n'était pas terminée au moment du changement de mode de construction.

Au XIIe siècle le monastère pouvait compter une vingtaine de moines. Il est possible que leur nombre ait été plus important au XIIIe siècle. Mais il est possible aussi que, comme dans d'autres couvents, la construction ait été conçue à la mesure de la puissance de l'Église réaffirmée après la Croisade des Albigeois, plus que par adaptation au nombre des moines.
À propos des financements de ces grands monuments ecclésiaux, J.-L. Biget explique que les évêques ont pu alors se permettre de construire grâce à la qualité du temporel, aux leudes, et aux déguerpissements massifs de dîmes par les laïcs suite à la Croisade. La « munificence » (Biget 1974 p. 156) des évêques, vis-à-vis de la construction en cette époque, fut aussi le fait des abbés. En 1273 l'abbé de Villemagne Pierre se fait rappeler à l'ordre par les représentants du roi pour avoir pressuré financièrement la population. La construction de l'abbatiale neuve eut-elle partie liée à ces exactions ?
Il est couramment admis que le renouvellement des styles par les principes « gothiques » a correspondu à un besoin de réaffirmation de leur pouvoir par les autorités, suite à la Croisade. Ce sont les modalités de détail qui sont intéressantes, l'adoption du style gothique ne signifiant pas *ipso facto* promotion du pouvoir royal français (Freigang 1994). Dans ce contexte une corrélation peut être faite entre le nouveau style et la puissance de la famille de Boussagues.
Grâce à Louise Guiraud[56], l'on sait qu'un Bérenger de Boussagues fut évêque de Lodève vers 1279-1284, et que Déodat son neveu le fut vers 1302-1312. C'est l'époque de la reconstruction « gothique » de la cathédrale. Sans doute aussi à cette époque, à Boussagues, était érigée hors-les-murs la très intéressante église cémétériale de La Trinité[57]. La nef de quatre travées était munie d'une charpente sur arcs diaphragmes. Le chœur à sept pans était voûté d'ogives avec formerets. Les portes sont sous arc brisé et arrière-voussure surbaissée, les baies simples, assez étroites, sans remplage, sont couvertes en plein-cintre. La rationalité de la construction est perceptible : les blocs des piliers de la nef sont empilés verticalement, leurs longueurs sont identiques, et leurs hauteurs sont mêmes de pilier en pilier pour chaque assise (mais variables d'assise en assise). C'est donc en profondeur que leur dimension varie, les faisant plus ou moins pénétrants. Le montage a commencé par eux, les parements sont venus s'y adapter au prix de quelques encoches. Dans l'abside les fines piles en amande sont faites de blocs incluant une section de parement, taillés soigneusement selon les angles du polygone. Si la gestion entre phases de taille et de mise en œuvre est rationalisée, si le travail de taille est parfait, si la sculpture de la modénature comme des fins feuillages des chapiteaux est fine, requérant donc maître d'œuvre et artisans habiles, on a économisé sur la qualité du matériau. Le calcaire choisi est certes aisé à tailler et dresser, mais éclate à l'érosion. Des enduits et un fort avant-toit devaient pallier cet inconvénient.
Rappelons qu'un Gui de Boussagues fut abbé de Villemagne. Il est cité en 1312 et 1317 (c'est peut-être lui qui fut d'abord prieur de Saint-Gervais et en commandita le clocher vers 1288, cité aussi sous ce titre, et qualifié de *dominus*, en 1303). A été évoqué *supra* (cf. 4.3.4.) l'hypothèse d'un antagonisme entre abbé et évêque via l'affaire du déplacement de la foire de Lodève qui portait préjudice à celle de Villemagne.
Les abbés commanditaires ont décidé d'un parti particulièrement spectaculaire, peut-être bien démesuré par rapport au nombre des moines. Un parti qui ne pouvait que marquer les esprits. La force y est étonnamment alliée à la délicatesse. Une position écrasante était littéralement prise en face de Saint-Grégoire et de son audacieux clocher, Saint-Grégoire dont la baie de façade avait été refaite vers le milieu du XIIIe siècle, dans un style ouvragé mais selon la technique bien éprouvée du tas-de-charge. Le clocher de Saint-Martin à l'élévation austère et démesurée s'allie aux baies découpées selon la technique nouvelle du remplage. Le développement de la *corona* se démarquait

[55] L'« ouvrage neuf » est alors accessible aux laïcs, ce qui pourrait laisser penser que la nef était construite. Ceci dit au XVe siècle (cf. annexe 3.3, Édition de textes, f° 29 r° l. 4) les réunions se font « dans le chœur », ce qui laisse supposer des dispositions particulières protégeant le chœur liturgique.

[56] Martin 1900 : nouvelle chronologie du siège de Lodève, note II du tome II, p. 346-349.

[57] Cf. Angué 1991 pour une étude succincte.

aussi par rapport aux chevets plus simples adoptés ailleurs, y compris pour des cathédrales.

5.3.3. Topographie monastique

Peuvent être rassemblés pour la période qui nous occupe quelques constats sur la disposition des bâtiments de l'abbaye, en confrontant analyses monumentales, rares données textuelles et informations fournies par le précieux plan effectué à l'arrivée des mauristes (cf. *supra* **Chapitre 3, fig. 1**). Si l'on superpose ce plan et le relevé actuel des éléments essentiels de l'abbaye (**fig. 29a**), en faisant coller les directions majeures, en fait à peine simplifiées en perpendiculaires par les mauristes, la correspondance des éléments principaux s'effectue clairement.

La Tour du Monastère dite sur ce plan « clocher de l'ancienne église », est le plus ancien bâtiment repérable, tour de prestige laissée au cœur du monastère, peut-être alors réhabilitée.
« L'ancienne église » était peut-être dans le prolongement est de la Tour, dans une position centrale par rapport aux murs périmétriques nord et sud du monastère. Son état et son utilisation au XIIIe siècle, alors qu'une nouvelle abbatiale est construite, restent inconnus. Il semblerait que son niveau de sol ait été situé plus bas que celui de l'église neuve. Elle a certainement communiqué avec le cloître, qui en fut contemporain, un cloître voûté et historié de dimensions particulièrement importantes par rapport à l'étendue totale de l'abbaye.

La limite est de l'abbaye notée sur le plan correspond au mur qui se combine avec entrée de la nouvelle abbatiale et entrée de l'abbaye (*id est* la belle porte à imposte rectangulaire notée *supra*). Mais on ne sait si cette clôture était en cette place au temps de l'ancienne abbatiale. Plus largement, on ne sait à quel point le cimetière fut bouleversé par la construction de la nouvelle abbatiale. Vu l'extension du chevet sur le plan, par rapport à cette limite est, il est tentant de supposer qu'il empiéta sur le cimetière.
L'église de nouveau style constitue donc sur le plan du XVIIe siècle la limite sud-est du périmètre monastique, et y est séparée du cloître *a priori* préexistant par l'entrée du monastère. Prit-elle la place de certains bâtiments ?
Penchons-nous de plus près sur ce corps de bâtiment, dont il est dit dans les années 1660 qu'il constitua l'entrée de l'abbaye. À son emplacement se trouve aujourd'hui une partie très remaniée de l'abbaye mauriste. Repéré par G. Thébault au sommet du mur qui tiendrait la place du flanc ouest de ce bâtiment-entrée, au niveau du comble, se trouve encore visible un pan assez régulièrement appareillé, qui enserre le haut de deux baies jumelles, chacune étant couverte d'un arc plein-cintre non extradossé, apparemment ébrasé (Thébault 2010)[58]. Ces baies sont contenues sous l'arrachement de tracé brisé d'une voûte. Ce pignon jouxtait donc le côté est du cloître. Mais il est pris dans le flanc ouest des restes de ce bâtiment qui fut un temps l'entrée de l'abbaye, réoccupé comme « église » sur le plan-état des lieux, et transformé ensuite selon les projets mauristes. Sur le plan sont représentés des piliers que l'on peut supposer supports de voûtement, selon la même convention que les piles de Saint-Majan ou celles du cloître.
Ce pignon marque un état ancien, indatable dans l'état actuel des données, occulté par les remaniements du bâtiment-entrée.

Il reste encore quelques vestiges du quartier dénommé « le fort » sur le plan, occupant l'angle nord-est de l'enclos. Le côté nord est constitué par la muraille, toujours observable, munie là d'une meurtrière (**fig. 29b**), confirmant la dénomination liée à une fonction défensive. La limite nord de l'abbaye est ainsi bien assurée. Sa construction peut dater du XIIe comme du XIIIe siècle. Demeurent aussi en place les restes d'une voûte en tuf (**fig. 29c** ; pensons que l'étage, sans doute refait, de la Tour du Monastère est aussi voûté en tuf). Comment était utilisé exactement ce long bâtiment nord-sud (d'environ 6 m sur 18) divisé en trois parties de deux étages, desservi par au moins une tourelle d'escalier en vis, chaque niveau étant voûté, selon le commentaire du plan mauriste ?

Le plan (*supra* **chapitre 3, fig. 1**) nous apprend encore qu'un vaste secteur au long du côté nord fut réservé à l'abbé, donnant au sud sur un passage, qui permettait de sortir côté campagne, et sur une cour. *Solarium novum* et *porticus novus* du seigneur abbé sont cités dans le texte de 1233 (Fds Thésan p. 82 et 93). La demeure de l'abbé était donc alors munie d'un étage ajouré et d'une loge ou « portique », c'est-à-dire un espace couvert à claire-voie, valorisé, où furent signés des actes. L'« *aula* de l'abbé » est encore citée en 1427[59].
Entre passage et cloître se trouvait un quartier de « masures » et « l'on croit » que l'ancien dortoir jouxtait le cloître. Ce souvenir brumeux dans les années 1660 est intéressant. Il est envisagé que les moines d'autrefois ne dormaient pas dans des cellules individuelles mais dans une structure collective. Notons l'escalier entre ces bâtiments et le cloître, qui laisse entendre qu'ils eurent un étage.
Rappelons encore que la *curia* de l'abbé nécessitait un lieu d'emprisonnement et que le monastère fut désigné comme prison en 1248 pour les moines de Lagrasse (cf. *supra* 5.3). Était-ce un lieu de détention ou de simple rétention ?

L'abbaye occupait apparemment une surface de relativement faible ampleur. Mais nombre de bâtiments avait plusieurs niveaux.

[58] Il est possible que ce soit cet ensemble qu'ait vu l'abbé Giry, interprété comme la façade ouest de l'église romane qui précéda celle du XIIIe siècle (Giry 2009 p. 265).

[59] Cf. *infra* annexe 3.3, Édition de textes, f° 18 v° l. 10, f° 28 v° l. 21.

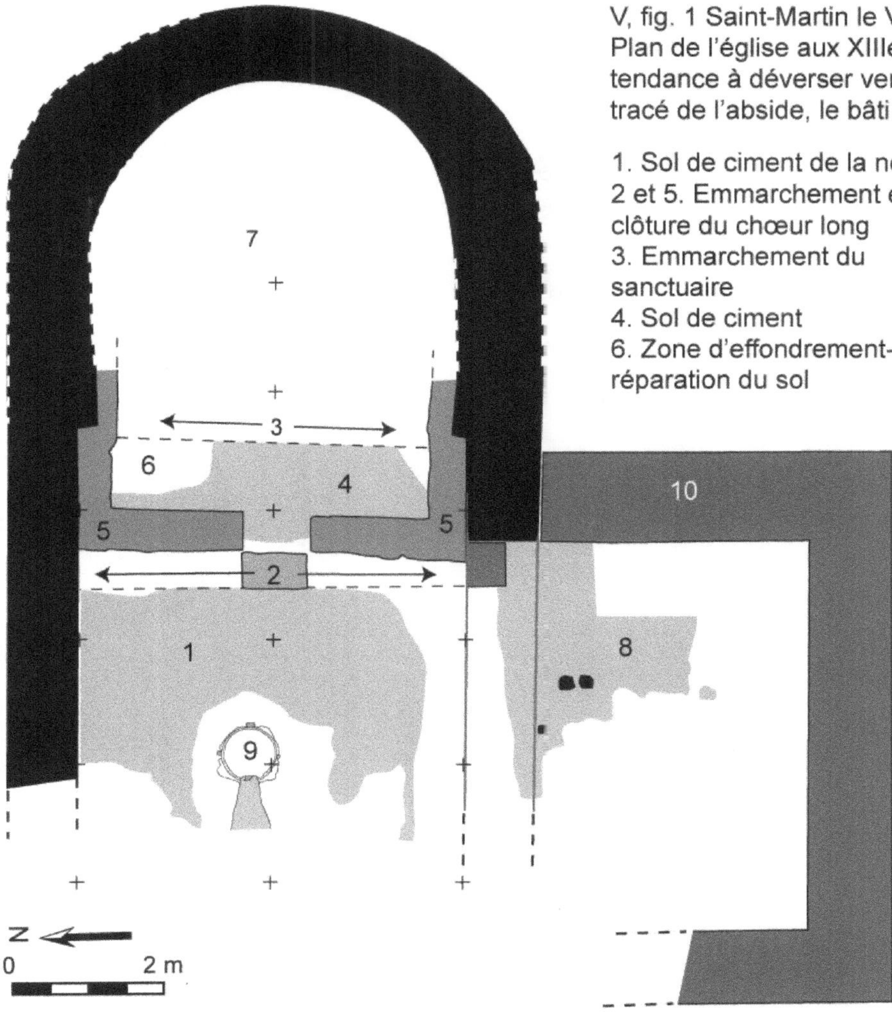

V, fig. 1 Saint-Martin le Vieux
Plan de l'église aux XIIIe-XIVe siècles. La construction a tendance à déverser vers le nord-est, d'où l'irrégularité du tracé de l'abside, le bâti ayant été plusieurs fois réparé.

1. Sol de ciment de la nef
2 et 5. Emmarchement et clôture du chœur long
3. Emmarchement du sanctuaire
4. Sol de ciment
6. Zone d'effondrement-réparation du sol
7. Zone résiduelle du sol de l'abside, avec mobilier
8. Sol de ciment blanc du clocher, associé à l'ouverture et à l'arasement du mur sud de l'église, pour faire entrée du clocher
9. Four à cloche
10. Le clocher

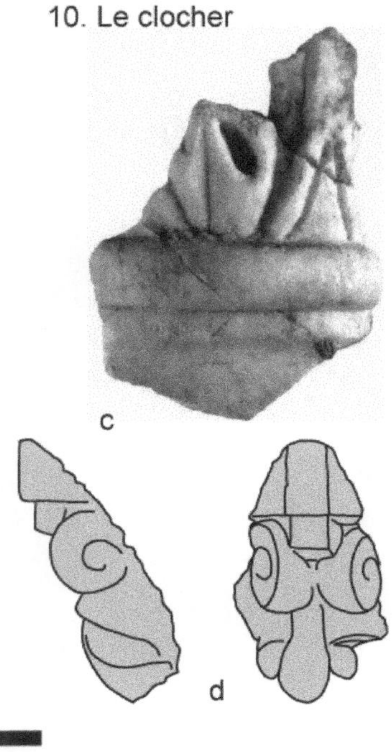

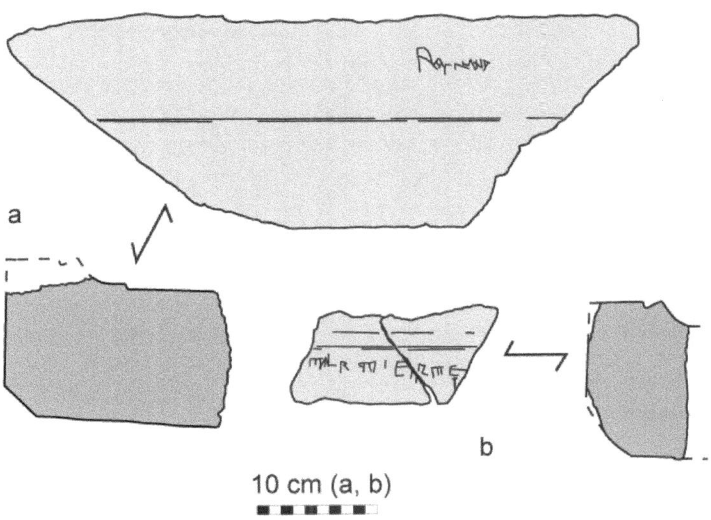

Fig. 2 Mobilier de marbre, fragments de supports ou devant d'autel, tables d'autel. Il est probable que a et b proviennent de la même table (ces fragments étaient remployés pour des phases modernes). Les petits fragments c et d sont retenus d'un ensemble d'éclats émiettés et noircis par le feu (mobilier de la zone 7).
a. Fragment de table d'autel avec graffite (*Rεmund*)
b. Fragments de table d'autel avec graffiti

c. Fragment de support, marbre. De bas en haut : haut de colonnette, astragale, départ de feuillages
d. Angle de petit chapiteau corinthisant, marbre

e. Fragment de statue de Vierge à l'Enfant (mobilier de la zone 7) : pied de l'Enfant, calcaire fin, avec traces de peinture ocre. Le fragment est noirci par le feu

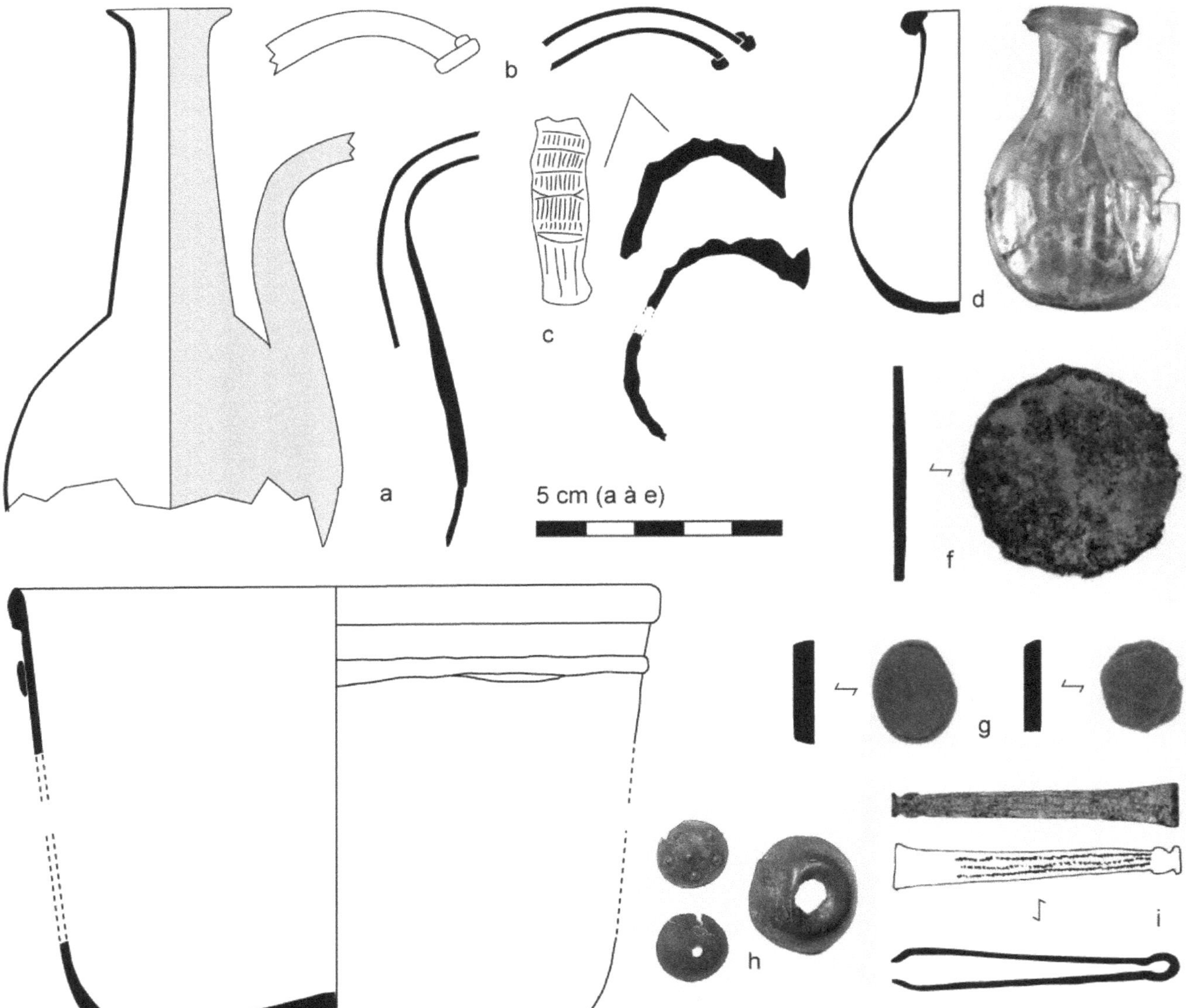

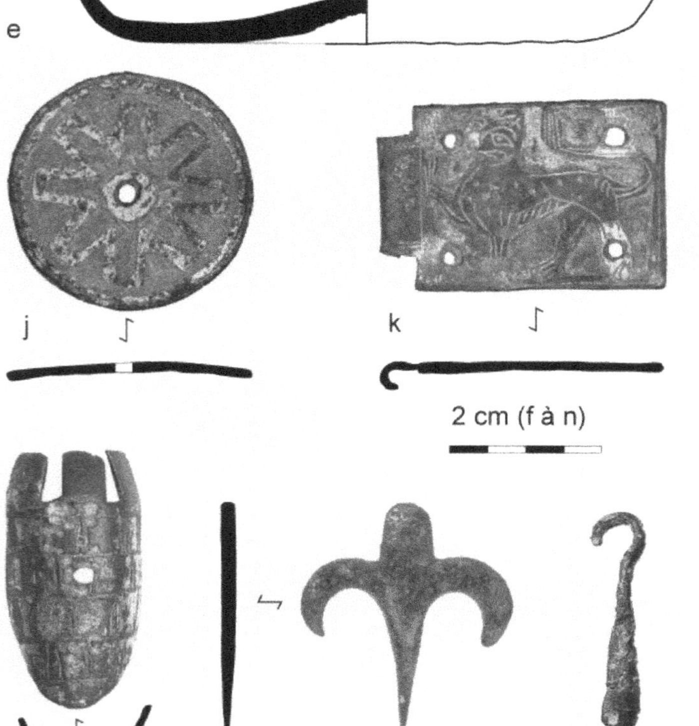

V fig. 3 Saint-Martin le Vieux. Mobilier de verre, orfèvrerie et incrustations (mobilier de la zone 7)
a. Burette, à bec verseur en col de cygne (verre)
b. Bec verseur en col de cygne : fragment de burette (verre)
c. Deux anses de verre
d. Fiole de verre
e. Calice ? (verre)
f. Disque de verre. Le pourtour porte la trace de l'enchâssement
g. Deux cabochons de verre : pâte de verre noire, moulée ; verre bleu, taillé pour être enchâssé
h. Trois cabochons de métal. Le premier, en tôle de laiton très fine, est muni d'un décor de boutons
i. Pincette à tirer les mèches des lampes à huile
j. Disque émaillé : étoile verte sur fond bleu
k. Attache de reliure émaillée. Félin passant, sur fond bleu
l. Tour crénelée et appareillée : élément de châsse ?
m. Fleuron à pointe effilée, destiné à être fiché
n. Crochet à douille

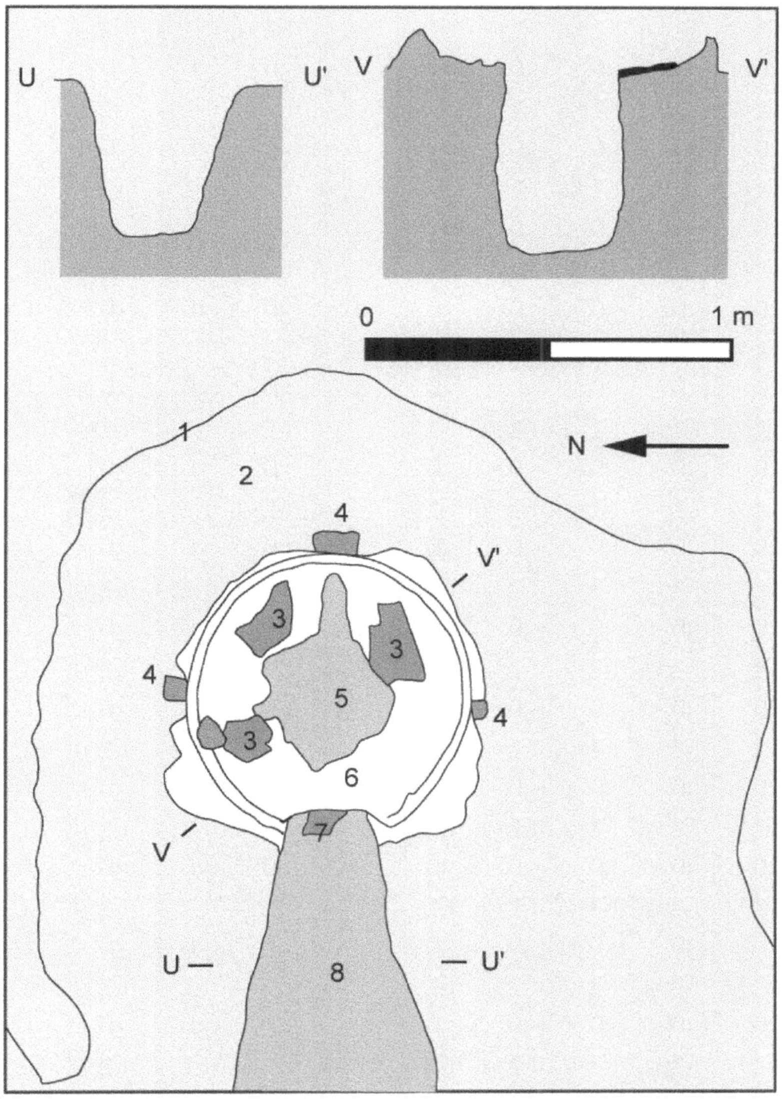

a

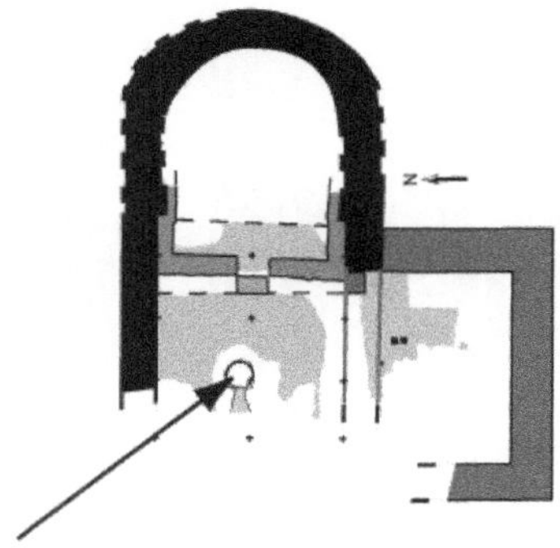

b

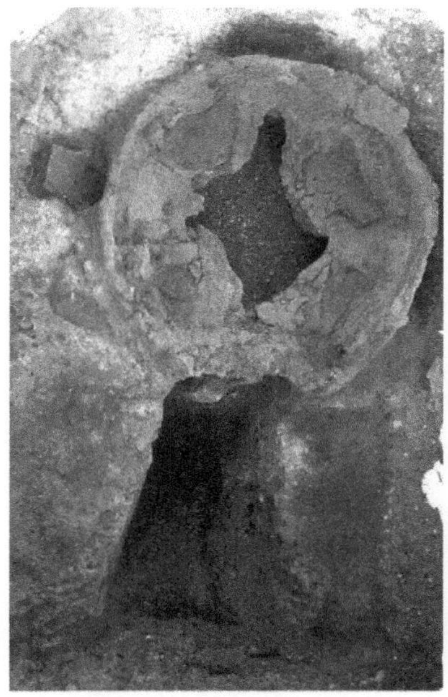

c

V fig. 4 Saint-Martin le Vieux. Four à cloche installé dans la nef

a. Représentation en plan et coupes :
- 1 Limite du sol en ciment percé par la fosse
- 2 Substrat (argile)
- 3 Sole (ardoise)
- 4 Event
- 5 Foyer
- 6 Sole (terre cuite)
- 7 Pilier supportant la sole
- 8 Canal de chauffe

b. Situation

c. Vue verticale

d. Fragment du moule de la cloche. Décor à la croix

V fig. 5 Saint-Martin le Vieux. Fragment de console ? calcaire fin

Fragment trouvé dans un comblement tardif (caveau moderne). Son emplacement originel reste inconnu

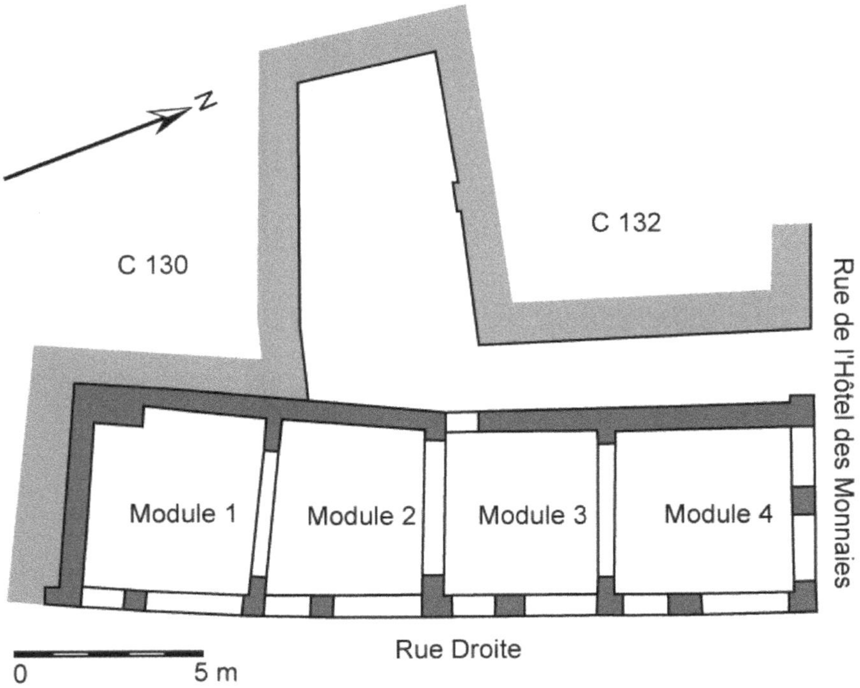

V fig. 6 Maison marchande dite «Hôtel des Monnaies» Plan schématique au premier niveau, avec l'allée passant sous la maison mitoyenne de la parcelle cadastrale C132, et menant à une cour arrière, d'après Piskorz 1998, complété par G. Thébault

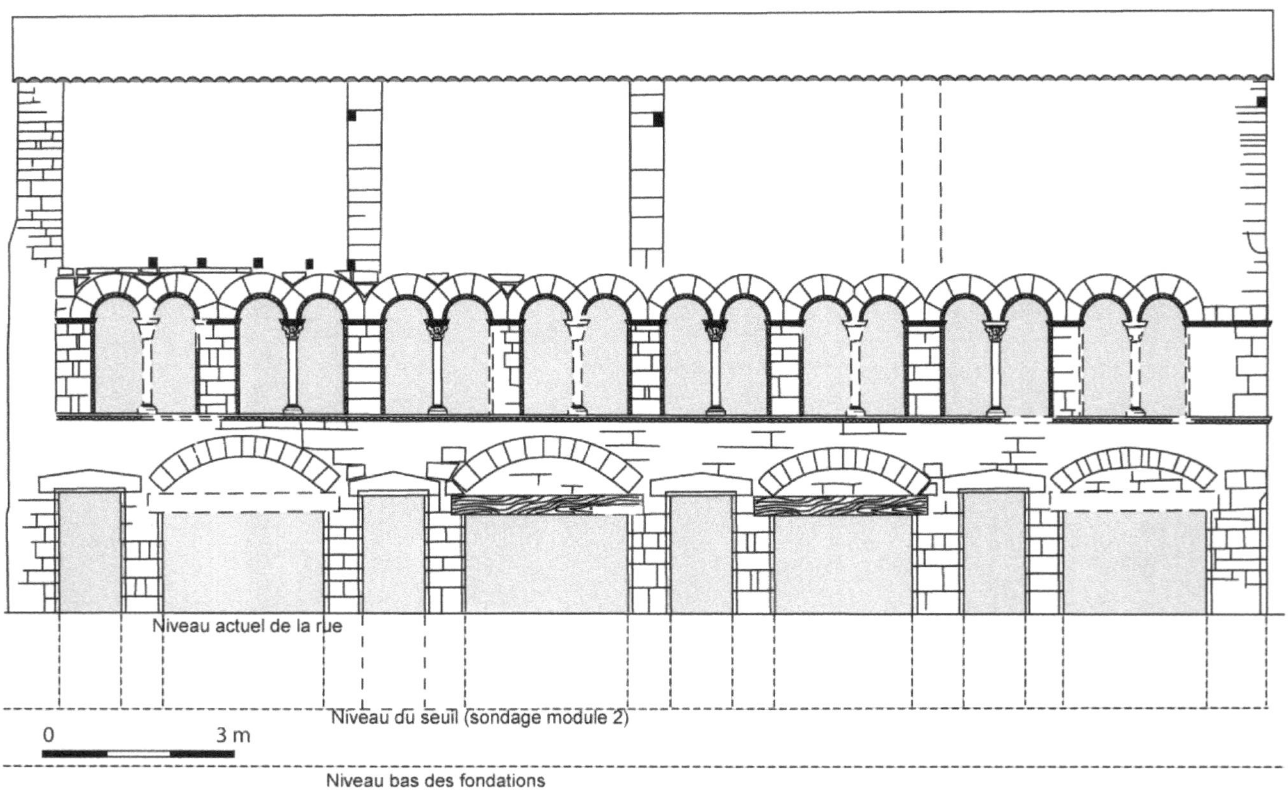

V fig. 7 Reconstitution de l'élévation sur la rue Droite. Les niveaux originels de seuil et fondations sont indiqués à partir des résultats du sondage Scanzi, Gourdiole 2007

a

b

c

d

e

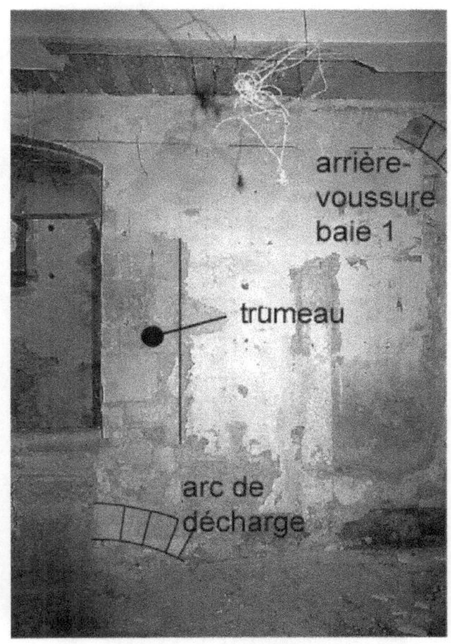

f

g

h

V fig. 8 Maison marchande dite « Hôtel des Monnaies »
a. Elévations rue Droite et rue de l'Hôtel des Monnaies
b. Rue Droite : partie mitoyenne avec un bâtiment antérieur (détruit)
c, d, e. Elévation rue Droite
f. Module 1 : baies 1 (colmatée) et 2 vues de l'intérieur. L'arc de décharge de la devanture du rez-de-chaussée se distingue au-dessus du plancher
g. Module 1 : baie 2 vue de l'intérieur
h. Module 1, extérieur : au-dessus de la claire-voie, emplacement des solives ayant soutenu un pan de bois en encorbellement au deuxième étage

a

b

c

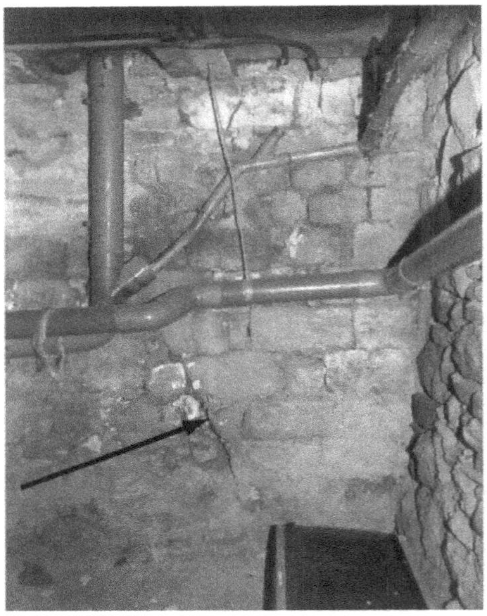

e

d

V fig. 9 Hôtel des Monnaies. Vestiges d'un bâtiment antérieur

a. Arcade plein-cintre colmatée visible au fond de la partie basse du module 1. La flèche indique le sommet de l'arc au-dessus du sol du premier étage
b. Arcade plein-cintre visible au fond du module 1, depuis le rez-de-chaussée. Les flèches désignent les claveaux visibles au ras du colmatage
c. Arcade plein-cintre occupant le fond du module 1 : revers visible depuis l'intérieur de la maison occupant la parcelle cadastrale C130.
d. Angle de la cour arrière : contact entre la maison C130 et l'Hôtel des Monnaies. Au-dessus du sol actuel, l'angle est fait de quelques assises relativement régulières. Le retour est donc pris dans le mur de la maison C130 ; il s'arrête en un négatif d'arc.
e. Négatif de l'arc susdit vu depuis l'intérieur de la maison C130

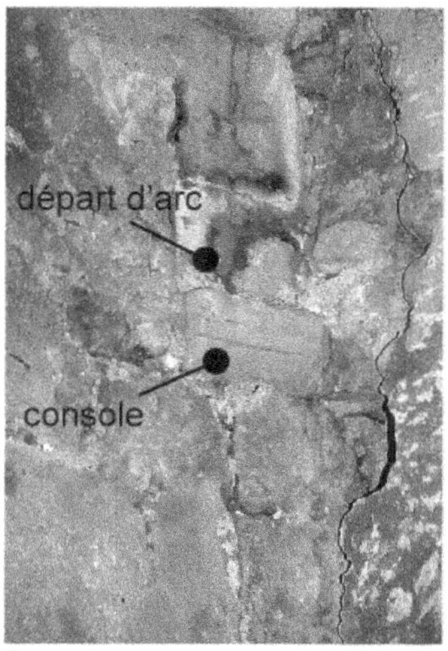

a

b

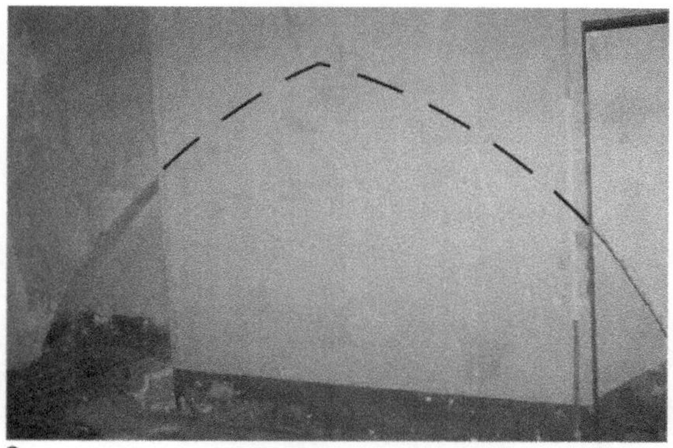

c

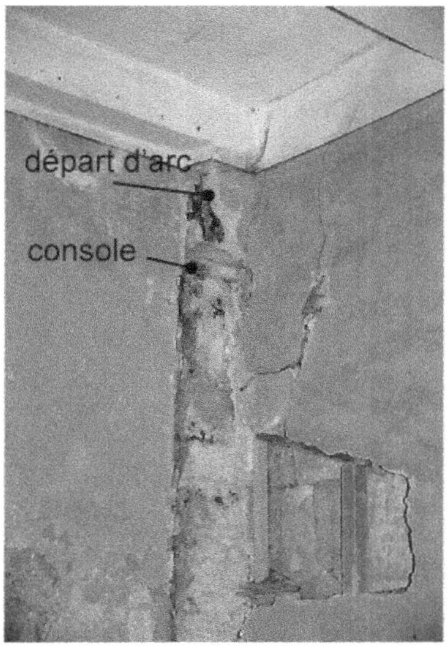

d

e

f

g

h

V fig. 10 Hôtel des Monnaies. Vestiges d'une aile en retour, détruite. L'articulation entre les deux corps se faisait grâce à de hautes arcades, qui pouvaient être munies de cloisons et portes selon les besoins

a. Arcade brisée colmatée qui occupe la hauteur du fond du module 1. Imposte du départ de l'arc visible au premier étage
b. Arcade brisée colmatée qui occupe la hauteur du fond du module 1. Partie de l'arc visible depuis la cage de l'escalier qui menait au deuxième étage
c. Arcade brisée colmatée qui occupe la hauteur du fond du module 1. L'arc visible depuis le deuxième étage
d. Arcade brisée colmatée qui occupe la hauteur du fond du module 2. Imposte du départ de l'arc visible au premier étage
e. Arcade brisée colmatée qui occupe la hauteur du fond du module 2. Arc de couvrement visible depuis le deuxième étage
f. Arcade brisée colmatée qui occupe la hauteur du fond du module 2. Partie de l'arc est visible depuis l'extérieur (vue depuis la cour)
g, h. Vue panoramique du mur arrière du module 2, et de l'angle avec la maison C130, vus depuis la cour. L'arrachement dans le mur de la maison C130 et la ligne de toit, visibles en g, correspondent à la cage d'un escalier qui fut porté par une voûte rampante ; c'est l'arrachement de cette voûte qui est visible en h. Ce dispositif moderne d'accès autonome au premier étage consacrait la destruction de l'aile en retour de l'Hôtel des Monnaies

11

12

V fig. 11 Hôtel des Monnaies Fond du module 4, vu de l'intérieur du deuxième étage. Porte sous arc plein-cintre, colmatée
Fig. 12 Restes de cloison montée en dalles posées de champ (premier étage, entre les modules 1 et 2)
Fig. 13 Comparaisons. Maison à Lodève
a. Ensemble. On distingue les restes d'une baie géminée sous arcs plein-cintre, de facture simple, au premier étage
b. Détails de l'angle des deux niveaux supérieurs, faite d'une colonne à tambours, à base et chapiteau. Devaient s'y articuler deux niveaux de pans de bois

13a

13b

14a

14b

Fig. 14 a. Hôtel des Monnaies. Premier étage du module 2, entre « refend » et mur de façade. Faux-appareil et frise de fleurons
b. Détail. Noter que l'arrière-voussure surbaissée de la baie géminée était dessinée

c

d

e

f

g

h

V fig. 14 Hôtel des Monnaies. Chapiteaux des baies géminées.
c, d. Baie 2 e. Baie 3 f. Baie 5 g. Baie 7 h. Baie du pignon

a

b

c

V fig. 15 Baie géminée ouest de Saint-Grégoire
a. Vue depuis l'intérieur. Noter l'embrasure sous arrière-voussure plein-cintre de la baie antérieure (*cl. R. Guiraud*)
b. Carte postale ancienne : la nef est alors découverte. *Oculus* conçu au compas. Couvrements en tas-de-charge trilobés, avec redents à copeaux. Tête de sylvain
c. Détail : chapiteau à feuilles retournées en visages

a

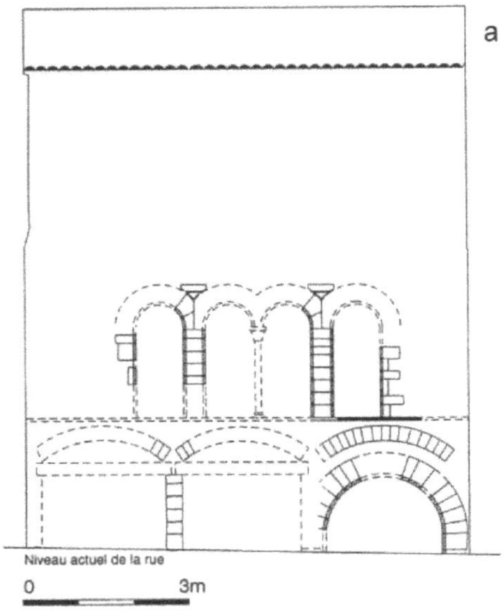

Fig. 16 Le bourg *intra muros* : la trame médiévale
a. Maison rue Droite dont la façade est assortie à celle de l'Hôtel des Monnaies (plan page suivante fig.16e, n°1)
b. Vestiges d'un parement à appareil régulier et devanture : départ d'arc de décharge, et cordon (fig.16e, n° 3)
c. Baie géminée rue Droite (fig.16e, n° 4)
d. Photographie ancienne d'une maison disparue (*coll. particulière*). Un grand arc plein-cintre qui donnait vers le sud est visible au premier plan (fig.16e, n° 2)

d

b

c

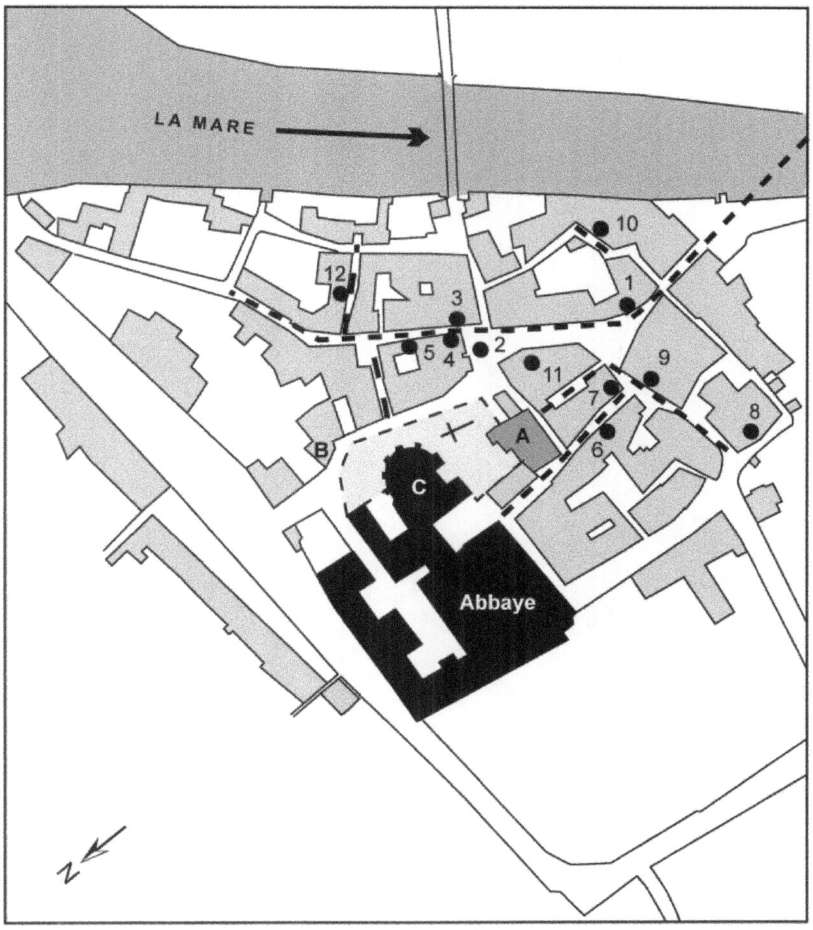

V fig. 16e Le bourg *intra muros* : la trame médiévale
Plan du village schématisé à partir du cadastre actuel.
Les numéros correspondent à des vestiges de façades médiévales

1 fig. 16a
2 fig. 16d
3 fig. 16b
4 fig. 16c
5 fig. 8
6 fig. 16g
7 fig. 16h, i
8 fig. 16j, k, l, m
9 fig. 16p
10 fig. 16q
12 fig. 16o

- - - Axes assurément médiévaux
Emplacement de l'ancien cimetière
A St-Grégoire
B Emplacement du four
C Ancienne abbatiale St-Martin (église paroissiale St-Majan)

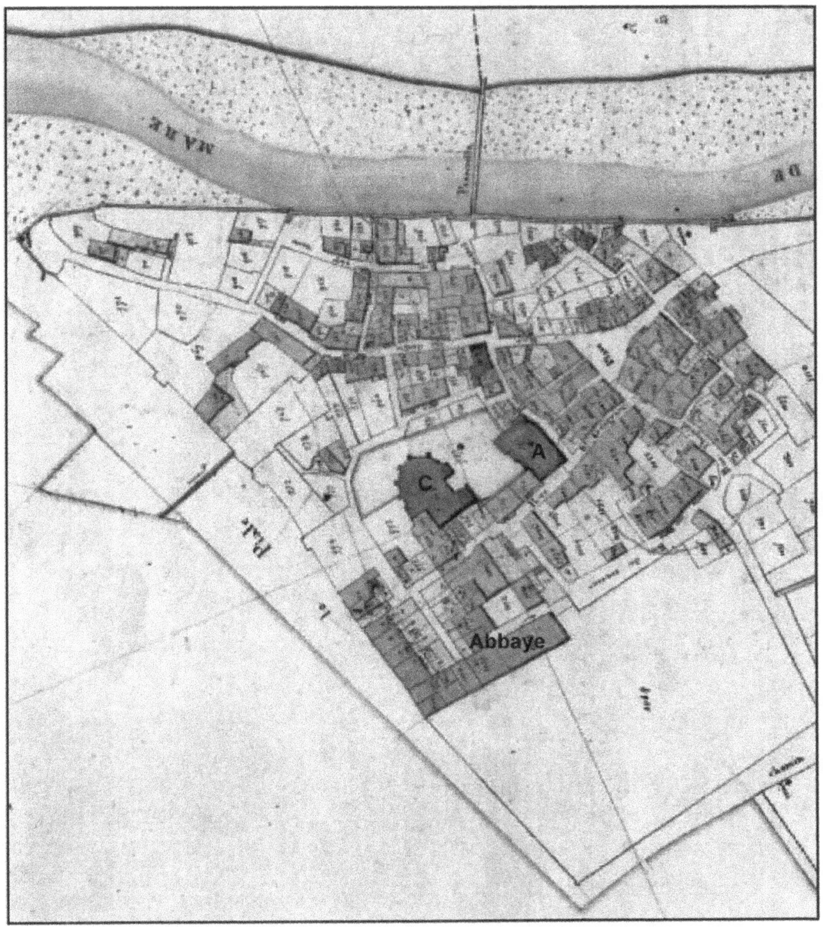

Fig. 16f Cadastre de 1826
Noter la surface du cimetière entre les deux églises et autour du chevet de Saint-Majan

g

h

i

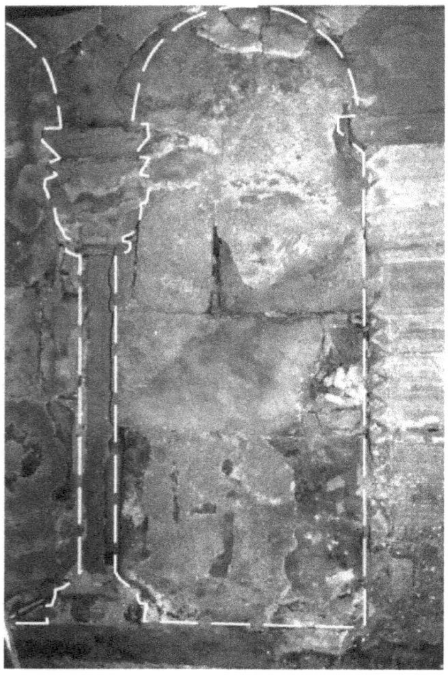

J

k

l

m

V fig. 16
g. Rue Saint-Grégoire, restes de cordons, pour deux niveaux d'appui (plan 16e, n° 6)
h, i. Maison à l'angle de la rue Saint-Grégoire et de la rue de l'Hôpital (plan 16e, n° 7)
j à l. Quartier sud-ouest de Villemagne, baie géminée assortie à celles de l'Hôtel des Monnaies qui donnait vers le nord (plan 16e, n° 8). Etat avant travaux et étude Mazeran 2010
m. Quartier sud-ouest de Villemagne, baie géminée sobre qui donnait vers le sud (plan 16e, n° 8)

V fig. 16
n. Rue Saint-Grégoire, gravure de Laurens dans Renouvier J., *Monumens de quelques anciens diocèses du Bas-Languedoc,* Montpellier, 1840. Noter la maison à baie géminée dans l'enfilade de la rue, pour une maison qui donnerait sur l'actuelle rue de l'Hôpital
o. Rue des Chaudronniers, arcs de décharge surbaissés marquant l'existence passée de devantures (*cl. R. Guiraud*) (fig.16e, n° 12)
p. Pan de mur monté en «appareil montpelliérain» (fig.16e, n° 9)
q. Rue des Coquières, baies sobres, cordon d'appui, cordon d'impostes (fig.16e, n° 10)

n

o

p

q

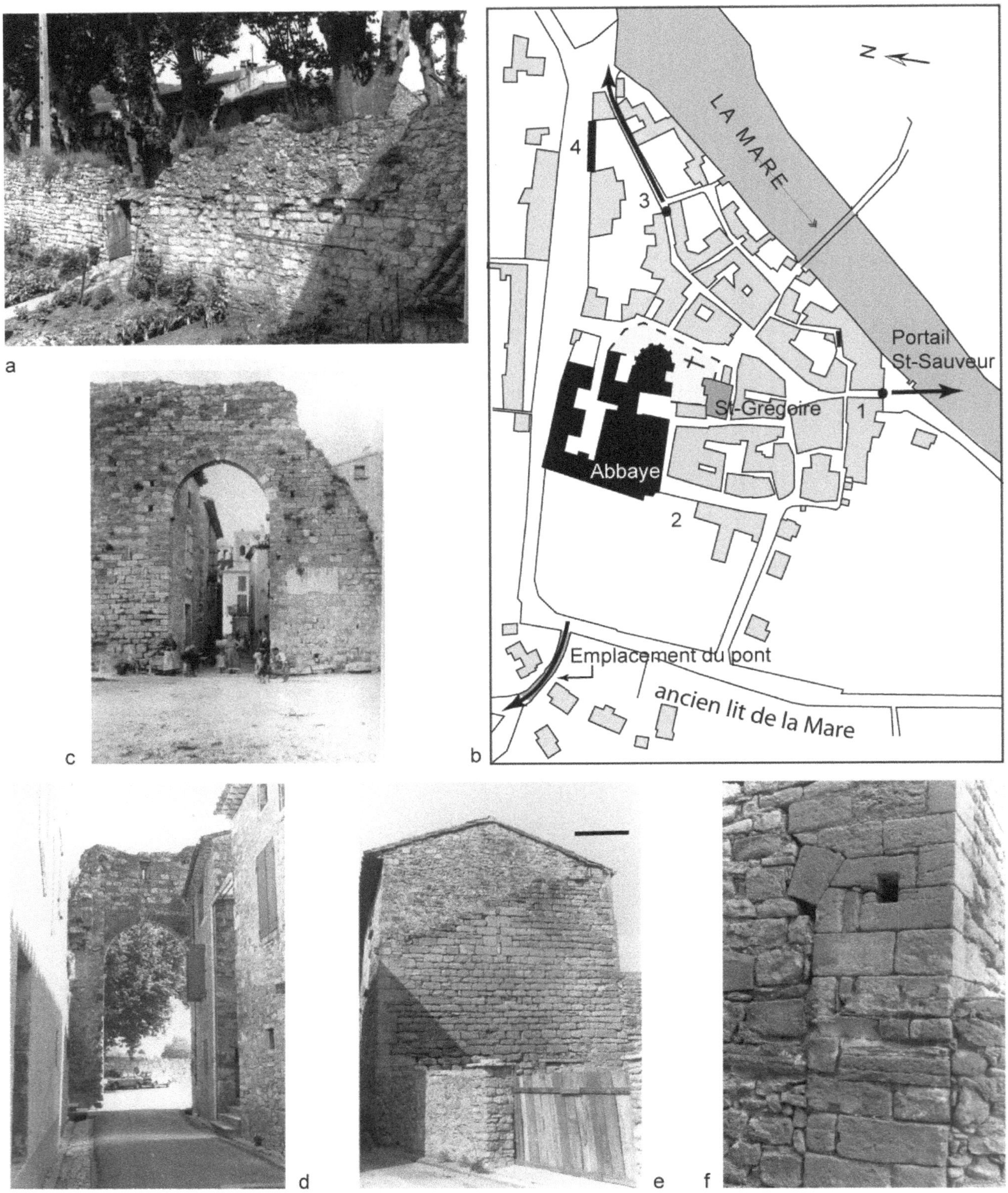

V fig. 17 L'enceinte

a. Vestiges de muraille au nord du village (plan b n° 4)

b. Plan du village schématisé à partir du cadastre actuel

n° 2 : zone du portail de Nogarède, vers le pont de pierre. La route partait vers le Rouergue, via Saint-Martin le Vieux

c. La Porte de la Barbacane, carte postale ancienne (plan b n° 1)

d. La Porte de la Barbacane vue de l'intérieur du village (plan b n° 1), autrefois portail Saint-Sauveur. La route vers le sud menait au domaine abbatial de La Bastide, et vers la grand'route de la vallée de l'Orb

e, f. Vestiges de fortification au débouché de la rue Droite : emplacement d'une porte ou poterne, qui pourrait correspondre à la porte de la Pila. Route vers Boussagues par Clairac (plan a n° 3) (*cl. R. Guiraud*)

a

b

c

d

e

f

V fig. 18 Reprise de la Tour du Monastère
a. La tour côté nord
b. Les deux baies sous arc outrepassé, côté nord, correspondant à un niveau campanaire
c. Baie sous arc outrepassé, côté nord. Noter le montage du départ de l'arc (claveau dépassant l'extrados)
d. Détail du côté nord : baie sous arc outrepassé, imposte et couvrement
e. Les deux niveaux supérieurs, côté sud (*cl. G. Taussac*)
f. La tour côté sud

g

h

i

j

k

l

V fig. 18 Reprise de la Tour du Monastère
g. Chambre des cloches : les deux arcs outrepassés, côté nord
h. Chambre des cloches : les deux arcs réparés du côté sud
i. Chambre des cloches : la corniche de la voûte
j. Chambre des cloches : la porte de l'escalier menant au dernier niveau
k. Comparaisons : la tour de Lapeyre (Aveyron)
Noter le montage de chaque départ d'arc (claveaux dépassant l'extrados)
l. Comparaisons : ancienne église de Lapeyre (Aveyron)

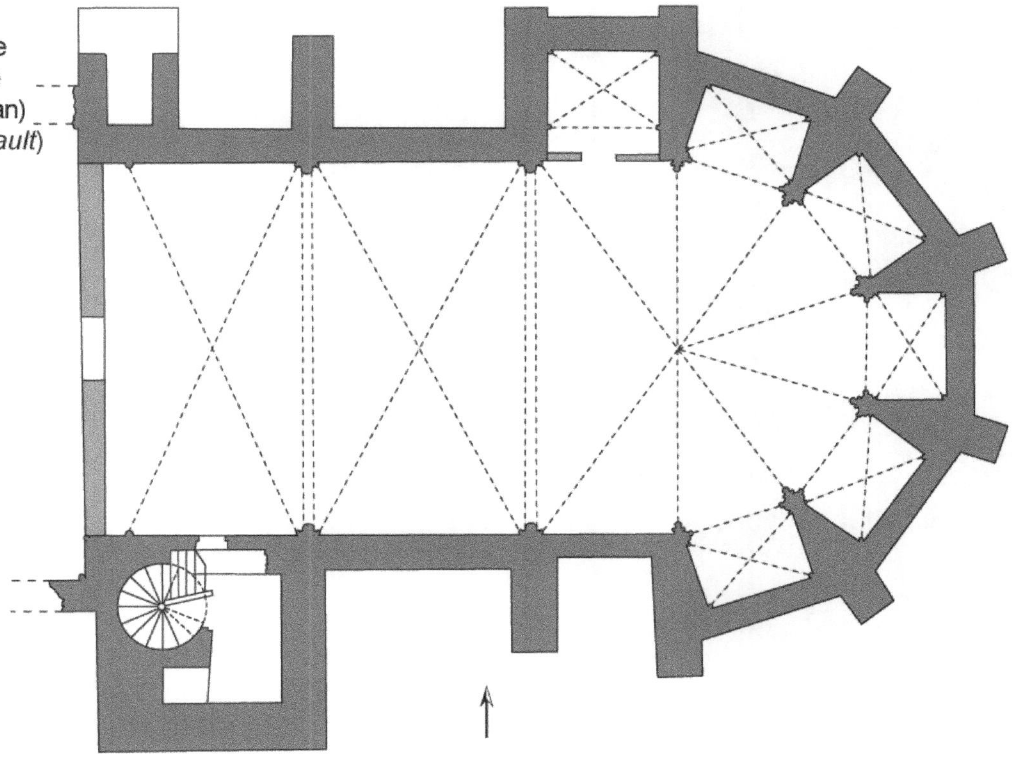

V fig. 19a Plan de l'ancienne abbatiale Saint-Martin (église paroissiale Saint-Majan) (*Plan Gérard Thébault*)

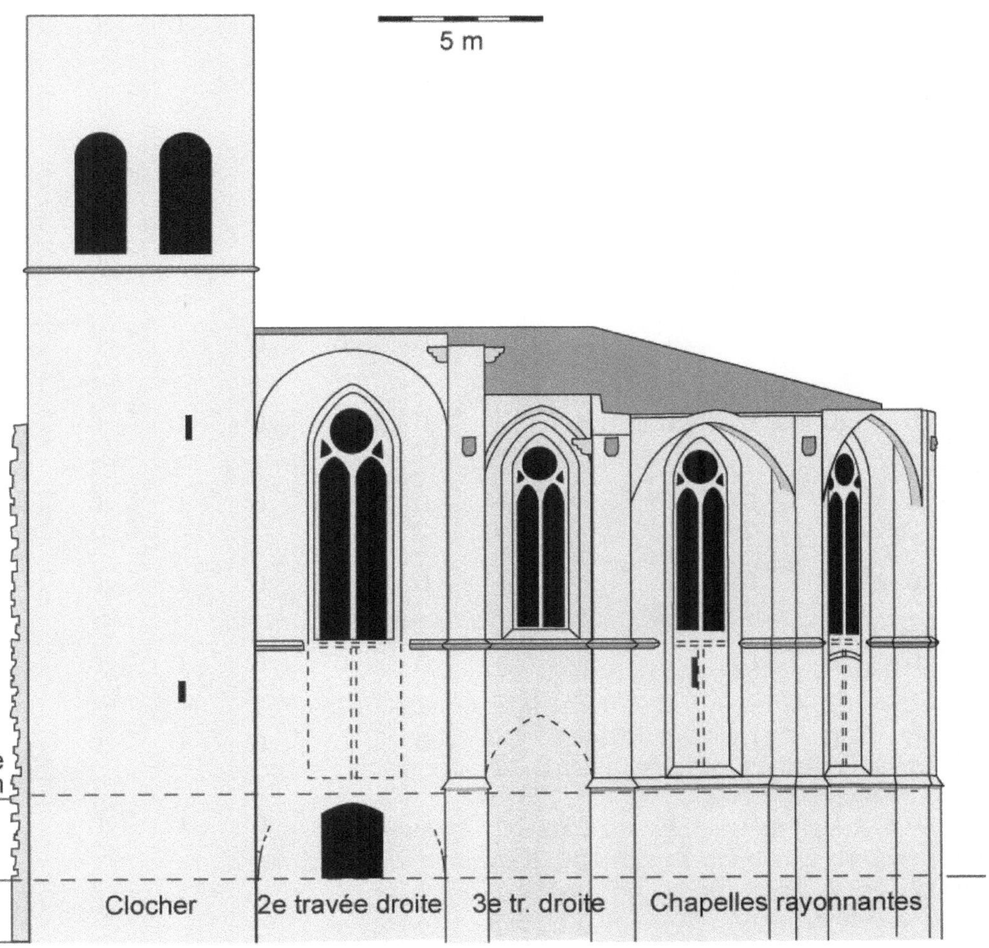

Fig. 19b Elévation extérieure sud (*Relevé Gérard Thébault*)

a

b

c

d

e

f

V fig. 20 Abbatiale Saint-Martin : vestiges de la nef
a. Côté ouest : face ouest du clocher, arrachement de la nef
b. Côté ouest. Arrachement du mur nord de la nef
c. Arrachement du mur sud de la nef. Colonnette d'angle supportant les départs d'ogives
d. Détail. Départ de l'arc ogif, du doubleau, du formeret
e. Le chapiteau supportant les départs d'ogives, sculpté d'un mufle animal
f. Colonnette ornant l'arête du piédroit de l'arc triomphal

V fig. 20 Abbatiale : vestiges de la nef
g. Sondage dans l'angle sud-est de la nef
h. Relevé du dallage de la nef. Traces du scellement, sur le dallage et le socle de la colonnette, de la clôture du chœur
i. L'appareil de la nef. L'arrachement est à l'aplomb du piédroit d'une porte

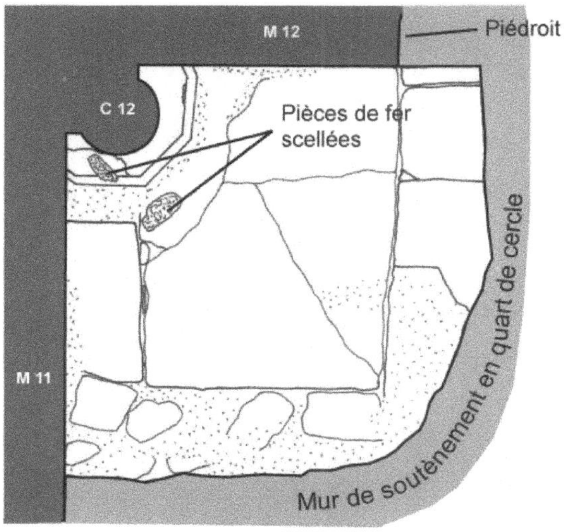

h

g

i

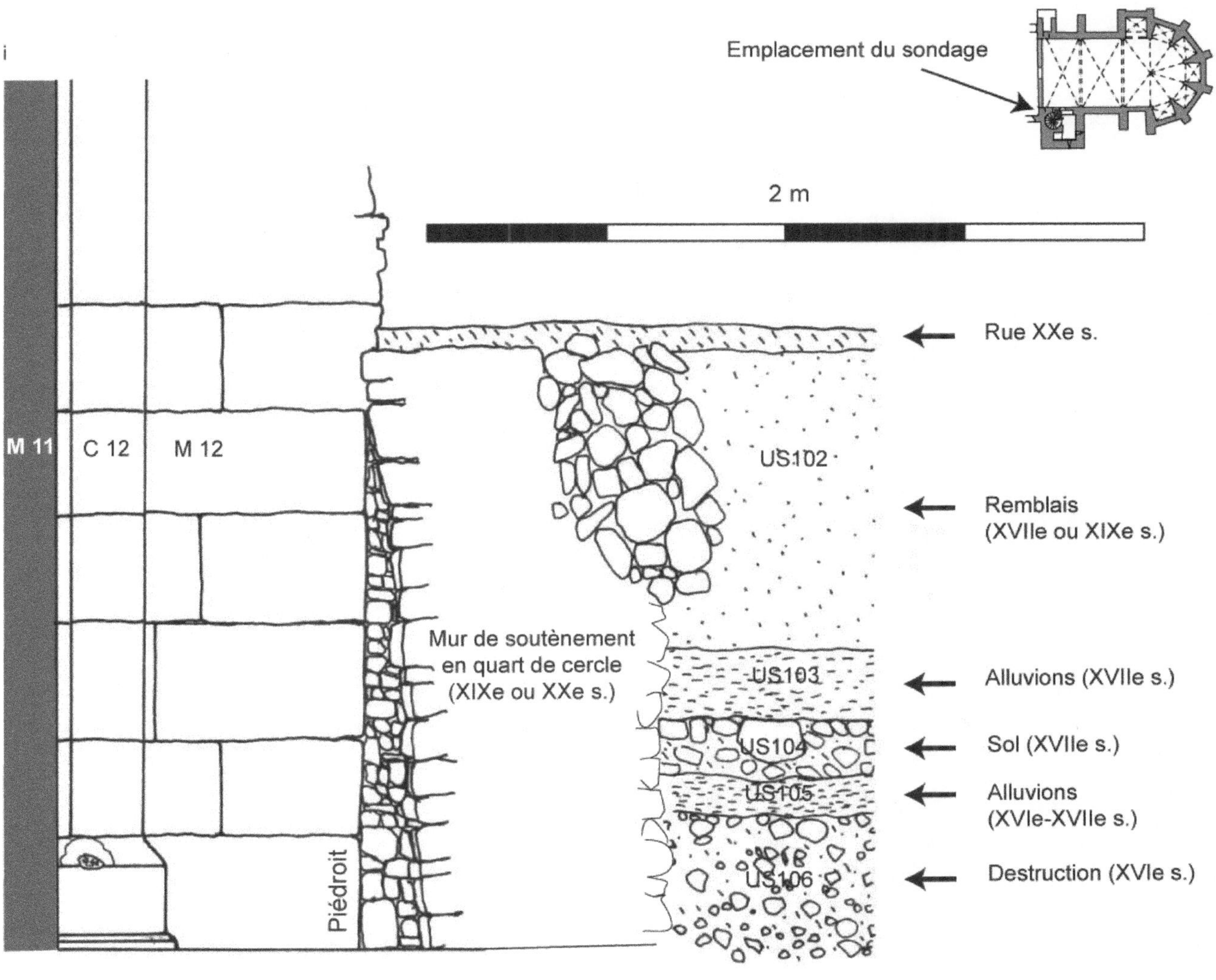

a

b

c

d

e

f

g

V fig. 21 Saint-Majan (ancienne abbatiale) : les travées droites du chœur
a. Elévation extérieure sud de la deuxième travée. Le larmier était interrompu par la baie, à embrasure extérieure munie d'une gorge
b. Elévation intérieure de la première travée, côté sud. Près du contact avec l'arc triomphal, les ogives retombaient sur un culot
c. Elévations intérieures de la première et de la deuxième travée, côté sud
d. Elévations intérieures de la première et de la deuxième travée, côté nord
e. Supports engagés du chœur
f, g. Deux blocs ayant fait partie des piliers engagés de l'abbatiale
f. Aperçu dans la rivière Mare en 1985. Perdu
g. Collection particulière.

h

V fig. 21 Saint-Majan : les travées droites du chœur
h. Deuxième travée, côté nord, vue de l'extérieur. Noter la baie et la brèche, colmatées, derrière l'arc de mâchicoulis
i. Elévation extérieure nord, première travée. Les flancs des deux contreforts sont visibles (le mur a été percé et renforcé d'un doublement soutenu par un arc surbaissé au temps des mauristes). Noter la porte à imposte rectangulaire dans le premier contrefort, à droite
j. Porte ménagée dans le flanc ouest du premier contrefort nord. Donnait accès à l'abbaye (voir fig. 21m)
k. Porte à imposte (colmatée) ménagée dans le flanc est du premier contrefort nord : arc plein-cintre chanfreiné, sommiers à crossette, imposte rectangulaire chanfreinée. Elle était reliée au mur de clôture est de l'abbaye (voir fig. 21m)
l. Détail : l'extrados des deux claveaux de faîte est taillé pour faire base de l'imposte

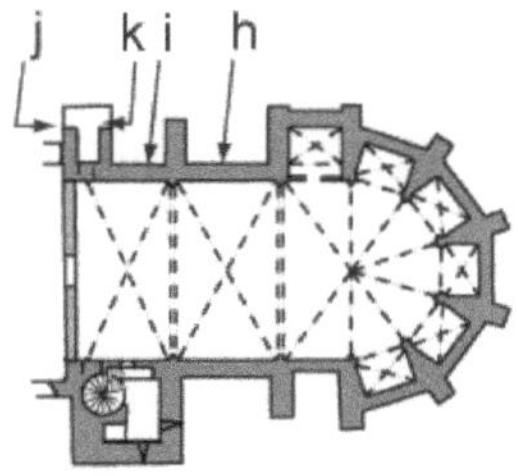

i

j

k

l

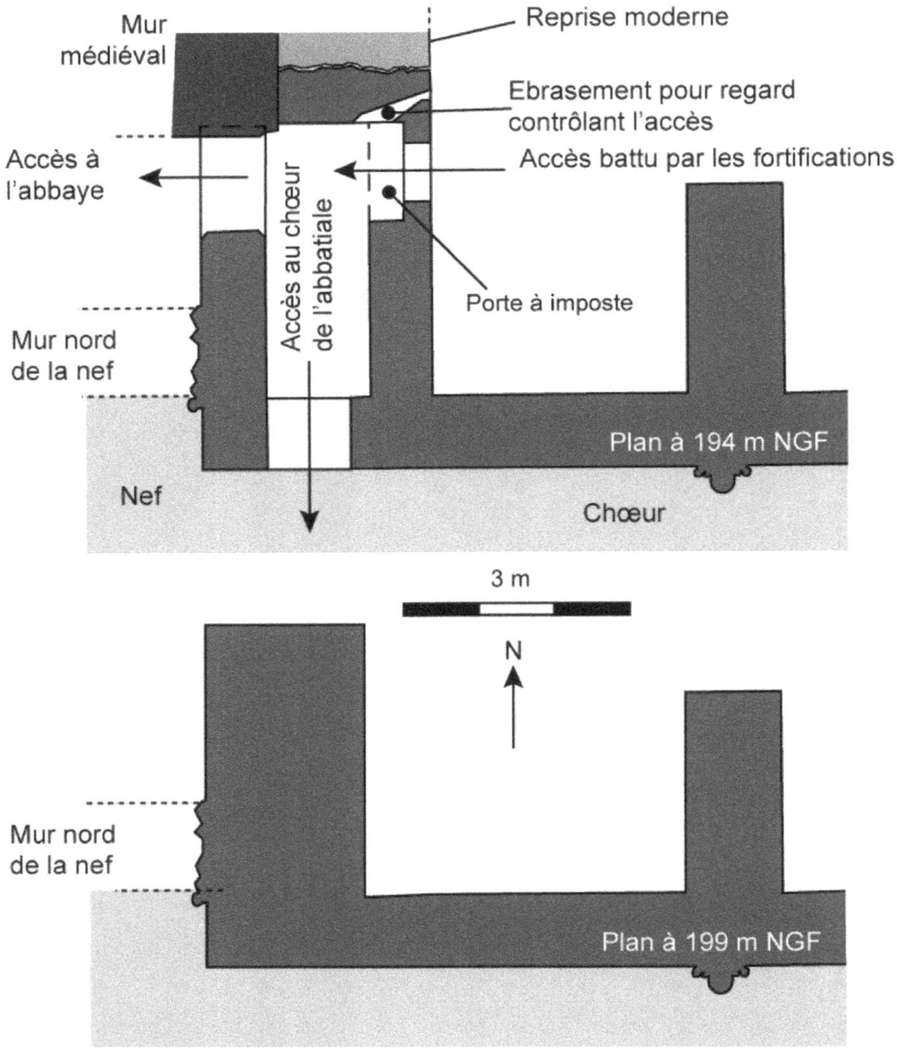

V fig. 21m Plan du premier contrefort nord, au niveau du passage ménagé en partie basse, et à 2 m d'élévation. La partie basse était combinée avec un mur de clôture d'axe nord-sud, repris aux Temps modernes (*relevé Gérard Thébaud*)

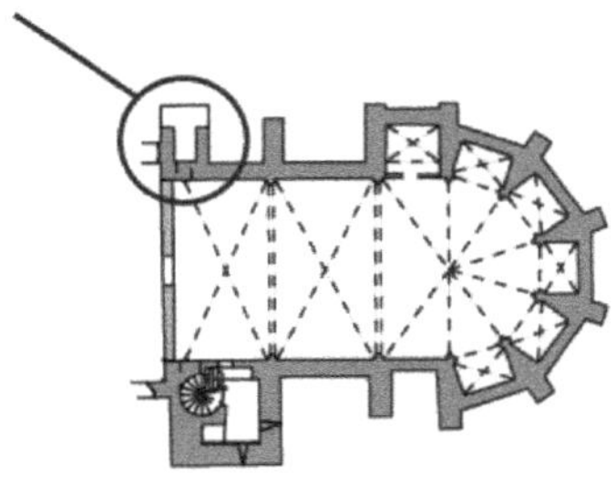

a

b

c

Fig. 22 Saint-Majan : le clocher
a. Flanc ouest
b. Flanc sud. L'appareil présente des assises plus hautes au niveau des reins des voûtes
c. Embrasures internes des jours

d

e

g

h

f

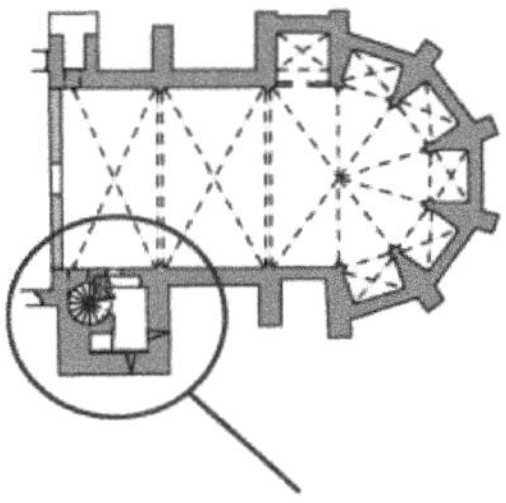

i

V fig. 22 Saint-Majan : le clocher
d. Niche-placard
e. Porte mauriste
f. Voûte du deuxième niveau
g. Coussinet sculpté d'une tête de monstre (le câble électrique enrobe la face) soutenant le linteau de la porte palière de la vis d'escalier (1er niveau)
h. Escalier en vis. Chaque marche porte noyau, chacune est portée par une console dans la paroi de la cage
i. En bas de la vis d'escalier : linteau de la porte aujourd'hui enterrée

a

b

c

d

e

f

g

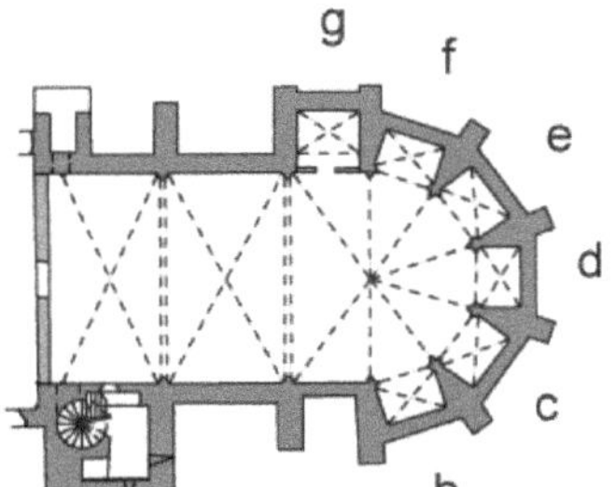

V fig. 23 Saint-Majan. Troisième travée et *corona* des chapelles. A l'extérieur, les parements extérieurs de la troisième travée sont en retraite par rapport à ceux des deux premières travées. Alors qu'à l'intérieur, les parements sont au même nu.
a. Troisième travée sud
b. Première chapelle sud
c. Deuxième chapelle sud
d. Chapelle axiale
e. Deuxième chapelle nord
f. Première chapelle nord
g. Troisième travée nord : baie au-dessus de la chapelle Saint-Majan

h

i

j

k

l

m

V fig. 23 Saint-Majan, deuxième et troisième travées
h. Intérieur. Deuxième et troisième travées sud. Noter la modénature différente des baies
i. Deuxième et troisième travées nord
j. Voûte de la troisième travée et de l'abside. Noter la hauteur des voûtes des chapelles rayonnantes.
k. Décrochement de la voûte entre deuxième et troisième travée (côté nord)
l. Clé de la voûte commune entre troisième travée et abside : blason moderne
m. Voûte de la première chapelle rayonnante nord

a

b

c

d

e

f

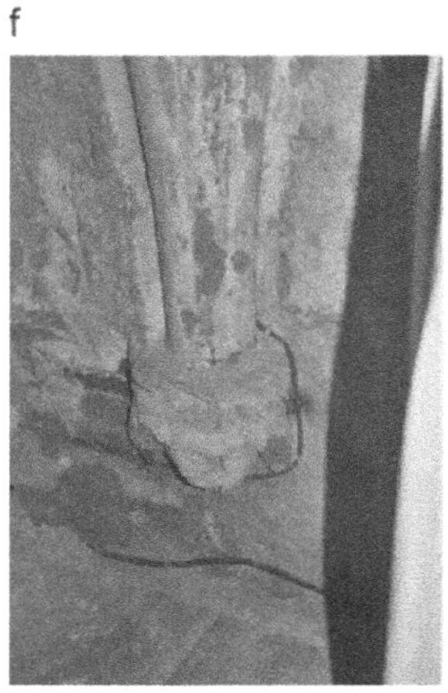

g

V fig. 24 Chapelle Saint-Majan (aujourd'hui sacristie)
a. Extérieur. Le premier larmier qui enveloppe les contreforts présente les amorces de son retour sur le mur (partie détruite) de la chapelle
b. Extérieur. Vestiges de la couverture originelle de lauzes fines, sous le second larmier
c. Porte actuelle de la sacristie, avec la voûte à l'arrière-plan
d. Communication avec l'annexe de la sacristie, moderne
e, f, g. Les consoles accueillant les départs de la voûte d'ogives sont presque au ras du sol actuel, surélevé par rapport à l'ancien d'environ 4 m.
Tête féminine au chapel fleuronné (e, f) ; atlante (g)

V fig. 25 Saint-Majan. Fortification

a, b. Deuxième travée sud : ancrage de l'arc plein-cintre de mâchicoulis, bandé entre clocher et contrefort. Les mâchicoulis, en haut des contreforts, étaient portés sur consoles

c. Côté nord. Les consoles de mâchicoulis en haut du contrefort situé entre troisième travée et première chapelle. A gauche, l'arc brisé du mâchicoulis devant la première chapelle rayonnante

d. Soutiens des mâchicoulis : arc plein-cintre de la deuxième travée sud, arc brisé de la troisème travée, console à ressauts en haut des contreforts

e. Troisème travée sud : détail des consoles, à quatre ressauts en quart-de-rond

f. Côté nord. Vestiges mauristes

g. Côté nord. Noter l'épaisseur particulière du premier contrefort

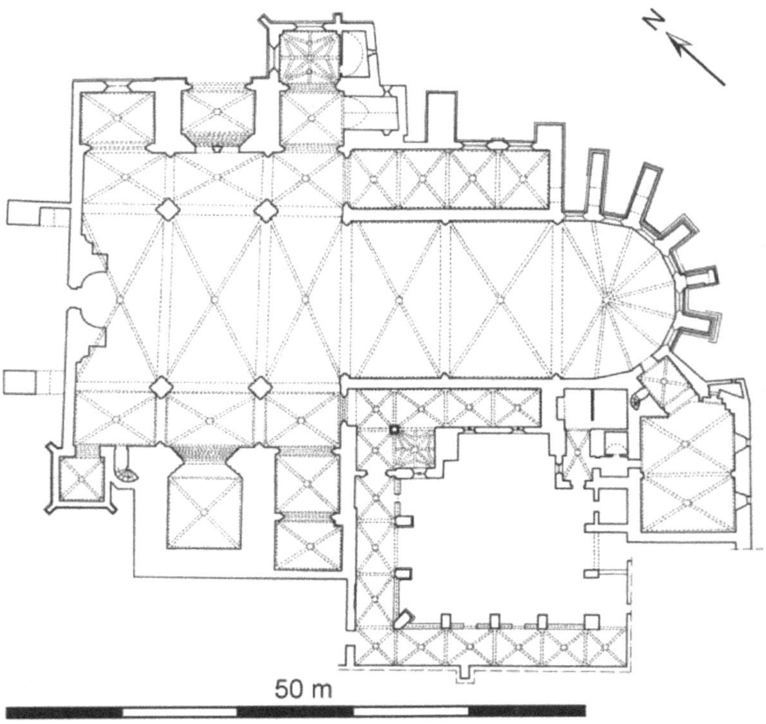

a

b

c

d

e

V fig. 26 Comparaisons
a. Plan de la cathédrale Saint-Fulcran de Lodève (autrefois Saint-Geniès). Relevé J. Calderon, Inventaire général, dans *Un diocèse languedocien : Lodève, Saint-Fulcran, 1 000 ans d'histoire et d'archéologie,* Millau, 1975, p. 229
Les quatre travées qui s'allongent au long du mur nord du chœur constituaient l'église paroissiale Saint-André, aujourd'hui chapelle du Sacré-Cœur
b. Cathédrale de Lodève. Baie du chœur, au cadre mouluré interrompant le larmier
c. Cathédrale de Lodève, abside : baie de grande hauteur
d. Cathédrale de Lodève, abside : la baie, originellement peu développée, a été agrandie vers le bas
e. Cathédrale de Lodève, intérieur : travées droites du chœur et abside

f

g

h

V fig. 26 Comparaisons
f, g, h. Cathédrale de Lodève, jonction entre nef et chœur. L'arc ogif de la première travée de chœur retombe sur des consoles. Un segment de voûte de tracé brisé joint arc ogif et arc triomphal. De même à Saint-Majan.

i

j

k

l

Fig. 26 Comparaisons
i. Saint-Pierre de la Salle à Cessenon : baie de l'abside. Traverse, meneau du registre supérieur et réseau existent encore
j. Saint-Pierre de la Salle à Cessenon. Composition de la base d'une baie de l'abside avec le larmier. La base du meneau central en forme de petit socle de colonnette, est conservé
k. Façade de l'abbatiale Sainte-Marie de Sylvanès. Baie. Noter la continuité des assises entre cadre et parement
l. Détail : la mouluration du cadre est amortie par des bases à gouttes

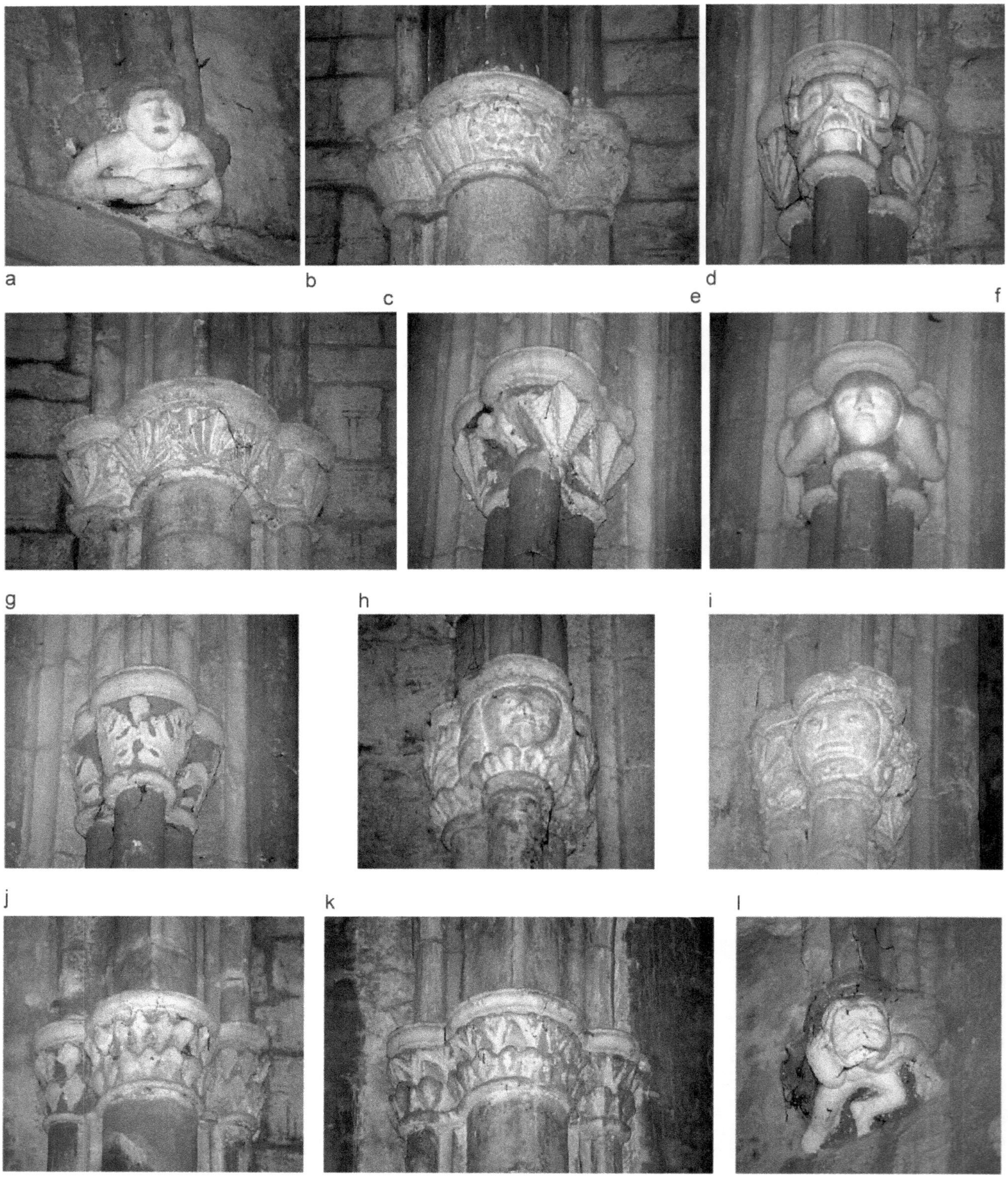

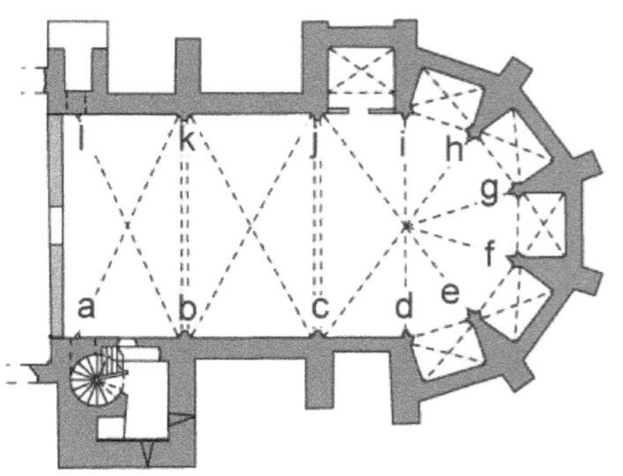

V fig. 27 Saint-Majan. Chapiteaux
a. Culot sud
b. Chapiteaux sud entre première et deuxième travée
c. Chapiteaux sud entre deuxième et troisième travée
d à i. Chapiteaux des piliers de tête des chapelles rayonnantes
j. Chapiteaux nord entre deuxième et troisième travée
k. Chapiteaux nord entre première et deuxième travée
l. Culot nord

V fig. 28 Saint-Majan. Peintures
a, a' Traces d'un faux-appareil, troisième travée sud. Dessous, détail après traitement de l'image
b, b' Cadre de la baie de la première chapelle rayonnante, côté nord : losanges. Dessous, détail après traitement de l'image
c. Faux-appareil dans une chapelle rayonnante

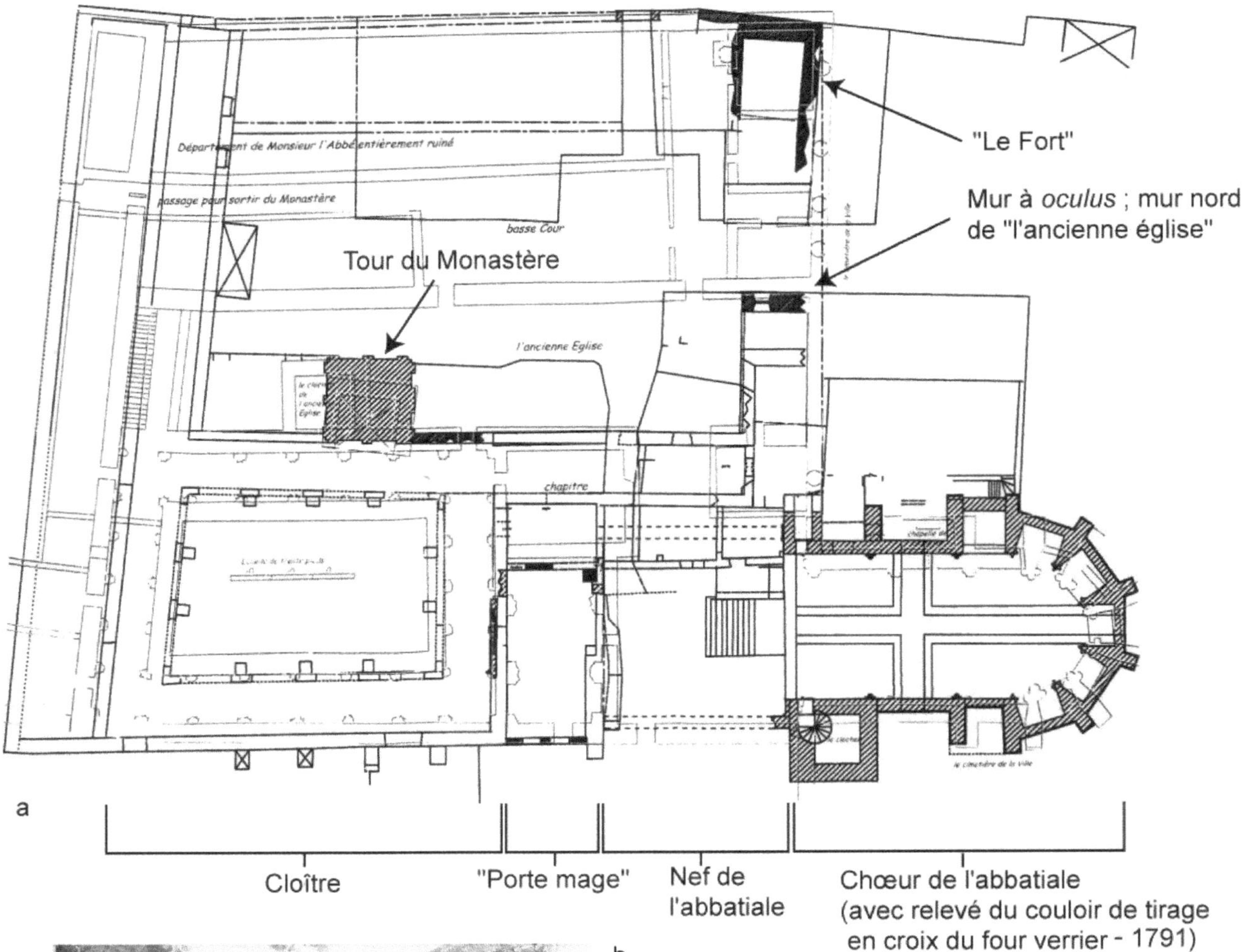

a

b

c

V fig. 29 L'abbaye

a. Superposition du plan levé par les mauristes, et du plan actuel (relevé G. Thébault)

b. Le Fort, vu du nord

c. Le Fort, vue intérieure de l'étage voûté

6. ÉPILOGUE PROVISOIRE : L'HISTOIRE CONTINUE

6.1. La fin du Moyen Âge

6.1.1. Difficultés et ressorts économiques

La catastrophe du milieu du XIVe siècle changea le mode de desserte de Villemagne (cf. *supra* 4.2.1). Dans les années 20 du XVe siècle la Mare coule toujours à l'est du bourg, entravant la liaison vers la Bastide de l'abbé. Il est question de refaire un pont[1]. L'affaire fera long feu. Il est aussi envisagé que l'eau reprenne son ancien cours, signe que la situation est bien ressentie comme instable. Les efforts pour contrecarrer cette instabilité doivent se concentrer sur la gestion des pansières et autres aménagements des rives.

Sans doute les habitants n'eurent-ils plus l'occasion de reconstruire le petit bourg de Saint-Sauveur ou le manse de Marnagues. Et l'église Saint-Sauveur, épargnée par son implantation en début de pente, se retrouva de l'autre côté de l'eau. Le bourg est certes toujours desservi à partir de la voie qui vient de Rodez ou Albi via Saint-Gervais. Au lieu d'avoir à traverser la rivière, les voyageurs n'ont plus à franchir, du côté ouest, que le fossé défensif. Mais pour passer l'Orb et rejoindre Faugères vers le sud, Villemagne et la Bastide ne constituent plus un trajet logique. En effet, le « pont d'Hérépian », cité en 1427, et encore en 1442-1443, doit être sur l'Orb[2]. C'est par là qu'était rallié Faugères pour qui venait du nord. La Bastide reste un domaine de l'abbé qui pouvait être lié à un passage sur le fleuve (servant plus occasionnellement ?). Et Hérépian se développe. Un « château » y est cité au XVe siècle[3].

Bien que le qualificatif *Argentia* soit accolé en 1344 au toponyme *Villamagna* dans le Rôle des impôts conservé aux Archives municipales de Pézenas[4], il semble bien que Villemagne ait participé au déclin général des exploitations d'argent du Midi, aux bassins multiples mais de faible rendement, remarqué par P. Benoit et M.-C. Bailly-Maître (Bailly-Maître, Benoit 1998 p. 37). Les textes pour le moment répertoriés ne laisseront plus apparaître dorénavant les mines d'argent jusqu'à l'époque contemporaine[5]. Si à Rocozels des reliquats étaient exploités à la fin du Moyen Âge (Bonami 1977), aucune information n'est connue pour Villemagne à cette époque. Les activités minières sont maintenant concentrées dans le bassin charbonnier dépendant de Boussagues. Elles sont attestées à de nombreuses reprises à partir de 1302, et durent toujours au XVIIIe siècle (Poux 1900 ; Journot 1992).

L'abandon de l'église Saint-Martin le Vieux traduit cette mise au ralenti de l'économie. Après un pillage et une réfection, l'église est en effet laissée à l'abandon suffisamment longtemps pour que s'y accumule une couche de dépôts éoliens, particulièrement épaisse dans la partie ouest de la nef. Portes et couverture étaient sans doute dégradées, alors que la voûte abritait encore le chœur. Le vicaire de Saint-Martin le Vieux est bien cité en 1323 et 1351[6], et l'église est imposée comme une église paroissiale en fonction. L'abandon fut peut-être postérieur. Il est possible qu'alors les paroissiens se soient rassemblés à Sainte-Marie de Taussac. En tout cas il est dit en 1426 qu'il serait bon de dispenser les nouveaux habitants de certains impôts pour repeupler Villemagne. Là comme ailleurs la chute démographique est sensible. À Béziers Jacme Mascaro note le début de « la gran mortalitat » à l'année 1348[7], et les comptes clavaires de Montagnac évoquent encore au milieu du XVe siècle des cas et même des « épidémies » de peste.

Saint-Martin est alors à l'abandon. Saint-Sauveur est-elle toujours fonctionnelle ? D'après la *Gallia Christiana* un acte de 1427 est confirmé devant sa porte[8]. Mais si le lieu reste sacré, cela ne signifie pas forcément qu'il accueille toujours les offices.

En 1426 les foires de Villemagne sont évoquées[9] ; même s'il est difficile d'en évaluer l'importance, le fait que la région soit sillonnée par des troupes armées qui vivent sur le pays constitue un danger latent. Les comptes clavaires de Montagnac, ville de grandes foires actives s'il en fut, montrent que cette menace est gênante, mais qu'il y a moyen pour une localité prospère comme Montagnac de s'en débarrasser temporairement contre espèces sonnantes. Les incidents violents ont laissé peu de traces dans les textes, mais ils transparaissent en négatif via les mesures sur la fortification collective. La présence de troupes régulières venues alimenter la guerre du Roussillon est vécue de même façon. Dans le passé, les opérations armées de la Guerre de Cent ans avaient eu forcément des effets dévastateurs, mal évalués pour le haut pays (Jacme Mascaro évoque en 1364 la prise de Bédarieux, et en 1380 celle de Cabrières et les ravages des « genz d'armas »[10]). En 1442-1443 les routiers sont au pont d'Hérépian, puis à Boissezon. Villemagne fut donc sur leur chemin (pendant ce temps les hommes de Montagnac font étapes à Gabian, Bédarieux, Saint-Gervais)[11]. Fut-il suffisant de fermer et faire garder les portes, comme il est prévu dans le texte de 1426 à

[1] Cf. *infra* Édition de textes, 3 : 1427-1426, f° 20 v° l. 10.

[2] *Ibid.* : 1427, f° 16 v° l. 17, le pont est un repère pour un devès sur l'Orb.
Cptes clav. Montagnac vol. 2, 1442-1443, f° 184 v° (t. 1 p. 268).

[3] Les héritiers des Faugères, les Narbonne, et les Fabre de Puimisson s'en disputent la propriété. Cf. Fds Thésan p. 214.

[4] Berthelé J. éd., *Archives municipales de Pézenas. Inventaire* [dressé par François Resseguier, 1774], Montpellier, 1907. Rôle des impôts de 1344 : 749.

[5] ADH Villem. 3O1 : demandes de prospection et autorisations (1858-1931).

[6] Hamlin 1983 p. 415.

[7] Barbier éd. 1890, p. 4 : « *et moriron totz los senhors cossols, els clavaris, els escudiers, et apres tanta de gent, que de mil non y remanian cent.* »

[8] G. Ch. VI c. 409.

[9] Cf. *infra* Édition de textes, 3 : f° 22 r°, l. 23-24. Barthés éd. 2007

[10] Barbier éd. 1890, p. 56, 73.

[11] Cptes clav. Montagnac vol. 2, f° 184 v° et 188 v° (t. 1 p. 268 et 272).

Villemagne[12], compte tenu des nombreux habitants hors-les-murs ? À Joncels où le monastère fortifié jouxte aussi un bourg clos, en 1453 sont envisagées renforcement ou reconstructions des murs et tours de l'abbaye, et les habitants (*homines universitatis*) sont censés participer très largement aux frais[13]...
Fait notable, une liste de témoins de 1426 nous apprend aussi qu'il y a des pareurs à Villemagne, et au moins un tisserand. En revanche il n'est plus fait mention de teinturiers. L'artisanat drapant s'est peut-être quelque peu réorienté. Par ailleurs la base économique agro-pastorale est sans surprises. Dans le terroir de Villemagne en 1426-1427 se trouvent du bétail gros et menu, dont des porcs, des vignes complantées d'arbres fruitiers, des pâtures ou prés, des champs de céréales, des jardins, des olivettes. Un bois commun se trouve dans la paroisse de Soumartre. Le droit de pêche est réglementé (certains instruments sont prohibés). La présence d'un boucher, d'un cordonnier, l'élection de bandiers, relèvent de l'organisation tout-à-fait attendue d'un petit bourg.

6.1.2. Les hommes et le pouvoir

En 1401, 1410, l'abbaye apparaît par sa position au sein du chapitre provincial (Delouvrier 1896 p. 49). L'abbé est au XVe siècle seigneur de Villemagne, Bédarieux, Saint-Geniès de Varensal, qui forment un ensemble, et Caissan, souvenir de sa position dans la région d'Alignan. Il y a toujours plusieurs dignitaires en 1426-1427, aux fonctions attendues : sacriste, ouvrier, collateur, aumônier, infirmier. Il est notable, mais sans surprise, que les moines puissent être des enfants de Villemagne (les anthroponymes de Neffiès, Sabatier, apparaissent et comme noms de moines et comme noms d'habitants laïcs), ou de localités proches (la famille *Escafredus*, propriétaire de charbonnières à Boussagues, compte un chanoine à Cassan et un moine à Villemagne).[14]
L'heure est au remembrement des seigneuries qui fait les familles particulièrement puissantes (les Boussagues, les Thésan-Poujol, les Faugères). Les notables apparaissent ici et là dans les textes, comme Jean de Monteils, agent royal et notaire de l'abbé, qui devint en 1435 notaire de Villemagne par ordre du viguier de Béziers. En 1441 il lui est fait reconnaissance de plusieurs terres à Hérépian, au Poujol, à Mourcairol[15].

Les textes de 1426 et 1427 (cf. *infra* annexe 3.3, Édition de textes) nous apportent aussi quelques informations sur l'université. Une part importante porte sur la contestation quant au statut de la Prade, cette pièce de terre récupérée sur l'ancien cours de la Mare et dont les habitants avaient la jouissance. Le nouvel abbé Hugues de Popian ne l'entend pas ainsi et charge son juge d'établir un « bail à nouvel acapt », les droits d'usage, dîmes et autres, et d'estimer les revenus. Quatre arbitres sont nommés, le prieur de Saint-Gervais et le sacriste de l'abbaye pour l'abbé, le vicaire de Saint-Grégoire et le boucher Jacques Senaud pour les syndics (dits « syndics modernes »). Le choix du vicaire de Saint-Grégoire est intéressant, qui confirme son indépendance par rapport au couvent, et sa représentativité par rapport aux habitants laïcs. De plus il est concerné directement par l'affaire puisqu'il compte parmi ceux qui jouissaient de cette prade. L'estimation des fruits se déroule en 1427, le passage est en langue d'oc. L'abbé ne renoncera jamais à affirmer ses prérogatives sur cette pièce de terre.
Le cahier, rédigé après 1435, contient aussi un acte de 1426, année pendant laquelle le siège de l'abbé fut vacant. L'université en a profité pour demander au sacriste qui le remplace d'autoriser la création de « syndics économiques » et de leurs procurateurs. En 1364 à Boussagues, quand les droits du syndicat ont été énumérés, ont été évoqués, parmi les aides des syndics, « *actores, seu procuratores et yconomicos* » (Fds Thésan p. 164, § 17). Les éditeurs traduisent le terme, mis d'après eux pour *economos*, par administrateurs ou défenseurs. Ici l'emploi du mot est différent. Il caractérise la charge-même du syndic. Pourtant celle-ci paraît classique. Il s'agit de gérer les équipements collectifs, fortifications, évacuations des eaux, chemins ; de veiller à ce que les aménagements hydrauliques liés aux moulins ne favorisent pas les inondations ; de prévoir un nouveau pont. Il faut organiser la défense sans que personne ne puisse échapper aux tours de garde. Rappelons qu'en 1273 c'était à l'abbé que revenait la charge de faire réparer la barbacane du portail de Nogarède.
La communauté veut pouvoir agir contre des personnes, de Villemagne ou d'ailleurs, et contre les communautés voisines. Les affaires de confins (surtout au sud, vers Caussiniojouls, Cabrerolles, Faugères), d'invasions du bétail, d'impôts, de justice, d'exploitation du bois et du charbon de bois, de pêche, sont là comme ailleurs très présentes dans les préoccupations. Notons que le seigneur de Faugères fait toujours peser leudes et péages à Faugères, qu'il s'agit de ne pas laisser s'alourdir indûment.
Pour ce qui est du personnel et de leurs prérogatives, avec leurs agents et procurateurs, les syndics auront des conseillers, dont un clavaire. Ils veulent faire élire bandiers et bassiniers (pour Saint-Grégoire), et nommer un capitaine qui nommera à son tour des dizeniers pour garder portails et clés. Quant à la charge de fournier, contrairement à ce qui était prévu en 1273, elle semble seulement dévolue à un homme de l'abbé, qui lève un droit de fournage. Des comptes seront demandés à ceux qui s'occupent de l'accueil des pauvres et lépreux (l'existence d'un hôpital, cité en 1469, est encore attestée dans le compoix de 1624, alors situé dans le quartier sud-ouest de Villemagne ; son histoire bénéficie de plusieurs pièces d'archives[16]).

[12] Cf. *infra* Annexe 3.3, Édition de textes, f° 23 r° l. 16 à 20, f° 25 v° l. 7-8.
[13] Barthés éd. 2007 p. 12-13, 34.
[14] *Ibid.* : 1427-1426, f° 1 r° l. 22-23 ; 14 v° l. 7 à 9, 22-23 ; 15 r° l. 3 ; 20 v° l. 18-19. Fds Thésan p. 132 (texte résumé), année 1345.
[15] Fds Thésan p. 213 (le texte est résumé).
[16] Cf. *infra* Annexe 3.4, Édition de textes, pour la visite pastorale de 1636, et ADH Villem. FF2, GG8 (XVIIe-XVIIIe siècles).

Les syndics voudraient pouvoir se réunir quand bon leur semble, et changer d'agents quand ils le désirent. Rappelons qu'à la différence d'un consulat, un syndicat n'a pas de « maison » propre aux réunions. Aussi les lieux de grandes réunions et décisions solennelles sont-ils situés au cœur-même des structures architecturales représentant les autorités seigneuriales. À Boussagues c'est la cour du *caput castri* (le château vieux) qui est le lieu d'assemblée habituel (*ut est moris*) dit le texte de 1364[17]. À Villemagne c'est l'*aula* de l'abbé, ou le chœur de Saint-Majan en 1426. Certes le chœur architectural de l'abbatiale était suffisamment vaste pour accueillir tout ce monde ; mais cela suppose des dispositions ménageant la liturgie qui ne sont malheureusement pas connues.
Point important, la mise en commende de l'abbaye était effective à la fin du XVe siècle[18]. Le déclin est alors inéluctable, même si, d'après B. Chédozeau, la première réforme du monastère date de 1523 ; il est alors prévu qu'il abrite douze moines (Chédozeau 2000).

6.2. XVIe et XVIIe siècles

6.2.1. Une courte embellie pour le bourg ?

C'est à partir du tournant entre XVe et XVIe siècles que la santé économique de Villemagne se fait plus nette.
Pour les habitations, ce sont des mises au goût du jour par quelques croisées qui marquent la reprise. Les élaborations furent diverses. Des vestiges remployés (redisposés pour former une fenêtre rectangulaire, rue de l'Ancien Hôpital) permettent de reconstituer une belle baie à moulures en baguettes croisées, dont le larmier enveloppant retombait sur une console comportant un scorpion, alors que l'autre console arborait un blason porté par un ange (**fig. 1b à d**). On va voir que la baie originelle peut être assignée à l'extrême fin du XVe ou au tout début du XVIe siècle. Mais d'autres croisées encore en place montrent une élaboration plus simple, rue de l'Ancien Hôpital (**fig. 1a**), et au croisement entre cette rue et la rue Saint-Grégoire (cf. *supra* **Chapitre 5 fig. 16h**), avec une croisée joliment disposée sur angle. Notons que le bourg ne fut pas déblayé de toutes les boues des inondations. Soit l'on entérina les changements de niveaux par le rehaussement des planchers et le percement de ces nouvelles baies (**fig. 1a**). Soit l'on se contenta de niveaux bas de plus faible hauteur qu'auparavant. L'exemple de l'Hôtel des Monnaies montre une étonnante hauteur d'origine pour le rez-de-chaussée (peut-être originellement recoupée par un entresol). En tout cas les boues d'inondation furent finalement laissées en place, mais l'on ne sait à quel rythme et selon quelles phases le remblaiement s'effectua. Le sol bien proche des encorbellements montrés dans la lithographie de Laurens pour Renouvier 1840 (cf. *supra* **Chapitre 5 fig. 16n**), ou des consoles ayant marqué le débord d'une cheminée, dans ce qui fut une ruelle qui remplace à une date indéterminée des Temps modernes l'aile en retour de l'Hôtel des Monnaies (**fig. 2** ; contenu dans la parcelle C130), sont aussi des manifestations, par document comme par les vestiges, de ce processus.
La santé financière (toute relative) des laïcs peut se saisir à la commande de chapelles latérales. Se développe à Villemagne comme ailleurs ce mouvement qui fait construire des chapelles par fondation privée, en l'honneur d'un saint tenant particulièrement au cœur d'une famille, et pour des offices promises aux défunts. Parfois il y a aussi fondation de sépulture. Dans cette catégorie, la plus belle chapelle du territoire est certes à Saint-Gervais, où la construction, commande d'un membre de la famille de Clermont à l'extrême fin du XVe siècle[19], entièrement en grès finement dressé, importé, s'appuie au clocher. L'appareil très régulier contraste avec celui de l'église (en schiste local, où seuls chaînes d'angle, cordons et cadres des baies sont en grès taillé). Les cinq clés de la voûte d'ogives à liernes et tiercerons montrent au centre le monogramme du Christ, entouré du tétramorphe. Vue de l'extérieur, où se trouvait le cimetière, la chapelle arbore d'un côté une baie sous arc brisé aux moulures croisées à la clé au-dessus d'un délicat trilobe (pas de remplage), et de l'autre un enfeu seigneurial mis en valeur à la mode du temps. La niche encadrée de moulures croisées, sous couvrement en anse de panier, est surmontée d'un grand gâble en accolade, aux rampants munis de crochets, et couronné par un fleuron. Un gâble qui retombait sur des consoles : d'un côté se trouvait un cerf, et de l'autre un scorpion, ressemblant étrangement à celui de la baie villemanaise. Entre gâble et couvrement de la niche un blason est porté par un ange. Armoiries, et commanditaires, sont différents à Villemagne et Saint-Gervais ; mais la mise en valeur sculptée, d'une part pour une baie de maison, de l'autre pour un monument funéraire, est de même manière, attribuable à une même époque. En revanche les chapelles de Villemagne sont loin d'atteindre cette qualité d'exécution.
D'après les trouvailles monétaires, c'est sans doute avant le milieu du XVIe siècle que débute la réfection de Saint-Martin le Vieux (**fig. 4**). Elle est caractérisée par la construction, en moellons, de chapelles latérales (trop petites pour avoir abrité des tombes), dont l'une est dédiée à saint Antoine, si l'on en croit la visite pastorale de 1636 (**fig. 4.10**). Est installé aussi un superbe dallage de dalles de pierre dans l'abside, peut-être récupéré de la phase précédente (**fig. 4.8**). Le chœur est toujours long (**fig. 4.1 à 5**). Une partie de l'église fut couverte de voûtes d'ogives. Des voussoirs ont été retrouvés dont la mouluration peut relever de la fin du XVe siècle. Une tribune a-t-elle alors été

[17] Pasquier 1901 p. 145.
[18] Au milieu des années 1480 pour Renouvier 1840 et Alzieu 1997 p. 61-62 ; en 1499 pour Chédozeau 2000.

[19] C'est à A. Favard que l'on doit cette identification, appuyée sur les armoiries sculptées au-dessus de l'enfeu, et les archives ; le testament de Tristan Guillem II avec élection de sépulture date de 1497 ; le personnage a dû mourir au cours de l'année 1498 (Favard 2008).

construite ? Elle est attestée plus tard, lors de la visite pastorale de 1636[20].
Dans la nef fut bâtie une chaire à prêcher, accolée à la clôture du chœur long, et fondée sur un grand bloc de remploi (cf. *supra* **Chapitre 1 fig. 3a, b**). Elle était constituée par une volée d'escalier maçonnée, à laquelle on accédait par un portillon qui s'encastrait dans une feuillure. C'est un équipement post-tridentin, qui peut avoir été installé à la fin du XVIe siècle. C'est alors l'époque des guerres de religion (cf. *infra* 6.2.2).
Par ailleurs des chapelles latérales, il faut le dire construites sans grand soin, équipèrent Saint-Grégoire. La chapelle sud dédiée à sainte Luce fut prise dans l'épaisseur du mur à l'emplacement de l'ancien portail. En 1636 la famille de Saint-Men y a sépulture[21] ; ces petits notables sont détenteurs d'un moulin à quelques pas en amont de Villemagne. La chapelle nord dédiée à saint Éloi[22], qui pouvait se développer côté cimetière, fut construite en pierre de taille imparfaitement dressée, et munie d'ogives moulurées de même que celles de Saint-Martin. Leur portée inadaptée ayant fait casser de façon grossière le piédroit de l'arc triomphal, on peut se demander si les claveaux ne sont pas des remplois. Cette chapelle comporte un millésime aux chiffres de plomb, nous savons donc qu'elle fut achevée en 1510.
C'est sans doute à cette époque qu'est construite hors-les-murs une « église » Saint-Blaise, qui ne sera attestée que dans le compoix de 1624. L'on ne sait rien de ses commanditaires.

Il est une pierre émouvante, échouée dans une façade de maison, dernier témoin, privé d'explication, de la construction à Villemagne ou dans les environs avant la coupure rédhibitoire des guerres de religion (**fig. 3**). C'est un bloc d'appareil comportant un millésime : M VC (C dans le V) XLI (espaces marqués par des losanges), fait de hauts chiffres romains élégamment pattés. Cette date est surmontée d'une ligne d'inscription plus discrète : PETRUS AUGIER ME FECIT (espaces occupés par de petits ronds). La gravure est soignée, mais la graphie « VC » n'est pas orthodoxe (il faudrait un D) et les chiffres LI de la date sont curieusement massés à l'extrémité de la réglure, alors que la première ligne est bien maîtrisée. Sous le millésime une autre réglure n'a pas été utilisée. Que conçut, ou fit faire, Pierre Augier, de si remarquable qu'il ressentit le besoin d'y apposer cette « signature » ?

6.2.2. Une longue catastrophe

À Villemagne tout particulièrement, les guerres de religion provoquèrent une ruine durable. L'affrontement entre protestants menés par les Narbonne héritiers des Faugères, et catholiques regroupés derrière, entre autres, les seigneurs du Poujol, eut plusieurs fois lieu à Villemagne (Ségui 1933), entre les années 1560 et les années 1590.
Le souvenir de la guerre envahit la visite pastorale de l'évêque de Béziers Clément de Bonsi en 1636 (cf. *infra* annexe 3.4, Édition de textes). Le cimetière de Saint-Grégoire a été « réconcilié » par l'évêque « pour avoir été contaminé par les huguenots qui ont enseveli leurs morts ». Le devenir des reliques de Saint-Majan fait l'objet d'un témoignage de la part du doyen des moines, l'aumônier, membre d'une famille largement pourvue en terres à Villemagne et qui a fourni nombre de consuls. Il avait une dizaine d'années à l'époque des faits, c'est-à-dire l'époque du siège de Lunas, qui a eu lieu en 1585 (Ségui 1933).
On déduit effectivement de l'état des lieux dressé par les mauristes (années 1660), et de l'analyse monumentale, que l'abbaye a été très gravement touchée par les canonnades. La nef de l'abbatiale est ruinée, la voûte du chœur est écroulée. L'édifice est pour longtemps inutilisable.
Par la visite pastorale de 1636 on sait que le réfectoire est encore debout mais qu'il n'y a plus de dortoir pour les moines, qui logent chez l'habitant. La couverture de Saint-Grégoire a été refaite par les paroissiens mais il y a des trous et lézardes dans le gros-œuvre. Rien n'est dit de Saint-Sauveur. La visite fut peut-être notée sur des feuillets perdus depuis (la numérotation des folios montre qu'ils sont incomplets). Saint-Sauveur pourtant existe toujours en élévation. Dans le compoix de 1624 elle est bien qualifiée d'église et non de ruine. C'est au siècle suivant que, d'après les délibérations consulaires, elle disparaîtra au profit de la reconstruction de la digue de protection entre Mare et bourg, dite la Calade[23]. Rien non plus à propos de Saint-Blaise, elle aussi citée comme église et non comme ruine en 1624.
Les murailles forcément pâtirent des canonnades. Elles sont néanmoins réparées, les portes closes de vantaux constamment entretenues ne serait-ce que contre la « contagion ». Aux Temps modernes les portails ont changé de nom. Le portail de Saint-Sauveur au sud est devenu celui de la Barbacane. Le portail de Nogarède à l'ouest est dit alors « del Valat » : le fossé pose problème en effet de ce côté, c'est-à-dire au long de l'ancien lit de la Mare devenu la Prade, jusqu'à devenir un nom de lieu. Les eaux y stagnent ou y font des dégâts lors des inondations. Le pontil qui le franchit s'écroule et doit être reconstruit… Quant au portail de la Piale, c'est devenu le portail Saint-Blaise dans un texte de 1619 ; et, grâce à un propriétaire d'un patus voisin, le portail de Gibert en 1624 et encore en 1694.[24]

Clément de Bonsi remarque, avec quelque condescendance, que l'abbaye semble avoir été autrefois « d'un petit renom »… Le 4 juin 1636 ce sont six moines sans abbé qui accueillent l'évêque[25]. Quatre

[20] Cf. *infra* Annexe 3.4, Édition de textes, f° 51 r° l. 25.
[21] *Ibid.* f° 51 v° l. 24 et suiv.
[22] *Ibid.* f° 54 l. 4. La chapelle est alors « sans fondation ».
[23] ADH Villem. DD1.
[24] ADH Villem. GG8 : épidémie de peste en 1652 ; autre épidémie en 1722 ; *ibid.* CC5, DD1 pour l'entretien des fortifications. Voir aussi le compoix de 1624.
[25] Cf. *infra* Annexe 3.4, Édition de textes, f° 56 r°.

dignitaires, aumônier, ouvrier, infirmier, sacriste, sur les cinq que devrait compter l'abbaye. Il n'y a pas ce jour de cellérier. La charge de camérier a été supprimée. S'ajoutent le prieur de la Tour (Saint-Amans de la Tour au diocèse de Vabres) et un moine. Officiellement sont attestées des charges de prieurs à Saint-Raphaël (La Bastide), Soumartre, Rhèdes, Puissalicon (Pézan), Saint-Gervais. Pour comparaison, pensons qu'aux Temps modernes il n'y a qu'une vingtaine de moines entretenue dans la grande abbaye de Saint-Sever (Loupès 1986 p. 129). À Villemagne les moines disent qu'ils devraient être neuf ou dix avec l'abbé, qu'autrefois ils ont oui dire qu'ils avaient été douze avec deux novices (voir la réforme de 1523 citée dans Chédozeau 2000), et qu'« anciennement » (dans des temps quelque peu mythiques ?) ils furent vingt-sept… Par une autre visite pastorale, celle d'Alignan du Vent, datée du 19 septembre 1635, l'on apprend que l'abbé de Villemagne est toujours prieur de Saint-Martin d'Alignan, et perçoit le « carnenq » de Saint-Martial de Caissan[26]. Il n'en est pas fait mention lors de la visite de Villemagne, parce que l'abbé est absent. La charge d'abbé est alors accaparée par la famille du Poujol qui en tire profit sans s'occuper autrement de l'abbaye.

On ne sait si Saint-Martin le Vieux fut touchée par les escarmouches lors des guerres de religion. Il serait logique qu'elle l'ait été. De toute façon la pente sur laquelle elle est implantée restant instable, elle subit un nouvel affaissement vers le nord-est, dans le sens du pendage du terrain. Les aménagements postérieurs, qui marquent l'application de principes tridentins, sont forcément tardifs (**fig. 5**)[27]. Les aménagements de Saint-Martin durent suivre essentiellement la fin des guerres. À la toute fin du XVIe siècle l'installation de la chaire à prêcher tient manifestement compte de l'existence d'un chœur long. Mais quand on refait le dallage, tant bien que mal, le chœur est court (**fig. 5.1, 3**). En effet, aux Temps modernes, si tel ou tel moine peut recevoir le titre de prieur de telle ou telle église du temporel, il semble que cela ne traduise plus qu'une certaine répartition des droits ecclésiastiques, et qu'il n'y ait plus résidence sur place. D'ailleurs l'abbé lui-même peut être gratifié d'un tel titre.

Le dallage de piètre qualité compte plusieurs remplois en guise de dalles. L'autel est alors contre le mur, disposition post-tridentine (**fig. 5.2**). Une tombe est installée dans la nef, cohérente avec ce dallage (**fig. 5.6**). On y marchait pour entrer dans le clocher.

Ce qui est sûr, c'est qu'en 1636, lors de la visite de l'évêque de Béziers Clément de Bonsi, l'église est quasiment en ruines[28]. La voûte de la nef est « descouverte », l'herbe pousse sur la tribune, le chœur « menace ruine », et « le clocher est sans cloche ni couvert ». Une réfection mineure, sous trois mois, est demandée par l'évêque, le temps de reconstruire, sous deux ans, Notre-Dame de Taussac, jugée plus commodément située par rapport aux habitats. En effet c'est maintenant la partie ouest de l'ex-territoire minier qui est la plus peuplée (le plus gros hameau est celui de La Billière, avec 18 maisons et 60 personnes, dit la visite pastorale). Le petit bourg de Saint-Martin a disparu. Restent « 200 communiants » dans la paroisse Saint-Martin le Vieux et ses « masades »[29].

Il est possible que le dallage ait été refait à la suite de cette visite. En tout cas, après 1643 (d'après les trouvailles monétaires), le niveau bas du clocher fut transformé en chapelle funéraire, avec disposition classique d'un caveau bâti au centre (**fig. 5.5**) et d'un autel contre le mur est (**fig. 5.4**). Notons que le caveau fut alors rempli des nombreux débris lapidaires qui devaient traîner ici et là, fragments de sarcophages, de tables d'autel ou de colonnette de marbre, morceau de console figuré, etc. L'avatar ultime de l'église est constitué par un mur grossièrement bâti en pierre sèche, qui protégea un temps abside et petite partie de la nef (**fig. 5.7**). L'oubli l'atteignit finalement et dès le XVIIIe siècle l'endroit fut exploité comme une carrière de pierres puis devint un *clapas* d'épierrage des vignes alentour. Eu égard aux « 200 communiants » des années 1630, on peut penser que la nef était longue et que l'exploitation des murs comme carrière en a fait disparaître la majeure partie.

6.2.3. La difficile reconstruction de l'abbaye

Après la terrible coupure des guerres de religion, le « renom » de l'abbaye est certes bien affadi. L'évêque consent à authentifier les reliques de saint Majan puisque d'après les témoignages elles sont encore miraculeuses, mais pour expliquer que des reliques du même saint soient exposées à Roujan, il suppose le saint « natif de Roujan » ; le culte de saint Majan est donc attesté dans les deux localités[30]. Les moines n'ont plus qu'une idée vague d'une prospérité passée. Il n'y a plus d'abbés dignes de cette charge.

B. Chédozeau a établi la chronologie de la reprise en mains mauriste. L'affiliation à Saint-Maur se déroula de 1636 à 1639. Un concordat de 1638 dit « église et monastère entièrement ruinés et abandonnés ». La reprise en mains fut difficile, et se heurta donc à l'opposition de la famille du Poujol qui eut la haute main sur la nomination de l'abbé jusque vers 1660. Le premier supérieur mauriste est nommé en 1661. Il est dit dans le procès-verbal de la cérémonie de son installation que le service divin se fait dans Saint-Grégoire.

En cette époque de nombreux quartiers sont résumés sur le plan–état des lieux sous la dénomination de « masures » (ce qui signifie ruines) et peu détaillés. La

[26] AM Béziers GG 350, Visites pastorales 1635-1636, f° 507 r°.

[27] Certes les grands principes du renouvellement de la liturgie ont été édictés lors du long concile de Trente (1545-1565) ; mais l'établissement minutieux des modes d'application concrète de ces principes, ne fut effectué qu'au long des six conciles de Milan dirigés par saint Charles Borromée (1565-1582). La traduction « sur le terrain » de ces préceptes est logiquement postérieure non pas à 1565 mais à 1582.

[28] Cf. *infra* Annexe 3.4, Édition de textes, f° 62 r° l. 26 et suiv.

[29] *Ibid.* f° 66 r° l. 7 et suiv.

[30] Encore aujourd'hui une « source de Saint-Majan » est attestée à 2 km au nord du *pioch* de Roujan.

schématisation est très poussée, car il ne servait à rien de relever en détail le plan de bâtiments qui ne pouvaient être réutilisés. Le fait que toutes les structures soient disposées selon des alignements orthogonaux peut paraître suspect, mais les repères encore en place laissent penser qu'il en fut essentiellement ainsi. C'est logique dans un périmètre plutôt resserré, où l'abbatiale orientée a fourni la base des alignements.

Aménagements récents

Il faut donc faire la part des aménagements alors récents, qui en particulier ont fait suite à la visite pastorale de Clément de Bonsi en 1636. Quand l'évêque effectua son inspection, les moines utilisaient Saint-Grégoire pour leurs offices. Le prélat préconisa que le réfectoire fût transformé en église (« sera couvert, enduit, blanchi »), en attendant la réfection de l'abbatiale[31]. En 1636 le réfectoire était donc un bâtiment encore debout, mais découvert. Sur le plan–état des lieux mauriste, le commentaire porté dit qu'au-dessus du passage d'entrée du monastère, transformé alors en église, il y a « nostre » réfectoire, une chambre pour les hôtes avec une petite cuisine. En 1661 les moines officiaient encore à Saint-Grégoire mais sur ce plan il y a bien mention d'une église monastique. Le relevé est donc postérieur. En prolongement nord de cet ensemble, se trouve « le chapitre » au-dessus duquel se dressent quatre chambres pour quatre religieux. Le chapitre sert de cave.

Ce quartier contient donc à la fois le lieu de culte et le lieu de vie des moines, au moment où est posée la question de la restructuration du monastère. En fait tout le monastère a été resserré en un quartier compact. L'adjectif possessif « nostre » indique bien que le réfectoire est opérationnel. Il occupe alors l'étage qui surmonte l'ancienne entrée du monastère, passage voûté (les supports composés des voûtes sont indiqués sur le plan) dit « porte mage » dans le compoix de 1624, et qui a été transformé en église pour que les religieux n'officient plus à Saint-Grégoire. Se trouvent aussi à l'étage, ou aux étages, une chambre pour les hôtes et une cuisine, le tout jouxtant la salle du chapitre transformée en cellier surmonté de quatre cellules : l'habitat de quatre moines seulement est assuré, et l'accueil de peu d'hôtes de passage.

Il est difficile d'affirmer que les prescriptions de l'évêque ont été suivies. Ce n'est pas exactement un réfectoire qui a été transformé en église, mais l'entrée du monastère, qui se trouve dans le même bâtiment que le réfectoire. L'on ne sait depuis quand avait été adoptée cette disposition. La position de la salle du chapitre est curieuse aussi, bloquant le débouché de ce qui fut une entrée monumentale.

« L'ancienne chapelle qui sert d'écurie » n'est sans doute pas d'origine médiévale, qui a fait fermer la porte secondaire au droit du premier contrefort nord du chevet de Saint-Majan.

Le fait que côté ouest le mur nord-sud soit double sur une aussi grande longueur est également étrange. Il est possible d'imaginer que le mur nord-sud interne est le mur périmétrique ancien, puis qu'est venu s'y appuyer au sud-ouest un quartier d'habitation des moines, devenues « masures où habitaient autrefois les anciens religieux », et qu'enfin un second mur a doublé le mur périmétrique d'origine, pour ménager de nouveaux celliers (« l'ancienne cave ») : cet ensemble a pu être pris sur le fossé, comblé, pour agrandir l'abbaye ?

En tout cas, la source qui fit dire aux auteurs de la *Gallia Christiana* qu'il y avait trois églises dans l'enceinte du monastère est identifiable. C'est le plan mauriste, où étaient notées ancienne et nouvelle abbatiale, et une chapelle. Ils les ajoutent aux trois églises en dehors du monastère (Saint-Martin le Vieux, Saint-Sauveur, Saint-Grégoire). Cette présentation par la *Gallia* fut la cause d'erreurs en cascade de la part des historiographes de Villemagne.

La reconstruction mauriste

Trois plans mauristes conservés aux Archives nationales, ont été étudiés par B. Chédozeau. Un plan commenté qui fait donc l'état des lieux à l'arrivée des mauristes, et un projet de reconstruction, avec un plan pour le rez-de-chaussée, et un autre pour le premier étage. Il les situe dans le courant des années 1660 (après 1661), et y associe le « devix » cité par Renouvier[32] en corrigeant grâce à la liste des mauristes le nom « Louvier » en Plouvier. Ce frère, sensible à la beauté du chœur, constate que la voûte en est tombée. Il préconise un « pignon à l'endroit de la tour » car il serait trop coûteux de refaire la nef, l'installation d'un « jubé », c'est-à-dire une tribune pour porter les stalles comme cela se fait ailleurs, qui sera « fort commode » car « contre le dortoir » ; « à côté est le clocher », « et de là on descendra aisément dans la sacristie pour de là aller par une allée aux chapelles et grand autel lequel pourra être contre le mur. On pourra boucher les trois vitraux qui sont derrière ledit autel ». On surhaussera le sol, en tenant compte des « voûtes qui sont déjà faites » dans le reste des bâtiments. La voûte de la sacristie sera ainsi à la même hauteur que celle du chapitre, et le dortoir sera au-dessus du chapitre.

En 1680 une cloche est au clocher.

B. Chédozeau a retrouvé aussi deux autres plans, datés de 1683, montrant un deuxième projet, où l'on voit des bâtiments appuyés au nord de l'abbatiale et une chapelle contre la troisième travée au sud, dédiée à Notre-Dame. D'après son étude, au tournant entre XVIIe et XVIIIe siècles, le nombre des moines oscille entre trois et six. En 1700 un inventaire du mobilier de l'abbatiale est fait. Celle-ci est en fonction, ce qui suppose une remise en état sommaire entre 1660 et 1700. C'est dans le premier tiers du XVIIIe siècle que l'abbaye est en majorité reconstruite, le dortoir est achevé en 1723. En 1760 le mobilier est délabré, en 1790, il est en état : on peut en déduire une

[31] Cf. *infra* Annexe 3.4, Édition de textes, f° 52 v° l. 12 et suiv.

[32] Renouvier 1840 p. 16-17.

réorganisation vers 1770-1780. C'est en 1791 que les religieux quittent l'abbaye (Chédozeau 2000).

Étudier l'abbaye, et Villemagne, modernes, est le sujet d'un autre livre[33]. On peut néanmoins confronter l'état actuel de Saint-Majan et ces repères, pour constater que les constructions mauristes jouxtant l'abbatiale connurent des états successifs avant leur destruction, liés avec différents surhaussements du sol. **Fig. 6a**.
Notons qu'au moment du devis il est préconisé de ne « pas s'arrêter à l'ancien pavé, mais il faudra prendre la hauteur des terres aux environs et la relever plus haut qu'elles ne sont ». Il faut mettre hors d'eau le sol intérieur de l'abbatiale. Aujourd'hui le couloir de tirage en croix, résultat de la transformation en verrerie sous le premier Empire, occulte les dispositifs antérieurs.
Le devis du frère Plouvier fut apparemment plus respecté que ce que pense B. Chédozeau. Après fermeture par un « pignon », les aménagements mauristes furent en effet conçus sur deux niveaux internes à l'abbatiale. Il y eut plusieurs campagnes de travaux liées à différents exhaussements du sol, dus aux inondations. Force est de constater que les résidus n'en ont pas été dégagés (ce que confirment les sondages effectués à l'Hôtel des Monnaies comme dans la nef de Saint-Majan[34]).
En définitive fut installé un chœur haut, communiquant au niveau de la première travée, au sud, avec le clocher (la porte de communication bouchée aujourd'hui est toujours visible depuis l'étage du clocher : cf. *supra* **Chapitre 5 fig. 22e**), et au nord, avec un bâtiment dont ce niveau haut put avoir été « dortoir », et le niveau bas « chapitre », si l'on en croit le devis. Au niveau de la deuxième travée fut bâtie une autre extension qui se développait plus largement vers le nord, avec à l'étage une grande fenêtre, ou porte-fenêtre, donnant vers l'ouest (seul un piédroit est conservé aujourd'hui : **fig. 6b, c**). La haute arcade qui le fit communiquer avec l'église est encore en place (**fig. 6e**). Sa voûte moellonnée en berceau plein-cintre (aujourd'hui en partie détruite et béante sur l'extérieur) était équipée de pots acoustiques (**fig. 6e**), donc l'étage était sans doute réservé aux chanteurs, ou à un orgue.
Encore bien visibles, les grandes arcades brisées témoins de l'accès à des annexes, au nord comme au sud de la troisième travée (**fig. 7a, b**), étaient contemporaines d'un premier rehaussement du sol. Si l'on fait appel à la documentation ancienne, postérieure à la resacralisation des années 1820, (Renouvier 1840, cartes postales anciennes : **fig. 8, fig. 7d, c**), hormis les ouvertures des conduits de tirage de la verrerie conservés en « caves », est bien attestée la chapelle entre les contreforts de la troisième travée, qui faisait répondant aux aménagements nord (l'ex-chapelle du saint restaurée et l'annexe voisine).

Si l'on croise le tout : la chapelle sud, dédiée à Notre-Dame d'après le projet de 1683, est construite en symétrique de la chapelle nord, ex « chapelle du saint », qui est réparée (les ogives ont dû être refaites et les culots peut-être remployés), son niveau bas est comblé. Sa dévolution exacte est alors inconnue (aujourd'hui sacristie). Elle jouxte la « sacristie », qui rappelons-le était seule notée sur l'état des lieux (endroit devenu aujourd'hui annexe de la sacristie).

Un cheminement liturgique desservait chapelles rayonnantes et grand autel, placé « contre le mur » selon les préceptes tridentins.
Ces travaux s'accompagnèrent forcément de la réfection des voûtes, scellée par le blason de l'abbaye aux Temps modernes, et des hauts de murs, y compris les arcs de mâchicoulis et le sommet du clocher, d'une façon plus soignée au sud et à l'est, visibles de loin, qu'au nord dissimulé par des bâtiments. Rappelons que d'après B. Chédozeau la grande campagne de reconstruction de l'abbaye s'achève en 1723.
L'église est vendue comme bien national en 1791. Le premier Empire voit l'installation d'un four verrier porté sur ses conduits de tirage disposés en croix (**fig. 6a, Chapitre 5 fig. 29a**). Puis le bâtiment est racheté en 1820 par le prêtre de Taussac et Villemagne, et transformée en église paroissiale. Les offices reprennent en 1827 (Galtier 1997).
Les dessins d'Amelin en 1823, Laurens à la fin des années 1830 illustrant les constats de Renouvier, font état d'un niveau de sol chaotique dans Villemagne, marqué par les « atterrissements », où poussent les arbres[35]. C'est dans cet environnement qu'est réaménagée l'église devenue « Saint-Majan ». On maintient les énormes massifs des « caves » qui mettent hors d'eau l'église, même si 4 m sont ôtés à l'élévation intérieure. Eu égard au débouché ouest du conduit de tirage du four verrier, il faut bien admettre que le pignon ouest est alors repris. L'entrée d'aujourd'hui à laquelle mène une volée de marches étant de facture classique, qui va bien avec les temps mauristes, il est possible que les pierres d'encadrement aient été remployées.
L'extension nord au droit de la deuxième travée est détruite, la grande arcade de communication avec l'abbatiale colmatée. Au droit de la première travée le bâtiment est repris et surmonté d'une pièce, atteignable par un longue volée droite d'escalier, accolée au flanc nord de l'abbatiale (conservée). Il n'est plus besoin d'un chœur à deux niveaux. Des vitraux sont disposés dans les trois fenêtres orientales déjà à demi colmatées en simplifiant leurs remplages. Une chaire à prêcher est installée… L'arcade nord a été comblée et y a été ménagée la porte sous linteau qui fait entrée actuelle de la sacristie[36]. Au sud existe la chapelle latérale.

---

[33] Sur l'abbaye moderne, cf. Thébault 2012 pour une première étude archéologique du monument.
[34] Cf. Piskorz 1998 pour l'Hôtel des Monnaies et le sondage effectué par G. Bellan et moi-même dans la nef de Saint-Majan (Bellan 1991).

[35] Médiathèque de Montpellier, Bibliothèque numérique : *Albums de Jean-Marie Amelin. Arrondissement de Béziers* : Vol 9_047 ; Vol 9_048 [1823]. Renouvier 1840.
[36] Galtier 1997 signale qu'en 1820, 1823, les chapelles ont des propriétaires catholiques (donc avant la donation à la commune). Seule la chapelle sud est dessinée sur le plan de H. Nodet daté de

D'après un entrefilet d'une revue religieuse montpelliéraine de 1927, le centenaire de la restauration du culte dans l'église « dédiée au saint évêque Majan, dont elle possède les reliques », fut solennellement célébré le dimanche 20 novembre[37].
S'ensuivirent des « restaurations », au début des années 1930, qui ont supprimé la chapelle sud, remplacé des pierres de parement, complété les parties hautes, gratté une partie des enduits intérieurs, ouvert certaines baies colmatées, restitué les remplages au nord dans la troisième travée et la première chapelle rayonnante[38].
C'est bien au XIXe siècle que fut réactivé officiellement le culte de saint Majan et établi la titulature de l'église, jusqu'à aujourd'hui. On notera la commande de vitraux figurés pour consacrer ce renouveau du culte.
Au cours des Temps modernes, Saint-Gervais, Hérépian, Bédarieux, voient le développement d'une dynamique économique plus durable qu'à Villemagne. Le château d'Hérépian (Estimbre 1992) est transformé en verrerie dans les années 1760 par Étienne (II) Giral, qui aussi fait construire le pont du Diable sur la Mare en amont de Villemagne afin de permettre l'acheminement du charbon qui chauffait ses fours. Charbon qui fut mis à profit aussi par la verrerie de Villemagne dans le premier quart du XIXe s. (Journot, Bellan, 1990 p. 64 ; Guiraud 2005 ; Pile 2012).

Le bourg de Saint-Gervais se développe tout particulièrement aux Temps modernes (en face de Neyran). L'architecture bourgeoise y relève pour une part importante des XVIIe et XVIIIe siècles, marquée par des portails souvent conservés, au vocabulaire ornemental varié. Au-dessus de l'église est construite une citadelle (à tours ouvertes à la gorge et canonnières[39]), protégée par un fossé qui fut carrière, et à laquelle aboutit la grand'route.
Les archives départementales contiennent un texte de 1764 qui est un exemple de la lutte de la communauté pour rétablir à son profit la hiérarchisation des voies. Il est demandé à la sénéchaussée que soit réparée la branche Bédarieux-Villemagne-Saint-Gervais plutôt que celle d'Hérépian « pour establir la communication entre la montagne et la playne de haut en bas Languedoc »[40]. Une demande vaine. La fixation de cette grand'route, dite au XVIIIe siècle « des Tres Vents », qui joint quasi directement Saint-Gervais à Hérépian et qui est notée sur la carte de Cassini (1770-1775) consacre le délaissement de Villemagne.

1906, par ailleurs très schématique (publié dans Rey 1951 ; cf. Mayer 1982 p. 171 n° 1601).
[37] *Domaine religieux de Montpellier*, numéro du 3 déc. 1927.
[38] ADH Villem. 1M1 : restaurations des Monuments historiques de 1929-1932.

[39] Le cimetière actuel y est implanté.
[40] ADH Villem. DD1.

VI fig. 1 Rue de l'Ancien Hôpital, extrémité ouest
a. Façade de maison présentant cordon d'appui et croisée en place
b à f. Maison présentant une série de remplois
b. Façade sur rue : remplois d'éléments d'une croisée
c. Console au scorpion
d. Console à l'ange portant un blason
e. Baie à trilobe
f. baie sous accolade

Fig. 2 Ruelle perpendiculaire à la façade arrière de l'Hôtel des Monnaies, aujourd'hui incluse dans une maison (parcelle cadastrale C130), série de consoles ayant supporté la saillie extérieure d'un conduit de cheminée

Fig. 3 Bloc en remploi dans une façade de la place et portant l'inscription (retournée) PETRUS.AUGIER.ME.FECIT M.VC.XLI

VI fig. 4 Saint-Martin-le-Vieux, au XVIe siècle
2 à 5. Les marques du chœur long perdurent
6. Le sol de ciment blanc du clocher perdure
7. Une chaire à prêcher est installée : en reste la base, bloc remployé
8. Un dallage est posé dans l'abside : dalles en partie conservées
9. Un dallage a été posé dans la chapelle latérale ; n'en restent que des traces. Un creusement circulaire pourrait être l'emplacement d'un support d'autel
10. Les deux chapelles latérales. La chapelle nord est plus détruite que la chapelle sud, et ne présentait plus de sol au moment de la fouille, parce que l'église a tendance à déverser vers le nord-est

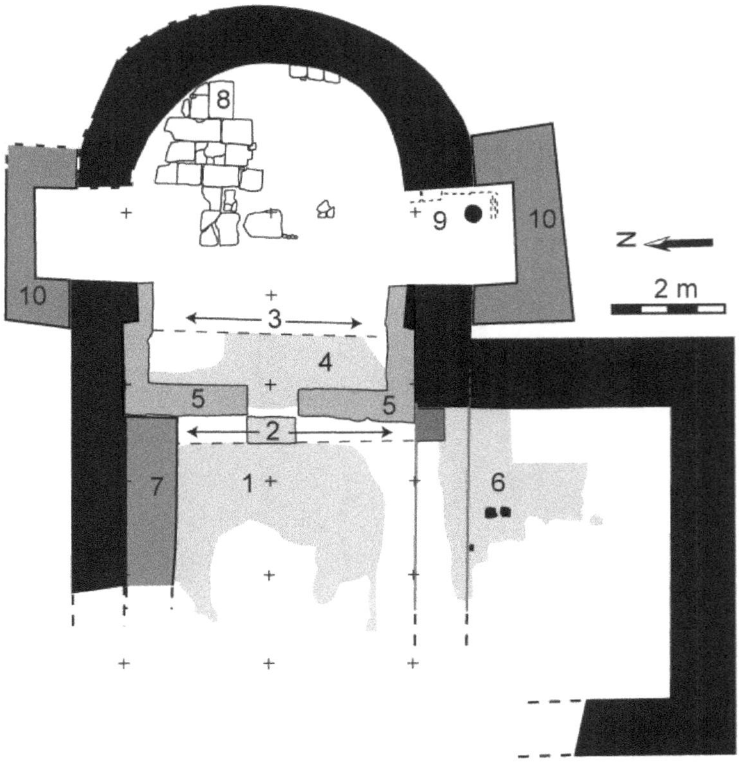

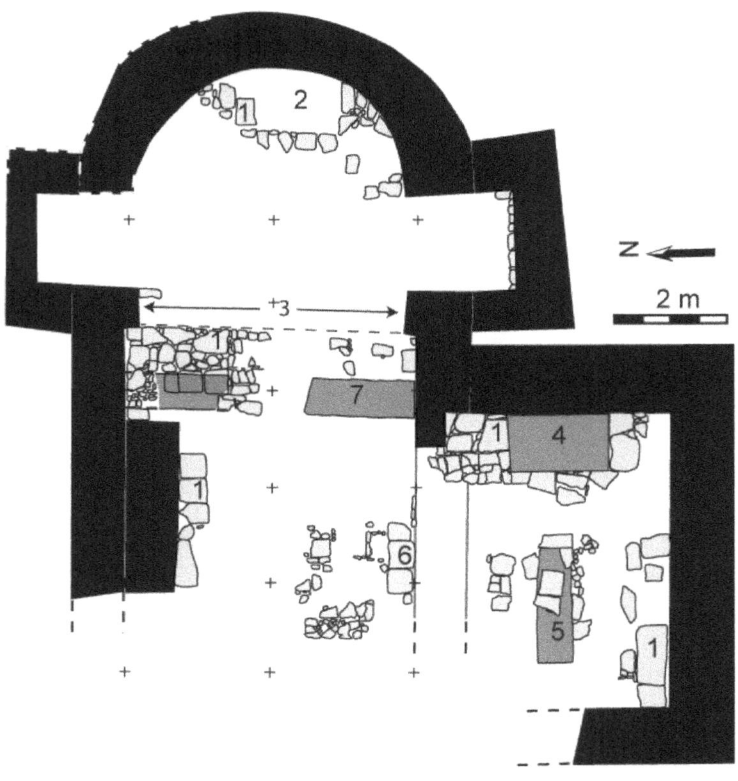

Fig. 5 Saint-Martin-le-Vieux. La salle basse du clocher est transformée en chapelle funéraire (ap. 1643). Ultimes remaniements.
1. L'église est entièrement dallée, y compris le clocher
2. Emplacement de l'autel au fond de l'abside
3. Un seul emmarchement fait le chœur court
4. Autel de la chapelle funéraire
5. Caveau
6. Une tombe est creusée dans la nef, devant l'entrée du clocher
7. Dernier avatar : un mur de pierre sèche isole le chœur, ultime protection du sanctuaire de l'église en voie d'abandon

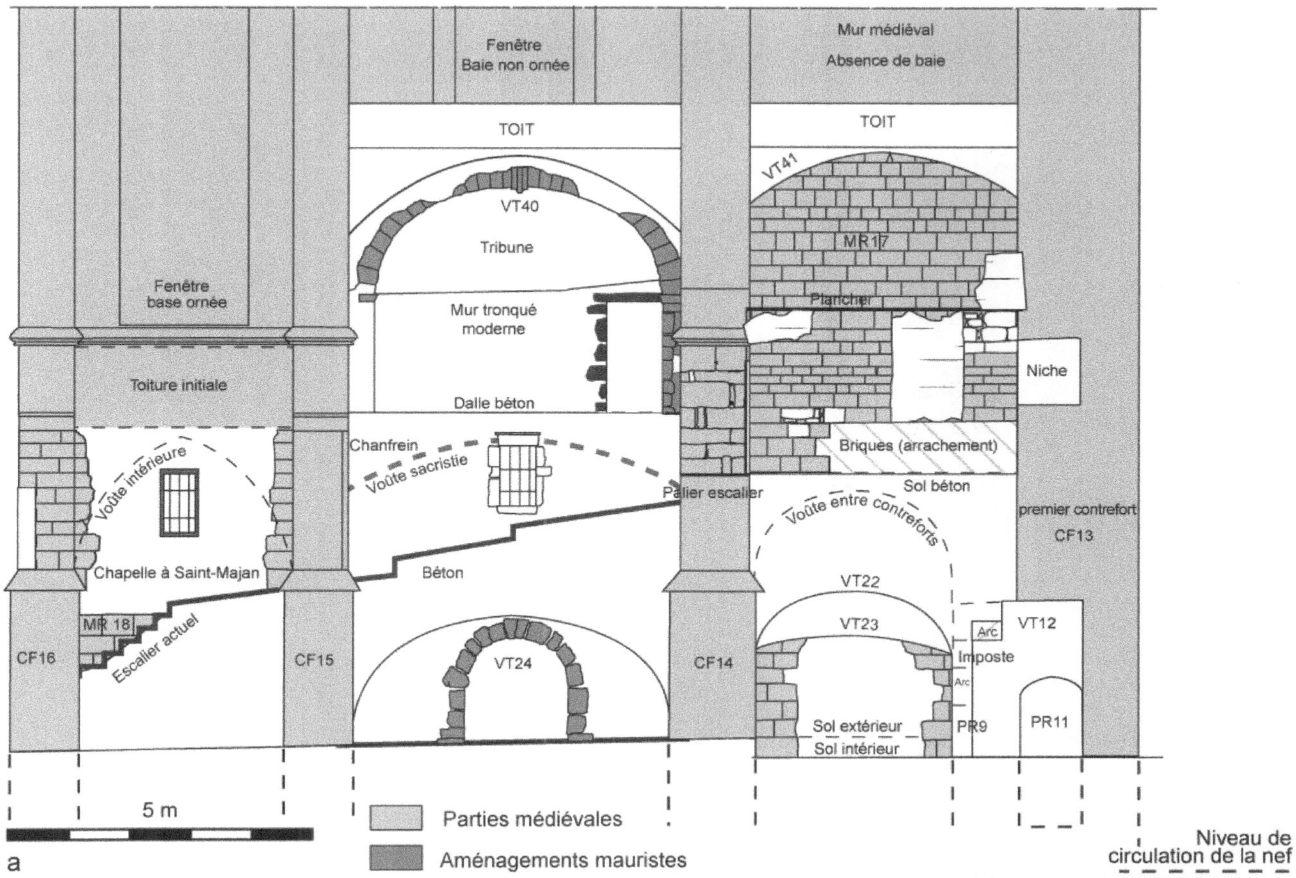

a

b

c

d

e

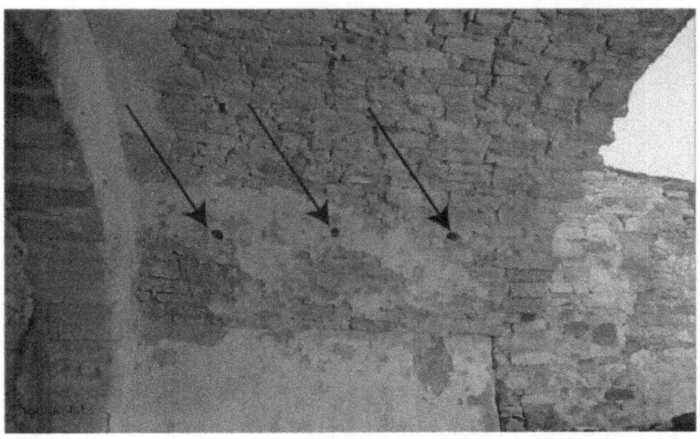

VI fig. 6 Saint-Majan côté nord. Vestiges des bâtiments mauristes, en communication avec l'abbatiale restaurée
a. Relevé G. Thébault, complété par A. Huser (2006). 3e travée : emplacement de la chapelle de saint Majan, devenue sacristie. 2e travée : restes d'une pièce voûtée aux pots acoustiques en partie haute, aménagement mauriste ; le niveau médian est occupé par l'annexe de la sacristie, toujours existante ; la partie basse est constituée par les "caves de Saint-Majan" (vestiges de la verrerie installée en 1791). 1re travée, au-dessus des « caves », les restes du bâtiment mauriste ont été repris par un logement
b. 2e et 3e travées
c. 2e et 3e travées, partie basse ; accès aux « caves »
d. 2e travée, partie haute qui s'ouvrait sur l'abbatiale par une arcade aujourd'hui colmatée ; pièce munie d'au moins six pots acoustiques, qui devait accueillir des chantres
e. Détail : embouchure de trois pots acoustiques à la naissance de la voûte

VI fig. 7 Aménagements modernes des chapelles latérales
a. Troisième travée nord, aujourd'hui porte de la sacristie
b. Troisième travée sud. Entrée colmatée de la chapelle latérale moderne détruite par le service des Monuments historiques
c. Carte postale ancienne. La chapelle latérale sud est encore présente
d. Carte postale ancienne. La chapelle sud a été détruite par le service des Monuments historiques

a

b

c

VI fig. 8 Lithographies
a. Saint-Majan : dessin de Bonaventure Laurens pour Jules Renouvier, *Monumens de quelques anciens diocèses du Bas-Languedoc,* Montpellier, 1840
b. De gauche à droite : le clocher de Saint-Grégoire, le chevet de Saint-Majan et son flanc nord, avec les vestiges mauristes, la Tour du Monastère, Le Fort, et les restes de la muraille vus depuis le nord du village. Dessin de Bonaventure Laurens dans Renouvier 1840
c. La même vue reproduite par Villeneuve, dans Taylor I., Nodier C., Cailleux A. de, *Voyages pittoresques et romantiques dans l'ancienne France. Languedoc* [rééd. 1985 p. 241], inspirée par la lithographie ci-dessus

BILAN : MINES D'ARGENT ET ÂGE D'OR

Élément de stratégies économiques, la construction à Villemagne fut moteur de dynamiques sociales. Cette activité ouvrière est à évaluer, pour estimer les savoir-faire et leurs adaptations, et pour essayer de cerner les visées des commanditaires et les effets produits.

Villemagne n'émerge pas d'un « désert »

Il n'est pas étonnant de trouver traces d'un peuplement aux Ier siècle av.-Ier siècle ap. J.C. sur le flanc ouest de la vallée de la Mare. Les implantations antiques sont nombreuses dans la région. Il est plus remarquable de trouver trace d'un monument, peut-être funéraire, portant inscription et construit en grand appareil de grès local. Une exploitation dès lors des mines d'argent ne peut que venir à l'esprit. Parvenus jusqu'à nous depuis, peut-être, le Bas Empire, nous disposons aussi d'une intéressante série de cinq petits chapiteaux de marbre collectés dans le territoire de Villemagne. L'un, pseudo-corinthien, trouvé dans un comblement de la maçonnerie de Saint-Martin le Vieux, deux à feuilles d'eau conservés comme pièces de mobilier dans Saint-Majan, et deux de type plus rare, à feuilles sculptées de folioles schématiques, remployés pour encadrer la porte sud de Saint-Pierre de Rhèdes (cf. *infra* Annexe 1). Il est légitime de se demander s'ils ajoutent simplement à l'aire de diffusion des travaux dits « aquitains », ou s'il y avait production locale, à partir du gisement saint-ponais[1].

Quoiqu'il en soit, apparier *villae* du Bas Empire, dans lesquels se trouvaient peut-être ces chapiteaux, et exploitation des mines d'argent est plausible, dans la continuité d'une Antiquité plus haute.

Quelques vestiges de mobilier émergent encore du haut Moyen Âge, la situation et l'évolution des installations demeurant inconnues (support d'autel de marbre à la croix, plaque aux paons affrontés et canthare, pilier aux entrelacs : cf. *infra* Annexe 1). Au milieu de ces débris épars peut être retenu aussi le travail occasionné par la nécropole de ce qui deviendra Saint-Martin le Vieux. Si les longues lauzes composant les tombes de section quadrangulaire comme triangulaire n'ont demandé ni transport ni façon remarquables[2], en revanche ressort la production de sarcophages, sarcophages taillés à partir du grès, présent au pied-même du site, comme du calcaire situé à peine un peu plus loin.

Autour du XIe siècle

Une constante : le travail du marbre

Soulignons encore, à propos de la production de ces tables d'autel de marbre que leurs lobes font assigner jusqu'à plus ample informé à la période IXe-XIe siècles (tables de Saint-Martin le Vieux ; cf. *infra* Annexe 1), que la question de la multiplicité des ateliers, au-delà du centre narbonnais mis en vedette par M. Durliat (1966), doit être là aussi posée. À Narbonne furent apparemment remployés nombre de blocs de marbre antique. Dans le haut pays, la part de réutilisation de marbres antiques, comme l'identification des carrières d'origine, restent à établir.

Pierre de taille dressée, et appareil quasi rectangulaire

La question de l'emplacement primitif du monastère, dont la première citation connue n'est que de 819, n'a pu être résolue. Il est tentant de le situer à Saint-Martin le Vieux. Rien ne le prouve.

C'est pour la période Xe-XIe siècles que les décisions quant à la construction monumentale, implantée en creux de vallée, se font visibles. Si les pièces de mobilier ont pu avoir été déplacées au hasard de remplois, des restes d'arcatures, une inscription évoquant un *cancelum* (Annexe 1), se rattachent à cette période, souvenirs sans doute restés sur place d'ouvrages bâtis (première abbatiale, autre bâtiment monastique, Saint-Sauveur... ?). C'est aussi l'époque de la relation du « vol » des reliques de saint Majan (attribué par les rédacteurs aux temps carolingiens), reliques que se disputent Saint-Thibéry et Saint-Martin de Villemagne, mais aussi le *castrum* de Roujan. Le monastère de Saint-Martin est par ailleurs doté par les vicomtes de Narbonne, les seigneurs de Roujan étant des affidés des vicomtes de Béziers.

Sur ce fond ressortent les premiers étages de la Tour du Monastère, littéralement spectaculaires. Du moins les modalités très particulières du montage de l'appareil laissent poser l'hypothèse d'une datation située avant le XIIe siècle. Dans ce cadre de réflexion, il apparaîtrait que les abbés ont visé au prestige de la monumentalité, et par une hauteur notable, et par un appareil de pierre de taille, alors qu'ailleurs les constructions castrales contemporaines conservées montrent essentiellement des parements de moellons. Cette tour appartient à une catégorie de bâtiment monastique qui mérite réflexion, par sa polyvalence qui inclut des aspects défensifs (protection par l'inertie de murs épais peu ouverts), par son rôle en évolution qui la fera devenir une sorte de relique de temps héroïques, qui ne sont pas forcément ceux de la fondation, mais ceux d'un premier âge d'or.

Pour l'heure, le chantier fut caractérisé par une longue opération de finition qui se fit donc en même temps que la mise en œuvre, finalement apparentée au lourd travail d'ajustement réclamé par un appareil polygonal. Les assises continues furent posées série par série. À l'intérieur de chaque série chaque bloc a réclamé un ajustement propre (caractéristique attachée à certains monuments dits « wisigothiques »). Seules les interfaces entre séries furent nivelées selon un plan bien horizontal, au niveau des boulins de l'échafaudage. De plus ici les parements ont été dressés, les arêtes des blocs sont vives. Les couvrements internes des baies, en panache, les blocs taillés en forme d'angle entre décrochements et parois,

---

[1] Cf. Mérel-Brandenburg *et al.* 2011 pour un état de la question typologique fait à partir des travaux de D. Tardieu et C. Balmelle pour l'Aquitaine, mais sans que soient incluses ces pièces.

[2] Quoique l'on puisse se demander où et jusqu'à quand furent fabriquées *tegulae* et *imbrices*.

quelques trous de boulins façonnés montrent encore l'habileté des tailleurs de pierre. Les carrières de grès étaient toutes proches, le matériau, abondant, n'a pas été économisé. Le travail des ouvriers non plus. Pour la structure du gros-œuvre, ceux-ci ont assumé une construction d'une certaine hauteur en élevant des murs épais renforcés, peu affaiblis par les ouvertures.
Les hautes constructions à décrochements plats, à l'esthétique sobre, plutôt assignés au XIe siècle, ne manquent pas en Languedoc, mais n'y sont pas arborés des parements de pierre de taille. Les châteaux contemporains conservés montrent de petits volumes, au mieux multiples, aux élévations de moellons raidies de loin en loin par des assises disposées en épis, l'arc plein cintre outrepassé pouvant être adopté comme couvrement. La conception générale de la tour est attendue, mais le type d'appareil est singulier, qui montre des manières de faire d'une haute tradition, inscrivant l'édifice dans les mémoires. On peut supposer qu'à Joncels, au vu des vestiges en place au nord du périmètre de l'abbaye, le même type de commande fut fait[3].

Un territoire à desservir et à gérer : grand'route et administration

Industries : l'argent ; les cuirs et les tissus

On a vu qu'aux Temps modernes la « communication de haut en bas Languedoc » est un enjeu majeur de la bonne santé économique des territoires. Toute l'histoire de Villemagne fut dominée par cette préoccupation. Aux temps antiques est attesté par la Table de Peutinger l'axe *Cessero-Segudunum* via *Luteva* ; au Moyen Âge ce trajet avec ses ramifications est toujours vital pour la cité de Lodève, et valorise la vallée de l'Hérault. Mais dans le potentiel des voies de communication nord-sud entre montagne et plaine, un axe a été favorisé, un axe à proprement parler médiéval. Il a lié les directions de Rodez et d'Albi au sillon Orb-Jaur, via le seuil de Mounis, Saint-Gervais, le territoire argentifère, Saint-Martin le Vieux, Villemagne où était rejoint le parcours nord-sud de la Mare jusqu'au confluent avec l'Orb. À travers les Avant-Monts c'est le passage par Faugères qui en fut le prolongement vers la plaine et les villes de Narbonne, Béziers, ou Montpellier. Un critère important pour son mise en faveur fut la présence des mines d'argent, qui a cristallisé l'ancrage des autorités vicomtales, de Narbonne et de Béziers, dans un ensemble de châteaux. Dans ce contexte particulier, le schéma de développement du monastère de Villemagne est pourrait-on dire banal : publicité donnée à un vol de reliques pour attirer la population avide de miracles, combinaison avec une foire pour fixer une route qui comme toutes les grands'routes médiévales est autant de pèlerinage que de commerce… Ces ingrédients sont communs à l'essor d'autres lieux, comme Saint-Thibéry. Mis à part que Saint-Thibéry bénéficie d'une situation économiquement favorable depuis longtemps. Eu égard à son temporel peu étendu, l'abbaye de Villemagne fut plutôt riche et revendiqua, avec un certain succès, son indépendance ; ce qui contraste avec sa voisine Joncels, qui compte deux fois plus d'églises dans son temporel au XIIe siècle, mais fut soumise, de manière quelque peu chaotique, à Psalmodi (Alzieu 1990). L'atout de Villemagne tient à l'exploitation des mines. L'activité minière a motivé le trajet de l'axe nord-sud, entre montagne et plaine. L'activité commerciale s'est développée, à partir d'une exploitation de l'argent et d'une industrie du cuir et du textile, et a fait de cet axe une route à grande fréquentation à l'échelle régionale. C'est net entre fin du XIIe siècle et milieu du XIVe siècle, avec des modalités qui évoluent.
Pour ce qui est de l'argent, son exploitation et son transport, apparemment sous forme de lingots et de monnaie, ne sont assurés que jusqu'au milieu du XIIIe siècle. Il est difficile de définir exactement la nature du traitement des peaux et tissus. La teinture y paraît centrale. Si l'on en croit la liste des produits tinctoriaux circulant à la fin du XIIe siècle, et la nature des tissus commandés pour Avignon dans les années 1330, y eut-il évolution de la grande vers la moyenne qualité ? La production a pu se développer grâce à la demande pontificale, mais en ce temps le luxe vient d'ailleurs. Dans la première moitié du XIVe siècle ce sont des marchands de Narbonne, Perpignan, qui viennent faire affaire à Villemagne. L'aire de circulation des produits qui passent par le bourg déborde apparemment de peu le Languedoc oriental.

Les stratifications administratives

La grand'route innerve le territoire de Villemagne. Son cœur est dénommé *villa*, elle-même entourée d'autres *villae* et de manses. Sur cet ensemble l'abbé exerce son *dominium*. L'utilisation du mot *burgus* est notable, pour désigner *cum omnibus pertinentiis* Villemagne et ses dépendances, ou bien, mis au pluriel dans le texte de 1233 qui règle les droits de justice entre l'abbé et les seigneurs de Boussagues et Faugères, les localités *juxta Villamagnam*, ou bien encore sous la forme du diminutif *burguetum* le quartier de Saint-Sauveur ainsi qu'un autre manifestement proche de Saint-Martin le Vieux, deux endroits ayant le statut de prieuré (assurément pour Saint-Sauveur, hypothétiquement pour Saint-Martin).

Parce que la seigneurie est ecclésiastique jamais n'est utilisé le terme *castrum*. Les fortifications sont néanmoins bien présentes. Enceinte entourant le bourg-même, avec fossés, portes défendues de barbacanes, sous la responsabilité d'abord de l'abbé (XIIIe siècle), ensuite de l'université (XVe siècle). *Fortia* (XIIe siècle), quartier fort de l'abbaye, abbatiale fortifiée (XIVe siècle), dépendant des initiatives de l'abbé.
Ce qui doit être souligné c'est l'existence plausible d'autres enceintes. Concernant le « bourguet » de Saint-Sauveur ; pensons à la mention d'un « portail

[3] Vestiges d'appareil comparable à l'angle nord-est de la parcelle cadastrale 318.

vieux » en 1233. Ou le périmètre autour de l'église de Taussac (les vestiges d'une enceinte furent longtemps visibles sur place). La logique fait supposer aussi une protection de la monétairerie, peut-être liée à l'autre « bourguet », celui qui fut situé près de l'église Saint-Martin le Vieux et de la mine de Cammal. Cette organisation ne relève pas du schéma général de l'« incastellamento » en bas Languedoc proposé par M. Bourin et A. Durand, où ressort la typologie du *castrum* : les dépendances de l'agglomération castrale n'en sont pas plus que des écarts, et l'encadrement religieux y est sans poids politique (Bourin, Durand 1994). Villemagne constitue un tout autre cas de figure.

Revenons pour l'heure à la gestion du territoire minier de Villemagne. Les incursions d'autres autorités n'y manquent pas. Un certain périmètre a été délimité par les autorités vicomtales en 1164 pour un temps donné. Pourtant, le territoire minier relevant de l'abbé est dit *alleu*. Mais ceci est aisément contestable puisque par définition un ensemble de mines est en constante évolution. L'abbé déploie des efforts compréhensibles pour implanter des prieurés-chefs lieux de paroisses dans la zone minière. C'est réussi après quelques tribulations pour Saint-Pierre de Rhèdes. C'est manqué pour l'église de Clairac, Clairac étant pourtant localité de la *villa*. L'abbé doit alors lutter contre, et finalement composer avec, plusieurs sortes d'incursions. Les évêques cherchent à assurer le statut uniquement paroissial des églises, pour que la gestion, et un certain nombre de revenus ecclésiastiques, dont une partie liée aux mines, leur reviennent. Les laïcs obligent l'abbé à des inféodations en particulier dans le secteur minier, qui stratifient des droits dont la meilleure part reste à leur profit (cf. la réglementation de 1233 sur les droits de justice, y compris en pleine *villa*). La zone de Taussac est intéressante, où se trouvent les ateliers de transformation, qui fait l'objet de menées particulières de la part des Boussagues, et ce peut-être au détriment du peuplement du secteur de Saint-Martin le Vieux. Les qualifications différentes des localités du Pradal (avec son important réseau de galeries) et de la Roque, selon qu'elles relèvent des archives de Boussagues (où elles sont dites *villae*) ou de celles de Villemagne (dites alors manses) illustrent peut-être aussi ce processus d'incursion.

La zone minière est occupée par un bon nombre de manses (les manses médiévaux sont plus nombreux que les hameaux d'aujourd'hui). Le secteur « industriel » était en effet particulièrement important à Villemagne. Les terres cultivées, pâtures, jardins, apparaissent rarement dans les textes puisqu'ils ne sont pas sujets de contestations (mise à part au XVe siècle la « prade » récupérée sur l'ancien cours de la rivière). En revanche les mines sont une source de revenus toujours en évolution suivant la progression des galeries et les nouvelles prospections. Les grands absents des textes sont les ouvriers eux-mêmes, que l'on peut supposer polyvalents, paysans et mineurs. Ceux qui savent où prospecter, ceux qui peuvent diriger les opérations, comme les spécialistes de la transformation du minerai, comme les monnayeurs, restent dans l'ombre. Autre activité « industrielle », la teinturerie. Quelques artisans sont peut-être repérables dans les listes de témoins par leurs anthroponymes. Installations de transformation du minerai comme de teinturerie dépendaient des cours d'eau, et d'une bonne régulation de ceux-ci grâce aux moulins.

Commandes et savoir-faire ouvrier : construire au cours du XIIe siècle

L'abbé et son couvent

Dans l'abbaye l'exigence d'un appareil moyen dressé s'était déjà manifestée, mais assumée selon une mise en œuvre particulière. À l'heure de la construction de la première abbatiale connue, le travail à pied d'œuvre s'avère moins dispendieux. L'appareil est bien quadrangulaire. Seule autre remarque à faire à partir des pauvres restes de ce monument, souligner l'importance esthétique, en ces temps, de la baie circulaire, qui introduit un effet singulier dans les ordonnances. La construction relève de choix techniques et esthétiques d'appareils moyens réguliers, finement dressés, remarquables chez les cisterciens comme ailleurs.

Le chapiteau (vandalisé) qui fut sculpté d'oiseaux posé sur un rang d'acanthes, aisément identifiable par sa queue destinée à être engagée dans le mur comme un chapiteau de portail à voussures, est un autre souvenir pathétique de la qualité de la construction de l'abbaye (cf. *infra* Annexe 1).

Beaucoup plus spectaculaires sont les vestiges du cloître, qui tint toute sa place en qualité, pour la composition des scènes comme pour le façonnage, dans la série des grands cloîtres historiés du Midi, entre Toulouse et Nîmes ou Arles. Pour autant que puisse être appréhendée, de façon certes très relative, la surface totale du monastère, plutôt piètre dans cette série, les dimensions du cloître se trouvaient quant à elles dans la moyenne. Les chapiteaux sous tailloir commun surmontèrent des colonnettes doubles. Ce grand nombre d'éléments nécessita la présence de ce que les historiens d'art appellent un « atelier ».

Produire un chapiteau historié, c'est retenir les traits jugés comme pertinents d'une « histoire », répartir décor, attributs, et personnages, de façon à ce que chaque scène soit lisible et évocatrice, ici pour des ecclésiastiques cultivés censés méditer. C'est aussi exercer l'activité « mécanique » de sculpture. La répartition des tâches n'est pourtant pas aisée à établir et reste objet de conjectures. Si le style du sculpteur peut être apprécié par le traitement des plis, des visages, etc., dans quelle mesure lui appartenait le choix des modes de relief, qui ici fait se juxtaposer, et là se superposer les plans ? Le chapiteau d'Hérode, le mieux étudiable, permet d'appréhender à quel point cette maîtrise fut raffinée, quand on voit la variété des solutions entre perspective développée des chevaux, disposition des personnages de trois-quart face, de trois-quart arrière, de face, jusqu'au jeu subtil qui fit s'effacer le corps du personnage d'angle dans la corbeille et saillir son buste pour qu'il soutienne la corne de l'abaque. La place du cloître de Villemagne est notable dans l'histoire de l'art médiéval du Sud-Ouest, et il est d'autant plus navrant de voir que les deux autres chapiteaux, enfoncés et en partie dissimulés dans un édicule récent, achèvent de s'émietter sous l'action du gel dans une propriété privée.

Pour la fin du XIIe siècle, remarquons encore l'appel à un autre art de la sculpture, celui des inscriptions. La charte lapidaire commandée en 1192 par l'abbé et son monastère est une pièce très maîtrisée. Son état de détérioration (elle fut sculptée dans une plaque de calcaire tendre destinée à rester abritée et non exposée à l'air libre) l'a faite juger comme fruste. C'était une erreur.

Les laïcs

Au cours du XIIe siècle un « patricien » se fit construire une demeure dont reste un corps de bâtiment à deux niveaux voûtés en berceau plein-cintre continu. Il semble que la pierre, taillée certes, n'en fut pas finement dressée (son érosion en parement la rend difficile à étudier), mais la structure générale est remarquable. Les départs de la voûte basse, chargés d'absorber le poids de l'ensemble, sont prudemment non loin du sol, ce qui a obligé à traiter le couvrement de la porte interrompant la voûte en lunette. Les murs de l'étage développé en hauteur sont à la fois allégés et renforcés par des arcades internes plein-cintre pour soutenir la voûte haute. Si le bois est économisé la pierre ne l'est pas. Les murs sont épais quoiqu'amincis à l'étage. La taille est fine pour tout ce qui est couvrement et la lunette de la porte basse est savamment exécutée. Le voûtement est commun à nombre de « tours » de maisons patriciennes du Midi, au cœur du Moyen Âge. Le fait d'armer le gros-œuvre avec des arcades est un trait généralisé, y compris dans des versions non voûtées aux murs plus minces, dans nombre de maisons urbaines de pierre du Nord au Sud et du XIIe au XIVe siècle... Le renfort par arcades ne caractérise pas que des structures ecclésiales.

Reste que les constructeurs de l'église Saint-Grégoire ont maîtrisé, quant à eux, ce principe du renforcement par arcades d'une manière particulièrement subtile. À la fin du XIIe siècle, Saint-Grégoire est peut-être bien en voie d'achèvement. Nous manque de pouvoir à son propos affiner assurément la question de la commande. Qui a choisi son maître d'œuvre ? Qui a payé les travaux ? L'analyse du monument comme de son implantation, à l'emporte-pièce dans le parcellaire, laisse croire que le bâtiment est bien porteur des aspirations des habitants, du moins les habitants non seulement *intra muros*, mais encore d'une certaine aisance, bref les « bourgeois ». Rappelons que Saint-Grégoire, qui devait relever de l'évêque en tant que paroisse, ne fut jamais prieuré.
Le maître d'œuvre dut s'adapter à un voisinage manifestement contraignant. Le fond plat imparfaitement lié au chœur et aux ouvertures curieusement dissymétriques, la tribune portant sacristie, en sont des signes parmi d'autres. Surtout, il eut pour tâche de bâtir un clocher-tour quand il n'y avait pas pour ce faire place au sol. L'emploi des arcades internes comme externes pour raidir les murs est très intéressant. L'armature est constituée par les piliers de ces arcades, zones fortes consolidées par leur réunion par des arcs, notons-le légèrement brisés. La chose se fit au moins en deux fois, reprise qui suggère les difficultés de l'entreprise. Sont évités les profonds contreforts. Esthétiquement la dynamique des arcades anime et allège les masses murales. Qu'elles apparaissent à l'extérieur comme à l'intérieur est une originalité, notable aussi il est vrai à Saint-Gervais – Saint-Protais de Caux. La parenté des deux édifices laisse entendre des rapports entre les équipes constructrices. À Caux cette disposition permit le voûtement de la nef. À Villemagne la nef charpentée reste traditionnelle. Elle fut donc consommatrice de bois, mais seulement de minces chevrons puisque les diaphragmes dispensent de pièces de forte section (le toit de pierre du clocher qui ne nécessite pas de charpente est également une solution qui économise le bois). La prudence dicta aussi le choix de la nef charpentée, parce que l'accueil du clocher par le gouttereau nord ne pouvait pas se doubler du support d'une voûte. On en profita d'ailleurs pour ouvrir des fenêtres-hautes, au-dessus des arcades, dans la zone épaisse du mur, au sud, fenêtres qui font défaut à Caux.

Quels furent les référents du maître d'œuvre ? Si l'appareil régulier, la sobre mise en valeur des portes (par décrochements aux arêtes moulurés) et des fenêtres-hautes (sans moulures), et l'absence de programme sculpté figuré, sont *a priori* dignes du monde cistercien, implanter un clocher-tour n'est pas dans les habitudes de cet ordre. Et il faut encore souligner que ce clocher est d'une virtuosité technique tout-à-fait exceptionnelle, sans comparaisons directes connues.
Rappelons aussi qu'en milieu cistercien moines et convers peuvent construire, et qu'il ne leur est pas permis de participer à des œuvres séculières (Mortet, Deschamps p. 670 n. 3 : 1157). En revanche il semble que des laïcs aient pu les diriger (*ibid.* p. 662 à propos de Clairvaux, 1133-1145, et n. 4). Il y aurait donc un trajet possible pour la diffusion des savoir-faire. Si des religieux peuvent faire bénéficier de leur zèle plusieurs monastères relevant de l'Ordre (*ibid.* p. 662 n. 5), des laïcs peuvent aussi œuvrer pour les cisterciens, et transposer ailleurs des manières de faire, et en particulier des traits esthétiques propres à ce milieu.
Les points communs entre la partie basse de la façade de Sylvanès, Saint-Grégoire, et Saint-Gervais - Saint-Protais de Caux peuvent donc laisser entendre que certains traits esthétiques et un savoir-faire technique se diffusent à l'époque parce qu'un même personnel peut œuvrer pour les cisterciens comme pour d'autres. Ainsi plaisent les parements d'appareil moyen régulier, soigneusement dressés, les cadres de portes aux décrochements subtilement moulurés.

Ne sont pas non plus réclamées pour les deux églises paroissiales, Saint-Grégoire comme Saint-Gervais, destinées essentiellement aux laïcs, de connaissances iconographiques. Le besoin n'en est pas ressenti. Le propre de l'église Saint-Grégoire, c'est de faire de l'ensemble de personnes qu'elle abrite les paroissiens « bourgeois », de plein droit. Le pèlerin qui vient faire étape devant saint Majan peut bien à l'occasion faire le tour de toutes les églises de Villemagne, puisque forcément, au moins une ou des reliques sont contenues dans chaque autel. Les graffiti laissés ici et là sur les tables de marbre sont les ultimes traces de ces dévôts de passage. Ce qui compte pour les habitants c'est que le statut de paroisse soit matérialisé aux yeux de tous par une situation dans les murs. Appeler un maître d'œuvre suffisamment savant pour assumer la construction difficile d'un clocher-tour suspendu fut jugé comme nécessaire. Que ce clocher se dresse face à l'abbaye et au-dessus de la porte des morts n'est certainement pas dû au hasard. Une zone cémétériale dut être aussi revendiquée.

À l'issue des XIe-XIIe siècles, la construction à Villemagne montre le développement de savoir-faire indéniables. Ressortent deux points. La qualité de la taille de la pierre qui peut aller jusqu'au dressage fin. La maîtrise de la stabilité des murs par un art du renfort suffisamment savant pour résoudre des problèmes aussi épineux que l'accueil d'un clocher-tour à cheval sur un mur.

L'historiographie actuelle n'aide pas à mettre en perspective ces deux points. Dans le Midi le discours sur l'appareil moyen reste vague. Est simplement constaté la coexistence d'un savoir-faire qui est dit venu de l'Antiquité, et utilisé dans l'Espagne wisigothique, avec la technique, importée, de la taille de petits blocs au marteau. La problématique n'a pas encore évolué, qui ne relève pas les nouvelles questions sur l'organisation du travail, et qui reste soumise à des concepts très anciens sur l'« influence lombarde ». Quant aux choix structurels, ils ne sont pratiquement pas abordés[4].

Si l'on se tourne vers les textes, pour le XIIe siècle reviennent deux verbes apparemment pertinents : *quadrare* et *polire*. *Quadrare* désigne la taille des blocs, confirme le goût des appareils réguliers. *Polire* mérite réflexion. Dans le cartulaire de Gellone une courte mention de témoins rencontrés à pied d'œuvre peut être remarquée : à propos de l'église Saint-Vincent de Popian sont cités des témoins et d'autres laïcs qui se trouvaient là, *et lapides poliebant ad construendam prephatam ecclesiam*[5].

Le verbe *polire* peut certes être entendu comme une ultime finition pour un parement extrêmement lisse[6]. Ceci dit, quand Alexandre Neckam se veut précis, il utilise le terme *perpolitio* ou le mot *levigatura*, inspiré du latin *laevigatio* : ce sont le polissage fin, traitement ultime des pierres dures comme le marbre, ou le lissage à la truelle visant au brillant uni, qui sont ici évoqués, ce poli de finition des parements dont le luxe a été dénoncé par saint Bernard[7]. Pour les parements architecturaux, la finition c'est ce que nous nommons le dressage, soigneux. Et le choix du terme *polire* est intéressant car il garde des connotations ennoblissantes[8].

Emprise des abbés et voies commerciales : les prieurés ; le pont de pierre

Pour les autorités, l'emprise sur la circulation des biens est évidemment primordiale. Mais ses modalités concrètes n'en sont pas toutes connues. Rappelons s'il en est besoin qu'un chemin est avant tout une chaussée qui demande un entretien sans cesse remis en question par les éboulis de rochers ou de terre, la chute des arbres, l'incurie des riverains... Le passage des cours d'eau y est un souci constant. Autre nécessité, la sécurité. Le sauf-conduit doit être assuré dans un périmètre à délimiter et à faire connaître. En contrepartie les autorités font payer péage, en calculant que son poids ne soit pas répulsif. L'abbé de Villemagne au XIIIe siècle entretient deux péages, forcément concrétisés par des bâtiments, des « bastides » selon la terminologie locale, abritant agents péagers et argent récolté. Au nord à Saint-Geniès de Varensal, et au sud, près de l'Orb, à la Bastide.

Avant le milieu du XIVe siècle la qualité de la desserte de Villemagne est assurée par un pont de pierre, *a priori* plus durable qu'un gué, bac ou même pont de bois. C'était le cas de plusieurs autres villes de foire en particulier à partir du XIIIe siècle. Soulignons que ce pont est un lien direct entre le bourg et la route de la montagne qui longe Saint-Martin le Vieux.

Le temporel ne se présente pas comme une nébuleuse couvrant une région donnée. Il y a bien un ensemble central, mais aussi un petit nombre d'*honors* dispersés qui en sont éloignés. L'origine des donations est souvent inconnue. Quoiqu'il en soit, la politique des échanges d'établissements ecclésiaux avec évêques ou autres abbés légitime une réflexion sur l'intérêt

---

[4] Les réflexions de C. Sapin ou É. Vergnolle ne portent pas essentiellement sur le Midi.

[5] C. Gell. CCCXVII p. 261-262, 1127.

[6] Ces verbes sont utilisés à propos de la construction de Sylvanès, dans un contexte symbolique : *...lapides pretiosi dolantur, quadrantur et poliuntur, de quibus Hierusalem celestis edificatur...* Mortet, Deschamps p. 684 : 1144-1161.

[7] *Ibid.* p. 816 et n. 2. Cf. aussi Mortet 1915 2e série p. 320-323. J.-C. Bessac en a étudié les techniques à l'abrasif (Bessac 1993 p. 267 et 269).

[8] Une remarque propre au tuf, une des rares pierres à avoir voyagé, dans une région par ailleurs bien pourvue en affleurements rocheux. À Caux, la nef de Saint-Gervais a été allongée au moyen de blocs de tuf dont un grand nombre comporte des marques lapidaires diverses. Ces marques, parfois entamées par la limite du bloc ajusté par retaille lors de la mise en œuvre, restent néanmoins parfaitement nettes. Le dressage n'a donc pas été repris après qu'elles ont été apposées. Et il est possible que ces marques, qui sont étonnamment variées, aient été effectuées en carrière, après dressage des blocs. Il est rare d'avoir des indices sur la localisation des tâches. Mais le tuf reste un cas très particulier. Que le dressage des blocs soit fait en carrière n'est pas une manière de faire généralisable.

spécifique de chaque implantation. Certes comme le disait Ch. Higounet (Suau 1986 p. 96) à propos des prieurés de Saint-Sever, il y a forcément cours d'eau et route près de chacun de ces établissements, et ce genre de constatation reste piètre explication. Mais il n'est pas indifférent d'établir à quel point cette route est fréquentée, si sont connus les choix économiques de la « maison-mère ». Pour la région d'Alignan-Caissan-Fraisse, particulièrement importante puisque l'abbaye y possède la moitié d'un *castrum*, et deux églises dont une liée à une fortification, la proximité de points de franchissement de l'Hérault, d'abord à Saint-Thibéry puis aussi à Pézenas, a pu être déterminante. Autre exemple, Pézan, qui est situé à mi-chemin de la descente directe sur Béziers à partir de Faugères... Certaines positions de prieurés-chefs lieux de paroisses doivent être liées à la liberté du passage des commerçants intéressant Villemagne, ou au contrôle de ce passage, mais selon des modalités inconnues. Le contenu exact des charges attachées à ces établissements, la nature des bâtiments qui devaient avoisiner l'église, restent flous (Avril 1990).

L'imbrication entre religieux et politique mériterait en effet d'être évaluée au cas par cas. L'action des abbés œuvrant à partir de bourgs comme Joncels, Saint-Pons, Saint-Chinian, Saint-Thibéry... et qui essaime des prieurés au milieu des territoires castraux reste en Languedoc mal cernée. Il faudrait détacher le phénomène d'une problématique rigide sur le « peuplement », qui a fait se concentrer les raisonnements historiographiques sur les agglomérations et considérer comme des « échecs » les établissements qui n'évoluèrent pas en villages. Attirer des habitations promises à un développement ne fut pas forcément un but en soi de la part des abbés et prieurs. Les bastides par exemple relevaient de la fonction bien précise de postes de péage et n'avaient pas vocation à devenir des foyers de peuplement. Les établissements ecclésiastiques n'eurent-ils pas un autre rôle que l'encadrement spirituel d'un habitat plus ou moins lâche, profitant essentiellement d'une économie agro-pastorale ? Certains ont bénéficié manifestement de revenus très particuliers, issus de l'exploitation minière. D'autres, c'est une supposition, ont pu fonctionner par rapport aux routes commerciales. J. Bousquet voit aussi les prieurés rouergats comme des « gîtes d'étape » (Bousquet 1992 p. 420). En tout cas, en face des châteaux, les prieurés marquent la présence de l'abbé, une présence parfois relayée au cœur-même des châteaux par des chapelles-annexes de ces églises priorales (comme Saint-Pierre à Neyran annexe de Saint-Gervais, Saint-Michel à Mourcairol annexe de Saint-Pierre de Rhèdes...).

Les efforts des Servian qui veulent installer une bastide à Valros, les menées des Faugères qui définissent sauf-conduit et péage près de leur château puis qui fondent Hérépian, sur l'Orb, tout près de la Bastide, paraissent autant de manœuvres seigneuriales destinées ou à contrecarrer ou à limiter l'emprise des abbés par rapport à la circulation des biens. Une « route » médiévale ne doit pas être considérée comme une chaussée unique et pérenne. Le réseau des chemins peut plutôt être vu comme un ensemble de faisceaux, entre deux points de passage quasi obligés (cols, mais aussi gués et ponts dont la durée est elle-même sujette à caution...). Un élément du faisceau est un temps favorisé, par l'entretien, le sauf-conduit, mais contre péage. Un autre élément le remplacera selon les accidents, voulus ou fortuits, qui peuvent affecter ces tronçons interchangeables, reléguant les autres à un rôle d'intérêt local ou le faisant disparaître plus ou moins momentanément. Le développement du commerce est interdépendant de l'harmonisation de ce réseau changeant. Et comment interpréter les réactions violentes de l'évêque d'Albi à Saint-Gervais puis à Saint-Geniès ? Le contrôle de la nomination des desservants était-il seul en cause ?

La construction des prieurés chefs-lieux de paroisses reste mal cernée. Il est malheureusement très difficile de savoir qui eut la responsabilité originelle de chaque construction, tant les églises furent disputées entre évêque et abbé. Nul ne sait par qui furent commanditées Saint-Pierre de Rhèdes au bel appareil à incrustations de basalte, ou Saint-Étienne de Pézan (lui aussi orné d'incrustations) et son clocher-tour aux multiples et savants ajourements, d'un type apprécié de l'Italie à l'Espagne. De plus il n'est plus trace des bâtiments d'habitation et de service qui les ont avoisinés.

Parallèlement au savoir-faire lié à la pierre de taille, se maintient un art de la construction moellonnée, qui n'est pas exempt d'habileté, et qui s'accompagne d'une bonne connaissance des mortiers et enduits. Notons en passant que la formule du fameux « béton romain » est encore connue au cœur du XIIe siècle, témoin le sol (bien daté) de l'abside de Saint-Martin le Vieux. La construction moellonnée, dès qu'elle prend quelque ampleur (les clochers à toiture de pierre), réclame en effet une grande maîtrise des mortiers et une attention, lors de la mise en œuvre, toute particulière aux tassements lors du séchage, propices aux fissures.

Attardons-nous sur l'intéressante dédicace du clocher de Saint-Gervais, bien datée de 1288. C'est une inscription de belle qualité, encadrée de feuilles alternant irrégulièrement avec des corolles épanouies : ANNO D(OMI)NI M CC LXXX / VIII NONAS MADII FUIT / (H)OC PIGNACULU(M) EDIFICA / TU(M) SUB GUIDONE D(E) BOCIACI / S P(RI)ORE S(AN)C(T)I G(ER)VASII ET J PEI / [...]O VICAR(I)O EI(US)DE(M) ET A(N)DREA / ESCOLERII OP(ER)AR(I)O D(I)C(T)E ECC(LES)IE D[E] / BO(N)IS TA(N)TU(M) P(ER) D[...] CUI(US) A(N)I(M)A / REQUIESCAT I(N) PACE AM(EN)[9].

[9] Corrections et ajouts ont été apportés par rapport à Favreau, Michaud 1988 p. 258. *Bociaci* a été corrigé en *Bociacis* puisque le S en début de cinquième ligne est bien visible. De même, il y a assurément « *et* » entre *ejusdem* et *Andrea-*, et non « *ecclesie* » abrégé. La lecture du nom du vicaire reste hypothétique, le début de la sixième ligne n'étant pas lisible. Les deux dernières lignes n'avaient pas été lues. Après *per* en toute logique devrait suivre *Dei misericordiam*, la formule courante des épitaphes dans la région au XIIIe siècle, mais, même si la pierre est là abîmée, ce ne sont pas ces lettres qui apparaissent.

Les trois premiers personnages cités comme partie prenante de la commande sont le prieur (Gui de Boussagues), le desservant de la paroisse (son nom n'est pas entièrement lisible), l'ouvrier (André Escolier). D'ordinaire le terme *operarius* attaché aux monastères, collégiales ou cathédrales, est relativement bien défini dans le Midi. Il désigne, de Toulouse à Marseille en passant par Arles ou Avignon, le dignitaire qui a « le soin de l'entretien des bâtiments ». Mais cela « n'implique pas nécessairement que ce dignitaire s'occupe lui-même de la direction technique des travaux » (Mortet, Deschamps p. 275 n. 2). L'existence singularisée de cette dignité n'est pas non plus systématique dans la hiérarchie ecclésiastique et d'autres dignitaires ont pu remplir cet office. Mais en 1427 un ouvrier est toujours compté parmi les dignitaires de l'abbaye (et même en 1636...). En 1288, l'ouvrier était-il attaché au prieuré ou à l'abbaye ? André Escolier pourrait bien avoir été un moine qui fut un temps en charge de la construction du clocher, administrativement ou concrètement. Il est notable qu'il lui soit rendu tout particulièrement hommage dans cette dédicace qui sert aussi d'épitaphe.

Il est bien établi que le clocher-tour est à considérer comme un équipement de prestige. Saint Bernard, pour qui il confine à l'orgueil, l'a banni des constructions cisterciennes. Saint-Pierre de Rhèdes ne fut munie apparemment que d'un clocher-mur. Saint-Étienne de Pézan fait contraste avec son haut clocher très décoratif. Le clocher de Saint-Gervais, avec ses parements de moellons, est une version sobre, mais parfaitement construite et de dimensions considérables. La pierre locale est du schiste, qui fournit les moellons, mais l'on a fait venir et travaillé le grès qui fait chaînes, cordons et corniches, cadres des baies. À Saint-Martin le Vieux, que l'on peut supposer prieuré de par son chœur long marqué par emmarchement et clôture situés bien en avant de l'arc triomphal élargi, il y eut aussi un clocher-tour, moins colossal, modestement bâti en moellons, alors que la carrière de grès qui fournit la pierre de taille du monument funéraire antique, des sarcophages du haut Moyen Âge, de la Tour du Monastère, de l'abbatiale en nouveau style..., est au pied-même de Saint-Martin. Saint-Gervais fut un prieuré contesté, dans une zone frontière, Saint-Martin ne posait pas problème.

Ceci dit la valorisation de l'église n'est pas faite que via l'architecture. Les équipements comptent aussi, et l'on aimerait apprécier la part des offrandes privées. Les sondages réalisés à Saint-Martin le Vieux ont apporté des données utiles, et pour certaines rares, dans ce domaine.

À Saint-Martin on fit ainsi venir un ou des fondeurs de cloches, qui travaillèrent sur place. Le nombre important de restes de fours à cloche retrouvés lors de fouilles d'églises montre que cette pratique était habituelle, pour limiter au maximum les risques de casse lors du transport[10]. Pour son vitrail aux couleurs multiples, il est possible que le *veyrier* ou peintre-*veyrier* ait œuvré sur place, vu les nécessaires ajustements au cadre bâti.

Encore et toujours peut-on évoquer le mobilier de marbre. Dans la région, la série des tables d'autel échappées aux destructions est certes intéressante, qui montre des élaborations variées (cf. *infra* Annexe 1). La plus raffinée est celle d'une petite annexe de Saint-Pierre de Rhèdes, la plus fruste aurait équipé la riche Saint-Grégoire... N'oublions pas que ces pièces mobilières ont pu être transportées d'une église à l'autre. La fouille de Saint-Martin montre à quel point ces pièces fragiles furent nombreuses (rien qu'en cette église trois tables de marbre furent utilisées, finalement réduites en miettes).

Les éléments de marbre éparpillés dans la région sont d'un travail très varié. Le relief au saint Pierre conservé à Saint-Pierre de Rhèdes est une pièce de qualité remarquable. La production à Saint-Pons d'un mobilier de marbre est, au moins pour une époque centrée sur le XIIe siècle, plus que plausible. Comme sous l'Antiquité, est aimée au Moyen Âge la noblesse de ce matériau resplendissant. L'éclat est une qualité toujours très appréciée. Des chapiteaux du cloître de l'abbaye de Saint-Pons jusqu'au calvaire plus tardif (XIVe siècle ?) de Saint-Vincent d'Olargues, l'exploitation du marbre de Saint-Pons est connue par ses pièces figurées (le petit relief représentant saint Pierre conservé à Saint-Pierre de Rhèdes en provient-il ?). Des pièces moins spectaculaires comme de simples tables d'autel doivent aussi en être issues (ou cet objet qui fut peut-être bénitier portatif conservé dans Saint-Gervais, cf. *infra* Annexe 1).

Ajoutons, peut-être pour le XIVe siècle, ou plus tard, qu'une grande statue polychrome, manifestement de Vierge à l'Enfant, se dressa dans le chœur de Saint-Martin, sculptée dans un calcaire dur d'une finesse extrême. Elle témoigne d'un appel coûteux à un *ymaigier* (et à un peintre), un sculpteur de statues en ronde-bosse ou de hauts-reliefs[11].

Enfin, le petit matériel liturgique de Saint-Martin, même s'il fut trouvé à l'état de débris, complète en beauté le mobilier sacré (et fait un contraste saisissant avec l'indigence dénoncée lors de la visite pastorale moderne). Les multiples épingles doivent aussi laisser supposer l'existence, logique, de tentures.

Des offrandes privées pouvaient participer à l'accumulation d'un mobilier de qualité. Sans atteindre la noblesse due à la pierre de taille, une construction économique (moellons intérieurement enduits) peut néanmoins « faire de l'effet », par la volumétrie (le clocher-tour) et les aménagements internes (peintures

[10] À Montpellier c'est pourtant aux frais des fondeurs (les *senhiers*) que deux cloches pour Notre-Dame des Tables seront transportées, mais ce sont deux petites cloches, refaites à partir de deux cloches cassées (Renouvier, Ricard 1841 p. 386 n° 81, 1370).

[11] On ne voit se singulariser cette spécialité qu'au XVe siècle à Montpellier. En 1495 un *ymaigier* sculpte une Vierge d'environ 65 cm de haut pour un portail de Montpellier, dont il assume le transport. Avec le peintre qui en exécute la finition colorée ils sont payés cinq livres tournois (Renouvier, Ricard 1841 p. 207).
Notons qu'une statue de la Vierge dite « du XVe siècle » est conservée dans l'église de Clairac.

murales, mobilier de marbre, matériel liturgique doré et émaillé...).

Il est un monument, très important, malheureusement disparu, sur lequel les informations sont rares, c'est le pont. Par qui fut-il commandité ? L'abbé et son couvent, et/ou la communauté[12] ? Si l'époque de son obsolescence est à peu près assurée, le milieu du XIVe siècle, sa date de construction est inconnue. C'était un pont de pierre, qui en toute logique participa à la pleine prospérité des lieux en sécurisant et pérennisant l'accès au bourg pour les attelages comme les passants. De même en fut-il à Olargues. Le pont, de pierre, n'y est cité qu'en 1369[13], mais peut être d'origine plus haute. En tout cas au XIIIe siècle, à Villemagne, le système économique fonctionne à plein et certainement le pont existait-il. La construction d'un pont de pierre peut réclamer l'intervention d'un ou plusieurs maîtres *peyriers* de compétences particulières, *magister* dans la *convenientia* sur le pont du Gourg Noir commandé par Gellone vers 1030[14], « maîtres mages » cités en 1334 à propos de la réparation du pont de Castelnau[15]. Le pont fut implanté de manière à faire un lien direct, sans détour, entre route de la montagne (longeant Saint-Martin le Vieux) et bourg. Manifestement on profita d'une étroitesse du lit de la Mare (devenu paléochenal aujourd'hui), néanmoins, il fallut fonder en terrain difficile (à la différence du pont du Diable, moderne, fondé sur un étranglement rocheux à quelque distance du bourg).[16]

La construction domestique bourgeoise : effets esthétiques et moindres frais

Le bourg clos n'est pas isolé dans les terres cultivées. Hors les murs le « petit bourg de Saint-Sauveur », d'où émerge l'église paroissiale et priorale, et le manse de Marnagues, avoisinent la *carriera publica* avant l'entrée sud du bourg.
Dans les murs, le parcellaire de la moitié ouest du bourg est organisé à peu près selon les directions cardinales respectées par l'orientation des abbatiales successives. De ce côté, l'accès au pont a suivi aussi une direction ouest-est. L'église bourgeoise y a été implantée à l'emporte-pièce, séparée de l'abbaye par une zone cémétériale. La moitié est est organisée en revanche selon des perpendiculaires et des parallèles à la carrière publique captée devenue rue Droite, de direction sud-ouest - nord-est. À partir de la place peut être distribuée chaque mi-partie du bourg. Celui-ci s'enfle régulièrement de forains à accueillir au mieux, eux et leurs caravanes de mulets. Dans l'année-même, le principe du stockage et du paiement différé font circuler tour à tour ces caravanes. Mais la foire appartient à un système fragile dépendant non seulement des facilités de circulation, mais aussi du bon vouloir des autorités régissant les autres foires. C'est ainsi qu'il fut un temps rompu par l'évêque de Lodève. Néanmoins, littéralement, une image de marque se construit à l'intérieur du bourg, où se concentre le bâti en pierre de taille : abbaye, église paroissiale, maisons.
Marchands, gestionnaires des mines, personnel judiciaire et d'administration... Un certain nombre d'activités peuvent alimenter une population « bourgeoise », qui commandite des logis, apparemment avec un faste très calculé. Les ressorts économiques ne sont malgré tout pas aisés à définir dans le détail. Les capitaux issus des revenus miniers n'ont-ils pas été réinvestis dans les affaires commerciales ? Il est raisonnable de supposer aussi que nobles et non nobles se trouvaient au centre des mêmes affaires (pensons aux « sociétés des minerais » du texte de 1273).

Quant aux maisons « bourgeoises » de Villemagne, il n'est pas question ici de faire de chrono-typologie fallacieuse. En l'absence de datation fiable, on se contentera de fourchettes larges, et de réflexions sur un petit nombre d'éléments, eu égard à ce qui reste à explorer à Villemagne.

La pierre

À partir de l'étude de l'« Hôtel des Monnaies » peuvent être soulignés certains points. D'une part quant à la qualité des appareils, à base de pierres de taille, mais dont les différents modules ont demandé des ajustements. On peut se demander quelle est la part de la récupération de pierres provenant de bâtiments préexistants ? Certes les ajustements effectués par le *peyrier* sont nécessaires, mais au fond les parties pleines des murs restent limitées. D'autre part, quant à la conception de la structure générale, reconnaissons que celle-ci n'est guère complexe de par la légèreté des étages hauts, en pans-de-bois. C'est à peu de frais que peut être présenté au passant le « bel étage », avec sa claire-voie ouvragée.
Pour la structure technique, il est demandé peu de virtuosité aux *peyriers*. Les constructions doivent être adaptables à des besoins variables, d'où l'arcade brisée en place du refend (structurellement c'est un arc diaphragme reposant sur des piliers engagés), qui peut être comblée par une cloison avec ou sans porte, ou être laissée libre pour réunir des espaces en un vaste volume. La quantité de pierre utilisée ne fut pas très importante. Elle est même faible si l'on compare avec la « maison patricienne » attribuée à une époque

---

[12] Au XIe siècle à Albi évêques, vicomte, habitants, tous participent au financement du pont. Cf. Mortet, Deschamps I p. 103.

[13] Fds Thésan p. 367.

[14] C. Gell. p. 23.

[15] Cf. Renouvier, Ricard 1841 p. 156. Ils sont payés 3 sous par jour, les maîtres *peyriers* 2 sous, les *peyriers* 22 deniers, les manœuvres 12 deniers. L'expression « maîtres mages » est intéressante, qui singularise ces personnes par rapport à d'autres désignées simplement comme « maîtres », et encore quand ils sont chefs de tel ou tel chantier.

[16] Dans les contrats montpelliérains se trouve une visite du pont Juvénal qui évoque des fondations de piles sur pilotis et *sangles*, avec blocage (*forniment*) de pierres de même hauteur que celles de parement, cramponnées au fer noyé dans du plomb (Renouvier, Ricard 1841 p. 278-279 n° 36, 1447). Un long bloc calcaire finement taillé avec emplacement d'un crampon de métal en double T a été trouvé dans les déblais de Saint-Martin le Vieux. On peut se demander si une des pierres du pont détruit remployée ici où là ne finit pas par échouer en cet endroit.

antérieure où la volonté de superposer deux niveaux voûtés fit adopter des murs armés et néanmoins épais. Les *peyriers* qui ont construit l'Hôtel des Monnaies, ou la maison assortie qui se situe non loin, ont quant à eux dû maîtriser un art du mur mince. L'appareil est quasi sans blocage, à double rang de pierres de parement, raidi au niveau de l'appui de la claire-voie de dalles parpaignes. Peu de pierre en quantité mais de modules variés pour des emplois variés. Les pierres de parement sont d'un module moyen mais relativement variable. Il y a des blocs spéciaux comme les linteaux en bâtière (deux linteaux juxtaposés par ouverture), les claveaux, différents pour arrière-voussure ou arcs plein cintre des baies géminées, les dalles qui disposées de façon parpaigne font les cordons-assises de réglage. Une autre taille pour ces dalles permet de les poser de champ et de monter des cloisons. La composition en plusieurs pièces juxtaposées des couvrements plats des ouvertures (portes piétonnes, devantures) fait qu'il n'est pas besoin d'engins de levage sophistiqués.

Si l'on regarde du côté des textes, les archives de la Commune Clôture de Montpellier fournissent des informations pour des chantiers urbains des XIVe-XVe siècles. Les blocs équarris ont reçu trois désignations, à la fois selon leur forme et leurs dimensions, relatives. Les *cartiers*, plutôt grands, les *cayrons*, plutôt moyens, tous deux parallélépipédiques, et les *lauses*, plutôt plates. En carrière semble effectué un débitage selon deux, ou trois modules qui sont plus relatifs que précisément mesurés[17]. Les *peyriers* commandent ou des lots de ces pierres, selon des dimensions *debite et consuete*, ou alors de petits nombres de pierres de dimensions ou de nature particulière (linteaux, marches d'escalier…). Soit ces dimensions et qualités de pierres sont précisées, soit elles sont laissées à l'appréciation du peyrier. Il arrive exceptionnellement qu'il doive tester la pierre lui-même, pour trouver le meilleur banc dans une carrière[18]. De plus, c'est une constante des contrats à Montpellier comme ailleurs, est mentionnée la récupération des matériaux, à partir de bâtiments détruits (*cayrons*, bois, mais aussi précieuses statues). Sont aussi soigneusement comptabilisés et entreposés les surplus. Il semblerait que le fonctionnement des chantiers à Villemagne au cœur du Moyen Âge comme à Montpellier aux XIVe-XVe siècles relève d'une même logique. Sauf exceptions les modules des blocs sont plus relatifs qu'absolument mesurés[19].

[17] Un cas intéressant veut que ce soit le *peyrier* qui soit chargé de débiter à pied d'œuvre quatre lauses (« et pas plus ») par *cartier* aux dimensions précises : 3 pans de long sur 2 de large pour 1 d'épaisseur i.e. environ 75 x 50 x 25 cm, de la carrière de Saint-Geniès, pour couvrir les voûtes de Notre-Dame des Tables (Renouvier, Ricard p. 266 n° 21, 1385). Les commanditaires, à savoir les ouvriers de la fabrique, s'assurent donc que les *lauses* seront parfaitement régulières (pour les équivalences métrologiques, cf. Helas 1994 p. 191 ; cf. aussi Renouvier, Ricard 1841 p. 142 n. 1).

[18] Ce fut le cas dans la carrière de Pignan pour des *carterii grossi* destinés à la réparation d'une pile du pont Juvénal. Renouvier, Ricard 1841 p. 275 n° 31, 1447.

[19] Les modules et formes exprimés dans des commandes très précises pour les fortifications de Douai, étudiés par A. Salamagne, relèvent de circonstances particulières (Salamagne 2001). Pour les chantiers du quotidien c'est la relativité qui est commune ; cf. Bernardi 1995.

Le bois

Donc l'art du *peyrier*, du maçon, s'associe à Villemagne à celui du *fustier*, du charpentier. À partir du deuxième étage de l'Hôtel des Monnaies s'élève du pan-de-bois, dont la légèreté permet l'ouverture de véritables claires-voies où se laissent oublier les trumeaux.

Un art du charpentier ? Celui-ci ne nous est pas connu en l'espèce, mais manifestement s'est maintenu jusqu'à une période récente un art très simple de l'armature de bois. Pour Cahors M. Scellès en a observé un exemple peut-être bien médiéval conservé (Scellès 1998). Dans la région en sont témoins les composants d'un quartier des XVe-XVIe siècles de Clermont-l'Hérault étudiés par A. Huser, démoli depuis (Huser 1997), ou des exemples tardifs conservés à Cessenon, à Olargues. Dans une maison du hameau enclos de Dio, au pied du château, des consoles ayant soutenu un étage en surplomb de pan de bois étaient récemment visibles.

Les gravures du XIXe siècle des rues de Villemagne en portaient encore témoignages. En fait les assemblages sont utilisés dans leur plus simple expression pour maintenir quelques pièces, armature légère d'un hourdis économique, que l'on peut imaginer à Villemagne à base de pierraille.

À Lodève aussi demeure encore en élévation une maison d'angle assurément médiévale, qui au-dessus de son rez-de-chaussée et de son étage en pierre de taille à sobres baies géminées, présenta deux étages supérieurs de pan de bois, articulés sur deux colonnes à tambours superposées disposées à l'angle. Restent à étudier la diffusion de structures à peine plus complexes comme celle de la « maison Jourda » de Prades étudiée aussi par A. Huser (Huser 2000)[20].

Logiquement, les ressources en bois sont plus importantes en montagne qu'en plaine. En effet à Montpellier, il n'a pas été remarqué de traces de constructions de pans de bois (Sournia, Vayssettes 1991), ni à Béziers (Bonifas 1989). B. Sournia et J.-L. Vayssettes ont aussi exposé les différents moyens, dans les maisons de Montpellier, d'économiser le bois, comme l'installation d'arcs diaphragmes pour faire relais des charpentes, et diminuer les portées.

Les maisons de Cahors et Toulouse essentiellement en briques, celles de Montpellier et Béziers en pierre, celles de Figeac, Saint-Antonin, Villemagne, Lodève, en pierre et bois[21]... Les ressources locales de la « moyenne montagne » laissent encore place au bois, qui devient bois ouvré, cette *fusta obrada* vendue à la foire de Clermont[22]. En plaine le bois est certes précieux. Guillem de Cazouls se plaint lors des

[20] On est très loin de la haute technicité arborée à partir du XVe siècle dans d'autres régions comme le Grand Ouest ou la région Centre.

[21] Cahors et Toulouse : cf. Scellès 1999, Napoléone 1991, 1999. Montpellier et Béziers : Sournia, Vayssettes 1991 ; Bonifas 1989. Figeac : Napoléone 1989. Saint-Antonin : Bongiu *et al.* 1993. Cf. Napoléone 2009 pour un « état de la question ».

[22] Bonnot éd. 1984 p. 103 n° 49.

enquêtes royales de 1247-1248[23] que le viguier de Béziers lui a extrait et confisqué d'un *hospicium vel estare* treize poutres valant 40 sous, c'est-à-dire 2 livres[24]. La véhémence de Guillem désigne le caractère précieux du bois d'œuvre, même si le seigneur a tout intérêt à exagérer la valeur de cette spoliation (il insiste d'ailleurs sur le fait qu'il peut prouver ses dires).

Mais dans tous les cas le bois de forte section semble rare. À Villemagne les maisons sont construites en partie en pans de bois. Les trous de poutre laissés par les solives ayant porté l'encorbellement de l'Hôtel des Monnaies montrent l'usage de petites pièces rapprochées. Les portées ne nécessitent pas le soutien par un sommier. Quelques linteaux de grande portée y sont en bois, mais notons-le faits de pièces de section moyenne juxtaposées.

Les essences utilisées ne sont pas identifiées. En toute logique on pense d'abord au chêne, qui est universellement reconnu comme bois d'œuvre idéal, mais pensons aussi aux conifères qui résistent bien à la flexion. A. Huser a identifié l'emploi de ces deux espèces dans le pan de bois de Prades. A. Durand a souligné aussi cette présence dans les constructions en Languedoc (A. Durand 1998 p. 392-396). L'on peut s'appuyer sur les analyses polliniques des tourbières de l'Espinouse et du Caroux de J.-L. de Beaulieu pour affirmer que si le chêne pubescent et le chêne pédonculé sont largement présents au long du Moyen Âge, le pin est également notable. Ces analyses ont aussi permis d'établir que la déforestation décisive n'eut lieu dans ce massif qu'aux Temps modernes. Ces résultats quoiqu'ils ne concernent qu'une zone proche de la vallée de la Mare ont tout de même une valeur indicative (de Beaulieu 1969). Au milieu du XVIIe siècle, avant de reconstruire l'abbaye, il est noté qu'à Villemagne « le bois y est fort cher et la pierre à grande commodité »[25].

Comme à Montpellier, la construction des maisons à Villemagne a pu être dirigée par un peyrier ou un *fustier* (à Montpellier ville de pierre les *fustiers* sont plus nombreux que les *peyriers* : Renouvier, Ricard 1841 p. 187). Le bois est nécessaire aux pans de bois, mais aussi planchers, charpentes de combles, et encore pour engins de levage, cintres comme échafaudages, plus ou moins réutilisables. Quant aux échafaudages, la possibilité dans les maisons de s'appuyer sur les planchers au fur et à mesure de leur montage a pu les faire économiser. Du moins n'était-il pas besoin d'échafaudages encastrés ; platelages et tréteaux suffisaient.

Formes, et sculpture monumentale : sobriété ou joliesse

Certains traits de l'architecture bourgeoise cassent les définitions habituelles des arts « roman » et « gothique ». La variété des feuillages des chapiteaux de l'Hôtel des Monnaies, inspirée par la nature et digne d'une esthétique « gothique », voisine avec le tracé plein-cintre des couvrements qui relève de conceptions *a priori* « romanes ». Parler d'archaïsme serait déplacé. Les propriétés structurelles de l'arc brisé sont connues. L'utilisation du tracé brisé pour de grandes portées et de l'arc plein-cintre pour des portées sans conséquences se remarque très tôt dans l'architecture ecclésiale bourguignonne « romane », comme elle est encore notable dans la construction du célèbre « Hôtel de Ville » de Saint-Antonin Noble Val, bien daté du milieu du XIIe siècle (Scellès 1993). À Villemagne, comme ailleurs, le tracé plein-cintre pour couvrir les fenêtres a plu longtemps parce qu'il n'était pas besoin structurellement de changer sa forme. Quand le tracé brisé a été adopté pour ces emplacements (voir un reste d'encadrement brisé en place *supra* 5.1.5., et le sommier double d'une baie géminée qui fut sous arcs brisés, *infra* Annexe 1), ce fut par évolution de la mode esthétique et non par recherche d'une amélioration structurelle[26].

Ce sont des thèmes décoratifs et non signifiants qui ornèrent les maisons de ces mêmes bourgeois, pour ce qui est conservé. Le XIIIe siècle est plus proprement marqué par la floraison d'une fine sculpture, offrant de jolis feuillages variés et des visages délicats parfois associés à des corps menus.

Rappelons que ce double thème décoratif, ennobli par les acanthes qui donnent le bon ton d'une référence à l'Antiquité, a été voulu pour le chapiteau de la baie géminée qui met au goût du jour la façade de Saint-Grégoire. Bien différents dans leur principe du réseau qui caractérise les baies « gothiques », le tympan en tas-de-charge et les trilobes à redents sont plus dignes d'une claire-voie domestique que d'une baie extérieure d'église. Un double thème qui est en quelque sorte amalgamé dans celui de la tête de feuilles, placée au milieu du tympan de cette même baie.

Cette sculpture sinon historiée du moins figurée, très décorative, est restée l'ornement de plusieurs localités du Sud-Ouest comme Cordes ou Figeac, mais elle ne fut pas la règle. M. Scellès a établi que Cahors n'en fut pas pourvue. C'est aussi que cette petite capitale est éloignée de carrières de bonne pierre. Le savoir-faire en matière de sculpture décorative élaborée est lié à une exploitation de la pierre qui peut s'établir durablement. À Montpellier au XIVe siècle on peut demander à un peyrier d'exécuter *cimas, bestious et folhaduras* (moulures, bêtes et feuillages) ; à moins que l'on se contente d'un état *tot pla*[27]. Et en effet rappelons que bien des vestiges de maisons à Villemagne montrent une valorisation par la qualité de l'appareil, avec des claveaux réguliers pour des arcs extradossés, et une mouluration qui se cantonne aux cordons. La sculpture reste une tâche du métier de peyrier et non un métier singularisé, même si sans doute tel ou tel peyrier pouvait se faire une réputation

[23] HGL VII c. 35-36 n° 115.
[24] Pour les équivalences monétaires, cf. Castaing-Sicard 1961 p. 10.
[25] Cité dans Renouvier 1840.
[26] Et encore, rappelons qu'au tournant XIIIe-XIVe siècles les couvrements des larges portes de la Trinité de Boussagues sont de tracé brisé, et ceux des baies étroites en plein-cintre.
[27] Renouvier, Ricard 1841 p. 257 n° 11, 1375.

dans ce domaine. Il serait par trop simpliste d'estimer que d'abord la construction aux arcs plein-cintre fut sobre de modénature, puis se chargea en sculptures. Plusieurs choix ont pu coexister, de coût différent.
Le complément donné par les rehauts colorés des sculptures, et les enduits peints, est attesté. Grâce aux efforts du service des Monuments historiques nous connaissons un fragment de l'ordonnance peinte à l'intérieur d'un des modules de l'Hôtel des Monnaies. Le faux appareil est évidemment attendu tant il est dans les goûts de l'époque. Complément est fait par une frise haute de délicates fleurs de lys, pour une ordonnance très sobre mais pour laquelle est cultivée la notion d'amortissement. Appel était donc fait à des peintres, la maîtrise des pigments colorés réclamant une qualification spéciale.

Les maisons de Villemagne s'inscrivent bien dans une architecture bourgeoise, au sens large, dont plusieurs études ont montré les qualités, entre Atlantique et Méditerranée, qualités qui restent à confronter et nuancer. Une évolution économique commune a fait se développer ces bourgs particulièrement au cœur du Moyen Âge, pour ensuite les laisser s'abîmer dans un long endormissement. Si la régularité spectaculaire des parements des maisons de la bastide de Cordes (Pradalier-Schlumberger 1998 p. 186-200), du moins sur rue, doit s'expliquer par le caractère neuf de la fondation (la question de la récupération des lots de pierres ne se posait pas), Figeac et Saint-Antonin sont en revanche très comparables à Villemagne par les techniques mixtes utilisées, qui allient murs appareillés jusqu'à la claire-voie, et pans de bois. Rappelons qu'à Lodève encore, au moins une grande maison était ainsi faite. La structuration par arcade-refend est quant à elle notable à Cahors comme à Montpellier.
L'architecture du type « Hôtel des Monnaies », éminemment adaptable dans son intérieur, mais harmonieuse en son extérieur sur rue, peut sans problèmes majeurs passer de mains en mains, propriétaires ou locataires. L'on sait que sont ménagés les droits inaliénables du seigneur et propriétaire du sol, droits somme toute modiques. Pour une *estare cum curte* vendue avec consentement de Déodat de Boussagues en 1271 et estimée 20 livres melgoriennes soit 400 sous[28], l'acheteur doit payer à Déodat chaque année à Noël un denier melgorien, auxquels s'ajoutent au moment de la vente les droits de foriscape. Les possibilités d'amélioration et transformation de la construction sont bien entendues. Dans les maisons marchandes, on vend, on entrepose, on habite, avec peut-être même des aménagements propres seulement aux temps de foires. Les façades affichent la bonne santé financière de leurs propriétaires, même si à y regarder de près elles sont économes en matériaux. En revanche les travaux de sculpture, de qualité variée (voir les consoles simplettes présentées dans l'Annexe 1, et l'extraordinaire portail commenté dans l'Annexe 2), étaient assez nombreux pour que l'activité d'atelier soit rentable pour les hommes de l'art et non ruineuse pour les maîtres d'ouvrage. Manifestement, il y eut des choix communs, et aussi des modes de singularisation. Si l'on en croit l'assortiment d'au moins trois séries de baies géminées à croisillons en têtes de clou dans le bourg, le principe qui veut que dans les contrats de construction un ouvrage soit commandé « à la ressemblance » d'un autre a joué à Villemagne comme ailleurs[29]. En revanche le portail qui jouxte aujourd'hui l'Hôtel des Monnaies présente une facture exceptionnelle.
L'ordonnance de base de ces façades de maisons « bourgeoises » reste obligée, qui veut que devantures et portes piétonnes occupent le rez-de-chaussée, et que les fenêtres se développent aux niveaux supérieurs, avec priorité donnée au premier étage quant à la valorisation. Cette ordonnance immuable, mais aux détails de couvrements et d'ornementation infiniment variés, a comme référent la façade palatiale, caractérisée par ses baies d'étage ouvragées. Rappelons que la tribune aux baies géminées de Saint-Jacques de Compostelle est dénommée *palatium* par l'auteur du Guide (Vielliard éd. p. 90). Dans le principe métonymique utilisé, le tout, le palais, est résumé en sa partie la plus spectaculaire, l'alignement de baies. Image révélatrice. Ceci dit, s'il est intéressant de voir comment se combinent techniques de construction, plus ou moins simples et consommatrices de matériaux, et modes de valorisation par le dressage des pierres de parement, par la sculpture et la peinture, ce n'est pas au vu de la qualité de la construction que l'on peut établir le statut exact du commanditaire. Nobles et non nobles ont pu faire construire de même façon. D'autant plus que la construction peut être destinée à la location.
La comparaison avec les constructions castrales alentour est intéressante. La *domus* de Boussagues, logis noble, neuve au tournant XIIe-XIIIe siècles, qui ne laisse pas place en rez-de-chaussée à une location pour des fins commerciales, garde en comparaison une allure toute « rustique » (Journot 1990). N'oublions pas que les seigneurs les plus fortunés (c'est-à-dire dont les stratégies contournaient l'habitude affaiblissante des partages successifs) investissaient dans plusieurs logements personnels dans des bourgs ou des grandes villes.
Les abbés attirent les hommes de l'art, les « bourgeois » au sens large en profitent, mais via une savante économie. De la pierre de taille, certes, mais en quantité mesurée. Certains se permettent une mise en valeur sculptée, d'autres pas. Ce faisant se mettent en place les caractères urbains de la localité[30].

Nouvelle abbatiale, nouveau style : le particularisme des abbés

Au cours du XIIIe siècle, les abbés ne se seraient-ils pas attachés à « restaurer » une certaine image de l'abbaye par la reconstruction de la partie haute de la Tour du

[28] Fds Thésan p. 114.

[29] Renouvier, Ricard 1841 p. 281 n° 40, 1471 : l'aiguille du clocher de Saint-Firmin sera faite de mêmes dimensions et forme que celle de Notre-Dame des Tables, avec les mêmes sculptures...

[30] Cf. Berthe 2003, le chapitre sur les élites des « petites villes ». Villemagne enclose est bien plus réduite que les exemples évoqués.

Monastère ? Ceci n'est qu'une hypothèse, mais l'analyse du monument laisse supposer que fut alors pratiquée une opération de prestige, avec un référent particulier. Il s'agissait là de restaurer une relique de la puissance originelle de l'abbaye, les grandes baies campanaires aux arcs plein-cintre outrepassés s'associant à un passé mythique (était-il dit « carolingien », comme le temps du vol héroïque des reliques ?).

La reconstruction de l'abbatiale est une autre opération de prestige, mais la démarche est autre.

Conception et mise en œuvre

En effet, à l'architecture domestique aux murs minces et aux dehors aimables, qui peut avoir été voulue par des nobles peu argentés ou économes, comme par des bourgeois au sens étroit du terme, non nobles, pour eux-mêmes ou pour la location, s'oppose l'effet de puissance développé par la nouvelle abbatiale. Dans la deuxième moitié du XIIIe siècle, débuta en effet la construction d'une église neuve, à côté de l'ancienne. Il est possible que quelques couches d'alluvions issues d'inondations aient quelque peu dévalorisée celle-ci. Ceci dit, il ne s'agit plus de restaurer un passé mythique mais de renouveler l'image, jugée d'une certaine façon désuète, de l'abbatiale précédente pour y substituer une autre image, littéralement plus « forte ». Positionner l'église en face de Saint-Grégoire, et affronter littéralement les deux clochers, ne dut pas non plus être étranger aux motivations.

C'est sans doute la nef qui fut érigée en premier, adossée à ce qui était peut-être déjà l'entrée principale de l'abbaye, une nef courte mais de très haute élévation, suivie des premières travées du chœur et du clocher. Les murs y sont particulièrement hauts et épais, l'appareil du soubassement très régulier est parfaitement ajusté. La nef unique large, le chœur nettement moins haut et plus étroit, relèvent d'une conception traditionnelle dans la région. Le couvrement par voûtes d'ogives réclame des adaptations. Les contreforts sont très profonds, le blocage est fait de gros blocs taillés[31], le chargement des reins de la voûte en galets. Le clocher participe aussi au contrebutement. Contreforts et baies, simples d'aspect, rythment la construction en puissants décrochements verticaux, recoupés par les sobres traits horizontaux des larmiers. Des larmiers qui s'interrompent pour laisser nus et plans les immenses parements du clocher, couronnés de baies campanaires très haut placées. L'application précautionneuse de la technique de la voûte d'ogives laisse seulement ouvrir des baies d'une assez grande hauteur mais qui restent étrécies par les contreforts larges et profonds nécessités par la tradition de la nef unique.

Un peu plus tard, peut-être au début du XIVe siècle, sont élevées dernière travée du chœur et chapelles rayonnantes. Le principe de fonctionnement des ogives y est exploité plus rationnellement quant à l'économie des matériaux, et permet là d'amincir les murs, d'en faire des parois placées à l'endroit désiré entre les contreforts. C'est ainsi qu'est développée l'extraordinaire *corona* des cinq chapelles rayonnantes. La disposition des chapelles entre des contreforts englobés, dont les piliers de tête reçoivent les ogives de l'abside, est bien connue dans son principe et commune dans l'architecture ecclésiale du Nord, leur élévation jusqu'à la voûte de l'abside est en revanche un parti resté exceptionnel, rencontré en particulier dans des villes du Midi comme Toulouse ou Albi, commandité par un ordre novateur (les Cordeliers) ou un évêque ambitieux (Sainte-Cécile). Les immenses baies à réseau sont, comme dans d'autres églises de la région, moulurées et équipées de petits chapiteaux à feuillages fins. Contredisant ces baies de très grande hauteur, la fortification achève de singulariser la nouvelle abbatiale par rapport à une construction française, en la liant à la tradition régionale. Avec des effets propres. À Villemagne le chevet élégant dans son nouveau style affirmé laisse l'effet de puissance austère au clocher. À Joncels c'est le chevet-même qui est constitué par un clocher à mâchicoulis sur arcs, de proportions colossales.

On ne voit donc pas là d'allégeance spéciale au monde français. Les abbés de Villemagne ont confié d'abord leur chantier à un constructeur resté prudent avec les nouveaux procédés de voûtement, puis, les expériences se multipliant ici et là, un autre maître d'œuvre est intervenu, plus au fait de la rationalité de leur exploitation.

Autre remarque à propos des maîtres d'œuvre, le pape Boniface VIII a bien spécifié à l'archevêque de Narbonne, en 1295, que les travaux « mécaniques » sont interdits aux clercs, décision que rappellent et appuient les hommes de métier narbonnais en 1297. C'est encore redit au concile de Béziers de 1299[32]. Cette insistance laisse entendre que des clercs pratiquaient bien ces activités, dans la continuité des habitudes cisterciennes du XIIe siècle.

Un trait propre à l'organisation du travail peut paraître étrange. S'il est normal que les blocs des supports soient taillés indépendamment de ceux des parements, et que les maîtres d'œuvre ne ressentent pas le besoin d'une organisation standardisée de la taille de la pierre très en amont de la construction comme à Reims ou Amiens, immenses chantiers aux implications économiques colossales, en revanche les ajustements entre cadre des baies et parements sont curieusement grossiers au-dessus du soubassement, pour un monument par ailleurs si bien maîtrisé. À l'intérieur, le défaut d'ajustement est recouvert, dissimulé par le fin enduit peint d'un faux appareil. À l'extérieur les irrégularités rattrapées par calages choquent. Il y eut donc réalisation non concertée entre pierres de parement et blocs d'encadrement des baies : les deux tâches, taille des blocs de parement, taille moulurée des blocs d'encadrement des baies, ont été effectuées séparément. En soi le fait est plutôt habituel, et c'est le

[31] Blocage disposé sur le même principe que le *forniment* de la pile du pont Juvénal évoqué en note *supra*.

[32] Blanc éd. 1899 p. 490, 1295 ; p. 492, 1297. Doat vol. 11, f° 237, 1299.

montage par continuité d'assises (observable par exemple à la façade de Sylvanès), qui est plutôt rare. Mais de plus, lors de la mise en œuvre, ce n'est pas une reprise des blocs par encoches qui permit de les ajuster mais une disposition avec calages plutôt inesthétiques. Était-ce pour gagner du temps ?

La taille des pierres d'encadrement inclut non seulement le façonnage des moulures mais aussi la sculpture de délicats petits chapiteaux de feuillages. Quant au reste de la sculpture de l'abbatiale, il est difficile de commenter la facture des chapiteaux intérieurs tant ils sont empâtés de peintures récentes, sauf à dire que l'on ne voit pas de différence de traitement entre les deux campagnes, et que leur répertoire, feuillages et masques grotesques, est répandu à l'époque. La conception des chéneaux extérieurs, imputables à la deuxième campagne, est assez élaborée. Ce sont de véritables gargouilles, comme on en trouve dans la région et aussi dans celle d'Avignon, formées ici par des monstres prenant appui sur des masques. Cet emploi de la console figurée est à noter.
En tout cas il n'est plus besoin de concepteur savant de l'imagerie sculptée.

Il a déjà été dit qu'au XIVe siècle à Montpellier on commande à un même ouvrier *cimas, bestious et folhadura*, et mise en œuvre[33]. Rappelons aussi qu'il n'y a pas lieu d'imaginer de fortes équipes. D. Cailleaux a démontré pour un grand chantier de prestige comme le transept de Saint-Étienne de Sens qu'un petit nombre d'ouvriers avait été requis (Cailleaux 1999). Il en va de même, à proportion, pour ce type de chantier.

Les peintres œuvrèrent aussi dans l'abbatiale de nouveau style, et la mise en valeur des élévations internes leur dut beaucoup. Tous les raccords de l'appareil étaient dissimulés par un enduit blanc très fin complété par le dessin d'un appareil moyen isodome rouge. Les piliers de tête de l'abside semblent avoir reçu un décor particulier à base de panneaux de couleurs alternées. Une guirlande de petits losanges s'associait aux moulures des remarquables baies des chapelles. Diverses nuances de l'ocre ont été relevées, mais il faudrait un nettoyage de l'église moins drastique que celui commencé dans les années 1930 pour en savoir plus. L'illumination de l'intérieur grâce aux baies, et en particulier de l'abside, lieu de l'autel principal, par les baies des chapelles, était donc extrêmement importante, complétée par des peintures à tons chauds ressortant sur des surfaces claires. Cet éclairage était de plus modulé par des vitraux, ou du moins était-il destiné à l'être, car il est impossible de savoir s'ils furent réalisés aux XIIIe-XIVe siècles.

Le bois ?

À propos du bois, on ne note pas non plus dans l'abbatiale d'utilisation de bois de forte section.

Sur le territoire de Villemagne il n'est pas fait mention d'exploitation du bois comme bois d'œuvre. Peut-être venait-il de quelque distance. Il est intéressant pour alimenter la question du transport du « bois ouvré » de faire référence à un texte contemporain de la période qui nous occupe, c'est-à-dire du cœur du XIIIe siècle, qui évoque l'arrivage et l'entrepôt des bois à Montpellier, sous la responsabilité des *fustiers*[34]. Les catégories exprimées relèvent d'autres critères que les fonctions, celles-ci plutôt objets des contrats de construction, même si les critères de désignation restent très difficiles à appréhender, soumis à des usages variables. Une taxe (*tacita*) redevable à la Commune Clôture est instaurée sur ces bois. Pour chaque *cairat* (poutre équarrie) elle est de 3 deniers melgoriens. Pour chaque *bilon* (bille), de 1 ou de 2 deniers selon que son prix de vente est inférieur ou supérieur à 20 sous. Pour chaque douzaine de *pergae* comme pour chaque douzaine de *jazenae* seront acquittés 3 deniers (il est difficile de préciser le sens de *perga*, alors que *jazena* est utilisé ailleurs pour désigner ce que nous appellerions des solives. Manifestement sont désignés ainsi des calibres relativement minces, comme nos termes perches, chevrons, poutrelles...). Pour chaque pièce de bois, ou quantité, vendue 20 sous, seront acquittés 3 deniers. Donc le bois arrive à Montpellier, entreposé dans le fossé près du quartier d'habitation des *fustiers* (qui logent en limite de ville, près d'une porte) à la fois sous forme de billes et d'éléments équarris, de plus ou moins gros calibre (et peut-être qualités, mais cela nous échappe). Un travail du bois sur les lieux d'abattage peut être supposé, organisation qui a été prouvée pour d'autres régions (Mille 1996).

Les grands chantiers montpelliérains, coûteux, ayant fait appel à tout le savoir-faire des *fustiers*, furent, à la fin du XIVe et au XVe siècle, l'aiguille du clocher de Notre-Dame des Tables, et le clocher de Saint-Firmin, qui est censé en 1471 avoir pour modèle celui de Notre-Dame des Tables. Les reprises furent multiples, car la protection par les reliques de la *poma* disposée à la pointe de ces clochers ne suffit pas à écarter la foudre... Les contrats laissent apercevoir des charpentes fortes, nécessitant des engins pour être montées, des ancrages de métal pour une solidité devant résister au poids des cloches et au vent (les poutres font 50 cm de côté)[35]. On peut noter aussi que le sciage en long, désigné d'un terme propre (*resar*) par rapport au sciage en travers (*torar*), est particulièrement dispendieux (2 poutres de chêne de 7 m de long occuperont 6 *fustiers* pendant 2 jours, ce qui coûte 6 livres pour ces 12 journées de travail)[36].
Mais remarquons parallèlement que manifestement les voûtes d'ogives de Notre-Dame des Tables ont reçu une couverture de lauses taillées, sans l'intermédiaire d'une charpente, c'est-à-dire posées sur les *cris*, les ogives

[33] Renouvier, Ricard 1841 p. 267 n° 11, 1375.

[34] *Ibid.* p. 291-293 n° 51, 1248.
[35] *Ibid.* p. 295 n° 54, 1393.
[36] *Ibid.* p. 296 n° 55, 1419.

elles-mêmes, et, dirait-on, à bain de mortier[37]. Ce fut peut-être le cas pour Saint-Martin.

Effets

Dans l'abbatiale de Villemagne, la place réservée aux laïcs pour les offices, qui les concernent il est vrai exceptionnellement, reste très limitée. On ne connaît pas les modalités du culte rendu aux reliques de saint Majan. Celles-ci étaient manifestement conservées dans une chapelle latérale spéciale, disposée d'ailleurs au mépris de l'efficacité de la fortification, et hors clôture monastique, ou du moins d'une clôture. La protection du cimetière, qui s'étend aussi de ce côté, n'est pas connue. Y avait-il des processions jusqu'à la chapelle, ou n'y avait-il que des monstrances et transports à l'extérieur du monument ? En tout cas le chœur ne paraît pas particulièrement disposé pour canaliser des visiteurs en nombre. La dévotion à saint Majan a rempli son rôle fixateur de l'économie. Au tournant entre XIIIe et XIVe siècles saint Majan est toujours un héros local. Une confrérie est rattachée au passé dans la visite pastorale de 1636. En revanche la longueur du chœur ferait attendre un couvent aux moines nombreux, et semble donc bien démesuré par rapport à la quinzaine de moines, ou vingtaine en réunissant tous les prieurs, qu'il y eut jamais.

La fortification n'est pas un trait anodin. L'abbatiale est au cœur du bourg, et en position de citadelle. Elle est sur le tracé de la clôture abbatiale et non sur l'enceinte du bourg, mais dépasse largement le rôle d'équipement défensif de l'abbaye, tenu ailleurs par un quartier nommé plus tard « le fort ». La construction défensive dépend certes de l'abbé et non des habitants laïcs d'après le texte de 1273. En revanche au XVe siècle les syndics économiques sont chargés de la restauration des fortifications collectives, et du choix d'un capitaine qui s'occupera de la garde des portails et des clés et de la nomination de dizeniers. L'organisation de la garde de l'église forte relève-t-elle de décisions collectives ? Était-il prévu qu'elle serve de protection ultime à la population ?

Saint-Martin relève en tout cas d'une volonté de puissance, comme les autres églises abbatiales et cathédrales, Saint-Pons de Thomières, Saint-Geniès de Lodève... Quand les ecclésiastiques sont de haut rang, ils relèvent d'un milieu où la richesse est concentrée et permet des réalisations grandioses. Ce n'est pas le cas du milieu laïc qui atomise les patrimoines, ou pousse à construire plusieurs habitats pour une même famille dans des bourgs ou villes différents.
À Villemagne il fallait que l'abbaye soit visuellement dominatrice par rapport au bourg laïc. Son église est alors une construction littéralement forte, affirmée par sa situation face à Saint-Grégoire la bourgeoise. Le face-à-face des deux clochers de part et d'autre du cimetière (que l'on peut imaginer sectorisé) est à cet égard intéressant.
À notre regard, c'est aussi une construction plus à l'échelle d'une ville que d'un bourg, même périodiquement enflé de forains. Force est de constater encore une fois qu'un bourg de faible étendue peut arborer des caractères de référent urbain (Journot 1998).
L'abbatiale fut un monument qui devait s'inscrire dans la série des réalisations de prestige de l'époque, comme les cathédrales, fort pour l'extérieur, lumineux et chatoyant de couleurs à l'intérieur. À cet égard, la formule de la *corona* déployée à Saint-Martin est plus originale et spectaculaire que les belles mais plus simples absides de Saint-Nazaire de Béziers ou Saint-Geniès de Lodève (aujourd'hui Saint-Fulcran). Les chapelles rayonnantes font atteindre au chœur de l'abbatiale des dimensions de 25,80 m sur 16,50 m de large. Le chœur de Saint-Geniès atteignait 26,70 m sur 14. Saint-Martin est le résultat d'une volonté de caste. Et c'est le milieu ecclésiastique qui favorise au mieux le plus haut pouvoir, au-delà des strictes nécessités fonctionnelles.
Il est intéressant de constater qu'en un temps proche, la fin du XIIIe et le premier quart du XIVe siècle, les constructions de nouveau style s'élevèrent à Lodève (la cathédrale), Boussagues (l'église cémétériale, hors les murs, de La Trinité), Villemagne (l'abbatiale), alors que de la famille de Boussagues étaient issus trois prélats : deux évêques de Lodève et un abbé de Villemagne. Il est tentant de leur attribuer les commandes, toutes de qualité, montrant des formules originales par rapport à l'architecture française. Rappelons le parti de la petite église de la Trinité où sont alliés une nef portant charpente sur arcs diaphragmes et un chœur voûté d'ogives, des couvrements brisés pour les portes larges et plein-cintre pour les baies étroites... Le désaccord à propos de la foire (cf. *supra* 4.3.4) laisserait penser que ce ne fut pas à une harmonieuse entente que furent dues les commandes, mais à la volonté pour chacun d'affirmer un pouvoir tout personnel.

Ainsi les abbés s'emparaient de la rupture de style pour s'affirmer comme des potentats non seulement vis à vis de la bourgeoisie montante, mais aussi au sein des autorités régionales.

Le bénéfice du climat

L'âge d'or de Villemagne tint aussi à des conditions climatiques, dont la dégradation eut des effets alourdis par l'action anthropique. En effet le caractère divagant de la Mare l'emporta au milieu du XIVe siècle sur les précautions prises.
Sans doute l'inondation décisive eut-elle lieu en 1345, alors que la rivière Soulondres à Lodève était aussi affectée. D'après les collationnements de P. Alexandre, ce n'est pas une période qui ressort particulièrement quant à sa pluviosité pour la zone méditerranéenne ; au contraire il y aurait plutôt une baisse globale de la pluviosité des étés pour ces régions dans les années 1340-1350 (Alexandre 1997 p. 779). La période n'est en rien comparable au « pic pluvieux » de 1315 en Europe

[37] *Ibid.* p. 266 n° 21, 1385 : *...que totas las juntas sian embatumadas de bon batut...* Pour les techniques de pose des couvertures de lauses, cf. Lebouteux 2001 p. 135 et suiv.

occidentale (*ibid.* p. 788 ; cf. Le Roy Ladurie 1983 t. 1 p. 51). Mais c'est une période, pour les zones sud, encore marquée par les lacunes documentaires. Il est intéressant de constater que la région avignonnaise fut aussi en proie aux inondations en 1345 et que les récoltes furent mauvaises en Provence, et aussi dans la région de Béziers, en 1346 (Alexandre 1987 p. 474). Ces épisodes quoique localisés préparent bien la fin du « petit optimum médiéval », situé au XIVe siècle par P. Alexandre (*ibid.* p. 795). A. Durand confirme ces mouvements dans sa synthèse entre les différentes sources de la climatologie : « aux alentours de l'an Mil (IXe-XIe siècle) commence une phase à hivers doux plutôt sèche qui s'achève avec le début du XIVe siècle, moment où commence la péjoration du "Petit âge glaciaire". Le régime de pluviosité s'accentue tout au long du XIIIe siècle » (Durand 1998 p. 241). A. Durand établit aussi un rapport avec la régression de la couverture boisée due à l'action anthropique, qui contribue à diminuer le degré d'humidité.

Les résultats des analyses des formations pédosédimentaires en moyenne vallée du Rhône[38], dans une région de transition entre influence climatique méditerranéenne et influence montagnarde, permettent de s'appuyer sur une mise au point récente dans ce domaine. J.-F. Berger et J.L. Brochier ont reconnu du VIIe au XIIe siècle un « calme morpho-sédimentaire » qui démontre la stabilité des versants. Alors que du XIIe au XIVe siècle l'instabilité se fait jour. Il y a pour exemples dépôt de limons en basse plaine rhodanienne, des crues notables dans le bassin durancien dans les années 1350-1360, tandis que des épisodes pluvieux sont ici et là dénoncés par les textes. Dans la deuxième moitié du XIVe siècle les épisodes hydrologiques alpins (avancées glaciaires) « sont synchrones de la période de dégradation climatique reconnue à travers toute l'Europe » (Berger, Brochier 2006).

La vallée de la Mare pourrait être un de ces exemples où « l'érosion des versants », ici en fait le versant ouest, le plus anthropisé, produisit un comblement du creux de la vallée qui prit peu à peu le pas sur la force torrentielle de la rivière (pensons aux glissements de terrain qui affectèrent Saint-Martin le Vieux). Passant en phase de « métamorphose » (Bravard 1996), la Mare retrouva brutalement sa force avec les pluies pour se ménager un cours forcé vers l'est. Depuis, Villemagne vit dans une situation de déséquilibre qui lui fut toujours préjudiciable (Journot 2009).

Le climat eut donc son rôle dans la prospérité d'un bourg installé de façon apparemment aventurée en pleine zone inondable. Sans doute bon an mal an (la différence de niveau de sol entre les deux abbatiales connues est peut-être due à des dépôts de limon), l'expérience fut payante... jusqu'en 1345.

Conclusion provisoire

Villemagne enclose, pendant son « âge d'or » qui dura depuis au moins la deuxième moitié du XIIe siècle jusqu'au milieu du XIVe, fut dotée visuellement de caractères urbains, malgré sa surface qui resta piètre. Mais le bourg clos était en contact avec d'autres quartiers, et le territoire était densément peuplé. Les galeries de mines trouaient le coteau qui la dominait à l'ouest, les carrières se creusaient sur le Causse à l'est ou près de la rivière au nord. Les moulins et leurs pansières, les bassins des teinturiers, les équipements de transformation du minerai équipaient les cours d'eau. Périodiquement les caravanes de forains franchissaient le pont et les portails d'un bourg où s'activaient des chantiers de construction.

Plus largement, il faut réévaluer les capacités industrielles, au sens large du terme, des hommes du Moyen Âge. En cette ancienne Narbonnaise les villes sont nombreuses. Les bourgs où l'on construit de même qu'en ville, aussi. Suivant la demande des autorités et d'une « bourgeoisie montante », la construction est un phénomène économique important, décliné de multiples façons. Il occupe des ouvriers de divers savoir-faire, depuis les lieux de ressources jusqu'aux chantiers à pied d'œuvre. Carriers mais aussi « artisans sylvestres » qui coupent et équarissent les bois en forêt, *peyriers*, *fustiers*, transporteurs, sont à l'œuvre. On ne sait d'où viennent les équipes de constructeurs à Villemagne mais la qualité de leur ouvrage n'est en rien inférieure à ce qui se fait en ville. Vu la demande, et l'importance des chantiers, ces hommes s'installent pour un temps certain avant de passer à un nouveau chantier en un autre lieu. Épisodiquement, *senhiers*, peintres-*veyriers*, *ymaigiers* pour la fin du Moyen Âge sont sollicités. Il faudrait aussi se débarrasser de ces *a priori* qui voudraient que la construction dans le Midi à partir du XIIIe siècle soit forcément, ou une importation, ou une copie mal entendue de celle du Nord. L'« art du Sud »[39] reste encore largement à explorer, selon les principes variés d'une économie de la construction déclinée de façon beaucoup plus subtile que l'on ne croit.

De plus, par rapport à la plaine, cette zone de montagne fut relativement riche, même si ce ne fut qu'un temps, en minerais métalliques, fer, cuivre, argent. Une industrie métallurgique du fer implantée localement est un gros atout pour une région, fournissant les précieux outils, aciérés et réaciérés. Sans compter l'exploitation du charbon à partir du tournant entre XIIIe et XIVe siècle, très active mais dont le rôle dans le cycle industriel n'a pas été encore bien évalué.

Soulignons pour finir que, si la présence des mines empêche de donner à l'organisation du territoire de Villemagne un caractère d'exemplarité, l'éclatement de l'habitat en noyaux de superficie diverse et variable est quant à lui un trait intéressant du haut pays, qui mériterait d'être précisé (Journot 1996). Cette atomisation n'induit pas l'absence de fortification collective et le concept d'« incastellamento » dans sa définition devenue classique y est inopérant.

[38] Occasionnés par les travaux du TGV Méditerranée.

[39] Pour reprendre la jolie expression de Q. Cazes (Cazes dir. 2003).

ANNEXE 1

VESTIGES LAPIDAIRES CONSERVÉS DANS LE VILLAGE

Les pièces qui suivent, débris remployés dans des façades ou recueillis et conservés au dépôt archéologique qu'est devenue Saint-Grégoire, sont présentées, dans la mesure du possible, selon un ordre chronologique. Le commentaire donne ici le lieu de conservation, une courte description et évoque les arguments et points de comparaison qui permettent de proposer une fonction, et une situation dans le temps de la fabrication, qui malheureusement ne peut être que large. Il n'y a pas ici prétention à un inventaire exhaustif. Parmi les éléments dispersés dans le village, ont été retenues les pièces les moins abîmées contenues entre haut Moyen Âge et XIVe-XVe siècles, qui permettent de compléter les aperçus sur l'abbaye et le bourg proposés *supra*.

Fig. 1. Deux petits chapiteaux de marbre gris à feuilles d'eau

Provenance inconnue.
Ils sont conservés à l'intérieur de l'ancienne abbatiale devenue Saint-Majan. Longtemps ils furent situés de part et d'autre de la porte d'entrée, mal liés à des colonnettes de pierre, portant chacun un mortier remployé en bénitier. Aujourd'hui il en reste un dans cet emplacement et l'autre sert de socle dans le chœur.
Ils sont assortis, de proportions proches mais de décors légèrement différents. Une face lisse pour l'un d'eux. Marbre gris clair.

Fig. 1a. La base disparaît dans un lien au plâtre avec la colonnette. Abaque échancrée à dé central. Deux feuilles d'eau à nervure centrale saillante, et lisses par ailleurs, viennent soutenir les volutes très érodées. Sous le dé et entre les volutes, un motif trilobe ; deux feuilles ovales en encadrent une triangulaire plus large ; chaque feuille est recreusée.
La même disposition se répète sur les trois faces.

Fig. 1b à d. Aujourd'hui déposé retourné dans le chœur. La conception est très proche. Les volutes sont mieux conservées. Une astragale est encore marquée bien que la base soit un peu abîmée. Il y a trois petites feuilles recreusées en leur centre sur la face principale en place du dé, et, entre les volutes, un motif en éventail, qui est en fait une variante de l'étui d'où sortent les caulicoles dans un chapiteau corinthien classique : quatre cannelures limitées par un bourrelet en segment de cercle. Les côtés sont un peu différents. Un dé au centre de l'abaque. Pas de volute du côté de la face lisse, qui est donc bien prévue d'origine. Emplacement pour un tenon au centre de la face de dessous.

Ces chapiteaux sont assez proches d'un autre couple de chapiteaux assortis, de marbre gris très pâle, remployés de part et d'autre de la porte sud de l'église Saint-Pierre de Rhèdes (un temps prieuré de Villemagne) : **fig. 1e à g**.

Les chapiteaux de Saint-Pierre somment des colonnettes de marbre, et l'astragale tient au fût. Ils portent tous deux quasi le même décor. Un dé est au centre de l'abaque pour chaque face. Les feuilles à double nervure centrale qui soutiennent les volutes ne sont pas lisses mais comportent quatre folioles stylisées en autant d'ovales, disposés symétriquement, en biais, de part et d'autre de cette nervure. Chaque foliole est recreusée au centre. La différence entre les deux chapiteaux réside dans le sens des folioles. La pointe basse s'attache à la nervure et la pointe haute rejoint le bord de la feuille pour le chapiteau de gauche, chaque foliole est de sens inverse, pointe externe dirigée vers le bas, pour le chapiteau de droite. Sous le dé, entre les extrémités des feuilles, trois grosses nervures en éventail viennent rejoindre une nervure horizontale qui lie les volutes.
Ces éléments sont qualifiés de « remplois antiques » par J. Nougaret et A. Burgos (1975 p. 146). Les colonnes ne sont pas forcément celles qui accompagnaient originellement les chapiteaux mais incontestablement ce sont aussi des remplois.

Ces quatre chapiteaux appartiennent à cette série de chapiteaux de marbre d'assez faibles dimensions (une trentaine de centimètres en hauteur totale et largeur de l'abaque) qui étaient dits provenir des fameuses carrières de marbre des Pyrénées depuis les études de J. Braemer (Durliat *et al.* 1987 ; Lapart 1991[1]). Qualifiés de « dérivés du composite » dans la typologie actuellement en vigueur (Mérel-Brandenburg *et al.* 2011), ces chapiteaux ont des organisations proches, avec des variantes quant au motif placé entre les parties hautes des feuilles, d'où sortent parfois les volutes. La plupart du temps observés en position de remplois, leur place originelle peut être supposée au sein d'édifices civils aussi bien que religieux de « l'Antiquité tardive »[2]. Ils ont pu aussi appartenir à des monuments funéraires. Un (r)emploi comme supports d'autel n'est pas à exclure.
Les exemples précités dans Durliat 1987 et Lapart 1991, situés dans le Sud-Ouest, présentent des feuilles d'eau, absolument lisses c'est-à-dire sans nervure centrale[3]. Bien d'autres exemples aquitains sont attestés avec des feuilles d'acanthes profondément découpées. Le fragment trouvé dans un blocage de structure à Saint-Martin le Vieux (cf. *supra* 1.1.1. et fig. 9) s'en rapproche. La variante avec folioles schématiques comme à Saint-Pierre de Rhèdes est intéressante, stylisation de motifs étudiés par D. Cazes, dans le cadre

[1] Durliat *et al.* 1987 : n° 55 Saint-Bertrand de Comminges, n° 67 *ibid.*, fragment provenant de la basilique datée du IVe ou du Ve siècle, n° 140 et 141 Toulouse, édifice des IIIe-IVe siècles.
Lapart 1991 : n° 10 Agen, n° 20, 28 et 29 provenant d'un « établissement romain de l'Antiquité tardive » sur la commune de Lavardac.
Les célèbres chapiteaux à feuilles lisses remployés dans l'église Saint-Just de Valcabrère (Durliat *et al.* 1987 n° 211 à 215) sont quant à eux de dimensions nettement plus importantes (une cinquantaine de centimètres en hauteur et largeur).

[2] Vergnolle 1986 p. 188-189, Lapart 1991 p. 135. Mérel-Brandenburg *et al.* 2011 à partir des travaux de D. Tardy et C. Balmelle pour l'Aquitaine. B. Mérel-Brandenburg n'a pas inclus les chapiteaux de Villemagne et de Saint-Pierre de Rhèdes dans son étude.

[3] Sauf le n° 67 dans Durliat *et al.* 1987.

d'hypothèses sur « la première sculpture monumentale du royaume wisigothique de Toulouse » (Cazes 2012).

Fig. 2. Plaque aux paons affrontés et canthare

Les trois fragments d'une même plaque ont été trouvés remployés comme marches d'escalier dans le bâtiment, aujourd'hui d'habitation, qui se trouve à l'emplacement de l'ancienne entrée de l'abbaye, à l'ouest de Saint-Majan.
Déposés par le propriétaire, ils sont conservés aujourd'hui au dépôt archéologique de Saint-Grégoire.

La dalle de grès fait 134 sur 65,5 cm pour la plus grande longueur et la plus grande largeur conservées. 9 cm d'épaisseur. Technique du bas-relief.

Deux oiseaux vus de profil, deux paons, buvaient dans un canthare, en position affrontée. Celui de gauche est le mieux conservé. Le corps est allongé, aux ailes repliées, aux rémiges soulignées, les deux pattes sont posées l'une devant l'autre sur une sorte de ligne de sol faite d'un tore, le long cou à la courbe élégante vient faire pencher la tête au-dessus de la large embouchure du vase ; œil et bec sont bien soulignés. Sa queue se recourbe et s'éploie au-dessus de son dos. Les proportions de l'oiseau et le fait que manifestement une aigrette ornait sa tête ne laissent pas de doute sur son identification en tant que paon. Son vis-à-vis lui était symétrique mais n'en sont conservés que corps et pattes.
Le canthare est large, à panse godronnée, aux anses fines recourbées en petites volutes bien dégagées. Il est remarquable qu'une partie plane, occupant toute la partie supérieure, forme cartouche pour une inscription. Deux lignes sont superposées, les lettres de la première ligne supérieure étant plus petites que celles de la deuxième. Pour celle-ci les deux premières lettres se lisent assurément : M A, puis la cassure laisse voir une haste verticale. Les autres lettres ne sont pas lisibles. Bien que les lettres soient pattées, la graphie n'est pas d'une belle qualité.
Les oiseaux s'enlèvent sur un fond de volutes fines, qui sortent en partie du canthare.
Le cadre de l'ensemble du motif était fait d'un tore, que l'on voit bien sur trois côtés. Il était doublé au moins en haut et en bas d'une tresse. En partie supérieure courait une tresse à trois rubans de trois brins qui faisait limite. En partie inférieure se distingue moitié d'une tresse plus large (rubans à trois brins mais écartés ?) ; tore et tresse étaient interrompus par la panse du canthare. Il manque donc en partie inférieure au moins moitié de la tresse et le pied du canthare (partie redécoupée en vue du remploi).

Le tore cadrant le motif sur trois côtés permet d'en restituer les proportions. Les dimensions pourraient correspondre à un devant d'autel. Mais l'on ne peut exclure que cette pièce ait pu constituer une plaque de chancel.
Déjà sous l'Antiquité, le motif des oiseaux affrontés autour d'un vase fait partie des symboles de la félicité antique. Le paon était dès lors symbole d'immortalité, sa chair étant réputée imputrescible. Quant à la tresse, avec la torsade c'est aussi une forme d'encadrement alors prisée et commune. Avec le « canthare d'immortalité », d'où sortent les pampres, ou qui contient l'eau vivifiante, ils sont devenus tout naturellement des motifs de base de la symbolique et du décor paléochrétiens[4]. Mais ce thème fondamental de l'immortalité et de la source du Salut, a été exploité sur un temps très long (VIe-Xe siècles ?). Le décor en tresse est quant à lui encore utilisé sur le tombeau de G. de Roquefeuil conservé à Saint-Guilhem[5], abbé mort en 1248.
J. Puig i Cadafalch (1961 p. 63 et fig. 38) fait le commentaire de ce thème en évoquant une « dalle provenant de Salviaterra de Tormes (province de Salamanque) », dite wisigothique, où se trouve « sous le monogramme du Christ un vase garni de pampres où boivent deux paons ». Il rappelle que le « cratère d'où sortent des branches de vigne formant des ondulations symétriques est désigné par une inscription empruntée aux catacombes romaines *vas Christi* »[6]. B. Mérel-Brandenburg fait remarquer le motif du paon sur deux pièces de mobilier (localisées à Narbonne et Riez) pour une datation contenue entre Ve et VIIIe siècles (Mérel-Brandenburg *et al.* 2011 p. 680).

Vu l'endroit où ils ont été trouvés, on peut supposer que ces fragments proviennent de l'abbaye. Il serait tentant de lire une forme déclinée du nom MAIANUS dans la ligne principale de l'inscription. Mais ce pourrait être une forme de MARTINUS. Ou un autre mot...

Remarquons que nous sommes dans la même ambiance culturelle que celle qui a entouré la confection du support d'autel de marbre, avec la croix à l'alpha et l'oméga, conservé dans Saint-Majan et provenant de Sainte-Marie de Taussac (cf. *infra*).

Fig. 3. Support d'autel de marbre à la croix

Conservé dans la deuxième chapelle rayonnante sud de l'église Saint-Majan, cette pièce fait support d'une table d'autel de marbre, retouchée, qui ne correspond pas à une disposition originelle. C'est l'abbé G. Alzieu qui fit transporter là ces deux éléments, quand il exerçait ses fonctions dans la paroisse de Villemagne. Ils viennent d'après son témoignage de Notre-Dame de Taussac. Report peut être fait alors à l'abbé Giry, qui dit avoir découvert à Taussac, « en 1949, dans le jardin du presbytère, un autel pré-roman en marbre, que nous avons placé dans l'église paroissiale – d'où il avait été retiré pour orner une chapelle de l'église paroissiale Saint-Majan de Villemagne [...]. C'était un autel-cuvette, peut-être à lobes [...]. Le pied-colonne, sub-cylindrique est décoré en relief d'une grande croix pattée, à laquelle sont suspendues les lettres alpha et oméga, en position curieusement inversé [...], il semble

---

[4] Crippa, Zibawi 1998 p. 112, 236, etc.
[5] Saint-Jean 1990 fig. 152.
[6] Cf. aussi pl. XVIc, sarcophage d'Aquitaine ; pl. XXIa, stèle du musée de Narbonne ; pl. LIIIa, plaque du musée de Carpentras dite carolingienne...

carolingien » (Giry 2009 p. 235). B. Mérel-Brandenburg, qui a diligenté une étude des marbres de « l'Antiquité tardive » en Languedoc méditerranéen et Roussillon, a établi que ce piètement est en marbre des Pyrénées (Mérel-Brandenburg *et al.* 2011 p. 678).

Le support forme une colonne monolithe de marbre blanc de 77 cm de hauteur conservée. Elle est légèrement tronconique puisque son diamètre est de 22 cm en partie supérieure, et 26 en partie inférieure.
Quatre petits fleurons faits de trois feuilles, plus ou moins usés, élargissaient quelque peu la partie supérieure. Le socle carré est monolithe avec la colonne. Profil de la base, de haut en bas : un tore, un cavet, un bandeau surmontent le socle.
Fleurons et socle permettent de définir des faces et donc une face principale portant un décor, signifiant, relativement bien conservé. C'est une croix pattée aux bras de laquelle sont attachés l'alpha et l'oméga. Toute la croix est faite d'un pourtour torique relativement mince. Le long corps vertical de la croix est attaché par un lien fin au tore qui fait base. Les bras, courts, viennent se composer avec lui. Alpha et oméga sont situés de façon inversée (oméga et alpha de gauche à droite), touchant le corps de la croix tant les bras sont courts. Le motif est net mais son tracé n'est pas parfaitement réglé.

La croix portant l'alpha et l'oméga, représentation du Christ apocalyptique, est un motif paléochrétien qui fit fortune aussi bien en Orient qu'en Occident. C'est une croix orfévrée qui est ici représentée, comme dans de nombreux autres cas.
Si le chrisme portant l'alpha et l'oméga a été reproduit extrêmement souvent sur les nombreux sarcophages dits « d'Aquitaine », avec des façons plus ou moins fantaisistes de disposer l'alpha et l'oméga (cf. Durliat *et al.* 1987), le motif à la croix est plus rarement conservé. Remarquons qu'il est présent sur une épitaphe datée traditionnellement des IVe-Ve siècles, rajeunie jusqu'au XIe siècle dans le CIFM (Favreau *et al.* 1988 n° 308).
J. Puig i Cadafalch (1961 p. 75 et pl. XVIId) a qualifié de « prototype » la stèle ou dalle de marbre de l'évêque Boétius de Carpentras, mort en 604, où la croix gemmée porte suspendus par de petits anneaux soigneusement sculptés l'alpha et l'oméga (plus exactement, de gauche à droite l'oméga et l'alpha). Il évoque aussi un fragment de sarcophage du musée d'Arles, et deux « marbres » de Sant Pere de les Puelles à Barcelone (*ibid.* pl. XVIIdf) portant le même motif. Au musée du Palais épiscopal de Narbonne, et à « Aupiac » (Hérault), sont attachées deux stèles où ce motif est associé aux oiseaux buvant dans un vase. Tous ces reliefs sont qualifiés de « wisigothiques ». Le devant d'autel de Saint-Polycarpe (Aude) avec croix et lettres suspendues serait quant à lui « carolingien » (*ibid.* pl. LIIa), c'est-à-dire plus tardif.

Les reliefs du musée de Narbonne et d'Oupia (« Aupiac » est une graphie erronée) avaient été évoqués déjà par le chanoine Hébrard, qui estime ce dernier retravaillé dans « une corniche antique de marbre blanc » (Hébrard 1942 p. 21 et pl. 7).

Signalons aussi une plaque de chancel roussillonnaise, de marbre, au même motif, que X. Barral i Altet (1981 p. 119) qualifie d'« antérieure à l'époque pré-romane ».
C'est avec quatre supports d'autel dits « wisigothiques », dont trois en forme de piliers de plan carré, que la comparaison est la plus intéressante. Le célèbre support de marbre de Quintanilla de las Viñas montre la longue croix pattée et l'alpha et l'oméga suspendus (de Palol, Ripoll 1990 fig. 166). J. Fontaine rappelle l'existence de deux autres supports, auxquels tenait un chapiteau à feuillages stylisés, portant chacun la longue croix pattée, mais sans lettres (Fontaine 1973 fig. 37 et 40, musées de Valladolid et Mérida). Plus près de Villemagne, ajoutons enfin le support en marbre polygonal présentant une croix pattée et perlée, et aussi des pampres, conservé au dépôt lapidaire de l'abbaye de Lagrasse et assigné par M. Durliat à l'époque carolingienne (Durliat 1973 p. 107).
L'inscription d'une plaque « asturienne » à la croix et lettres permet une datation 875 (Fontaine 1973 pl. 133, Oviedo). Le traitement du motif est le même que celui arboré en façade de San Salvador de Valdedios (province d'Oviedo, *ibid.* pl. 134).
Le modèle orfévré du motif est par ailleurs conservé : exemple la croix d'orfèvrerie à l'alpha et oméga de Santiago de Peñalba, datable des environs de 940 (Fontaine 1977 pl. 44-45).

Fonction de l'objet et motif rapprochent cette pièce de la série très connue des supports d'autel dits « wisigothiques » (VIe-VIIe siècles). Néanmoins l'éventail des datations possibles reste large.
Il est dommage que l'origine de ce support ne soit pas assurée (les va-et-vient par Saint-Majan ont achevé de brouiller les pistes…). Logiquement, il pourrait avoir été en fonction à Saint-Martin le Vieux puis avoir été transporté à Notre-Dame de Taussac quand celle-ci a remplacé Saint-Martin aux Temps modernes. Mais Notre-Dame existait au Moyen Âge et le contexte de sa construction reste très mystérieux. Toutes les hypothèses restent permises.

Fig. 4. Pilier aux entrelacs

Le bloc est disposé à l'horizontale, incrusté dans une façade de maison, à l'extrémité de la rue du Mazel, menant à la passerelle franchissant la Mare. Seule sa surface affleure au milieu de l'enduit au ciment qui la cerne.

Calcaire. N'est apparente qu'une surface longue et étroite (81 cm sur 24 visibles), sélectionnée parce qu'elle comporte un motif. En fait la forme du bloc n'est pas connue. La surface dégagée est décorée en réserve d'un entrelacs, fait d'un motif assez simple, un ruban à deux brins lâchement torsadé sur lui-même. Un deuxième vient s'entrecroiser tout au long avec lui de façon à dessiner une série de six boucles arrondies au centre de la face. Les arrondis sont souples sauf aux deux extrémités où les rubans sont cassés en angles aigus. La disposition n'est pas absolument régulière. Le fond apparaît sur une surface importante. Le pourtour de la face semble avoir été traité en méplat mais le ciment en gêne l'observation.

Les proportions visibles correspondraient à celles d'un pilier de chancel. Et ce type de décor n'y serait pas inhabituel. Mais si le motif avec ses six boucles, encadré d'une moulure, est complet, le bloc lui-même reste de forme indéterminée.
Un décor qui est dit « typiquement carolingien », et très répandu en cette époque. J.-Cl. Fau (1996 p. 217) constate son grand succès au Xe siècle notamment sur les éléments de chancels, et son utilisation jusqu'à la fin du XIe siècle[7]. On peut remarquer par exemple trois pièces et fragments dispersés en Septimanie portant un même type d'entrelacs, bien répertorié depuis les travaux de J.-Cl. Fau et J. Cabanot, plutôt simple, mais plus élaboré que le motif simpliste de Villemagne : le fragment de pilier de chancels conservé au musée de Nîmes (Puig i Cadafalch. pl. LIa), le pilier présenté à Saint-Guilhem (Fau 1996 fig. 4 p. 221), et le fragment conservé au musée des Augustins de Toulouse provenant de la cathédrale Saint-Étienne (Durliat *et al.* 1987 n° 146). Le traitement en double série de nœuds lâches et parallèles, liés entre eux, et aux boucles cassées, formule apparemment très courante[8], est plus riche et régulier qu'à Villemagne.
Notons que le motif de l'entrelacs aux larges boucles cassées est encore utilisé pour la mosaïque de l'abside de Saint-Sever dans les Landes. Il y est assigné à une période comprise entre la fin du XIe siècle et le début du XIIe[9]. En fait le décor d'entrelacs, y compris sur les chapiteaux, est resté vivace jusqu'au XIIe siècle dans un large Sud-Ouest, de l'Aquitaine à la Catalogne.

Le « pilier » aux entrelacs de Villemagne est loin d'appartenir aux plus notables productions du genre. Dans l'état il est impossible de le dater précisément. Il peut être de la période carolingienne mais le motif a longtemps perduré. Son origine aussi est imprécise. Provient-il de l'abbaye ? ou de Saint-Sauveur ?

Fig. 5. Chapiteau gainé de folioles dressées, attaché à un tronçon de colonnette

Le chapiteau fut longtemps encastré dans le comblement appareillé d'un porte rue des Deux porches, qui est la rue joignant le parvis de Saint-Majan et la place du presbytère au bord de laquelle se dresse la Tour du Monastère. Aujourd'hui déposé et conservé chez le propriétaire.

Calcaire. Environ 32 cm de hauteur conservée. Environ 17 cm pour le diamètre de la colonnette. Le chapiteau a été retaillé pour en faire un bloc approchant le parallélépipède. Il ne reste qu'une face sculptée.
Au-dessus du tronçon circulaire lisse de la colonnette, conservé sur environ 5 cm de haut, se trouve un tore qui fait astragale. Le bas du chapiteau, de plan donc également circulaire, est occupé par une double ligne brisée en chevrons (quatre double chevrons conservés, faits de deux tores jointifs). Au-dessus le chapiteau devait s'élargir pour adopter un plan carré. Se distingue encore le décor gainant, géométrique, sur deux registres. Registre du bas : on voit deux feuilles d'angle qui assuraient l'évasement du chapiteau. Entre elles, trois feuilles ovales dressées, à pourtour ourlé et à nervure centrale. Registre supérieur : restes de quatre feuilles dressées de même. Il semble qu'une ligne en chevrons ait séparé ces deux registres imbriqués, et que les vestiges d'une autre ligne se distinguent au bord supérieur, cassé. Le travail est un peu irrégulier. Les feuilles ne sont pas dressées absolument verticalement.
L'épannelage a été réparti comme suit : le tiers inférieur affecte la forme circulaire, le tiers médian a ses angles abattus, le tiers supérieur est de plan quadrangulaire.

Un motif géométrique aussi simple est difficile à placer dans le temps. Ceci dit l'organisation en plusieurs registres géométriques, le fait que le chapiteau tienne au fût de la colonnette, pourraient faire rapporter le chapiteau à une relativement haute époque, comme les Xe-XIe siècles. On peut penser au style des chapiteaux de l'arcature intérieure valorisant l'abside de Saint-Pierre de Chabrillan dans la région du Rhône moyen, ensemble assigné au XIe siècle par J. Thirion (1988 ; les chapiteaux y sont néanmoins indépendants des fûts). Ou à un chapiteau de Segonzac (Corrèze) dont une face porte trois registres de folioles dressées (Cabanot 1987 fig. 84 ; dit du XIe siècle). La comparaison la plus intéressante est à faire avec un chapiteau d'arcature conservé à Salmaise en Côte d'Or, dans un prieuré qui dépendit de Saint-Bénigne de Dijon. Il était remployé dans une maçonnerie du chœur de l'église. Le chapiteau tenait au fût de la colonnette. Les feuilles dressées y sont disposées sur deux registres, elles sont faites chacune d'une longue foliole de part et d'autre de laquelle sont superposées deux folioles courtes. Il est daté vers 1020 (Sapin dir. 1999 p. 116 et fig. 100a). On ne peut pas exclure l'utilisation comme support d'autel mais la forme et les proportions feraient plutôt interpréter cette pièce comme un support central de baie géminée ou multiple, ou d'arcature aveugle[10].

Fig. 6. Chapiteau au décor palmiforme
Conservé au dépôt archéologique (Saint-Grégoire).

Calcaire. Environ 34,5 cm de haut, pour 31 cm dans la plus grande largeur. Le chapiteau est de proportions plutôt massives. Tous les bords sont abîmés, mais faces du dessus et du dessous sont dressées. Un trou d'encastrement circulaire se voit encore au centre de cette dernière. Trois côtés montrent encore des sculptures, plus ou moins érodées. Le quatrième est cassé. La sculpture, de surface, est peu profonde.
La face la plus large (**fig. 6a**) montre deux rubans à trois brins qui se croisent en diagonale à peu près au milieu de la face, et s'épanouissent dans les angles supérieurs en

[7] Cf. aussi Puig i Cadafalch 1961 p. 163 et pl. LIade et LII.
[8] Cabanot 1987 p. 79 et n. 44 p. 272.
[9] Barral i Altet dans Balmelle 1987 p. 290 et pl. CLXXXIX.
[10] Voir les exemples où le chapiteau tient au fût dans Barral i Altet 1981.

palmettes (abîmées), l'intervalle supérieur entre les deux bras étant comblé par deux motifs jointifs de palmettes chacun lié par un ruban. Le reste des angles devait être occupé par une longue feuille striée verticalement, faisant la transition avec les petits côtés.
Petit côté gauche (**fig. 6b**) : deux larges rubans à brins fins et multiples naissent verticalement du bord inférieur du chapiteau et s'épanouissent en bouquets striés qui se rejoignent.
Petit côté droit (**fig. 6c**) : même principe, mais les brins des rubans peuvent être comptés, ils sont cinq. Les bouquets ressemblent plus à des palmettes, aux extrémités élargies et recourbées, et s'épanouissent chacun à partir d'un ruban transversal à trois brins. Entre les rubans qui font tiges, et qui s'écartent quelque peu pour lui laisser la place, prend place une sorte de fleuron ressemblant à une fleur de lys dont les crochets inférieurs seraient longs et recourbés jusqu'à la base du motif, et la hampe en forme de croix.

C'est J.-Cl. Fau qui a repéré et commenté le premier ces motifs de chapiteaux qui constituent des variantes de la palmette (Fau 1971, 1978). Les rubans venus des fameux « entrelacs carolingiens » s'y croisent pour s'épanouir en palmettes, et ont été utilisés jusqu'au dernier tiers du XIe siècle (Fau 1996 p. 211). Ceci dit le chapiteau de Villemagne a peu à voir, sinon le principe du motif, avec le type d'épannelage et le type de reliefs, très profondément et nettement creusés, des chapiteaux évoqués par J.-Cl. Fau (Sant Pere de Roda, chevet de Saint-Guilhem, Sainte-Foy de Conques…). C'est avec un chapiteau de Saint-Thomas de Conac (Cabanot 1987 fig. 73 et p. 96) que les affinités paraissent pour l'heure les plus notables. Le motif s'y éloigne de la lisibilité des entrelacs developpés en palmettes. C'est devenu une variante lointaine au relief net mais assez peu accentué. À Villemagne la qualité d'exécution du motif est difficile à juger à cause de l'état de conservation du chapiteau, mais néanmoins il ne semble pas que les composants aient été exécutés de façon réglée et parfaitement symétrique.
Un détail étonnant est l'absence d'astragale. Était-elle attachée au fût de la colonne ? On pourrait alors penser que le chapiteau était destiné à sommer une colonne antique remployée.

Fig. 7. Fragment d'inscription

Fonction et lieu de conservation
L'inscription est fragmentaire, de fonction inconnue. Le bloc qui la porte est remployé comme moellon dans la partie haute d'un mur appartenant au remaniement d'un ensemble de bâtiments dénommé « Le Fort » sur le plan-état des lieux mauriste (cf. **Chapitre 3 fig. 1**), qui occupait l'angle nord-est de l'abbaye. Ce quartier était donc joint par le cimetière à l'est, et « lancienne église », c'est-à-dire l'ancienne abbatiale dont il reste un pan du chevet, au sud.
Le mur dans laquelle elle est incrustée a été récemment restauré. Elle était jusqu'alors dissimulée par un enduit. Néanmoins l'abbé Giry l'avait vue en partie (« inscription de type carolingien » : Giry 2009 p. 268).

Support, dimensions, présentation générale
La face visible du bloc fait environ une vingtaine de centimètres de haut pour un mètre de long. C'est un long bloc, apparemment de calcaire, dont la moitié inférieure comporte l'unique ligne d'inscription sur un fond lisse, la moitié supérieure étant occupée par les restes d'un décor en relief, érodé. Huit groupes de trois motifs lancéolés réunis au sommet s'y alignent régulièrement. Il est difficile de dire si ce décor venait encadrer la ligne inscrite à son extrémité gauche, ou si celle-ci a été bûchée. L'extrémité droite est une nette cassure. Il est également difficile de dire si le bord supérieur est le résultat d'une retaille. Mais le bord inférieur est bien dans son état taillé d'origine, même si quelques éraflures l'entament.
Quatre mots ou fragments sont visibles. Les lettres font environ 7 cm de hauteur.

Transcription et interprétation

?VRSI □ QUI HVNC CANCEL[VM]…

Le premier terme est peut-être tronqué, et il n'est pas assuré que l'on puisse y voir la première personne du singulier du verbe *urgere* au parfait…
Le carré marque manifestement la séparation entre deux phrases. Ensuite les mots sont bien reconnaissables. Il n'y a qu'un L à *cancelum*, l'amorce du V est bien visible. « Celui qui (franchit ?) cette limite… »

Remarques paléographiques et formules
Il n'était pas besoin d'interlignes. Les lettres sont suffisamment près des bords pour être guidées par eux. Ceci dit elles ne sont pas toutes, malgré leur relative régularité, inscrites à exactement égale distance des bords. Les lettres plutôt hautes et étroites sont assez profondément creusées et pattées. Un U à fond plat, les autres sont en V. La queue du Q est en demi-cercle. Une seule onciale (h). Le A est à sommet droit et comporte une longue traverse brisée. Les trois C, le E sont des lettres carrées.
La forme de bas latin *cancelum* évoque une limite ; ce qui peut faire penser aux inscriptions liées aux portes d'église, mais ce n'est pas le terme ordinairement employé[11]. En revanche il correspond dans les textes conciliaires ou synodaux comme chez les Décrétistes, et encore dans les Instructions de saint Charles Borromée, à la clôture du chœur, qu'elle soit dressée sous forme de plaques de pierre ou d'une grille.

Il est difficile de dire si ce fragment provient d'un couvercle de sarcophage, du rebord d'un autel, ou d'un linteau de porte d'une église, ancienne abbatiale ou autre.
La graphie peut être comparée à des exemples du XIe siècle, mais en toute hypothèse elle pourrait être d'époque plus haute.

[11] Pour ce cas cf. Favreau 1995 p. 547-567, 1997 p. 143.

Fig. 8. Chapiteau aux oiseaux et acanthes

Le chapiteau est conservé dans une aile de l'abbaye mauriste subdivisée en appartements, chez le propriétaire.
Calcaire. Techniquement, le bloc a une queue profonde qui permettait un ancrage solide dans un parement.
Il a été vandalisé depuis longtemps. Le propriétaire l'a toujours connu dans ce triste état.

Deux oiseaux affrontés en fort relief étaient posés sur un rang de feuilles d'acanthe. Astragale torique. L'abaque était soulignée de deux alignements de trous de trépan.
Il ne reste que la partie arrière du corps et les pattes des oiseaux. Les pattes étaient jointives mais entièrement dégagées du fond. Chacun reposait sur le débord d'une petite feuille d'acanthe occupant les côtés. Une feuille plus développée en hauteur joignait celles-ci et occupait la moitié inférieure de la face. Des trous de trépan soulignaient les folioles.
Le corps des oiseaux a été arraché au ciseau.
Entre astragale et abaque, l'épannelage se répartit donc ainsi : le tiers inférieur de plan circulaire est occupé par un registre de feuilles d'acanthe, les oiseaux occupant les deux tiers supérieurs.

Ce chapiteau de facture soignée était solidement ancré dans son mur. Il a pu orner une porte d'entrée d'un des bâtiments de l'abbaye. Une entrée encadrée de deux colonnes (ou plus) surmontées de chapiteaux et portant voussures serait une configuration attendue, digne du XIIe siècle ?

Fig. 9. Table d'autel de marbre, retaillée

Conservée dans la deuxième chapelle rayonnante sud de Saint-Majan, posée sur un support à la croix portant l'alpha et l'oméga (cf. *supra* 3). Après sa découverte par l'abbé Giry, l'ensemble a été déplacé par l'abbé Alzieu de Notre-Dame de Taussac à Saint-Majan du temps où il était desservant de la paroisse de Villemagne.

Marbre blanc. 101,5 cm sur environ 69 cm. 13,5 cm pour la plus grande épaisseur. Le bord inférieur de la table est abattu non pas en chanfrein mais selon un tracé concave, en cavet.
Le dessus de la table est taillé, soigneusement, en cuvette, laissant un rebord jusqu'à l'arête supérieure de la table de 4 cm de large. Ce rebord est sculpté de demi-perles longues, espacées (3 à 4 cm de long ; séparées de moins d'1 cm), mais manifestement une retaille de la partie en creux de la table est venue en supprimer la moitié, et le rebord a été repoli, réduisant à l'état de traces les restes du motif.
Le seul décor restituable consiste donc en un rang de longues perles, espacées régulièrement. Le même décor (même motif, mêmes proportions, même disposition) se trouve sur les fragments d'une table d'autel à lobes, retrouvés l'un dans un blocage de l'église Saint-Martin le Vieux, l'autre incrusté au-dessus d'une porte de maison au Pradal (la remarque de l'abbé Giry – cf. *supra* 3 – est tout à fait pertinente).

Ces tables d'autel à lobes sont traditionnellement placées entre fin du IXe et XIe siècle depuis l'article de M. Durliat (1966). On peut souligner que bon nombre de ces tables sont caractérisées, non seulement par leurs lobes, mais aussi par un décor d'inspiration antique dont un élément obligatoire est le rang de perles allongées alternées avec des perles rondes. Les deux cas qui nous occupent ici montrent une version simplifiée de ce motif, où la perle ronde disparaît au profit d'un simple écartement. Reste qu'une datation précise ne peut pas être tirée de ces faits.
La retaille en creux est aussi intéressante. Pour le chanoine Hébrard, la période d'exécution de ces tables de marbre est située entre Ve et XIIIe siècle « où, l'usage de la communion sous les deux espèces se perdant, on cessa de tailler ainsi en cuvette les pierres d'autels ». La cuvette servait à retenir le Sang du Christ au cas où les calices ministériels destinés à la communion des fidèles auraient été renversés par accident (Hébrard 1942 p. 9-10).

L'origine de cette table soulève les mêmes questions que celles posées à propos du support à la croix.

Fig. 10. Table d'autel au ruban

Une table d'autel de marbre est conservée dans l'église Saint-Majan : elle a été accrochée au mur sud de la nef actuelle de l'église.

La table est rectangulaire, de marbre blanc. Dimensions : 79 x 128 cm.
Le cadre saillant est double. Le cadre extérieur plat est doublé par un motif en ruban plié aux angles. Le tracé de ce ruban est rectiligne mais son profil (coupe) est souple (deux renflements liés par un creux). Cadre plat et ruban sont de même largeur, séparés par une gorge. Le bord de la table présente des graffiti difficilement lisibles dans les conditions actuelles d'observation.
La table a été percée d'un orifice au centre, entouré des traces d'un pilier polygonal. Le plat de la table est encore couvert de dépôts calcaires (traces liées à son remploi).

Bibliographie et témoignage oral :
Noguier 1870, p. 226 : autel posé sur un pied et remployé en bénitier dans Saint-Majan ; c'était l'autel de Saint-Grégoire.
Bonnet 1905 p. 468 reprend Noguier.
Hébrard 1942 p. 12 et pl. 4 : « Autel de Villemagne. - On n'en voit que la face supérieure, les bords sont cachés dans le massif de ciment qui supporte les fonts baptismaux. Il y a des signatures, je n'ai pu relever que la date : IN DIE I M(ensis) N(o)V(embris). »
C'est le père Evesque desservant actuel qui a fait démonter l'ancien bénitier de Saint-Majan, a récupéré la table d'autel et l'a faite fixer au mur.
On confrontera *infra* les différentes données sur les tables d'autel connues dans la région.

Fig. 11. Consoles, culots et modillons

Un bon nombre de ces petits supports, apparemment en calcaire, est remployé ici et là dans les façades des maisons de Villemagne. Ils sont souvent placés très en hauteur, plus ou moins érodés, et il est parfois difficile d'apprécier leurs détails. Ce court inventaire ne prétend pas à l'exhaustivité.

Fig 11e. Tête de bovidé
Prise dans la façade d'une maison du quartier sud-est du village (près de la Porte de la Barbacane), donnant sur une cour intérieure privée.
Long chanfrein et gros muffle caractérisent l'animal. Ni cornes ni oreilles ne sont visibles. Les yeux sont remarquablement traités. Ils sont très grands, leur pourtour est creusé assez profondément. Deux cercles concentriques très finement incisés dessinent l'intérieur de l'œil, contenant eux-mêmes un encastrement circulaire lui-même recreusé d'une dernière petite cuvette.
Cette pièce fait irrésistiblement penser aux culots sculptés de têtes humaines ou animales qui reçoivent les archivoltes soulignant les niches extérieures de l'abside de Saint-Guilhem, ou les arcades de la galerie inférieure du cloître[12], ou les arcatures séparant les lésènes de l'abside de Saint-Pierre de Rhèdes. Mais il ne semble pas que le dessus de cette tête ait servi de lit d'attente à des sommiers. Les proportions de cette tête, plutôt grandes, la singularisent parmi la série évoquée *infra*.

11a. Tête de lion ou de diable
Remployée en partie haute d'une façade dans la rue est-ouest qui part de l'ancienne place (dite rue de l'Ancien Hôpital), au niveau du croisement avec la rue Saint-Grégoire.
Tête de lion, ou de diable, au large rictus grimaçant empli de dents pointues, à la longue crinière sculptée en mèches très fines, mèches qui couvrent aussi la face. Pupilles creusées au trépan.

11b. Tête de diable aux cheveux dressés
Située rue de l'Ancien Hôpital, la tête fut découverte lors de la restauration de la dernière maison côté sud de la rue, remployée dans la façade au ras du niveau de la rue actuel. En partie dégagée, elle a été prise en photo puis à demi noyée dans le remblaiement du caniveau.
La face est abîmée (nez cassé). Les cheveux dressés en grosses mèches à la manière de flammes faisaient transition entre la zone supérieure plane de la console et le visage. Grandes oreilles pointues dressées. Visage large au grand front bombé.

11j. Tête humaine au chapel fleuronné
Remployée dans la façade extérieure de la tour d'escalier qui joint la Tour du Monastère, place du presbytère.
Le visage jaillit d'un plan vertical, et est coiffé par la zone d'appui en forme de tablette horizontale, de quelques centimètres d'épaisseur. Le visage est usé, mais il paraît avoir été finement sculpté. Visage glabre encadré de longs cheveux ondulés, à la bouche droite, aux petits yeux allongés, rapprochés, doublement ourlés et percés au trépan. Le cercle de tête ou chapel (Enlart 1927 p. 137), à ne pas confondre avec une couronne, montre un travail très fin ; une série de fleurons sont montés sur un jonc mince.

11c. Tête de diable
Remployée dans la façade d'une maison qui fait le côté sud de la place du presbytère.
La tête est plutôt bien conservée. Montée de même que la pièce 11.4. commentée ci-dessus, le visage penché assure la liaison entre verticale du fond et rebord horizontal de la tablette, et paraît regarder les passants. Face diabolique aux gros yeux doublement ourlés percés au trépan, froncés en de multiples rides, nez camus, très longue bouche droite entrouverte, sans lèvres, nez et bouche reliés de deux rides profondes. De longs poils répartis en fines mèches mangent le visage, aux longues oreilles pointues dressées. La chevelure également sculptée en fines mèches est plaquée sur le crâne et retombe sur le front. Deux cornes jaillissent du front et aboutissent sous les angles de la tablette.

11i. Visages humains siamois
À quelques mètres de 11.5, sur le même côté sud de la place du presbytère.
Deux visages humains sont collés l'un à l'autre, et présentent trois yeux : l'œil central leur est commun. Les visages sont montés sur des cous étroits, qui jaillissent à l'horizontale du fond vertical. Les visages sont très redressés, mais le front saillant permet de pencher quelque peu les yeux. La tablette se présente de même façon que pour 11.4 et 11.5. Les figures sont usées mais il est visible que le traitement fut simple. Les deux visages sont glabres (mentons cassés), à la bouche droite et fine, l'arête du nez est mince. Nez et bouche sont reliés de deux fines rides. Les yeux doublement ourlés sont immenses, légèrement globuleux, percés au trépan ; les trois orifices sont encore emplis de plomb. Les coiffures des deux personnages paraissent un peu différentes. Celui de gauche a de courtes mèches qui s'enroulent en traits verticaux au-dessus de son front (c'est le « dorelot » décrit par Enlart 1927 p. 133), de longues mèches par ailleurs encadrent sa figure et se terminent en rouleau. Celui de droite semble avoir des cheveux plus courts et plaqués, mais ils sont peu visibles et ont peut-être subi des cassures.

11k. Tête au chapel lisse
À l'extrémité de la rue Droite, à l'angle d'une maison côté gauche de la rue quand on sort du village. Le bloc se trouve à l'angle d'un bâtiment intéressant. Un pan de mur s'y trouve pris, d'appareil régulier, percé d'un jour étroit du côté de l'ancien fossé. Pour faire la maison, ce mur a été rehaussé pour former pignon. Le bloc en question prolonge la chaîne d'angle. Il est le premier à faire partie du rehaussement.
La pièce est intéressante parce que, placée à un angle, le profil du bloc est entièrement visible. La partie sculptée et destinée à être saillante par rapport au

[12] Illustré par exemple dans *Saint-Guilhem…* 1996 p. 191 et 183.

parement occupe à peu près le tiers d'un long bloc à la queue parallélépipédique, où se voient quelques traces de l'outil qui a taillé la pierre (traces de ciseau ?).
Le bas du visage est abîmé. Le nez est fin. Les yeux doublement ourlés et à peine creusés au trépan sont tournés vers le bas. La chevelure prise sous un chapel lisse est mieux conservée. Un petit dorelot s'enroule au-dessus du milieu du front. Une première série de mèches s'en écarte pour encadrer le front, une deuxième série de mèches beaucoup plus développées encadrent tout le visage et se terminent en un rouleau net et droit. Les stries parallèles doucement ondulées font les mèches fines. Épannelage et style en font une pièce associable à 11.4.

11h. Visage barbu
Dans la maison évoquée à l'occasion de la pièce 11.7, prise dans un mur donnant sur une cour intérieure.
Le mode de montage est le même que pour 11.6 mais le résultat semble maladroit tant le cou qui jaillit à l'horizontale du fond est large et épais. Visage barbu allongé, au nez abîmé. La chevelure plaquée marquée par de longues fines stries parallèles n'apparaît que derrière les grosses oreilles en demi-lune. Les yeux à peine creusés au trépan sont très effacés. La bouche est fine et droite. L'écart entre narines et bouche est très important. De longues moustaches sortent des narines en deux grosses mèches qui viennent se recourber en volute à chaque extrémité de la bouche. La barbe qui monte jusqu'aux oreilles est un collier de bouclettes en coquilles.

11f. Tête féminine ?
Prise dans une façade donnant rue Droite, côté nord, dans le quartier voisin de celui de l'Hôtel des Monnaies.
La figure a le menton enfoncé dans le crépi de la façade. La tablette visible dans les cas précédents est présente là aussi. Les yeux doublement ourlés, quelque peu globuleux, sont profondément percés au trépan. Le nez est fin et long, l'arête presque vive. La bouche aux lèvres minces est droite. Les cheveux se séparent en haut du front en deux bandeaux aux larges mèches qui s'épaississent de part et d'autre de la tête.

11d. Tête féminine au chapel décoré
Se trouve prise dans la façade d'une maison donnant dans une petite rue qui joint la rue Droite avec sa parallèle côté sud dite rue des Chaudronniers (côté gauche en allant vers la rue Droite).
La tête est très érodée. Pas de trace de tablette. Le visage plutôt arrondi prolonge un cou puissant. Les yeux furent profondément et largement percés au trépan. De longs cheveux encadrent cette figure, serrés en boucles au-dessus de la tête et limités par un chapel au décor simple mais couvrant. Le motif qui se répète se compose de deux petits trous de trépan superposés alternant avec un percement plus gros.

11l. L'un est couvert, l'autre pas
11.l et 11.m sont des modillons remployés dans la corniche de la chapelle nord de Saint-Grégoire. Ils ont été insérés après achèvement de la chapelle (dont l'arc intérieur d'entrée porte le millésime 1510), entre les modillons d'origine taillés en quart-de-rond sous large bandeau. La forme du support ou plutôt l'épannelage de la partie sculptée de la console est bien différente des cas précédents. L'extrémité du bloc d'où sourd la figure est en forme de pyramide renversée. La partie supérieure amortie en bandeau peu épais est à peu près deux fois plus large que la base.
Le modillon 11l présente deux têtes humaines bien différenciées qui se détournent l'une de l'autre. À gauche le visage de l'homme est encapuchonné, son « chaperon » (cf. Enlart 1927 p. 153) lui descend bas sur le front. Le visage est rond, aux joues pleines, la bouche particulièrement grande est droite et serrée. Les yeux arrondis sont légèrement creusés au trépan, le nez un peu abîmé est large. À droite l'homme a le front pour le moins dégarni. De longues mèches fines passent seulement derrière ses oreilles, des oreilles petites et sculptées finement. Les yeux assez grands sont légèrement creusés au trépan, le nez est cassé. Très écartée du nez, la bouche est moyenne, fermée, droite. Deux longues rides joignent côtés du nez et commissures. Un fin collier de barbe encadre la figure à partir des oreilles, faite d'un rang de petites bouclettes en coquilles.

11m. Visage aux cheveux ondulés se terminant en rouleau
Pour emplacement, cf. 11l.
Le visage est largement arrondi mais se termine par un fin menton pointu. Les yeux sont à peine creusés au trépan. Le nez est cassé, de longues rides le reliaient à la bouche fermée mince et droite. Il y a un fort écart entre nez et bouche. Les cheveux ondulés s'écartent en haut du front pour venir encadrer la figure et se recourber en volutes.

11g. Tête encadrée de feuilles (culot d'archivolte)
Place du presbytère : la pièce est encastrée dans la façade de la tour d'escalier accolée à la Tour du Monastère.
La tête est monolithe avec un départ d'archivolte moulurée en tore. Visage triangulaire aux pommettes saillantes, à la bouche charnue petite et bien dessinée, yeux percés au trépan. Petites oreilles triangulaires dressées sur les côtés du front. Le visage est enserré par deux feuilles aux minces folioles très allongées. Cette figure n'est donc pas exactement une « tête de feuilles », comme celle qui orne la baie ouest de Saint-Grégoire, où les végétaux sortent du visage. Les petites oreilles l'animalisent aussi d'intéressante façon. Cette figure faunesque relève du XIIIe, ou du XIVe siècle ?

Fig. 12. Chapiteau aux acanthes retournées en visages
Conservé au dépôt archéologique (Saint-Grégoire).

Calcaire très érodé. Le chapiteau comportait des feuilles d'acanthe retournées en petits masques et des personnages. Trois faces sculptées sur quatre. Ce

chapiteau qui fut d'un travail très délicat est dans un état pathétique. Le haut de la corbeille fait débord arrondi par rapport à l'abaque très discrète (1,5 cm de haut), de plan carré (22,5 cm de côté). L'astragale torique fait 2 cm de haut. La base du chapiteau devait être de plan arrondi, elle est en partie cassée ; environ 16 cm de diamètre ? Hauteur du chapiteau : 31,3 cm.
La face du dessus (traces d'outil bretté), comme celle du dessous, comportent au centre une fine ciselure en croix tracée à la règle, chaque trait étant dans l'axe de chaque face du chapiteau.
La face arrière ne montre plus qu'un ensemble de cassures mais devait être plane. Elle comporte à sa partie inférieure, interrompant l'astragale, un logement rectangulaire, peut-être pour un système de fixation ?

Manifestement le décor de la corbeille était organisé sur deux registres :

Un premier registre où une large feuille d'acanthe par face se recourbait en visage. De petits trous de trépan très érodés sont les seuls restes des reliefs des folioles. Les visages étaient triangulaires, encadrés de cheveux tombant en un épais carré jusqu'au niveau du menton. Ceux des faces gauche et droite sont abîmés mais reconnaissables alors qu'une cassure a fait disparaître feuille et visage de la face avant, dont on ne distingue plus que la silhouette. Nez et yeux étaient très finement traités. Sur la face droite, une petite trace ocre avoisine encore l'œil et le nez conservés du petit visage.

Un deuxième registre où saillaient à chaque angle du chapiteau un mince personnage, dont la tête venait soutenir l'angle du chapiteau et se trouvait en débord par rapport à l'abaque. Ils jaillissaient donc aux angles, leurs jambes venaient se glisser entre les larges feuilles du registre inférieur. Quatre petits trous de trépan disposés en carré se remarquent encore à la surface de la corbeille entre chaque personnage, au centre donc des faces.

Le corps de chaque personnage est grêle en proportion de la tête, vêtu d'une tunique courte à ceinture. On distingue encore les bras fins, allongés en arrière par rapport au corps, les cheveux des coiffures épaisses tombant au carré sur les épaules traités en mèches par des ciselures très fines. Le personnage qui faisait angle entre face avant et côté droit portait un chapel, fait d'un cercle portant trois motifs saillants et un décor pointillé très fin. Le personnage faisant jonction entre la face droite et l'arrière manque totalement, tout l'angle est cassé. Les trois autres personnages sont très abîmés mais bien reconnaissables.

La disposition du décor fait penser à un chapiteau de baie géminée, dont la face arrière laisse place aux huisseries de fermeture. Le thème des acanthes retournées en visages se remarque aussi sur le chapiteau de la baie de façade à Saint-Grégoire (cf. *supra* 5.1.4.). Les fines proportions des personnages rappellent les petites figures des chapiteaux de l'« Hôtel des Monnaies ». XIIIe siècle ?

Fig. 13. Sommier double d'une baie géminée, figuré
La pierre est prise dans la façade d'un bâtiment mauriste bornant le côté ouest de la place du presbytère. Elle est remployée comme linteau d'un petit jour rectangulaire moderne.

La pierre (calcaire fin) est très abîmée. De forme trapézoïdale, elle montre encore une forme générale, et des vestiges de moulures qui permettent de reconstituer sa fonction primitive. À droite en effet le bord de la pierre est conservé : c'est un départ d'arc souligné d'un tore. Un arc qui, si on le restitue en prolongeant la légère courbure marquée, devait être un arc de tracé brisé. Le même aspect peut ainsi être restitué à gauche malgré les cassures. La pièce faisait donc sommier central commun aux deux ouvertures d'une baie géminée, dont chaque arc devait être de tracé brisé, marqué d'une moulure torique. Cette pièce large était apte à recevoir un décor. L'écoinçon entre les deux arcs fut à son tour souligné d'un tore qui encadrait un petit buste dont on distingue encore la coiffure se terminant en rouleaux. La section supérieure du tore laisse supposer qu'un *oculus* sommait cette baie. XIIIe ou XIVe siècle ?

Fig. 14. Base de colonnette à griffes
Conservée au dépôt archéologique (ancienne église Saint-Grégoire).

La base carrée est quelque peu écornée. Elle faisait une trentaine de centimètres de côté. Socle et base sont monolithes : un socle carré simple porte une base octogonale au profil adouci en quart-de-rond. Assurant la liaison entre ces deux plans, des griffes faites de trois feuilles amortissent les angles. Une large gorge faisait transition avec le fût de la colonnette qui était aussi polygonal. L'assise-même de la colonnette est cassée, mais au centre de la pièce, se voit encore l'encastrement quadrangulaire pour un tenon.
Ce fut la base d'une colonnette centrale de baie géminée, du XIIIe ou XIVe siècle.

BILAN

La première moitié du Moyen Âge et le marbre

On peut tout d'abord noter d'une part que malgré les incertitudes un bon nombre de pièces ressortissent à une période ancienne, « wisigothique » à carolingienne. Et d'autre part la quantité d'objets de marbre. Seront rappelées ici les données propres à Saint-Martin le Vieux.

Les deux petits chapiteaux de marbre gris s'intègrent dans une série de cinq exemplaires géographiquement proches, assortis en matériau, dimensions, et épannelage, mais différents dans le détail. Trouvés en positions de remploi, le problème de leur fonction d'origine reste posé, comme celui de leur date et lieu d'exécution. Firent-ils partie d'édifices du Bas Empire, des temps paléochrétiens, bâtiments de *villae*, monuments funéraires, chapelles ? Furent-ils forcément exportés à partir d'ateliers pyrénéens ? Furent-ils retaillés dans des pièces antiques ? Ne peut-on envisager une exploitation précoce des carrières de Saint-Pons, où les veines sont grises, blanches, rougeâtres… ? La caractérisation des marbres pourrait donner une réponse, et A. Blanc et son équipe ont établi que l'équation marbre blanc = carrière de Saint-Béat n'est qu'un *a priori* trop tenace (Blanc *et al.* 1995 p. 129).

En revanche une pièce dont la fonction est plus facile à déterminer, la colonnette à la croix portant alpha et oméga, qu'il est raisonnable de considérer comme un support d'autel, est également en marbre, blanc, identifié comme marbre des Pyrénées par A. et P. Blanc ; relevant pour B. Mérel-Brandenburg de « l'Antiquité tardive », le lieu originel de sa mise en fonction est resté imprécis.

Un fragment d'un autre support ancien peut être évoqué, celui-ci bien situé : le chapiteau de plan quadrangulaire trouvé soigneusement intégré dans le sol de l'autel du XIIe siècle de Saint-Martin le Vieux. Malgré la difficulté du travail du matériau, du grès, la régularité de la mouluration, à l'antique, est impressionnante. Un chapiteau qui était monolithe avec son pilier, et qui en fut soigneusement détaché pour occuper cette curieuse position de relique[13].

La plaque de grès aux paons ne peut être datée, elle non plus, que largement : VIIe, VIIIe siècle ? La longue plaque aux entrelacs (un pilier de chancel ?) peut être de cette époque comme plus tardive. Une pièce peut être associée à celles-ci par le motif commun de l'entrelacs, que l'abbé Giry aurait vue conservée dans Saint-Grégoire (disparue depuis). La photographie qui en reste montre une plaque qui pourrait être de chancel avec deux panneaux : l'un au motif d'entrelacs à trois brins, serré, aux boucles cassées pour occuper les angles du panneau ; l'autre (tronqué) présente une boucle à un brin, munie de crochets pour occuper les angles du panneau, contenant deux végétaux attachés par la tige à la boucle (feuille et grappe de raisin ?) ; la boucle devait se prolonger en une autre, selon un tracé en huit, les deux étant ligaturées (Giry 2009 p. 267 : « fragment de cancel carolingien » ; le cliché ne montre pas l'objet entier)[14].

Les deux chapiteaux de pierre qui vu leurs proportions ont pu faire partie d'une arcature aveugle ou de baies composées, ainsi que l'inscription évoquant un « *cancelum* », autrement dit une limite sacrée, peuvent être rattachés à une haute époque, mais qui pourrait bien aller jusqu'aux Xe-XIe siècles ?

Nous savons par le dossier des textes que l'abbaye de Villemagne cherche littéralement une consécration par les reliques de saint Majan aux Xe-XIe siècles. La question du statut de Villemagne et des différentes églises à une époque antérieure reste en revanche posée (cf. *supra* chapitre 1). Du point de vue qui nous occupe ici, si la plaque aux entrelacs est sans qualités remarquables, le travail parfaitement régulier du support d'autel de Saint-Martin le Vieux, ou l'élégance de la plaque aux paons, montrent que sont commandées à Villemagne des œuvres lapidaires d'une certaine qualité, mais laissent ouverte la question du lieu de production. À cause du matériau utilisé, calcaire ou grès, il n'est pas impossible que le travail de sculpture se soit fait sur place ; mais on notera que la graphie de « MA… » sur la plaque aux paons est plutôt grossière, ce qui peut faire penser que l'inscription a été faite selon les besoins sur un objet préfabriqué. Quoiqu'il en soit un travail élaboré voisine avec des productions moins soignées comme la plaque aux entrelacs ou les deux petits chapiteaux d'arcature.

Revenons sur le sujet des tables d'autel et la difficile question de leur datation. Villemagne et son territoire sont illustrés par un assez grand nombre d'exemplaires, sous forme de fragments ou de tables entières. Là encore la proportion de mobilier de marbre est remarquable.

P. Deschamps puis le chanoine Hébrard (Deschamps 1925, Hébrard 1942) ont été les premiers à affiner les commentaires sur les fameuses « tables d'autel à lobes » qui ont été retrouvées dans un large sud-ouest de la Catalogne au Rouergue (et une à Cluny). D'après M. Durliat (Durliat 1966), entre IXe et XIe siècle fleurit à Narbonne un centre de fabrication de tables d'autel caractérisées par un décor de lobes et souvent sculptées dans des blocs de marbre antique. Un bon nombre en demeure conservé aujourd'hui, avec des éléments qui sont dits provenir de ce centre, ou « rattachables » à cette série (et pouvant provenir d'autres ateliers ?). La plus ancienne assurément datée grâce à une inscription remonte au tournant entre IXe et Xe siècle (table de Capestang transportée et conservée à Saint-Nazaire de Béziers). La pièce la plus célèbre est certainement l'autel de Saint-Sernin de Toulouse signé Bernard Gilduin, associé à un texte où il est fait mention de la consécration du maître autel en 1096, et toujours proposée comme dernière table quasi assurément datée. À propos des deux tables de Quarante R. Saint-Jean après M. Durliat fait lui aussi le lien avec un texte qui évoque une consécration d'autels par l'archevêque de Narbonne en 1053 (Durliat 1966, Saint-Jean 1975).[15]

On peut ajouter à cette série les restes d'une table qui équipa très certainement Saint-Martin le Vieux, dont le décor, un rang de longues perles simplement espacées, fut le même que celui de la « table retaillée ». Ce parti pris de simplification du motif antique du rang de perles longues alternées avec des perles rondes est intéressant. Il existe des versions très riches des « tables d'autel à lobes », et des versions très simples. La présence des lobes et le matériau, du marbre blanc, sont les seuls points constants de la série. Les dates évoquées sont autant de repères, mais force est d'estimer seulement les limites chronologiques de fabrication de ces tables.

D'autres tables, sans lobes, en marbre ou non, furent aussi fabriquées. Elles ne sont caractérisées que par un

[13] Les traces d'outil ne laissent aucun doute sur cette interprétation.

[14] Une plaque de même style, avec pour un panneau un huit à trois brins enserrant des motifs centrés géométriques, et un personnage nu traité de manière très schématique, de profil, courbé en deux ou assis, occupant partie du panneau voisin (cassé), est conservée dans l'ancienne abbatiale de Joncels. Sa provenance exacte n'est pas connue.

[15] Pour un « état de la question », cf. Mallet 2012.

jeu de moulures près du bord et un creux plus ou moins prononcé (de moins d'1 cm à plus de 5).
À Saint-Martin le Vieux les fragments d'au moins une autre table de marbre, moulurée, portant graffiti, ont été rassemblés, et un morceau d'une autre encore, en grès, a été retrouvé remployé dans le dallage le plus récent (**fig. 15a, b, c**).
Ajoutons que deux tables au décor simple sont évoquées par le chanoine Hébrard à Saint-Pierre de Rhèdes, et une troisième conservée aujourd'hui dans l'église des Aires, qui est dite provenir de Saint-Michel de Mourcairol, annexe de Saint-Pierre. Cette dernière, de marbre gris, présente un remarquable décor de câble interrompu aux angles par des fleurons très travaillés et tous différents (**fig. 15d**). Une table dont le style délicat rappelle, malgré l'absence de lobes, celui de plusieurs pièces de la série des tables à lobes (Gérone, Rodez, Quarante), assignées aux alentours du milieu du XIe siècle par M. Durliat (1966). La table de marbre blanc qui est réputée être celle de Saint-Grégoire, avec son ruban interrompu aux angles par un pli bien rigide, est beaucoup plus simple.
Un repère reste souvent évoqué, fondé sur la remarque du chanoine Hébrard, qui limite la production de ces tables au rebord saillant, où est donc ménagé un plateau central en creux, au XIIIe siècle. Parce que c'est l'époque où fut abandonnée la communion des fidèles sous les deux espèces, qui nécessitait un calice bien rempli dont le renversement constituait une catastrophe sacrilège.

Un court retour aux sources textuelles n'est pas inutile. La nécessaire qualité du matériau des tables d'autel est bien attestée. Le célèbre archevêque Hincmar de Reims par exemple enjoint en 856 aux prêtres de veiller à avoir même dans les chapelles *tabulam [...] de marmore, vel nigra petra, aut litio honestissimo* (Mansi 15 c. 492 II). Les interdits très stricts concernant les accidents pouvant survenir au Sang du Christ lors de l'eucharistie furent maintes et maintes fois repris. On peut citer parmi d'autres le décrétiste Burchard de Worms († *ca* 1025). Concrètement, il peut être retenu que l'autel est couvert de linges sur au moins deux épaisseurs, qui limitent les inconvénients du renversement du calice. La maladresse la plus gravement sanctionnée étant que le sang soit répandu au sol (Migne 140 col. 761 *cap.* XLVII). La forme de la table elle-même n'est jamais évoquée. Par ailleurs l'abandon progressif, pour les laïcs, de la communion au calice à partir du XIIe siècle est un fait aujourd'hui couramment admis[16]. Ceci dit il est permis de s'interroger sur les usages locaux quand on voit qu'au XVIe siècle il est besoin d'interdire aux laïcs la communion sous les deux espèces (Labbe et Cossart t. XX c. 137 sess. XXII, 1562, *cap.* XI).
Décidément ce raisonnement quant au creux des tables limité au XIIIe siècle, quoiqu'ingénieux, n'est guère solide. Il faut reconnaître que les indices de datation font cruellement défaut.

Ce qui ressort de tout cela c'est encore une fois l'abondance du mobilier de marbre. À Saint-Martin le Vieux de nombreux débris ont été trouvés, trop fragmentés pour que l'on puisse les identifier ; certains portaient de petits décors d'acanthes. Tout ce que l'on peut dire c'est que plusieurs éléments de marbre blanc équipaient l'église avant le pillage et l'incendie mal situés entre fin du XIIIe et XIVe siècles, et que d'autres ont été utilisés ensuite, sans que l'on puisse savoir s'ils ont alors été fabriqués de neuf. Pensons aussi qu'en 1636 l'évêque de Béziers inspectant Saint-Martin le Vieux y note que l'autel est fait de « quelque sépulcre blanc de marbre »[17].
Dans cette série de pièces de mobilier ecclésial, on peut évoquer ici la question posée par un énigmatique objet de marbre, aujourd'hui mis à l'abri dans le croisillon sud de l'église de Saint-Gervais sur Mare (prieuré de Villemagne), et qui a pu être identifié à première vue comme un bénitier portatif. Reconnaissons, premier point, que sa provenance n'est pas assurée. Mais ce genre d'objet n'est pas si souvent conservé que l'on n'en dise un mot. L'objet, en tronc de cône (hauteur 25 cm, pour un diamètre supérieur de 31 cm), est creusé d'une concavité demi-sphérique. Un orifice d'écoulement et à l'opposé une poignée sont déguisés en monstres, deux autres occupent les intervalles, pour orner la moitié supérieure externe de l'objet. La base est simplement munie d'un bandeau de 5-6 cm de haut. Les reliefs sont très usés. L'objet a servi et fut peut-être exposé à l'extérieur. Alternent donc un monstre aux yeux saillants, à fleur de tête, travaillés au trépan, au gros mufle faisant versoir, le corps est en faible relief mais les pattes avant reposant sur les cuisses des pattes arrière sont détachées du fond. À l'opposé c'est à un mufle de félin qu'est relié un corps épais formant poignée s'amortissant par une queue de poisson. Une sirène tenant sa double queue relevée, aux nageoires bien visible, et un curieux monstre à tête humaine finement travaillée, à la barbe pointue, surmontant un nœud d'où sortent deux éléments raides en torsades et une sorte de longue nageoire, complètent l'ensemble. Il pourrait dater du XIIe siècle. C'est assurément un contenant pour un liquide (orifice verseur), mais lourd ; il est manipulable (poignée), mais l'on peut supposer que ce caractère sert plutôt lors du nettoyage par exemple, que de l'usage. Une fonction originelle de bénitier est logique, mais serait étonnante eu égard aux motifs de monstres, au thème de la sirène, négatifs, qui ne vont guère avec un usage en tant que réceptacle d'un produit sacré. En revanche il est possible que cet usage se soit imposé à la longue. L'objet s'inscrit tout à fait dans un corpus étudié par C. Cercy et G. Verbrugghe, identifié comme une série de mesures ou mortiers (Cercy Verbrugghe 2007).
Rappelons aussi, comme élément architectural, le fragment de tympan sculpté de la figure de saint Pierre conservé à Saint-Pierre de Rhèdes (cf. *supra* 2.2.2). L'ex-territoire de Villemagne abrite décidément une quantité remarquable d'éléments de marbre.

[16] Cf. par exemple Gy P.-M., Communion, dans Vauchez A. dir., *Dictionnaire encyclopédique du Moyen Âge*, Cerf-Città Nuova-James Clarke & co, Paris, 1997, 1, p. 363.

[17] Cf. *infra* annexe 3.4, Édition de textes, f° 62 v° l. 1-2.

M. Durliat était d'avis que la retaille de marbres antiques occupa notablement la première moitié du XIe siècle à Narbonne, pour de possibles exportations lointaines (Durliat 1966). L'idée de la réutilisation de marbres antiques, eux-mêmes de provenances diverses, est toujours intéressante et valable pour la région de Villemagne[18]. Ceci dit, même si l'exploitation du marbre de Saint-Pons n'est attestée qu'à partir du XIIe siècle, rien ne prouve qu'elle n'ait pas commencé avant. Paul Deschamps lui assignait quelques tables à lobes, idée abandonnée depuis, mais qui finalement mériterait vérification[19]. Les carrières de Saint-Pons attendent leur archéologue.

Éléments architecturaux

Si deux petits chapiteaux évoqués *supra* ont pu faire partie d'arcatures aveugles ou de baies composées à une époque relativement haute, c'est aux périodes plus tardives, entre XIIIe et XVe siècles, que se rattache l'essentiel des débris architecturaux visibles ici et là.

Le chapiteau aux acanthes recourbées en visages, le double sommier figuré, le culot d'archivolte, la base à griffes ont certainement fait partie de baies géminées de maisons, et complètent l'aperçu fourni par les vestiges encore en place (cf. *supra* 5.1.3., 5.1.5., *infra* Annexe 2).

Le chapiteau malgré son usure reste remarquable, par la délicatesse des figures presque miniatures, très comparable à la sculpture du chapiteau de la baie ouest de Saint-Grégoire.

Les multiples consoles remployées çà et là ne montrent pas en revanche un art particulièrement virtuose. Les sujets sont attendus : diables ; figures humaines, certaine est monstrueuse (les siamois), d'autres sont plus typées que caricaturales (le joufflu au chaperon et le chauve), dans le goût du Midi. La question de la datation par la coiffure ou la coiffe, qui n'a pas été affinée depuis C. Enlart[20] reste en fait hasardeuse. Que la barbe passe de mode à partir des années 1180, revienne au goût du jour au XIVe siècle pour être de nouveau abandonnée dans la deuxième moitié du XIVe siècle (Enlart 1927 p. 132-133), est une interprétation dont on ne plus se satisfaire aujourd'hui.

Les épannelages sont de trois sortes. Les figures émergent d'un plan vertical et sont couvertes par une tablette matérialisant l'assise horizontale. C'est le cas du plus grand nombre. Les têtes sont en ces cas disposées plus ou moins penchées ou redressées, pour des effets différents des regards, adaptés aussi à la hauteur de leur emplacement. Autre formule, les figures sourdent d'un plan en oblique (les remplois de Saint-Grégoire). C'est le cas également des consoles observables en haut de la façade de la maison médiévale située Grand'rue (cf. *infra* Annexe 2). Ainsi sont-elles conçues penchées vers le spectateur. Enfin, troisième façon de faire, certaines ne comportent pas d'assise horizontale supérieure, du moins apparemment. Doit-on penser qu'elles constituaient un décor saillant en parement ? Il faudrait pouvoir observer ces pièces, qui ne seraient plus alors exactement des consoles, de plus près pour approfondir cette hypothèse. Les autres ont pu faire partie des modillons d'une église, comme soutenir les aisseliers de surplombs de pan de bois de maisons...

Les styles sont divers. Il est des figures plus travaillées que d'autres (11d et 11g). Les yeux sont toujours importants. Une solution spectaculaire consista même à emplir les pupilles de plomb. La comparaison avec les figures qui ornent l'abbatiale n'apporte pas grand'chose. Les masques qui soutiennent les gargouilles de l'abbatiale sont traités d'une façon très particulière, avec de forts reliefs, des joues gonflées, des yeux très enfoncés (sans traitement au trépan). Le type de sculpture s'oppose à la sculpture de surface de nombre de ces consoles. C'est aussi que les gargouilles étaient destinées à être vues de loin.

Malgré le caractère fin du travail des pièces 11d et 11g, *a priori* à Villemagne ne sont pas, ou plus, conservées de pièces qui pourraient être comparables à ces éléments de « facture exceptionnelle », « culots à chimères ou à personnages qui ont été sculptés en grandes séries dans tout le Midi languedocien et avignonnais pendant la première moitié du XIVe siècle, et plus particulièrement dans les années 1330-1350 » (Pradalier-Schlumberger 1998 p. 197). Il y a pourtant un élément qui reste remarquable, c'est le fragment de console retrouvé dans le remplissage d'un caveau à Saint-Martin le Vieux (cf. *supra* 5.1.1. et **fig. 5**), ce fin visage féminin aux sourcils froncés et à la bouche hurlante. Pour sa part il ne déparerait pas la série citée dans Pradalier-Schlumberger 1998.

---

18 Voir le « cippe » antique de Joncels en marbre de Carrare, remployé en support d'autel chrétien : Mérel-Brandenburg *et al.* 2011 p. 678.

19 G. Mallet aboutit à la même conclusion (Mallet 2012).

20 Le chapitre concerné du petit volume de D. Pinasa ne fait que résumer Enlart (Pinasa D., *Costumes - Modes et manières d'être*, Rempart-DDB, Paris, 1992).

a

b

c

d

e

f

g

An. 1 fig. 1 Deux petits chapiteaux de marbre gris à feuilles d'eau (conservés dans Saint-Majan)
a. Chapiteau à motif trilobe
b, c, d. Chapiteau à motif en éventail
e, f, g. Porte sud de Saint-Pierre-de-Rhèdes (commune Le Poujol-sur-Orb), avec chapiteaux de marbre en situation, et détails

An. 1 fig. 2
Plaque aux paons affrontés et canthare (trouvé en remploi dans l'abbaye moderne, conservé au dépôt archéologique de Saint-Grégoire)

Fig. 3 Support d'autel de marbre à la croix (conservé dans Saint-Majan ; provenance : Sainte-Marie de Taussac ?)

Fig. 4 Pilier aux entrelacs (remployé dans une façade à l'extrémité est de la rue du Mazel)

a b c

Fig. 6 Chapiteau au décor palmiforme (conservé au dépôt archéologique de Saint-Grégoire)
a. Face aux brins croisés
b. Petit côté aux brins épanouis en bouquets
c. Petit côté aux brins bagués épanouis, et fleuron

Fig. 5 Chapiteau gaîné de folioles dressés, attaché à un tronçon de colonnette (collection particulière)

Fig. 7 Fragment d'inscription (remployé en partie haute d'une façade donnant place de l'Abbaye)

An. 1 fig. 8 Chapiteau aux oiseaux et acanthes (trouvé dans l'enceinte de l'abbaye ; collection particulière) (cl. R. Guiraud)

Fig. 9 Table d'autel de marbre, retaillée (conservée dans Saint-Majan ; provenance : Sainte-Marie de Taussac ?)
a. Vue de côté
b. Profil

a

b

c

Fig. 10 Table d'autel de marbre au ruban (conservée dans Saint-Majan ; provenance Saint-Grégoire ?)
a. Vue d'ensemble
b. Détail de l'angle du ruban
c. Profil

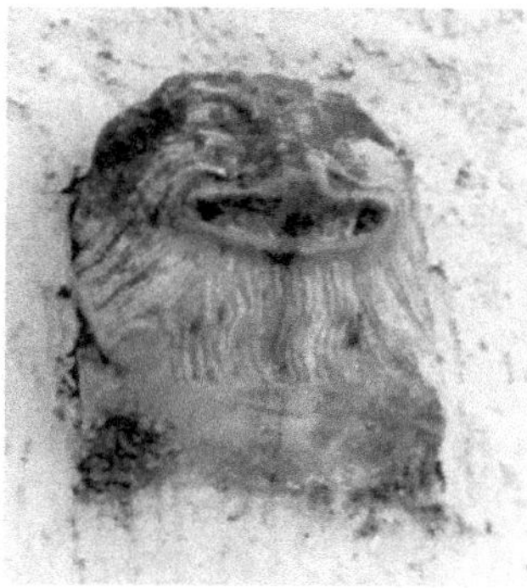

a

b

c

d

e

f

g

h

i

j

k

l

m

An. 1 fig. 11 Consoles, culots et modillons (remployés dans les murs du village) (*sauf h, cl. R. Guiraud*)
a. Tête de lion ou diable
b. Tête de diable aux cheveux dressés
c. Tête de diable
d. Tête humaine au chapel fleuronné
e. Tête de bovidé
f. Tête féminine ?
g. Tête encadrée de feuilles
h. Visage barbu
i. Visages humains siamois
j. Tête féminine au chapel décoré
k. Tête au chapel lisse
l. L'un est couvert, l'autre pas
m. Visage aux cheveux ondulés se terminant en rouleau

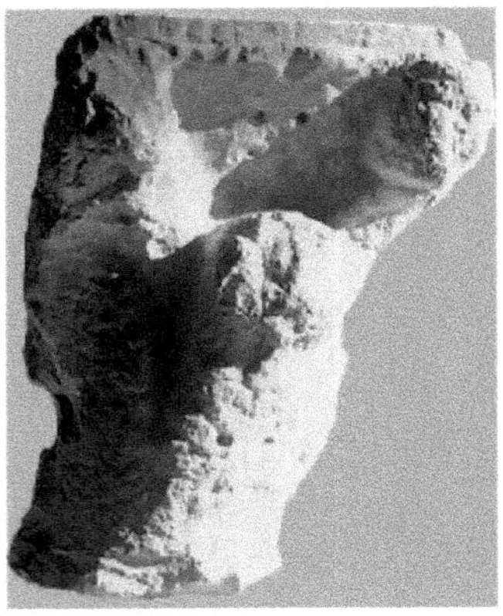

a

b

An. 1 fig. 12 Chapiteau aux acanthes retournées en visages (conservé au dépôt archéologique de Saint-Grégoire)

Fig. 14 Base de colonnette à griffes (conservé au dépôt archéologique de Saint-Grégoire)

Fig. 13 Sommier double d'une baie géminée, figuré (remployé dans une façade donnant place de l'Abbaye)

Fig. 15 Tables d'autel
a, b. Fragments provenant probablement d'une même table d'autel, de marbre. Eléments trouvés en remplois dans l'église Saint-Martin le Vieux
c. Fragment de table en grès trouvé remployé dans un dallage moderne de l'église Saint-Martin le Vieux
d. Profil de la table d'autel de marbre conservée dans l'église des Aires (provenance : chapelle Saint-Michel de Mourcairol ?)

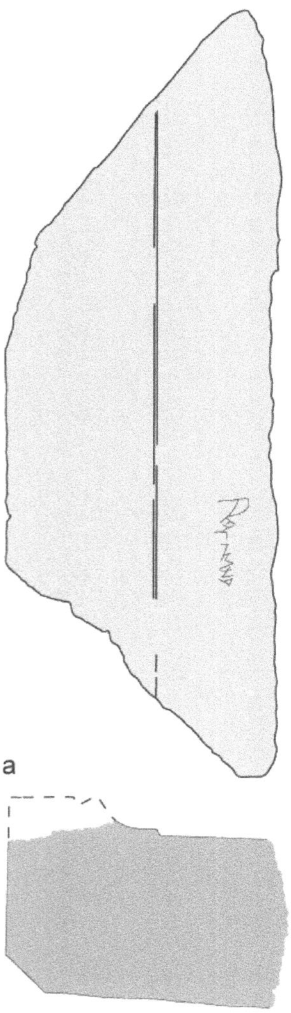

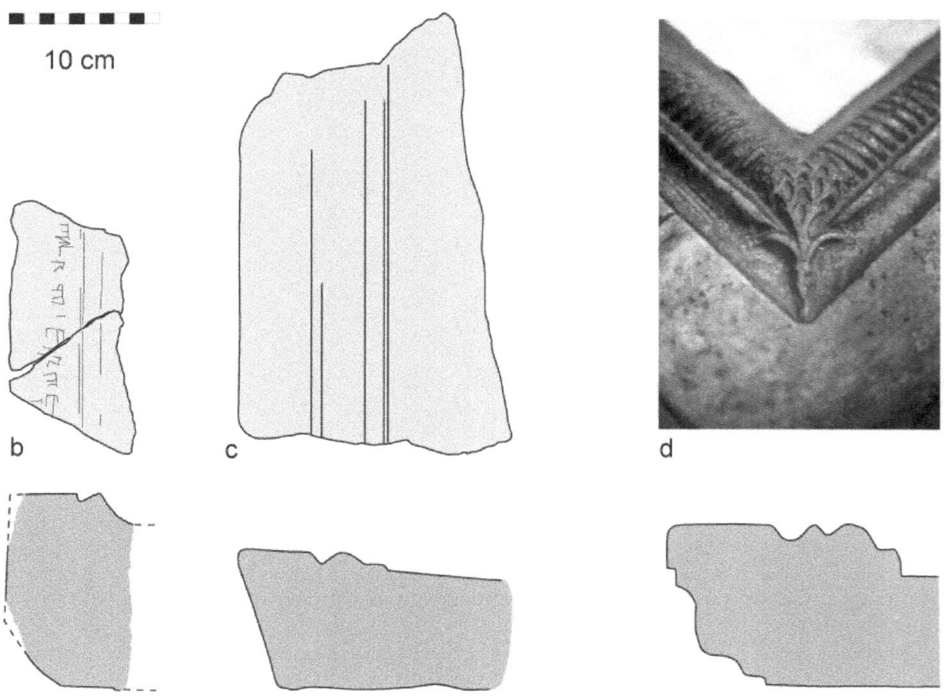

ANNEXE 2

FRAGMENTS D'HABITATIONS

Fig. 1. Façade Grand'rue
Parcelle cadastrale 1359.
Quand on vient de la Porte de la Barbacane, la maison se situe Grand'Rue (c'est-à-dire sur le même axe que l'« Hôtel des Monnaies »), à droite, une maison au-delà du premier croisement, là où la rue s'élargit et commence à s'incurver par rapport au tronçon droit qui vient de la Porte. Y eut-il composition à l'arrière avec la rue des Coquières, bordée elle aussi d'une façade médiévale (cf. *supra* 5.1.5.) ?
La disposition classique d'une maison d'habitation sur boutiques est aisément reconnaissable. L'habitation très transformée est privée et seule ici est évoquée la façade. Elle se compose avec une cour à l'arrière. D'après le cadastre, le plan de la maison d'aujourd'hui est trapézoïdal, allongé dans le sens est-ouest (façade ouest sur rue).
La construction est faite apparemment essentiellement en moellons de nature diverse. Ressortent néanmoins les encadrements des ouvertures, arcs de décharge, et cordon, en pierre de taille. Quelques pierres taillées chaînent aussi les angles de la façade ; quelques-unes aussi au premier étage, surmontent les baies d'origine.
La place réservée à la pierre de taille dans la construction d'origine n'est pas facile à évaluer. Le calcaire utilisé s'érodant considérablement, la façade a été en partie reparementée en moellons, avec des joints gras.
Les baies modernes ont cassé l'ordonnance ancienne, d'autant plus qu'il y a eu haussement du niveau de la rue (aujourd'hui deux étages sur rez-de-chaussée). Rive sur rue.

Rez-de-chaussée d'origine
Les vestiges les plus spectaculaires, à droite (**fig. 1e**), sont constitués par une grande arcade, clavée, à l'arête sculptée de croisillons en tête-de-clou soulignés d'une fine gorge, à demi enterrée dans le sol à cause du surhaussement de la rue ; entièrement colmatée. Elle est surmontée d'un arc de décharge régulièrement clavé, de tracé surbaissé. Entre les deux arcs les pierres de taille se décomposent sous l'action de l'érosion.
À gauche (**fig. 1b**) l'on distingue deux départs d'arcs de décharge opposés, dont la rencontre surmonte un pan de mur étroit pris dans le parement transformé, fait simplement de pierres de taille superposées (une par assise). Ce sont les restes de deux devantures séparées par un étroit trumeau. Elles devaient être surmontées de linteaux de bois.

Premier étage d'origine
Sont facilement repérables les vestiges d'une baie géminée encadrée de part et d'autre d'une baie simple (**fig. 1c, d**). Le cordon d'appui est conservé à droite (bandeau souligné d'une fine gorge sur cavet). Les couvrements étaient des arcs clavés plein-cintre ; un décor de croisillons en tête-de-clou ornait en continu arête des intrados et des piédroits pour chaque ouverture. Ne restent que les trumeaux, étroits (de même appareil qu'entre les deux devantures de rez-de-chaussée, *id est* un bloc par assise), partie des piédroits extrêmes, de rares claveaux et des négatifs d'arcs.

Deuxième étage
L'appareil est fait d'une majorité de galets de rivière. L'ouverture moderne, sous linteau de bois, présente de beaux piédroits chanfreinés, qui pourraient être des remplois (piédroits des devantures ?).
À la base du toit, à chaque angle de la maison, se trouve une console sculptée (les tuiles reposent directement dessus : **fig. 1f**). Épannelage : l'extrémité du bloc affecte une forme de biseau, le plat est dirigé vers le bas de façon à ce que la figure qui jaillit de ce plat soit tournée vers le bas. À gauche, un visage échevelé, assez large, au menton petit, au long nez mince, aux yeux percés au trépan, est bien reconnaissable. À droite se trouvent plutôt les restes d'un mufle animal (très érodé). Ces consoles sont bien assorties mais ne sont pas en place.

Fig. 1g. Il y avait donc au rez-de-chaussée des ouvertures de deux sortes. Si les ouvertures de gauche sont identifiables comme des devantures montées de même que celles de l'« Hôtel des Monnaies », la belle arcade de droite, beaucoup plus large qu'une porte piétonne, pourrait avoir été l'entrée d'un passage voûté qui aurait mené à une cour ?
Au premier étage les trumeaux sont remarquablement étroits, et les baies plutôt hautes. Ce qui pourrait laisser supposer l'existence d'un deuxième étage léger, en pan de bois, porté en encorbellement. Les consoles en remploi auraient pu être celles d'aisseliers. Reconnaissons qu'en fait on ne peut même pas assurer qu'il y avait un second étage, et que les consoles peuvent venir de n'importe où.

Fig. 2. Porte jouxtant l'« Hôtel des Monnaies »
Parcelle cadastrale C 132.
Cette large ouverture sous linteau sculpté, encore partiellement fonctionnelle aujourd'hui, jouxte le mur nord-est de l'Hôtel des Monnaies, *id est* son pignon libre, sur la hauteur du rez-de-chaussée.
Rappelons que le mur-pignon de l'Hôtel des Monnaies, dont le deuxième étage devait être en pan de bois, se combinait apparemment avec un mur arrière entièrement maçonné au fond des modules 3 et 4 (cf. *supra* 5.1.3.).
Une maison dont l'apparence relève des débuts du XXe siècle est venue s'y appuyer, mais en laissant libre un passage au niveau du rez-de-chaussée ; ce passage ainsi couvert mène à la cour arrière de l'Hôtel des Monnaies,

où fonctionna à l'époque contemporaine un four (encore présent). L'entrée du passage ménagé s'inscrit dans partie seulement de ce qui fut une large porte couverte d'un linteau remarquablement sculpté, par ailleurs bloquée. La face interne de l'ouverture d'origine médiévale n'est donc visible que sur une piètre surface.

Piédroit et linteau de bois de la devanture de l'Hôtel des Monnaies qui se trouvent de ce côté ont été entamés. Des calages plutôt inesthétiques colmatent le joint avec le piédroit de l'ouverture étudiée ici. Suite à un décroûtage partiel de la façade par Jacynth Crozier[1], on peut voir que trois claveaux prolongent de ce côté un arc de décharge de tracé surbaissé par ailleurs plus ou moins appuyé au couvrement plat (**fig. 2b**) ; le premier claveau vient prendre appui de façon abrupte sur l'arc de décharge de la devanture de l'Hôtel des Monnaies, la mise en place de ces claveaux ayant aussi fait casser l'extrémité du larmier à croisillons. Cette partie de l'arc de décharge est traversante puisque l'on peut en observer la suite sur le parement interne.

Le linteau orné lui-même se compose plutôt mal avec ces trois claveaux prolongeant l'arc de décharge. Le linteau (30 cm d'épaisseur) est sommé d'une corniche (moulurée en bandeau surmontant une doucine). Elle est plus courte que le linteau lui-même. L'angle supérieur du linteau vient entamer le troisième claveau. La corniche entamerait largement le quatrième s'il était encore en place (l'introduction récente d'une gouttière a malheureusement pulvérisé cette intéressante zone de contact).

En revanche sur la hauteur du premier étage de l'Hôtel des Monnaies, les blocs réguliers sont taillés en forme d'un petit retour d'angle. Des encoches lient les blocs qui ne comportent pas exactement une chaîne d'angle. La suppression du pan de bois au profit d'une façade d'aplomb moellonnée a affecté la hauteur du deuxième étage de l'Hôtel des Monnaies. Le joint avec le pan de mur en retour à ce niveau, dans lequel se trouvaient rappelons-le deux portes sous arc plein-cintre, n'est pas bien observable.

Structurellement le grand linteau rectangulaire (30 cm d'épaisseur) reposait sur des coussinets (celui de gauche est cassé), taillés dans des blocs de grandes dimensions ; la mouluration n'en épouse pas exactement la forme en console massive, réclamée par le poids et la portée du couvrement. Les tores suivent un tracé en angle droit qui s'écarte de l'arête de la console, pour en alléger visuellement la forme (**fig. 2d**). Cette manière de faire valorise un tracé esthétique recherché qui privilégie les perpendiculaires, tout en ménageant la solidité de la structure.

Le cartouche qui orne le linteau est travaillé selon un relief en méplat très délicat, comme est particulièrement subtil le jeu des moulures alternant tores et gorges, larges et profonds, qui l'encadrent. Le contraste des deux types de relief est très original. Tore et gorge suivent le contour supérieur du cartouche et enveloppent ses extrémités gauche et droite, se retournent sur les coussinets selon des perpendiculaires pour suivre verticalement les piédroits. Un autre ensemble tore et gorge moulure le bord inférieur du cartouche, enveloppe à son tour la mouluration des coussinets pour la doubler, et se prolonge aussi en doublant la mouluration des piédroits.

Visible grâce au décroûtage, l'arc surbaissé qui décharge linteau et corniche s'appuie sur ce couvrement plat. Le remplissage entre arc et corniche est fait de blocs longs plutôt bien taillés, qui font contraste avec le reste de la façade, moellonnée. L'arrière-voussure peu profonde (32 cm) est de tracé surbaissé (**fig. 2b**). Ses claveaux doublent la face arrière du linteau et de sa corniche. Elle est munie d'une profonde feuillure propre (10 cm de hauteur pour 12,5 de profondeur). Une autre feuillure est présente sur le piédroit visible (encoche de 6 cm de large), qui laisse supposer des vantaux venant s'appuyer contre l'arrière du linteau. Revers du piédroit visible et arrière-voussure ne sont donc pas en cohérence.

Les motifs : médaillons et écoinçons (**fig. 2c**)

Le long cartouche est sculpté en méplat de neuf motifs. Huit sont entourés par un médaillon circulaire décoré de trous de trépan, c'est-à-dire quatre de part et d'autre d'un motif central isolé par des baguettes verticales (ornées également au trépan).

Motifs des médaillons de gauche à droite :

1 : rosace à six pétales lancéolés symétriques. Alternent pétales au contour orné de trous de trépan enserrant une partie centrale en relief, et pétales au contour simple enserrant une zone centrale en creux.

2 : aigle aux ailes éployées et aux serres étendues en position symétrique, sauf la tête tournée vers la gauche. Le corps et le haut des ailes sont recouverts de losanges pointés au centre, de fines gravures verticales soulignent les rémiges des ailes et les plumes de la queue.

3 : dragon ailé dit amphisbène, de profil tourné vers la gauche. La queue bouclée se termine par une tête tournée vers la droite. De chaque gueule pend un motif allongé en fleuron. Le corps est recouvert de losanges pointés.

4 : l'aigle est identique au motif 2.

5 : motif central, sans médaillon circulaire. C'est encore un aigle, disposé de même que pour les motifs 2 et 4.

6 : le motif de l'aigle se répète, mais à la tête tournée vers la droite.

7 : arbre stylisé. De part et d'autre du tronc deux quadrupèdes bondissant sont affrontés. Les « frondaisons », symétriques et géométriques, sont

[1] Que Jacynth Crozier, archéologue auprès de la s.a.r.l. ACTER, soit ici remerciée pour les premiers résultats de son étude, à paraître.

attachées à un nœud central décoré d'un cercle de trous de trépan. Trois « pétales » rappellent la forme des éléments de la rosace. Ils alternent avec un motif en double volute enserrant un petit pétale.

8 : un dernier aigle, disposé de même que pour le motif 6.

9 : cette fois-ci c'est la rosace 1 qui est répétée.

Il y a donc organisation régulière, la symétrie est néanmoins rompue par amphisbène et arbre aux quadrupèdes.

En revanche les écoinçons sont occupés par de petits motifs tous différents.

Entre 1 et 2 : baguette verticale.

Entre 2 et 3 : coq en haut, paon en bas.

Entre 3 et 4 : fleuron en haut, sirène de profil tourné vers la gauche en bas.

Entre 4 et 5 comme entre 5 et 6, se trouve une baguette à crochets différents les uns des autres (?), ornée de trous de trépan.

Entre 6 et 7 : les fleurons sont composés de même en haut et en bas ; socle triangulaire, nœud circulaire, trois pétales.

Entre 7 et 8 : boucle en haut ? est-ce un serpent à deux têtes avec anneaux pendant de la gueule ? et poisson à deux queues en bas.

Entre 8 et 9 : baguette se terminant en tête de chien en haut (?) et muni d'une excroissance ronde en bas (?).

La construction d'une petite travée de maison d'apparence récente, par-dessus le passage ouvert par cette entrée, a fait ménager la porte encore fonctionnelle aujourd'hui, dont le seuil correspond aux niveaux de circulation actuels (côté interne, le millésime « 1930 » tracé au doigt dans une recharge grossière de plâtre au-dessus de l'arrière-voussure, la date peut-être). Elle a été voulue rectangulaire et pour ce faire le coussinet gauche a été cassé. Une carte postale ancienne montre un état où cette porte bâtarde, aux deux vantaux en bon état, est surmontée du linteau fissuré. Le linteau menaçant de céder complètement un étai de bois a été depuis posé.

Sous le linteau la partie droite est donc bloquée par cette maison et colmatée (**fig. 2d**). Ont été laissés dans ce colmatage les restes d'une porte qui fut aussi assez large, sous arc surbaissé extradossé, de belle pierre de taille, à l'arête (piédroits comme intrados) continûment moulurée en tore ; le niveau de son seuil est aujourd'hui enterré. Par rapport à l'encadrement sculpté, cette reprise, de qualité, montre un état du passage étréci, et diminué en hauteur, qui pourrait dater du début des Temps modernes (une reprise comparable a affecté la devanture sur la rue Droite du module 4 de l'Hôtel des Monnaies, avec des blocs de pierre de taille mais moins travaillés).

Bibliographie

Renouvier 1840 : ce linteau faisant preuve pour lui d'un « travail minutieux et barbare », Jules Renouvier hésitait entre une datation « IXe siècle », et une attribution plus « prudente » au XIIe siècle.

Angué 1988 : propose de dater le linteau de la « porte charretière », récupérée sur un édifice antérieur, à partir du milieu du XIIe siècle. Le décor est inspiré des tissus orientaux. Il interprète cette ouverture comme l'entrée d'une cour, dans un mur de clôture haut d'au moins 3,70 m de haut.

Comparaisons esthétiques

Les comparaisons possibles ne sont guère probantes.

Des exemples d'organisation d'un décor de linteau par alignement de motifs circulaires sont connus pour les grands édifices du culte aux XIe et XIIe siècles (Moissac, Maguelone...). On a avancé des référents plus anciens, dignes du Xe siècle. Le motif de l'aigle aux ailes éployées répété jusqu'à l'exactitude rappelle certes les « tissus orientaux »[2]. La disposition des médaillons aux écoinçons occupés par des fleurons, comme les rosaces au compas, l'arbre stylisé géométriquement, les quadrupèdes bondissant, font aussi penser aux motifs des blocs décoratifs pris dans les murs des églises dites wisigothiques largement commentées depuis J. Puig i Cadafalch. Ce dernier parle en particulier à leur propos d'« imitations de l'orfèvrerie dans la sculpture »[3].

Pour évoquer des exemples plus tardifs : à Montpellier sont conservés des linteaux de portes d'habitations décorés de motifs dans des médaillons (l'un peint, l'autre sculpté en méplat), mais ce sont des écus armoriés. Une représentation de tissu « byzantin » à médaillons est peinte sur une cloison interne en pan de bois de la « maison Muratet » à Saint-Antonin Noble Val (datée par dendrochronologie du deuxième quart du XIIIe siècle).[4] J. Adhémar souligne que sont souvent cités encore aux XIIIe-XIVe siècles les tissus « alexandrins », qui restent une source d'inspiration[5].

La mise en valeur sculptée de cette grande ouverture reste très originale. Et certains traits peuvent faire finalement pencher pour une datation relativement tardive. L'aigle, le dragon-amphisbène disposés ainsi sont aussi des motifs héraldiques bien fixés, de grand succès dans la deuxième moitié du Moyen Âge. Le tracé cassé des tores très épais, qui suit des angles droits, peut relever du goût pour une esthétique « perpendiculaire » adaptée aux croisées marquant plutôt la fin du Moyen Âge.

Quoiqu'il en soit, on peut supposer qu'une certaine idée du luxe et du raffinement est ici représentée.

---

[2] Le prestigieux tissu de la fin du Xe siècle de Saint-Eusèbe d'Auxerre, dit d'origine byzantine, est à ce sujet un référent exemplaire souvent évoqué.

[3] Puig i Cadafalch 1961 : exemple de la pl. XII (et pl. XLII, XLIII pour San Pedro de la Nave et Quintanilla de las Viñas ; ce type d'ordonnance est encore utilisée au Xe siècle : cf. pl. XLVI).

[4] Sournia, Vayssettes 1991, fig. 169 à 171 p. 152. Bongiu *et al.* 1993 p. 227.

[5] Adhémar (1939) rééd. 1996 p. 289 et n. 2.

Fonction

Il faut bien reconnaître que cet élément architectural isolé dans son genre reste énigmatique. Sa facture est incontestablement médiévale, peut-être assez tardive. Son mode d'incrustation par rapport à l'angle de l'Hôtel des Monnaies est quelque peu étrange, avec ces quelques claveaux prolongeant l'arc de décharge. Maintenant que la façade de C 132 est décroûtée, on a par ailleurs l'assurance que ces belles pierres de taille jurent avec le reste de la façade, moellonné. D'après les premiers résultats de l'étude de bâti de la maison C 132 par J. Crozier, les vestiges apparemment médiévaux ne sont repérables qu'en mitoyenneté, côté Hôtel des Monnaies, comme aussi à l'opposé (côtés ouest et est de C 132).

Le raisonnement de P. Angué était logique, qui y voyait le remploi d'une baie dans un mur de clôture (d'autant plus que sur le plan cadastral de 1826 l'espace est ouvert en cet emplacement ; la maison C 132 est bien postérieure). Mais avant le XIXe siècle, comment fut occupé l'arrière de l'Hôtel des Monnaies ? Il est possible qu'une phase ait vu une communication avec un corps de bâtiment en retour au fond des modules 1 et 2, alors qu'un mur au fond des modules 3 et 4 était peut-être ouvert de deux portes au deuxième étage (donnaient-elles sur une coursière ?).

Dans l'état actuel des observations ce portail (?) est venu entamer l'angle de l'Hôtel des Monnaies sur la hauteur du premier niveau, et lui est donc postérieur. Il est seul caractérisé par la pierre de taille, le reste de la façade (C 132) est en moellons : un remploi dans un mur tardif ? Un détail pourrait néanmoins laisser penser que cette belle ouverture fonctionna « anciennement », avant les atermoiements de niveaux d'occupation provoqués par les résidus d'inondations (cf. 5.1.3.), à savoir sa reprise par une ouverture plus petite sous arc surbaissé, plutôt de belle facture **(fig. 2d)**. C'est une étape que connut aussi l'Hôtel des Monnaies. Le linteau de pierre étant situé encore plus haut que les linteaux de bois de l'Hôtel des Monnaies (il est au même alignement horizontal que ses arcs de décharge), cela ferait restituer une ouverture d'une hauteur très importante (à moins que la partie basse aujourd'hui invisible n'ait pas été au même niveau que les seuils de l'Hôtel des Monnaies ; un sondage le vérifierait).

La fonction en tant que remploi est obscure. On ne peut écarter la possibilité que des structures aient été appuyées un temps au fond des modules 3 et 4 de l'Hôtel des Monnaies, disparues avant l'époque de la levée du cadastre, et que cet accès y ait eu partie liée. Une campagne de fouille, actuellement en attente, permettra d'en savoir plus.

Si cette ouverture fut un jour, dans son état originel, devanture de boutique, son ornementation resterait pour cette fonction tout-à-fait exceptionnelle (une enseigne pour un marchand de tissus de la plus haute qualité ?). Fut-elle plutôt conçue comme un portail d'entrée de demeure patricienne ? une ouverture qui donna sur un passage couvert menant à une cour distributive ?

Et si les blocs de ce portail ont bien été récupérés dans Villemagne, on peut dire qu'au moment de sa création un commanditaire aux goûts originaux se permit le luxe d'une construction très ornée, aux référents raffinés. La combinaison entre mode de montage piédroits-linteau et mise en valeur sculptée constituant aussi un trait exceptionnel. Le savoir-faire des exécutants est en tous points remarquable.

a

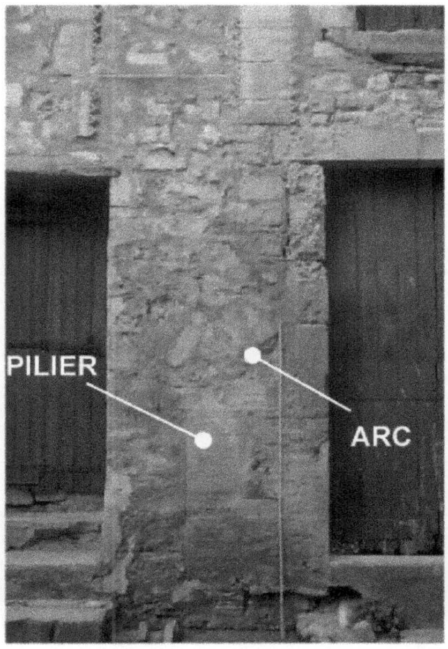

b

c

d

e

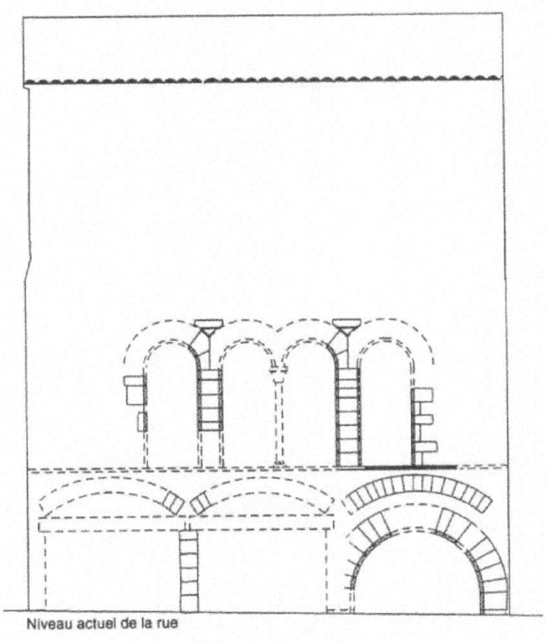

g

f

An. 2 fig. 1 Façade donnant Grand'Rue
a. Ensemble
b. En rez-de-chaussée, pilier et départs de deux arcs de décharge
c. Baie à l'étage
d. Baie à l'étage
e. Entrée sous arc plein-cintre
f. Deux modillons en remploi, l'un avec un visage humain, l'autre un mufle animal
g. Restitution

An. 2 fig. 2 Portail jouxtant le mur pignon de l'Hôtel des Monnaies, rue de l'Hôtel des Monnaies

a. Ensemble (après travaux 2011 en façade de la maison : parcelle C132)

b. Arrière-voussure surbaissée à feuillure, accolée au linteau dont on voit la cassure

c. Détail des médaillons qui ornent le linteau

d. Côté gauche, prolongement (1) d'un arc de décharge (voir a ci-dessus) pris dans une partie reprise de la façade de l'Hôtel des Monnaies ; le clavelage est entamé par la corniche. L'entrée a été diminuée par une porte sous arc surbaissé extradossé, à l'arête continûment moulurée en tore (2).
A l'occasion de la construction de la maison (3), fut ménagée une entrée rectangulaire (4) obtenue en cassant le coussinet (deux blocs du piédroit mouluré de la porte 2 ont été remployés pour en faire le seuil). Le linteau s'est brisé et est soutenu par un étai (5)

ANNEXE 3

ÉDITION DE TEXTES

1. INSCRIPTION ENCASTRÉE DANS LE PORTAIL DE SAINT-GRÉGOIRE

1.1. Fonction et lieu de conservation

L'inscription est une charte lapidaire (**fig. 1**). Les claveaux de l'arc de la porte de l'église ont été creusés pour incruster cette dalle (à tort appelée « linteau » ou « tympan ») ; ce ne peut être en aucune façon son emplacement d'origine. Les commentateurs du XIXe siècle, depuis 1836 au moins, semblent l'y avoir toujours vue, et elle est représentée sur les gravures de cette époque, même si H. Nodet dans son relevé de façade de 1908 ne la représente pas (Mayer 1982 p. 171).

1.2. Support, dimensions, présentation générale

Le calcaire de grain fin qui a été utilisé, s'il se prêtait très bien à la gravure, supporte mal les intempéries. Raison supplémentaire pour supposer que son emplacement d'origine était au moins abrité. Dimensions 140 x 91 cm environ.
Un registre supérieur de la dalle est sculpté de l'agneau pascal au centre, de l'homme ailé lié à saint Matthieu à gauche et de l'aigle symbole de saint Jean à droite, nimbés et disposés dans des médaillons circulaires. Les deux autres éléments du Tétramorphe, méconnaissables, situés également dans des médaillons, aux dimensions légèrement plus importantes, occupent les angles de l'emplacement rectangulaire autrement couvert par l'inscription. Tous les motifs sont très abîmés mais l'on distingue encore quelques lettres sur le cadre du médaillon entourant chaque symbole. Comme la disposition du Tétramorphe suit la disposition habituelle, on peut restituer le lion de saint Marc en bas à gauche et le taureau de saint Luc à droite. Une double moulure torique souligne le pourtour de la dalle et du registre supérieur.
Dimensions des lettres : environ 2 cm de haut (contenues entre des interlignes séparés de 2,3 cm). 17 lignes.

Pour la transcription en situation des lettres sûres : **fig. 2**.

1.3. Interprétation, en tenant compte des jambages visibles

Ligne 1 :
+ IN [NOMIN]E D(OMI)NI A[NNO AB IN]CARN(ATIONE) X(*CH*RISTI) M C XC II [MENSIS] MADII [...] V REGE [PH(ILIFP)O] [R]EGNANTE MANI[FESTUM] SIT
Ligne 2 :
QU[OD] [EGO B(ERENGARIUS)?] ABB[A]S [VIL]LEMAGNA[E] [CONS]ILIO SALOMONIS PRIORIS P(ETRI) SACRIS[TAE] [...]
Ligne 3 :
[liste de noms]... [PRI]ORIS DE [REDE ?] P(ETRI) MONACI M(O)N[(ASTERII) S(ANCTI)] MAR(TIN)I ET ALIORUM MON[ACORUM] [...]
Ligne 4 :
[...] GUIRPIMUS & [D]ESAMPARA[M]US VOBIS [...]
Ligne 5 :
[...] ...OLLO MALO OPOS(I)TIO... [...]
Ligne 6 :
[...] [CON]DAMN(AT?) C(ENTUM) [...] [EG]O B(ERENGARIUS) AB[BAS] [...]
... *Ligne 17 :*
[...] VIL[L]E [M]AGNE [...]

La lecture des trois premières lignes est relativement aisée :
Au nom du Seigneur ; en l'année depuis l'Incarnation du Christ 1192, le 5 des (calendes ou nones) de mai, le roi Philippe régnant, qu'il soit clair pour tous que (moi) abbé de Villemagne, suivant le conseil (?) de Salomon prieur, Pierre sacriste, de .... prieur de... (Rhèdes ou Bédarieux abrégé ?), de Pierre moine du monastère Saint-Martin, et d'autres moines...
A la quatrième ligne, les mots GUIRPIMUS, DESAMPARAMUS VOBIS sont bien lisibles également : l'abbé et son monastère font une déguerpition sans doute sous conditions dont le non respect entraînera au moins à une amende ; une *guirpitio*, déguerpition, est un « abandon de propriété et mise en saisine du nouveau possesseur », souvent, mais pas toujours, effectuée dans un contexte de conflit (Bourin I p. 315). Une déguerpition étant un acte d'une forme relativement convenue, avant les mots *guirpimus* etc., il y a peut-être eu une formule comme *cum bona fide et sine enganno*, et éventuellement *cum hac carta.* Après *vobis* devait suivre l'identité des bénéficiaires, et l'objet de la déguerpition, mais il semblerait que très vite l'abbé émet des menaces. Les détails de la déguerpition puis les noms des témoins devaient compléter l'acte.

1.4. Remarques paléographiques et formules

Un interligne double est soigneusement tracé. Trois points sont alignés verticalement pour séparer les mots, qui débutent aussi l'écrit. Une croix grecque suit ce premier ensemble de trois points. Les lettres sont délicatement pattées. Les onciales paraissent nombreuses (tous les a et les e ? 4 n, 2 ou 3 m, plusieurs d visibles). Il y a quelques lettres à panses séparées (B et R), une traverse double pour les A. Le ductus du T est ou droit ou arrondi.
Quelques conjonctions sont notables : A+R, A+N, A+B. Les tildes, sous forme de traits horizontaux courts, ne sont apparents qu'au-dessus de la première ligne ; un somme le premier E, deux traits consécutifs au-dessus de DNI, un autre au-dessus des points séparant V et REGE. Ensuite plus aucun trait n'apparaît dans les interlignes (la même disposition, mais avec des tildes ornementaux, est remarquée à propos d'une pierre commémorant une restauration de

Saint-Paul-Serge de Narbonne de 1224 : Favreau 1988 p. 54).
La formule initiale est en deux parties : *In nomine Domini* puis *Anno ab incarnatione Christi* (avec un chi grec majuscule pour *Christi*). C'est la deuxième partie de cette formule qui débute couramment les inscriptions au XIIe siècle (Favreau 1988 p. 70). En revanche la première est très courante en tête des chartes, ainsi que l'expression *manifestum sit quod...* (Favreau 1995 p. 173 : ces « expressions propres à la diplomatique » caractérisent les chartes lapidaires).

1.5. Les inscriptions des médaillons

On pense après les études de R. Favreau aux vers de Sedulius (Favreau 1995 p. 515 et 522). Mais les rares lettres visibles, au-dessus de l'homme ailé-saint Matthieu et de l'aigle-saint Jean, ne permettent pas d'affirmer cette référence. Ont aussi été reprises comme commentaire associé aux images du Tétramorphe dans les manuscrits des formules de Grégoire le Grand (cf. en particulier les *Moralia in Job...*, Favreau 1995 p. 527) ; il aurait été particulièrement opportun pour les concepteurs de les recopier ici vu la dédicace de l'église, mais reconnaissons qu'elles ne sont pas lisibles.
Remarque paléographique : un triple point séparait aussi les mots de ces inscriptions.

1.6. Commentaire historique

Le premier historien d'art qui évoqua cette inscription fut J. Renouvier, en 1836. N'ayant pas bien lu la date, il émettait l'hypothèse d'une transcription partielle de l'acte de 1197 passé avec le seigneur de Faugères. En 1840 corrigeant la date en MCXCII il évoque l'occasion de la consécration de l'église, ou « quelque acte intéressant plus directement le temporel de la Commune ». E. Sabatier et L. Noguier reprirent l'hypothèse de la fixation dans la pierre d'un acte important pour les habitants de Villemagne, parce que, comme Renouvier, ils voyaient juste avant le nom de Villemagne à la dernière ligne les mots NOTARIUS PUBLICUS, qui ne sont plus discernables aujourd'hui.
Il est logique de penser que la pierre concerne Saint-Grégoire, et qu'elle a été incrustée en cet emplacement, sans respect pour l'architecture médiévale, aux Temps modernes, quand elle était encore lisible.
« On peut produire par centaines des inscriptions qui assurent la "publication" de donations à des églises », dit R. Favreau (1997 p. 33). Or la fin du XIIe siècle est l'époque de la construction de l'église du bourg marchand et de l'établissement de la paroisse, dont il a bien fallu délimiter ressort et revenus, établissement qui ne pouvait passer que par l'autorisation de l'abbé et de ses moines. Le fait que ceci ait été fixé dans la pierre, sacralisé, pérennisé par l'Agneau triomphant et le Tétramorphe, c'est-à-dire par une référence à la fin des temps, est intéressant car exceptionnel. Quels étaient ces revenus ? Selon l'habitude, l'abbé a dû transmettre des propriétés foncières hors-les-murs aux fondateurs, prises peut-être sur celles de Saint-Martin et Saint-Sauveur. On peut penser aussi à des avantages liés au commerce et aux foires ; ce serait logique concernant la paroisse du bourg *intra muros*, marchand.
Le prieur Salomon et le sacriste Pierre sont déjà cités dans le texte de 1182 du Livre noir de Béziers p. 404. Ce dernier était peut-être Pierre *de Manso* sacriste cité dans le texte de 1197 (G. Ch. VI inst. c. 147).
Les mauristes auraient réincrusté là cette charte, lors de la restauration de l'abbaye, pour rappeler les relations entre abbaye et paroisse.

1.7. Bibliographie

Renouvier 1836, 1840 p. 13.
Sabatier 1856 p. 115.
Noguier 1885 p. 462. A lu ANNO : INCARNATIONIS... M : CXC : II... SALOMONIS PRIORIS... MARI ; dernière ligne : NOTARIUS PUBLICUS VILLEMAGNE.
Favreau *et al.* 1988 p. 178 : mentionne seulement la plaque en reprenant Noguier.

Fig. 1 Inscription encastrée au-dessus du portail ouest de Saint-Grégoire

1 .:+:IN.....E:DNI:A..........CARN:X:M:C:XC:II:..............MADII....A:V:REGE.....O:.EGNANTE:MAN.............IT:
2 .QV................ABB.S.....L E MAGN..........IO:SALOMONIS PR I OR IS: P:SACRIS................................:....
3 .:........................V............I SDE.......:P:MONACI.....N.....:MARI ET ALIORUM:M..N.............................
4 .A...N......E..........................GUIRPIMUS.......ES....MPAR.....VS :VOBIS : ....N...............................
5 .....R.......V........................E.....AS.......................OL LO: MA.......O......TIO..............BAS.........................
6 ....DAMN:C:..............:B: A...
7 ....V...V.........................
8 .................................AB...NA..................ME............ES.........................
9 ............M..M..................................
10 ....I....V............................
11 ....SA..................................
12 ....AME...........................
13 ....M.......T..........................
14 ....
15 ....
16 ....
17 ....VIL..E...AGNE.........................

Fig. 2 Transcription en situation des lettres sûres

2. CHARTE DU 28 JANVIER 1273 (COPIE MODERNE)

Archives départementales de l'Hérault (Montpellier) Villemagne, DD1
Charte édictée le 28 janvier 1273, proclamée le 26 février 1283.
Copie de 1608.[1]

Présentation
Le texte est rédigé sur deux grandes feuilles de papier dont l'état a nécessité une restauration. Le support présente des lacunes aux bords droits et gauches, et de nombreuses taches. Certaines lignes sont quasi effacées. Les proportions des traits laissés par le scribe moderne, en place des lignes du texte médiéval qu'il n'a pas pu lire, ont été respectées.
La moitié des lignes 26-27, 42-43 du folio 1, et 9 du folio 2 sont quasi effacées. Les lignes 22-23-24 du folio 2 sont presqu'entièrement effacées ou tachées ; les quelques mots qui en émergent néanmoins ont été indiqués entre crochets. Trois petits points entre crochets marquent un mot ou deux illisibles (effacés ou tachés).
Les lacunes du support ont fait sauter un à deux mots en bout de ligne, en particulier au début des lignes 37 à 48 du folio 1 ; elles sont indiquées par un blanc entre parenthèses.

f° 1
l. 1• Noverint universi quod, cum Ramundus Febrorarii, Ramundus Singlaris et Stephanus Vitalis scindici hominum et universitatis Villaemagnae nomine universitatis dictae villae de parte una, et Bernardus Dorna scindicus seu procurator domini abbatis et •2• monasterii ejusdem Villaemagnae nomine ipsius monasterii ex altera, compromisissent in discretos viros magistrum Bartholomeum barriani de Claromonte et magistrum Augerium de Affaniano et dominum Petrum Radmundi de Grauleriis judicem majorem domini senescalli Carcassonae et Biteris pro tertio et superiori, •3• de quibusdam questionibus in compromisso specificatur, et generaliter de omnibus et super omnibus questionibus quae inter dictas partes vertebantur et quae verti poterant inter ipsas partes proinde ipso compromisso ------per publicum instrumentum inde receptum anno domini milesimo ducentesimo •4• septuagesimo tertio 5. kal. februarii per me Joannem Mercerii notarium infrascriptum, tandem praedicti arbitri arbitratores seu amicabiles compositores ad instanciam dictarum partium apud Villammagnam personaliter actendentis tractatu habito cum dictis partibus et habita deliberatione super dictis questionibus •5• con------ universitate hominum dictae villae per vocem preconis dicti domini abbatis et monasterii et congregata in opere novo aeclesiae Sancti Martini ejusdem monasterii et ibidem presente vocato et --------- P[2]. dei gratia abbatem dicti monasterii conventui ejusdem monasterii presentibus ipso domino abbate et conventu •6• in dicto opere seu nova aecclesia, simpliciter et de plano pro bono pacis et concordiae omissa figura et solempnitate, judicii omnes tres in unum convenientes auctoritate et potestate --------------- pronunciaverunt super dictis questionibus diffiniverunt et inscripserunt in hunc instrumentum. In primis •7• dicimus et pronunciamus quod homines et mulieres apud Villammagnam habitantes et qui in futurum habitabunt, ibidem panes suos sive pastam sine contradictione domini abbatis et monasterii Villaemagnae ------- decoquent quandocumque placuerit extra villam de Villamagna in locis in quibus actenus •8• decoquere consueverunt pro sua libito voluntate, videlicet in furnis mansorum seu locorum de Taussiaco, item de Iripia seu de Villafranca, item de Sancti Gervasio, item de Nissergues, item de Verni----, item de Mazeleto, item de Aguzano, item de Valeta, item de Pradali et de Cleyraco, et ubique in aliis •9• furnis magnis existantibus seu [...] de villa Villaemagnae. In aliis vero locis seu furnis propinquioribus a praenominatis locis seu mansis versus Villam magnam seu Villaemagnae non ---------- valeant panes suos sive pastam uti etiam furno et ------------------------ seu habere proprius •10• vel cognovisse. Nisi furnellos tantummodo modis de formis infra proxime scriptis. Item dicimus et pronunciamus quod homines apud Villam magnam habitantes et qui in futurum habitabunt ibidem -----*habeant*------ sine contradictione domini abbatis et monasterii ejusdem ------------- •11• in qua [...] in unum fornellum pro hiis quae sibi placuit ad suum usum et hospitum ejusdem et familia sua propria decoquendis exceptis panibus ad vendendum quocumque die et hora quacumque ------------------------ ------------- in futurum exceptis quolibet anno suprascriptum no-----atis •12• tribus diebus dum taxat ante festum die pascalis, et aliis tribus ante festum assenssionis domini nostri, tribus ante festum penthecostes et ipsis etiam diebus festivis praenominatis ecceptis et ----------------------------------- quibus praenominatis diebus temporibus praedicti homines •13• suas fromagiacas flauzones seu panatas de carnibus seu piscibus teneantur decoquere in furno villaemagnae domini abbatis praedicti cum fornatica [...] ad quam solvendam q--- -- super designatis •14• suas fromagiacas flauzones seu panatas in eodem furno domini abbatis decoquere possint toto alio tempore anni et in patellis carnes et pisces libere et sine omni prestatione furnatica et sine-------------------------- -- quis [...] majori •15• quantitate a centro seu puncto medio usque ad circumferentias sive girum unum palmum et in girum sive circumferentia sex palmas. Ita quod ab una summitate usque ad aliam recta linea sive ab uno pariete usque ad alium ------------------------- reperiatur de cava duorum •16• palmorum tantum de canna qua nunc paucii venduntur et mensurantur Biterri si rotundi fiant, si autem fiant cadrati possint habere duos palmos cadratos de cavo et non ultra de quolibet cadro interius ad aliud proximum cadrum, ita tamen quod non possint ibi esse nisi tantummodo •17• quatuor anguli sive cadri vel cadra in uno quocumque fornello cadrato nec in ipsis

[1] Avec mes remerciements à Martine Sainte Marie, conservatrice des archives départementales de l'Hérault, pour le temps qu'elle a consacré à m'aider à déchiffrer ce texte.
[2] P. pour *Petrum*.

fornellis fusolerium fieri possit sine etiam medianum, nec etiam quicque vicini alicujus alterius admitetur neque admittere poterunt ad decoquendum in eisdem fornellis nec decoqui patietur per eos in quorum •18• domibus fornelli erunt, et si qui furnelli in aliquibus domibus dictae villae nunc sunt majores seu latiores quam superius proximum est taxatum ad dictam formam infra mensem reducantur per eos quorum sunt, et si aliqui contra praedictam formam furnellis scientes habuerint seu [...] per contra dictum •19• modum decoquendi fecerint, per curiam domini abbatis puniantur quotiescumque contra factum erit et nihilominus compelli valeant ad reducendum ipsos furnellos ad formam praedictam. Item dicimus et pronunciamus quod homines de Villamagna et qui pro temporibus habitabunt ibidem seu universitas ejusdem non •20• habeant neque habere possint in ipsa Villamagna vel etiam extra infra dictos mansos loca seu villas de Taussiaco, et de Eripia, seu de Villafrancha, de Sancto Gervasio, de Nissergues, de Verniera, de Mazeleto, de Aguzano, de Valleta, de Pradali, et de Clairaco versus Villam magnam nec in proxime dictis locis •21• furnus proprius vel communes seu alios nisi furnellos tantummodo infra dictam Villammagnam et sub modis formis et quantitatibus supra designatis. Item dicimus et pronunciamus quod dominus abbas seu ejus ministri in dicto furno de Villamagna antiquam furnaticam tantummodo in ipso •22• furno domini abbatis praedicti exigere possint, et levare a decoquentibus ibidem panes suos sive pastam, videlicet duos denarios et obolum pro quolibet sextario et unam denariatam pastae quae decoquitur ibidem vel pastae alterius quae ibidem reperietur ad vendendum, si discordia fierit •23• inter furnerium seu custodem vel ministros dicti furni et decoquentem ibidem panem suum sive pastam ad electionem furnerii, scilicet ut recipiat talem talem [*sic*] denariatam pastae qualis sibi offeretur vel eam quae ibidem reperietur ad vendendum et si pasta non reperiatur ibi tunc ad vendendum furnerius unum •24• denarium pro ipsa denariata pastae recipere teneatur, ita quod hoc casu sic in electione solventis et sic decoquentibus eminas seu carterias vel medias carterias et deinceps ascendendo vel descendendo pro rata solvatur et detur furnatica antedicta et ultra haec proximum expressa •25• decoquentes ibidem occasione furnaticae mandacii seu fornagii repicorum seu pessugorum[3] vel exactionis cujuslibet gravari non possint, nec ab eis aliquid exigi vel etiam extorqueri per furnarios seu dominum abbatem vel aliquem de gentibus suis seu monasterii antedicti quod [...] •26• facto fieri [...furnis... aliquid... quandocumque...] et nulla consuetudo [...] seu pre scriptio vel servitus ex eo quantocumque duraret tempore possit induci seu etiam legari •27• per dominum abbatem [...seu furnarios vel gentes illas sed perinde... furnaticam...] seu ecceptis [...] haec presentis pronunciato et ordinatio omnibus actibus usibus et factis contrariis sit derogatoria et haec valida semper perpetua •28• est sine firmantatione maneat et servitur. Pessucos autem pastae seu repicus quos dominus abbas sibi seu furnarius vel aliis ministris dicti furnarii sui dari debere dicebat per decoquentes ibidem et ad quos prestandos dicti scindici seu universitas se non tenere dicebant perpetuo, amonemus et quictari •29• perpetuo totaliter pronunciamus et eos non posse nec debere exigi nec etiam ulterius extoroquiri per dominum abatem seu furnarium vel gentes suas vel aliquem nomine ipsius domini abbatis seu monasterii antedicti et ordinationes factae in curia Biteris seu domini senescalli hinc presenti •30• pronunciatione in aliquo non prejudicient, et eas deinceps stare nolumus nec eas ulterius aliquas vires habere et pignora capta per dictum dominum abbatem seu ejus gentes juxta ordinationes praedictas occasione dictorum pessucorum vel decoquendo extra non dum redempta libere restituantur per •31• dominum abbatem praedictum, et ea restitui volumus et mandamus. Item dicimus et pronunciamus quod si decoquentes ultra quam eis mandatum fuerit panem fecerunt sive pastam id quod super erit ultra quam eis mandatum fuerit solvendo furnaticam prorata designatur eisdem nec exactione •32• et actione aliqua seu comisso graventur vel gravari possint de eo per dominum abbatem seu ejus furnerios vel officiales. Item dicimus et pronunciamus quod si culpa furneriorum seu ministrorum furni praedicti seu furnorum pasta vel panis depereat seu conburatur vel male praeparetur, •33• idem dominus abas vel officiales sine omni calumpnia litigio et libello pane vel pasta inspecto per bonas personas juratas juxta earum extimationem emendari faciat per dictum furnerium seu furnarios vel alios ministros et restitui dampna passis. Item dicimus et pronunciamus •34• quod in nemore dicto de Villamagna nihil deinceps ab hac die in antea fiat vel fieri possit aliquo casu causa vel occasione quominus id quod nemus vel pascuum est nemus vel pascuum perpetuo perseveret, et si aliquo casu [...] incendio vel alio inopinato nemus ipsum destrueretur seu confineretur, •35• totum vel in parte tamdiu defensum teneatur et fideliter custodiatur, quousque ad nemus sit redactum vel si redigi non possit pascuum praeservitur. Item dicimus et pronunciamus quod dictus dominus abbas et monasterium pro coquini sui et soccis coquinarum aliarum officinarium monasterii •36• infra Villamagnam possint uti et explectare lignis dicti nemoris grossis et minuitis siccis et viridibus, sicuti utantur communiter vel utentur alii habitatores Villaemagnae ad usum vero alium lignis ipsis, et dictum est uti non possit nisi sicut alii habitatores Villaemagnae utiuntur seu utentur, exceptis furnis •37• ( ) suis neque calefaciendi ut inferius proxime exprimetur. Item dicimus et pronunciamus quod dictus dominus abbas seu monasterium vel gentes suae de dicto nemore ad opus furni villaemagnae domini abbatis et monasterii praedictorum et aliorum furnorum, si quos per dictum dominum abbatem seu monasterium •38• ( ) Villamagna edificari vel reedificare contingeret seu habere, uti possint aportando cum suis saumeriis vel alicujus et cum hominibus vel animalibus conducticiis vel propriis et

[3] Pessugaire : en langue d'oc, littéralement, celui qui fait une pincée. Par hypothèse, le mot « *pessucor* » est interprété ici au sens de « celui qui effectue un prélèvement ».

ad usum ipsorum furnorum explectare emendo vel alterius pro eis calefaciendo, videlicet de siccis et lignis tantummodo •39• ( ) siccis et viridibus ita quod arbores aliter quam dictum est nullatenus occasione hujusmodi usus scindantur per gentes dicti domini abbatis seu familiam ejusdem. Item dicimus et pronunciamus quod tam dicti dominus abas et monasterium quam homines Villaemagnae in ipsa villa habitantes et habituri •40• ( ) more suum proprium bestiarium sine precaria seu captanea vel societate alicujus alterius habitatoris extra Villammagnam depascantur et tenere possint causa ibidem depascendi promiscue vel separatim libere et quiete. Item dicimus et pronunciamus quod totum forestagium est •41• ( ) forestagii banni et pascuorum dicti nemoris sic et comuniter convertatur, tam ad utilitatem dicti domini abbatis et monasterii pro media parte quam ad utilitatem universitatis hominum dictae Villaemagnae pro alia medietate, mero et mixto imperio ac iuridictione et venatione dicti nemoris et •42• ( ) [... dictos dominum abbatem et monasterium...] salvis retentis expensa tamen quae pro custodia dicti nemoris et tuitione fieri communiter solvantur tam per dictum dominum abbatem et ejus monasterium pro dimidia quam per universitatem •43• ( ) [... edicta quod... sufficerent ad eas solvendas de quibus...] et forestagii nemus antedicti. Item dicimus et pronunciamus pro comuni utilitate et conservatione nemoris antedicti quod singulis annis in crastinum festi pascalis eligantur •44• ( ) probi homines de Villamagna, unus videlicet per dominum abbatem seu ejus judicem bajulum seu vicarium de paxello seu ejus locum tenentem, et alium per communitatem seu universitatem ejusdem villae, quibus praedicti nemoris custodia concitatur et qui providere possint et debeant de custodia nemoris antedicti et emolumentum •45• ( ) dicti nemoris videlicet forestagii et banni et pascuorum recipiant, et in eorum manu ponantur exceptis mero imperio juridictione et venatione, et de forestario seu forestariis eligendis pro custodiendo dicto nemore provideant prout fidelius poterint posse suo, et potestatem habeant eligendi •46• ( ) praedicti duo probi homines cum ad hoc electi fuerint ad sancta dei evangelia in manu domini abbatis vel dicti vicarii de paxello nomine ipsius domini abbatis et monasterii et dictae universitatis Villaemagnae juramentum recipientis jurabunt custodiam et utilitatem dicti nemoris utiliter et fideliter •47• ( ) et facere sine fraude et sine gratia et sine injuria cujusquam pro posse suo et quidquid ad eorum manus devenerit et emolumentis dicti nemoris fideliter custodire et servare, et de eis legalem reddere rationem tam dicto domino abati quam universitati praedictae hominum Villaemagnae vel ei [...] •48• ( ) quos ipsa universitas ad hoc duxeret depputandos et solutis fideliter sumptibus custodiae dicti nemoris seu forestarii vel forestariorum in fine anni reliqua reddere integraliter et prestare dicto domino abbate pro media parte verti quod ad hoc dominus abbas duxeret depputandum et universitati praedictae

f° 2

l.1• pro alia media parte vel ei seu eis qui per ipsam universitatem ad hoc fuerint deputati. Forestarius vero vel forestarii qui per dictos probos juratos ad custodiam dicti nemoris eligentur dicto domino abbati seu ejus vicario antedicto de paxello praesentabuntur et in manu ejusdem domini abbatis seu proxime •2• dicti ejus vicarii nomine dicti domini abatis et monasterii et universitatis hominum Villaemagnae sacramentum recipientis juramentum prestabit seu prestabunt ad sancta dei evangelia suis propriis manibus corporaliter tacta, quod ipsum nemus quandiu forestarius erit seu forestarii bene et fideliter et •3• et sine omni fraude et deceptione custodient et deffendent, et nemini de forestagio sive banno gratiam facient quaecumque sit persona magna vel parva sive sit habitator Villaemagnae vel non undecumque sit et cujuscumque conditionis vel secus existat sive sit de familia dicti domini abatis vel monasterii •4• vel alterius cujuscumque habitatores Villaemagnae sive sit de parentela affinitate proximitate societate vel vicinitate et quod nemini ex odio, malicia preccibus seu precio forestagium sive bannum imponent, nisi quod verum scient justum et debitum nec aliquem uti permittent in dicto nemore usu •5• alio quam ad quod dictum nemus statutum est et ordinatum ad communem utilitatem lignorum, ad usum focorum dicti domini abbatis et monasterii et habitantium in dicta Villamagna, et ad usum furni seu furnorum dicti domini abbatis et furnellorum praedictorum juxta modum et formam •6• superius contentos et expressatos. Poterunt autem dicti probi homines jurati curialitates facere si voluerint familia domini abatis et juvenibus dictae villae quando eos laborare continget pro custodia dicti nemoris ad pignorationes faciendas remunerando eosdem de pignoribus quae capient •7• pro defencione nemoris antedicti. Haec autem juramenta praedictorum proborum ad praemissa comuniter eligendorum, et forestarii seu forestariorum in crastinum festi praedicti singulis annis renovari volumus et pronunciamus, et nihilominus quoties personas proxime inominatas mutari et novas •8• eligi continget juxta formam praedictam, si aliis temporibus eos morte vel alio casu quolibet mutari contingat juramentum juxta formam praedictam fiat et prestetur ab eisdem. Item dicimus statuimus et etiam ordinamus quod forestarius seu forestarii dicti nemoris possint per se in ipso nemore •9• pro forestagio herbagio et bannuo [... quodcumque ibidem aliquid illicitum factum... et etiam...] vel etiam alibi extra Villammagnam insequendo tamen actu continuo praedictos illicita facientes. Item dicimus et pronunciamus quod dominus abas faciat fieri seu construi •10• vel continuari seu reffici parietem sive murum barbacanae, juxta garillanum prope portam de Nogarede usque ad scalarii ipsius garillani, tantae altitudinis quod ad ipsum garillanum non possit habere aspectus de carreria nisi per portam quam in ipso scalario dimittet seu fieri faciet pro ipso garillano curando. Item •11• dicimus et pronunciamus quod dictus dominus abas et monasterium habeant et habere possint perpetuo defensum in flumine de Maza, videlicet quantum durat ipsum flumen durat [*sic*] a paxeria molendini olim Petri Thulzarii nunc Guillermi Gales et Bernardi Garssabaud ascendendo, usque ad boucam de Balma •12• Augueria quae est inter ortos Ramundi

Borzesa et Ramundi Nigri in puncta carreironi qui est inter dictos ortos, et in flumine Orbi quantum parietes bastidae domini abbatis protenduntur, et ultra a parte superiori quinque cannas et a parte inferiori alias quinque cannas in quibus spaccis sive •13• [...]esis nullus piscari audeat, nec etiam possit sine licentia dicti domini abbatis vel vicarii sui praedicti de paxello, in aliis autem locis in dictis fluminibus Orbi et Mazae nullum fiat defensum hominibus dictae Villaemagnae nec fieri possit per dictum dominum abbatem seu gentes ejus quominus in eis piscari •14• valeant pro suae libito voluntatis nisi fieret ipsum deffensum ad requisitionem proborum hominum dictae villae. Item dicimus et pronunciamus quod homines de Villamagna pro tractandis suis negociis societatum minarum pro nuptiis pro comunibus villae utilitatibus societatibus et causis omnibus licitis justis et •15• honestis tractandis et peragendis se congregare valeant et ipsa negotia justa licita et honesta licite agere et tractare. Item dicimus et pronunciamus quod ab omnibus penis vel mulctis contra homines de Villamagna per dictum dominum abbatem seu ejus curiam vel officiales impositis per praeconisationes •16• vel aliter a tempore motae quaestionis seu discordiae dictorum pessucorum seu repicorum usque ad diem praesentem, et ab omnibus condempnationibus contra homines de Villamagna seu aliquos et eis per magistrum Joannem de Agate tunc judicem curiae domini abatis factis, occasione quorumdam excessuum comissorum •17• ut dicebatur contra dictum dominum abbatem et monachos seu gentes ejus, ipsos homines quictamus et eisdem dictas penas mulctas et condempnationes remitimus, considerantes dictum dominum abatem cum humilitate et ----entia velle vivere et penis seu condempnationibus suos nolle depauperare subjectos. •18• Item dicimus et pronunciamus quod junchadae seu pantadae bladi et salis a vendentibus sal vel bladum infra Villamagnam vel venalia exponentibus per dictum dominum abbatem seu gentes suas deinceps non tenentur, et ipsam perceptionem junchadarum totaliter et perpetuo amonemus a petitione vero •19• quam dicti scindici et dicta universitas contra dictum dominum abatem seu monasterium faciebant de denariata herbae tempore nundinarum Sancti Majani de Villamagna non percipienda nomine vectigalis seu leaudae vel uno denario a vendentibus herbam ibidem. Item de non percipiendo aliquid •20• ratione leaudae de fructibus qui in eisdem nundinis venduntur. Item de non percipiendo uno denario a singulis vendentibus panem in diebus dominicis infra Villammagnam in tabulis suis vel in loco publico dictae villae eumdem dominum abatem et monasterium absolvemus et absolutos pronunciando sed ea •21• percipere et levare possit prout consuerit. Item dicimus et pronunciamus quod dicti scindici et universitas et habitatores [...] dictae universitatis et etiam quorum sunt procuratores, dent et solvant et dare et solvere teneantur dicto domino abati et monasterio centum quinquaginta libras turonensium per terminos •22• [... exactionem... pessucorum seu repicorum praedictorum per nos... residuas quinquaginta libras domine abati...] •23• [... facta... neque condempnationibus antedictis... vero datam precon? quantitatis dictae videlicet ... de sancti beati Michelis... medietas in alio... sequenti festo beati Michaelis...] anno revolato. Item praecipimus •24• mandamus [... abbas... curia... qua vel quare fieri contingit in Villamagna occasione prosequentiones... et quas... fieri contigeret et causis justis licitis qui necessariis distingant...] •25• etiam quod pauper [...]. Item dicimus et pronunciamus quod [...] si qui debentur curia domini regis ratione [...] quae [...] ipsas [...] eadem curia vertebantur communiter persolvantur, scilicet per dominum abatem et monasterium medietas et per universitatem dictae villae alia medietas. Item •26• dicimus et pronunciamus quod per hunc pronunciamentum [...] seu per aliquam [...] in ea sunt [...] vel dicta seu pronunciata [...] fiat prejudicium priori et prioratui neque hominibus de Somardrio in jure si quod habent vel habere debent in dicto nemore nec [...] jure si quod habere in aliquid prejudicare •27• intendimus seu derogare sed eis remaneat semper salvum dominus tamen abbas et ejus successores praedicta per nos pronunciata seu dicta servare perpetuo teneantur. Item dicimus et pronunciamus quod pena in compromisso contenta non possit comitti nec comittatur per factum contrarium •28• singulorum universitatum dictae villae et monasterii curia tamen Biteris domini regis a simplicem requisitionem alterutrius partis sine omni libello litigio et calumpnia seu diffugio partes contra facientes vel contradicentes ad observationem omnium praemissorum et singulorum de plano compellat et compellere possit •29• dictum autem compromissum et omnia universa et singula dicta ordinata et pronunciata seu arbitrata per dictos arbitros arbitratores seu amicabiles compositores prout supra scripta sunt et recitata dicti dominus abbas et conventus ac eorum et dicti monasterii scindicus seu procurator •30• praedictus ibidem presenti ad hoc specialiter convocati et congregati et dicta universitas presentibus dictis ejus scindicis ad hoc specialiter convocata et congregata ad vocem praeconis dicti domini abbatis ut moris est, emologaverunt, approbaverunt ex certa scientia et confirmarunt et firma esse perpetualiter •31• servant per se et suos successores voluerunt et comesserunt acta pronunciata et recitata fuerunt haec in aecclesia nova Sancti Martini de Villamagna, anno Nativitatis Christi milesimo ducentesimo octuagesimo tertio, regnante Philippo rege francorum illustrissimo septimo kal. martii, in •32• praesentia et testimonio Bernardi Arnaudi notarii Biterensis, magistri Joannis de Cassangnis jurisperiti, Guillermi Deodati notarii de Vernire domini regis, Berengarii de Duabus Domibus domicelli, Raymundi de Lauda, Petri Deodati de Posolis, domicellorum, Gallardi de Buxadone domicelli, magistri •33• Joannis Soriani notarii Villaemagnae, Petri Audeberti domicelli de Piniano, Petri Bernardi de Vebiano de Pedenacio, Colini de Paollane et plurimum aliorum, et Joannis Mercerii publici Biterensis et curiae Biteris domini regis notarii vice cujus Guillermus Mercerii haec scripsit, et ego idem •34• Joannes Mercerii notarius supradictus subscribo et signum meum assigno.

•35• *Le presant extraict par moy Pierre le Maigre notaire royal des lieux de Mirepeisset et Troullas habittant de la ville de Beziers a este tiré et colationné avec son grossoye escript en une* •36• *peau parchemin contenant quatre vingts lignes et tiers dautre signe au fonds par maître Jean Mercier notaire, non en lettres ni sillabes, mais dung paraphe a lantique* •37• *comme estant par luy receu le septieme des kalendes de Mars mil deux cens huictante trois. Contenant le presant estraict deux feullets papier Raisin avec plus* •38• *grand marge encoles ensamble et adjuintes sur lesquels deux feullets et a lendroit ou ils sont conglutines i ay mis mon saing et paraphe accostumé* •39• *estant escript de ma main en huictante une ligne et tiers dautre [...] qui donne ayant neanmoingt lesse les vuicts qui ne se sont pu lire au dit grossoye* •40• *pour estre coupe ou du tout efface aux mesmes endroits ou sont les susdits blancs ausquels i ay passe ung lineamant pour escrire de mesme maniere.* •41• *Exhibé ledit grossoye par Anthoine Pescaire lung des consuls de Villemagne Largentiere et prealable collation faicte [...]* •42• *et par luy rettire. En foy de quoy je me suis soubsigne ce vingtcinquieme novambre mil six cents huict.*
•43• *(Signé :) LE MAIGRE*
•44• *Jay retire le grossoye de la susdite transaction* •45• *en la mesme forme et maniere qui est* •46• *contenu au colaction dudit Le Megre notaire en foy* •47• *de quoy me suis soubsigne ce XXVII novembre* •48• *mil six cent huict.*
•49• *(Signé :) PESCAIRE*[4] (4)

Résumé

f° 1, l. 1 à 7 : les différentes parties et les arbitres.
Trois syndics pour l'université et le procurateur de l'abbé ont accepté la nomination de trois arbitres. Convention est passée et notée par acte public, après débat réunissant l'université de la *villa*, l'abbé et son couvent, dans le bâtiment neuf de l'église Saint-Martin, en 1273, le 5 des calendes de février.

f° 1, l. 7 à 33 : réglementations sur les fours de Villemagne et de son terroir.
À Villemagne et dans dix localités en dépendant, les habitants peuvent cuire leur pain ou pâte dans leurs "grands" fours. Ailleurs les fours, un par maisonnée, doivent être de petites dimensions : les plats ou pains doivent faire deux palmes de côté s'ils sont carrés, deux palmes de diamètre s'ils sont ronds ; il en tiendra quatre par four. Les trois jours avant Pâques, l'Ascension et la Pentecôte, et ces jours-là, les habitants sont tenus de faire cuire leurs tourtes au fromage, flausons, pâtés en croûte, viandes et poissons au four de l'abbé et d'acquitter le droit de fournage. Réglementation du droit de fournage. Le désaccord au sujet du prélèvement de la pâte est réglé en faveur de l'université ; les gages pris par le passé à cette occasion seront restitués. Si pain ou pâte sont brûlés, il y aura dédommagement.

f° 1, l. 34 à 48 et f° 2, l. 1 à 9 : réglementations sur le bois de Villemagne.
Il s'agit de préserver le bois comme le pacage. Monastère et habitants peuvent l'exploiter pour le chauffage de leurs fours culinaires. Le sciage des arbres est interdit. Les possibilités de pacage sont maintenues. Les droits de ban, forestage et pacage vont moitié au couvent, moitié à l'université, les frais de garde du bois sont aussi ainsi partagés. Modalités : deux prud'hommes seront choisis, l'un par l'abbé ou son représentant, l'autre par l'université ; ces prud'hommes éliront les forestiers, qui seront assermentés et approuvés par l'abbé ; ils jureront de faire respecter les droits par tous en toute équité. Le personnel rendra des comptes ; les clauses de son renouvellement sont établies. Prud'hommes et forestiers peuvent poursuivre les contrevenants en dehors de Villemagne.

f° 2, l. 9-10 : réparations à la barbacane.
L'abbé réparera le mur de la barbacane contre le fossé près de la porte de Nogarède jusqu'à l'escalier du fossé, à une hauteur telle que depuis ce fossé on ne puisse avoir vue sur la carrière, si ce n'est par la porte qui permet l'entretien du fossé.

f° 2, l. 11 à 14 : droits de pêche dans la Mare et l'Orb.
Délimitation du défens au profit de l'abbé et du monastère dans la Mare (de la pansière d'un certain moulin jusqu'au lieu dit Balme Augière), et l'Orb (au long du mur de la Bastide et sur cinq cannes de longueur de part et d'autre). Ailleurs le droit de pêche est libre sauf si les prud'hommes décident un défens.

f° 2, l. 14 à 27 : négoce, répartition de droits divers.
Le droit de réunion au sujet des affaires des sociétés de minerais est affirmé.
Les peines infligées aux habitants par l'abbé et ses représentants, en particulier par son juge Jean d'Agde, sont remises.
L'abbé veut détenir le mesurage (gerbes de blé et mesures de sel), le droit d'étal, et la dîme de l'herbe au temps des foires ; il est débouté.
Au sujet de la perception d'un droit sur la vente de fruits en temps de foire, sur le denier perçu lors de la vente des pains le dimanche, revendiqués par l'abbé et contestés par l'université, c'est celle-ci qui est déboutée. L'université est donc condamnée à payer 150 livres à l'abbé ; s'ensuivent les modalités de paiement.
Les droits du prieuré et des hommes de Soumartre au sujet du bois doivent être préservés.

f° 2, l. 27 à 34 : avertissements ultimes et liste des témoins.
Proclamation de cette convention est faite dans l'église neuve de Saint-Martin le 7 des calendes de mars 1283, en présence du couvent et de l'université.

[4] La famille Pescaire est connue par le compoix de 1624. Antoine y figure comme un propriétaire d'une fortune moyenne. En 1636 lors de la visite pastorale, Antoine Pescaire premier consul est âgé de 70 ans (cf. *infra* f° 58 r° l. 17). C'est sans doute le même homme qui apparaît dans les trois textes ; les signatures entre 1608 et 1636 se ressemblent beaucoup.

3. CHARTE DES 5 SEPTEMBRE, 29 OCTOBRE, 15 NOVEMBRE 1427, 28 OCTOBRE 1426 (COPIE MODERNE)

Archives départementales de l'Hérault (Montpellier), Villemagne, DD1.
Chartes de 1427 et 1426, rédigées après 1435.
Copie des Temps modernes.

Présentation
Cahier de papier cousu. Le bord de la première feuille est abîmé. Il manque la moitié du dernier folio, de telle sorte que seul le début des lignes de la dernière page est conservé. Quelques tildes oubliés, jambages superflus, mots biffés. Des passages omis ont été insérés par astérisques et écrits sous forme de notes en bas de page. Restent néanmoins des incohérences dans le texte. Des notes ont été ajoutées dans la marge par un lecteur moderne, qui résument certains passages. Elles ont été transcrites ici en italiques.
Les j ont été restitués. Les lacunes du support sont indiquées par un blanc entre parenthèses. Quand elles peuvent être comblées logiquement, la restitution reste entre parenthèses. Quelques rectifications, sous forme de syllabes entre crochets, ont été faites pour ménager la clarté du texte, mais des passages restent obscurs.

f° 1 r°
l. 1• In nomine Domini Nostri Jhesus Christi amen. •2• Anno nativitatis ejusdem Domini millesimo quadringentesimo •3• vicesimo septimo regnante illustrissimo principe domino •4• Karolo Dei gratia rege Francorum regnante [*sic*] et die quinta •5• mensis septembris noverint universi quod cum lis questio •6• turba seu controversia lites questiones seu controversi(e) •7• ac jurgiorum materie essent verterentur seu verte spe( ) •8• inter Raymundum Braci et Poncium Lobeti ut sindi(ci) •9• et sindicatus nomine universitatis hominum et (feminarum) •10• et habitantium loci de Villa magnea bicterren(sis) •11• diocesis senescallie Carcassone ut de eorum ( ) •12• sindicatu constat plenissime instrumento quod ( ) •13• recepto et recitato per me Stephanum Turelli (notarium) •14• infrascriptum sub anno nativitatis Christi millesimo • 15• quaterrentesimo vicesimo sexto et die decem •16• octobris cujus tenor inferius est insertus ag(entes) •17• et petentes ex parte una et reverendum ( ) •18• Christo patrem et dominum dominum Hugonem miseratio(ne) •19• divina abbatem et dominum modernum solum so(lidum) •20• et insolidum cum alta media et bassa j(ustitia) •21• meroque et mixto imperio [jure] locorum et castrorum •22• de Villa magnea de Bicterrivis de Sancto Genesio •23• de Baraussalii et de Caissano deffendendo ex alt(era parte) •24• super eo videlicet quia dicti Raymundi Baracii[1] et
1427 compromis entre labbé et les sindics de Villem. touchant la prade

f° 1 v°
l. 1• Poncius Lobeti quo supra nomine et nomine universitatis •2• ejusdem loci de Villa magnea a qua et per quam •3• seu saltim per majorem partem et seniorem partem •4• ipsius loci promiserunt omnia et singula in •5• presenti instrumento contenta ratificari emologari •6• et confirmari facere de die in diem sub •7• obligationibus penis renunciationibus et •8• juramentis infrascriptis de volunctate quippe •9• concilliariorum suorum ibidem presencium scilicet •10• Johannis Bertrandi clavarii Johannis Combas •11• Giberti Mossani Raymundi Borrelli Raymundi •12• Metuellii et Johannis Martini ibidem presencium. •13• Dicebant et asserebant se et predecessores •14• suos totam universitatem dicti loci et •15• singules de eodem tenuisse et possedisse ad •16• tenere et possidere paciffice et quiecte et sine •17• contradictione ( )cumque libereque et impune •18• in formam patui comunis videlicet quandam terre •19• peciam apradatam pro majori parte sitam prope •20• dictum locum et juxte pontem lapideum suptus •21• quem a qua dicta Maza decurssum suum •22• antiquum facere solebat prout ipsa prata confrontatur •23• cum dicto ponte lapideo ex una parte et cum •24• carreyria publica antiqua eundo versus Eyripiam •25• ex alia parte et a parte inferiori cum orto •26• Johannis Braci qui ortus est juxta riperiam

f° 2 r°
l. 1• Maze predicte et cum prato Bernardi Bosquelii •2• carreiria in medio et cum Guillermo Ponterii dicta •3• carreyria in medio et cum ortis Berengari Bernardoni •4• domini Petri Bernardi prebtri et viccarii dicti loci et •5• Amelhii Taussiacii dicta carreyria publica semper •6• in medio et cum aliis suis justis confrontacionibus •7• et de eadem terre pecia fore in possessione et •8• saysina paciffica et quiecta et hoc acentum •9• quinquaginta quadraginta triginta viginti quinque •10• quindecim decem quinque duobus et uno annis et •11• cetera et alia per tanta tempora quod non est •12• memoria. In contrarium quod sufficit et sufficere •13• potest et debet ad bonam possessionem et saysi(nam) •14• acquirendam et acquisitam retinendam scire •15• et videntibus quibuscumque hoc tamquam scire et •16• videre volentibus et non contradicentibus excepta •17• nova turba non est diu in dicta terre •18• pecia interposita per reverendum in Christo •19• patrem et dominum dominum Deodatum de Lupiaco[2] •20• quondam dominum abbatem ejusdem loci de Villa magna •21• et hoc sua potencia et numque debite citra •22• injuriam loquendo prout dicebant cujus nove t( ) •23• vigore. Reverendus in Christo pater et dominus •24• dominus Hugo abbas et dominus predictus dicti loci •25• seu ejus viccarius arrestum quoddam per curiam •26• regiam Bicterris contra universitatem dicti •27• loci intemptari fecit virtute cujus dictam

f° 2 v°
l. 1• universitatem de dicta possessione demandavit et •2• expoliavit mole cujus opportuit dictos sindicos •3• obtinere remedium a dicta [?] curia Bicterris

[1] Orthographié *infra* Bracii.

[2] « Lupiaco » ou « Lupiano » ; le c et le n sont superposés.

•4• regia a qua litteras et relevamen habuerunt •5• ut dixerunt propter quod in dicta eorum vera •6• paciffica et quiecta et anticqua possessione •7• dicte terre fuerunt manutenti et conservati •8• ac reintegrati prout hec et alia lacius •9• sunt deducta in dicto processu super •10• hoc facto per magistrum Michaelle Granei notarium •11• et substitutum magistri Bernardi Raymundi notarii •12• ville Bicterris ob quod dicti sindici dicebant •13• merito possidere debere paciffice et •13• perpetuo dictam terre petiam in formam •14• patui comunis et ad ipsos pleno jure spectare •15• debere et non alteri quoquomodo dicto autem •16• domino abbate contrarium dicente proponente •17• et allegante primitus et ante omnia. •18• Omnia et singula in presenti instrumento •19• contenta ratiff[ic]ari facere pronunctente •20• per venerabilem ejus conventum dominorum •21• monacorum suorum dicti monasterii de •22• Villa magnea revera de dicta terre

f° 3 r°

l. 1• petia superius confrontata possessionem realem et •2• corporalem per se seu ejus gentes habuisse et •3• nactas fuisse suique predecessores habuerunt tenuerunt •4• et possiderunt palam publice et manifeste •5• sciente vidente in universitate predicta et •6• singularibus de eadem et in nullo contradicentibus. •7• Et merito quia in dicta terre pecia •8• solebat facere decurssum suum a qua •9• Maze de presentique aliunde mutavit et facit •10• transitum suum propter quod per longum tempus •11• in formam alvey antiqui remansit de quo alveo •12• ac de ceteris predis et patuis vaccantibus dictus •13• dominus et ad causam sue dominationis est in •14• possessione et de eisdem potest idem dominus •15• abbas et sui pure et libere suas omnimodas •16• volunctates jure prelationis aut alius facte quas •17• dicebat dictam terre petiam esse propriam •18• ipsi domini abbatis et sui monasterii et non •19• universitatis. Tandem vero dicte ambe partes •20• volentes ut dixerunt ad evitandum labores •21• et expensas et dampna que possent •22• ex premissis omni ad veram pacem et concordiam •23• venire gratis et sponte bona fide et sine •24• omni dolo et fraude cum hoc vero publico •25• instrumento nunc et imperpetuum firmiter •26• valituro tractante venerabili et circonspecto

* tanquam directus domini et

f° 3 v°

l. 1• vero domino Raymundo Ruben in legibus licentia •2• ville Bicterris judice dicti domini abbatis et sui •3• monasterii ejusdem loci de Villa magnea et •4• pluribus aliis notabilibus personis religiosis •5• dicti monasterii transhigerunt pepigerunt •6• convenierunt et concordati sive concordis fuerunt •7• faciendo perpetuam et veram illibatam compositionem •8• et acordum de dicta terre petia nunc apradata •9• in modum qui sequitur. Et primo videlicet •10• quod dictus dominus abbas per se et suis successoribus •11• quibuscumque cessit remisit donavit relaxavit •12• et ad novum accapitum ac emphiteosum perpetuum •13• tradiderit seu quasi tradidit et in perpetuo •14• deseruit et desamparavit et titulo pure •15• confecti et irrevocabilis accapiti seu •16• donationis que dicitur inter viros transtulit •17• et transportavit dictis sindicis nomine •18• universitatis et singularum dicti loci •19• de Villa magnea ibidem presentibus •20• et hoc per se et suis heredibus et •21• successoribus quibuscumque stipulantibus •22• solempniter et recipientibus ad omnes •23• volunctates suas et dicte universitatis •24• perpetuo faciendas dando vendendo permutando

labbé baille la prade a nouvel acapt aux sindics et université de Villemagne

f° 4 r°

l. 1• seu excambiando aut alio modo quolibet alienando •2• sanctis clericis et militibus et aliis personis •3• a jure prohibitis et deffensis exceptis tamen •4• hujusmodi cessio et alienatio supradicte terre •5• petie superius confrontate et designate •6• unacum omnibus arboribus et fructibus suis •7• quibuscumque semper fiat cum concillio •8• dominis volunctate et foriscapio ac •9• jure prelationis et pre ceteris retinendi •10• dicti domini abbatis et suorum perpetuo •11• solidorum et sex denariorum et •13• solvendorum quolibet anno in festo sancti •14• Andree videlicet supradictam terre petiam •15• confrontatam et designatam ut supradictum est •16• et hoc ad faciendum in dicta terrae •17• petia pratum et tenendo ipsum in •18• devesum et in formam prati comunis et •19• hoc modo et forma inferius specifficandis •20• et designandis. Item transigerunt •21• convenerunt et concordate fuerunt predicte •22• partes quibus supra nominibus quod decima •23• feni proveniendi et ex dicta prata •24• excressendi solvaturi illi seu illis

la prade fait deux sols et six deniers dusage tous les ans a labbé

f° 4 v°

l. 1• cui vel quibus apparebit legitime debere quolibet anno. •2• Item transhigerunt convenerunt et concordate fuerunt •3• partes predicte quod levatis et perceptis primis herbis •4• seu feno primo per dictos sindicos seu universitatem •5• predictam exinde proveniendo dicti sindici non •6• possint secundam herbam ex eadem prata percipere •7• et levare nec tenere in devesium qu[ant]um [?] •8• dictus dominus et ejus conventus et universitas •9• predicta et singulares dicti loci de Villa magnea •10• tantum cum animalibus suis quibuscumque dictam •11• pratam possint intrare et in eadem depascere •12• seu depasci facere pro suo libito volunctatis •13• usque ad terminum consuetum et congruum. Item transhigerunt •14• convenerunt et pepigerunt et concordate •15• fuerunt partes predicte quod nulla persona audeat •16• in dicta prata ponere aliqua animalia durante •17• tempore herbarum scilicet prime herbe prout est •18• moris et consuetudo in ceteris pratis. Item •19• transhigerunt convenerunt pepigerunt et •20• concordati fuerunt dictus dominus abbas et •21• sindici nomine dicte universitatis de Villa •22• magnea quod dicti sindici quolibet anno per •23• imperpetuum solvant solvereque habeant et •24• teneantur prelibato domino abbati ibidem •25• pratam et hoc pro se et suis successoribus

Les sindics doivent payer tous les ans a labbé pour les droits quil a sur la prade lestime ou pention cy dessous taxée et a scavoir quatre livres tournois

f° 5 r°

l. 1• stipulanti solempniter et recipienti ad causam tocius •2• juris et actionis que et quod posset ipse dominus abbas •3• petere consequi vel habere nunc vel in futurum in •4• dicta prata superius confrontata et designata juribus •5• et pertinentis suis videlicet totam extimam seu pencionem •6• tam in argento quam in aliqua alia re quam seu quas •7• debent facere infra terminum infrascriptum quatuor •8• homines super hoc depputati in presenti causa ad •9• causam fructum ex dicta prata quolibet anno proveniencium •10• et excrescencium in quibus autem fructibus dictus •11• dominus abbas dicebat habere jus pretextu •12• contentorum in supradicta sua propositione •13• seu allegatione. Item transhigerunt convenerunt •14• et concordati fuerunt ipsi dominus abbas et •15• sindici quibus supra nominibus quod super debita •16• extima fienda ad causam dicte prate super •17• fructibus exinde provenientibus in parte dictum •18• dominum abbatem concernendum ut dicebatur religiosi •19• viri domini Petrus Grane prior prioratus Sancti •20• Gervasii et Bernardus Moreni sacrista dicti •21• monasterii de Villa magnea ex parte dicti •22• domini abbatis electi et discreti viri dominus •23• Petrus Bernardi viccarius eccl[es]ie Sancti •24• Gregorii ejusdem loci de Villa magnea et

f° 5 v°

l. 1• Jacobus Senaudi ex parte sindicorum predicti loci de •2• Villa magnea et pro medio seu tertio de comuni •3• consensu dictarum ambarum partium dictus dominus •4• Raymundus Ruben judex memoratus fuerunt per •5• dictas partes electi et depputati tanquam in arbitros •6• arbitratores et amicabiles compositores et extimatores quibus •7• dederunt omnimodum potestatem licentiam •8• auctoritatem et speciale mandatum de faciendo per •9• ipsos verbo vel scriptis eorum modificaturam et •10• graciosam relationem super extimam et pentionem •11• de dictis fructibus ex dicta prata quolibet anno pro •12• venientibus et exeuntibus fiendis et hoc prout melius •13• eis equum videbitur fore faciendum et hoc facere •14• teneantur dicti arbitri ac arbitratores et •15• depputati hinc ad festum omnium sanctorum •16• proxime futuorum hoc acto quod ipsi domini arbitri seu electi in dicta extima possint semel •17• prorogare eorum potestatem tanto prius quod dicti •18• depputati seu arbitri arbitratores ad hoc •19• premissa jurare habeant medio eorum •20• juramento de bene et fideliter in fienda •21• eorum relationem in omnibus per ipsos circa •22• hoc procedendum habiturum et facturum alius •23• prout eis videbitur procedendum fore in •24• premissis et circa premissa cum deppendentiae

f° 6 r°

l. 1• emergentiae exinde voluerunt etiam ipsus dominus •2• abbas et sindici quod prorsus dicti quatuor arbitri •3• seu depputati in premissis possint ex casu •4• quo concordare in se de predictis valeant •5• sentenciam suam arbitralem et extimam eorum •6• promulgare et proferre verbo vel scriptis ut •7• est dictum eis visum fuerit sine et absque •8• tercio scilicet absente supradicto domino judice •9• promiserunt insuper dicte ambe partes per partum •10• expressum validum et sollempne nunc et semper •11• valiturum una pars alteri et exconverso quod totum •12• id et quicquid erit in predictis per dictos •13• dominos extimatores et arbitratores pronunciatum •14• dictum arbitratum extimatum aut alius promulgatum •15• tenebunt servabunt et inviolabiliter observabunt •16• et hoc sub pena quinquaginta librarum turonensium •17• danda medietatem domino nostro regi Francie •18• et aliam medietatem parti parenti et hobedienti •19• seu parere et hobedire volenti dicto et pronunciatione •20• dictorum dominorum arbitrorum et extimatorum •21• super premissis per supradictas partes electorum •22• quod que dicta pena comiti ex eis possit tostiens •23• quosciens dicte partes vel eorum aliqua •24• contra premisa vel infrascriptum omnia aut

f° 6 v°

l. 1• eorum aliqua venient vel venire presument clam •2• vel palam ullo modoque ipsa pena comissa soluta et •3• ex acta semel et plures nichilominus dictum •4• sentencia et extima proferendi in sua semper •5• remaneant firmitatem et valorem et quod semper •6• in judicio et extra omnia et singula supra et •7• infra scripta et in presenti instrumento contenta vim •8• rey obtineant judicata ac si per competentem •9• judicem essent sentencialiter promulgata •10• et in rem transmissent judicatam. Item •11• transigerunt et convenerunt et concordate sunt •12• partes ambe predicte per partem expressam nunc •13• et semper firmum et valiturum quod ea qua •14• sentenciabuntur et pronunciabuntur et totum id •15• et quicquid fuerit de et super predictis per dictos •16• dominos arbitros et arbitratores atque extimatores •17• extimatum seu sentenciatum dicto domino abbate •18•et suis successoribus solvetur per dictam •19• universitatem quolibet anno in festo nativitatis •20• beati Johannis Baptiste et hoc sub obligatione •21• bonorum universitatis predicte viribus curie •22• ipsius domini abbatis tantum et dum taxat. •23• Item transhigerunt et pepigerunt convenerunt •24• et concordati fuerunt sepedictus dominus abbas

f° 7 r°

l. 1• et sindici memorati dicte universitatis quod si •2• dicti sindici et universitas predicta curebant •3• in terra et juridictione tota ipsius domini abbatis •4• redditus aliquos seu aliqua bona rustica aut •5• urbana que possent facere equipolenciam dicte •6• extime fiende seu valere tantum quantum extimabitur •7• dicta prata quolibet anno quod illud dictus dominus et •8• sui successores recipere habeant in sortem dicte •9• extime et facta de predictis debita presentatione quod •10• dicta universitas sit perpetuis temporibus imunis •11• de dicta pentione seu extima pro dicto prato •12• proferenda per dictos dominos arbitros et arbitratores •13• superius ad hoc specialiter deputtatos ita quod dictus •14• dominus abbas quicquid eidem universitati hoc acto •15• nichil petere possit de dicta pentione seu extima •16• proferenda super dicta prata. Item transigerunt •17• convenerunt et concordati fuerunt sepefati •18• dominus abbas et sindici quod si conturgebat in •19• terra et juridictione sua tonta aliquos redditus •20• bladum aut aliam rerum per aliquem seu aliquos •21• vendi alicui seu aliquibus personis quod •22• dictus dominus abbas non possit ipsos redditus •23• retinere sibi jure prelationis aut aliis nec •24• laudare eo casu alius non quod universitas predicta •25• dictos redditus emere seu retinere vellet ad •26• causam remissionis postea per dictam universitatem •27• dicto domino fiendi usque ad equipollenciam •28• dicte extime fiende et proferende per •29• dictos dominos arbitratores et extimatores superius

f° 7 v°

l. 1• depputates. Item transhigerunt pepigerunt et •2• convenerunt et concordate fuerunt predicte •3• ambe partes dictus dominus abbas pro se et suis •4• successoribus tenetur et promisit facere bonum •5• habere tenere et paciffice et quiecte •6• possidere dicte universitati et singularibus •7• de eadem de Villa magnea videlicet dictam pratam •8• superius confrontatam unacum omnibus suis juribus et •9• pertinenciis universis ab omnis persona ibi vel inde •10• aliquid in futurum petente seu demandante •11• et hoc sub obligatione et juramento et aliis •12• clausulis in presenti instrumento contentis et pro •13• intrate dicte prate et pro omni hujusmodi novi accapiti • 14• donatione dictus dominus abbas confessus fuit se habuisse •15• et realiter recepisse a dictis sindicis ibidem •16• presentibus et hoc pro se et nomine universitatis •17• et singularum de [e]adem stipulantibus et recipientibus •18• videlicet septaginta libras turonensium monete regie •19• nunc currentis in dupplis albys in quibus •20• renunciavit omni exceptioni dictarum septuaginta •21• librarum turonensium per ipsum dominum abbatem ex •22• dictis sindicis ex causis predictis non habitarum •23• et non receptarum doli et in factum actioni. •24• Item transigerunt et convenerunt pro se hujusmodi •25• novi accapiti traditio et donatio cessio et •26• remissio dicte prate unacum pentione •27• supradicta fienda est nunc seu fuerit

f° 8 r°

l. 1• in futurum seu majoris precii seu valencie precio supradicto •2• totum illud majoris precii seu magis valenciam •3• gratis et sponte dictus dominus abbas dedit donavit •4• cessit et concessit eisdem sindicis ibidem presentibus •5• et supra stipulantibus donatione pura mera simplici •6• et irrevocabili que dicitur inter viros nullo unquam •7• tempore revocanda cessitque in dictos sindicos •8• transtulit et transportavit dictus dominus abbas •9• omnia omnino jura et omnes actiones realles personalles •10• mixtas utiles civiles directas indirectas rey consequtoras •11• et alias quascumque que et quas idem dominus habet •12• habereque potest seu debet et visus est habere et •13• habere debere quoquomodo nunc et in futurum •14• in predicta prata superius confrontata et designata •15• juribusque et pertinentiis suis quibuscumque divestiensque •16• inde et expolians atque dem[a]ndans se et suos de •17• predictis et investiens dictos sindicos •18• nomine universitatis et suos plenarie de •19• eisdem cum plena possessione juris •20• et facti predictorum in quibus ipsos •21• veros dominos et speciales procuratores ut •22• in rem suam propriam fecit et constituit voluit •23• procul dubio dictus dominus abbas pro se et suos •24• predecessores sui monasterii per dicti sindici nomine •25• universitatis predicte et singulares de eadem amodo

f° 8 v°

l. 1• quandocumque voluerint possunt et valeant libere •2• aprehendere et nanciscy possessionem realem •3• et corporalem dicte prate jurem et pertinenciarum •4• suarum quorumcumque ipso domino et suis nomine •5• requisitis seu etiam expectatis. Et quousque •6• eamdem possessionem apprehendant seu nac[t]i fuerunt •7• corporalem interim dictus dominus abbas constituit se •8• ab ipsis sindicis et nomine universitatis singularum •10• de eisdem tenere et possidere promisit namque dictus •11• dominus abbas quod non fecit nec faciet in futurum •12• verbo opere vel facto arte ingenio vel cauthella •13• seu fieri faciet aliquid quominus predicta •14• omnia minorem obtineant roboris firmitatem pro •15• quibus omnis universis et singulis per dictos •16• dominos abbatem et sindicos et utrimque ipsorum •17• tenendis servandis actendendis et inviolabiliter •18• observandis et per restitutione omnium et singulorum •19• dampnorum graviorum interesse et expendere si •20• que vel quas dictos sindicos nomine quo •21• supra facere contingent sive pati culpa vel •22• deffectu dicti domini abbatis et exconverso •23• et per dictum dominum abbatem culpa et facto •24• dictorum sindicorum premisserunt occasione quoquomodo •25• de et super quibus credere promiserunt una pars •26• aliter vicessim et econverso solo et •27• simplici verbo sive testibus juramento et omni •28• alio genere probationis obligarunt

f° 9 r°

l. 1• yppothecarunt et astrinxerunt * bona quecumque presencia •2• et futura dicte universitatis et singularum de eadem. •3• Et hoc sub viribus de strictu cohertione rigore •4• potestate et explectatione curie tamen domini nostri •5• pape sancteque romano ecclesie et cameram audicionium •6• vel locumtenentem ipsius et curiarum sigillorum •7• parvi Montispessulani magnique Bicterris et magni •8• etiam Carcassone et dominnorum [*sic*] curialum ipsarum •9• curiarum et cujuslibet •10• earum quacumque fungantur autem •11• seu potestate in quas et quos tanquam in eorum •12• judices competentes consencierunt et consentuerunt [*sic*] •13• de presenti licet de eorum facto et juridictione non •14• e[x]istant ad quas et quos dicte ambe partes aut •15• alteri ipsarum recurcere [*sic*] et recurssum habere •16• habuerunt pro predictis et a quolibet predictorum ita •17• quod executio predictorum per unam dictarum curiam •18• incoata per aliam seu alias earumdem et per ambes •19• ipsarum et cujuslibet earum resumy terminare •20• valeat effectualiter et finiri prout vires earum •21• et cujuslibet ipsarum postulant et requirunt et ad •22• ipsarum et ad ipsas possit habere recursus •23• tosciens quotiens dictarum partium ambarum •24• et cujuslibet earum placuent volunctate et •25• quod una curia electa seu uno judico electo nychilominus

* una pars alteri et econverso solempni et valida stipularunt intervenerunt scilicet quecumque mobilia et

immobilia presenta et futura dicti sui monasterii et dicti scindici

f° 9 v°

l. 1• dicte partes seu aliqua ex ipsis et sui ad aliam •2• curiam seu alium judicem recurssum habere •3• possint pro premissis et quolibet premissorum multium •4• prejudicunt premissorum hujusmodi electionem in aliquo •5• generandum fore volentes c[o]muni dicte ambe •6• partes superius transhigentes quod ad predicta •7• omnia et singula sic actendenda complenda •8• et inviolabiliter observanda constringi compelli et •9• cogi possint sumarie et de plano juxta et •10• secundum vires et priviletgia ac stillum •11• camere apostolice et aliarum curiarum •12• predictarum nulla juris vel facti •13• exceptione allegatione seu oppositione in •14• aliquo sibi subveniente renunciantes inde •15• super premissis et quolibet premissorum dicte •16• ambe partes juris et facti ignorante omnique •17• actioni et exceptioni de dolo et in factum •18• condicioni indebite et sine causa et •19• ex injusta causa et generali clausule •20• si qua michi justa causa esse videbitur •21• et exceptioni presentis contrictus [*sic*] non sit •22• celebrate habite sive geste et omnibus •23• et singulis lesioni et deceptioni •24• et errore subtilitate que et cauthelle in hoc

f° 10 r°

l. 1• negocio forsitam non servato et rey predicto modo •2• non geste omnique tempore feriato et induciae viginti •3• dierum et quatuor mensium omnique privilegio clerico •4• et quindecim dierum et aliis quibuscumque dolarunt •5• peticioni et oblationi libelle et transcripto •6• hujus publici instrumenti forique privilegio bonorum •7• et pignorum presentacioni privilegio cruce •8• signatum et signandum concesso et concedendo •9• et privilegio ultra marini passatgii dilationii •10• quumquevali impetrationi et contradictioni •11• litterarum apostolicarum legi si convenirent •12• de juridictioni omnium judicium constitutioni •13• felicis recredacionis [*sic*] domini Bonifaci papie octavi •14• quibus cavetur ne quis extra suam civitatem •15• vel diocesim ultra unam diectam ad judicium •16• evocetur et constitutioni de duabus diectis •17• edictis in concilio generali et juri domini •18• revocando et omnibus et singulis bastidis •19• burgesys concessis vel concedendis sub hac •20• verborum forma et generaliter omni •21• alii jure canonico et civile usui rationi •22• et consuetudini quibus contra predicta vel •23• aliquid predictorum venire possent vel se •24• in aliquo jurare deffendere vel thueri •25• voluerunt etiam dicte ambe partes supra •26• transhigentes et expresse contensientes [*sic*]

f° 10 v°

l. 1• quod hujusmodi proxima precedens renunciatio generalis •2• valeat teneat et robuur [*sic*] firmitatis obtineat •3• per inde que habeatur ac si omnes casus legum •4• decretorum et decretalium hic essent scripte et •5• expresse de verbo ad verbum deducti. •6• Et consequenter ad majorem omnium et singulorum •7• premissorum firmitatem habendam supradicti •8• dominus abbas et sindici supra transhigentes •9• tam conjunctum quam divisum citra revocationem •10• aliorum procuratorum suorum et cujuslibet ipsorum •11• per ipsos et quemlibet ipsorum aliorum constitutorum cum •12•hoc eodem publico instrumento locum et vicem epistole •13• continente fecerunt creaverunt et ordinarunt [h]orum •14• et cuilibet ipsorum veros certos et indubitatos procuratores •15• speciales et generales videlicet procuratorem •16• fiscalem et omnes alios notarios curie et camere •17• apostolice qui nunc sunt et in futurum erunt •18• quemlibet insolidum ita quod non sit meilior [*sic*] condicio •19• occupantis seu occupantium sed quod per unum •20• vel plures ipsorum inceptum fuerit per alium •21• vel alios eorumdem mediam prosequi terminare •22• valeat et finire videlicet ad comparendum •23• pro ipsis constituentibus et ipsorum nomine omnibus •24• tempore die et hora feriatis vel non feriatis •25• coram reverendo in Christo pater et domino domini •26• nostri pape qui nunc est vel qui pro tempore fuerit •27• sancteque romano ecclesie camerario ejusque

f° 11 r°

l. 1• locumtenentem et suo dicteque camere auditione •2• seu coram altero et eorum locatenentes et coram aliis •3• quibuscumque judicibus officilibus magistratibus et pars viris •4• presentibus et futuris quacumque fungantur auctoritate •5• seu potestate et ad constituendum advocandum et •6• recognoscendum in judicio et extra coram eis et •7• quolibet vel altero eorumdem omn[i]a et singula supradicta •8• et petendum audiendum et recipiendum •9• pro ipsis constituentibus et quolibet eorum omne in monitionem •10• preceptum sentenciam mandatum et interdictum •11• quas et que idem dominus camerarius auditer •12• vel locatenentes ipsis presentibus et futuris aliis •13• quicumque judex et officiales facere promulgare •14• seu proferre voluerit contra ipsos constituentes et •15• eorum bona et jura si defficeret in predicto •16• vel aliquo predictorum et ad acquiescendum •17• sponte hujusmodi precepto sentencie et mandato •18• et interdictum et sentenciam et sentencias •19• de novo audiendum et subjunctendum se nomine •20• procuratorio predicto juridictionem censive cohertioni •21• curie et camere domini nostro pape prefati que •22• domini camerarii auditorum vel locatenentes ipsi •23• pro predictis omnibus et singulis sic actendendis •24• complendis et ad consenciendum quod dictus dominus •25• camerarius auditor vel locumtenens ipsius seu •26• alteri ipsorum contra ipsos constituentes et

f° 11 v°

l. 1• et ipsorum bona excomunicationis sentenciam proferant •2• et quoscumque processus alios faciant et •3• alterius juridictionis speciem excerceant [*sic*] si dicti •4• constituentes vel alter eorum •5• defficeret in predictis vel aliquo •6• predictorum et demum generaliter omnia •7• alia universa et singula faciendum dicendum •8• petendum procurandum et excercendum •9• que ad hoc circa premissa et quolibet •10• predictorum fuerunt necessaria seu •11• etiam opportuna •12• etiam si talia que mandatum •13• exhigeret magis speciale et que •14• ipsomet constituentes et quilibet •15• ipsorum facerent seu facere possent •16• si in premissis et quolibet premissorum •17• personaliter presentes essent. Promictentes •18• michi notario regio infrascripto ut •19• comuni et publice personne pro •20• omnibus illis et singulis quorum interest •21• intererit aut interesse poterit seu •22• poterit in futurum et eorum nomine

f° 12 r°

l. 1• solempniter stipulanti et recipienti ipsos et quemlibet •2•ipsorum ratum gratum et firmum perpetuo habituros •3• quicquid per dictos procuratores suos et eorum quemlibet insolidum •4• in premissis et quolibet premissorum actum dictum fuerit •5• sive gestum et quomodolibet procuratum ac si •6• personaliter foret actum et pro eis et eorum •7• quolibet judicio scisci et judicatum solvi •8• cum omnibus suis •9• clausulis universis ipsos et eorum quemlibet ab •10• omnny [*sic*] honere satisdandum relevando et pro •11• eisdem procuratoribus suis et eorum quemlibet insolidum •12• fidejussores se constituerunt erga me dictum •13• notatum ut supra stipulanti sub efficaci ypotheca •14• et obligatione omnium bonorum presencium et futurorum •15• dicti monasteri et dicte universitatis quorumcumque •16• et sub omnni et qualibet juris et facti renunciant •17• ad hec necessaria pariter et cautella. •18• Promictentes insuper dicte ambe partes una •19• alteri et converso ut supra stipulanti per •20• partium expressum se dictos procuratores suos •21• vel alterum eorumdem non revocare per se •22• vel alium tacite vel expresse aut alius quoquomodo •23• sub obligatione renunciatione et clausulis •24• in presenti instrumento contentis predicta •25• autem omnia dicte partes sic vera esse •26• asserverunt et ea semy rata

f° 12 v°

l. 1• et grata habere tenere facere dicere •2• servare actendere que et complere contraque in •3• nullo venire nec venire facere clam vel •4• palam aut alius quoquomodo sic una pars •5• promisit alteri et econverso et juraverunt •6• super sancta Dei quatuor evangellia ab ipsis •7• partibus et earum qualibet gratis corporaliter •8• tacta de quibus omnibus universis utraque dictarum •9• partium peciit et requisivit sibi fieri publicum •10• instrumentum per me Johannem de Montillis •11• magistrum Stephanum Turelli notarios mecum •12• communicantem infrascriptos ita tamen quod •13• voluerunt dicte partes quod hoc presens instrumentum •14• et contenta in eo possint et valeant fieri reffici •15• corrigi et emendari semel et pluries [i]sto •16• quod fuerit grossatum vel non grossatum in •17• judicio vel non productum ad dictamen •18• cujuslibet sapientis facti tamen substancia in •19• aliqui non mutata hoc acta fuerunt in •20• domo abbacialli dicti loci de Villamagnea •21• hora terciarum testibus presentibus nobili •22• Raymundo de Thesano filio domini de Poyolio •23• magistro Petro de Baissangiis vicarie curie •24• dicti loci de Villamagnea domino Petro Duranty

f° 13 r°

l. 1• prebtro habitatoribus ville Bicterris Arnaudo Jacobi •2• castri de Sancto Genesio de Baraussalli et •3• pluribus aliis. Et me Johanne de Montillis •4• notario infrascripto qui de premissis unacum dicto •5• magistro Stephano Turelli notario et ordinario curie dicti •6• loci mecum communicante instrumentum requisitus •7• recepi.

Post anno et *regnante quibus supra •8• et die vicesima nona mensis octobris noverint •9• universi quod existentes et personaliter constituti in •10• loco de Villa magnea in mei notarii et testium •11• infrascriptorum presencia videlicet religiosii viri •12• domini Petrus Grave prior prioratus de Sancto •13• Gervasio ex monasterio dicti loci de Villamagnea • 14• deppendenti et Bernardus Moreni sacrista dicti •15• monasterii dominus Petrus Bernardi prebtrus et viccarius •16• ecclesie parrochallis Sancti Gregorii dicti loci •17• et Jacobus Senaudi masellator quiquidem homines supradicti dixerunt et assereverunt revera •18• fore electos tanquam in arbitros arbitratores per •19• renovendum in Christo patrem et dominum dominum •20• Hugonem gracia Dei abbatem et dominum dicti •21• loci de Villamagnea et per Raymundum •22• Braci et Poncium Lobeti sindicos universitatis •23• dicti loci ut de eorum sindicatu constat •24• predictis ad extimandum moderate et modifficati[o]ne[m] •25• fructium foini provenientis et exeuntis atque •26• excressentis de prata supradicta in presenti

* datum ut supra

Arbitres choisis par labbé et sindics de ville. pour estimer le foin de la prade prolongent le terme pour faire lad. estime jusques au huitieme jour apres St Martin

f° 13 v°

l. 1• instrumento contenta confrontata et designata prout •2• lacius sunt hec deducta in instrumento •3• precedenti sumpto et recepto per me Stephanum •4• Turelli et magistrum Johannem de Montillis •5• notarios de Villamagnea communicantos •6• sciente revera potestatem eorum ut •7• dixerunt de proximo aspirari et fore munire •8• actam infra quam propter brevitatem temporis •9• non possent de precedenti negocio ita facilliter •10• terminare et cognoscere scientesque etiam in •11• supradicto instrumento se habere potestatem •12• porrogandi eorum posse seu potestatem •13• semel ut in dicto instrumento lacius •14• videtur * domini arbitri de volunctate •15• dicti domini abbatis ut dixerunt et etiam •16• Poncii Bombarelli et Johannis de Sansaco •17• sindicorum modernorum anni presentis •18• prout de dicto eorum sindicatu constat •19• instrumento sumpto per me dictum Stephanum •20• Turelli notarium suprascriptum anno nativitatis Christi millesimo •21• quaterrentesimo septimo et die vicesima •22• octava mensis octobris dictam eorum •23• potestatem arbitralem cum hoc presenti •24• instrumento octavam diem post instans •25• festum beati Martini inclusume [*sic*] de

* contineri id circo supradicti

f° 14 r°

l. 1• de [*sic*] volunctate qua supra porrogarunt et terminum •2• supradicte transhactionis de volunctate qua supra •3• elongarunt de quibus universis dicti domini arbitri •4• pecierunt fieri sibi et supradictis partibus •5• tradi publicum instrumentum per me notarium •6• supra et infrascriptum acta fuerunt hec •7• in dicto loco de Villamagnea et fuerunt •8• inde testes Petrus Cabrollis Raymundus Vallati •9• et ego Stephanus Turelli notarius memoratus qui •10• de premissis requisitus instrumentum recepi.

•11• Cosequenter anno et rege regnante •12• quibus supra et die quinta decima mensis •13• novembris noverint universi quod venerabiles et •14• religiosi viri domini Petrus Grane et Bernardus •15• Moreni sacrista Petrus Bernardi viccarius et •16• Jacobus Senaudi arbitri arbitratores et extimatores •17•predicti ad faciendum extimam et pronunciandi •18• eamdem modifficati[o]ne[m] et super fructibus •19• feni provenientibus ex supradicta prata •20• quolibet anno auditisque dictarum partium et •21• cujusque ipsarum rationibus volunctates •22• ut dixerunt de et super dicta extima •23• dicti prati partes predictas ad pacem •24• et veram concordiam producere suo posse •25• ex qua magna questio et lis posset •26• inter dictas partes orriri et pullulari

f° 14 v°

l. 1• et parcere eorum laboribus et expensis ut •2• dixerant investigareque et presentium •3• dictarum partium et cumlibet earum volunctate •4• prout dixerunt idem domini arbitri •5• arbitratores et extimatores in presencia •6• dicti domini abbatis religiosorum virorum •7• dominorum monacorum Geraldi Sabateri •8• operarii Guillermi de Borano •9• collatoiri Guillermi Soleni Hugonis Bodsy helemosinari •10• et Johannes de Fayrto infirmari in capitulo •11• conventuali dicti monasteri de mandato dicti •12• domini abbatis ad sonum campanille ut est moris •13• congregatibus asserentibus se seniorem partem dicti •14• conventus fore ut dixerunt nec non in •15• presencia dictorum Pontii Bombarelli Johannis de •16• Sansaco sindicorum dicte universitatis •17• modernorum et Bernardi Braci Johannis •18• Villani Petri de de [*sic*] Saltu Petri •19• Bracii Amelhii Caussiacii et Guillermi Martini •20• concilliariorum anni presentis et Raymundi Braci •21• Johannis Chaberti Thome Duranti Jacobi Monissi •22• Bertrandi Augerii Clementis Barbeca Bermundi •23• de Neffianis Raymundi Vallati Petri Lobeti •24• Johannis Bertrandi paratorum Johannis •25• Bombarelli Vesiani Clerici •26•Guillermi Turelli junioris Johannis Rebulh

f° 15 r°

l. 1• Petri Picardi Gicberti Mosseni Vitalis •2• Austruy Petri Monissii Johannis Martini Bernardi •3• Combas Simoneti Granier Urbani Sabbaterii Bernardi •4• de Bedes Petri textoris Jacobi Brusquete Raymundi •5• Boteti Petri Villani Johannis Malunie •6• Raymundi Borrelli Raymundi Metrelli Johannis •7• Sicardi Guilhermi Albesii Guilhermi Turelli senioris •8• Pontii Lobeti Guilhermi de Villis Petri Crestoni •9• et Johannis Combas in dictarum partium et •10• personarum supradictarum audiencia et presencia •11• ut est dictum pronunciarunt se dendo •12• declararunt sentencialiter deffinitive •13• determinarunt et arbitrati fuerunt et •14• extimarunt auditis ut est dictum dictarum •15• partium rationibus in hiis scriptis verbis •16• romanis sive in romancio ut sequitur. •17• Jhesus Christo son los aponchaniens en que •18• entendens a ordenas nous autres compromissens •19• de soubz scriptz per la partido de mosseignor •20• de Villa magne a per son monestero duna •21• part et an los sindicz et universitat •22• et habitans deldit loc dautra part sus •23• la extima dela renda dela prada •24• de joutz lo pon dela peyra confrontado •25• ayssi coma toste per ung instrument •26• recebut per maistre Steve

entente des arbitres ou estimateurs des fruits de la prade

f° 15 v°

l. 1• Turelli et maistre Jehan de Montillis notaires •2• desta villa ajuns en lodit instrument de que •3• per la partide de mossieur de Villamagne •4• et de son monestero feron elegits per •5• far ladite stima deladite prada •6• delas autras causas pendens et •7• emergens daquelle mossen Peyre Granos •8• prior de Sanct Gervays et mossen Bernard •9• Moret sacresta monges deldit monestier •10• et dautra part per la partida dels sindicz •11• et universitat mossen Peyre Bernard capela •12• et viccaro et Jaume Senaus deldit loc. •13• Premeyramen pronuncian et declaran et •14• ordenan que per nostres trebailhs faictz •15• en lo presen negoci mossenhor de •16• Villa magna aladite universitat •17• et habitans deldit loc sian tengut •18• de donar et de pagar per engals partz •19• acascim dels sobredictz so es asaber dos •20• scutz daur ou la valor daquels paigadors •21• dayssi ala feste de Sanct Andrieu •22• prodanamen venen de que losdit monsieur de •23• Villa magna pagara mossen Peyre Bernard •24• et Jaume Senaux et los sindicz et

f° 16 r°

l. 1• universitat pagaran mossen Peyre Granos •2• et mossen Bernard Moret. Item pronuncian et •3• decla[ra]n que ladite universitat sia tenguda •4• per aros et per tostens de donar ladite •5• prada et tener la condrecha et contunad •6• et baladegada ayssi coma los autres •7• pratz se conltinuo en aquest pays in se •8• deffendendo. Item pronuncian et declaran que •9• se ladite prada se asebengina que non fos •10• bona ha prada et aladite universitat ero avegayre •11• que pogues portar mais de proufit en blat ou •12• en autras rendas que en puosco far a •13• touta leur utilitat pagan lo deyme •14• anaquel que aperte. Item pronuncian et declaran •15• que levada la premieyra renda ysseu dela dicha •16• prada per cadam que monsieur de Villanova et •17• tout son monestier et toutz los officiers pueyscon •18• payser et gausir ausi coma la universitat hon •19• los singulars daquella et que nengun que •20• non sio habitant ny non residisto •21• en lodict loc de Villa maigne que •22• non gausico deladicha prada. Item que •23• nengun porc non ho anja inthrar sus •24• la pena que los requiznan a monsieur de •25• Villamagnea. * sian tengutz de pagar a •26• mossenhor de Villa magnea et a sos successors

* Item pronuncian et declaran que per ladicha renda per non de autres estimada per anas [?] trestens quasung lous sindictz ala universitat els habitans daquelle deldich loc de Villamagna

on peut semer du bled a la prade si on le juge plus utile a la communaute

deffend que les pourceaux ny entrent
les sindics de Villem. doivent payer tous les ans a labbe pour la rente de la prade quatre livres valant vingt sols
f° 16 v°
l. 1•quatre livras valens la livra vingt •2• soulz et vingt soulz la livra et valen lo marc •3• del argent sieys scutz daur de tres deniers •4• et valen lescut detz et huict grans pagadors •5• en la festa de sanct Jehan Batista. Item •6• pronuncian et declaran que per la sobre •7• malivolensa [*sic*] dela renda deladicha prada •8• per so quar nous conoyssen segon diens •9• et segond moins consiensas que la •10• renda valiuay que la some •11• sobre dicha en recompensation •12• daquelle que mossieur de Villamagnea •13• et son monestier per aros et per •14• tostemps puescon tener en deves en •15• lo fluvi dorp del valat de Ribaute •16• entor al cayre del colombier daus •17• lo pon de Heripia. Et si ladicha •18•universitat avia dengune usas ny •19• instrumens ny transhactions ny •20• autres documens per lo scals pogusso •21• demandar nengun drech ne actions ny •22• autras libertatz en losdich deviers que •23• per aros et per temps sian casadas •24• et avilladas que en nenguna
pour la plus valeue de la rente de la prade labbe aura en devez dans orp jusques au carré du colombier vers le pont deripian defendant dy pescher sur peine de soixante sols tournois
f° 17 r°
l. 1• manyera ladicte universitat * non entent •2• a previdicar en nenguna manieyre sinon •3• tant soletamen aldich deves. Item pronuncian •4• et declaran que se nengun home deladicha •5• universitat ny datra part pescaur en lodich •6• deves an nenguna tesura que sia encorrit •7• pena de seysanta soulz et ung denier •8• et la tesura perduda exceptat que se •9• nengun home deladicha universitat avans pescar •10• ay bertoles ou ay garbelo que aquels •11• sian encuritz en la pena de quinze solz •12• et la tezura perdida tautas de vegadas •13• coma farian lo contrari. Item pronuncian •14• et declaran que sero cas que ladicha prada •15• que se derunya que Mase se getes que •16• tornes passar de joust lo pon ayssi •17• coma soliei antiquamen que messenhor •18• et ses successors y meta dos homes et •19• ladicha universitat ny meta autres •20• dos et aquella pesco segon diens et •21• tegon leurs consciensas dedu[?] dela •22• vina sobre dicha per lo dampnatge •23• que ladicha Maze y auzia donat. Item •24• pronuncian et declaran que nengus fiens • 25• que monssieur Dordie dela Panosa alias
* non seu puesco gausir ny advidar tant quont poyrra ala pesca dich deves et si et ledich instrumen avia nenguna causa que fos fora ledich deves que ladicha universitat ut supra
f° 17 v°
l. 1• de Lopiac Agnes Boullacz en la cana vielha del •2• payssel ny en autres partz en que ladicha universitat •3• pretengues aver nengun drech que per •4• avas ny per jamays non y puescon res •5• demandas. Item pronuncian et declaran que •6• las causas sobre dichas se puescoy aconsirair •7• an conseilh de savi la sustancia •8• non mudada. Qua pronunciatione •9• superius per dictos dominos arbitros •10• arbitratores et extimatores sic in dictarum •11• partium presencia facta predicte ambe partes •12• scilicet dictus dominus abbas cum dicto suo •13• conventu toto nec non dicti sindici et alii •14• homines superius nominati asserentes et •15• dicentes se fore majorem et saniorem [partem] •16• universitatis predicte de Villamagnia •17• et ad premissa congregati de volunctate dicti •18• domini abbatis et cum protestanionibus in •19• talibus consuetis et fieri solitis semper sibi •20• salvis omnes superius nominati ab utraque •21• parte per se et suos heredes et successores et •22• pro omni eorum * gratis et bona fide •23• et sine omni dolo et fraude cum hoc eodem •24• vero presenti publico instrumento nunc et in •25• perpetuum firmiter valituro dictam pronunciationem •26• sentenciam et ordinationem arbitralem et extimam •27• et omnia et singula de puncto ad punctum in •28• dicta pronunciatione dictorum dominorum arbitrorum
* posteritati
f° 18 r°
l. 1• arbitratorum contenta et speciffita pronunciata •2• et recitata atque diffinita etiam in presenti •3• instrumento contenta et inserta laudirunt emologarunt •4• ratifficarunt plenissime et confirmarunt et •5• acquieverunt rataque et grata semper habere •6• voluerunt eaque amodo tenere et servare •7• perpetuo et inviolabiliter et in nullo contra •8• ire verbo opere vel facto arte ingenio se •9• cautella aut al[?]s quousmodo promiserunt sub •10• obligatione renunciatione et juramento et •11• penis in dicto presenti et etiam primo instrumento •12• transhactionis contentis promiserunt namque dicte •13• partes quod non fecerunt nec facient aliquid •14• in futurum quominus predicta omnia et •15• singula minorem obtineant roboris firmitatem •16• predicta autem sic vera esse asserendum •17• predicte partes et omnes * et juraverunt •18• scilicet dictus dominus abbas supra pectus •19• suum more prelati. Et ceteri super sancta •20• Dei quatuor evangelia ab ipsius et eorum •21• quolibet gratis et corporaliter tacta de •22• quibus universis utraque dictarum partium •23• peciit sibi fieri publicum instrumentum per •24• me notarium infrascriptum dictat[?] conventum et •25• emendatum cum concillio et dicta[?] •26• cujuslibet sapientis facti tamen substancia
* superius religiosi et alii viri superius nominati fore vera et ea tenere et servare actendereque et complere et numquam contravenire palam aut oculte sic omnes
f° 18 v°
l. 1• in aliquo non mutata tenor vero sindicatus de •2• quo supra facta est mentio sequitur •3• et est talis.
In nomine Domini Nostri •4• Jhesus Christi amen. Anno nativitatis ejusdem millesimo •5• quaterrentesimo vicesimo sexto illustrissimo •6• principe domino Karollo Dei gratia rege •7• Francorum regnante et die vicesima •8• octava mensis octobris noverint universi •9• quod existentes et personaliter constituti •10• in aula abbatiali monasteri loci de •11• Villa magnea Bicterris •12• diocesis et eorum religioso viro domino •13• Bernardo Moreni

sacrista monesteri [*sic*] •14• ipsius loci de Villamagnea viccario •15• generali in spiritualibus et temporalibus •16• dicti monasteri de Villa magnea sede •17• vaccante in dicta abbatia viri Johannes •18• Chaberti et Petrus Lobeti sindici anni •19• proxime lapsi magister Johannes de Montillis •20• notarius regius etiam olim clavarius dicti •21• loci nec non Raymundus Braci Johannes •22• Martini Jacobus Monissi Johannes •23• Sansac Petrus Peyrolle et Thomas Duranti •24• Deodatus Austruy Guillermus de Villas

f° 19 r°

l. 1• Guillermus Caucii Johannes Bombarelhi Johannes •2• Sicardi Guillermus Pontery Urbanus Sabbaterii Blasius •3• dela Fanna Berengarius d'Albi Johannes Bertrandi sutor •4• Petrus Cristo Raymundus Bonel Guibbertus Mossen •5• Gailhardus Bosquelli Amelleis Caussati Guillermus •6• Albes Guillermus Martini Petrus Caier Bernardus •7• de Neffianis Johannes Braci Jacobus Picardi •8• Petrus de Sahuc Raymundus Metuelhi Raymundus •9• Caunas Johannes Villani Benedictus Michaellis •10• Johannes Malunni Johannes Bubelli Johannes Combas •11• Bernardus Braci Petrus Monis Petrus Boteti Jacobus •12• Brusqueta alias Copi Poncius Loreci Vesianus Clerici •13• Bernardus Combas Johannes Bertrandi junior Poncius •14• Bombarelh Guillermus Turelli senior Petrus de •15• Montillis Johannes Bernardony major pars •16• et sanior hominum et plebey dicti loci de •17• Villa magnea prout dixerunt de mandato dicti •18• vicari congregati prout Johannes de Malomiuro •19• serviens et preco publicus dicti loci. Ibidem presens •20• retulit [?] Johannes superius nom[.]nati •21• pro se et nomine universitatis. Ibidem dixerunt •22• dicto domino vicario notifficarunt et exposuerunt •23• locum predictum de Villamagnea et universitate •24• hominum ejusdem carere quam plurimum et indigere •25• de presenti sindicis yconomicis et procuratoribus •26• super capitulis infrascriptis per quos dicta

f° 19 v°

l. 1• universitas et singulares ejusdem loci regy •2• valeant gubernari unde requisiverunt. Ibidem •3• dictum dominum vicarium generalem in spiritualibus •4• et temporalibus eidemque humilites supplicarunt •5• quathenus dicte universitati et eisdem congregati •6• det et concedat licenciam et auctoritatem possitque et •7• valeat facere et creare et constituere sindicos yconomicos •8• seu procuratores suos et rectores ac gubernatores •9• quos facere creareque et constituere volunt et intendunt •10• super capitulis ejusdem et singulis ejusdem et singulis •11•in eis contentis per quos dicta universitas et •12• singuly ejusdem regy valeant et gubernare ut •13• est dictum protestato primitus per eos et eorum •14• quelibet quod per ea que inferius facient seu dicent •15• nolunt nec intendunt bone seu facere in •16• aliquo contra ordinationes regias ac statuta •17• domini Guilhermi de Cordis olim senescalli Carcassone •18• et Bicterris nec contra dictum dominum abbatem aut •19• ejus juridictionem. Et si forsam quod abset •20• aliquid prejudicium posset hominibus vel singularibus •21• seu universitati predicte Villemagne generare •22• volunt premissa et infrascripta pro non facta et •23• pro nulla et non dicta habere et reputare quam •24• protestacionem voluerunt in omnibus eorum actibus •25• pro repetita habere. Et incontinente dictus dominus •26• vicarius presentem supplicationem et requisitionem

f° 20 r°

l. 1• predictas fore justas et consonas rationi prospiciens •2• ad requisitionem dictorum sindicorum olim cum •3• protestacione quod non intendet propter hoc prejudicare •4•ordinationibus regiis et domini Guillermi de Cordis olim •5• senescalli Carcassone et Bicterris nec juridictioni •6• sue quo supra nomine eisdem hominibus petentibus •7• concessit dedit et atribuit potestatem licenciam •8• et auctoritatem eligendi faciendi ordinandi et •9• constituendi sindicos yconomicos et procuratores suos •10• et dicte universitatis Villemagne super infrascriptis •11• capitulis quorum tenor talis est. Primo videlicet •12• ad restaurandum reparandum reformandum * et •13• hedificandum per se vel alios ad hoc ydoneos •14• muros turres bisturres pilam ponterii foyssata vallata •15• barbacanas et alia tutamina et deffenciones •16• portalia raiolas ac vias et passus publicos •17• Villemagne et territori eiusdem prout expendit et •18• necesse fuerit et super eis a superiore ea •19• faciendi licenciam et auctoritatem obtinendi. •20• Item et inhibere ficiendum petendum ne •21• aliqui dicte Villemagne vel aliunde faciant •22• in discursu fluminis Maze circumcirca dictam •23• Villamagneam decurrente aliquas paxerias montata •24• pallisserias aut aliquid aliud impedimentum •25• propter quod lictora seu ripayral

* construendum

f° 20 v°

l. 1• dicti loci et dicte flumine Maze possent clavare •2• propter invadictiones aquarum dicti fluminis et •3• dampna inferri possent a ponte alto destrudendo •4• per dictum flumen Maze usque ad vineam domini •5• abbatis Villemagne que fuit de Naguynoto et •6• alius dicto capitulo utendi ut est •7• consuetum et consenciendum quod pena decem •8• solidorum turonensium a facientibus contrarum •9• levet. Et ad videndum si [a]qua dicti fluminis •10• alibi decurrere posset et novem pontem •11• seu passatgium faciendum cum consilio •12• concilliariorum suorum seu majoris partis •13• eorum et domini abbatis seu officiariorum •14• suorum. Item ad agendum contra dominum •15• elemosinarium Ville magne quia recusat •16• facere elemosinam vocatam la pessa hora •17• vesperorum in dicto monesterio dari consuetam. •18• Item ad agendum contra dominum Berengarium de •19• Neffianis monachum quia apposuit salvagard[am] •20• in molendino et aliis partibus ejusdem. •21• Item ad requirendum dominum abbatem •22• Villemagne seu ejus curales [*sic*] nec non dominum

travailler a faire un pont

f° 21 r°

l. 1• de Eyripia seu ejus curiales et quemlibet ipsorum •2• ut prohibeant et faciant prohibere ne aliqui dicte

•3• Villamagnee et de Eyripia invictant [*sic*] eorum •4• animalia grossa et minuta in possessionibus •5• habitancium dicte Villamagne situatis in •6• territoris dictorum locorum de Villamagnea et de •7• Eyripia nec in vineis laboratis in quibus •8• arbores fructiferi existant et consentiendum •9• quod pena decem solidorum turonensium ultra •10• bannum exhigatur. Et ad deffendendum jura •11• libertates et franquesias quas dicta universitas •12• Villemagne habet in territoris de Villemagne •13• et de Eyripia seu alibi pro eorum bonis vel alio •14• quocumque modo sive forma ac etiam agendum •15• contra homines de Heyripia et alios •16• circumvicinos conjunctum vel divisum si •17• presumebant devastare cum eorum animalibus •18• pascua dicte Villemagne aut * •19• jura libertates et franquesias quecumquas •20• dicta universitas habet. Item ad agendum •21• contra dominum de Falgueriis et ejus gentes si in •22• aliquo ledant seu infringant compositionem •23• dudum factam super leudis pedatgiis seu •24• vetigalibus per homines dicte Villemagne in
* infringere

f° 21 v°

l. 1• in dicto loco de Falgueriis et ipsam compositionem •2• tenendum et tenere faciendum promulgare dicto •3• domino de Falgueris pro dicta leuda non solvenda •4• impetranda et obtinenda et etiam ad agendum •5• contra homines de Caucionoiolis de Caprayrola de •6• Falgueriis et alios quoscumque si presumant •7• depopulare seu devastare nemus comune •8• Ville magne quod est indivisum cum domino •9• abbate monasteri Villemagne quod nemus est •10• situatum in juridictione et parrochia •11• beate Marie de Somardiis si ligna colligebant •12• et herbas depascebant seu id fieri faciebant •13• aut ipsi dictam universitatem et singulares •14• dicte Villa magne impedirent seu •15• perturbarent in jure quod habent in •16• nemore predicto ne ipsa dicta ligna •17• colligant nec herbas depasci faciant nec •18• feri faciant quoquomodo nemuisque predictum •19• arrendandum seu ad firmam animam vendendum et •20• tradendum ad certum tempus pro parte •21• dictam universitatem tangente et dictum •22• nemus terminandum cum illis cum quibus

f° 22 r°

l. 1• nondum est terminatum presente domino abbate seu •2• ejus officiariis et aliis de dicto nemore utendi •3• prout est observate per gentes dicti loci. Item •4• ad audiendum compota et rationes tam •5• a scindicis quam ab aliis personis dicte Villemagne •6• qui talias et alia emolumenta seu bona dicte •7• universitatis habuerunt receperunt et •8• levaverunt et ab ipsis compotis et rationibus •9• auditis et habita restitutione reliquorum •10• dictos sindicos levatores et administratores et •11• alios quoscumque quictandos et absolvendos cum •12• pacto de ulterius non petendo cum consilio •13• tamen consilliarorum suorum seu majoris •14• partis eorumdem et ad regendum et •15• guibernandum et deffendendum per se vel •16• alios per dictos sindicos depputatos bona •17• hospicia pauperum Villemagne et leprosorum •18• dicte Ville magne et quod reddiderunt •19• dictum compotum anno quolibet dicti sindici •20• novis sindicis infra unum mensem adire •21• festi apostoli Symeonis et inde computandum •22• continuum et completum. Item ad deffendendum •23• usus jura libertates et franquesias nundinarum •24• et foiri seu mercati dicte Villemagne et alias

les franchises des foires et du marché de Villemagne

f° 22 v°

l. 1• libertates franquesias et privilegia pro dictis •2• nundinis et foro reformandis et renovandis •3• acquirendis impetrandis et obtinendis et •4• hiis utendis et explentendis et ad regnandum •5• et gubernandum omnia bona jura libertates •6• et franquesias dicte Ville magne et •7• singularum de eadem et pro eisdem agendum •8• in judicio et extra. Item ad comparendum per se •9• vel depputatos et actores dictorum sindicorum •10• coram domino novo Francie rege seu ejus locumtenente •11• et coram domino senescallo Carcassone et Bicterris •12• et coram quibuscumque aliis dominis presentibus •13• seu justiciariis et officiariis spiritualibus et •14• temporalibus si citacio fieret dicte universitati •15• Ville magne aut sindicis de eadem pro negocio •16• fogatigii subcidi mutiy cabatyiy [*sic*] gabbelhe •17• salis juvaminis sive guerre seu alia causa •18• et de et super ac pro ipsum finandum et concordandum •19• prout melius et utilius potuerit fieri aut •20• neccesse talliam et tallias reales et •21• personales dicte universitati Ville magne •22• et singularum ejusdem et taliabilibus ibidem •23• habitantibus pro quota ipsos tangente habito respectu

f° 23 r°

l. 1• de facultatem bonorum suorum imponendum et judicandum •2• pro solutione et expedicione premissorum et aliorum •3• capitulorum supra et infrascriptorum et ipsam •4• tailham et talias exhigendum et levandum seu •5• levari faciendum pro solido et libere et alias prout •6• sibi videbitur faciendum cum consillio et voluntate •7• concilliarorum suorum seu majoris partis eorumdem •8• et agendum in judicio et extra contra quoscumque •9• dicte Ville magne et alios habentes possessiones infra •10• destrictum dicte Villemagne habitantis •11• res tailliabiles si recusarent talliam et tallias •12• eis judicatas et judicendas pro quota bonorum •13• suorum ipsos tangentes solvere et contribuere •14• in predictis servatis in hoc statutis et ordinationibus •15• regiis in talibus factis. Item predicti sindici •16• possint eligere unum hominem dicti loci in •17• capitaneum qui custodiam portalarum dicti loci •18• et clavium ejusdem habeat et dictus capitaneus •19• possit facere dozeneos et alias personas ad •20• custodiam dicti loci prout sibi videtur •21• ad tempus unius mensis vel plus et •22• ipsum presentare domino abbati seu ejus officie •23• ut recipiant ab eo juramentum et alias •24• de dicto capitulo uti possint

les sindics pourront élire un capitaine qui pourra faire des dizeniers

f° 23 v°

l. 1• prout alius extitit in dicto loco observatum. Item ad •2• supplicandum domino Bicterrensi episcopo et ejus •3• viccario in spiritualibus et officialibus ipsius ut

•4• compellarit seu compelli faciant dominum * viccarium •5• dicte ecclesie ex una parte et homines seu universitas •6• dicte Ville magne ex parte ex altera et •7• per dictam universitatem ratifficatas et ad petendum •8• penam in dicto compromisso contentam. Item •9• ad consenciendum quod quilicet habitator dicte •10• Ville magne possit facere scindere de •11• lignis in nemoribus comunis Villemagne •12• suam permisionem et hospicii sui vel vendendi •13• in dicta Villamagnea et non alibi et quod nullus •14• audeat dicta ligna illi qui ea scindendere •15• fecerunt sibi apropriare sub pena sexaginta •16• solidorum turonensium et restitutionis dictorum •17• lignorum. Item etiam carbonem fusti possunt •18• facere in dicto nemore et in dicta Villamagnea •19• portare et ibi vendere debeant et alibi •20• non sine licencia domini abbatis et suorum •21• sub pena viginti solidorum turonensium et •22• amictendi dictum •23• carbonem fustis. Item quod dicti sindici cum eorum

* viccarium ecclesie Sancti Gregorii Villemagne ad tenendum et conservandum parficiendum et complendum compositionem transhactionem et declarationem dudum factas inter dominum viccarium dicte ecclesie ut supra

f° 24 r°

l. 1• consilliariis seu majoris partis eorumdem possint facere •2• graciam personis forataneis volentibus de novo habitare •3• in dicta Villamagnea de talhis et questis et aliis •4• honneribus ad certum tempus ut magis dictus •5• locus populetur. Item ad requirendum dominum •6• abbatem monasterii Ville magne dominum dicti loci •7• seu suis curiales ut deputent duos vel plures •8• homines in banderius dicte universitatis qui •9• banderii habeant custodire territorium dicti loci •10• adeo ne per animalia vel gentes tam dicti loci •11• quam aliunde in bladis vineis et aliis fructibus in dicto •12• territorio excressentibus et arboribus fructiferiis erbis •13• pascuis et aliis bandibilibus dampnum inferatur qui •14• banderii exhigere habeant et possunt bannum et banna •15• super predictis imponenda aliquibuscumque malefactoribus •16• et consenciendum quod majus vel minus bannum quod lapsis •17• temporibus fuerit impositum imponatur cum consillio •18• suorum consilliarorum seu majoris partis eorumdem. •19• Et quod dictum bannum possit augeri vel domini qui •20• banderi in [?] habeant in manibus dicti •21• domini abbatis seu curialium suorum de se •22• bene et fideliter habere in officio banderiatus •23• emptus banno a domino ut est moris. Item •24• ad deffendendum et agendum contra quascumque •25• personas impedientes singulares dicti loci •26• volentes piscare cum thesuris vocatis •27• vertholeses et garbelhas in flumine Maze et en aygas

f° 24 v°

l. 1• in quibuscumque bedalibus paxerii et aliis locis dicte •2• fluminis Maze sine prejudicio singular dicte •3• universitatis et salvo jure alieno. Item ad •4• agendum et deffendendum contra dominum sacristanum •5• monasterii de Villamagna et contra dominum viccarium •6• ecclesiae Sancti Gregorii Villemagne qui nunc sunt •7• vel erunt et eorum quemlibet in solidum et contra •8• alios intentes in dicto loco imponere novas •9• servitutes et infringere libertates et franquesias olim •10• in dicto loco usitatas salvo jure domini abbatis •11• et quolibet alieno. Item ad requirendum dominum •12• abbatem et ejus curiales ne porcii intrent in •13• cimiterii Sancti Gregorii et anceres non intrent •14• ne pascantur in ortis campis * •15• vineis prediis laboratis nec alia animalia •16• in olivetis et consenciendum quod pena debita •17• exhigatus in et pro premissis agendis. Item ad •18• impetrandum libertates et franquesias •19• a domino novo Francie rege et a domino abbate •20• et quolibet earumdem et dictas libertates •21• impetratas possint deffendere. Item ad •22• agendum contra furnerium furnii dicti loci •23• casu quo dampnum inferet in malo coquendum •24• panes habitatorum dicti loci per dictum •25• furnerium faciendum et ne singulares dicti

* seminatis

f° 25 r°

l. 1• loci per dictum furnerium graventur per furnatica •2• debita pro derogatione panis ultra modicum anticum. •3• Item ad agendum et deffendendum contra •4• quascumque personas volentes tenere in deves •5• sive cultui aliqua pascua repayrialia patua •6• publica et terras incultas que non consueverunt •7• custodiri qui impediverit singulares predictos •8• non posse cursus animalibus in pascua dicti •9• loci ultra modicum antiquum. Item quod dicti sindici •10• cum eorum consilliariis possint se unire congregare •11• consilium facere et tenere sine licentia domini •12• abbatis et curialium suorum pro expedicione •13• capitulorum juxta et infra scripta et deppenda •14• eorumdem diebus et locis opportunis et consuetis •15• tosciens quosciens voluerunt et ut opportunum •16• cum deppendendum. Item quod dicti sindici cum •17• eorum consilliariis possint eligere banderios •18• in die Assensionis Domini qui juratunt [sic] fideliter •19• se habere in eodem officio. Item ad eligendum •20• bassinerios in ecclesia Sancti Gregorii consuetum •21• et audiendum compota a piectatis bassineriis •22• cum deppendendum. Item ad agendendum contra Petrum •23• Austruy * de Pradalio et aliis de domo sua quia •24• requsant contribuere in talliis de Villamagnea •25• pro bonis in dicto loco de Villamagnea possident.

* et Johannes Astrucii

f° 25 v°

l. 1• Item quod dicti sindici possint sustituere actore •2• et actores loco seu pro premissis et infrascriptis •3• per agendis et deppendentibus ex eisdem. Item •4• ad agendum et deffendendum in judicio •5• et extra contra homines et •6• singulares de Caussaniero juridictionis •7• Ville magne recusantes facere excubias •8• nocturnas et diurnas in dicta Villamagnea •9• tempore guerre et periculi sicut alii •10• plebei dicti loci faciunt cum deppendendis •11• et conexis. Item quod presens sindicatus •12• et potestas ejusdem duret et durare habeat •13• in et per totum annum •14• continuum et completum quibus •15• capitulis in romancis lectis ibidem •16• in continenti dicti homines Villemagne •17• comparentes et superius nominati de licencia •18• et volunctate dicti domini vicari unanimiter •19• et concorditer et sub dictis protestanionibus •20• gratis et ex certa sciencia cum hoc instrumentum •21• publico vicem epistole continente eligerunt •22• fecerunt ordinarunt et constituerunt •23• sindicos yconomicos et procuratores suos •24• et dicte universitatis Villamagne •25• et singularum ejusdem super dictis

f° 26 r°

l. 1• cappitulis et ad ea que in dictis capitulis •2• continetur videlicet Raymundum Braci et •3• Poncium Lobeti dicte Villamagne et eorum •4• quemlibet insolidum ita quod non primitus occupantis •5• potior condicio sed quod per unum ipsorum •6• inceptum fuerit per alium ipsorum •7• mediare continuari valeat et •8• compleri dantes et concedentes preffati •9• constituentes dictis sindicis yconomicis et procuratoribus •10• et eorum cuilibet insolidum plenum generale et •11• liberam potestatem ac speciale et generale •12• mandatum in et super predictis capitulis et •13• quolibet eorumdem pro dictis constituentuentibus [*sic*] in judicis •14• et extra comparendum agendum et deffendendum •15• libellum et libellos dandi et offerendi et •16• oblatis ex adviso respondendi litem et lites •17• contestandi de calumpnia et veritate dicenda •18• in animas constituencium predictorum jurandi et •19• sub eumdem cujuslibet alterius generis juramenti •20• testes quoque instrumenta litteras et omnia alia •21• probationem genera producendi et productis ex adverso •22• respondendi obiciendi [*sic*] replicandi triplicandi •23• exhigendi protestandi judicandi

f° 26 v°

l. 1• variandi in causa seu causis renunciandi et •2• concludendi sentenciam seu sentencias tam inter •3• locutorias quam diffinituras ferre petendi et rediendi •4• et ab ea seu ab eis appellandi •5• appellationem et appelationes prosequendi judices •6• et notarios eligendi et recusandi litteras •7• tam graciam quam justiciam continentes impetrandi •8• et obtinendi necnon etiam componendi •8• pascistendi compromittendi habendi petendi •9• et de habitis receptis quictandi et observandi •10• quictaciones faciendi cum pacto de ulterius non •11• petendo actorem et actores ad previsse et •12• in dictis capitulis contenta omnia loco •13• sui subtituendi et enim et eos semel •14• et pluries distituendi omnesque actus •15• judiciarios excercendi et generaliter •16• omnia alia faciendi explicandi et •17• excercendi que ipsi constituentes et universitas •18• predicta et singuli de eadem facere possent •19• in premissis personaliter interessent et •20• que boni viri et legitimi sindici et •21• procuratores ad talia constituti facere •22• possunt ac debet ratum gratum et firmum •23• perpetuo se habere pronunctentes predicti nomine

f° 27 r°

l. 1• universitatis dicte Villemagne et singularum •2• de eadem quicquid per dictos sindicos et procuratores * •3• et eorum quemlibet insolidum et actorem et actores •4• suos ab omni honore satisdandi promiserunt michi •5• notario publico infrascripto ut comuni et publice •6• personne pro omnibus illis quorum interest interrerit •7• vel interesse poterit in futurum stipulanti et recipienti •8• rem ratam habere judicioque stisti judicatumque •9• solum cum omnibus suis clausulas universis constituentes •10• se omnes predicti homines superius nominati ut •11• dicta universitas et singuli de eadem fidejussores et •12• principales paccatores pro dictis sindicis et •13• procuratoribus et eorum quolibet insolidum et •14• actoribus suis pro omnibus et singulis supradictis •15• sub ypoteca omnium bonorum dictorum constituentium •16• et universitas predicta Villemagne et •17• singularum de eadem presencium et futuorum •18• et sub omni renunciatione juris ad hec •19• necessaria pariter et cauthella volentes •20• et concedentes constituentes preffati quod dicti •21• sindici yconomici et procuratores habeant •22• potestatem ad predicta omnia et singula •23• ad unum annum continuum et completum ab hodie •24• in antea computandum et non ultra. Et •25• premissis per actis preffati constituentes

* vel eorumdem alterum et actorem seu actores suos fuerit in premissis et circa premissa actum gestum vel alius quomodolibet procuratum relevantes constituentes predicti dictos suos sindicos et procuratores

f° 27 v°

l. 1• eligerunt fecerunt et constituerunt et dederunt •2• in concilliarios eisdem sindicis ad premissa omnia •3• et singula cum quorum concillio se regante •4• in premissis videlicet Johannem Bertrandi clavarium •5• presentem Johannem Chaberti Johannem Martini •6• Gibbertum Mossani Raymundum Metielh Raymundum •7• Bonelh Vesianum Clerici Petrum Monis et Johannem •8• Combas presentes dicte Villemagne. Et ibidem dictus •9• Raymundus Bracii et Poncius Lobeti sindici ibidem •10• presentes omnis dicti sindicatus in se gratis •11• assumerunt et promiserunt dicto domino viccario •12• et michi notario infrascripto ut persone •13• publice per omnibus illis quorum interest •14• vel interesse potuit in futurum stipulanti •15• se in dicto sindicatus officis se bene •16• et fideliter ac legaliter habere utilia •17• dicte universitatis [*l. 18 à 21 biffées*] •22• Villemagne et •23• singularum ejusdem procurando et inutilia •24• evitando et finito et complecto tempore

f° 28 r°

l. 1• dicti sindicatus de gestis et administrans •2• per omni de bonis dicte universitatis bonum •3• et legale compotum reddere et bonam •4• rationem dicte universitati seu depputatis •5• vel depputandis ab ea sic jurarunt super •6• sanctis Dei quatuor evangeliis ab ipsis •7• corporaliter gratis tactis. Et [i]bidem incontinenti •8• dicti Johannes Bertrandi clavarius Johannes •9• Chaberti et alii supradicti concilliari omnes •10• insimul et quilibet eorum insolidum promiserunt •11• super premissis bona recta et justa concillia •12• juxta earum mentes et consciencias •13• dictis sindicis dare dicere prebere et •14• atribuere necnon ire rededere ad locum •15• et loca diem et dies et horas •16• per dictos sindicos vel eorum alterum

•17• et de eorum mandato assignandos et assignandas •18• personaliter comparere et se presentare et etiam •19• cum dictos sindicos seu alterum ipsorum •20• continget ubique terrarum pro premissis ire •21• seu laborare eum et eos associare ad •22• eorum postulationem omnibus eorum negocis •23• dictorum consilliariorum pretermissis et •24• desamparatis sic juraverunt super sanctis •25• Dei quatuor evangeliis ab ipsis consilliriis

f° 28 v°

l. 1• et quolibet ipsorum corporaliter gratis tactis •2• et premissis peractis dicti constituentis •3• necnon sindici et consilliarii superius •4• nominati requisiverunt dictum dominum •5• viccarium ut supra pro tribunali sedii ut •6• dicte electioni constitutioni et creationi •7• sindicorum et omnibus aliis supradictis •8• sub dicta protestatione auctoritatem •9• suam interponat et decretum. Et dictus •10• dominus viccarius pro tribunali sedens prostestato •11• per eum ut supra quod interpositis decreti •12• per ipsum interponendum fiat juxta •13• ordinationes regias et statutum domini •14• Guillermi de Cordis olim senescalli Carcassone •15• et Bicterris et aliter non. Et si alius •16• fieret dicta decreti int[e]rpositur pro non •17• facta habeatur sub dicta protestatione •18• ovationi electioni et constitutioni dictorum •19• sindicorum et aliis premissis auctoritatem •20• suam interposuit et decretum. Edicta fuerunt •21• hec in dicta aula abbatiali de Villamagnea •22• in presencia et testimonio Petri •23• Talagoni Bernardi de Bojano de •24• Bictarrius. Et mei Stephani Turelh •25• publice dicte

f° 29 r°

l. 1• Ville magne notarii qui in •2• premissis intrfui [sic] et requisitus hec in •3• notam recepi. Edicta fuerunt hec •4• proximo parafo citra in dicto coro ecclesie •5• monasterii dicti loci de Villa magnea •6• in presencia et testimonio Berengarii Semena •7• Johannis Clementis servitores dicti domini abbatis •8• domini Petri Simonis prioris de la Bourdella •9• diocesis Vabrensis domini Guillermi Bardolle prebtri •10• Mauricii Adero Vincencius Faber •11• diocesis Rutenensis Petri Gavaudanii mansi •12• de Nissergis juridictionis dicti loci de •13• Villamagna. Et mei Stephani Turelli •14• notarii publici dicti domini abbatis et •15• ordinarii curie sue supra et infrascripti •16• qui de premissis requisitus instrumentum recepi. •17• Et quia dictus magister Stephanus Turelli •18• notarius tempore quo vivebat hoc presens •19• instrumentum ad plenum notare grossare •20• et in modum seu formam publicam •21• redigere non potuit morte preventus •22• id circo ego Johannes de Montillis notarius •23• ejusdem loci de Villamagnea auctore apostolicus •24• atque regia et dicti domini abbatis notarius •25• virtute et auctoritate potestatis michi

f° 29 v°

l. 1• atribute per nobilem virum Johannem •2• Planterose dominum de Grand Sevre viccarium •3• regium ville Bicterris •4• tenore litterarum hujus tenoris.

•5• Johannes Planterose domicellus dominus •6• de Grand Sevre panaterius domini nostri Francie •7• regis ejusque viccarius Bicterris discreto •8• viro magister Johanni de Montillis notario •9• regio loci de Villamagnea Bicterris •10• diocesis salutem. Cum magister Stephanus •11• Turelh notarius ejusdem loci de Villamagnea •12• dum vitam gerebat in humanus •13• quod plura et diversa diversorum contractum •14• instrumenta in suis notis cedis seu •15• prothocolis receperit et plures actus •16• judiciarios in regestris seu manualibus •17• curiarum diversorum dominorium nobilium •18• aut aliorum scripserit et regestraverit •19• que in modum seu publicam formam redigere •20• nequeverit morte preventus vobis de •21•cujus probite legalitate et industria •22• confidimus convinctamus et mandamus •23• quathenus de notis cedis regestris seu

f° 30 r°

l. 1• manualibus ( ) seu prothocollis •2• dicti notarii non viciatis non cancellatis •3• neque suspectis instrumenta publica extrahatis •4• et in publicam formam redigatis seu extrari •5• et redige faciat et uno signo supplendo •6• [?] et alias abreviaturas supplendas servatis •7• usu stilo et more per dictum quondam notarium •8• in consimilibus contractibus consuetis servare et •9• alia per dictum notarium grossata et nondum •10• suo signo signata signetis et partibus •11• quarum intererit tradatis et deliberetis •12• mediante satisfactione moderata ipsasque •13• notas barretis et scancelletis voluntate •14• partium quibus perturebit precedente quoniam •15• predicta faciendi harum tenere plenariam •16• potestatem licenciam et speciale •17• mandatum vobis dampno et concedimus per •18• presentes salvo jure in omnibus heredibus •19• dicentes presencium serie dictis instrumentis •20• per vos vestrosque signos signandis tantam •21• fidem fore adhibendam quanta adhiberetur •22• si per dictum quondam notarium fuisset descripto •23• ordinata et signa ( ) quorum fidem •24• et testimonium has p(redictas) litteras fieri fecimus

f° 30 v°

l. 1• et sigillorum curie Bicterris regio ordinario •2• jussimus [?] pendentium muniri. Datum Bicterris •3• die vicesima mensis aprilis anno nativitatis •4• Christi millesimo quaterrentesimo tricesimo quinto •5• J. Generii locumtenentem Claromontis dicta •6• duo instrumenta per dictum quondam magistrum •7• Stephanum Turelli notarium in mei absencia •8• recepta in primo quidem instrumento compositio •9• cum eodem notario communicante a dictis instrumentis •10• cedis per dictum quondam notarium receptis •11• servato stilo et more per dictum quondam •12• notarium [?] consimilibus intrumentis extraxi •13• ad plenum notam in publicam formam redigere •14• et signo meo quo utor in meis publicis •15• instrumentis signari predictis que per alium •16• nomine [?] scribi et grossari feci •17• in justis [?] naturo pellium pargameni •18• peciis sutis cum filo canapis sutis quarum •19• prima pargameni pecia in secunda sui •20• linea a suo principio computanda incipit •21• mensis et finit in eadem •22• prima ( ) et in

ultima linea dicte •23• pargamenis pecie a suo principio computanda
f° 31 r°
l. 1• incipit man( ) et ( ) •2• et in prima linea ( ) •3• secunde pargameni ( ) •4• et finit in eadem ex ( ) •5• linea dicte pargam( ) •6• computando incipit ( ) •7• eadem de Villamagn( ) •8• pargameni pecia in ( ) •9• a suo principio comp( ) •10• et finit in eade( ) •11• ultima linea d( ) •12• a suo principio computand( ) •13• et finit in eadem liass( ) •14• quarta et presenti ( ) •15• in prima sui lin( ) •16• computanda incipit ( ) • 17• eadem quia ego ( ) •18• de Montillis nota( ) •19• presenti instrumen( ) •20• grossato me ( ) •21• testimonium veru( ) •22• notarium.
veritatis J de Montillis

Résumé
Les dates sont laissées en ancien style.

5 septembre 1427
Les deux sindics de Villemagne Raymond Brac et Pons Lobet (pour l'existence légale du sindicat cf. le texte de 1426 inséré ci-dessous) agissent contre l'abbé Hugues ; ont promis de respecter l'acte, selon aussi leurs six conseillers présents.
Possèdent librement une pièce de terre rendue en pré sous forme de patus commun. Situation : près du pont de pierre sous lequel la Mare avait fait son ancien cours, de telle sorte que cette prade confronte avec le pont de pierre d'un côté, avec l'ancienne carrière publique allant vers Hérépian de l'autre côté, et du côté inférieur avec un jardin près de la rive, et avec prés et jardins « carrière au milieu ». La possèdent ainsi depuis 50 ans et plus si bien qu'il n'en est plus mémoire. Cela fut de fait suffisant sauf trouble temporaire apporté par un abbé, Déodat de Lupiac (ou Loupian). L'abbé Hugues ou son viguier ont lancé un arrêt contre l'université par la cour royale de Béziers, privant l'université de cette possession ; l'université a voulu obtenir réparation par cette même cour pour rentrer dans ses droits quoiqu'en ait dit l'abbé, par un acte enregistré par un notaire de Béziers et son substitut (?) ; l'abbé et son couvent persistant dans leur opposition, puisque la Mare a changé de lit, que le lit ancien est devenu terre vacante, normalement récupérée par droit de prélation par l'abbé et son monastère. Pour éviter dorénavant dépenses et dommages il a été décidé sous l'égide entre autres du juge de l'abbé de faire composition et accord à propos de cette terre rendue en pré.
L'abbé la transmet à nouvel acapt et emphytéose perpétuelle aux sindics et à l'université ; en cens ou usage l'abbé retient 2 sous et 6 deniers à payer chaque année à la Saint-André ; la terre sera tenue en deves et en forme de pré commun. Mais la dîme du foin sera variable suivant les années. Après perception de la première herbe ou foin la deuxième herbe ne sera pas perçue tant que les animaux y paîtront. Et que personne ne laisse paître d'animaux durant le temps de la première herbe. Quatre hommes estimeront les fruits de la prade chaque année. Pierre Grane prieur du prieuré de Saint-Gervais et Bernard Moret sacriste du monastère choisis par abbé et monastère, et Pierre Bernard vicaire de Saint-Grégoire et Jacques Senaud du côté des sindics, sont tenus en tant qu'arbitres estimateurs des fruits de la prade de faire l'estime et pension jusqu'à la Toussaint ; seront assermentés et chacun sera tenu de respecter leur avis, sous peine de 50 livres tournois à donner moitié au roi moitié aux obédienciers choisis pour cela. Le résultat de l'estimation doit être payé à l'abbé à la fête de la nativité de saint Jean-Baptiste. Il y aura réévaluations si des améliorations à la prade sont apportées par les sindics et l'université (en biens rustiques ou urbains), ou s'il y a vente de blé ou d'autre chose. 70 livres tournois ont été reçus par l'abbé ; il y renonce. Il est assuré que le montant du nouvel acapt n'augmentera pas ; tous les droits sur la prade sont cédés aux sindics ; des procurateurs spéciaux y veilleront. L'abbé garantit qu'il s'en occupera (?) jusqu'à la possession réelle par les sindics au nom de l'université. Garantie est donnée que rien ne sera fait à l'encontre des intérêts de chaque partie. Et cela avec possibilité de recours à la cour pontificale, à celles du petit sceau de Montpellier, du grand sceau de Béziers ou même de Carcassonne, une affaire commencée dans une cour pouvant être terminée dans une autre. Engagement est pris pour qu'il n'y ait pas de contestations. Référence est faite au concile général du pape Boniface VIII pour ce qui est du droit canon et civil dans les possessions seigneuriales. Garantie sera faite par des procurateurs spéciaux et généraux : un procurateur fiscal et des notaires de cour et chambre apostolique, approuvés par le camérier et son lieutenant. Serment de respect de ces mesures. Fait dans la *domus* abbatiale de Villemagne en présence de témoins nobles et autres.

29 octobre de la même année
Les quatre estimateurs-arbitres des fruits de la prade (dont Jacques Senaud *masellator*) affirment que le temps d'estimation est trop court et le portent au huitième jour après la Saint-Martin.

15 novembre de la même année
Les arbitres s'entendent en présence de l'abbé et de cinq moines (dont l'ouvrier, le collateur, l'aumônier et l'infirmier) du chapitre conventuel, appelé par l'abbé au son du clocher selon la coutume, des deux sindics modernes (Pons Bombarelh, Jean de Sansac), des six conseillers de l'année, et de trente-cinq autres témoins (dont des pareurs). Déclarent en « roman » :
les estimateurs-arbitres seront payés pour leur travail 2 écus d'or d'ici à la fête de saint André ; l'abbé paiera ses représentants et les sindics paieront les leurs. La prade sera mise en culture ; on peut semer du blé ou autres choses ; seuls les habitants et résidants à Villemagne en jouiront. On empêchera que les porcs y entrent. La rente de la prade payable à l'abbé par les sindics s'élève à 4 livres, une livre valant 20 sous, le marc d'argent valant 6 écus d'or et l'écu 18 grains, payables à la Saint-Jean-Baptiste. Si la rente vaut plus que la somme susdite, l'abbé et son monastère pourront en compensation tenir en deves l'Orb, depuis le valat

de Ribaute touchant au coin du pigeonnier jusqu'au (?) pont d'Hérépian, et pas ailleurs. Personne de l'université ne pêchera là au filet sous peine de 60 sous et un denier et le filet perdu ; celui qui pêchera au verveux ou à la garbelle paiera 15 sous et le filet perdu. Si la Mare revient sous le pont que deux hommes pour l'abbé et deux hommes pour l'université jugent des dommages. Que Dordie de la Panouse dit de Lopiac ou (?) Agnès Boullatz n'aient aucun droit dans l'université (?) [fin du passage en roman].
Fait en présence de l'abbé et de tout son couvent, des sindics et des hommes susnommés se disant majeure et meilleure part de l'université avec promesse de respect par les deux parties. Suit la justification du sindicat.

28 octobre 1426
Sont assemblés dans l'*aula* abbatiale du monastère : le sacriste Bernard Moret, viguier général, le siège abbatial étant vacant ; les deux sindics de l'année écoulée (Jean Chabert, Pierre Lobet) ; le notaire royal aussi clavaire ; quarante-cinq hommes faisant la plus grande et meilleure part du peuple de l'endroit ; réunis à la demande dudit viguier par l'entremise du sergent et precon public, lui-même étant présent pour lui et au nom de l'université.
Disent que l'université a besoin de sindics économiques et de procurateurs. Supplient le viguier de leur donner autorisation de créer des sindics économiques ou leurs procurateurs, selon les préceptes royaux et sans vouloir aller contre les ordonnances de Guilhem de Cordes [Cohardon ?] autrefois sénéchal de Carcassonne et Béziers ni contre la juridiction de l'abbé. Le vicaire donne cette autorisation.
D'abord pour entretenir et construire murs, tours, *bisturres*, pile du pont, fossés, barbacanes et autres défenses, les portes, les égouts, et les voies et passages publics de Villemagne et son territoire.
Pour empêcher que quiconque, de Villemagne ou d'ailleurs, fasse dans le cours de la Mare aux alentours de Villemagne des pansières et autres obstacles par lesquels le cours de la Mare puisse être fermé, à cause des inondations et dommages possibles, et ce depuis le pont haut à détruire (?), au long de la Mare, et juqu'à la vigne de l'abbé à Naguynoto ; avec une peine de 10 sous tournois aux contrevenants ; ils devront voir si l'eau de la Mare ne peut courir ailleurs et faire un nouveau pont ou passage, avec le conseil de leurs conseillers et de l'abbé ou de ses officiers.
Pour agir contre l'aumônier du monastère qui refuse de faire l'aumône appelée « la pessa » à l'heure des vêpres dans le monastère selon la coutume.
Pour agir contre Bérenger de Neffiès moine parce qu'il a posé une sauvegarde sur un moulin.
Pour demander à l'abbé et au seigneur d'Hérépian qu'ils empêchent que quiconque, de Villemagne ou d'Hérépian, introduise du bétail gros et menu dans les possessions des habitants de Villemagne situées dans les territoires de Villemagne et d'Hérépian ou dans les vignes travaillées dans lesquelles se trouvent des arbres fruitiers, sous peine de 10 sous tournois. Pour défendre les droits libertés et franchises que l'université de Villemagne a dans les territoires de Villemagne et d'Hérépian ou ailleurs, et pour agir contre les hommes d'Hérépian et autres voisins s'ils voulaient dévaster avec leur bétail les pâtures de Villemagne ou attenter aux franchises de l'université.
Pour agir contre le seigneur de Faugères et ses gens s'ils attentent à l'accord fait au sujet des péages pour les hommes de Villemagne à Faugères. Pour agir contre les hommes de Caussiniojouls, de Cabrerolles, de Faugères, et autres, s'ils veulent dévaster le bois commun de Villemagne qui est indivis avec l'abbé, bois situé dans la juridiction et paroisse de Sainte-Marie de Soumartre, s'ils ramassaient le bois ou faisaient paître l'herbe ou empêchaient l'université d'exercer ses droits dans ce bois ou cherchaient à en vendre une partie (?).
À propos des comptes à rendre tant par les sindics que par d'autres personnes de Villemagne qui ont, reçoivent ou lèvent des tailles et autres émoluments ou biens de l'université. Pour garantir l'accueil des pauvres et lépreux de Villemagne.
Pour défendre les libertés et franchises des foires et marchés de Villemagne.
Si quelqu'un de l'université devait comparaître devant le roi ou son lieutenant, devant le sénéchal de Carcassonne et Béziers, devant tout officier spirituel ou temporel, en matière de fouage, subside, mutation, capitation, gabelle du sel, aide pour guerre ou autre cause, réglementer la taille avec justice (?).
Que les sindics puissent élire un capitaine qui aura la garde des portails et des clés, qui puisse faire des dizeniers assermentés devant l'abbé.
Faire une supplique à l'évêque de Béziers ou à son viguier pour qu'ils obligent le vicaire de Saint-Grégoire à respecter l'accord passé autrefois entre le vicaire de ladite église d'une part et les hommes de l'université d'autre part et demander la peine contenue dans ce compromis.
S'accorder sur le fait que tout habitant de Villemagne puisse faire scier du bois dans les bois communs de Villemagne pour sa consommation ou à vendre dans Villemagne et pas ailleurs, sans appropriation, sous peine de 60 sous tournois et restitution desdits bois.
Qu'ils puissent faire du charbon de bois dans ledit bois à porter et vendre dans Villemagne et pas ailleurs sans autorisation de l'abbé sous peine de 20 sous tournois et abandon du charbon.
Que les sindics avec leurs conseillers puissent faire grâce aux personnes étrangères voulant habiter dans Villemagne des tailles et quêtes et autres charges pour un certain temps, pour repeupler le lieu.
Pour requérir l'abbé ou ses officiers curiaux de dépêcher deux ou plusieurs hommes comme bandiers de l'université pour garder le territoire contre animaux et gens de Villemagne ou d'ailleurs qui endommageraient blés, vignes, fruits croissant et arbres fruitiers, herbes, pacages et autres, et imposer le ban, qui pourra être augmenté.
Pour agir contre ceux qui voudraient pêcher avec des filets appelés verveux et garbelles dans la Mare et les béals et pansières.
Pour agir contre le sacriste du monastère et contre le vicaire de Saint-Grégoire qui ont porté atteinte aux franchises.

Pour requérir l'abbé et ses agents curiaux afin que les porcs n'entrent pas dans le cimetière de Saint-Grégoire, et que le bétail ne puisse paître aux jardins, champs ensemencés, vignes, prés labourés, olivettes et s'accorder sur une peine.
Pour obtenir des libertés et franchises de la part du roi et de l'abbé et les défendre.
Pour agir contre le fournier qui cuirait mal les pains et alourdirait trop le droit de fournage.
Pour agir contre ceux qui voudraient tenir en deves ou en culture (?) des pacages, rives, patus publics et terres incultes.
Que les sindics puissent se réunir avec leurs conseillers en lieux et temps opportuns sans autorisation de l'abbé.
Que les sindics avec leurs conseillers puissent élire les bandiers le jour de l'Ascension, assermentés.
Pour élire des bassiniers pour l'église Saint-Grégoire et entendre leurs comptes.
Pour agir contre Pierre Austruy et Jean Astruc du Pradal et d'autres de leur maison qui refusent de contribuer aux tailles pour des biens qu'ils ont dans Villemagne.
Que les sindics puissent changer d'agents si besoin.
Pour agir en justice contre les hommes de Caussanière de la juridiction de Villemagne qui refusent de faire les gardes nocturnes et diurnes à Villemagne en temps de guerre comme les autres.
Que le présent sindicat et son pouvoir durent un an, selon les chapitres en roman lus ici. Les hommes de Villemagne ont élu des sindics économiques et leurs procurateurs en accord avec le viguier, c'est-à-dire Raymond Brac et Pons Lobet, de telle sorte que les actions commencées par l'un puissent être poursuivies par l'autre. Sont transmis auxdits sindics économiques et procurateurs pleins droits pour agir y compris en justice, avec instruments et agents. Ils sont nommés pour un an, avec neuf conseillers. Les deux sindics ont promis au viguier et au notaire une administration rigoureuse à partir de comptes ; en font serment. De même de la part des conseillers. Les protestations de la part du viguier se feront en vertu des ordonnances de Guilhem de Cordes autrefois sénéchal de Carcassonne et Béziers.
Édicté dans l'*aula* abbatiale en présence de deux témoins et du notaire Stéphane Turelh qui a pris note.
Édicté juste avant signature dans le chœur de l'abbatiale en présence de sept témoins dont deux serviteurs de l'abbé, et de Stéphane Turelh notaire public de l'abbé et de sa cour ordinaire, qui a reçu l'instrument.
Et parce que ce notaire est mort avant d'avoir rédigé la forme publique, Jean de Monteils agent apostolique et royal et notaire de l'abbé a reçu pouvoir de Jean Planterose seigneur de Grand Sevre viguier royal de Béziers, par une lettre de la teneur suivante.

20 avril 1435
Jean Planterose damoiseau seigneur de Grand Sevre panetier du roi et viguier de Béziers, à maître Jean de Monteils notaire de Villemagne salut. Remplacera Stéphane Turelh dans la rédaction des actes en souffrance ; ajoutera sa signature. Et nous ordonnons que ces lettres soient munies des sceaux pendants de la cour royale de Béziers. Daté à Béziers.
Fait en peaux de parchemin cousues au fil de chanvre…

4. VISITE PASTORALE DE 1636

Visite de l'évêque Clément de Bonsi à Villemagne l'Argentière, juin 1636.
Archives municipales de Béziers. GG 350. Visites pastorales 1636 (registre de papier numéroté par folio et relié).[1]

Présentation
Visites et ordonnances ont été transcrites par un premier scribe, les auditions par un autre. Les folios 55, 59, 60, 61, 64 v°, 65 et 67 ont été numérotés mais sont restés pages blanches.
Accueil (f° 50 r°). Visite des reliques de saint Majan (f° 50 v° et 51 r°). Visite de Saint-Grégoire, bâtiment et ornements (f° 51). Après auditions (cf. autres feuillets), ordonnance à propos du réfectoire de l'abbaye à restaurer pour remplacer l'abbatiale, installation d'une sacristie et ornements (f° 52), et ordonnance au sujet de Saint-Grégoire, service, ornements, bâtiment (f° 53 et 54 r°), cimetière, attitude de la « jeunesse » le jour de la fête, conservation des reliques, entretien du vicaire (f° 54).
Audition des religieux (f° 56), audition du vicaire de Saint-Grégoire (f° 57 et 58 r°), sur leur entretien et service ; le vicaire dénonce en outre le déguisement du chef de la jeunesse le jour de la fête, évoque l'hôpital.
Audition des consuls et autres habitants de Villemagne (f° 58), sur l'entretien des ecclésiastiques, la Bastide, l'hôpital.
Visite de Saint-Martin le Vieux (bâtiment, autel, ornements), du cimetière ; constat de l'existence de Notre-Dame de Taussac (f° 62). Ordonnance après auditions quant à la réparation provisoire de Saint-Martin le temps de reconstruire Notre-Dame (f° 62 v°, 63, 64 r°), à ses ornements, et à l'entretien du vicaire ; ornements de Notre-Dame ; service du vicaire.
Audition du vicaire de Saint-Martin, quant à son entretien (dénombrement des paroissiens) et service (f° 66 r°). Audition des consuls et autres habitants des masades de la paroisse Saint-Martin (f° 66 v°) ; se plaignent de la distance entre leurs masades et l'église ; entretien du vicaire.
Seules les marques et signatures, bien présentes, n'ont pas été transcrites ici.

f° 50 r°
l. 1• Visite de Villemaigne largentiere
l. 2• L'an mil six cens trente six et le •3• quatriesme jour du mois de juing, nous Clément de Bonsy •4• par la grace de Dieu et du saint siège apostolique evesque •5• et seigneur de Besiers, continuant la visite generalle de •6• nostre diocese acompaigne des sieurs Jean Lenoir chanoine •7• en nostre esglize Sainct Nazaire, Jean Salinihac aussy chanoine •8• en ladite esglize, et nostre vicaire general, Anthoine Leclerc •9• vicaire de Saincte Magdelaine dudict Besiers, •10• Raisson prebtre de l'oratoire, Anthoine de Palissa prebtre et •11• docteur ez droictz, Geraud Besse prebtre, et Pierre de Paulhan •12• et autres, nos domestiques, serions partis du lieu de •13• Bedarrieux ou nous aurions couché aux fins de visiter •14• les esglizes dudict Villemaigne, et parvenus en ung •15• certain pred quy est du sieur abbé proche dudict lieu[2], •16• les relligieux du monastere dicellui et autres prebtres •17• seroint veneus a nostre rencontre pour nous recepvoir. •18• Et maistre Jean Dousset prebtre et vicaire perpetuel de lesglize •19• Sainct Gregoire dudict lieu nous auroict presantee la croix •20• a baiser, nous estant mis a genous a lascoustumée et ayant •21• antonné le Veni Creator nous serions relepves et •22• achemines en procession jusques a lesglize parroichelle •23• dudict Sainct Grégoire, ou ayant donné la benediction •24• episcopalle au p[e]uple, aurions apres celebree la saincte •25• messe et communies ceulx quy estoint desja disposes par •26• les confessions, que nous y avions mandé le jour precedant. •27• Et appres, ayant faicte labsoulte au cœur et nef de ladicte •28• esglize, nous serions transportes au cimittiere de lesglize •29• Sainct Martin abbassiale dudict lieu, en laquelle •30• nous aurions faict labsoulte, et de la serions alles •31• a ladicte esglize dudict Sainct Martin pour faire la
f° 50 v°
l. 1• mesme absoulte, ou estant, lesdictz relligieux nous auroict •2• informé comme il y avoict de relliques dans une chapelle •3• qui est au costé de levangille, laquelle nous auroict esté •4• ouverte par le sacrestain.
•5• Estantz entres dans icelle y aurions treuve lautel •6• de marbre blanc au costé duquel il y a un armoire avec •7• sa porte, dans lequel aussy y a un petit coffret en forme darche •8• ferme a clef, ou dans icelluy ont esté treuves les ossemens •9• et reliques quon dict estre de sainct Majan evesque de Beziers •10• et confesseur, et par le raport de frere Pierre Gourc •11• ausmonier et doien des relligieux de labbaye, aurions •12• aprins que les ossemens avoint este treuvés luy presant •13• a lentrée de lesglize Sainct Martin appres le siege de Lunas •14• peult avoir cinquante ans, ou ilz avoient este cachés par les religieux •15• pour esvitter que lesdictz ossemans ne fussent envahis •16• des huguenotz, et fust treuvé a lindication de frere •17• Guilhaume Amat pour lors infirmier, quy descouvrist •18• lesdictes reliques et qui cestoict treuvé [là] lorsqu'on lavoict •19• caché audict lieu, et que lesdictes reliques furent tirées •20• a cause dune grande malladie quy regnoist alour •21• [que ledict lieu estoict plus peuplé[3]] et par lintercession dudict •22• sainct ladicte malladie cessa, et encores par lintercession •23• dudict sainct ilz on heu guerison de plusieurs autres •24• malladies, mesmes des hidropiques et insenses, que •25• ledict doien a veu mesmes de son temps quil y a traize années. •26• Il y a encores quelques vestiges d'une chasuble pourrie pour y •27• avoir sesjournée, il y a encores deux fers avec

[1] Que Madame Lapeyre, ancienne présidente de la société archéologique de Béziers, soit ici remerciée pour m'avoir donné une première communication de ce texte, qui permit alors de documenter les sondages à Saint-Martin le Vieux.

[2] Ce « pred » pourrait bien être la Prade objet du contentieux de 1427 (cf. annexe 3.3 *supra*).
[3] Termes biffés.

trois bouctz •28• quy desmontroint quil estoict attaché a la caisse dans •29• laquelle estoint lesdictz ossemans. Le sacrestain garde

f° 51 r°

l. 1• la clef du coffre, et larmoire ce ferme aussy ensemble la porte •2• de la chapelle, laquelle chapelle estoict lancienne sacristie •3• car la chapelle dudict sainct est ruinée, et on dict quil y •4• avoict autre fois une confrerie dudict sainct, quil estoict •5• natif de Roujan, la feste sen celebre le premier juing.

•6• Et appres nous serions retournes a ladicte esglize •7• parrochelle Sainct Gregoire pour visitter icelle, en laquelle les religieux font le service despuis que labbaye a esté •8• abattue. Le Sainct Sacremant ny repose pas, la dedicasse •9• sy faisoict anciennemant le jour du Corpus Christi, comme les •10• ancians ont dict, mais ilz ne lont veu faire de long temps. •11• Lautel est de pierre ramassée saulf la table quy est de •12• pierre avec la pierre sacrée d'une ardoise, un devant •13• dautel de rez, deux gradins de bois apuies sur des pierres, •14• le restable est fort mal faict, ou est despeinct lesdictz sainctz •15• Gregoire, sainct Martin et sainct Majan fort petitz et indecens. •16• Le surciel de boys porte sur trois solliveaux grossieramant •17• faict et entourré de papier, le marchepied de pierre, •18• deux chandelliers darain, le pied de bois indecens, •19• et deux de lathon tout de mesmes. Le cœur est •20• vouté, il y a plusieurs fentes au dessus, la nef est boisée •21• grossieremant, et au dessus de lauses. La murailhe du •22• fons de lesglize sest arcboutte au dessus, la porte et •23• tout ce quy est du bastimant est de pierre de tailhe. •24• A la nef y a ung degré quy va au clocher, et en cest endroit •25• il y avoict une tribune ancienamant, les trous des sollivvaux •26• y sont encores, contre la murailhe quil fault fermer. A la •27• murailhe du cœur y a un trou quil •28• fault aussy fermer. Les veues sont vistrées saulf trois •29• qui sont au cœur. Au costé de levangille est la sacristie •30• voutée et pavée et la fenestre traversée au long dung fer •31• avec des croysans au costé, sans vistre, sans oratoire,

f° 51 v°

l. 1• sans tableau, sans table, avec quelques potz raportes sur •2• des pierres fort paouvrement, le sol pavé de pierre •3• passablemant bonnes.

•4• Dans un petit coffre vieux y sont •5• les ornemans suivans,

•6• une chasuble de droguet passablement bonne,

•7• une autre de satin bleu vieilhe, sans estolle, dautant •8 quelle estoict frippée, avec sa croix de jaunet,

•9• une aultre de basin noir vieilhe avec sa chape et dalmatiques •10• vieux,

•11• deux dalmatiques vertz de damas troués en quelques endroitz, •12• trois corporaux, deux corporaliers,

•13• un calice dargent asses bon, sans estuy, doré avec sa •14• patene,

•15• une custode de cuivre de mittan dorée au dessus, sans •16• cristal ny verre pour exposer le Sainct Sacremant, la coupe •17• pourroict servir de ciboire sil y avoict ung creux dargent •18• ou coupelle dedans.

•19• Hors du cœur au costé de levangille il y a une chapelle •20• voutée et pavée dediée a sainct Eloy, lautel est party •21• au mittan sans ornemans ny tableau, les murailhes •22• touttes roigneuses, ny a poinct de fondation ny •23• sepultures, la veue na poinct de vistres.

•24• De lautre costé est une autre petite chapelle, de saincte Luce, avec •25• un petit autel sans ornemans ny tableau, le pavé tout •26• defaict, la chapelle sans vistre, il y a fondation et •27• quelques pieces assortis a icelle, Monsieur Mandanialle •28• natif de Besiers [est] pourveu de ladicte chapelle, et a •29• a poursuivy les detenpteurs des biens dicelle, la •30• familhe de Monsieur de Sanmen[4] y a sepulture •31• en icelle.

f° 52 r°

l. 1• Les fons baptismaux sont au fons de lesglize, d'une •2• conque de pierre entourrée de barreaux peinctz avec •3• des bois en piramide en bon estat, mais leau il la tient •4• dans un vinaigrier de verre, la versant par le petit •5• trou lorsquil baptise, ce quy est extraordinaire, et dict •6• que lorsquil renouvelle les eaux a un petit vase, et apres •7• les remet dans ledict vinaigrier ; les cremes[5] sont fermées •8• a clef dans icelles quy se couvrent en piramide. •9• Ny a qun sul [*sic*] confessionnal [de] bois peuple dun seul coste, •10• un letrin appuyé sur un pillier de pierre, et le bois •11• qui le porte est vermoleu, il y a qun graduel demy usé, •12• deux misselz demy usés.

•13• Au clocher il y a trois petites cloches servant aux •14• offices des ditz relligieux.

•15• Le cimittiere est contigeu ladicte esglize, reconcillie par •16• mon dict seigneur pour avoir este contaminé par les •17• huguenotz quy ont ensevely leurs mortz, et a desfandeu •18• de bastir une entree dicellui affin quon ne passe pour •19• aller au four, et pour les murailhes quy restent a permis •20• aux habitans de travailher quelque feste affin de le fermer.

•21• Et le mesme jour nous aurions procédé aux auditions •22• tant des relligieux dudict monastere que du vicaire, •23• consulz et autres habitans dudict lieu ainsin que pres •24• dicelles cy attaches.

•25• Auditions habitants

•26• Et appres nous aurions donné •27• lordonnance suivant.

•28• Clement de Bonsy par la grace de Dieu •29• et du sainct siege apostolique evesque et seigneur de Besiers •30• et viscomte de Veilhan, a tous ceux quy ces presantes •31• verront salut, scavoir faisons que nous, procedans a la •32• visite generalle des esglizes de nostre diocese, et a la particuliere

f° 52 v°

l. 1• Sainct Gregoire parroisse du lieu de Villemaigne, acisté des sieurs •2• Jean Salinihac vicaire general, Jean Lenoir chanoine de nostre •3• esglize Sainct Nazaire de Besiers et autres de nostre suitte, •4• veu les auditions tant des religieux de labbaye dudict lieu •5• faisant leurs offices dans icelle esglize a cause que

[4] Saint-Men, hameau situé en amont de Villemagne, au bord de la rivière.

[5] Le saint chrême, béni par l'évêque le jour du jeudi saint, et que les prêtres viennent chercher au chef-lieu du diocèse.

celle de •6• labbaye est ruynée et inhabitable, des vicaire, consulz •7• et autres habitans dudict lieu, le tout communiqué a nostre •8• procureur fiscal estant avec nous, et implorée layde du •9• Sainct Esprit, avons ordonné que faisant droict sur les •10• requisitions a nous faictes par lesditz religieux, que le •12• reffectoir encien de labbaye sera couver, induict, blanchy, •13• et en icelluy remis un autel en façon que lesdictz religieux y •14• puissent faire leurs offices divins, dans le terme de six •15• mois aux despans tant dudict sieur abbé que du chappitre dudict •16• Villemaigne, les officiers duquel percevans fruictz decimaux •17• seront cottisés pour un troiziesme desdictes reparations, chacung •18• au proratta des fruictz quilz perçoivent sans a ce y comprandre •19• leurs pentions monachalles, et ledict sieur abbé fournira •20• les autres deux, et cest jusques a ce que lesglize abbatiale •21• puisse estre mize en estat pour y pouvoir faire le service •22• divin, ayant esgard que lesditz officiers nanployeront lesdictz •23• fruictz decimaux a ce a quoy ilz sont destines pour nobserver •24• lestat regulier, ne vivant en commung, eu esgard aussy •25• dailheurs que ledict abbé doibt remettre toutes les esglizes •26• quy dependent de sa table et monastere, quy se treuvait •27• entieremant ruynes, et deprovus [*sic*] des ornemans necessaires, •28• et encores ladicte abbaye se treuvant de petit renom, •29• comme il nous a apareu par la visite que nous en •30• avons faict, sera faicte aussy une sacristie muny dun •31• oratoire, tableau, table et lave mains, ensemble des •32• cinq chapelles, aux despans dudict sieur abbé, de colleurs •33• que lesglize pratique, de blanc, rouge, violet et vert, et noir, destoffe de soye, ligature ou damasquin, ensemble
f° 53 r°
l. 1• dun calice dargent dans le terme dune année, et que dans •2• six mois sera achepté un cristal pour garnir la custode de •3• cuivre doré affin dexposer le Sainct Sacremant quand il sera •4• expediant. Et touchant lesglize parrochelle ordonnons •5• que le service dicelle sera continué par ledict vicaire en la •6• forme acoustumée, celebrant messe haulte tous les dimanches •7• et festes chomables, tous les lundis pro defuntis, et encores •8• tous les vendredis de lannée a lintention de ses parroichiens •9• messe basse, chantera vespres et complies tous lesdictz •10• jours de dimanches et festes, complies tous les sabmedis •11• et veilhes des festes chomables, et tous les jours du •12• Caresme, revesteus avec son clerc de surpelis ou rochets, •13• soignera ledict vicaire a ce que les messes fondées soint •14• celebrées, et a ces fins fera une table en laquelle seront •15• rapportes lesdictes fondations, les jours quelles tomberont •16• et les noms quy les auront receus affin que la memoire nen •17• deperisse, et donnera oportunemant les sacremans a ses •18• parrochiens lorsquil en sera requis, sans rien exiger •19• diceux, ce que nous luy deffandons a peyne de suspansion, •20• et a cest effect ne ce servira dautres formulles que de celles •21• quy sont exprimées dans le rictuel romain, que nous luy •22• commandons se munir sil en estoict depourveu, lequel il •23• servira aussy aux ensepvelissemans des corps mortz, et autres •24• fonctions curialles, fera le prosne tous les dimanches et •25• la doctrine chrestienne aussy au moingz despuis la feste •26• de Toussainctz jusques a la Pentecoste, visitera les mallades •27• et infirmes, et les acistera aultant quil sera possible •28• a leurs agonies, et autres necessites spirituelles. Et aura •29• un soing particullier que son clerc entretienne la lampe du •30• Sainct Sacremant allumée tousjours a lesglize, et quil •31• donne le salut a la Vierge trois fois le jour, au matin, •32• midy et au soir, en la façon que nous en avons prescript, •33• de neuf couptz en trois divers intervalles. Avons •34• ordonné aussy que dans le mois il sera achepté un •35• ciboire dargent dore au dedans pour reserver le tres Sainct
f° 53 v°
l. 1• Sacremant dans le tabernacle quy est sur lautel de ladicte •2• parroisse, lequel sera enbelly de quelques dorures ou peintures •3• autres que celles quy y sont, couver de quelques rideaux •4• destoffe au dehors et au dedans, doublé aussy de quelque •5• estoffe de soye dessente, au devant duquel la lampe bruslera •6• incessamant de lhuille quy sera fourny par le sieur abbé, •7• quy procurera aussy lachept dudict ciboire avec une lunette, •8• pour lexposer en esvidance et acommodemant dudit tabernacle •9• dans ledict dellay. Comme aussy fera faire un restable •10• a lhuille de largeur de lautel et de longeur [*sic*] competante •11• auquel seront repeinctz les images de J Christ en croix, •12• Nostre Dame et sainct Gregoire, avec son cadre de bois, et •13• de quelques pilliers peinctz aux costes avec quelque roches •14• et couronnementz pour ornemant dicellui, un surciel de bois •15• ou thoille peincte avec quelques nuées, de Jesus rayonné de •16• quelque clarté au dessus, lautel sera muny de quatre •17• chandelliers [de] lathon, deux gradins de bois peinctz, marchepied •18• de bois, la sacristie sera munie d'une table pour remetre •19• les habitz sacerdotaux lorsquil fauldra dire messe, dung •20• oratoire, dun tableau a lhuille de six ou sept pans, et des •21• preparations de la messe avec un lave main destain. •22• Lesquelles reparations ledict abbé procurera et esfectuera •23• dans lan, et a ladvenir entretiendra en ladicte parroisse trois •24• chasubles destoffe de soye ou ligature affin de pouvoir •25• servir au vicaire faisant les offices dans ladicte esglize. •26• Des fenestres quy sont a la voulte du cœur, et les trous des •27• murailhes dicellui, et celles quy se treuvent aussy a la murailhe •28• du fons de lesglize, seront restirres du mortier ou gip[6] •29• dans le mois, les fenestres de la nef seront vistrées •30• dans trois mois et rigées [*sic*] dharain pour les conserver. •31• Les fons baptismaux seront rehaussées de lhauteur •32• dun pan affin quon puisse baptiser les enfans dans •33• icelles, et seront munyes dun vase de cuivre pour
f° 54 r°
l. 1• conserver les eaux baptismalles, dans le mois, aux despans •2• dudict sieur abbé, lequel tiendra le couvert de lesglize en •3• estat et fera recouvrir icelle quand besoing sera. La chappelle •4• quy est au coste de levangille, dediée a sainct Eloy sans •5• aulcungz

[6] « gip » : plâtre.

ornemans ny fondation, sera donnée a celluy •6• quy se presantera, a condition de la tenir en estat, ornner •7• lautel, paver icelle et vistrer les fenestres. Celle de •8• saincte Luce sera ornée et munie dun tableau et de toutes •9• autres choses necessaires, aux despans du titullaire dicelle, •10• et le couvert, vistres, le pavé sera mis en estat aulx •11• despans de ceux quy ont leur sepulture en icelle. Les •12• deffaultz des murailhes du cimitierre seront remis •13• par les habitans et parroissiens dudict lieu, quy feront •14• fermer les advenus que sont en icelluy affin quon ny •15• fasse chemin ordinaire ce que nous deffandons expressement, •16• permettant audict vicaire [de] dispancer ses parroissiens de •17• quelque feste affin quilz puissent remettre les murailhes •18• dudict cimittiere. Deffandons aussy au vicaire dudict lieu •19• d'admettre a loffrande la jeunesse le jour de •20• la feste avec les rameaux d'amandier, mais bien les exhortera •21• dy venir avec quelques cierges sy bon leur samble. Deffandons •22• a peyne d'excommunication au chef de ladicte j[e]unesse ou •23• autre de s'habiller le jour de ladicte feste avec robbe •24• et bonnet carré[7] pour estre cella au mespris de lesglize. •25• Les reliques et ossemans de sainct Majan que nous avons •26• treuves dans la vieilhe sacristie de lesglize abbatiale •27• Sainct Martin, seront transportées et remises dans ung •28• armoire du cœur de lesglize parrochelle Sainct Gregoire •29• jusques a ce quelles puissent estre remises a lesglize •30• du monastere, lequel armoire sera doublé de quelque •31• estoffe de soye avec le coffre quy porteront lesdictes •32• reliques, lequel armoire sera faict auz costé du •33• cœur affin que la lampe du Sainct Sacremant puisse •34• servir a lung et a lautre, nestant a propos que lesdictes

f° 54 v°

l. 1• relliques demeurent sans lumiere, et ce a la dilligence et fraix •2• du chappitre dudict Villamaigne dans le mois, leur enjoignant •3• remettre un billet de la somaire veriffication qua este •4• par nous faicte de la veritté desdictes relliques au jour •5• de nostre visite, affin qua ladvenir il en soit memoire. Et •6• daultant que ledict vicaire cest plainct a nous de ce quil na •7• de quoy sufisemant de la pantion que ledict sieur abbé luy •8• donne pour son entretien et de son clerc, nous avons •9• augmanté la pantion dicelluy et ordonnons que desormais •10• ledict sieur abbé donnera annuellemant audict vicaire •11• pour la congrue portion, tant pour son entretienemant •12• que de son clerc, la quantité de quinze cestiers thouselle, •13• cinq mixture[8], deux muitz vin mesure de Villemaigne, •14• cent livres argent, soixante livres huille oultre de que le •15• sacrestain a acoustumé de donner annuellemant •16• audict vicaire. Au paiemant desquelles choses cy dessus •17• exprimées ledict sieur abbe sera constrainct par saisie •18• de son temporel jusques a concurrance desdictes reparations •19• et pantion. Donné a Villemaigne le quatriesme juing mil •20• six cent trente six.

f° 56 r°

l. 1• Villemaigne largentiere

•2• Frere Pierre Gourc aubmosnier du monastere Sts Martin et Majan •3• dudit Villemaigne eagé de 60 ans,

•4• frere Jean Abbes ouvrier eagé de 53 ans,

•5• Henry de Benoist infirmier eagé de 34 ans,

•6• frere Paul Abbes sacrestain eagé de 25 ans,

•7• frere Jean Jacques Reynel prieur de la Tour eagé de 25 ans,

•8• frere François de Vidal prebtre et religieux eagé de 27 ans,

•9• tous religieux de labbaye dudit Villemaigne ordre de St Benoist,

•10• disent que despuis vingt cinq an ça il y a eu d'abbe [que] de •11• la maison du Pujol qui la jouissent encores, et disent ne luy •12• avoyr jamais appareu de procureur dautre personne[9], disent •13• que le nombre de religieux a present sont de neuf, et dix avec ledit •14• sieur abbé, et par le passé disent avoyr ouy dire quilz estoient •15• doulze et deux novisses, et mesme anciennement le nombre •16• sellon dactes quilz ont estoient vingt sept. Disent qu'a present •17• il y a cinq dignitaires, scavoyr le sacrestain, aumosnier, celarier, •18• ouvrier et infirmier, et avoyt troys beneficiers religieux •19• qui sont censez presans, scavoyr le prieur de la Tour au diocese •20• de Vabre, prieur de St Raphel et Somatre en ce diocese, et troys •21• autres prieurs hors du cloistre qui deppandent de la table •22• de labbaye, scavoyr le prieur de Reddes et Puissalicon •23• en ce diocese, et le prieur de St Gervais au diocese de Castres. •24• Le sieur abbé a conferé les places monacales et offices sur •25• la nomination des religieux. Disent que par transaction •26• avec leurs abbés ilz avoint quatre livres de pain par jour •27• et quarante quatre cestiers de vin par an et autres choses tenus en •28• icelles, desquelles ilz ne sont pas payez, et qu'a presant ilz •29• ont douze cestiers thoselle chacung bel et mechant, et le vin •30• comme dessus, et en outre disent partager entre eulx la •31• rente de la camarerie qui a esté suprimée, que toutes •32• charges comprises peult valoyr cinq cens livres. • 33• Se pleignent de ce quilz nont poinct d'eglize ny ornement •34• et quilz voudroint bien avoyr le moyen de pouvoyr faire le •35• service dans labbaye en reparant le refectoir ou quelque •36• autre lieu, desirant fere pouvoyr loger encores dans ledit

f° 56 v°

l. 1• monastere, estant contraintz de loger dans des maisons de •2• particuliers dudit lieu. Disent que trois des religieux ayant •3• office jouissent outre leur pention monacalle de quelques •4• dismes. Ledit sieur abbé est obligé de donner a chacun paouvre •5• dudit lieu six onces de pain suivant quelque arest poursuivy •6• par les habitans en la cour du parlement de Toulouse de lan 1535 dudict [mois de] •7• may, et aujourdhui il a changé cest ordre quil a saulf tantost •8• vingt tantost trente [cestiers de blé], et quil creat un

[7] Le chef de la jeunesse se déguise en prêtre, cf. *infra* f° 57 v° l. 12.

[8] « thoselle » : variété de blé (froment) ; « mixture » : mélange de céréales.

[9] Sur les démêlés des moines avec les abbés de la maison du Poujol, cf. Chédozeau 2000.

prieur claustral annuellement •9• mais quilz n'ont poinct de poinctz [*sic*] a leglize pour les offices. Disent •10• que le sacrestain est obligé de fournir tout le luminayre a leglize •11• abbatialle et non a la paroisse. Demandent que leur pantion •12• soyt augmantée comme n'ayant de quoy sustenir lentretien. •13• Et encores de pourvoyr a ce quilz puissent avoyr dornement •14• pour leglize pour fere le service divin. Et ces ont signéz

f° 57 r°

l. 1• Villemaigne largentiere
•2• 4e juin 1636
•3• Maistre Jean Dousset prebtre et vicaire du lieu de •4• Villemaigne natif du lieu du Pujol eagé nous a dit •5• de quarante ans ou environ, ouy moyenant serment •6• par luy presté la main sur la poitrine,
•7• interrogé a lordinaire
•8• Dict estre pourveu de ladite vicquairie par le sieur •9• evesque de Besiers qui est a presant par collation •10• pure et simple de ladite vicqueri de leglize parrochelle •11• par le decez de Maistre Jean Dautheserre deja possesseur •12• dicelle ladite vicarie du 24 juillet 1630. Dict que quand •13• les religieux de labbaye sont presants en ladite eglize parrochelle •14• ou ilz font loffice a cause de la ruyne de leur abbaye, •15• il dit messe haulte toutes les festes et dimanches parce •16• que les religieux luy aydent nayant poinct de clerc, •17• ne scaichant quil y aye autre prieur a la paroisse que le •18• sieur abbé. Il ny faict poinct dautre office dautant que •19• les religieux font tous les offices. Il faict seullement le •20• prosne a la messe, matinnes et poinct de doctrine •21• chrestienne. Il y a cent dix personnes de comunion en •22• ladite paroisse, qui ont toutes comunié a Pasques dernieres. •23• Et na aucungs autres paroissiens dans sa paroisse •24• ne saichant qui administre les sacremens aux •25• rentiers de la Bastide, a cause que souvent ilz •26• sont dun lieu tantost de lautre. Ilz vont prendre les •27• sacremens dans leurs lieux, et partie du disme •28• dicelle bastide est party partie [*sic*] par le prieur de St •29• Raphel, religieux de Villemaigne et abbé dudit •30• Villemaigne. Il ny a poinct de maistre descholles, poinct de

f° 57 v°

l. 1• d'œuvre [*sic*], bien quil a treuvé quelques antiquitez en •2• titres vieulz qui font mention de quelques pieces donnees •3• en faveur de leglize, mais a present il ny a rien sinon que •4• Pierre Monis de Villemaigne aurait fondé quelque •5• obit, et donné quelques pieces par son testement de lannée •6• 1537 et 16 janvier, par lequel il faict heritier •7• Pierre Monis son filz, ledit testement signé de Ruppé •8• notaire, quil veult estre dit par six prebtres, lequel testement •9• ledit depposant a ezibé et retire. Dict que le jour de la feste, •10• la junesse vienent a leglize officié avec une branche •11• damandier, et ce jour la, quand il sort de charge il en habille •12• le nouveau chef de junesse avec une robbe de prebtre et •13• un bonnet carré, monté sur un asne, vont a la place et •14• jure devant les religieux, et faict un tour de dance dans •15• la place. Dict que les fruitz prenans sont ledit sieur •16• abbé et religieux en particulier scavoir Monsieur labbé 12 •17• cestiers de thoselle, de vin de Villemaigne et Tausaques 9 •18• muidz, et les bledz de Tausseques 55 cestiers thoselle, et le •19• carnier de Villemaigne appartient au sieur sacrestain, et celui •20• de Tausseques au cellarier, la façon de dismes dit estre •21• de dix un[10] de tous fruictz tant audit lieu quau [lieu de] Taussaques, •22• ilz ont audit lieu le bassin de Nostre Dame, St Majan et •23• le purgatoire, ny ayant poinct de predication en Caresme ny autres •24• jours, dict y avoict hospital qui a quelques champz •25• dans le terroyr dudit lieu, peurait valloir dix livres •26• ou environ, et la maison dudit hospital, il y a un molin •27• d'huille et outre ce, il a un petit phief a Puimisson, et ledit •28• hospitallier ne rend poinct compte devant luy. Dict que

f° 58 r°

l. 1• la rente de la vicairie consiste en une pention de 12 cestiers •2• thoselle, un cestier paumelle[11], vingt quatre cestiers de vin les •3• 16 faisant le muid, trente six livres en argent, vingt •4• charges [de] raisins que le sieur abbé de Villemaigne luy donne •5• anuellement, et outre ce le sacrestain a 10 charges de •6• raisins et 30 livres dhuille que le sacrestain [a] acostumé •7• de bailler audit vicayre, et le luminayre et encres sont •8• fournis a present par le sacrestain et quelques foys les paroissiens •9• le fournissent, et dit que toutes les offrandes sont audit •10• vicayre, estant aportées a la paroisse, dict que quelques •11• foys il celebre messe a leglize de Sainct Martin avant quelle •12• soit ruynée, demande augmentation de pention veu quil •13• na de quoy pour son entretien, et encores pour un clerc, dautant •14• quil ne peult administrer les sacremens veu quil ny a •15• aucun. Et plus na dit mais ce dessus a dit estre •16• veritable, et cest signé
•17• Anthoine Pescaire premier consul eagé •18• de 70 ans,
•19• Gregoire Andabre second consul eagé de 30 ans ou [environ]
•20• Guillem Foust eagé de 28,
•21• Pierre Coste eagé de 45,
•22• Jean Verdel agé de 70,
•23• Louis Gourc eagé de 45 ans , et autres habitants •24• dudit lieu de Villemaigne ouys moyenant serment sur les •25• sainctes evangilles.
•26• Disent que le prieur de St Gregoire cest le sieur •27• abbé de Villemaigne, et que maistre Jean Dousset est leur •28• viccaire perpetuel qui celebre messe les dimanches et festes •29• et administre les sacremens oportunement aux paroissiens •30• quand ilz ont besoin, estans tres contans de luy et de sa

f° 58 v°

l. 1• ses [*sic*] fonctions, seullement se pleignent du luminayre qui est •2• faict avec de petites chandelles que le sacrestain doyt •3• fournir suivant quilz disent, et ne scavent pas quil •4• y aye dœuvre audit lieu. Il y a audit lieu un hospital •5• qui [se ?] sert de molin a huille, laquelle maison sarrante •6• et la comunauté paye 10 deniers par semal dhuilles audit, •7• rentré au

[10] « dix un » : un dixième.
[11] « paumelle » : variété d'orge.

proffit des paouvres. Il y a dailheurs un champ et •8• une vigne. Le champ est scitué au teroyr appellé •9• Bernagues, et la vigne au Noguier de Rigoir laquelle •10• s'arrante troys livres. Et encores a un phief a Puimisson, •11• quautre foys Monsieur David Boyer advocat leur juge en a volleu donner •12• six cens livres, de quoy les hospitalliers ne rendent poinct compte. •13• Disent que la Bastide deppend de labbaye dudit Villemaigne, •14• et que le prieur [de] St Raphel en tire disme des pieces qui sont •15• de dela la riviere, et de deça Monsieur labbé de Villemaigne •16• et le cellarier. Les prenans fruictz audit lieu sont ledit •17• sieur abbé et les presans religieux. La façon de disme est de •18• onse un[12], le carnier dudit lieu est du sacrestain, disent •19• que leur dit vicaire est pentionné dudit sieur abbé, et quil •20• y a un casal proche Sainct Gregoire qui estoit ancienement •21• la maison presbiteralle, et a present est logé dans labbaye. •22• Ilz ont faict recouvrir leur eglise a cause quilz ny •23• pouvoynt fere fere le service divin. Disent que leur dit sieur •24• abbé avoit acostume anciennemment de fere une aulmosne •25• de six onces de pain aux paouvres habitans a laquelle •26• il devoyt employer quarante cestiers de blé ou davantage, •27• et de quoy ilz en ont poursuivy arrest a Toulouse[13]. Et a presant •28• il se contante seullement de donner vingt cestiers de blé mixture •29• a la comunauté. Et plus ont dit, et ce sont signez ou marquez

f° 62 r°

l. 1• Visite de Sainct Martin Vieux lez •2• Villemaigne •3• L'an mil six cens trente six et le •4• quatriesme jour du mois de Juing, nous Clement de Bonsy •5• par la grace de Dieu et du sainct siege apostolique evesque et •6• seigneur de Besiers, continuant la visite generalle des esglizes •7• de nostre diocese acompaignes de maistre Jean Salinihac •8• chanoine de nostre esglize cathedralle Sainct Nazaire dudict •9• Besiers et nostre vicaire general, Jean Lenoir aussy chanoine •10• en ladicte esglize, Anthoine Leclerc vicaire de Saincte Magdelaine •11• de ladicte ville, Jean Raisson prebtre de loratoire, Anthoine •12• Depalissa prebtre et docteur ez droictz, Geraud Besse prebtre et prieur •13• de Paullian, et autres nos domestiques, appres avoir procedé •14• a la visite des esglizes dudict Villemaigne, et confirmé tant les •15• paroissiens dudict lieu que dudict Sainct Martin, y seront •16• venus illec de nostre ordre, environ lheure de deux appres midy •17• serions partis dudict Villemaigne, et nous estant achemines •18• en lesglize champestre dudict Sainct Martin ou nous aurions •19• este receus par maistre François Cebelly vicaire perpetuel dudict •20• Sainct Martin quy nous auroict presanté la croix a baiser, a •21• lordinaire, et appres estre entres dans ladicte esglize et •22• avoir donné la benediction episcopalle au peuple, faicte •23• labsolution des mortz tant dans lesglize que cimmittiere •24• dicelle joignant, et a mesme temps nous aurions procedé •25• a la visite de ladicte esglize.

•26• Laquelle est a deux ou trois traictz d'arbaleste dudict •27• Villemaigne, estant icelle soubz linvocation dudict sainct Martin •28• et quand a la nef il y a une voute quy est toutte descouverte •29• le clocher est sans cloches ny ayant aulcung couvert que

f° 62 v°

l. 1• le cœur quy menasse ruine, lautel est une pierre de quelque •2• sepulcre blanc de marbre sans retable autre que quelque •3• image de papier, sans marchepied, sans chandelliers, sans •4• paremans a lautel, sans gradins ny sans surciel, le sol est •5• pavé, il y a poinct de sacristie fermee, mais il y a deux petites •6• chapelles aux costes quy peuvent servir sy elles sont •7• acomodées, celle du costé de leppitre est de sainct Anthoine •8• sans fondation, il na poinct de chasuble la luy ayant rompue •9• ung callice destain et patene quon a rompeus, au fondz de •10• lesglize il y a une voute quy a esté autre fois une tribune •11• mais lherbe y a creu tous les jours, il y a poinct de fons •12• baptismaux mais sullemant un vase dans lequel on tient •13• leau a baptiser, un petit missel in quarto fort vieulx.

•14• Le cimmittiere est contigut fermé de deux costes mais •15• il y a un coste douvert, il y a un pied auquel par le passé estoict •16• la croix, a presant elle est fort petite.

•17• Dans le terroir du masaige de Taussac il y avoict une •18• esglize appellée Nostre Dame de Taussac en laquelle ons avoict •19• acoustumé par le passé dy dire messe, mais a presant ne •20• restant que quelques vestiges, ce que les habitants ont •21• assuré, et a este confirmé par frere Jean Courc [*sic*] ausmonier •22• de Villemaigne.

•23• Ledict jour aurions procedé aux auditions, tant •24• dudict vicaire que habitans des massaiges des dictes •25• paroisses, lesquelles estant y attachées de terres.

•26• Auditions habitants.

•27• Ordonnance

•28• Sur quoy, veu par nous les auditions et responses tant •29• dudict vicaire que paroissiens, et de ladvuis desdictz Salinihac, •30• Lenoir et Leclerc, implorée la faource du Saint Esprit et

f° 63 r°

l. 1• le tout communiqué a notre procureur fiscal estant avec nous, •2• et ayant veu aussy lincomoditte desdictz paroissiens de venir en •3• ladicte esglize de matin a cause de la trop grand distance de •4• leurs masaiges, et aprenans dailheurs comme il y avoict •5• entienemant une esglize posée au mittan desdictes masaiges, en •6• laquelle on cellebroict la messe les dimanches et festes chomables, •7• pour la commoditte des mettaiers residans es dictz masaiges, •8• avons ordonné que ledict sieur abbé comme prieur dudict St •9• Martin avec lesdictz habitans desdictes masages, feront remettre •10• et rebastir lantienne esglize de Nostre Dame de Taussac, et la •11• bastissant sur les precedans fondemans, feront couvrir icelle de •12• bonne brique, et dans deux ans dresser lautel •13• dicelle, fermer ses portes, paver le sol, vitrer les veues aux •14• despans tant desdictz habitans qui y participeront de deux •15• tiers, et ledit sieur abbé d'un

[12] « onse un » : un onzième.

[13] En 1426 déjà les habitants se plaignaient de l'abbé à propos d'une certaine aumône (cf annexe 3.3 *supra* f° 20 v° l. 16).

autre tiers, les trois faisant •16• tout, et dailheurs ledict sieur abbé fournira du sien un tableau •17• a lhuille de la largeur de lautel et d'aulteur competante, d'un •18• callice dargent doré au dedans, une chasuble de ligature de blanc, •19• autre de noir, une albe, amict, deux corporaux, autour destuitz, •20• un missel, et les autres ornemans et linge necessaire pour la •21• cellebration de la saincte messe, laquelle y sera cellebrée, •22• appres estre beniste par ledict vicaire que nous commettons •23• a ces fins, quy residera actuellemant au plus grand desdictz •24• mas ou autre plus comode, tant a luy que ausdictz mettayers, •25• dans une chambre ou maison que lesdictz habitans luy •26• donneront, le louaige de laquelle ilz seront tenus de paier, •27• affin quil puisse estre sur le lieu pour donner les sacremans •28• oportunemant a ceulx quy en auront besoing, et pour cellebrer •29• messe en ladicte esglize, les festes et dimanches, et les lundis •30• pro mortuis, tout de mesme quil avoict acoustumé faire en •31• celle dudict Sainct Martin. Et jusques ce faict, ledict service •32• sera continué audict Sainct Martin, pour lesglize duquel enjoignons •33• audict sieur abbé de donner audict vicaire dans trois mois •34• un callice dargent, chasuble, albe, corporaux, livre, •35• et autres choses necessaires a ces fins, ladicte esglize Sainct

f° 63 v°

l. 1• Sainct [*sic*] Martin sera couverte et la voute dicelle remise en lestat •2• qu'elle estoict auparavant, les murailhes induictes et blanchies, •3• aux despans des paroissiens dicelle quy y participeront pour •4• les deux tiers, lautre tiers sera payé par ledict sieur abbé au •5• plus tost quil se pourra, lautel de laquelle sera •6• muny dun tableau a lhuille de la largeur dudict autel, et de •7• longeur competante, dun gradins de bois, en laquelle esglize •8• ledict vicaire sera tenu de cellebrer messe le lendemain des quatre •9• festivitez de lannée, et encores de mortuis, autant de fois quil sera •10• necessaire pour les enterremans, lour de neufvaines, lour dautres ou quil •11• en sera requis par ses paroissiens a luy satisfaict, aux despans •12• dudict sieur abbé, dans lannée concernenant [*sic*] lesdictes reparations. •13• Sera aussy faicte une cloche pour ladicte esglize de Nostre Dame •14• de grosseur et grandeur suffisant affin de pouvoir estre entandeue •15• de tous lesdictz parroissiens, et ce dans lannée aux fraix •16• commungz moitié desdictz paroissiens et lautre dudict prieur. •17• Et des fons baptismaux de pierre avec son couvercle de bois •18• remply de poinctes de fer, avec un vase de cuivre estamé •19• au dedans pour conserver leau baptismalle en icelles, dans •20• lannée aux despans dudict sieur abbé. Ladicte esglize •21• Nostre Dame estant remise en estat, ledict vicaire y chantera •22• vespres avec son clerc les dimanches et festes chomables •23• de lannée avec deux cierges d'un quart de livre, et quatre aux •24• solempnittes de Nostre Seigneur et Nostre Dame, revesteu •25• ledict vicaire de son surpelis et le clerc de sa sotane et rouchet. •26• Fera le prosne ledict vicaire tous les dimanches et la •27• doctrine chrestienne, du moingz despuis la Toussainctz jusques •28• a la Pentecoste, fera les processions et benedictions des cierges •29• rameaux, cendres et fons baptismaux comme il est acoustumé •30• faire par lesglize, et donnera les sacremans a ses paroissiens •31• oportunemant quand ilz en auront besoing et singullierement •32• aux mallades, quil acistera en leurs agonies, sans pour •33• cella exiger aulcung sallaire de personne, en ladministration •34• desquelz sacremans et autres fonctions de sa cure gardera •35• en tout les formes portes par le rictuel romain, estant revesteu

f° 64 r°

l. 1• de son surpelis et estolle, et aulx enfans quil baptisera •2• nimposera autres noms que de sainctz ou sainctes •3• exprimes au martirologe romain, desquelz il recouvrera une •4• liste pour sen servir, empeschera que lors de ladministration •5• des baptesmes ses paroissiens ne santrebaisent dans lesglize, •6• ny fassent autres actes indecens, que nous desfandons a peyne •7• dexcommunication. Fera une table ou seront cottes les obitz ou •8• messes fondées sy poinct il y a.

f° 66 r°

l. 1• St Martin le Vieux lez Villemaigne

•2• 4 juin 1636

•3• Maistre François Sebelly natif du lieu de Peret au present •4• diocese, prebtre et vicaire perpetuel dudict lieu de St Martin le Vieux •5• eagé avoit dit de 35 ans ou environ, ouy moyenant serment •6• la main sur la poictrine.

•7• Dict que le sieur abbé de Villemaigne est prieur de son esglize •8• comme membre dependant de son abbaye. Il a 200 comunians •9• en sa paroisse residans en diverses massades, scavoyr La Geuse •10• y ayant 4 ou 5 maisons et une douzaine habitans, Lou Pradal •11• ou il y a 10 maisons et une quarantaine d'habitans petits ou grans, •12• La Blacquiere y ayant 10 maisons et une vingtaine dhabitans, •13• Les Bourdelles ou il [y a] 2 feus y ayant 15 habitans, Tauzac •14• y a 6 maisons et 15 habitans, La Sesquiere 4 maisons et 10 •15• habitans, La Bourboulle 2 maisons ou a 8 personnes, •16• Lhorte y a 7 feus et 30 personnes, La Billiere 18 maisons •17• et 60 personnes, faisant en tout de comunion 200 personnes, •18• lesquelz ont comunie tous a Pasques dernieres. Et pour •19• servir ses paroissiens il reside audit Villemaigne comme •20• plus proche quaucune massade de la paroisse, pour navoyr •21• poinct de maison, estant ruynée. Il y dit messe basse, •22• festes et dimanches messe haulte, et les lundis encores, il ne dit poinct •23• complies les sabmedis sinon aux 4 festivitez de lannée. Et •24• font loffrande le jour de la feste avec un rameau. Ledict sieur •25• abbé comme prieur pran le disme desdictes massades saulf •26• de la massade du Pradal que ledict depposant pran pour les •27• droictz, et le disme du carnier que le cellarie dudict •28• Villemaigne pran sur lesdictes massades ormises celle dudict •29• Pradal, tout le disme vault audict sieur abbé environ •30• cinquante cestierz bled et pour le vin il lassigne aux religieux. •31• Pour la pension dudict vin, et ledict disme du carnier audict •32• cellarie, vault cent livres, et tous ses droictz eus en tenant •33• disme de ladite massade du Pradal, lequel peult valloyr cent •34• cinquante livres, dou il doit payer les decimes,

fournir la cire •35• et nourrir et sallarier le clerc, sur toutes lesquelles massades •36• le disme se prand a lonsieme de tous fruictz les dix demerant •37• quictes. Ne faict poinct la doctrine chrestienne mais •38• seullement le prosne les dimanches. Et cest signé
f° 66 v°
l. 1• Pierre Combez consul de la massade de Tauxac paroisse •2• dudict Sainct Martin le Vieulx eagé de 60 ans,
•3• Barthelemy Birgon consul dudict Tauxac habitant du mas de •4• La Billiere,
•5• Jean Cruvesy consul del Pradal habitant au mas de les •6• Bourdelles eage de 40 ans,
•7• Jacques Carrier del Pradal eagé de 70 ans,
•8• Ricard Cros del Pradal eage de 60 ans,
•9• Anthoine Asemat de la Blaquiere eage de 65 ans,
•10• Isaac Salles de Tauxac eagé de 60 ans,
•11• Pierre Birgont de la Sesquiere, habitans des masages cy •12• dessus nommés en la deppandance dudict vicayre, ouys moyenant •13• serment.
•14• Disent que le sieur abbé de Villemaigne est prieur dudict •15• St Martin et maistre François Sebelly est viccaire perpetuel, •16• et presantement lesglize est servie par ce present viccayre et le •17• clerc, et quilz voudroint bien quil y aye un autre prebtre parce •18• que tous ne peuvent pas ouyr la messe a cause de la •19• grand quantité de personnes quilz sont, et dailheurs quilz nont •20• poinct de cloche, et sont escartés de lesglize les plus loingz •21• vue grand lieu ; se pleignent que le vicayre ne dit poinct •22• vespres les dimanches et festes, faict le prosne et non la •23• doctrine. La rente que ledict sieur abbé prent audict lieu •24• est de soixante cestiers thoselle et six muidz vin, et le disme •25• de lannee, leurs fruit aigneaux et chauvreaux, le prieur •26• de Villemaigne en prent par toute la paroisse, hormise la * •27• massade del Pradal dou ledict vicquayre prent le disme •28• pour sa congrue portion, qui peult valloyr cent cinquante livres ou •29• environ, ausquelz vicayre, cellarie et abbé ilz payent •30• le disme de viqerry lequel sieur abbé et cellarie sont •31• tenus aux reparations de lesglize et ornemans ; ledict vicayre •32• ne reside poinct dautant quil ny a poinct de maison. Ont •33• troys bassins lun du Purgatoire lautre de Nostre Dame, St Martin •34• et Nostre Seigneur et ames du Purgatoire, le vicayre le prent pour dire messe •35• et service, ne les dit pas, et des autres bassins acheptent de [la] cire et •36• en rendent compte audict vicayre.
•37• Ainsy lont deposé devant ledit seigneur evesque •38• et son assistant.
*qui est arranté 80 livres[14]

[14] Note dans la marge droite.

SOURCES ET BIBLIOGRAPHIE

SOURCES

Sources imprimées

• Barbier C. éd., *Lo libre de memorias* de Jacme Mascaro, *Revue des langues romanes*, 4e série, tome quatrième, t. XXXIV, 1890, p. 36-100.
• Barthés H. éd., *La coutume de Joncels. Diocèse de Béziers. Commune, canton de Lunas, Hérault. 14 juin 1453*, XVIIIe cahier de la Société archéologique, scientifique et littéraire de Béziers, 2007.
• Blanc A. éd., *Le Livre de comptes de Jacme Olivier marchand narbonnais du XIVe siècle*, t. second, première partie [pièces annexées au Livre de comptes de Jacme Olivier], A. Picard et Librairies des Archives nationales et de l'École des Chartes, Paris, 1899.
• Bonnot I. éd., Le leudaire de Clermont-l'Hérault (XIVe siècle), *Bibliothèque de l'École des Chartes*, t. 142, janv.-juin 1984, p. 93-114.
C. Agde : Terrin O. éd., Cartulaire du chapitre d'Agde, Nîmes, 1969.
• C. Gell. : Alaus P., Cassan L., Meynial E. éd., *Cartulaire des abbayes d'Aniane et de Gellone. Cartulaire de Gellone*, Montpellier, 1898.
• C. Guil. : Germain A. éd., *Cartulaire des Guillem*, Montpellier, 1884-1886.
• C. Non. : Couderc C., Rigal J.-L. éd., *Cartulaire et documents de l'abbaye de Nonenque*, Rodez, s.d.
• C. Silv. : Verlaguet P.-A. éd., *Cartulaire de l'abbaye de Silvanès*, Rodez, 1910.
• C. v. Lod. : Martin E. éd., *Cartulaire de la ville de Lodève*, Montpellier, 1900, réed. Lacour, 1998.
• Cptes clav. Montagnac : Nos A. éd., *Comptes des clavaires de Montagnac*, t. 1-2, Montagnac, 2001.
• Doat : Barthès H., Inventaire sommaire de la collection de Doat (Bibliothèque nationale). Première partie. Volumes de la « série géographique » : Béziers, *Études sur l'Hérault*, nouvelle série, 5-6, 1989-1990, p. 51-74 ; Deuxième partie. Volumes de la « série thématique », *ibid.* 7-8, 1991-1992, p. 39-68.
• Doc. Bouss. : Pasquier F. éd., *Documents relatifs à la seigneurie de Boussagues (Hérault) de la fin du XIIe au milieu du XIVe siècle*, Béziers, 1901.
• Doc. nécrol. Béz. : Barthès H. éd., *Les documents nécrologiques du diocèse de Béziers : nécrologes et obituaires du XIe au XVIIe siècle ; prieuré de Sainte-Marie de Cassan, chapitre de Saint-Nazaire et Saint-Celse de l'église cathédrale de Béziers, chapitre de Saint-Aphrodise de Béziers*, Saint-Geniès de Fontédit, 1988.
• Fds Thésan : Pasquier F., Olive S. éd., *Le fonds Thésan aux archives du château de Léran (Ariège)*, Montpellier, 1913.
• Friedberg E., *Corpus juris canonici, pars prior : Decretum magistri Gratiani ; pars secunda : Decretalium collectiones*, Leipzig, 1879.
• G. Ch. : *Gallia Christiana*, t. VI, *Parisiis*, 1739.
• Guyotjeannin O., Ouverture et intensification des échanges : la leude de Faugères, dans Brunel G., Lalou É. dir., *Sources d'histoire médiévale. IXe – milieu du XIVe siècle*, Larousse, Paris, 1992, p. 455-456.
• HGL : Devic C., Vaissete J., *Histoire générale de Languedoc*, t. III, V, VII et VIII, éd. Privat, Toulouse, 1872-1982.
• Labbe P. et Cossart G., *Sacrosancta concilia ad regiam editionem exactam…*, Paris, 1671-1672.
• L. nr Béz. : Rouquette J. éd., *Cartulaire de Béziers (Livre noir)*, Paris-Montpellier, 1918-1922.
• L. vt Lod. : Rouquette J. éd., *Cartulaire de l'Église de Lodève (Livre vert)*, Montpellier, 1923.
• Mansi J.-D., *Sacrorum conciliorum nova et amplissima collectio*, Florence et Venise, 1759-1798, reéd. Paris-Leipzig 1901.
• Migne J.-P., *Patrologiae cursus completus, Series latina*, Paris, 1844-1864.
• Monicat J., Boussard J. éd., *Recueil des actes de Philippe Auguste roi de France*, t. III, Paris, Impr. nationale-Lib. Klincksieck, 1966.
• Mortet V., Deschamps P., *Recueil de textes relatifs à l'histoire de l'architecture et à la condition des architectes en France au Moyen Âge, XIe-XIIIe siècles*, [vol. 1 1911, vol. 2 1929], éd. du CTHS, Paris, 1995.
• Picot G. éd., *Documents relatifs aux États généraux et assemblées réunis sous Philippe le Bel*, Impr. nationale, Paris, 1901.
• Vielliard J. éd., *Le guide du pèlerin de Saint-Jacques de Compostelle*, Impr. Protat Frères, Mâcon, 1969.

Sources manuscrites et dactylographiées

• ADH Villem. : Archives départementales de l'Hérault (Montpellier), fonds Villemagne, DD1, copies modernes de textes de 1273, 1426-1427 (publiés *supra* annexe 3, Édition de textes) ; CC1, compoix de 1624.
• Archives de la Société archéologique des hauts cantons de l'Hérault : compoix du XVIIIe siècle (apr. 1739).
• AM Béz. : Archives municipales de Béziers, GG 350, Visites pastorales, 1635-1636, 1636 (publiés *supra* Édition de textes).
• Dossiers Hyvert : Casier archéologique, Hérault, notices de J. Hyvert, *ca* 1948, Médiathèque de l'architecture et du patrimoine (Saint-Cyr), Casier archéologique 1996/025/0488,.

Documentation planimétrique et iconographique

Cartes et plans

• Cassini de Thury, *Carte générale de la France*, n° 57, Paris [entre 1770 et 1775].
• BRGM, *Carte géologique de la France à 1/50 000, Bédarieux 2543, Moyenne vallée de l'Orb*, Orléans, 1984.
• Mairie de Villemagne-l'Argentière, cadastres napoléonien, 1826 ; cadastre de 1950 (révisé 2003).
• Archives nationales, plans mauristes : AN-N / III / Hérault / 9-1, 9-2, 9-3 (Abbaye de Villemagne) et 1-7a, 1-7b, 1-8 (abbaye d'Aniane [erreur de classement]). Reproduits dans Chédozeau 2000.
• Schmückle-Mollard C., *Église Saint-Grégoire (ancienne), entrepôt municipal, réfection des couvertures : plans, coupe…*, 1984/06. 0082/034/1010, Médiathèque de l'architecture et du patrimoine, Charenton-le-Pont).

Iconographie

• IGN, clichés aériens : région de Bédarieux, F : 0,26. 23-4-1937. R.2. N° 22 et 23 ; UAG 1041 - 151.83 - 3541 à 3543.

• *Albums de Jean-Marie Amelin. Arrondissement de Béziers* (dessins) : vol 9_047 ; vol 9_048 [année 1823], Médiathèque de Montpellier, [http://my.yoolib.com/bmmontpellier/collection/7423-villemagne-l-argentiere/?n=1] [http://my.yoolib.com/bmmontpellier/collection/7422-villemagne-l-argentiere/?n=3]

• Renouvier J., *Histoire, antiquité et architectonique de l'abbaye de Villemagne et du prieuré de Rèdes* [6e livraison de *Monumens de quelques anciens diocèses de Bas Languedoc*], Boehm et cie, Montpellier, 1840. Lithographies d'après les dessins de J.J.B. Laurens 1163_06_Pl. 01 à 05, Médiathèque de Montpellier, [http://my.yoolib.com/bmmontpellier/collection/10618-details-villemagne-l-argentiere/?n=20] [http://my.yoolib.com/bmmontpellier/collection/10616-eglise-de-saint-gregoire-villemagne-l-argentier/?n=25] [http://my.yoolib.com/bmmontpellier/collection/10617-eglise-de-saint-majan-villemagne-l-argentiere/?n=26] [http://my.yoolib.com/bmmontpellier/collection/10616-eglise-de-saint-gregoire-villemagne-l-argentier/?n=25]

• Nodier C., Taylor I., Cailleux A. de, *Voyages pittoresques et romantiques dans l'ancienne France. Bas Languedoc, les Cévennes, Nîmes, Saint-Gilles, Aigues-Mortes, le Vivarais,* Firmin Didot, Paris, 1833-1840. 363_II.2 p. 73-76 ; 363_II.2_Pl. 264ter, Médiathèque de Montpellier, [http://my.yoolib.com/bmmontpellier/collection/8353-eglise-et-ruines-a-villemagne-villemagne-l-argen/?n=5]

BIBLIOGRAPHIE

Abréviations

AMM : *Archéologie du Midi médiéval*
ARCHEA : Association en région Centre pour l'Histoire et l'Archéologie
BHC : Bulletin de la société archéologique et historique des hauts cantons de l'Hérault
BSAB : Bulletin de la société archéologique de Béziers
CaF : *Congrès archéologique de France*
CTHS : Comité des travaux historiques et scientifiques
Daf : Documents d'archéologie française
EHESS : École des hautes études en sciences sociales
FHLMR : Fédération historique du Languedoc méditerranéen et du Roussillon
SHMES : Société des historiens médiévistes de l'enseignement supérieur public

Références

• Adhémar J., *Influences antiques dans l'art du Moyen Âge français*, [1939], rééd. CTHS, Paris, 1996.

• Alexandre P., *Le climat en Europe au Moyen Âge. Contribution à l'histoire des variations climatiques de 1000 à 1425, d'après les sources narratives de l'Europe occidentale*, éd. de l'EHESS, Paris, 1987.

• Alzieu G., *Notes d'histoire locale : Bédarieux, ses anciennes églises*, Bédarieux, 1954.

• Alzieu G., Saint Majan et son culte à Villemagne-l'Argentière, *BHC* n° 9, 1986, p. 123-136.

• Alzieu G., Les possessions ecclésiastiques de l'abbaye de Villemagne, *BHC* n° 11, 1988, p. 97-118.

• Alzieu G., Bref historique de l'abbaye de Joncels, *BHC* n° 13, 1990, p. 27-34.

• Alzieu G., Bref historique de l'abbaye de Joncels, *BHC* n° 14, 1991, p. 59-69.

• Alzieu G., Les possessions seigneuriales de l'abbaye de Villemagne, *BHC* n° 16, 1993, p. 73-84.

• Alzieu G., Bref historique de l'abbaye de Villemagne. Première partie : IXe-XIIIe siècle, *BHC* n° 19, 1996, p. 23-32.

• Alzieu G., Bref historique de l'abbaye de Villemagne (XIVe-XVIIIe siècle), *BHC* n° 20, 1997, p. 59-69.

• Alzieu G., Quand deux seigneurs féodaux signent un accord sur la circulation des marchandises, *BHC* n° 21, 1998, p. 63-74.

• Amado C., Le groupe aristocratique du Narbonnais dans ses relations avec le Razès, le Biterrois et le Minervois au XIe siècle, dans *Narbonne : archéologie et histoire*, t. 2, *Narbonne au Moyen Âge*, actes du 45e congrès de la FHLMR tenu à Narbonne en 1972, Montpellier 1973, p. 37-47.

• Amado C., La seigneurie des mines en pays de Béziers et en Razès, analyse de trois documents de la seconde moitié du XIIe siècle, dans *Mines et mineurs en Languedoc-Roussillon et régions voisines de l'Antiquité à nos jours*, actes du 49e congrès de la FHLMR tenu à Alès en 1976, Montpellier, 1977, p. 125-144.

• Amouric H., Foy D., La verrerie en noir de Trinquetaille à la fin du XVIIIe siècle (Arles), *AMM*, t. II, 1984, p. 151-161.

• Angué P., Un témoin unique du XIIIe s. dans notre région, l'« Hôtel des Monnaies » de Villemagne est en danger, *BHC*, n° 11, 1988, p. 83-96.

• Angué P., La chapelle de La Trinité à Boussagues, *BHC* n° 14, 1991, p. 73-83.

• Appolis É., *Un pays languedocien au milieu du XVIIIe siècle, le diocèse civil de Lodève. Étude administrative et économique*, Imprimerie coopérative du Sud-Ouest, Albi, 1951.

• *À travers le verre du Moyen Âge à la Renaissance*, catalogue de l'exposition du musée de Rouen, Musées et monuments départementaux de la Seine Maritime, Nancy, 1989.

• Aubrun M., *La paroisse en France des origines au XVe siècle*, Picard, Paris, 1986.

• Aussibal R., *Les caves de Roquefort. Inventaire des mots, des instruments et des procédés traditionnels de l'affinage*, Musée du Rouergue, 1983• Avril J., Les dépendances des abbayes (prieurés, églises, chapelles). Diversité des situations et évolutions, dans *Les Moines noirs (XIIIe-XIVe siècles), Cahiers de Fanjeaux*, n° 19, 1984, p. 309-342.

• Avril J., Église, paroisse, encadrement diocésain aux XIIIe et XIVe siècles, d'après les conciles et statuts synodaux, dans *La paroisse en Languedoc, XIIIe-XIVe siècles, Cahiers de Fanjeaux*, n° 25, 1990, p. 23-49.

• Bailly-Maître M.-C., Bruno J., La mine de plomb argentifère de Brandes-en-Oisans (Isère), XIIIe-XIVe

siècles, dans Benoit P., Braunstein P. dir., *Mines, carrières et métallurgie dans la France médiévale*, actes du colloque tenu à Paris en 1980, Paris, 1983, p. 289-304.
• Bailly-Maître M.-C., Pour une histoire des mines au Moyen Âge, l'exemple des mines de la terre d'Hierle (Gard), *AMM*, t. 7, 1989, p. 61-71.
• Bailly-Maître M.-C., Tradition et innovation dans les mines médiévales, dans Beck P. dir., *L'innovation technique au Moyen Âge*, Actes du VIe congrès international d'archéologie médiévale, Dijon, 1996, Paris, 1998, p. 99-107.
• Bailly-Maître M.-C., Benoit P., Les mines d'argent de la France médiévale, dans *L'argent au Moyen Âge*, XXVIIIe congrès de la SHMES tenu à Clermont-Ferrand en 1997, Paris, 1998, p. 17-45.
• Bailly-Maître M.-C., Poisson J.-M. dir., *Mines et pouvoir au Moyen Âge*, actes de la table-ronde tenue à Lyon en 2002, Presses universitaires de Lyon, Lyon, 2007.
• Balmelle C., *Recueil général des mosaïques de la Gaule - IV - Aquitaine - 2*, Xe supplément à *Gallia*, éd. du CNRS, Paris, 1987.
• Barral i Altet X., *L'art pre-romànic a Catalunya, segles IX-X*, éd. 62 s/a, Barcelone, 1981.
• Barthélémy C., *Rational ou manuel des divins offices de Guillaume Durand, évêque de Mende au XIIIe siècle, ou Raisons mystiques et historiques de la liturgie catholique*, Paris, Vivès, 1854.
• Baud A., La *Maior ecclesia* de Cluny : un exemple de construction horizontale, dans *Comment construisait-on au Moyen Âge ?*, *Dossiers d'archéologie*, n° 251, mars 2000, p. 34-35.
• Bautier R.-H., Recherches sur les routes de l'Europe médiévale : I et II, *Bulletin philologique et historique du CTHS*, 1961, p. 99-143, 1963, p. 277-308.
• Beaulieu J.-L. de, Analyses polliniques dans les monts de l'Espinouse (Hérault), *Pollen et Spores*, vol. XI, n° 1, avril 1969, Muséum national d'histoire naturelle, Paris, 1969.
• Bechtel G., Perturbations climatiques à Colombières et dans le sillon Orb-Jaur au XVIIIe siècle, *BHC* n° 2, 1979, p. 101-109.
• Bédos B., *Archives Nationales. Corpus des sceaux français du Moyen Âge, t. 1 : Les sceaux des villes*, Paris, La Documentation française, 1980.
• Bellan G., Saint-Jean de Fos (Hérault), le Pont du Diable, dans X. Barral i Altet dir., *Le paysage monumental de la France autour de l'an mil*, Paris, 1987, p. 425-426.
• Bellan G., Notes archéologiques sur l'ancienne abbatiale Saint-Martin - Saint-Majan à Villemagne l'Argentière, *BHC* n° 14, 1991, p. 85-94.
• Bellan G., Christol M., Une inscription romaine à Villemagne-l'Argentière. Le site de Saint-Martin le Vieux, *BHC* n° 9, 1986, p. 33-44.
• Bellan G., Journot F., La fouille de Saint-Martin le Vieux à Villemagne, *BHC* n° 10, 1987, p. 105-128.
• Bellan G., Journot F., Nouvelles recherches à Saint-Martin le Vieux, *BHC* n° 12, 1989, p. 67-74.
• Bellan G., Journot F., Histoire d'un carrefour : Hérépian, *BHC* n° 13, 1990, p. 61-65.
• Berger J.-F., Brochier J.-L., Paysages et climats en moyenne vallée du Rhône : apports de la géoarchéologie, dans Maufras O. éd., *Habitats, nécropoles et paysages dans la moyenne et la basse vallée du Rhône (VIIe-XVe siècles)*, Daf 98, Maison des Sciences de l'Homme, Paris, 2006, p. 163-208.
• Bernardi P., *Métiers du bâtiment et techniques de construction à Aix-en-Provence à la fin de l'époque gothique (1400-1550)*, Publications de l'Université de Provence, Aix-en-Provence, 1995.
• Berthe M., Les élites urbaines méridionales au Moyen Âge (XIe-XVe siècles), dans Napoléone A.-L., Scellès M. éd., *La maison au Moyen Âge dans le Midi de la France*, Actes des journées d'étude de Toulouse, 2001, Mémoires de la société archéologique du Midi de la France, hors-série 2002, Toulouse, 2003, p. 21-40.
• Bessac J.-C., *L'outillage traditionnel du tailleur de pierre de l'Antiquité à nos jours*, *Revue archéologique de Narbonnaise*, supplément n° 14, éd. du CNRS, Paris, 1993.
• Bessac J.-C., Pierres de taille : archéologie et technique, dans Bessac J.-C. *et al.*, *La Construction en pierre*, Errance, Paris, 1999, p. 9-52.
• Besse J.-M., Les enquêteurs de saint Louis et les monastères, *Revue Mabillon, archives de la France monastique*, 1906, n° 2, p. 123-137.
• Biget J.-L., Recherches sur les financement des cathédrales du Midi au XIIIe siècle, dans *La Naissance et l'essor du gothique méridional au XIIIe siècle*, *Cahiers de Fanjeaux*, 9, 1974, p. 127-164.
• Biget J.-L., La cathédrale Sainte-Cécile d'Albi, l'architecture, dans *CaF*, 140e session tenue en 1982 en Albigeois, Paris, 1985, p. 20-62.
• Blanc A., Blanc P., Magnan D., Les marbres blancs du site de la Bauve à Meaux : un grand absent, le marbre pyrénéen, dans *Entretiens d'archéologie et d'histoire - Saint-Bertrand de Comminges. Les marbres blancs des Pyrénées - Approches scientifiques et historiques*, Conseil général Haute Garonne, 1995.
• Blanc J., Lagrasse (Aude), abbaye, dans Barral i Altet X. dir., *Le Paysage monumental de la France autour de l'an mil*, Picard, Paris, 1987, p. 455-456.
• Blanchet A. dir., Bonnet É., *Carte archéologique de la Gaule romaine. Texte complet du département de l'Hérault*, fasc. X, Presses Universitaires de France, Paris, 1946.
• Blary F., *Le Domaine de Chaalis, XIIe-XIVe siècles*, éd. du CTHS, Paris, 1989.
• Bompaire M., Le monnayage des évêques de Lodève (Hérault) au nom de saint Fulcran, *Études héraultaises*, 26-27, 1995-1996, p. 15-22.
• Bompaire M., Les ateliers de Melgueil, Cahors et Rodez d'après les sources écrites, dans Depeyrot G. éd., *Trésors et émissions monétaires du Languedoc et de Gascogne (XIIe et XIIIe siècles)*, Toulouse, 1987, p. 11-43.
• Bonami C., L'ancienne famille féodale de Rocozels, dans *Béziers et le Biterrois*, dans *Actes du 43e congrès de la FHLMR*, Béziers 1970, Montpellier, 1971, p. 265-270.
• Bonami C., Dans la haute vallée de l'Orb : les mines de Ceilhes-et-Rocozels au Moyen Âge, dans *Mines et*

mineurs en Languedoc-Roussillon et régions voisines de l'Antiquité à nos jours, Actes du 49e congrès de la FHLMR, Alès 1976, Montpellier, 1977, p. 93-105.
• Bonifas B., Maisons des XVe-XVIe siècles à Béziers, *AMM*, t. 7, 1989, p. 107-124.
• Bonnassie P., Les *sagreres* catalanes : la concentration de l'habitat dans le « cercle de paix » des églises (XIe siècle), dans Fixot, Zadora-Rio dir., 1994, p. 68-79.
• Bongiu A. *et al.*, *Caylus & Saint-Antonin Noble Val, Tarn-et-Garonne. Le patrimoine de deux cantons aux confins du Quercy et du Rouergue*, Cahiers du Patrimoine, n° 29, Inventaire général, Paris, 1993.
• Bonnafous J.-M., *Montagnac ville de foire au XVe siècle vue par ses comptes clavaires*, DES Histoire, Université de Montpellier, 1967, dactyl.
• Bonnery A., Architecture et liturgie à l'époque carolingienne dans la province de Narbonne, *Études sur l'Hérault*, nouv. série 4, 1988, p. 47-52.
• Bonnery A., Les premières manifestations de l'architecture romane en Languedoc méditerranéen - Les églises abbatiales, *Les Cahiers de Saint-Michel de Cuxa*, n° 21, juillet 1990, p. 75-100.
• Bonnery A., Quelques observations sur l'église abbatiale de Saint-Guilhem, dans *Saint-Guilhem le Désert au Moyen Âge, nouvelles contributions à la connaissance de l'abbaye de Gellone*, table ronde, 1995, Millau, 1996, p. 201-203.
• Bonnet É., *Antiquités et monuments du département de l'Hérault*, Montpellier [1905], rééd. Laffitte reprints, Marseille, 1980.
• Bonnet É., *Répertoire archéologique du département de l'Hérault. Période gallo-romaine*, Montpellier, FHLMR, 1930.
• Bonnet É., *Répertoire archéologique du département de l'Hérault. Période wisigothique, carolingienne et romane,* Montpellier, Impr. de la Charité, 1938.
• Bordenave J. *et al.*, Saint-Martin, site paléochrétien et préroman, *Revue archéologique de Narbonnaise*, t. III, 1970, p. 141-172.
• Bourin-Derruau M., *Villages médiévaux en Bas-Languedoc : genèse d'une sociabilité (Xe-XIVe siècle)*, t. 1-2, L'Harmattan, Paris, 1987.
• Bourin M., De la communauté paroissiale à l'*universitas castri,* dans *La paroisse en Languedoc (XIIIe-XIVe s.), Cahiers de Fanjeaux*, n° 25, 1990, p. 199-214.
• Bourin M., Durand A., Église paroissiale, cimetière et *castrum* en bas Languedoc (Xe-XIIe s.), dans Fixot M., Zadora-Rio É. dir., 1994, p. 98-106.
• Bourin M., Les affaires d'un marchand de draps carcassonnais (1340-1341), dans Mornet E., Morenzoni F. éd., *Milieux naturels, espaces sociaux : études offertes à Robert Delort*, Publications de la Sorbonne, Paris, 1997, p. 379-392.
• Bousquet J., La sculpture romane à Saint-Pons de Thomières et ses liens avec l'art du Roussillon, *Les Cahiers de Saint-Michel de Cuxa*, n° 4, mai 1973, p. 77-95.
• Bousquet J., *Le Rouergue au premier Moyen Âge (vers 800-vers 1250)*, t. 1, Archives historiques du Rouergue, XXIV, Rodez, 1992.
• Bowles E.A., *La Pratique musicale au Moyen Âge*, Minkoff & Lattès, s.l., 1983.
• Bravard J.-P., Des versants aux cours d'eau, les implications des fluctuations paléohydrologiques à l'époque médiévale, dans Colardelle M. dir., *L'Homme et la nature au Moyen Âge*, Actes du Ve congrès international d'archéologie médiévale, Grenoble, 1993, Errance, Paris, 1996, p. 171-179.
• Bruneau P., Balut P.-Y., Positions, *Revue d'archéologie moderne et d'archéologie générale* [RAMAGE], 1, 1982, Presses de l'Université de Paris-Sorbonne, p. 3-33.
• Brunel J., L'église Saint-Nicolas (rive d'Orb), ses prieurs et le cimetière gallo-romain y attenant, près Taillevent, commune de Lunas, *Cahiers d'histoire et d'archéologie*, 6e année, t. XI, 1936, p. 257-271.
• Brunel J., Les inondations dans la vallée de l'Orb en l'année 1745, *BSAB,* 4e série, t. 10-11, 1944-1945, p. 29-52.
• Bussis-Tait L., Histoire du monastère de Saint-Pons de Thomières : sources documentaires (936-1874), *Études héraultaises*, 26-27, 1995-1996, p. 23-38.
• Caballero L., L'architecture sacrée, *Dossiers Histoire et Archéologie, Les Wisigoths*, n° 108, sept. 1986, p. 41-55.
• Cabanot J. éd., *Saint-Sever, millénaire de l'abbaye*, Actes du colloque de 1985, Comité d'études sur l'histoire et l'art de la Gascogne, 1986.
• Cabanot J., *Les débuts de la sculpture romane dans le sud-ouest de la France*, Picard, Paris, 1987.
• Cailleaux D., *La cathédrale en chantier. La construction du transept de Saint-Étienne de Sens d'après les comptes de la fabrique, 1490-1517*, éd. du CTHS, Paris, 1999.
• Cardon D., *Guide des teintures naturelles : plantes, lichens, champignons, mollusques et insectes*, Delachaux et Niestlé, Neuchâtel, 1990.
• Carou E., Compte et répartition des décimes perçues sur le clergé du diocèse de Béziers en 1322 et 1323, *BSAB*, 2e série, 4, 1866, p. 113-144.
• Cassan L., L'administration communale aux XIVe et XVe siècles dans quelques communautés dépendant des abbayes d'Aniane et de Saint-Guilhem le Désert, *Mémoires de la société archéologique de Montpellier*, 2e série, t. III, 2e fasc., 1907, p. 219-293.
• Castaing-Sicard M., *Monnaies féodales et circulation monétaire en Languedoc (Xe-XIIIe siècles), Cahiers de l'association Marc Bloch de Toulouse, Études d'Histoire méridionale*, n° 4, Toulouse, 1961.
• Castaldo A., *Le consulat médiéval d'Agde (XIIIe-XIVe siècles)*, Picard, Paris, 1974.
• Castellvi G., Comps J.-P., Kotarba J., Pezin A. dir., *Voies romaines du Rhône à l'Ebre,* via Domitia *et* via Augusta, Daf, 61, éd. de la Maison des sciences de l'homme, Paris, 1997.
• Cazes D., Une hypothèse sur la première sculpture monumentale du royaume wisigothique de Toulouse, dans *Le plaisir de l'art*... 2012, p. 472-480.
• Cazes Q., *Le Quartier canonial de la cathédrale Saint-Étienne de Toulouse*, *AMM*, supplément n° 2, 1998.

• Cazes Q. dir., *L'Art du Sud. De la création à l'identité (XIe-XXe siècle)*, éd. du CTHS, Paris, 2003.
• Cazes Q., Vers une datation « haute » de l'œuvre du sculpteur Gilabertus à Toulouse ?, *Le plaisir de l'art...* 2012, p. 508-513.
• Cercy C., Verbrugghe G., Des histoires de mortiers, de mesures à blé et de bénitiers. *In : Medieval Europe,* 4e congrès d'archéologie médiévale et moderne, thème 3, poster. [http://medieval-europe-paris-2007.univ-paris1.fr/C.%20Cercy%20et%20al..pdf]
• Chatel É., Autels-cippes de Septimanie, in Landes C. éd., *Gaule mérovingienne et monde méditerranéen,* [actes IXe journées AFAM], Musée de Lattes, 1988, p. 115-123.
• Chédozeau B., *Chœur clos, chœur ouvert. De l'église médiévale à l'église tridentine (France, XVIIe-XVIIIe siècle)*, Cerf, Paris, 1998.
• Chédozeau B., Architecture et liturgie, L'abbaye de Saints-Martin-et-Majan de Villemagne l'Argentière, congrégation de Saint-Maur, ordre de Saint-Benoît, *BHC*, n° 23, 2000, p. 113-159.
• Clabaut M. *Techniques et métiers du cuir au Moyen Âge*, éd. ep, Fontaine, 2009.
• Clavel M., *Béziers et son territoire dans l'Antiquité*, Annales littéraires de l'université de Besançon, vol. 112, Les Belles Lettres, Paris, 1970.
• Clément P., *Églises romanes oubliées du bas Languedoc*, Presse du Languedoc, Montpellier, 1989.
• Colardelle M., *Sépultures et traditions funéraires du Ve au XIIIe siècle ap. J.C. dans les campagnes des Alpes françaises du nord*, Société alpine de documentation et de recherche en archéologie historique, Grenoble, 1983.
• Colardelle M. *et al.*, Typo-chronologie des sépultures du Bas-Empire à la fin du Moyen Âge dans le sud-est de la Gaule, dans Galinié, Zadora-Rio éd., 1996, p. 271-303.
• Colardelle M., Terminologie descriptive des sépultures antiques et médiévales, dans Galinié, Zadora-Rio éd., 1996, p. 305-310.
• Colin M.-G. *et al.*, Roujan-*Medilianum* (?) de l'Antiquité au Moyen Âge. De la fouille du quartier des sanctuaires à l'identification d'une nouvelle agglomération de la cité de Béziers, *Revue archéologique de Narbonnaise*, 40, 2007, p. 117-193.
• Colombini A., Teintures attestées de l'Antiquité au Moyen Âge, dans *Monde antique et médiéval. Tissu et vêtement*, catalogue de l'exposition de 1986, Musée archéologique départemental du Val d'Oise, Paris, 1987, p. 42-45.
• Combes J., Montpellier et les foires de Pézenas et Montagnac au XIVe siècle et au commencement du XVe siècle, dans *Congrès régional des fédérations historiques de Languedoc*, Carcassonne, 1952.
• Combes J., Les foires en Languedoc au Moyen Âge, *Annales Économies Sociétés Civilisations*, 13e année, n° 2, av.-juin 1958, p. 231-259.
• Combes J., Aspects économiques et sociaux du Pézenas médiéval, dans *Pézenas ville et campagne, XIIIe-XXe siècles*, Actes du XLVIIIe congrès de la FHLMR tenu à Pézenas en 1975, Montpellier, 1976, p. 5-29.
• Courtillé A., *Auvergne et Bourbonnais gothiques - I Les débuts*, Créer, Nonette, sd [1990].
• Crippa M. A., Zibawi M., *L'art paléochrétien*, Zodiaque-DDB, Saint-Léger Vauban - Paris, 1998.
• Curtius A., La cathédrale de Saint-Fulcran de Lodève : ses sources d'inspiration et sa place dans l'histoire de l'architecture européenne, dans Demore *et al.* éd., 1994, p. 71-80.
• Dainville M. de, *Monuments historiques de l'Hérault inscrits à la première partie de l'inventaire dressé par la direction des Beaux-Arts*, Montpellier, 1933.
• Dainville M. de, Les églises de l'Hérault fortifiées au XIVe siècle, *Cahiers d'histoire et d'archéologie*, 5e année, t. IX, 1935, p. 659-667.
• Delamare F., Guineau B., *Les matériaux de la couleur*, Gallimard, Paris, 1999.
• Delouvrier A., *Histoire de Saint-Chinian de la Corne*, [1896], réimpr. Lacour, Nîmes, 1991.
• Delouvrier A., *Histoire de Pézenas et de ses environs (Hérault)*, Montpellier-Pézenas, [1900], réimpr. Lacour, Nîmes, 1991.
• Demore M., Nougaret J., Poisson O. éd., *Autour des maîtres d'œuvre de la cathédrale de Narbonne. Les grandes églises gothiques du Midi, sources d'inspiration et construction*, Actes du 3e colloque d'histoire de l'art au Moyen Âge, Narbonne, 1992, Connaissance de Narbonne n° 4, Narbonne, 1994.
• Depeyrot G., Les trésors et la diffusion du numéraire féodal, dans Depeyrot G. éd., *Trésors et émissions monétaires du Languedoc et de Gascogne (XIIe et XIIIe siècles)*, Toulouse, 1987, p. 53-86.
• Depeyrot G., Les monnaies racontent l'histoire. Les émissions de Melgueil, *L'Archéologue*, n° 31, août-sept. 1997, p. 64-65.
• Deschamps P., *Tables d'autel de marbre exécutées dans le Midi de la France aux Xe et XIe siècles*, Lib. Champion, Paris, 1925.
• Du Cange C., *Glossarium ad scriptores mediae et infimae latinitatis...* [1678] *cum supplementis...* [Dom Carpentier, Henschel, Favre], Paris, 1840-1850, t. 1-7.
• Dumas F., Monnayage et monnayeurs, dans Barral i Altet X. éd., *Artistes, artisans et production artistique au Moyen Âge*, Actes du colloque tenu à Rennes en 1983, vol. I *Les Hommes*, Picard, Paris, 1986, p. 483-497.
• Durand A., *Les paysages médiévaux du Languedoc (Xe-XIIe siècles)*, Presses universitaires du Mirail, Toulouse, 1998.
• Durand G., L'abbaye de Sylvanès, *AMM*, supplément 1, 1983.
• Durand G., Les églises rurales du premier âge roman dans le Rouergue méridional, *AMM,* t. 7, 1989, p. 3-42.
• Durliat M., Tables d'autel à lobes de la province ecclésiastique de Narbonne (IXe-XIe siècles), *Cahiers archéologiques*, 16, 1966, p. 51-76.
• Durliat M., Giry J., Chapelles préromanes à chœur quadrangulaire du département de l'Hérault, dans *Actes du 94e congrès national des sociétés savantes*, Pau, 1969, Paris, 1971, p. 272-286.
• Durliat M., Drocourt D., L'abbaye de Lagrasse, dans *CaF*, 131e session, 1973, *Pays de l'Aude*, p. 104-122.

• Durliat M., L'architecture gothique méridionale au XIIIe siècle, *École antique de Nîmes, bulletin annuel*, nouvelle série n° 8-9, 1973-1974, Nîmes, 1976, p. 63-132.
• Durliat M., La disparition du chapiteau historié au XIIIe siècle, dans *Le décor des églises en France méridionale (XIIIe-milieu XVe siècle), Cahiers de Fanjeaux*, 28, 1993, p. 201-213.
• Durliat M., Deroo C., Scellès M., *Recueil général des monuments sculptés en France pendant le haut Moyen Âge (IVe-Xe siècles)*, tome IV - *Haute-Garonne*, éd. du CTHS, Paris, 1987.
• Enlart C., *Manuel d'archéologie française depuis les temps mérovingiens jusqu'à la Renaissance. Première partie. Architecture religieuse*, t. I-II, Picard, Paris, 1927-1929.
• Enlart C., *Manuel d'archéologie française depuis les temps mérovingiens jusqu'à la Renaissance. Le costume*, Picard, Paris, 1927.
• Erlande-Brandenburg A. *et al*. éd., *Carnet de Villard de Honnecourt*, Stock, Paris, 1986.
• Fabre G., Lochard T., *Montpellier : la ville médiévale*, Études du Patrimoine 3, Inventaire général, Paris, 1992.
• Fargier L., *Villemagne l'Argentière*, Uzès, 1970.
• Fargier L., Une chapelle méconnue à Villemagne, *BHC* n° 5, 1982, p. 42-44.
• Favard A., La dernière demeure de Tristan Guilhem II à Saint-Gervais, *BHC*, n° 31, p. 73-78.
• Favreau R., *Les inscriptions médiévales*, Typologie des sources du Moyen Âge occidental, Brepols, Turnhout, 1979.
• Favreau R., Michaud J., Mora B., *Corpus des inscriptions de la France médiévale, 12, Aude, Hérault*, éd. du CNRS, Paris, 1988.
• Favreau R., *Études d'épigraphie médiévale*, Presses universitaires de Limoges, Limoges, 1995.
• Favreau R., *Épigraphie médiévale*, Brepols, L'atelier du médiéviste, 5, Turnhout, 1997.
• Fixot M., Zadora-Rio É. dir., *L'église, le terroir*, monographie du Centre de Recherches Archéologiques n° 1, éd. du CNRS, Paris, 1990.
• Fixot M., Zadora-Rio É. dir., *L'environnement des églises et la topographie religieuse des campagnes médiévales*, Actes du IIIe congrès international d'archéologie médiévale, Aix-en-Provence, 1989, Daf n° 46, Éditions de la Maison des sciences de l'homme, Paris, 1994.
• Fontaine J., *L'art préroman hispanique*, Zodiaque, La Pierre-Qui-Vire, 1973.
• Fontaine J., *L'art préroman hispanique. L'art mozarabe*, Zodiaque, La Pierre-Qui-Vire, 1977.
• Foy D., *Le verre médiéval et son artisanat en France méditerranéenne*, éd. du CNRS, Paris, 1988.
• Freigang C., La cathédrale gothique septentrionale dans le Midi, symbole royaliste ou formule ambitieuse ?, dans Demore *et al*. dir. 1994, p. 15-26.
• Gagnière S., Les sépultures à inhumation du IIIe au XIIIe siècle de notre ère dans la basse vallée du Rhône, *Cahiers rhodaniens*, VII, 1960, p. 33-71.
• Galinié H., Zadora-Rio É. éd., *Archéologie du cimetière chrétien*, Actes du 2e colloque ARCHEA, Orléans, 1994, 11e supplément à la Revue archéologique du Centre de la France, Tours, 1996.
• Galtier R., La cession à la commune de l'abbatiale de Villemagne-l'Argentière (Hérault), *BHC* n° 20, 1997, p. 117-122.
• Gardelles J., *Aquitaine gothique*, coll. Les monuments de la France gothique, Picard, Paris, 1992.
• Gazzaniga J.-L., La mainmise royale sur les abbayes bénédictines du Midi toulousain, dans *Les Moines Noirs (XIIIe-XIVe siècles), Cahiers de Fanjeaux*, n° 19, 1984, p. 193-212.
• Geary P. J., *Le vol des reliques au Moyen Âge*, Aubier, Paris, 1993.
• Girard A., *L'aventure gothique entre Pont-Saint-Esprit et Avignon du XIIIe au XVe siècle. Genèse des formes et du sens de l'art gothique dans la basse vallée du Rhône*, Édisud, Aix-en-Provence, 1996.
• Giry J., *Les vieilles églises à chevet carré de l'Hérault*, Impr. COOPIM, Rodez, 1983.
• Giry J., *Le Biterrois saintponais de la préhistoire à nos jours* [notes de l'abbé Giry éditées par P. Doriguzzi], Esméralda, Maurin-Lattes, 2009.
• Gourdiole R., Exploitations métalliques antiques dans la haute vallée de l'Orb, dans *Mines et mineurs en Languedoc-Roussillon et régions voisines de l'Antiquité à nos jours*, Actes du 49e congrès de la FHLMR tenu à Alès en 1976, Montpellier, 1977, p. 68-87.
• Gourdiole R., Hérépian à l'époque gallo-romaine, *BHC* n° 1, 1978, p. 35-41.
• Gourdiole R., Habitat rural gallo-romain et nécropole à Caunas (Lunas), *BHC* n° 9, 1986, p. 45-66.
• Gourdiole R., Le site gallo-romain de Grogues (commune de Villemagne), *BHC* n° 10, 1987, p. 37-50.
• Gourdiole R., Pressoirs antiques des hauts cantons, *BHC* n° 17, 1994, p. 41-72.
• Gourdiole R., Bornes armoriées de la haute vallée de l'Orb, *BHC* n° 21, 1998, p. 75-80.
• Gourdiole R., Landes C., Passions métalliques sur les Monts d'Orb, *BHC* n° 21, 1998, p. 33-50.
• Guiraud R.., Le pont du Diable de Villemagne-l'Argentière, *BHC,* n° 28, 2005, p. 101-103.
• Hamlin F., *Les noms de lieux du département de l'Hérault, nouveau dictionnaire topographique et étymologique*, Montpellier, 1983.
• Hartmann-Virnich A., L'inscription de la fondation de l'abbatiale à Saint-Gilles du Gard : réflexions sur un problème archéologique, dans *Le plaisir de l'art…* 2012, p. 140-148.
• Hébrard J., *Anciens autels du diocèse de Montpellier*, Impr. de la Charité, Montpellier, 1942.
• Heitz C., *L'architecture religieuse carolingienne*, Picard, Paris, 1980.
• Helas J.-C., Les anciennes mesures de l'Hérault, dans Charbonnier P. dir., *Les anciennes mesures locales du Midi méditerranéen d'après les tables de conversion*, Institut d'études du Massif Central, Université Blaise-Pascal, Clermont-Ferrand, 1994.
• Hesse P.-J., Artistes, artisans ou prolétaires ? Les hommes de la mine au Moyen Âge, dans X. Barral i Altet éd., *Artistes, artisans et production artistique au*

Moyen Âge, colloque tenu à Rennes en 1983, vol. I *Les hommes*, Picard, Paris, 1986, p. 431-473.
• Huser A., *L'îlot d'Enoz, commune de Clermont-l'Hérault (34), document final de synthèse de suivi de démolition et étude de bâti*, AFAN, Antenne Méditerranée, SRA Languedoc-Roussillon, 1997.
• Huser A., *La maison Jourda - Étude de bâti, commune de Prades, Pyrénées Orientales, document final de synthèse*, AFAN, Antenne Méditerranée, SRA Languedoc-Roussillon, 2000.
• Huser A., *Les deux abbatiales médiévales et les transformations mauristes. Éléments d'observation archéologique sur la propriété Roger. Villemagne l'Argentière (Hérault)*, rapport final d'opération, diagnostic de bâti, INRAP, oct. 2006.
• Jenzer M., La boucharde : un outil de la fin du Moyen Âge ? L'exemple de l'ancienne église abbatiale de Saint-Claude, *Bulletin Monumental*, année 1998, t. 156-IV, p. 341-353.
• Journot F., *Archéologie des châteaux médiévaux de la montagne héraultaise, haut bassin de l'Orb et bassin de la Lergue, Xe-XIVe siècle*, tomes 1-2-3, thèse de nouveau doctorat, université Rennes 2, 1990.
• Journot F., Notes sur l'exploitation des ressources minières en montagne héraultaise au Moyen Âge, *BHC* n° 15, 1992, p. 43-52.
• Journot F., Châteaux du Languedoc montagnard aux Xe et XIe siècles (Hérault), *AMM*, t. X, 1992, p. 39-62.
• Journot F., L'habitat seigneurial en Haut Languedoc (Xe-XIVe siècle). Approche archéologique de l'aristocratie méridionale, *Cahiers de civilisation médiévale*, XXXVe année, n° 4, oct.-déc. 1992, p. 351-370.
• Journot F., Villages groupés, villages éclatés en montagne languedocienne, dans *Morphogenèse du village médiéval, IXe-XIIe siècles*, Actes de la table-ronde de Montpellier, 1993, Cahiers du patrimoine, n° 46, 1996, p. 205-213.
• Journot F., Vitalité du modèle urbain en montagne languedocienne au cœur du Moyen Âge : Villemagne-l'Argentière, dans *Mondes de l'Ouest et villes du monde, Mélanges en l'honneur d'André Chédeville*, Presses universitaires de Rennes, Rennes, 1998, p. 637-650.
• Journot F., Olargues et son territoire au Moyen Âge, dans Huser A., *Commune d'Olargues, Hérault, le château et son* castrum, Document final de synthèse, première campagne de fouilles programmées, DRAC Languedoc-Roussillon, sept. 1999, p. 13-20.
• Journot F., L'ancienne abbatiale Saint-Martin - Saint-Majan de Villemagne l'Argentière (Hérault) : un monument médiéval d'exception et son devenir mauriste, dans Huser A., *Les deux abbatiales médiévales et les transformations mauristes. Éléments d'observation archéologique sur la propriété Roger. Villemagne l'Argentière (Hérault)*, rapport final d'opération, diagnostic de bâti, INRAP, oct. 2006, p. 15-21.
• Journot F., « Catastrophe naturelle » et déclin économique de Villemagne-l'Argentière (bassin de l'Orb, Hérault) depuis la fin du Moyen Âge, dans *Dossier spécial. Le Petit âge glaciaire dans le sud de la France (bas Moyen Âge-XIXe siècle)*, Actes de la table-ronde du laboratoire GEODE, UMR 5602, Lattes, 11 mai 2007, *AMM*, t. 26, 2009, p. 179-190.
• Lapart J., Chapiteaux de marbre de l'Antiquité tardive et du haut Moyen Âge dans la moyenne vallée de la Garonne (départements du Lot-et-Garonne et de Tarn-et-Garonne), *Bulletin archéologique du CTHS - Antiquités nationales*, nouv. série 23/24, années 1987-1988, éd. du CTHS, 1991, p. 85-136.
• Larpin D., Mazeran F., Villemagne l'Argentière, maison du XIIIe siècle dite Hôtel des Monnaies, *Bulletin monumental,* t. 165-3, 2007, p. 291-296.
• Lassalle V., *Les sculptures romanes du musée archéologique de Nîmes, Cahiers des musées et monuments de Nîmes*, n° 6, Nîmes, 1989.
• Lebouteux P., *Traité de couverture traditionnelle. Histoire, matériaux, techniques*, éd. H. Vial, s.l., 2001.
• Lentsch R., Le palais de Benoît XII et son aménagement intérieur, dans *La papauté d'Avignon et le Languedoc (1316-1342), Cahiers de Fanjeaux*, n° 26, 1991, p. 345-366.
• *Le plaisir de l'art du Moyen âge. Commande, production et réception de l'œuvre d'art. Mélanges en hommage à Xavier Barral i Altet*, Picard, Paris, 2012.
• Le Roy Ladurie E., *Histoire du climat depuis l'an mil*, t. 1-2, Champs, Flammarion, Paris, 1983.
• Lintz G., L'église Saint-Sernin de Brive (Corrèze) : l'apport des fouilles, *Travaux d'archéologie limousine*, t. 9, 1988, Limoges, 1989, p. 53-75.
• Loupès P., Le temporel de l'abbaye de Saint-Sever aux XVIIe et XVIIIe siècles, dans Cabanot éd. 1986, p. 129-142.
• Magnou-Nortier É., *La société laïque et l'église dans la province ecclésiastique de Narbonne de la fin du VIIIe à la fin du XIe siècle*, Publications de l'université de Toulouse - Le Mirail, série A, t. 20, Toulouse, 1974.
• Mallet G., Les tables d'autel à lobes du Sud de la France et de Catalogne : état de question sur une production marbrière originale (IXe-XIe siècles), dans *Le plaisir de l'art…* 2012, p. 501-507.
• Marquette J.-B., La « révolution » de Saint-Sever en 1208, dans Cabanot éd., 1986, p. 55-75.
• Martin E., *Histoire de la ville de Lodève depuis ses origines jusqu'à la Révolution*, t. I-II, Montpellier, 1900, rééd. Laffitte Reprints, Marseille, 1979.
• Mauné S., La question des premières installations rurales italiennes en Gaule transalpine (fin du IIe s.-milieu du Ier s. avant J.-C.), *Gallia*, t. 57, 2000, p. 231-260.
• Mayer J., *Archives de la Commission des Monuments historiques - Plans et dessins, t. II, Languedoc-Roussillon,* Ministère de la Culture - Direction du Patrimoine, 1982.
• Mazeran F., Villemagne-l'Argentière (Hérault) : découverte d'une maison du XIIIe siècle avec fenêtre géminée peinte dans l'îlot médiéval de la rue de l'Hôpital, *Bulletin Monumental*, vol. 168, n° 4, déc. 2010, p. 369-374.
• J. Mercadier, La cathédrale Saint-Fulcran de Lodève, dans *Un diocèse languedocien, Lodève-Saint-Fulcran*, Millau, 1975, p. 219-233.

• Mérel-Brandenburg B., Blanc P., Blanc A., Espace architectural, décor sculpté et matériaux en Languedoc méditerranéen au cours de l'Antiquité tardive, dans Balmelle C, Eristov H., Monier F. éd., *Décor et architecture en Gaule entre l'Antiquité et le haut Moyen Âge*, actes du colloque de Toulouse, 2008, Aquitania, supplément n° 20, 2011, p. 675-688.
• Mérindol C. de, Signes de hiérarchie sociale à la fin du Moyen Âge d'après le vêtement, méthodes et recherches, dans *Le vêtement. Histoire, archéologie et symbolique vestimentaire au Moyen Âge, Cahiers du Léopard d'or*, 1, Paris, 1989, p. 181-223.
• Mesqui J., *Le pont avant le temps des ingénieurs*, Picard, Paris, 1986.
• Mille P., L'usage du bois vert au Moyen Âge : de la contrainte technique à l'exploitation organisée des forêts, dans Colardelle M. dir., *L'homme et la nature au Moyen Âge. Paléoenvironnement des sociétés occidentales*, Actes du Ve congrès d'archéologie médiévale, Grenoble 1993, Errance, Paris, 1996, p. 165-170.
• Miquel J., *Châteaux et lieux fortifiés du Rouergue*, Éditions françaises d'arts graphiques, Rodez, 1982.
• Montbard L.B. de, *Lamalou-les-Bains et ses environs*, Imp. Firmin et Montane, Montpellier, 1900.
• Montaiglon A. de, *Notice biographique sur Jules Renouvier*, Vve Jules Renouard, Paris, 1863.
• Mortet V., Deschamps P., *Recueil de textes relatifs à l'histoire de l'architecture et à la condition des architectes en France, au Moyen Âge, XIe-XIIIe siècles*, [vol. 1, 1911 ; vol. 2, 1929], éd. du CTHS, Paris, 1995.
• Mortet V., *Mélanges d'archéologie (Antiquité romaine et Moyen Âge)*, séries 1-2, Picard, Paris, 1915.
• Mundo A. M., Les changements liturgiques en Septimanie et en Catalogne pendant la période préromane, *Les Cahiers de Saint-Michel de Cuxa*, n° 2, juillet 1971, p. 29-42.
• Napoléone A.-L., Les maisons gothiques de Toulouse (XIIe-XIVe siècles), *AMM*, t. 8-9, 1990-1991, p. 121-141.
• Napoléone A.-L., Les maisons médiévales de Figeac, dans *CaF*, *Quercy*, 147e session, 1989, Paris, 1993, p. 291-306.
• Napoléone A.-L., Testard O., Étude archéologique des élévations de la maison n° 15 de la rue Croix-Baragnon à Toulouse, *Archéologie médiévale*, t. XXIX, 2000, p. 145-168.
• Napoléone A.-L., Les demeures médiévales en pan de bois dans le sud-ouest de la France : état de la question, dans Napoléone A.-L., Scellès M. éd., *La maison au Moyen Âge dans le Midi de la France 2*, colloque de Cahors, juillet 2006, Société archéologique du Midi de la France, Toulouse, 2009, p. 113-146.
• Noguier L., Notes archéologiques sur quelques églises romanes du Midi de la France, *BSAB*, 2e série, t. V, 1870.
• Noguier L., Les vicomtes de Béziers, précis historique et archéologique, *BSAB*, 2e série, XIII, 1885, p. 203-505.
• Nougaret J., Villemagne-l'Argentière, maison romane dite Hôtel des Monnaies, dans *Languedoc roman. Le Languedoc méditerranéen*, Zodiaque, La Pierre-Qui-Vire, 1975, p. 51.
• Nougaret J., Burgos A., Saint-Pierre de Rhèdes, dans *Languedoc roman. Le Languedoc méditerranéen*, Zodiaque, La Pierre-Qui-Vire, 1975, p. 141-149.
• Pailhès C., Le rayonnement de l'abbaye de Lagrasse de 1100 à 1270, dans *Les Moines Noirs (XIIIe-XIVe siècles), Cahiers de Fanjeaux*, n° 19, 1984, p. 65-89.
• Palazzo É., *Liturgie et société au Moyen Âge*, Collection historique, Aubier, Paris, 2000.
• Palol P. de, Ripoll G., *Les Goths*, Seuil, Paris, 1990.
• Pastoureau M., Jésus teinturier. Histoire symbolique et sociale d'un métier réprouvé, *Médiévales*, 29, automne 1995, p. 47-63.
• Paul V., Le problème de la nef unique, dans *La naissance et l'essor du gothique méridional au XIIIe siècle, Cahiers de Fanjeaux*, 9, 1974, p. 21-53.
• Périn P. éd., *Gallo-Romains, Wisigoths et Francs en Aquitaine, Septimanie et Espagne, Actes des VIIe journées internationales d'archéologie mérovingienne*, Toulouse, 1985, Rouen, AFAM, 1991.
• Pérouse de Montclos J.-M. dir., *Le guide du patrimoine Languedoc-Roussillon*, Paris, Hachette, 1996.
• Pile G., Étienne II Giral, premier concessionnaire des mines de charbon de la baronnie de Boussagues, *BHC*, n° 34, 2012, p. 93-120 ;
• Piponnier F., Mane P., *Se vêtir au Moyen Âge*, Adam Biro, Paris, 1995.
• Piskorz M., *Villemagne l'Argentière « Hôtel des Monnaies »*, rapport de fouilles archéologiques avant travaux, 25-5-98 - 5-6-98, AFAN Méditerranée, SRA Languedoc-Roussillon.
• Ponsich P., La société et l'art en Roussillon à l'époque carolingienne, *Les Cahiers de Saint-Michel de Cuxa*, XXIII, 1992, p. 11-29.
• Poux J., Notes et documents sur les mines de charbon de Boussagues, en Bas-Languedoc, aux XIIIe et XIVe siècles, *Bulletin historique et philologique* [du Comité des travaux historiques et scientifiques], 1899 n° 2, Paris, Impr. nationale, 1900, p. 326-353.
• Pradalier-Schlumberger M., La cathédrale Saint-Nazaire de Béziers au XIIIe siècle : reconstruction et sources d'inspiration, dans Demore *et al.* dir., 1994, p. 57-64.
• Pradalier-Schlumberger M., *Toulouse et le Languedoc : la sculpture gothique XIIIe-XIVe siècles*, Presses universitaires du Mirail, Toulouse, 1998.
• Prin M., L'église des Jacobins de Toulouse : les étapes de la construction, dans *La naissance et l'essor du gothique méridional au XIIIe siècle, Cahiers de Fanjeaux*, 9, 1974, p. 189-208.
• Puig i Cadafalch J., *L'art wisigothique et ses survivances*, F. de Nobele, Paris, 1961.
• Raynaud C., Typologie des sépultures et problèmes de datation. L'apport des fouilles de Lunel-Viel (Hérault), dans *Archéologie en Languedoc - Nécropoles languedociennes de l'Antiquité tardive et du haut Moyen Âge*, Fédération archéologique de l'Hérault, 1987 (4), p. 121-132.
• Renouvier J., Anciennes églises du département de l'Hérault, *Mémoires de la Société archéologique de*

Montpellier, n° 2, 1836, p. 83-118, n° 7, 1838, p. 321-348.
• Renouvier J., *Monumens [sic] de quelques anciens diocèses de Bas Languedoc, expliqués dans leur histoire et leur architecture* [6 livraisons], Montpellier, 1835-1840.
• Renouvier J., *Monumens divers pris dans quelques anciens diocèses de Bas Languedoc*, Montpellier, 1841.
• Renouvier J., Ricard A., Des maîtres de pierre et des autres artistes gothiques de Montpellier, *Mémoires de la société archéologique de Montpellier*, t. 2, 1841, p. 136-350.
• Reveyron N., Influence de la charpenterie et rôle des charpentiers dans l'architecture de pierre à la fin du Moyen Âge à Lyon, *Bulletin Monumental*, année 1996, t. 154-II, p. 149-165.
• Révoil H.-A., *Architecture romane du Midi de la France*, Vve A. Morel, Paris, 1873.
• Rey R., *L'art gothique du Midi de la France*, Henri Laurens éd., Paris, 1934.
• Rey R., La cathédrale de Lodève, Villemagne-l'Argentière, dans *CaF*, CVIIIe session tenue à Montpellier en 1950, Paris-Orléans, 1951, p. 247-252 et 253-260.
• Reynaud J.-F. dir., *Espaces monastiques ruraux en Rhône-Alpes*, Documents d'archéologie en Rhône-Alpes et en Auvergne, n° 23, Lyon, 2002.
• Riu M., Valdepeñas P., El espacio eclesistico y la formación de las parroquias en la Cataluña de los siglos IX al XII, dans Fixot, Zadora-Rio dir., 1994, p. 57-67.
• Robin F., *Midi gothique, de Béziers à Avignon*, coll. Les monuments de la France gothique, Picard, Paris, 1999.
• Roman J., *Manuel de sigillographie française*, Picard, Paris, 1912.
• Romestan G., Perpignan et les foires de Pézenas et de Montagnac aux XIVe et XVe siècles, dans *Pézenas ville et campagne, XIIIe-XXe siècles*, Actes du XLVIIIe congrès de la FHLMR tenu à Pézenas en 1975, Montpellier, 1976, p. 75-103.
• Rouche M., Wisigoths et Francs en Aquitaine. État de la question et perspectives, dans Périn P. éd., *Gallo-Romains, Wisigoths et Francs en Aquitaine, Septimanie et Espagne, Actes des VIIe journées internationales d'archéologie mérovingienne*, Toulouse, 1985, Rouen, AFAM, 1991, p. 143-148.
• Sabatier E., *Études et notes archéologiques sur les châteaux, abbayes et églises de l'ancien diocèse de Béziers*, Béziers-Paris, 1856.
• Sabatier C., Origines et historiques des paroisses de Rongas, Les Nières et Castanet-le-Bas : les anciennes paroisses de Saint-Maurice de Rongas et Saint-Laurent de Fereyrolles, *BHC* n° 8, 1985, p. 79-99.
• Sahuc J., *Saint-Pons de Thomières, ses vieux édifices, ses anciennes institutions*, t. I-II [1895-1902], Laffitte reprints, Marseille, 1979.
• *Saint-Guilhem le Désert au Moyen Âge, nouvelles contributions à la connaissance de l'abbaye de Gellone*, table ronde tenue en mai 1995, s.l., 1996.
• Saint-Jean R., Quarante, Saint-Guilhem le Désert, La sculpture à Saint-Gilles du Gard, dans *Languedoc roman. Le Languedoc méditerranéen*, Zodiaque, La Pierre-Qui-Vire, 1975, p. 59-73, 75-96 et 346-354.
• Saint-Jean R., *Saint-Guilhem le Désert, la sculpture du cloître de l'abbaye de Gellone*, Association des amis de Saint-Guilhem le Désert, Montpellier, 1990.
• Salamagne A., *Construire au Moyen Âge. Les chantiers de fortification de Douai*, Presses universitaires du Septentrion, Lille, 2001.
• Sapin C., La technique de construction en pierre autour de l'an mil, contribution à une réflexion et perspectives de recherches, dans Prigent D., Tonnerre N.-Y. éd., *La construction en Anjou au Moyen Âge*, Actes de la table ronde d'Angers, 1996, Angers, 1998, p. 13-31.
• Sapin C., La pierre et le voûtement, innovation dans les techniques de construction des églises en Bourgogne au XIe siècle, dans Beck P. dir., *L'innovation technique au Moyen Âge*, actes du VIe congrès d'archéologie médiévale, 1996, Errance, Paris, 1998, p. 179-185.
• Sapin C. dir., *Les prémices de l'art roman en Bourgogne*, éd. de l'Armançon, Auxerre, 1999.
• Sapin C., Modes de construction et appareils de pierre carolingiens : quel héritage pour l'époque romane ? Problèmes historiques et archéologiques, *Les Cahiers de Saint-Michel de Cuxa,* XXXVII, 2006, p. 77-89.
• Sapin C., Prigent D., La construction romane et ses emprunts aux méthodes de construction antiques : méthodologie, essai de synthèse, *Les Cahiers de Saint-Michel de Cuxa,* XXXIX, 2008, p. 223-233.
• Scanzi M., Gourdiole R., Hôtel des Monnaies à Villemagne-l'Argentière. Sondage 2005, *BHC* n° 30, 2007, p. 113-130.
• Scellès M., Une maison du XIIe siècle à Saint-Antonin, dans Bongiu A. *et al.*, *Caylus & Saint-Antonin Noble Val, Tarn-et-Garonne*, Cahiers du Patrimoine, n° 29, Inventaire général, Paris, 1993, p. 196-212.
• Scellès M., Cahors (Lot). XIIIe-XIVe siècle. Maison à pan-de-bois à un ou deux étages, avec boutique, dans Esquieu Y., Pesez J.-M. dir., *Cent maisons médiévales en France (du XIIe au milieu du XVIe siècle). Un corpus et une esquisse*, monographie du Centre de recherches archéologiques n° 20, éd. du CNRS, Paris, 1998, p. 156-158.
• Scellès M., *Cahors. Ville et architecture civile au Moyen Âge (XIIe-XIVe siècles)*, Cahiers du patrimoine, n° 54, Inventaire général, Paris, 1999.
• Scellès M., Séraphin G., Les dates de la « rénovation » gothique de la cathédrale de Cahors, *Bulletin monumental*, 160-III, 2002, p. 249-273.
• Schneider L., Paya D., Le site de Saint-Sébastien de Maroiol (Hérault) et l'histoire de la proche campagne du monastère d'Aniane (Ve-XIIIe siècles), *Archéologie médiévale*, n° 25, 1995, p. 135-181.
• Schneider L., *Monastères, villages et peuplement en Languedoc central : les exemples d'Aniane et de Gellone (VIIIe-XIIe siècles)*, thèse de nouveau doctorat, Aix-Marseille I, 1996.
• Segondy J., *Une ancienne châtellenie royale du Saint-Ponais, Cessenon-sur-Orb. La seigneurie, la*

communauté, le consulat, la paroisse, Montpellier, [1949], rééd. Lacour, Nîmes, 1993.
• Ségui É., *Une petite place protestante pendant les guerres de religion (1562-1629), Faugères en Biterrois*, Nîmes, 1933.
• Shaffer J.H., Psalmodi and the architecture of carolingian Septimania, *Gesta*, vol. 44, n° 1, 2005, p. 1-11.
• Signoles A., L'architecture gothique méridionale dans l'ancien diocèse de Lodève, dans *Un diocèse languedocien : Lodève - Saint-Fulcran, 1000 ans d'histoire et d'archéologie*, Millau, 1975, p. 182-199.
• Signoles A., Le décor lombard de l'ancienne église Saint-Pierre de Neyran, à Saint-Gervais-sur-Mare, *BHC* n° 6, 1983, p. 70-83.
• Signoles A., Formation et développement de l'architecture gothique méridionale, *Vieilles maisons françaises - Patrimoine historique - Hérault*, n° 96, av. 1983, p. 40-43.
• Signoles A., L'église préromane Saint-Raphaël de La Bastide à Bédarieux, *BHC* n° 7, 1984, p. 79-86.
• Signoles A., Une chapelle préromane méconnue : Saint-Sauveur de Palagret, *BHC* n° 7, 1984, p. 71-78.
• Signoles A., L'ancien prieuré de Saint-Pierre de Brousson à Boubals, *BHC* n° 12, 1989, p. 75-90.
• Signoles A., La vente de la métairie La Bastide (possession de l'abbaye de Villemagne) en 1597, *BHC* n° 17, 1994, p. 87-102.
• Sournia B., Vayssettes J.-L., *Montpellier : la demeure médiévale*, Études du Patrimoine, n° 1, Inventaire général, Paris, 1991.
• Soutou A., Précisions toponymiques sur trois chartes du Boussaguais (commune de La Tour-sur-Orb), *BHC* n° 10, 1987, p. 67-75.
• Soutou A., Compléments sur le nom de lieu gallo-romain de Varensal, *BHC* n° 13, 1990, p. 39-40.
• Suau B., La formation du temporel de l'abbaye de Saint-Sever, dans Cabanot éd., 1986, p. 77-97.
• Sundt R. A., La cathédrale d'Albi et les églises gothiques à chapelles hautes : style, fonction et diffusion, dans Demore *et al.* éd., 1994, p. 121-128.
• Taylor I., Nodier C., Cailleux A. de, *Voyages pittoresques et romantiques dans l'ancienne France. Languedoc* [1833-1840], réimpr. Presses du Languedoc [*Voyages en Languedoc*], Montpellier, 1985.
• Thébault G., L'abbaye de Villemagne en 1656. Le plan ancien confronté aux relevés actuels. Les vestiges, *BHC* n° 32, 2009, p. 111-126.
• Thébault G., Le pignon oublié de l'ancienne abbaye de Villemagne, *BHC* n° 33, 2010, p. 117-150.
• Thébault G., Sur les traces de l'abbaye de Villemagne en 1789, la maquette, *BHC*, n° 34, 2012, p. 141-174.
• Thirion J., Contribution à l'étude de la première sculpture romane dans le bassin du Rhône moyen : les chapiteaux de Chabrillan et de La Clastre, *Cahiers archéologiques*, 36, Picard, 1988, p. 111-135.
• *Tours et clochers à l'époque préromane et romane*, Actes des XXVIIIe journées romanes de Cuixá, 1995, *Les Cahiers de Saint-Michel de Cuxa*, XXVII, 1996.
• Treffort C., Les sépultures en espace monastique, quelques perspectives de recherche, dans Reynaud J.-F. dir., *Espaces monastiques ruraux en Rhône-Alpes*, Documents d'archéologie en Rhône-Alpes et en Auvergne, n° 23, Lyon, 2002, p. 56-60.
• Troncin P., Apport de l'archéologie et histoire de l'église romane à Saint-Martin de Londres, *Études héraultaises*, 26-27, 1995-1996, p. 39-64.
• Vergnolle É., Réflexions sur les chapiteaux à feuilles lisses, à propos de Saint-Sever, dans Cabanot éd., 1986, p. 184-199.
• Vergnolle É., *L'art roman en France*, Flammarion, Paris, 1994.
• Vergnolle É., La pierre de taille dans l'architecture religieuse de la première moitié du XIe siècle, *Bulletin monumental*, 3, 1996, p. 229-234.
• Vidal H., La cathédrale de Lodève, dans *XXXIIIe, XXXIVe et XXXVIe congrès de la FHLMR*, Bagnols - Narbonne - Lodève, 1959 - 1960 - 1963, p. 187-206.
• Vidal H., Évêques et pouvoirs temporels, dans Cholvy G. dir., *Montpellier*, Histoire des diocèses de France 4, Beauchesne, Paris, 1976.
• Viollet-le-Duc E., *Dictionnaire raisonné de l'architecture française du XIe au XVIe siècle*, Paris, 1854-1868.
• Viollet-le-Duc E., *Dictionnaire raisonné du mobilier français de l'époque carlovingienne à la Renaissance*, Paris, 1858-1875.
• Zannettacci-Stéphanopoli M., Notre-Dame d'Outre-Gère à Vienne, dans *Pages d'archéologie médiévale en Rhône-Alpes*, I, 1994, p. 117-135.

TABLE DES MATIÈRES

www.ingramcontent.com/pod-product-compliance
Lightning Source LLC
LaVergne TN
LVHW072251300926
849160LV00018B/1645
* 9 7 8 1 4 0 7 3 1 1 8 2 1 *